中国年鉴精品工程
High Quality Project of China's Yearbook

吉林市年鉴 2019

JILIN CITY YEARBOOK

吉林市地方志编纂委员会办公室 编

2019

方志出版社
Publishing House of Local Records

图书在版编目（CIP）数据

吉林市年鉴.2019 / 吉林市地方志编纂委员会办公室编.-- 北京：方志出版社，2019.12
ISBN 978-7-5144-4183-3

Ⅰ.①吉… Ⅱ.①吉… Ⅲ.①吉林市—2019—年鉴
Ⅳ.①Z523.43

中国版本图书馆CIP数据核字(2020)第075361号

吉林市年鉴（2019）

编　　者： 吉林市地方志编纂委员会办公室
责任编辑： 董　琳

出 版 者： 方志出版社
地址　北京市朝阳区潘家园东里9号（国家方志馆4层）
邮编　100021
网址　http://www.fzph.org
发　　行： 方志出版社图书经销中心
电话（010）67110500
经　　销： 各地新华书店
印　　刷： 吉林创大彩印包装有限公司

开　　本： 889×1194　　1/16
印　　张： 26
字　　数： 1200千字
版　　次： 2019年12月第1版　　2019年12月第1次印刷
印　　数： 0001~1000册

ISBN 978-7-5144-4183-3　　**定　价：** 360.00元

《吉林市年鉴（2019）》编纂委员会

名誉主任　王庭凯　中共吉林市委书记

主　　任　刘　非　吉林市人民政府市长

副 主 任　盖东平　吉林市人民政府副市长

　　　　　刘立新　吉林市人民政府秘书长

　　　　　周胜新　吉林市地方志编纂委员会办公室主任

　　　　　王明辉　吉林市地方志编纂委员会办公室副主任

成员单位　吉林市发展和改革委员会

　　　　　吉林市财政局

　　　　　吉林市民政局

　　　　　吉林市教育局

　　　　　吉林市档案局

　　　　　吉林市统计局

　　　　　吉林市人力资源和社会保障局

　　　　　吉林高新技术产业开发区管委会

　　　　　吉林经济技术开发区管委会

　　　　　船营区人民政府

　　　　　昌邑区人民政府

　　　　　龙潭区人民政府

　　　　　丰满区人民政府

　　　　　永吉县人民政府

　　　　　舒兰市人民政府

　　　　　磐石市人民政府

　　　　　蛟河市人民政府

　　　　　桦甸市人民政府

《吉林市年鉴（2019）》编纂人员

主　　编　周胜新

副 主 编　王明辉

执行副主编　付　莉

责任编辑　刘丽萍　刘书辛

编　　辑　赵健敏　唐冬梅　侯庆丰　赵　磊　袁梦思　于　洋

编　　务　崔汉伟　王　海

《吉林市年鉴（2019）》供稿人员

（以姓氏笔画为序）

丁　宁	丁雨函	卜　伟	于　超	于　淼	于昆鹏	于镇源	王　帆	王　刚
王　旭	王　冰	王　茜	王　强	王　雷	王小京	王子旭	王立军	王合峰
王兴凯	王宇翔	王佐成	王英远	王春峰	王垚元	王星凯	王帝元	王海评
王跃术	王喜元	王舒扬	王新刚	毛　华	尹家宝	邓洪杰	卢凤霞	田　昆
田　源	田纯清	田星阳	白　雪	白申平	冯　承	巩　博	成馨异	曲　博
曲鑫磊	吕　成	朱　晓	朱　强	刘　铭	刘　喜	刘　淼	刘　群	刘志勇
刘海良	刘薇薇	刘瀛泽	闫　岩	许　畅	许　研	孙大权	孙伟慈	孙志强
孙国庆	孙儒锋	李　劲	李　玲	李成库	李伯超	李劲松	李国标	李冠霖
李振峰	李晓波	李晓密	李海波	李瑞松	杨　科	杨　航	杨　爽	杨　微
杨　震	杨宏宇	时　光	吴　昭	吴高伟	冷志加	宋　旸	宋　卓	宋　菲
宋　扬	宋德龙	初文亮	张　红	张　昕	张　健	张　锐	张　然	张　墨
张卫东	张丹丹	张青宇	张郅昭	张佳琪	张建民	张春雷	张柏东	张艳萍
张晓东	张嘉露	张瀚心	陈　光	陈艾洋	邵际航	国　嘉	罗中瑞	岳思妤
金万方	金世高	赵　宇	赵春强	赵昱华	胡汉永	胡脩石	柳　阳	修海霞
彦　宏	姜　迪	宣　达	贺嘉超	秦福纯	贾　巍	顾　军	徐　铭	徐　雷
徐大鹏	徐长友	徐雨思	徐欣研	徐海英	徐智媛	高　超	高喜文	郭合之
郭德洁	唐小平	曹海山	崔　铭	葛　宇	董　超	董　鹏	董一男	韩　东
韩　俏	韩　莹	韩宛桐	程大莉	程同亮	程英铁	鲁　美	温厚军	温馨琼
谭　冰	薛嘉冰	冀　红	魏　炜	魏　巍				

序一

国务院办公厅2015年8月印发的《全国地方志事业发展规划纲要(2015—2020年)》(以下简称《规划纲要》)要求,到2020年要做到地方综合年鉴一年一鉴,公开出版,实现省、市、县三级综合年鉴全覆盖。《规划纲要》还要求,坚持存真求实,正确处理质量与进度的关系,将精品意识贯穿于年鉴编纂出版工作全过程。2015年12月,中国地方志指导小组办公室启动中国年鉴精品工程,将其与先期实施的中国志书精品工程视为姊妹工程,一道作为加强地方志质量建设的重要抓手。

实施中国年鉴精品工程有助于推动中华优秀传统文化传承发展。近年来,在党中央、国务院的高度重视和关心支持下,全国地方志事业发展迎来最好的发展时期。年鉴编纂发端于欧洲,鸦片战争后被引入我国,在我国走过了100多年的发展历史。在长期的编纂中,年鉴在内容和形式上不断发展,逐渐演变成为适合反映中国国情、具有鲜明中国特色的一种文化载体,并在改革开放后出现了快速发展的局面。2006年5月,国务院《地方志工作条例》颁布施行,明确将地方综合年鉴纳入地方志工作范畴,年鉴工作走上了有法可依的轨道。《规划纲要》出台,为从依法编鉴转变到依法治鉴指明了方向。2016年12月,中国地方志指导小组印发《全国年鉴事业发展规划(2016—2020年)》,更进一步明确了到2020年全国年鉴事业的任务书、时间表、路线图。经过多年的发展,年鉴工作已经成为地方志工作的重要组成部分,成为中华民族优秀文化传统的有机组成部分,其存史、育人、资政作用日益彰显。实施中国年鉴精品工程,是年鉴工作者紧扣时代脉搏、坚持创新发展的一项重要举措,对于坚定文化自信,传承弘扬好中华优秀传统文化意义重大。

实施中国年鉴精品工程有助于为全面建成小康社会提供更多智力支持和历史借鉴。党的十八大作出全面建成小康社会的战略部署。党的十八届五中全会提出到2020年如期实现全面建成小康社会的目标要求。完成《规划纲要》确定的目标任务是年鉴工作者的神圣使命,更是年鉴工作者以自身力量为全面建成小康社会献上的厚礼。一方面,可以更好地利用年鉴这种年度资料性文献,及时记录各地区在全面建成小康社会伟大征程中每年取得的新成绩和新经验、出现的新情况和新问题、涌现的优秀人物和典型事迹等;另一方面,可以更好地积累地情、国情资料,为推动经济社会发展和深化改革提供智力支持,为推进国家治理体系和治理能力现代化提供历史借鉴。

实施中国年鉴精品工程有助于全面推进地方志事业转型升级。地方志不是单纯修志编鉴工作，而是全体方志人“修志问道，以启未来”的一项事业，这项事业包含着巨大的时代担当与使命追求。地方志工作要在“五大建设”总体布局和“四个全面”战略布局中发挥与其自身价值、功能相匹配的作用，就要因时而谋、乘势而上、顺势而为，全面推进地方志事业转型升级。转型升级，当下最重要的目标就是完成“两全”目标，包括“年鉴全覆盖”目标；长远的目标就是基本形成地方志编修体系、理论研究和学科建设体系、质量保障体系、资源开发利用体系、工作保障体系“五位一体”的地方志事业发展综合体系，包括“五位一体”的年鉴事业发展综合体系。中国年鉴精品工程是一项探索工程，也是一项创新工程，是推进地方志事业转型升级的重要内容。通过实施中国年鉴精品工程，不仅有助于确保年鉴质量，不断编纂出版具有鲜明时代特征、年度特点和地域特色的精品年鉴，也有助于推动年鉴工作适应经济社会发展形势和时代需要，不断改革创新，与时俱进。

多年来，在中国地方志指导小组办公室的指导和全国各级地方志工作机构的共同努力下，年鉴种类数量快速增长，年鉴成果粲然可观，为实施中国年鉴精品工程奠定了坚实的基础。实施中国年鉴精品工程，就是要在全国地方志系统起到示范作用，进一步培育精品意识，打造精品年鉴，以点带面，在提高年鉴质量方面探索出一条切实可行之路，使这项探索工程和创新工程能够积累经验，发挥引领作用。

“万山磅礴，必有主峰；龙衮九章，但挈一领。”实施中国年鉴精品工程，是筑牢地方志事业特别是年鉴事业发展根基之举，其意义与价值不言而喻。但编修出年鉴精品佳作，绝非朝夕之功，需要付出长期艰辛的努力。希望通过实施中国年鉴精品工程，能够进一步推进年鉴质量建设，使年鉴真正成为传承中华民族优秀传统文化的重要载体，成为展示中国国情、地情的重要窗口，成为“为当代提供资政辅治之参考、为后世留下堪存堪鉴之记述”的资源宝库，在全面建成小康社会过程中作出更大贡献。

是为序。

中国社会科学院原副院长
中国地方志指导小组原常务副组长
李培林

序二

地方志是中华优秀传统文化的根与魂，积淀着中华优秀传统文化最深层的精神追求，代表着中华民族独特的精神标识。新时代坚持和发展中国特色社会主义，更加需要深刻把握人类发展历史规律，更加需要编修出传承不辍的精品志鉴，才能使后代在对历史的深入思考中汲取智慧、走向未来。伟大的时代，为地方志发展提供了取之不尽、用之不竭的源泉，同时也为全国年鉴工作提供了极大的机遇。

党的十九大报告中明确提出“质量强国”，“努力实现更高质量、更有效率、更加公平、更可持续的发展”，这为年鉴事业高质量发展指明了方向。按时、保质完成《全国地方志事业发展规划纲要（2015—2020年）》规定的“两全目标”任务，打造一批资辅当前、存鉴后世、经得起历史检验的精品佳作，不仅是一种法定职责，而且具有重要的政治意义、现实意义和历史意义。中国特色社会主义进入新时代，年鉴事业也进入新时代，呈现快速、稳步发展态势，在各方面都取得了新的显著成绩，包括年鉴编纂进度大大加快，年鉴编纂范围不断扩大，年鉴资源优势得到充分发挥，年鉴开发利用水平全面提升，而且年鉴质量保障机制逐步完善、质量持续提升。因此，在全社会关注质量发展的黄金时期，尤其是在完成“两全目标”任务的关键期，在狠抓进度的时候，实施中国年鉴精品工程更是恰当其时。年鉴工作者要投身于时代，为时代放歌，书写复兴华章，把出品更多的精品年鉴使命落实在实现中国梦的恢宏大业中。

习近平总书记说，精品之所以“精”，就在于其思想精深、艺术精湛、制作精良。中国年鉴精品工程紧扣时代脉搏，拓宽视野，围绕人民群众的美好生活，用精品记录新时代，为新时代新气象新作为留下真实、鲜活、生动、翔实的记录。实施中国年鉴精品工程，既是全面贯彻落实《全国地方志事业发展规划纲要（2015—2020年）》的重要举措，也是培育精品意识和精品年鉴、提高年鉴质量的重要手段；既是发挥年鉴存史、资治、教化功能的根基所在，也是年鉴工作者坚持创新发展、传承弘扬中华优秀传统文化的关键步骤。这不仅有助于坚定文化自信，讲述好中国故事，传播好中国声音，更有助于为决胜全面建成小康社会提供更多智力支持和更大精神动力。

实施中国年鉴精品工程顺应地方志进入新时代的历史潮流。“充实之谓美，充实而有光辉之谓大。”党的十九大报告指出，我国的社会主要矛盾已经转化为人民日益增长的美好生活需要和不平衡不充分的发展之间的矛盾。党章修正案、宪法修正案把习近平新时代中国特色社会主义思想确立为我们党和国家的行动指南，我国的发展进入到新的历史方位。为适应这些重大变化，党和国家随之出台更多重大的举措、推出更多有力的措施。年鉴如何全方位地、开创性地记述这些历史性变化，如何充分记述我们党领导人民进行的伟大斗争、建设的伟大工程、推进的伟大事业、实现的伟大梦想，是新时代地方志工作需要深入思考探究的问题。中国年鉴精品工程正是呼应新时代新变化新要求，致力于在全国地方志系统进一步培育精品意识、打造精品年鉴，从而以点带面，在提高年鉴质量方面探索出一条切实可行之路，充分发挥中国精品年鉴的辐射效应，引领带动全国范围内年鉴质量的全面提高，切实推动年鉴事业转型升级。

实施中国年鉴精品工程要全面把握以人民为中心的发展理念。以人民为中心，贯穿于改革开放以来我们党推进中国特色社会主义文化建设的全过程。新时代把握新机遇，年鉴作为记录新时代地方年度历史的重要载体，应当以习近平新时代中国特色社会主义思想为指导，牢固确立以人民为中心的理念。中国年鉴精品工程始终坚持人民是历史的创造者和改革开放事业的实践主体，始终坚持文化发展为人民服务、为社会主义服务，充分记录人民的首创精神，凸显人民在文化建设中的主体作用，不断满足人民的精神文化需求。年鉴工作要深深扎根于人民之中，坚持以事系人，记载人民群众中的先进典型，内容充分体现社会民生和为民服务的举措。在此基础上，实施中国年鉴精品工程还要建立精品长效机制，逐步推进精品年鉴传播最优化和效益最大化，使精品年鉴能够不断满足人民群众对美好生活的新需要新期待，在铸就中华文化新辉煌的过程中更好地构筑中国精神、中国价值、中国力量的方向上不断努力。

实施中国年鉴精品工程是坚定文化自信的体现。习近平总书记说，文化兴国运兴，文化强民族强。没有高度的文化自信，没有文化的繁荣兴盛，就没有中华民族的伟大复兴。中华优秀传统文化是中华民族的文化根脉，其蕴含的思想观念、人文精神、道德规范，不仅是我们中国人思想和精神的内核，对解决人类问题也有重要价值。地方志是中华优秀传统文化的精神之脉，是中华优秀传统文化基因的真正传承者和发展者。精品年鉴正是从中华民族世世代代形成和积累的优秀传统文化中汲取营养和智慧，记录传承的文化基因，记录思想精华，展现精神魅力。实施中国年鉴精品工程，以时代精神激活中华优秀传统文化的生命力，推进中华优秀传统文化创造性转化、创新性发展，把传承和弘扬中华优秀传统文化同坚定文化自信统一起来，有助于引导人民树立和坚持正确的历史观、民族观、国家观、文化观，不断增强中华民族的归属感、认同感、尊严感、荣誉感。

用精品记录新时代，用奋斗铸就新辉煌。地方志植根于历史，内涵于历史，镌刻于历史之上，是中华民族在漫长历史中形成的区别于其他民族的独特精神标识，精品年鉴是地方志的“守护者”“传承者”，是地方志成果创造性转化创新性发展的“探路者”“先行者”。习近平总书记强调，凡是传世之作、千古名篇，必然是笃定恒心、倾注心血的作品。希望全国年鉴工作者齐心协力，坚持历史唯物主义立场、观点、方法，立足中国、放眼世界，立时代之潮头，通古今之变化，发思想之先声，推出一批有思想穿透力的精品力作，培养一批年鉴专家，充分发挥存史、育人、资政作用，为推动全国年鉴事业转型升级作出新的更大贡献。

是为序。

中国地方志指导小组秘书长
中国地方志指导小组办公室主任
冀祥德

编辑说明

一、《吉林市年鉴(2019)》由吉林市人民政府主办、吉林市地方志编纂委员会办公室承编，为总第26卷，是系统记述吉林市自然、政治、经济、文化、社会和生态等方面情况的年度资料性文献。为各级机构了解市情、实施决策提供参考依据，同时为社会各界提供发展资讯。

二、《吉林市年鉴（2019）》坚持以马克思列宁主义、毛泽东思想、邓小平理论、“三个代表”重要思想、科学发展观、习近平新时代中国特色社会主义思想为指导，坚持辩证唯物主义和历史唯物主义的立场、观点和方法，全面、系统、客观地记述2018年吉林市的基本面貌和年度发展状况，尤其是经济、政治、文化、社会、生态文明建设等方面取得的新成就、新变化、新特征和新经验，突出年度特点、时代特征和地方特色。

三、《吉林市年鉴（2019）》采用类目、分目、条目三级结构。卷首有地图及卷前彩页，正文设专文、大事记、市情概貌、中国共产党吉林市委员会、吉林市人民代表大会、吉林市人民政府、中国人民政治协商会议吉林市委员会、中共吉林市纪律检查委员会 吉林市监察委员会、民主党派·工商联、群众团体、外事·侨务·港澳台事务、法治、军事、经济管理、冰雪产业、农业、工业、建筑业、商贸服务业、信息业、旅游业、金融业、房地产业、交通·邮政、经贸合作、开发园区、民营经济、城乡建设、生态建设、教育、科学技术、文化、卫生健康、体育、社会生活、区县（市）概览、人物、附录共38个类目，301个分目、1650个条目，随文图表70个，卷首及正文使用图片227幅。

四、《吉林市年鉴（2019）》在保持原有框架相对稳定的基础上，为充分体现吉林市进入新时代的新发展、新变化，对部分内容作以调整和充实。在卷前彩页分江城映像、年度聚焦、40年回眸三个专题，集中反映吉林市城市特点、年度亮点和改革开放40年发展变化情况。增设专文、冰雪产业、建筑业、信息业、房地产业、开放型经济、民营经济类目；将原党政群团类目析分为中国共产党吉林市委员会、吉林市人民代表大会、吉林市人民政府、中国人民政治协商会议吉林市委员会、中共吉林市纪律检查委员会 吉林市监察委员会、民主党派·工商联、群众团体、外事·侨务·港澳台事务类目；将文献类目归并至附录类目。“人物”类目收录2018年度内为吉林市经济社会发展作出突出贡献、获得省级以上荣誉称号人物。

五、《吉林市年鉴（2019）》所载资料由全市各机关、企事业单位及驻吉中直、省直单位提供，书中所用数据、资料均经供稿单位审核；所用统计资料由市统计局提供。书中所说单位名称，供稿单位为2019年机构改革后名称，行文中为2018年未改革前名称。

六、《吉林市年鉴（2019）》为精装四色印刷。全书以不同字体、字号区分不同层次，正文中条目标题均以实心方头括号标示。缩略语采用随文注释。为方便读者查阅，本卷年鉴配备双重检索系统，前置目录分中文目录和英文简目，中文目录详至条目，英文简目详至分目；后置索引分为文字索引和图表索引两部分。

江城名片

全国首批甲级开放城市
中国历史文化名城
全国创建文明城市工作先进城市
中国优秀旅游城市
国家园林城市
中国人居环境范例奖
中国魅力城市
中国内地最宜开设工厂的城市榜首城市
全国绿化模范城市
倾国倾城：最值得向世界介绍的中国名城
中国十大最美城市
中国十大特色休闲城市
中国首个低碳城市样本
中国未来 10 年最具竞争力城市
中国十大休闲城市
中国书法名城
中国十佳冰雪旅游城市
中国最具潜力避暑城市

数字江城

总面积　27711.4 平方千米
市区面积　3774.6 平方千米
耕地面积　9224.7 平方千米
林地面积　15609.9 平方千米
全市户籍总人口　413.5 万人
男性人口　207.3 万人
女性人口　206.2 万人
城镇人口　218.9 万人
乡村人口　194.6 万人
人均生产总值　53452 元
一般预算全口径财政收入　299.5 亿元
一般预算财政支出　412.0 亿元
城镇常住居民人均可支配收入　28538 元
农村常住居民人均可支配收入　13895 元
城镇基本养老保险覆盖总人数　75.1 万人
基本医疗保险参保人数　223.2 万人
民营经济主营业务收入　5472.9 亿元
民营经济从业人员　113.4 万人
民营企业　4.8 万家
工商注册登记个体工商户　20.5 万户
全市接待旅游者　5946.0 万人次
旅游收入　1004.1 亿元
金融机构本外币各项存款余额　2696.2 亿元
本外币境内存款余额　2693.6 亿元
本外币境外存款余额　2.6 亿元
人民币各项贷款余额　2099.8 亿元
外贸进出口总额　80.0 亿元
全市货物运输量　7934.1 万吨
货物周转量　176.3 亿吨千米
全年旅客发送量　4858.3 万人次
旅客发送周转量　20.5 亿人千米
民用机动车拥有量　76.6 万辆
私人汽车拥有量　52.9 万辆
医疗卫生机构　3840 所
编制医疗床位　27784 张
小学　553 所　小学生　169977 人
初中　146 所　初中生　90393 人
普通高中　39 所　高中生　57102 人

吉林市地图

附注：1）图内各级行政区划界线系权宜画法，不作划界依据；
2）行政区划资料截止到2019年10月。

吉 S(2019) 047号 吉林省航测遥感院编制

江城映像

冰雪名城

JILIN CITY YEARBOOK

北大壶滑雪场（2011 年 12 月）

吉林雾凇岛(2014 年 1 月)

（市文广旅局　供图）

万科松花湖滑雪场（2016 年 1 月）　　（市文广旅局　供图）

（市文广旅局　供图）

冰雪运动（2018 年 1 月）　　（市文广旅局　供图）

2018 年 12 月 28 日，第 24 届中国·吉林国际雾凇冰雪节开幕式在北大壶滑雪度假区开幕

（市体育局　供图）

江城映像
城市之光
JILIN CITY YEARBOOK

吉林市夜景（2015年10月）

朱雀山风光（2004年10月）

（市文广旅局　供图）

北山寺庙群（2005年10月）

吉林陨石博物馆（2013年3月）

（市文广旅局　供图）

松花湖（2015年8月）

（王赫飞　摄）

（胡忠信　摄）　　吉林文庙（2005年10月）　　（韩　涛　摄）

（市文广旅局　供图）

2018年，吉林市举办各类群众体育赛事活动122项次。2017—2018赛季，吉林市运动员参加国际级、国家级冰雪体育赛事41项次，获金牌37枚、银牌25枚、铜牌42枚。2月22日，吉林市运动员武大靖在2018平昌冬奥会短道速滑男子500米决赛中打破该项目世界纪录和奥运会纪录获得冠军，实现中国在该项目上男子奥运金牌零的突破。6月10日，吉林市举办第三届吉林市国际马拉松暨全国马拉松锦标赛。2月10日，举办首届世界冰上龙舟俱乐部锦标赛。全年开展全民上冰雪活动近百项次，全市冰雪运动参与人数230余万人次。（市体育局）

2018年2月22日，吉林市运动员武大靖获平昌冬奥会短道速滑男子500米冠军（图片源自人民网）

2018年2月10日，第一届世界冰上龙舟俱乐部锦标赛（吉林市站）在吉林市举办（江城日报社 供图）

2018年6月10日，吉林市举办2018康乃尔·吉林市国际马拉松暨全国马拉松锦标赛　　（江城日报社　供图）

2018年12月15日，2018—2019中国青少年滑雪大赛第一站在吉林北大壶滑雪度假区举办　　（北大壶开发区　供图）

年度聚焦
文化亮点
JILIN CITY YEARBOOK

吉林市歌舞团作为一支具有国家级演出水平的地方文艺院团，至2018年，连续21年参加中央电视台春节联欢晚会等国家级大型演出，还相继参加G20杭州峰会、“一带一路”国际合作高峰论坛等国家级重要外事活动文艺演出，被誉为“吉林市流动的城市名片”。2018年，创排反映中华传统文化和民族精神的音乐剧《炎黄》，获得国家艺术基金支持；与国家大剧院联合出品民族舞剧《天路》；参加韩国平昌冬奥会期间文艺演出，中央电视台元宵晚会、三八国际妇女节晚会、五一晚会及国庆晚会等国家级演出。　（市文广旅局）

2018年2月13日，吉林市歌舞团参加2018年中央电视台春节联欢晚会演出

2018年6月28日，吉林市歌舞团与国家大剧院联合演出舞剧《天路》　（王小京　摄／国家大剧院　供图）

（市文广旅局 供图）

2018 年 7 月 20 日，吉林市歌舞团原创大型民族音乐剧《炎黄》在吉林市人民大剧院首演，该剧获得国家艺术基金支持　（市文广旅局 供图）

2018年12月28日，市歌舞团创新剧目音舞诗画《盛世花开》在吉林市人民大剧院首演　（市文广旅局 供图）

年度聚焦

特色产业

JILIN CITY YEARBOOK

桦甸农民画作品《二十四节气》　　　　（卢凤霞　绘）

2018年7月24日，首届中国"吉林化纤杯"碳纤维复合材料科技创新创意设计大赛启动仪式在吉林世贸万锦大酒店举办　　（市科技局　供图）

2018年9月20日，吉林省首

2018年9月19日，舒兰市被中国粮食行业协会授予"中国生态稻米之乡"称号。图为舒兰国家级绿色水稻种植基地

2018 年 7 月 7 日，蛟河市漂河镇富江村入选中国年度人气美丽乡村。图为 8 月 17 日富江花海河灯节　（程英铁　摄）

“中国农民丰收节”在吉林市举办　（彦　宏　摄）

2018 年，吉林市碳纤维原丝产能、碳丝单线产能位居全国第一。图为摄于 2 月 8 日的吉林化纤碳纤维碳化生产线　（吉林化纤集团　供图）

（舒兰市政府办　供图）

40年回眸
经济发展

JILIN CITY YEARBOOK

（江城日报社等单位供图）

改革开放40年，吉林市城市经济飞速发展，综合实力持续增强，公共服务和基础设施明显改善，社会事业全面进步，人民生活水平不断提升，城市面貌日新月异。吉林市工业体系门类齐全，1987年改革开放后，迅速发展起来轻型汽车、机械、轻工、纺织、化纤、电子等工业。随着改革的深入，国家提出东北老工业基地振兴战略。吉林市调整结构步伐加快，传统产业改造升级进展顺利。

20世纪70年代

20世纪80年代

20世纪90年代

千万吨炼油厂

吉化炼油厂40年巨变

2004 年的吉林化纤生产车间

2015 年吉林化纤 5000 吨年竹长丝连续纺

2005 年的一汽吉林轻型车厂

2016 年位于汽车工业园区的一汽吉林汽车有限公司生产车间

1994 年吉林高新区南区全景

2012 年吉林高新区南区全景

40年回眸

民生改善

JILIN CITY YEARBOOK

（江城日报社等单位供图）

改革开放40年，是江城人民得到实惠最多、生活水平提高最快的40年。衣食住行、健康文娱的巨变见证了江城人民奔向小康的步履，昭示着江城百姓看得见、摸得着的获得感、幸福感、安全感和自豪感。

衣食

1978年实行家庭联产承包责任制后，粮食产量逐年增长，人们的餐桌日益丰富，1993年中国取消了粮票。随着农业和轻纺工业的发展，布匹日趋丰富，1984年布票取消。改革开放以后，人们穿衣打扮逐渐讲求个性和多变，服装的花色、款式更加多样化。逐渐实现由贫困到温饱、再由温饱到小康的历史性跨越。

20世纪80年代储秋菜是件大事。图为人们选购秋白菜

1991年，市政府实施丰富老百姓的菜篮子工程。图为副食品吉林市蔬菜公司职工在给蔬菜过秤

农副食品供应日益充足。图为2003年的吉林市农贸市场

1984年，吉林市生产的儿童服装

1994年，顾客在朝鲜族百货大楼购买服装

2003年，河南街焕发新生机

住行

改革开放以来，吉林市居民的居住条件和生活环境实现了飞跃，从居者“忧”其屋，到居者“优”其屋，人们追求居住条件更舒适、环境更优美的梦想逐步实现。

改革开放前，城市的交通资源极为有限，人们出门除了步行外，可以代步的工具是自行车和公交车。20 世纪 80 年代，中国曾被称为“自行车王国”。改革开放后，交通条件明显改善，私家车屡见不鲜，铁路、公路和航空业日益发展起来。

2002 年，改造前的西山棚户区

2012 年，改造后的西山棚户区

2013 年，西山三区改造项目建成后群众居住条件得到改善

2000 年，松花江两岸新的居民小区林立

1980 年，春运期间蛟河站客流过万人却井然有序

1992 年，松江中路上的自行车流

2010 年年底，长吉城际铁路建成通车

2017 年，公交集团全景天窗双层巴士

医疗卫生

改革开放40年来，医疗卫生事业以健康为主线，以惠民为导向，服务百姓健康，让改革成果惠及人民群众。2009年实施医改，国家加大对卫生事业的投入，逐步建立覆盖全民的基本医疗保障制度，提高优质医疗服务能力，从根本上解决百姓看病难、看病贵问题，共筑老百姓的健康梦。

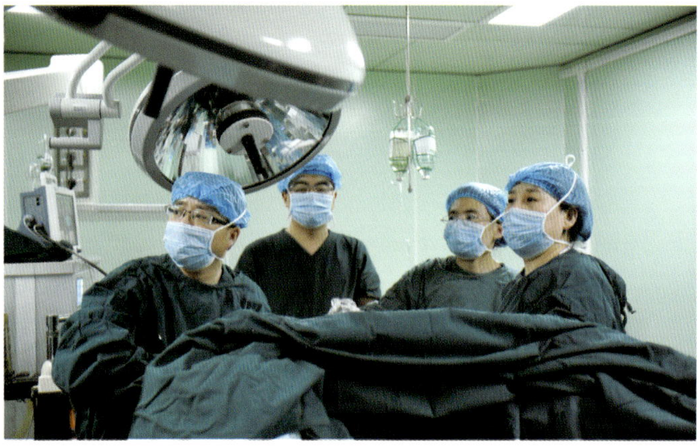

医疗救治水平不断提升。图为2010年医生进行手术治疗

建立医疗社会保障制度。图为2013年的市医保局服务大厅

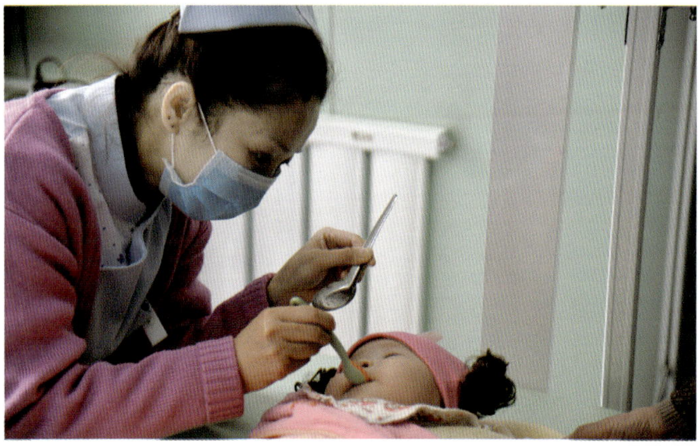

2016年全国儿童预防接种日当天，船营区青岛街卫生服务中心工作人员为儿童接种疫苗

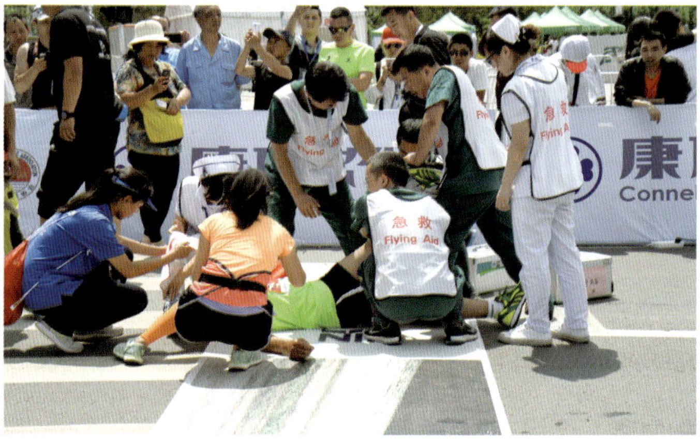

2016年，急救中心医务人员为参加马拉松锦标赛的人员提供医疗救护保障

2017年，吉林市卫生计生委组织送医下乡活动

2017年，吉林市配备卫生应急指挥车

教　育

1977 年恢复高考制度，中国迎来了尊重知识、重视教育的时代。从 1986 年起，吉林市实行九年义务教育。高考录取率一路攀升，高等教育从“精英教育”逐步走向“大众教育”。

1984 年，吉化托儿所的小朋友正在上音乐课

教育结构不断优化，高等教育水平进一步提高。图为 2005 年东北电力大学培养的博士毕业生和硕士毕业生

2012 年，低保家庭学生免费享受可口的午餐

教育投入不断增长，2012 年为农村学校配备了标准制式校车

创新人才培养模式，加快发展职业教育。图为 2015 年吉林工贸学校汽车运用与维修专业学生实训课

重视发展学前教育。图为 2016 年市教育局举办庆六一师幼同台文艺汇报演出

40年回眸

城市建设

JILIN CITY YEARBOOK

（江城日报社等单位供图）

城市建设是基础是载体，交通枢纽是血脉是纽带。旧城改造让低矮的平房不见了踪影，取而代之的是新型社区。标志性建筑带动着城市品位的提升。城市扩大了，路宽了，灯亮了，车通了，楼高了，房屋宽敞了，出门方便了，生态变好了，环境变美了……城市的变化、进步让身处其中的吉林人感受着幸福、感受着快乐。

1984年5月

1993年10月

1998年6月

2009年6月

从龙潭山上看吉林市的变迁

2014年11月2日，吉林大桥新桥正式竣工通车。图为2018年的吉林大桥

40年回眸

山乡巨变

JILIN CITY YEARBOOK

（江城日报社等单位供图）

中国的改革率先从农村开始，中国农民经历了从计划经济走向市场经济，从贫困走向小康，从短缺走向充裕的艰辛历程，在改革开放大潮中改变了旧有的生产和生活方式。农业发展不断迈上新台阶，粮食连年增产，农民收入持续增长，农村基础设施和公共服务明显改善，城乡差距逐渐缩小，农村社会和谐稳定，农民生活水平提高。改革开放走过40年，吉林市的农村发生翻天覆地的变化。随着改革开放的不断深入，乡村振兴，“农业强、农村美、农民富”的生活越来越近。

2003 年的大荒地村

2017 年的大荒地村

2013 年年末，为化解地质灾害，桦甸市公吉乡公郎头村实行整体搬迁，村民住房条件整体改善，基础设施一应俱全。2017 年，住建部公布全国改善农村人居环境示范村公示名单，公郎头村成功入选，被评为保障基本示范村

40年回眸

和谐社会

JILIN CITY YEARBOOK

（江城日报社等单位供图）

在改革开放40年的发展过程中，吉林市人与城市共同成长，人与自然和谐共生，人与城市彼此成就，描绘一幅城市文明以及生态文明建设的美好画卷。吉林市推进社会各项事业改革，人民民主不断扩大，精神文明成效显著，治理污染、保护环境、脱贫攻坚，缩小城乡差距，建设更加幸福、公正、和谐、节约并充满活力的全面小康社会。

在火灾中勇救11人的平民英雄胡茂东获得2005“中国骄傲”荣誉称号。图为胡茂东被评为2005年“感动江城”十大人物

2017年，吉林市建设的保障住房——公租房蓝景东悦小区

2007年，吉林市开发城镇就业岗位12万之多，新增就业9万多人。图为大中专毕业生专场招聘会现场

2018年1月，吉林市举办就业援助月专场招聘会

2018年3月，吉林市通过首批国家水生态文明建设试点城市验收。图为松花江吉林城区段良好水质吸引大量野生鸟类

（任丽华 摄）

总 目

目 录

CONTENTS

专 文

大事记

市情概貌

中国共产党吉林市委员会

吉林市人民代表大会

吉林市人民政府

中国人民政治协商会议吉林市委员会

中国共产党吉林市纪律检查委员会
吉林市监察委员会

民主党派·工商联

群众团体

外事·侨务·港澳台事务

法 治

军　事

经济管理

冰雪产业

农　业

工业

建筑业

商贸服务业

信息业

旅游业

金融业

房地产业

交通・邮政

经贸合作

开发园区

民营经济

城乡建设

生态建设

教 育

科学技术

文　化

卫生健康

体 育

社会生活

区县（市）概览

人 物

附 录

索 引

CONTENTS

Special Articles

Memorabilia

Overview of City

Jilin Municipal Committee of the Communist Party of China

Jilin People's Congress

Jilin People's Government

Jilin Committee of the Chinese People's Political Consultative Conference

Commission for Disciplinary Inspection of CPC Jilin Municipal Committee, Supervision Commission of Jilin

Democratic Parties and the Federation of Industry and Commerce

Mass Organization

Foreign Affairs, Overseas Chinese Affairs and Hong Kong, Macao and Taiwan Affairs

Rule of Law

Military Afairs

Economic Management

Ice and Snow Industry

Agriculture

Industry

Construction

Commerce and Trade Services

Information

Tourism

Finance

Real Estate

Transportation & Post

Economic and Trade Cooperation

Development Zones

Private Economy

Urban and Rural Construction

Ecological Construction

Education

Science and Technology

Culture

Hygiene and Health

Sports

Social Life

Overview of Districts and Counties

Figures

Appendix

Index

专 文

SPECIAL ARTICLES

2018年吉林市全面深化改革综述

2018年，全市上下紧紧围绕贯彻落实中央、省委和市委改革部署，积极履职尽责，统筹协调推进，狠抓任务落实，全年4次召开全面深化改革领导小组会议，审议通过11个改革方案，部署推进88项改革任务，在改革的重要领域和关键环节聚势发力、狠抓落实，一项项改革任务精准落地，一件件改革实事惠及民生，全面深化改革正以不竭的动力推动吉林市经济社会发展阔步迈进、砥砺向前。

经济体制改革聚焦重点、难点领域攻坚拔寨、奋力突破，着力激发全市高质量发展的动力和活力。

一年来，经济领域各项改革发展稳健有力，破浪前行。"只跑一次"改革切实激发吉林市行政效能，机构改革优化设置进一步提高执政能力和领导水平，国企国资改革围绕做大做强国有资产加快推进，科技体制改革以"创新"驱动吉林市经济提档增速，各项改革为吉林市实现高质量发展提供了强大动力和坚实保障。

"言必信，行必果。"率先推进"只跑一次"改革，承诺的勇气来自践诺的底气。从实施"多证合一"扩容增量，到工商登记全程电子化、企业申报"提速增效"，市场准入更加方便快捷；需求端证明事项清单建立，1000余项无依据证明全部取消，跨部门、跨领域集成服务覆盖更多领域，一系列举措相继实施，百姓办事更加便利；42个部门（单位）699项行政审批事项进驻市政务大厅（分厅），行政审批职能归集到位，百姓办事实现"进一门、跑一次、一站式"集中服务；进一步取消、下放行政审批事项，吉林市成为全省保留行政审批事项最少的地市。

"先破后立，不破不立。"深化党委政府机构改革，不仅是改头换面，更是脱胎换骨，吉林市以加强党的全面领导为核心，以推进机构职能优化协同高效为着力点，改革机构设置、优化职能配置、理顺职责关系，机构改革后，共设置党政机构50个。党委机构14个。其中，纪检监察机关1个，工作机关13个。政府机构36个。各方面改革有机衔接、协调联动，初步构建了系统完备、科学规范、运行高效的机构职能体系，为加快吉林市振兴发展提供了有力的组织保障，改革整体效应得到充分发挥。

啃"硬骨头"，趟"地雷阵"，涉"深水区"。吉林市国资国企改革在推进国资监管职能转变、深化国有资本授权经营体制改革、防范化解债务风险、推进重点领域改革等方面持续深化，部分改革走到了全省前列。志不求易、事不避难，稳步推进了"三供一业"（供水、供电、供暖、物业管理）分离移交工作。积极推进企业公司制改革，着力加强国有资产监管，筑牢党对国有企业的领导。妥善处理改制遗留难题，有效解决了造纸厂留守处机构臃肿、成本过高、公有用房移交等问题，裁减留守人员，经费由每年240万元减少到48万元，切实地维护了职工和社会稳定。

"科技兴则国兴。"科技创新改革，以史为鉴，吉林市深刻认识到想要缩小发展差距，实现弯道超车，就必须紧紧牵住创新驱动发展这个"牛鼻子"。因此积极推进产学研协同创新，联合域内外优质创新资源，组建吉林大学吉林市研究院、浙江大学吉林市技术转移中心和吉林市军民融合协同创新联盟，成立24家细分行业产业应用技术研究院，涉及领域覆盖全部新兴产业类别。大力推进创新体系建设，打造科技"小巨人"企业，扶持"独角兽"潜质企业，项目与平台的科学布局初步形成。系统推进创新型城市和人工智能发展，成立吉林市人工智能（AI）与机器人产业应用技术研究院，召开跨区域科技成果转移转化对接大会，向东北地区重要创新中心和科技成果转移转化基地目标进一步迈进。

生态文明体制改革坚持划定红线，守住底线，努力实现经济发展和生态保护和谐双赢。

“求木之长者，必固其根本。”生态文明建设，关系人民福祉，关乎未来发展，一年来吉林市注重方法、重视成效，围绕水、大气、土壤污染等问题重拳出击、强力治理，全市生态环境得到持续有效改善。

生态环境保护机制逐步健全，全面落实河长制，实施了六大河道整治专项行动，城区110条河流的调查和清理工作全部完成。大力开展空气整治工作，加快推进秸秆综合利用等多项工作内容，全年环境空气质量优良天数比例达82%以上。落实土壤污染防治工作，推进老工业区土壤生态修复，全市环境得到较大改善。全面加强国土资源执法监察工作，全年开展179次动态巡查，有效制止违法行为77起。同时加强环境应急管理体系建设，推进环境监察从污染源管理向风险源管理转变，环境监测从监督性监测向预警性监测转变。

农业农村改革致力于完善现代化经营体系，科学有序、精准施策、持续发力地推动乡村加快振兴。

“农为邦本，食为政首。”一年来吉林市始终将改革作为推动农业农村发展的不竭动力，着力推动农业升级、农村进步、农民发展，土地确权颁证、耕地流转经营、国有林场及农村集体产权制度等改革继续扎实推进，现代农业体系得到进一步完善。

土地流转工作加快推进，全年发放土地经营权抵押贷款1.7亿元，土地流转面积14.8万公顷，占承包面积的三分之一。绿色农业快速发展，全年新增绿色有机水稻种植面积2300公顷，农作物化肥施用量首次实现零增长。全面完成市国有农场1.24万公顷国有土地确权工作和国有农场办社会职能改革，11月底前全市农村土地承包经营权权证颁发工作基本完成。吉林市供销投资集团有限公司注册成立，供销社改革通过省委省政府综合改革试点评估验收工作，并成为省内唯一指定市州，为全省作经验介绍。

民主法制改革进一步健全完善民主制度，推动法治政府建设不断向前，有效保障了人民民主权益。

“国无法不治，民无法不立”。一年来，吉林市健全民主决策程序，建立代表联系群众制度，积极推进代表履职信息化平台建设，制度化法治化迈出新步伐，人民当家作主的权利得到更高保障。

法治政府建设工作不断深入，出台了《2018年吉林市推进依法行政建设法治政府实施方案》，完善重大行政决策程序制度，提高专家论证和风险评估质量；积极推进决策公开、执行公开、管理公开、服务公开和结果公开，健全政务信息发布制度；完善行政机关依法出庭应诉制度，加强行政监督和审计监督，健全社会监督和舆论监督机制，加强行政问责规范化、制度化建设；完善社会信用体系，加强对领导干部的法治教育培训和法治能力考查。接续和巩固吉林市在建设“依法履职、公开透明、高效便民、清正廉洁、守法诚信”五个方面政府取得的各项成果，为2020年全市法治政府建设实现新成效奠定基础。

司法体制改革以提升司法公信力为核心，向着公正高效权威司法迈进，坚决守护百姓的公平正义。

“公正司法事关人民切身利益，事关社会公平正义，事关全面推进依法治国。”一年来，吉林市继续推进立案登记制、案件繁简分流、以审判为中心、司法责任制等改革。

持续推进“道交一体化”试点和城区家事集中管辖，积极搭建“分调裁”平台，市法院二审民商事案件速裁试用率达71.8%。推进电子卷宗随案同步生成和深度应用，开发应用“诉讼无忧e中心”和“云柜”系统，实现了电子卷宗扫描、挂载和纸质卷宗移送“三同步”，市法院和磐石、蛟河法院在全省法院专题会议上介绍了工作经验。网上办案服务立案率分别为93.1%、70.9%。网上阅卷等核心指标均位列全省法院第一。全市法院通过网络平台公开案件流程信息59580件、裁判文书62942篇、案件执行信息4339件。市法院文书上网率和庭审直播数量均位居全省法院前列，3个庭审入选全国法院百场优秀直播庭审，在全国法院司法透明度指数评估中，市法院跃居全国49家较大中院第4位。

文化体制改革加速改善文化供给，“百花齐放”促进文化事业和文化产业蓬勃发展。

“文化是民族生存和发展的重要力量。”一年来，吉林市全力构建现代文化服务体系，积极推进文化志愿服务改革。连续举办“吉林国际马拉松”比赛，以市政府前广场为中心，以沿江文化休闲广场为分中心，设立沿江服务场点12个，定期、集中开展广场舞风采展示、瑜伽风采展示、戏曲风采展示、旗袍秀风采展示等10余种文化风采展示项目，形成了一条独具特色的“松花江文化风景线”，百姓业余文化生活得到极大丰富。建立了吉林市“TA+文化产业重点园区”，成功入选第三批国家公共文化服务系统示范区，文化服务建设均等化工作进一步提升，全市文化氛围更加浓厚。

社会体制改革坚持“以人民为中心”，提供更多优质普惠服务，给百姓带来实实在在的“获得感”。

“悠悠万事，民生为大。”一年来，教育体制改革大刀阔斧，全市中小学课后服务工作全面启动，投入近3000万元财政资金，有效解决了放学后“三点半难题”，31万名中小学生家庭成为受益者；为37所省级冰雪运动特色学校配备了冰雪运动教学设备，为城区4所中小学校配建了室内滑雪模拟机，切实为中小学校园冰雪运动建立了强有力的保障和支持；建立了34个大学区，教育资源布局进一步优化；互联网学校正式开课，317所学校的4689名教师网上晒课3430节，教育信息化改革持续深化；全市17所试点学校招收试点学徒规模超过1000人，现代学徒制试点取得阶段性成果，并被作为优秀案例向教育部推荐。

“以人民为中心，以健康为根本”。医药卫生体制改革持续发力，分级诊疗制度建设有序推进，建立了6个多层次医联体，6个专科医院医联体，18个县区级政府主导下的医联体、医共体。

家庭医生签约服务做实做细，签约全市常住人口143.26万人，建档立卡农村贫困人口覆盖率达100%。进一步健全药品供应保障制度，全市二级以上公立医院和政府办基层医疗卫生机构所有药品，全部执行网上集中采购、零差率销售。改革完善全科医生培养与使用激励机制，市公立医院综合改革落实情况在全省第三方评估中排名第一。

社会保障、户籍制度、城市管理、安全生产、食药监管等领域改革稳步提升、多点突破，改革成果更多的服务民生、惠及民生。

党的建设制度改革坚持谋远固本，管党治党持续推进，党风政风不断改善。

一年来，吉林市加强领导班子、干部队伍及基层党组织建设，扎实开展作风整顿，深入推进学习教育常态化。深化人才发展体制机制改革，切实为吉林市经济社会发展储备优秀人才。

干部选任管理制度体系进一步完善，让有担当有作为的干部更有干劲有奔头。党建助推脱贫攻坚水平不断提高，109名第一书记进展区、进社区、进景区、进商区，不遗余力为扶贫产品代言，带动形成147个特色产业，为3100户贫困户实现增收320万元。实施“头雁回归创业”计划、“四带一返乡”工程、“引凤还巢”活动，吸进农村外出务工人员返乡创业。城市基层党组织政治功能全面加强，非公有制企业和社会组织“两个覆盖”有序推进。“硬实力、软实力，归根到底要靠人才实力”，努力提升人才服务发展效应，召开松花湖人才驱动创新交流中心启动活动，邀请中国科学院院士王佛松、王立军等30位省内外高端人才为吉林市发展把脉问诊、建言献策。组织专家人才与40余家企业进行人才对接，帮助解决技术难题，推动企业新旧动能加快转换。

纪检监察体制改革聚焦正风反腐，全力营造风清气正的政治生态，治理效能不断显现。

稳妥推进监察体制改革试点工作，自觉主动把加强党对反腐败工作的集中统一领导贯穿监察体制改革试点工作全过程，完成市县两级监察委员会机构组建和人员转隶，积极推进派驻机构监察职能延伸，健全配套制度机制，推动纪法贯通、法法衔接，全市监察对象由1.9万人增加到10.8万人，推动实现对行使公权力的公职人员监察全覆盖。

作者：李佳妮 张翘楚

来源：《江城日报》2019年2月12日头版

2018年吉林市产业结构转型升级综述

一、农业产业结构转型升级

吉林市加快把良好资源转换为产业优势，拓展现代农业生产、生活、生态功能，农村一二三产业融合呈现新局面。

由“主粮区”向“优品区”跨越。稳定粮食播种面积，优化种植结构。划定56.8万公顷粮食生产功能区和重要农产品生产保护区。“中国粳稻贡米之乡”物产名片知名度得到提升，大米、鲜食玉米、杂粮、木耳等“吉字号”农产品市场竞争力不断增强。可视农业基地发展到36家，可视农业新零售电商平台成功上线。同时，舒兰市积极发展绿色农业，获评“中国生态稻米之乡”称号。

由“特色区”向“高效区”转变。壮大果蔬、食用菌等十大特色产业规模。基本建成50个设施园艺标准园。培育全国最大的宇丰设施芦笋种植基地、东北最大的卓远植物工厂、全省最大的宇丰木瓜种植基地。温室大樱桃、大棚黄桃种植基地规模不断扩大，形成“南果北种”新亮点。蛟河市黄松甸镇被评为省级特色农产品优势区。永吉县万昌镇、舒兰市平安镇被评为国家农业产业强镇示范镇。

由“农品区”向“加工区”提升。着力建设万昌、孤店子两个现代农业先导区，打造农业现代化样板。2018年，完成投资7.7亿元，重点建设14个农业产业化项目。全市农产品加工企业发展到1200余家，其中市级以上龙头企业318家。省级现代农业产业园创建单位达到6个，数量在全省领先。培育5家农业产业化联合体。永吉县被评为全国农村一二三产业融合发展先导区创建单位。

由“种植区”向“旅游区”扩能。明晰农耕、民俗、温泉、冰雪等产业定位，把大农业、大旅游融为一体。建设“一带”，即万昌—孤店子温泉农业产业带；建设“一圈”，即环城市周边休闲农业圈；建设“两县”，即蛟河、丰满国家级休闲农业示范县（区）。评选休闲农业“十大景区”“十佳最美民宿”。桦甸市被新华网评选为首批“国民休闲旅游胜地”。全市休闲农业年接待游客500万人次，营业收入16亿元，增长15%。

二、工业产业结构转型升级

2018年，吉林市加快工业产业结构调整步伐，推进战略性新兴产业发展，同时积极推进汽车、化工、冶金、农产品加工等传统产业升级改造。全市深入开展“稳增长、调结构、促转型”服务年活动，全市规模以上工业总产值增长6.9%，增加值增长4.4%，其中百户重点企业产值增长9.1%，实现利润76亿元。

吉林市战略性新兴产业茁壮成长，碳纤维产业产值增长61.7%，碳谷原丝项目新增产能8000吨，吉林精功一期2000吨大丝束碳纤维实现量产，碳纤维原丝产能、碳丝单线产能位居全国第一；医药健康产业不断壮大，康乃尔原料药试生产，修正医药产业园竣工，吉尔吉医药健康产业园全面投产；国家级通航产业综合示范区加快建设，吉航民机维修基地建成，金汇全省直升机应急救援基地运营。

吉林市积极探索老工业基地转型升级模式，改变传统“两高一低”发展模式，加快传统支柱产业融合发展、产业链延伸与循环化改造，提高集群化、循环化、精细化、终端化水平，努力实现传统产业的绿色化、低碳化发展。

化工产业“补链”取得关键性进展。做大做强石化支柱产业，推进吉林石化和地方企业深度对接配套。中油吉林石化公司炼油厂汽油国Ⅵ质量升级烷基化项目、小乙烯技改、ABS技改及乙丙橡胶装置完善、康乃尔化工60万吨甲醇制烯烃项目一期工程等项目完工，吉神聚醚多元醇等化工“补链”项目投产。经过多年建设，以吉林市康乃尔化工烯烃、众鑫化工和博海生化环氧乙烷、奥克和怡达醇醚等装置为代表的全市乙烯及下游制品产业链骨架基本形成。

推进汽车“上量”。一汽吉林汽车公司开发推广新车型，提高整车质量。一汽吉林R9智能网联车、R7升级车型和V80电动车实现量产。吉林万丰汽车轮毂智慧工厂项目试生产，形成年产300万件高端铝合金汽车轮毂生产能力。

冶金“转型”迈出实质性步伐。依托国家全面振兴东北老工业基地政策支持，加快推进哈达湾老工业区搬迁改造，吉林铁合金、吉林炭素正式签订搬迁协议。建龙80万吨冷轧项目主体完工，吉林恒联等技改项目有序推进。

农产品加工“提质”成效明显。农业产业化重点龙头企业发展到300家。农产品加工产业集聚发展初见成效，中新食品区初具规模。正大100万吨大米加工及1.2万吨米糠油等项目进展加快。

三、服务业产业结构转型升级

2018年，吉林市加快服务业转型升级步伐。依托产业基础和资源优势，加快发展冰雪、旅游、信息、健康等现代服务业和生产性服务业，服务业保持平稳发展，全市服务业占GDP比重达到58.8%，比2017年提高4.6个百分点。

旅游、健康、信息等新兴行业发展迅速，带动服务业发展质量得到提升，发展新动能逐步显现。吉林市被评为“2018中国十佳冰雪旅游城市”，建成并运营北山四季越野滑雪场，签约北大壶中瑞滑雪小镇项目，成功举办正和岛新年论坛，推进全民上冰雪和冰雪运动进校园工作，并通过中央电视台、北京冬博会、法国山地展等平台有效提升吉林市冰雪产业对外影响力；社会办医、社会化养老快速发展，医养结合的健康养老新模式逐步形成，健康养老服务体系进一步健全；优辆车服、吉林通卡、东杰科技、云耕农业等重要信息服务企业稳步壮大，国内最大企业外包服务平台猪八戒网落户吉林市。

商贸、物流等传统行业加快转型升级，带动服务业发展水平得到提升。商贸业向综合性和专业性两端拓展延伸，财富广场、欧亚、万达等一批大型商业综合体不断壮大，连锁店、直营店、社区生鲜超市等末端商业主体快速发展，吉林省首家24小时无人超市“每日多”智能无人超市在吉林市亮相，“小米体验店”“京东实体店”相继落户吉林市。推动电子商务实现突破性发展，一网全城、淘宝馆等一批电商企业和农村电商快速壮大，全市建成4个中国“淘宝村”，在东北三省占比达到31%，获得商务部“电子商务促进乡村振兴十佳案例”奖。全市银行信贷投放超1000亿元，新设立4支总规模达50亿元的产业发展基金，润田美农等10家企业挂牌“吉交所”。京东智慧物流园项目一期运管中心主体竣工，现代物流业向集聚、标准、智能化方向加快发展。

服务业重大项目及平台载体加快建设，带动服务业支撑能力得到提升。国投长生谷、正大国际医院等一批新兴产业项目陆续投入运营。推动神农民俗文化特色旅游集聚区获批省级服务业集聚区，全市省级服务业集聚区数量达到9个。加快构建对外合作平台，积极参加第三界全球吉商大会、“央企进吉林”等省级经贸交流活动，组建成立吉林温州商会。搭建创新创业平台，吉林市成功获批建设国家创新型城市，构建以百度创新中心为代表的多层次双创支撑平台体系，挂牌成立中科院苏州医工所吉林市工程技术研究院、吉林大学吉林市研究院，市级以上双创载体发展到49个，新建7个院士工作站，新引进高端领军人才17人、创新团队17个。

新兴消费潜力不断释放，消费引领作用显著增强。发展冰雪游、温泉游、乡村游，精心组织开展雾凇冰雪节、开江鱼美食节、吉林国际马拉松赛等文化体育旅游活动，在一系列旅游热点带动下，旅游市场持续向好，全年接待旅游人数、旅游收入分别增长19%和25%。全年组织开展各类促销活动200余场，带动社会消费品零售总额增长4.6%，批发和零售业销售额、住宿和餐饮业营业额分别增长7.8%、7%、7.2%和7.5%。网络消费持续活跃，电商网络年交易额增长45%以上。

来源：吉林市发展和改革委员会

2018年吉林市脱贫攻坚纪实

吉林市深入学习贯彻习近平总书记关于扶贫工作重要论述，聚焦精准扶贫精准脱贫，以问题为导向，不断加大组织领导和工作落实力度，各项工作有力有序地向前推进。至2018年年底，完成42个贫困村退出、8594名贫困人口减贫目标任务。

教育扶贫。落实学前教育、义务教育、高中教育、职业教育等各项资助政策。全市职业学校组织开展对农民工职业技能培训5630人次。通过申请国家和省专项经费，实施“改薄工程”42所农村学校，新建、改建、扩建校舍5.6万平方米。脱贫攻坚开展以来，贫困家庭因贫辍学现象连续为零。为贫困村培训教师4946人，输送青年教师251名。2018年，全市春秋两季“雨露计划”补助准确及时发放到位，没有错补漏补情况，发放资金139.8万元，惠及中高职贫困学生932人次。

健康扶贫。全力推动贫困人口“先诊疗、后付费”“五提高、一增加、一降低、三减免”等政策落实，制定出台《吉林市建档立卡农村贫困人口大病兜底保障实施方案》，将贫困人口住院医疗费用实际报销比例提高到90%、慢病门诊医疗费用实际报销比例提高到80%。实施县域内“先诊疗、后付费”，为贫困患者减免医疗费用665万元。公共卫生和基本医疗服务、卫生室标准化建设合格率达100%，新农合参保率达100%，“家庭慢病签约服务”率达100%，大病集中救治进展率达100%。国家9种大病专项救治进展率达100%。

危房改造。在2017年全面推进危房改造的基础上，对农村分散供养特困人员、低保户、残疾人家庭及边缘户住房进行再鉴定。对403户建档立卡贫困户危房进行改造。其中，D级258户，C级145户。实现建档立卡贫困户的安全住房率达到100%。

基础设施建设。优先支持贫困村农村安全饮水巩固提升工程，全面加强贫困村饮水安全保障。全年投资0.35亿元，集中开展安全饮水检测工作，完成安全用水设施提升工程60处，保障贫困人口5199人的饮水安全。生活用电保障率达100%，村村通动力电达100%，保证光伏扶贫项目、产业扶贫项目等及时接网。

产业扶贫。制定下发《吉林市扶贫产业转型提升方案》，加快实施“五个转型”。一是向“企业带动”模式转型。推广磐石市依托鑫达牧业、金刚山食品等农产品加工龙头企业带动贫困户的“企业带动”模式，改变贫困村单打独斗，各自为战的状况，建立“政府主导、企业主角、乡村参与”的产业发展模式，提高产业的市场参与度和抗风险能力，带动贫困户脱贫。二是向合作社带动等模式转型。推广市农委包保帮扶的永吉县兴隆村建立土地股份合作社模式，采用扶贫资金政府主导权+经营主体使用权+贫困户收益权”三权明晰的扶贫收益分配思路，以“村集体+土地入股+贫困户+产业能人”的土地股份合作为发展模式，扶贫项目资产量化给贫困户入股或贫困户以土地等要素入股，使贫困户变股民，资产变资本，资金变股金，确保扶贫资金和项目及其收益与贫困户利益紧密联结，长期收益。大力开展扶贫车间建设，蛟河市、永吉县、舒兰市、磐石市、桦甸市均已建设扶贫车间，涉及雕刻、袜业、毛纺织、土特产等行业，每个车间吸纳贫困劳动力5人至8人就业。三是向一二三产融合发展模式转型。推广桦甸市常山镇兴隆湾花海种植项目模式经验，以中药材花卉种植为基础，整合其他资源，项目由单一的中药材项目延伸为多元的扶贫旅游开发项目。推广“舒兰二合”模式，打造好17个乡村旅游扶贫产业村。推广永吉县宇丰米业集团企业已建成的芦笋生产国家标准园区，配套建设冷链保鲜设施，把芦笋变成保鲜食品的做法，作为工业化发展的主打产业，寻求企业合作，促进转型发展。四是向全产业链条模式转型。推广发展舒兰的畜禽养殖—屠宰加工—肉制品精深加工产品链、永吉的果蔬保鲜—精深加工产品链和磐石的中药种植—中介参与—加工转化的中药材产业链。五是向整县（乡）推进模式转型。推广蛟河市整市（县）推进“冰葡产业”、整乡推进“灵芝项目”的做法，打造一批扶贫产业“龙头项目”和拳头产品。至2018年，脱贫攻坚以来全市总计发展产业项目814个。其中，发展光伏项目127兆瓦，带动14017人；发展种植业317个，其中棚膜果蔬业67个；养殖业229个；光伏、电商、休闲农业224个。2018年，落地特色产业项目301个。

创业就业扶贫。开展“五帮五促”（帮规划制定，促发展思路优化；帮设施完善，促基础设施改善；帮产业发展，促农户脱贫增收；帮矛盾化解，促社会稳定和谐；帮教育培训，促村级组织建设）助推“春风行动”，综合利用“互联网+”，做到了线上线下的有机结合，形成了O2O综合招聘服务体系，组织召开各类招聘活动134场，免费发放“春风卡”等宣传材料约28.66万份；实现县内就地就近建档立卡贫困人员就业303人；实现跨省转移建档立卡贫困人员就业68人；每个贫困村都有创业致富带头人，对268名致富带头人都开展了相应培训，组建14个协调推进组，帮扶带贫1431人。

来源：吉林市扶贫开发办公室

大事记

MEMORABILIA

1月

1日 吉林市北华大学附属医院宣布：除急诊和儿科外，北华大学附属医院取消成人普通门诊输液。成为全市首个取消门诊输液的大型公立医院。

5日 全市9个县（市）区监察委员会全部组建挂牌。

8日 2018中国·吉林第三届万科杯“冰天雪地风筝情”关东老年风筝精英赛在吉林市举行。

是日 在国家科学技术奖励大会上，东北电力大学穆钢科研团队主持完成的“大规模风电联网高效规划于脱网防御关键技术及应用”研究项目获得2017年度国家科学技术进步二等奖。

9日 2018年吉林市第三届冬季运动会在吉雪滑雪场举办，吉林市10个代表队80余名运动员参加比赛。

11日至12日 首届中国·吉林市校城融合发展论坛在吉林市举办，在全省率先探索出校城融合发展新路径，10个校城融合项目实现签约。

16日至18日 政协吉林市第十三届委员会第二次会议在吉林市机关会议中心召开。会议通过关于王爱平、沈华实辞去政协吉林市第十三届委员会常务委员职务的决定，通过《政协吉林市第十三届委员会第二次会议决议》。

17日至19日 吉林市第十六届人民代表大会第三次会议在市机关会议中心召开。听取市长刘非所作《吉林市人民政府工作报告》，表决通过《吉林市第十六届人民代表大会第三次会议选举办法》。选举张殿锋为吉林市监察委员会主任；选举吉林市出席吉林省第十三届人民代表大会代表78名。

17日 吉林市召开全市肉菜流通追溯体系运行推进工作会，肉菜流通追溯体系运行工作全面推开。

18日 河北军粮大米定点委托加工项目招标会在石家庄市公开开标。舒兰市金星精制米有限责任公司入围，成为吉林省唯一的河北军粮供应企业。

19日 吉林市第十六届人民代表大会常务委员会召开第十一次会议。审议通过《吉林市人大常委会2018年工作要点》《吉林市人大常委会关于组织人大代表学习宣传贯彻党的十九大精神的实施方案》；决定人事任免事项，任命郝连生、付英舰、赵凯为吉林市监察委员会副主任，李滨、胡长山、苏长城、李野、贾淑春为市监察委员会委员。

是日 吉林市打击侵犯知识产权和制售假冒伪劣商品工作领导小组办公室获“全国打击侵权假冒工作先进集体”称号。

20日 吉林市监察委员会正式挂牌。至此，吉林市9个县（市）区和市本级均选举产生监察委员会并挂牌开展工作。

是日 吉林市急救中心举行首次120公众开放日，50余名自愿报名市民参加开放日活动。

23日 市民政局、市财政局、市人社局联合印发《关于调整吉林市60年代精简退职职工生活待遇标准的通知》，规定自2018年1月1日起，吉林市城区60年代精简退职职工生活待遇标准由每人每月630元提高到每人每月675元、丧葬费补贴由3450元提高到3685元。

25日 2017特步·中国马拉松年度盛典在上海举行，2017吉林市国际马拉松赛被中国田径协会正式授予“金牌赛事”称号。

26日 “印象乌拉街”——水彩的萨满情结·邵强水彩画展在吉林市博物馆举办。

是日 吉林市网络作家自愿结成的非营利性社会组织——市网络作家协会正式成立。

27日 吉林市中医药协会成立，有75名团体会员、150名个人会员，为省内首家地市级中医药协会。

28日 吉林市体育馆队获2018年吉林省“全民健身杯”大众冰球赛（吉林市站）成人组冠军。

是月 《永吉县岔路河镇恒成号村土地利用规划（2016—2020）》通过吉林省国土资源厅举办的专家评审论证，成为全省首个通过评审的村土地利用规划。

是月 吉林市体育运动学校被国家体育总局授予2017年全国体育事业突出贡献奖先进集体称号。

2月

2日至3日 “中国吉林·奥地利冬季运动高峰论坛暨滑雪比赛”在吉林市举办。该比赛由吉林省外事办公室、奥地利驻华大使馆和吉林市人民政府在万科松花湖度假区共同举办。

6日 中共吉林市第十三届纪律检查

委员会第三次全体会议在市机关会议中心举行，审议通过《以党的十九大精神为指引，坚定不移推动全民从严治党向纵深发展》工作报告。

8 日　龙潭区乌拉街镇韩屯村“全国文明村镇揭牌仪式”在韩屯村举行，该村跻身全国文明村镇行列。

10 日至 11 日　第一届世界冰上龙舟俱乐部锦标赛暨 2018—2019 年度中国冰上龙舟公开赛系列赛（吉林市站）在吉林市举办，40 支龙舟俱乐部队伍参赛。

12 日　“吉才回家过年暨 2018 人才峰会”在吉林市举行。该峰会由市委组织部、市科协、市经济技术合作局主办，吉林创新科技城承办。黄岩龙等 15 位域外人才获颁“吉才爱家乡”荣誉证书。

14 日　中共吉林市委召开领导干部大会，省委组织部常务副部长骆孟炎出席会议并宣布省委决定：王庭凯任中共吉林市委书记。

22 日　在 2018 平昌冬奥会短道速滑男子 500 米决赛中，吉林市运动员武大靖以 39 秒 584 的成绩打破该项目世界纪录和奥运会纪录，获得第二十三届平昌冬奥会中国唯一一枚金牌，实现中国在该项目上男子奥运金牌零的突破。

24 日　市直机关工委印发表彰决定，表彰奖励吉林市 10 个市直机关标兵党组织、29 个市直机关先进党组织、138 个市直机关先进基层党组织、762 名市直机关优秀共产党员、225 名市直机关优秀党务工作者。

26 日　吉林省旅游工作会议在长春召开。会上，北大壶度假区滑雪场和万科松花湖度假区滑雪场被正式确定为吉林省首批“国家冰雪旅游人才培训基地现场教学点”，省旅发委负责人和国家冰雪旅游人才培训基地负责人为其授牌。

27 日　全市农村工作会议在市机关会议中心召开。贯彻落实中共十九大和中央、全省农村工作会议精神，总结分析吉林市农业农村工作，部署实施乡村振兴战略和以后一个时期全市农业农村工作。全体市级领导参加会议。

3 月

1 日　吉林省与北京市合作对接活动在北京举办。市长刘非代表吉林市政府与北京市延庆区政府签订冰雪产业战略合作框架协议，共同推动两地冰雪体育运动及旅游文化产业发展。

2 日　“2018 年在京吉商参与家乡建设总结服务推介会”在北京举办，吉林市在项目签约仪式上与在京吉商企业签约 2 个项目，总投资额 17 亿元。

8 日　吉林市“每日多”智能无人超市开业，是吉林省首家 24 小时无人超市。

9 日　“百花迎春”——吉林市第二届女书画家作品展在吉林市艺术中心举办。

12 日　市政府召开启动社会救助和保障标准与物价上涨挂钩联动机制会议，按照《吉林市人民政府办公厅关于印发吉林市启动社会救助和保障标准与物价上涨挂钩联动机制实施方案的通知》要求，为城乡低保对象、城乡特困人员每人每月补贴 25 元。

16 日　国土资源部公布“全国百佳不动产登记便民利民示范窗口”入选单位名单，吉林市不动产登记中心以全省第一名的成绩入围。

是日　吉林市商务局、东北电力大学及吉林长荣农副产品有限公司共同签署政、校、企合作协议，正式成立吉林市校政企商贸发展研究中心。

19 日　吉林康福德高汽车服务有限公司负责人领取吉林市首张网络预约出租车经营许可证。

20 日　团市委表彰第十二届“吉林市十佳少先队员”、第十二届“吉林市十佳少先队辅导员”、第三届“吉林市十佳少先队志愿辅导员”、吉林市优秀少先队员、吉林市少先队工作贡献奖、吉林市少先队红旗大（中）队。

22 日　在 2018 年中国技能大赛吉林省职业技能焊接竞赛上，吉林石化工程学校获得 1 枚金牌、1 枚铜牌。

29 日　吉林市妇女第十五次代表大会在市机关会议中心举行。回顾 2013 年至 2017 年吉林市妇女运动和妇女工作发展历程，部署吉林市妇女发展目标及奋斗任务，选举产生新一届吉林市妇女联合会执行委员会。

是日　吉林市人民医院成为东北三省首家中国“早期胃癌筛查临床新技术应用研究中心”成员单位。中国工程院院士李兆申莅临现场授牌并作专题讲座。

是日　全国企业管理现代化创新成果委员会发布第二十四届国家级企业管理现代化创新成果名单，吉林化纤集团公司的“化纤龙头企业以纵向联盟为载体的竹纤维产业培育管理”获得一等奖。

是日　吉林毓文中学关东书画院举办成立揭牌仪式。同时，由吉林毓文中学主办、广东书画院承办的“翰逸广东”书画名家作品展开幕。

30 日　吉林市民政局制定印发《吉林市脱贫攻坚低保兜底“四个一批”专项行动方案》。

31 日　诗刊《小诗界》在吉林市正式创刊发行，填补吉林市文学开办独立诗刊空白。《小诗界》为双月出刊，发表15行以内纯诗歌，立足本省，面向全国。

是月　吉林市物价局相继出台落实清洁供暖价格支持政策、调整光伏发电项目价格政策。落实清洁供暖价格支持政策中规定，每个取暖期内，分户式居民电采暖住户执行峰谷分时电价，即每日 8 点至 21 点峰时电价为每千瓦时 0.562 元、每日 21 点至次日 8 点谷时电价为每千瓦时 0.329 元。调整光伏发电项目价格政策中规定，1 月 1 日之后投运的光伏电站标杆上网电价下调 0.10 元，Ⅰ类、Ⅱ类、Ⅲ类资源区标杆上网电价调整后的含税价格分别为每千瓦时0.55元、0.65元、0.75元。

4 月

1 日起　吉林市在市区繁忙且没有交通信号灯控制的 8 处斑马线附近抓拍“车不让人”行为，对不礼让行人通过斑马线交通违法行为予以 100 元罚款、驾驶证扣 3 分处罚。

是日起　盲人和重度残疾人免费乘坐公交车。

1 日至 8 日　吉林省进口商品展销活动暨首届吉林市进口商品展洽会在吉林欧亚商都综合体举办，来自 16 个国家和地区的 1000 余种进口商品参展，销售额 720 万元，创下吉林市会展经济新纪录。

1 日至 18 日　市地税局在吉林市首个环保税征期确认环保税纳税人 819 户，征收环保税款 1160 余万元，减免税款 350 余万元，实现环保费改税。

2 日　“中法生态示范城市”授牌仪式在珠海举行，中国城市科学研究会法国建筑科学技术中心联合授予磐石市“中法生态示范城市”称号。

10 日　“黄松甸灵芝”通过国家工商行政管理局商标局审定批准为中国地

理标志证明商标，是蛟河市继2014年“黄松甸黑木耳”成功申报中国地理标志证明商标后又一个产业品牌认证。

12日 在由重庆华龙网主办的首届“全国党媒融合生产合作研讨会”上，“吉林市发布”（吉林乌拉圈）作为发起单位之一，首批入驻全国党媒新媒体试听内容融合发展矩阵。

是日 吉林市首个出租车“党员先锋车队”成立。首批“党员先锋车”22辆。

13日 吉林市松花江千人产业研究院有限责任公司启动运营。

17日 吉林市城市管理行政执法局换装仪式在市政府门前广场举行。新服装为全国统一城管执法制式服装，颜色采用藏青色及太空蓝色，搭配金色标志标识，采用国徽、人字飘带、盾牌、牡丹花、橄榄枝等设计元素。

20日 原吉林出入境检验检疫局按照海关总署和长春海关统一部署，以吉林海关名义对外开展工作，一线执法的公务员和参照公务员管理的人员统一着海关制服、佩戴官衔，履行进出境监督管理职责。成为吉林省首个启动机构改革的中直单位。

是日 吉林市中学生职业生涯规划教育联盟在吉林毓文中学成立。

21日 市直机关工委组织市区两级机关干部开展环境卫生整治义务劳动。当天，全市近万名机关干部深入社区清理野广告、清运小区垃圾。市领导李天林、孙宝玉、陈东、刘长木参加义务劳动。

22日 市作家协会吉林诗人委员会成立大会在吉林城市之光书店举行，近80名理事参加成立大会。

23日 “健康生活 悦动吉林——推动全民阅读 建设书香江城”2018年吉林市全民阅读活动在市群众艺术馆一楼展览厅举行。

24日 吉林市在全省率先建成律师代理申诉服务中心。

是日 “水墨盛宴”——“吉庆有鱼”吴晓光开江鱼系列中国画作品展在吉林书画城举办，展出吴晓光开江鱼系列作品80余件。

是日至12月17日 由吉林市商务局主办，中国吉林网、吉林市电子商务协会承办的吉林市首届知名电商企业电商品牌评选活动正式启动。经企业申报、县（市）区商务局审核推荐、实地走访、网络投票、专家组评审，评选出吉林市永鹏农副产品开发有限公司、吉林市东福米业有限公司等15家企业为“吉林市知名电商企业”；吉林市统泰一网全城电子商务有限公司的“一网超市”、蛟河市森百味有限公司的“森百味木耳”等14家企业的平台和产品为“吉林市知名电商品牌”。

25日 由吉林省旅发委和市政府主办的第十三届吉林市开江鱼美食节开幕式在松花江风景名胜区举行。以“观松花湖美景 品开江鱼美食”为主题，相继举办“三花一岛鲢鱼汤”开江鱼品鉴会、“开江鱼大集”活动、2018吉林松花湖增殖放流活动、“泉水炖湖鱼”品鉴大赛、“登山踏青品鱼”乡村游活动、春季赏花品鱼摄影采风创作活动、“春回松花江”垂钓活动、“吉庆有鱼”开江鱼系列中国画作品展等9项活动，6月30日结束。

27日 吉林市第十六届人民代表大会常务委员会召开第十三次会议。决定任命李天林、熊亮华为吉林市人民政府副市长，郑文家为吉林市监察委员会副主任、代理主任。任职人员进行宪法宣誓。

27日至6月2日 吉林市代表团赴江苏省、广东省开展经贸交流活动。签约7个投资亿元以上大项目，累计总投资额26.2亿元；13个项目达成合作意向。

28日 吉林市首届百名“江城工匠”颁奖盛典在吉林一中艺术中心举行。10名“江城大工匠”、90名“江城工匠”受到表彰。10名“江城大工匠”分别是中国石油吉林石化建修公司机泵维修钳工李永翔、中油吉林化建工程有限公司焊工郑秋林、中油吉林化建工程有限公司焊工徐龙杰、吉林化纤集团有限责任公司汽轮机检修工毛玉刚、国电东北电力有限公司吉林热电厂焊工李英凯、吉林航空维修有限责任公司钳工邱建良、国网吉林省电力有限公司吉林供电公司电工葛猛、中国石油吉林石化建修公司机泵维修钳工曹宽、吉林江机特种工业有限公司加工中心操作工宿华龙、吉林市文学艺术界联合会工艺师由守义。

是日 全国职工教育培训示范点在中油吉林化建有限公司培训中心揭牌。

5月

1日 除房地产交易税、车辆购置税、出口退税等需要去专业办税厅办理，吉林市纳税人到国税局、地税局任意一个办税服务厅均能办理各类涉税业务。

4日 吉林市人工智能与机器人产业应用技术研究院在吉林科创中心成立。该研究院由北华大学、东北电力大学、吉林创新科技城等20家科研单位和企业联合申请成立。成立大会通过《吉林市人工智能与机器人产业应用技术研究院章程》，选举产生研究院的领导机构。研究院与长春理工大学人工智能研究院签署战略合作协议。

4日至6日 浙江省温州市党政经贸代表团到吉林市开展对口合作交流活动。5日，温州市—吉林市对口合作座谈会在西关宾馆国际会议中心举行，两市正式签署《温州市—吉林市深入推进对口合作实施方案》。

7日 一汽吉林公司产品升级项目森雅R9正式下线，于27日上市。

8日 吉林市举办第三届春季长跑节。江涛、柏亮芬分别获得男子组、女子组冠军。

10日 吉林市康复医学会成立大会在北华大学附属医院召开，北华大学附属医院骨外科二疗区主任程维担任市康复医学会会长，北华大学附属医院院长张铎担任名誉会长。

11日至12日 国际滑雪教练员协会主席、瑞士滑雪运动联盟主席坎佩尔率代表团到吉林市考察，就与吉林市合作、引入国际滑雪教学体系、培养滑雪教练员、培训中小学校师生及滑雪爱好者事宜进行洽谈。

12日 吉林钦瓷艺术展在北京工艺美术博物馆展览。展出作品76幅，展件约30件。

12日至13日 在2018“希望之星”英语风采大赛吉林省总决赛中，吉林江城中学张汝琦与吉林一中王一寒两名同学获得高中组一等奖。

17日 昌邑区国税局筹建的全市首个24小时自助办税服务厅正式投入运行。纳税人刷身份证即可在任何时段自助办理发票认证、发票领用、纳税申报等多项涉税业务。

18日 吉林市政府新闻办举行吉林市二级及以上公立医疗机构全面推进预约诊疗服务新闻发布会，开始在二级及以上公立医疗机构全面推进预约诊疗服务。

18 日至 20 日 2018 年全国职业院校技能大赛中职组通信与控制系统（高铁）集成与维护技能竞赛在吉林市举行。27 个省（市）中职学校的 87 支代表队、261 名选手参加竞赛。吉林信息工程学校等 9 所学校获得一等奖，江苏省张家港中等专业学校等 17 所学校获得二等奖，广州市电子信息学校等 26 所学校获得三等奖。吉林市中职学生获得 2018 国赛“通信与控制系统（高铁）集成与维护技能”竞赛金牌。

18 日至 9 月中旬 2018 年吉林市第九届青少年科学节活动由市科协、市教育局、团市委、市妇联、市关工委共同举办。

24 日 印度丝路贸易与工业发展公司首席执行官曼苏尔·纳迪姆·拉瑞首次到吉林市访问考察，参观淘宝·特色中国吉林市馆。

25 日 首届舒兰大米插秧节在舒兰市溪河镇双印通村举行，主题为“播种希望 共建小康”。

26 日 “2018 中国城市大会”在北京召开，会议根据国家标准首次试发布中国城市品牌（地级市）综合分值前 100 名城市。吉林市以城市品牌影响力指数 361.86 分位列第 53 名。

30 日 吉林化纤集团碳谷碳纤维技术研发创新团队凭借在碳纤维原丝领域的科研成就，获得吉林省“黄大年式科研团队”称号。

是日 吉林省民政厅、吉林省财政厅核准吉林市城乡最低生活保障标准和特困人员供养基本生活标准，吉林市城区城市低保标准由每人每月 516 元提高到 545 元，农村低保标准由每人每年 3685 元提高到 3804 元；城市特困供养标准为每人每月 671 元，农村特困供养标准为每人每月 399 元。

31 日 吉林市与温州市就粮食产销合作达成协议，吉林市首批 2500 吨大米及杂粮销往温州市场。

6 月

3 日 2018 年全国职业院校技能大赛高职组“计算机网络应用”赛项在吉林电子信息职业技术学院开赛。来自全国各省、市的 86 支队伍、258 名选手参赛。吉林电子信息职业技术学院学生组成的吉林省第一代表队获得一等奖第一名。

5 日 “且歌且行”宋德禄水墨作品展在吉林市博物馆举办，展出宋德禄 2014 年以来创作的民族题材和都市题材作品 70 幅。

是日至 6 日 “俺们村的好产品”吉林市“第一书记”代言产品暨帮扶成果展在世纪广场举办，展会由市委组织部主办、江城日报社承办、吉林乌拉圈 APP（客户端）协办。展会集聚 109 位贫困村“第一书记”，集中展销五谷粮油、蔬菜瓜果等 400 余种产品。展会销售总额超过 274 万元，销售利润 80.2 万元。

6 日 2018 年吉林松花江水生生物增殖放流活动在吉林市举行，社会各界干部群众分别在两处江段向松花江里投放 30 万尾鱼。

9 日 吉林市神经内科质控中心成立大会在西关宾馆举行，会议同时举办脑卒中标准化诊疗高峰论坛。该中心是吉林省首个成立的市级神经内科质控中心。

10 日 2018 康乃尔·吉林市国际马拉松暨全国马拉松锦标赛（吉林市站）在吉林市举办。来自国内外 3 万名选手参加比赛。

11 日至 17 日 2018 年第二十七届时报金犊奖全球总决审及吉林市冰雪文化城市发展论坛在吉林市举行。

13 日 国家级海峡两岸（吉林）青年创业基地在吉林市揭牌设立，是全省首家国家级青创基地。

是日 意大利天冰集团首席执行官 Patrick Danielsson 一行到吉林市考察在吉林市冰雪装备产业园投资设厂事宜。

15 日至 16 日 2018 中国·吉林“中体倍力杯”象棋争霸赛暨柳大华象棋学校揭牌仪式在吉林市举行。该赛事是吉林市历年来举办规模最大、水平最高的象棋赛事，300 名参赛选手场上对弈。

15 日至 17 日 第七届中国广州国际食品食材展览会在广州举办。吉林市贸易促进会组织吉林省天园蜂产品有限公司等 4 家企业参展。

17 日至 18 日 吉林市第十七届朝鲜族民俗文化节在人民广场举行。该活动由吉林市人民政府主办，市文广新局、市民族事务委员会承办，吉林市朝鲜族群众艺术馆组织开展。

19 日 东北电力大学与中星技术股份有限公司合作建立的 SVAC 智能物联创新中心在吉林市揭牌成立。

是日 吉林市首家合作制公证机构——吉林市沿江公证处正式对外执业。

22 日 百名专家服务百家企业活动在西关宾馆国际会议中心启动，成立由 200 名各领域专家组成的全市非公有制企业发展服务团。

是日 全国公交安全与发展论坛在吉林市举办，来自全国公交企业、公交车辆生产厂家、相关技术服务公司的 200 余名嘉宾参加论坛。

27 日 “吉林乌拉圈”获评中国报业十大最具影响力创新性平台。

29 日 磐石市红石砬子抗日根据地被吉林省委宣传部、省委党史研究室、省旅发委、吉林省东北抗联研究会联合命名为吉林省首批东北抗联红色教育基地。

30 日 2018 中国·吉林松花湖休闲度假旅游节暨中国·吉林帐篷节开幕式在万科松花湖度假区南广场举行，持续开展避暑消夏系列活动，到 9 月底结束。

30 日至 7 月 4 日 大型原创民族舞剧《天路》在国家大剧院首次上演。该舞剧由吉林市歌舞团和国家大剧院联合演出，以吉林市歌舞团为主要演出团队。

7 月

5 日 国家税务总局吉林市税务局挂牌成立，原吉林市国家税务局、原吉林市地方税务局正式合并，国税地税征管体制改革在全市推开。

是日 首届吉林市松花江文化季启动仪式暨“满韵清风”第五届成扇邀请展在市艺术中心举办。

是日 吉林市广播电视台交通台由调频 105.3 兆赫兹正式转频为调频 93.9 兆赫兹。同时，市广播电视台官方手机客户端——吉林雾凇台 APP 正式上线。

是日 位于吉林万科松花湖度假区内的吉林省首家航空飞行营地正式揭牌运营。

7 日 第四届中国避暑旅游产业峰会发布《2018 全国避暑旅游城市发展报告》及《吉林省夏季避暑旅游气候适宜度分析报告》，吉林市跻身全国“最具潜力避暑旅游城市”名单。

是日 2017 年中国旅游总评榜在延吉颁奖，吉林市韩屯村被评为“年度美丽乡村”，蛟河市漂河镇富江村入选“年度人气美丽乡村”。

9日 农业农村部公布第八批全国一村一品示范村镇名单，舒兰市平安镇入选。

10日 法国阿尔卑斯集团国际项目总监让·马克·法里尼一行就推动冰雪产业合作到吉林市访问。

15日至21日 第六届温哥华华语电影节在加拿大温哥华举办。吉林市广播电视台出品的电影纪录片《鸟叔——任建国的故事》获得最佳纪录片二等奖。

16日至8月16日 2018年第四届中国·吉林蛟河长白山蓝莓文化旅游节在蛟河市前进乡举办。

19日 2018“中顺洁柔杯”中国·吉林体育舞蹈公开赛在吉林市举行。来自北京、广州、上海、天津、湖北、黑龙江、辽宁、河南、河北等多个省（市）80余支代表队近2000名运动员参加，是参赛队伍最广、参赛人员最多的一届比赛。比赛项目为国际舞和拉丁舞。

23日 第三届全球吉商大会“吉商参与吉林乡村振兴”招商引资系列推介对接活动在吉林市举行。吉林市签约4项，总投资额73.3亿元。

25日 2018年吉林省首届“富奥汽车零部件杯”乒乓球超级联赛吉林市分赛区比赛在吉林体育馆举行。

25日至31日 “庆祝改革开放四十周年暨吉林省首届少数民族书画作品邀请展”在吉林市博物馆举行。

27日至8月31日 2018首届雾凇岛之夏文化旅游系列活动在乌拉街镇韩屯村举行。

27日至29日 2018第十五届中国（青岛）国际食品博览会在青岛举办。桦甸市久木生菌业有限责任公司等3家企业参展。

28日 吉林省第二生态环境保护督察组进驻吉林市，开展生态环境保护督察工作。

31日 杨懋森百扇画展在吉林市博物馆举行。

8月

2日 中国共产党吉林市第十三届委员会第四次全体会议召开。市委书记王庭凯讲话。审议通过《中共吉林市委吉林市人民政府贯彻落实中共吉林省委吉林省人民政府关于以数字吉林建设为引领，加快新旧动能转换，推动高质量发展的意见任务分工方案》，市委副书记、市长刘非就《分工方案（讨论稿）》向全会作以说明。出席会议的市委委员63人，候补委员10人。

6日至11日 吉林省首批院士专家学术休假疗养暨建立松花湖人才驱动创新交流中心启动活动在吉林市举办。启动仪式于8月6日在吉化职工疗养院举行。4位“两院”院士，4位“千人计划”专家，30位省内外高端人才参加活动。

7日 中国农业农村部办公厅、财政部办公厅公布2018年农业产业强镇示范建设名单，批准全国254个镇（乡）开展农业产业强镇示范建设。吉林省有6个镇（乡）入列，舒兰市平安镇、永吉县万昌镇名列其中。

8日 吉林省、浙江省跨区域科技创新合作大会在吉林市开幕，大会以“创新、合作、发展、共赢”为主题，市长刘非出席会议并讲话。

16日 吉林市工业和信息化局组织市永鹏农副产品开发有限公司等7家中小企业，携鹿茸血药酒等特色地方农产品，亮相第29届香港美食博览会，签订供销和意向供销合同金额近720万元。

16日至11月中旬 第十三届中国·桦甸白桦节在桦甸市开幕。

17日 吉林化纤集团自主开发的48K大丝束碳纤维原丝顺利通过碳化并持续批量生产，对于碳纤维新材料广泛应用于工业、民用领域具有划时代意义。

是日 吉林市首届医师节暨96696健康服务会议召开，吉林市老中青3位医疗专家代表倡议全市医生恪守“救死扶伤”宗旨和“病人至上”理念。

18日至19日 举办“2018吉林省全球推介——外国使节走吉林”活动，45名外交使节到吉林市访问。使节团考察冰上运动中心、松花江中心城区滨江慢行系统工程、市博物馆和市满族博物馆。

22日 长白山湖杯·吉林市首届群众最喜爱的旅游品牌评选颁奖仪式在江城日报社举行，松花湖、星星哨等70家参评企业入选“群众最喜爱的旅游品牌”。

23日 吉林市职工职业技能竞赛落幕，每个工种的第一名选手被授予“吉林市五一劳动奖章”称号，第二名、第三名选手被命名为“吉林市职业技术标兵”，第四名、第五名选手被命名为“吉林市职业技术能手”。

23日至27日 “不忘初心 翰墨铭志”——纪念改革开放40周年暨民盟吉林市委成立65周年书画艺术展在吉林市艺术中心举办。

24日 吉林市可视农业新零售电商平台上线发布会在希尔顿酒店举行，100余家全市可视农业联合会成员单位参加发布会。该平台是集农业大数据、农村电商、物联网技术应用于一体的互联网可视化绿色农业综合推优平台。

29日 吉林省严厉打击非法彩票专项整治工作现场经验交流会在吉林市举行。会上，将2018年确定为“打击非法彩票活动专项整治年”，在全省范围内开展严厉打击非法彩票整治行动。

31日 2018“中俄青年创业孵化器”吉林—哈巴罗夫斯基双向交流项目启动，俄罗斯代表团到吉林市考察交流。

是日 吉林市事业单位公车改革工作启动。

9月

1日至6日 “健康生活·悦动吉林”2018吉林市第二十届“松花江金秋”广场文化活动周在市政府前广场举办。活动时间为每天18时30分至19时50分，举办6场大型文化表演活动。

7日 吉林市公交集团90余条公交线路1000余辆公交车开通免费WiFi，为日均70万名乘客提供无线网络服务。

8日 第四届百人同书广场书法活动在吉林市人民政府前共和国广场举行。来自吉林市的书画家、书法爱好者及船营区的小学生近百人参加活动。

是日 中国报业协会评选出2018重大主题宣传优秀作品，吉林市《江城日报》的吉林市“只跑一次”改革系列报道获得“重大报道+服务”年度双十佳案例奖。

11日 吉林市政府召开推进全市民营经济发展大会，落实全省民营经济改革发展推进会议精神，推进全市民营经济高质量发展。市长刘非出席会议并讲话。

12日 吉林市召开全市实施乡村振兴战略暨“六清”和“四好农村路”建设及县域经济振兴发展现场推进会议。市委书记王庭凯讲话，市委副书记、市长刘非主持会议。

13日 吉林市龙潭区公布最新抗战遗迹调查结果。在龙潭区江密峰镇南沙村代王砬子发现一处东北抗日义勇军于1932年至1945年建设和使用的密营遗址。

14 日至 16 日 2018 年中国（吉林）东北亚中医药暨康养产业博览会在长春举办。市贸促会组织 10 家会员企业参展。

15 日 巴布亚新几内亚驻华大使馆公使文森特·索马雷等 2 人到舒兰市考察恒大环保工程有限责任公司生产的太阳能板等环保产品，探讨与巴新地方企业合作可能性。

16 日至 21 日 吉林省第二届少数民族文艺会演在市人民大剧院举行，来自全省各民族的 1500 余名演职人员参加会演活动。吉林市代表团舞剧《梦回乌拉》获得一等奖和最佳创作奖，女生独唱《为爱》获声乐类一等奖。吉林市歌舞团、北华大学音乐学院获得特殊贡献奖，吉林市代表团获优秀组织奖。

19 日 吉林市扫黑除恶专项斗争工作推进会议在市机关会议中心召开。

20 日 2018 吉林省首届中国农民丰收节在昌邑区孤店子镇东福米业开幕，以“欢天喜地庆丰收”为主题举办系列庆祝活动。

是日 芬兰驻华大使肃海岚一行 5 人到吉林市考察北山四季越野滑雪场等项目，并洽谈对接 2019 年“中芬冬季运动年”期间在吉林市举办相关活动等合作事宜。市委书记王庭凯在西关宾馆会见芬兰大使代表团一行。

是日 2018 年全国科普日吉林市第十八届科普周中国流动科技馆吉林省吉林市船营区站巡展暨吉林市文化科技共享中心正式启动。

21 日 吉林市民建会史馆建成。该馆总投资 50 万余元，建筑面积 301 平方米，集图文展览、史料展览、视频展览、雕塑展览和教育培训、史料研究等多种功能为 体。全国人大常委会副委员长、民建中央主席郝明金为民建会史馆验收、揭牌、题字。

21 日至 22 日 第四届中国大学生程序设计竞赛（吉林站）在北华大学举行，来自全国 144 所高校的 227 支大学生队伍参赛。

25 日 “亚东杯”——“诗意致青春·书写新时代”2018 年吉林市青年原创诗歌散文作品大赛在吉林市举办。

25 日至 30 日 “山水桦甸·幸福日日喀则”桦甸市进藏文化交流活动在西藏日喀则市展开，其间，举办桦甸市农民画及风光摄影精品展。

28 日至 30 日 第十六届中国国际粮油产品及设备技术展示交易会在长沙举办，吉林市 5 家企业的大米产品获评金奖。5 家企业分别是京粮集团吉林实业发展有限公司、中粮米业吉林有限公司、康琪米业有限公司、友诚米业有限公司、永丰米业有限责任公司。

29 日 吉林市人民医院李兆申院士吉林省工作站揭牌仪式在吉林市举行，李兆申院士吉林省工作站正式落户吉林市。

10 月

8 日 《2018 年中国中小城市科学发展指数研究成果》发布，磐石市入围“2018 年度全国投资潜力百强县市”榜单。

8 日至 11 日 吉林市话剧团携 2018 年度国家艺术基金资助项目——吉林市话剧团原创红色主题儿童剧《靰鞡草的故事》，参加上海优秀儿童剧展演活动，在上海巡演 40 场。

9 日 2018 年中国中小城市科学发展指数研究成果发布，磐石市明城镇、烟筒山镇入选“2018 年全国综合实力千强镇”榜单。

10 日 即日起，吉林市灵活就业人员可集中申报 2018 年度社会保险补贴，补贴比例为当年缴纳养老保险额的 50%。

12 日至 14 日 第五届北京国际优质农产品展示交易会在北京举办。吉林市贸易促进会组织桦甸市金色年华农业有限公司等 5 家企业参加交易会。

17 日 中国纺织联合会主办的中国纺织职工思想政治工作研究会四届六次理事会、全国纺织行业党建和诚信文化建设专题交流会、“中国纺织大工匠”命名大会在吉林市召开。全国纺织行业龙头企业——吉林化纤集团董事长、总经理宋德武被命名为“全国纺织企业诚信文化建设带头人”，吉林化纤集团被命名为“全国纺织行业党建先进单位”，吉林化纤集团纺丝工培训教练齐爱东被命名为“中国纺丝工匠”。

是日 吉林市人民政府批复吉林市化学工业循环经济示范园区规划范围，包括吉林经济技术科技开发区的 18.9 平方公里和调整过来的吉林市经济技术开发区北部区域（东至松花江、西至长吉图、南至通溪河、北至双吉南路）14.3 平方公里土地。

是日 吉林市民政局启用“春草园”纯公益墓区，集中为 7 位已故特困人员提供免费生态安葬服务。该墓区全部使用可降解骨灰盒盛装，直接入土埋葬。“春草园”墓区启用后，长期为民政部门赡养的特困供养人员提供免费安葬服务。

18 日 中国农业农村部公布全国 150 个村落为 2018 年中国美丽休闲乡村。舒兰市上营镇马鞍岭村和磐石市明城镇古城村名列其中。

19 日 舒兰市首届农民丰收节暨“净土稻心”2018 金秋稻米文化节举办，中国粮食行业协会副会长任智宣读《关于命舒兰市为“中国生态稻米之乡”的决定》，并向舒兰市授予“中国生态稻米之乡”牌匾。

19 日至 21 日 第十七届中国国际化工展览会在上海举办，吉林市工业和信息化局组织吉林石化、康乃尔化工、众鑫化工、星云化工等 34 家本地化工企业参会，签下近 4 亿元订单。

22 日 农业农村部网站公布 2018 年全国农村一二三产业融合发展先导区创建名单，永吉县位列其中。

是日 “为你喝彩”——吉林市妇女纪念改革开放 40 周年暨 2018 年吉林市“巾帼建功”岗位技能大赛成果汇报会在吉林市松江大剧院举办。表彰卫生、金融、工商、教育、公安系统岗位技能大赛“十佳”选手，并为改革开放 40 周年“巾帼建功”特殊贡献奖获奖者宋治平、李坚柔、金七仙、柴森森、刁玉霞、边洪波、王冠、梁淑华颁奖。

23 日 “淞城七贤”之一——刘宏林“爱兼文墨”自撰诗联书法展在吉林市艺术中心举办。

24 日 农业农村部公布中国美丽休闲乡村名单，舒兰市马鞍岭村、磐石市古城村入选其中。

29 日 桦甸市首家“文艺之家”主题银行——桦甸农商银行渤海支行成立，成为吉林地区首创。

31 日 2018 年度吉林民兵“牢记使命 矢志强军”训练成果展示暨省军区民兵防化教练员集训和首届江城优秀民兵评比表彰活动在吉林市民兵训练基地举行。吉林省军区民兵防化教练员集训优秀学员、市优秀基层专武干部、市军事训练标兵、市优秀民兵受到表彰。

是月 中科院苏州医工所吉林市工程技术研究院获得吉林市机构编制委员会办

公室颁发的事业单位法人证书，成为吉林市准予事业单位、社会团体及企业等组织利用国有资产举办事业单位设立登记的首家事业单位。

11月

1日 “丘园养素”———刘廷香师生国画展在吉林市艺术中心举办，展出刘廷香和31位学员描绘家乡的国画作品256幅。

2日 吉林市广播电视台制作的广播直播《江城总动员 急寻熊猫血》获得第二十八届中国新闻奖二等奖。

2日至30日 吉林乌拉圈开通“思想众筹”通道，吉林市市民通过吉林乌拉圈客户端为全市发展建言献策。

5日至10日 首届中国国际进口博览会在上海举行。展会期间，吉林市交易分团签约4个总额达15.3亿元人民币的合作项目，10余家本地采购商与国外参展商达成超过2.4亿元人民币的成交意向。

10日至12日 在第七届世界太极拳健康大会上，桦甸市6名运动员获得8枚金牌、3枚银牌、1枚铜牌。

11日至13日 第八届温州特色农业博览会在温州举行。吉林市12家大米企业首次参加温州农博会。

14日 中共吉林市委印发《关于成立吉林市推进机构改革协调小组的通知》。市委书记王庭凯任市推进机构改革协调小组组长，相关市领导任协调小组副组长。协调小组下设办公室，设在市编办。

是日 吉林市TA+文化产业重点园区（基地）命名授牌仪式暨创建工作经验交流会在吉林市举行。全市有11家重点文化企业入选首批TA+文化产业重点园区（基地）序列，并在会上被授牌。

16日 市民政局、市财政局、市人社局联合印发《关于调整吉林市60年代精简退职职工生活待遇标准的通知》。自2019年1月1日起，吉林市城区60年代精简退职职工生活待遇标准由每人每月675元提高到每人每月697元，丧葬补助标准由3685元提高到3804元。

17日 “2017年中国医院排行榜”发布，吉化总医院烧伤整形科第四次上榜，位列2017年东北地区医院专科声誉排行榜烧伤科中第四名。

是日 2018年WNBF世界自然健美总决赛在美国洛杉矶举办。中国代表队纪成刚（吉林市人）获得1枚金牌、1枚铜牌。

22日 “大美吉林”吉林市桦甸农民画作品展在长沙举办，展出102幅农民画作品和系列文化衍生品。

30日 第二届全国稻渔综合种养产业发展论坛暨2018年度稻渔综合种养模式创新大赛和优质渔米评比结果揭晓。吉林市春新生态家庭农场获得优质渔米金奖，成为东北三省唯一获金奖的新型农业经营主体。

是月 吉林市民政局完成吉林省第四轮市（州）级行政区域界限联建工作，并与毗邻市（州）民政局签订平安边界创建协议书。

12月

1日 2018年国家脑卒中防治工程工作会议在长沙举办。吉林市中心医院高级卒中中心获大会两项最高荣誉，成为首批“示范高级卒中中心”和“高级卒中中心五星单位”。

5日 第十八批国家水利风景区名单公布，舒兰市新安水库成为吉林地区唯一入选者。

8日 吉林市商务局组织吉林市部分电商企业走进阿里巴巴集团杭州总部考察学习。经过洽谈对接，淘宝·特色中国·吉林市馆与淘宝大学签订淘宝大学（吉林）培训中心项目合作构架协议。吉林市成为全国第一个与阿里巴巴集团签订全面战略合作协议的地级城市，双方建立良好的交流合作关系。

10日 万科松花湖度假区夜场开滑，首次开放国内夜滑最大落差高级雪道。开板仪式上，吉林籍冬奥会冠军李坚柔带领滑雪教练员进行火炬夜滑传递。

11日至13日 在广州举办的2018年中国体育文化博览会和中国体育旅游博览会上，吉林市北大壶滑雪度假区、万科松花湖度假区获得2018中国体育旅游精品景区称号，吉林市五家山滑雪场打造的“吉林炫美雾凇 畅滑冰雪之旅”获得中国体育旅游精品线路称号。

是日 2018年中国保龄球精英赛在吉林市松花江保龄球馆开赛。国家体育总局小球运动管理中心、中国保龄球协会相关负责人为吉林市松花江保龄球馆中国保龄球青少年培训基地授牌。

12日 10时58分，中国运行时间最长的丰满水电站原大坝正式启动爆破拆除。该大坝爆破拆除是国际上首次“百万装机、百亿库容大型水库的百米高坝”爆破拆除。

是日 “中国梦 我的梦——我与城市40年”主题展在吉林市博物馆新馆展出。

14日 扫黑除恶专项斗争吉林省第二调研指导组进驻吉林市，在西关宾馆召开工作动员会，第二调研指导组组长于洪岩作工作讲话，市委书记王庭凯作动员讲话，会议由市长刘非主持。

20日 吉林市人民政府与中国农业银行吉林省分行签署战略合作协议。

23日至24日 2018全国体校U系列单板滑雪锦标赛在黑龙江省亚布力体育训练基地举办。吉林市运动员任博冉获得U12女子组单板平行大回转比赛冠军。

24日 国际冬季运动协会主席兼世界罗佩特滑雪联合会主席尤哈·维尔加玛率代表团一行7人到吉林市访问，开展冰雪产业合作交流，考察松花湖滑雪场。

是日 磐石市举行第二届医药健康产业论坛暨东北亚中医药特色小镇揭牌仪式。

26日 中共吉林市委、吉林市人民政府印发《吉林市机构改革方案》。

27日 吉林市卫生计生委与北京大学第三医院签署战略合作协议，北京大学第三医院吉林运动医学中心正式成立，并落户于吉林市人民医院。

28日 第二十四届中国·吉林国际雾凇冰雪节开幕式暨“筑梦冰雪相约冬奥”吉林市中小学生冰雪运动普及工程启动仪式在北大壶滑雪度假区开幕。副省长安立佳、市领导刘非、李向东等出席开幕式。

是日 2018年中国·吉林国际雾凇冰雪节国际冬季龙舟邀请赛在临江游园松花江水域举行。16支队伍、400余名运动员参加200米直道竞速、500米直道竞速两个项目角逐。

是日 北华大学冰雪学院成立。吉林省副省长安立佳、吉林市市长刘非为北华大学冰雪学院揭牌。

（市地方志办公室　江城日报社）

市情概貌

OVERVIEW OF CITY

自然环境

【位置面积】 吉林市位于吉林省中部偏东，地处东北腹地长白山脉向松嫩平原过渡地带的松花江畔，地理位置介于北纬42° 31′ ~ 44° 40′、东经125° 40′ ~ 127° 56′之间。东接延边朝鲜族自治州，西临长春市、四平市，北与黑龙江省哈尔滨市接壤，南与白山市、通化市、辽源市毗邻。全市总面积27711.4平方千米，其中市区面积3774.6平方千米（根据第二次全国土地调查结果）。

（市规划和自然资源局）

【地形地貌】 吉林市地势由东南向西北逐渐降低，拥有中山山区、低山丘陵区、峡谷湖泊区、河谷平原区四大地貌景观，平均海拔196米。其中，中山山区分布在吉林市中、东部和东南部，以龙岗山脉、富尔岭、呼兰岭、老爷岭、摩天岭、南楼山、肇大鸡山为代表，有千米以上山峰33座，最高山峰南楼山海拔1404.8米；低山丘陵区分布在蛟河市、桦甸市、舒兰市和永吉县中部，山岭海拔300 ~ 400米，少数山峰高600 ~ 700米，是吉林市开发较早的区域；峡谷湖泊区集中在丰满大坝到白山水库上游金银别的沿湖、沿江区域，是丰满、红石、白山三大梯级电站兴建后形成的人为地貌区域；河谷平原区分布在松花江中游、永吉县北部、舒兰市中部及松花江支流的局部地段，一般海拔170 ~ 200米，耕地集中，土质肥沃，适宜水稻、旱粮生长，是全市重要的农业经济区。

吉林市区处于东部山区和中部平原的过渡地带。地貌为低山、丘陵，属长白山余脉。松花江以反“S”形由南向北流经市区。市区坐落于冲积平原的沿江两岸，周围有龙潭山、北山、小白山、朱雀山、大砬子山及炮台山等。

（市规划和自然资源局）

【山脉山峰】 吉林市为多山地区，是长白山群峰的中低山地，境内山峰主脉属长白山支脉，主要有吉林哈达岭山脉、西老爷岭山脉、张广才岭山脉、威虎岭山脉、大黑山山脉等16条，有海拔千米以上山峰33座，千米以下山峰224座。

张广才岭山脉位于东北地区东部山地北段的中轴部位。北起松花江与牡丹江汇合处，南至蛟河盆地与敦化盆地北缘。近北—北东向延伸为牡丹江与蚂蚁河、拉林河的分水岭，全长约250千米，宽约250千米，大部分位于黑龙江省境内，吉林市境内主要山峰有大秃顶子山（海拔1356米）、二秃顶子山（海拔1176.1米）、东大坡山（海拔1149.1米）。

威虎岭山脉位于吉林省中部，蛟河、桦甸、敦化三市之间，为张广才岭南侧支脉，是吉林市与延边朝鲜族自治州的界岭。北起阴背山，接张广才岭；南止于桦甸市红石镇附近，隔松花江接龙岗山脉。系蛟河盆地、松花江与牡丹江上游分水岭，呈北—北东走向，长约160千米，宽30 ~ 40千米，海拔高度800 ~ 1000米，相对高度300 ~ 600米。主要山峰平顶山（海拔1288.6米）是威虎岭最高峰。

西老爷岭山脉位于吉林省中部，吉林盆地和舒兰盆地以东，蛟河盆地以西，为拉法河与松花江右岸支流的分水岭。近北—北东向延伸，北起蛟河盆地边缘接张广才岭，南到松花江右岸康大砬子，西过松花江接吉林哈达岭，长约100千米，宽约30千米，海拔800 ~ 1000米，相对高度约600米。主要山峰有老爷岭山（海拔1284.7米）、康大砬子（海拔1233.4米）。

吉林哈达岭山脉位于伊舒地堑与辉发河谷地之间，是辉发河与鳌龙河、饮马河、东辽河分水岭，近北—东向延伸。北起松花湖，隔松花江接老爷岭，向南伸入到辉发河谷地、辽宁省抚顺市附近，过浑河与千山山脉相接，长近300千米，宽45 ~ 90千米。海拔高度东北段800 ~ 1200米，西南400 ~ 500米。主要山峰有南楼山（海拔1404.8米，为吉林市最高峰）、摩天岭（海拔1325米）、肇大鸡山（海拔1257米）。

龙岗山脉位于威虎岭和吉林哈达岭之间，大部分在桦甸市境内，为松花江上游浑江与辉发河的分水岭。北起松花江左岸，隔松花江接威虎岭南段，南到辽宁省境内大伙房水库上游南杂木附近过新宾接千山，沿东北方向延伸，南端近东—西走向。主要山峰有五里河大顶子山（海拔1046.6米）、错草顶子山（海拔807.6米）。

大黑山山脉位于伊舒堑地与松辽平原之间，北起黑龙江省五常盆地，南部隔牤牛河与大青山相连，南止于辽宁省境内天桥山附近。

老爷岭以西吉林哈达岭以东为吉林盆地。吉林盆地北为大猴石山，南为河东山、老虎洞山，东为东大旺山、蘑菇顶子山，西为锅顶山、尖山。

（市规划和自然资源局）

【河流水系】 吉林市境内江河按自然形成的水系划分，均属于松花江水系。境内江河按自然形成的流域划分，分属于五大流域。其中，位于上游区的有松花江干流、辉发河、饮马河三大流域；位于下游区的有拉林河、威虎河两个流域。

市域内水系发达，河流密布，流域面积在20平方千米以上、河长在10千米以上的河流有372条。其中，流域面积1000平方千米以上河流11条，500～999平方千米之间河流8条，100～499平方千米之间河流62条，20～99.9平方千米之间河流291条。河长20千米以上河流73条，小流域沟溪1327个。被列入省内主要江河的有5条，分别是松花江、辉发河、饮马河、拉林河以及卡岔河。流域面积500平方千米以上河流19条，分别是松花江、山麻河、木其河、漂河、蛟河、拉法河、温德河、牤牛河、鳌龙河、团山子河、辉发河、挡石河、金沙河、饮马河、岔路河、拉林河、细鳞河、霍伦河、卡岔河。

在5个流域中，有较大河流20条，分别是松花江、山麻河、木其河、漂河、蛟河、拉法河、温德河、牤牛河、鳌龙河、团山子河、辉发河、挡石河、金沙河、饮马河、岔路河、拉林河、细鳞河、霍伦河、卡岔河、威虎河。（市水利局）

【土壤分布】 吉林市全区土壤有明显的带状和垂直分布特征，海拔500米以上地段为灰棕土壤及少量的石质土，300～500米地段为白浆土，300米以下沿江河地段及山间谷地为冲积土、草炭土与少量沼泽土和泥炭土，以及零星分布的黑土、石灰岩土和水稻土。

（市规划和自然资源局）

【生物资源】 吉林地区有野生植物147科2400余种，野生动物4纲27目79科360余种。

吉林市植物属于长白山植物区系。植被区划属于温带针阔混交林区域的长白山红松、冷杉针阔混交林区和小兴安岭、完达山地红松阔混交林区（张广才岭、老爷岭以外地区）。植物群落有草甸沼泽植被、湿生草地植物、中生草地植物、干生草地植物、灌木多年生木本草本植物、胡枝子灌木、田间杂草、草本植物。主要树种有红松、臭冷杉、红皮云杉、鱼鳞云杉、沙松、落叶松、油松、樟子松、蒙古栎、黄波萝、水曲柳、胡桃楸、紫椴、糠椴、白桦、枫桦、色木槭、黄榆、家榆、裂叶榆、山杨、大青杨、钻天柳、白皮柳、旱柳、垂柳等30科126种。

材用植物。吉林市是吉林省的主要次生林区，作为材用的植物有：红松、鱼鳞云杉、红皮云杉、臭冷杉、长白落叶松、紫椴、糠椴、水曲柳、花曲柳、白桦、枫桦、胡桃楸、黄檗、蒙古栎、裂叶榆、大果榆、春榆、色木槭、拧筋槭、花楷槭、青楷槭、山杨、香杨、大青杨、怀槐、暴马丁香等近50种。

药用植物。吉林市药用植物分布广泛，种类繁多，资源丰富，既有乔木、灌木，又有草本、菌类。已知的有150余种。较为名贵的有人参、天麻、党参、细辛、贝母、黄芪、北五味子、刺五加、龙胆等。

蜜源植物。吉林市的蜜源植物种类有80余种，木本植物有糠椴、紫椴、胡枝子、怀槐、黄檗、柴穗槐、山玫瑰、山杏、梨、山荆子等；草本植物有菊科的蒲公英等。糠椴、紫椴的花蜜质量最佳。

香料植物。吉林市有玫瑰、刺玫、藿香、月见草、铃兰、蚊子草等香料植物40余种。

饮料植物。吉林市的饮料植物有五味子、山楂、山荆子、山梨、山葡萄、狗枣猕猴桃、软枣猕猴桃、托盆儿（树莓）等10余种。以山葡萄为原料酿制的酒，质量上乘，深受消费者欢迎，远销国内外。

观赏植物。吉林市的观赏植物，木本有长白松、东北山梅花、野玫瑰、金老梅、花楸、杜鹃、接骨木、珍珠梅等。草本有龙胆、黄花菜、紫花鸢尾、桔梗、野百合、山丹、玉竹、马蔺、月见草等30余种。

吉林地区动物资源丰富，有野生动物4纲27目79科371种。其中，鸟纲17目53科298种，爬行纲2目4科12种，两栖纲2目5科10种，哺乳纲6目17科类51种。列为国家重点保护的69种，其中鸟类重点保护的有57种，主要有丹顶鹤、白鹤、大天鹅、白鹳、黑鹳、鸳鸯等。经济价值较高的有39种。（市林业局）

【林地资源】 吉林市是全省重点林区和重要的后备森林资源基地。辖区内林业用地总面积171.68万公顷，有林地面积156.1万公顷，活立木总蓄积1.85亿立方米，森林覆盖率54.17%。全市有4个国家级森林公园（朱雀山森林公园、蛟河市拉法山森林公园、桦甸市肇大鸡山森林公园、磐石市官马莲花山森林公园），1个国家级自然保护区（松花江三湖国家级自然保护区）、2个省级自然保护区（左家省级自然保护区、威虎岭省级自然保护区）。（市林业局）

【土地资源】 2018年，吉林市土地面积2771140.95公顷。其中，耕地面积922469.21公顷，园地面积9352.69公顷，林地面积1560994.25公顷，草地面积4487.7公顷，城镇村及工矿用地115988.79公顷，交通运输用地35438.95公顷，水域及水利设施用地111989.64公顷，其他土地10419.72公顷。

（市规划和自然资源局）

【矿产资源】 吉林市地质历史悠久，矿产资源丰富。截至2018年年末，吉林市发现各类矿产资源93种。其中，探明资源储量的矿产70种（能源矿产3种：煤、油页岩、地热；金属矿产14种：铁、铬、铜、铅、锌、镍、钴、钨、钼、锑、金、银、碲、硒；非金属矿产52种：蓝晶石、红柱石、萤石、熔剂用灰岩、冶金用白云岩、冶金用石英岩、冶金用脉石英、耐火黏土、硫铁矿、电石用灰岩、含钾岩石、泥炭、砷、石墨、压电水晶、熔炼水晶、刚玉、硅灰石、透闪石、沸石、方解石、宝石、玉石、水泥用灰岩、制灰用石灰岩、水泥配料用脉石英、硅藻土、陶粒页岩、水泥配料用页岩、高岭土、陶瓷土、伊利石黏土、膨润土、水泥配料用黏土、饰面用玄武岩、饰面用闪长岩、饰面用花岗岩、霞石正长岩、饰面用大理岩、水泥用大理岩、砖瓦用黏土、建筑用砂、建筑用安山岩、建筑用凝灰岩、建筑用玄武岩、建筑用闪长岩、建筑用花岗岩、建筑用大理岩、板岩、硅质页岩、水泥配料用砂岩、建筑石料用灰岩；水气矿产1种：矿泉水）；已发现尚未探明资源储量矿种23种（石油、锰、钛、钒、锡、铌、钽、钇、铀、钍、矽线石、磷、石棉、石膏、滑石、叶腊石、天然油石、芙蓉石、水晶、冰洲石、云母、长石、瓷石）。

（市规划和自然资源局）

表 1

2018 年吉林市土地利用状况统计表

单位：公顷

地区	耕地	园地	林地	草地	城镇村及工矿用地	交通运输用地	水域及水利设施用地	其他土地	合计
吉林市	922469.21	9352.69	1560994.25	4487.7	115988.79	35438.95	111989.64	10419.72	2771140.95
永吉	108828.01	2834.73	120097.54	458.44	13367.27	3563.06	10889.34	2528.34	262566.73
舒兰	166270.55	242.05	246899.51	650.88	18023.87	6299.59	15383.88	2185.2	455955.53
磐石	171507.86	768.52	178315.39	262.57	16037.52	6366.77	11972.33	889.2	386120.16
蛟河	152768.93	1814.07	432652.68	805.85	14211	6216.83	27084.44	1433.76	636987.56
桦甸	171483.57	331.52	438061.89	135.59	12923.94	5150.7	21727.32	2262.5	652077.03
船营	34045.54	1270.21	20007.26	558.56	8675.22	1788.61	1937.68	307.47	68590.55
昌邑	47484.82	170.11	18906.78	310.93	12364.68	1958.95	4345.9	177.66	85719.83
龙潭	52209.36	823.92	42185.54	970.02	12560.47	2845.2	5324.54	229.74	117148.79
丰满	17870.57	1097.56	63867.66	334.86	7824.82	1249.24	13324.21	405.85	105974.77

（市国土资源局）

表 2

2018 年吉林市气象状况统计表

地区	平均气温			降水量			日照时数		
	年平均气温（摄氏度）	常年平均气温（摄氏度）	偏高偏低（摄氏度）	年降水量（毫米）	常年降水量（毫米）	偏多偏少（毫米）	年日照时数（小时）	常年日照时数（小时）	偏多偏少（小时）
吉林市	6.8	5.4	1.4	786.2	644.6	141.6	1934.3	2186	−251.7
永吉县	6.2	5.6	0.6	934.8	687.7	247.1	2039	2358.1	−319.1
舒兰市	5.4	5.8	−0.4	741.9	696.2	45.7	1958.6	2394.3	−435.7
蛟河市	4.7	4.4	0.3	943.9	691	252.9	2204.8	2265.1	−60.3
磐石市	5.2	5	0.2	1008.3	711.8	296.5	2211.6	2349.1	−137.5
桦甸市	5.6	4.9	0.7	937.6	779.2	158.4	2089.1	2154.4	−65.3

（市气象局）

【气候条件】 吉林市属温带大陆性季风气候，主要天气特点是四季分明：春季少雨干燥；夏季温热多雨；秋季凉爽多晴；冬季漫长寒冷。2018 年，雨量偏多，气温偏高，日照略少。吉林市 2018 年降水量为 892.1 毫米，比常年 701.8 毫米偏多 190.3 毫米（排历史第六），比 2017 年 771.7 毫米偏多 120.4 毫米；平均气温 5.7 摄氏度，比常年 5 摄氏度偏高 0.7 摄氏度，比 2017 年 5.5 摄氏度偏高 0.2 摄氏度，日最高气温 37.2 摄氏度（排历史第二），日最低气温 −38.3 摄氏度；日照时数 2072.9 小时，比常年 2284.5 小时偏少 211.6 小时，比 2017 年 2143.9 小时偏少 71 小时。（市气象局）

【自然灾害】 大风。吉林市区出现大风天气 11 次，最大风速 21.2 米 / 秒（4 月 11 日）。舒兰市出现大风天气 6 次，最大风速 19.7 米 / 秒（5 月 24 日）。蛟河市出现大风天气 7 次，最大风速 26.9 米 / 秒(6 月 5 日)。磐石市出现大风天气 5 次，最大风速 20.4 米 / 秒（5 月 3 日）。桦甸市出现大风天气 1 次，最大风速 19.8 米 / 秒（4 月 11 日）。

高温。吉林市区高温日数 10 天，最高气温 36.4 摄氏度（8 月 3 日）。永吉县高温日数 13 天，最高气温 37.2 摄氏度(8 月 3 日）。舒兰市高温日数 10 天，最高气温 35.6 摄氏度（8 月 3 日）。蛟河市高温日数 9 天，最高气温 34.6 摄氏度（8 月 3 日）。磐石市高温日数 10 天，最高气温 36.8 摄氏度（8 月 3 日）。桦甸市高温日数 11 天，最高气温 36.2 摄氏度（8 月 3 日）。

干旱。4 月 16 日至 5 月 21 日为高温少雨段，7 月 17 日至 8 月 4 日为高温少雨段。

暴雨。吉林市区出现暴雨 1 次，最大降水量 53.5 毫米（8 月 24 日）。永吉县出现暴雨 2 次，最大降水量 56 毫米（8 月 24 日）。舒兰市出现暴雨 1 次，最大降水量 63 毫米（8 月 29 日）。蛟河市出现暴雨 2 次，最大降水量 108 毫米（8 月 24 日）。磐石市出现暴雨 4 次，最大降水量 114.5 毫米（8 月 14 日）。桦甸市出现暴雨 3 次，最大降水量 73.6 毫米（8 月 24 日）。

初终霜。吉林市区终霜日 4 月 16 日，初霜日 10 月 10 日。永吉县终霜日 5 月 9 日，初霜日 9 月 26 日。舒兰市终霜日 5 月 9 日，初霜日 10 月 7 日。蛟河市终霜日 5 月 10 日，初霜日 10 月 9 日。磐石市终霜日 5 月 10 日，初霜日 9 月 26 日。桦甸市终霜日 5 月 5 日，初霜日 10 月 7 日。（市气象局）

历史人文

【建置沿革】 吉林市是中国历史文化名城，早在 20 万年前，吉林市所处地区就有人类繁衍生息，是史前人类文明的重要发祥地之一。西汉时期，是东北第一个地方少数民族政权夫余国的前期王城，归玄菟郡管辖，后属辽东郡，有 2200 年建城历史。唐代，成为渤海国三个独奏州之一的涞州治所。辽代，吉林隶属东京道涞州。女真人建立金政权灭辽后，吉林初属金之咸平路，后为上京路会宁府管辖。元代，吉林在咸平府境，初属开元路，后隶辽东宣慰司。明初，吉林属奴儿干都司，中期属海西女真乌拉国，后期归属建州女真，为后金领地。明朝政府曾在吉林设造船基地，辽东都指挥使刘清三次奉命到松花江边造船，吉林始有“船厂”之称。

吉林市是满族发祥地及“龙兴之地”，清代满语称为“吉林乌拉”，意为沿江的城池，后称吉林。顺治十三年（1656年），宁古塔昂邦章京沙尔虎达在吉林建船厂造船，后又设水师营训练水军。康熙十年（1671年），宁古塔副都统安珠瑚奉命移驻吉林。康熙十二年（1673年），建城设治。康熙十五年（1676年），宁古塔将军巴海移驻吉林后，吉林遂成清政府统辖松花江、乌苏里江、黑龙江等流域的重镇，成为仅次于盛京（沈阳）的东北区域政治、经济、军事和文化中心。雍正四年十二月（1727年1月），设永吉州，州治吉林城。乾隆十二年(1747年)，改永吉州为吉林厅，设理事同知，隶属宁古塔将军管辖。乾隆二十二年（1757年），宁古塔将军改称吉林将军。光绪七年（1881年），吉林厅升为吉林直隶厅，次年又升为吉林府。光绪三十三年（1907年）实行省制，各省设巡抚，吉林巡抚驻吉林城。

1912年，中华民国成立，改吉林巡抚为吉林都督。1913年，改吉林府为吉林县。1929年，改吉林县为永吉县，同时设吉林市政筹备处。1931年九一八事变中国东北沦陷后，9月21日日军侵占吉林城。1932年3月1日，日本在长春建立傀儡政权伪满洲国，成立伪吉林省公署。1936年4月1日，成立伪吉林市公署。1945年8月15日，日本侵略者战败宣布投降。同月，成立吉林地方治安维持会。10月，在中共吉林市委组织下成立吉林市民主政府。11月，成立吉林省政府，省会在吉林市。1946年5月，东北民主联军战略转移撤出吉林市。10月，国民党成立吉林省政府和吉林市政府。1948年3月9日，吉林市解放。3月10日，吉林省政府从延吉迁回吉林市。3月23日，成立吉林市政府。1949年4月，改称吉林市人民政府。

1949年中华人民共和国成立后，吉林省、市政府仍设在吉林市。1954年9月，吉林省人民政府迁往长春市。1958年，永吉、磐石、舒兰、蛟河、桦甸五县划归吉林市管辖。1966年，设永吉专区，辖上述五县。1969年5月，永吉专区与吉林市合并。1988年，桦甸撤县设市。1989年，蛟河县改市。1992年，舒兰县改市。1995年，磐石县改市。1992年，设国家吉林高新技术产业开发区。2009年，设国家吉林经济技术开发区。（市地方志办公室）

【行政区划】 至2018年年末，吉林市辖4个区（船营区、昌邑区、龙潭区、丰满区），4个县级市（舒兰市、磐石市、蛟河市、桦甸市），1个县（永吉县）、20个乡（含民族乡4个）、56个镇（含2个民族镇）、67个街道。（市民政局）

【人口民族】 至2018年年末，辖区总人口413.52万人。其中，城镇人口218.90万人、乡村人口194.63万人，城镇化率52.9%。另有流动人口31.37万人。总人口中，男性207.33万人，占50.14%；女性206.20万人，占49.86%。2018年，人口出生率5.86‰，人口死亡率4.22‰。自然增长率1.7%。

2018年，吉林市总人口中以汉族为主，人口365.30万人，占总人口的88%；有满族、朝鲜族、回族、蒙古族、锡伯族、土家族、壮族、苗族等46个少数民族，人口48.22万人，占总人口的12%。超过千人的少数民族有满族、朝鲜族、回族、蒙古族，其中满族占少数民族总人口的57.49%。（市公安局）

表3

2018年吉林市行政区划统计表

单位	街道	乡	镇	街道、乡、镇名称
船营区	11	1	3	北极、北山、德胜、向阳、南京、致和、大东、长春路、黄旗屯、青岛、临江（11街道），欢喜（1乡），搜登站、越北、大绥河（3镇）
昌邑区	12	2	3	延安、文庙、兴华、站前、民主、莲花、哈达湾、新建、东局子、新地号、通江、延江（12街道），两家子（满族）、土城子（满族朝鲜族）（2乡），桦皮厂、左家、孤店子（3镇）
龙潭区	13	1	5	遵义、铁东、东城、承德、龙潭、龙华、湘潭、新安、泡子沿、山前、新吉林、榆树、靠山（13街道），江北乡（1乡），缸窑、乌拉街（满族）、大口钦、江密峰、金珠（5镇）
丰满区	6	3	1	江南、泰山、沿丰、石井、丰满、红旗（6街道），江南、小白山、前二道（3乡），旺起（1镇）
永吉县	0	2	7	黄榆、金家（满族）（2乡），口前、西阳、双河、万昌、岔路河、一拉溪、北大壶（7镇）
舒兰市	5	5	10	南城、北城、环城、吉舒、滨河（5街道），七里、莲花、亮甲山、天德、新安（5乡），白旗、朝阳、上营、水曲柳、平安、法特、溪河、小城、金马、开原（10镇）
磐石市	4	1	13	东宁、河南、福安、阜康（4街道），宝山（1乡），烟筒山、明城、吉昌、取柴河、驿马、红旗岭、呼兰、富太、牛心、黑石、松山、石嘴、朝阳山（13镇）
蛟河市	7	2	8	民主，长安、河南、河北、新农、拉法、奶子山（7街道），乌林（朝鲜族）、前进（2乡），天北、天岗、庆岭、新站、松江、白石山、黄松甸、漂河（8镇）
桦甸市	5	3	6	永吉、新华、明桦、启新、胜利（5街道），桦郊、横道河子、公吉（3乡），夹皮沟、二道甸子、红石砬子、八道河子、常山、金沙（6镇）
高新区	2	0	0	高新、新北（2街道）
经开区	2	0	0	双吉、九站（2街道）
合计	67	20	56	—

（市民政局）

【城市标志】 市标摇橹人，其含义是“同舟共济，激流勇进”；市花玫瑰，象征和平、幸福、友谊、爱情、甜美；市树垂柳，是吉林市雾凇景观的主要载体，象征优美和谐、欣欣向荣。（市政府办公室）

吉林市市标——摇橹人

【人文景观】 龙潭山山城。位于吉林市区东北部，占地面积234公顷。龙潭山山城遗址是典型军事城寨。城垣平面呈不规则多边形，东西较窄，南北较宽，东壁长1082米，西壁长528米，南壁长405米，北壁长381米。龙潭山最著名景观当属“龙潭”，俗称“水牢”，实为蓄水池，位于山城西北低洼林荫处，东西长47米，南北宽22米。龙潭山山城及其附属建筑1961年被列入吉林省级文物保护单位，2006年被列为全国重点文物保护单位。

吉林文庙。中国“四大孔庙”之一。前身是清乾隆元年（1736年）由乾隆皇帝下旨兴建。乾隆七年（1742年）动工，由永吉州第二任知府魏士敏主持，在吉林城东南（今吉林市第一实验小学院内）修建文庙，当时规模较小。乾隆三十年（1765年），又在文庙院内修建魁星楼以及棂星门3楹。3间门面以及1间小楼，便是吉林城最早文庙。文庙建成后，乾隆五十五年（1790年）吉林城内发生火灾，殃及文庙化为灰烬，只剩下1座魁星楼。此后，吉林将军琳宁又在文庙旧址重新修建。清光绪三十三年（1907年）春，吉林巡抚朱家宝、提学使吴鲁等人于东莱门外择定新址（今昌邑区南昌路2号）拓地修建文庙，宣统元年（1909年）落成，坐北朝南，南北长221米，东西宽74米，总面积16354平方米。中华人民共和国成立后，依托吉林文庙建立吉林市文庙博物馆。2006年被列为全国重点文物保护单位。

阿什哈达摩崖石刻。在吉林市丰满区江南乡阿什村吉（吉林）丰（丰满）东线公路边山壁上，有两块摩崖刻石，通称阿什哈达摩崖碑，是研究明代东北疆域以及政治、经济、军事重要历史遗迹，也是明朝经略东北地区历史见证。同时也证明在明朝时期吉林市就是东北地区最早造船基地。2006年5月被列为全国重点文物保护单位。

北山寺庙群。北山原名九龙山，在其东峰上有一座300余年历史古寺庙群，1987年被列为吉林省文物保护单位。关帝庙始建于清康熙四十年（1701年），在东北地区建得最早、规模最大、保存最完好。药王庙，也叫“三皇庙”，始建于清乾隆四十八年（1783年）。山上还建有“玉皇阁”，也称大雄阁，始建于乾隆五十二年（1787年），由开山和尚宽真选址建造，是北山古庙群中地势最高、规模宏大、气魄最为雄伟一组建筑。吉林北山素以关东最大药王庙会著称东北地区。北山风景区融佛、道、儒、俗等传统文化于一身，集庙、阁、楼、亭、台等人文景观于一体，是关东著名寺庙园林风景区之一。

观音古刹。坐落在吉林市船营区光华路与昆明街交叉路口处南侧，是吉林市较大一处佛教寺院。创建于清乾隆三十五年（1770年），主祀观世音菩萨。所藏《大藏经》系皇家刻本，雍正十三年（1735年）农历四月初八木版印刷。观音古刹是吉林市最古老佛教寺院之一，又是自建庙以来吉林佛事活动中心，同时该庙收藏1部清雍正年间（1723年至1735年）刊刻的《龙藏》。1983年，吉林市人民政府将其列为市级文物保护单位，2007年被列为吉林省文物保护单位。

清真寺。在吉林市城区内有4座清真寺，按方位分东寺、西寺、北寺，还有一座拱北寺。东清真寺位于船营区青岛街通辽胡同1号，是吉林市最早清真寺；西清真寺始建于清乾隆二年（1737年），1996年迁到北大街德胜门新建址；北清真寺始建于乾隆二十五年（1760年），1991年迁到越山路63号，是一座规模宏大的阿拉伯风格寺院，拱北寺位于越山东路1号，是中国伊斯兰教哲赫耶派第三代教主马达天陵墓所在地。

吉林天主教堂。位于吉林市船营区松江中路3号，是一座砖石结构古朴典雅哥特式建筑。其主体由教堂和钟塔组成，平面略呈“十”字形。吉林天主教堂是吉林特定历史时期文化与经济双重产物，具有较高的历史、科学、艺术价值，2013年被列为全国重点文物保护单位。

（市文广旅局）

经济社会发展

【经济建设】 2018年，吉林市全年地区生产总值比2017年增长2.4%。其中，第一产业增加值增长1.7%；第二产业增加值增长3.9%；第三产业增加值增长1.2%。三次产业结构的比例关系由2017年的6.3∶37.3∶56.4调整为6.7∶34.5∶58.8。全市人均生产总值53452元，按现行汇率折算为7774.3美元。

农业。全年全市粮食总产量比2017年下降15.9%。其中，水稻总产量下降8.4%，大豆总产量下降29.4%，玉米总产量下降17.6%。全年农林牧渔业总产值可比价增长1.8%。其中，农业产值增长4.0%，林业产值下降12.3%，牧业产值增长3.0%，渔业产值下降13.7%，农林牧渔服务业产值增长2.2%。全年粮食作物播种面积下降2.7%。其中，大豆播种面积下降9.8%，水稻播种面积下降9.6%，玉米播种面积增长0.1%。农业机械总动力增长7.6%。

工业。全年全市规模以上工业企业增加值比2017年可比增长4.4%。十大行业产值六升四降。其中，石化行业产值增长4.8%，冶金行业产值增长29.7%，电子行业产值增长3.1%，农副食品加工行业产值增长11.9%，轻纺行业产值增长12.2%，机械加工与制造行业产值增长1.7%，医药健康行业产值下降6.2%，能源行业产值下降0.2%，汽车及配件制造行业产值下降15.6%，建材行业产值下降13.8%。规模工业主营业务收入增长6.3%；实现利润总额下降7.2%。高新技术产业增加值可比增长0.9%，增速低于规模以上工业增加值3.5个百分点。30种重点产品中，铁矿石原矿量、粗钢、成品钢材、生铁、石墨及碳素制品等产品产量增长，原油加工量、原煤、乙烯、铁合金、水泥等产品产量下降。

建筑业。全年全市建筑业增加值比

2017年下降3.0%。有资质建筑业企业总产值下降7.8%。企业房屋建筑施工面积854.4万平方米,竣工面积438.9万平方米。

固定资产投资。全年全市固定资产投资比2017年增长4.7%。其中，第一产业固定资产投资下降1.6%，第二产业固定资产投资下降6.1%，第三产业固定资产投资增长16.0%。在9个投资方向中，工业投资占主导地位。全市5000万元及以上工业投资占全部投资比重为26.0%，商贸业投资比重为1.7%；城乡基础设施投资比重为4.8%，文化、体育投资比重为0.1%，医疗、卫生投资比重为2.4%，房地产投资比重为22.3%，其他投资比重为11.7%。

国内贸易。全年全市社会消费品零售总额比2017年增长4.2%。分地域看，城镇消费品零售额增长4.1%，乡村消费品零售额增长4.5%。分行业看，批发业零售额增长8.6%，零售业零售额增长2.9%，住宿业零售额增长6.1%，餐饮业零售额增长4.4%。

招商引资。全年全市新签约3000万元以上招商引资项目84个，新开工3000万元以上招商引资项目85个。

对外经济贸易。全年全市外贸进出口总额实现80.0亿元，比2017年增长21.6 %。其中，出口58.5亿元，增长30.8%；进口21.5亿元，增长2.0%。对外承包工程营业额实现1.9亿美元，与2017年持平。全市有进出口业绩企业198家，进出口商品761种，与98个国家（地区）有经贸往来。

开发区建设。2018年，吉林高新技术产业开发区地区生产总值比2017年增长2.1%；规模工业增加值可比下降0.7%；全口径财政收入19.4亿元，下降11.8%；固定资产投资下降33.0%；社会消费品零售总额增长0.5%；招商引资到位资金62.1亿元，下降59.0%；外资到位资金0.6亿美元，下降48.0%。吉林经济技术开发区地区生产总值比2017年增长6.4%；规模工业增加值增长7.5%；地方级财政收入3.9亿元，下降16.6%；固定资产投资增长16.4%；社会消费品零售总额增长5.0%;实际利用外资0.6亿美元。

交通运输和邮电。全年全市货物运输量7934.1万吨，比2017年增长5.0%；货物周转量176.3亿吨千米，增长3.2%。全年旅客发送量4858.3万人次，下降3.0%；旅客发送周转量20.5亿人千米，下降6.0%。其中，公路20.4亿人千米，下降6.0%；水运1150.2万人千米，下降1.0%。全市年末民用机动车拥有量76.6万辆，比2017年年末增长2.8%。其中，私人汽车拥有量52.9万辆，增长8.2%；民用轿车拥有量32.2万辆，增长8.4%，其中私人轿车30.4万辆，增长9.0%。全年全市邮政业务总量9.4亿元，增长13.3%；邮政业务收入9.5亿元，增长10.5%。

旅游业。全年全市接待旅游者5946.0万人次，比2017年增长17.0%，占全省26.8%;实现旅游收入1004.1亿元，增长25.3%，占全省23.8%。吉林市入选2018十佳冰雪旅游城市，雾凇冰雪节入选2017—2018冰雪季冰雪节事十强，北大壶、万科松花湖入选2017—2018冰雪季滑雪旅游区十强。

金融保险业。全年全市金融机构本外币各项存款余额2696.2亿元，比年初增加20.2亿元。其中，本外币境内存款余额2693.6亿元，比年初增加19.7亿元;本外币境外存款余额2.6亿元，比年初增加0.5亿元。年末全市金融机构本外币贷款余额为2101.4亿元，比年初减少87.8亿元。人民币各项贷款余额为2099.8亿元，比年初减少83.9亿元。其中，境内贷款余额2101.4亿元,境外贷款余额0.01亿元。全年全市有财险、寿险公司29家。其中,财产险公司13家,寿险公司16家。全年保费收入89.4亿元。其中，财产险保费收入22.3亿元，寿险保费收入67.1亿元；财险赔款金额10.8亿元，寿险给付及赔款支出金额32.5亿元。

【社会发展】 科技。全年全市认定技术合同337份，技术合同成交总金额43477.8万元。省级科技小巨人企业50家。国家级星创天地5家,省级星创天地1家。建立7个院士工作站，引进院士7人，专家50余人。获得省级科技奖励项目54项，即省科学技术奖49项（特殊贡献奖1项、自然科学奖5项、科技进步奖43项）和省科技成果转化贡献奖5项（单位奖2项、个人奖3项）。获批国家知识产权优势企业13家。

教育。全市有独立幼儿园778所、幼儿教师9710人、在园儿童78794人；小学553所、小学教师15330人、小学生169977人；初中146所、初中教师11836人、初中生90393人；普通高中39所、高中教师6543人、高中生57102人；中等职业学校34所（含职高、成人中专、中等职业技术学校、进修学校）、职校教师3374人、职校生25741万人；特教学校10所、特教教师369人、特教学生1074人。

文化。2018年，吉林市通过创建国家公共文化服务体系示范区验收。全年开展“三节”（春节、端午节、中秋节）系列文化活动、朝鲜族民俗文化节、市（农)民文化节等大型文化活动10余项，举办广场文化活动周、广场舞大赛、广场周末休闲舞会等广场文化活动120余场，完成松花江文化讲坛等各类公益讲座150场、城乡公益电影放映5272场、送演出下基层190场、公演儿童剧60场，丰富了城乡不同群体的精神文化生活。原创吉剧《黄大年》、儿童剧《靰鞡草的故事》2个项目获国家艺术基金资助；市歌舞团第21次参加央视春晚，参加了平昌冬奥会文艺演出；全年市直院团完成商业演出200场，公益演出180场。中国评剧院、北京京剧院、上海歌剧院等全国知名文艺院团到吉林市演出200余场。举办吉林市首届国际陨石博览会、中国文字博物馆汉字巡展、中华民族节俗文化展等大型展览展示活动。完成吉林文庙、吉林市天主教堂及西团山遗址等4处重点文物修缮工作。组织开展吉林文庙祭孔大典、成人礼以及“行走的博物馆——送展览下基层”、白山书院系列讲座、少儿国学讲堂等系列优秀文化传承活动近20项200余场。推动国家文化消费试点城市创建，开展文化产品展销会、非物质文化遗产新春大集以及舞台演出季等活动20余项。一力乌拉草制品有限公司、蚁神动漫、松花江大剧院等7家文化企业获批省文化产业园区和文化产业示范基地。

卫生。全年全市社区卫生服务人口覆盖率为100%；有175.1万人参加新农合，参合率为99.2%，年度筹资总额为12.8亿元，共有148.9万人次受益。全年全市各级各类医疗卫生机构3840所。其中，医院172所、疗养院2所、卫生院97所、门诊部230所、急救中心1所、采供血机构2所、专科疾病防治院(所、站)10所、妇幼保健机构11所、疾病预防控制中心12所、卫生监督机构1所、医学科学研究机构2所、诊所1314所、卫生所（医务室）316所、社区卫生服务中心（站）112所、村卫生室1657所、护理站27所、计划生育技术服务机构10所。全市有卫生技术人员33108人，执业医师及执业助理医师13368人，注册护士14950人，全市有编制医疗床位27784张。

体育。全年全市举办各类群众体育赛事活动122项次，2017年至2018赛季，吉林市运动员参加国际、国家级冰雪体育赛事41项次，获金牌37枚，银牌25枚，铜牌42枚；2018年至2019赛季，吉林市运动员参加国际级、国家级冰雪赛事17项次，获金牌23枚，银牌17枚，铜牌8枚。2月10日至11日，举办首届世界冰上龙舟俱乐部锦标赛，来自国内外40支队伍参赛。6月10日，吉林市举办第三届吉林市国际马拉松暨全国马拉松锦标赛，有3万余名运动员参赛。年内，完成第二十三届冬奥会、第十八届省运会参赛任务。在韩国平昌第23届冬奥会上，吉林市有4名运动员参赛。其中，短道速滑运动员武大靖在500米比赛中打破该项目世界纪录和奥运会纪录，获500米金牌，并与队友配合获男子5000米接力银牌，实现中国在该项目上男子奥运金牌零的突破。武大靖先后夺得世锦赛、世界杯、冬奥会500米短道速滑冠军，实现该项目大满贯。第十八届省运会上，吉林市获得69金76银81铜，金牌、奖牌、团体总分均位列全省第2名，获“体育道德风尚奖”。

【人民生活】 就业。全年全市实现城镇新增就业7.7万人，农村劳动力转移就业62.5万人次，城镇登记失业率为3.5%，“零就业”家庭保持动态为零。开展农村劳动力技能培训1.7万人，培训城镇失业人员9134人，新增高技能人才1633人。开展创业培训1万人，发放创业担保贷款2.3亿元，扶持1269名创业者，带动就业6169人。

生活与保障。全年全市城镇常住居民人均可支配收入28538元，增长5.0%；农村常住居民人均可支配收入13895元，增长6.1%。截至2018年年末，8555户城镇低收入家庭享受到住房租赁补贴1674.0万元，423户中低收入家庭享受到公租房实物配租；完成37个小区、542栋住宅楼、274.0万平方米的老旧小区宜居改造。至2018年年末，全市城镇基本养老保险覆盖总人数为75.1万人，比2017年年末增加0.9万人，增长1.2%，其中在职参保41.3万人。全市基本医疗保险参保人数为223.2万人；工伤保险参保人数81.8万人；生育保险参保人数56.0万人。全年全市社会福利事业持续发展，各类收养性社会福利事业单位85个，城镇社区服务设施723个，全市福利彩票站699个，中福在线销售大厅7个，销售社会福利彩票4.8亿元，接受社会捐赠511.5万元。截至2018年年末，全市有14.2万人享受最低生活保障。其中，城镇有7.7万人享受最低生活保障，农村有6.5万人享受最低生活保障。最低生活保障资金支出6.8亿元。其中，城镇最低生活保障资金支出4.8亿元，农村最低生活保障资金支出2.0亿元。全市有1.1万余人享受特困人员救助供养。其中，有837人享受城镇特困人员救助供养，有10359人享受到农村特困人员救助供养。特困人员救助供养资金支出7876.0万元。其中，城镇特困人员救助供养资金支出756.0万元，农村特困人员救助供养资金支出7120.0万元。全年全市共登记管理社会团体600个，民办非企业1304个。全年全市登记结婚28463对，离婚19941对，救助流浪乞讨人员2520人次。

资源和环境。全年全市大气主要污染物细颗粒物（$PM_{2.5}$）平均浓度为37.0微克/立方米，比2015年59.0微克/立方米下降37.0%；全年优良天数比例为83.0%。松花江吉林江段各项污染指标均满足《地表水环境质量标准》中Ⅲ类标准，水质状况为良好。全年全社会综合能源消费量1996.2万吨标准煤，单位GDP能耗降低率为4.5%。其中，规模工业综合能源消费量1330.5万吨标准煤，单位工业增加值能耗降低率为7.1%。全社会用电量153.8亿千瓦时，增长3.9%。其中，工业用电量为113.2亿千瓦时，增长3.2%。

（市统计局）

吉林市松花江“一江两岸”楼体亮化（2018年8月）　　（李　伟　摄）

中国共产党吉林市委员会

JILIN MUNICIPAL COMMITTEE OF THE COMMUNIST PARTY OF CHINA

综 述

【党的建设】 深入贯彻习近平新时代中国特色社会主义思想和中共十九大精神，树牢“四个意识”（政治意识、大局意识、核心意识、看齐意识），坚定“四个自信”（道路自信、理论自信、制度自信、文化自信），做到“两个维护”（坚决维护习近平总书记党中央的核心、全党的核心地位，坚决维护以习近平为核心的党中央权威和集中统一领导）。严格遵守党的政治纪律和政治规矩，推动各级党组织和党员干部对党忠诚，自觉在政治立场、政治方向、政治原则、政治道路上同以习近平为核心的党中央保持高度一致。

坚守思想阵地，加强党的思想建设。推进“两学一做”学习教育常态化制度化，做好“新时代e支部”工作，开展全市解放思想大讨论活动。培育和践行社会主义核心价值观。增强网络宣传、网络管理、舆情监控、应急处置能力。

坚持好干部标准，建设忠诚干净担当的干部队伍。按照中央和省委关于机构改革提出的“统筹兼顾、执行政策、调优结构、保持平稳”总体要求，把忠诚干净担当的高素质干部选配到领导班子当中去，做到干部专长和岗位需要充分结合、整体布局和局部配置充分结合、立足当前和着眼长远充分结合、从严管理和关爱激励充分结合。市直涉改部门“一把手”人选，在市委十三届六次全会上全票通过。开展各级各类干部教育培训，制定出台《领导班子和领导干部综合分析研判办法》等7项制度，选派干部到一线、开发区、国有企业、金融机构挂职锻炼，开展领导干部“六个一”（坚持一个方向，突出一个主题，抓住一个重点，提升一个素质，强化一个保证，实现一个目标）学习活动。拓宽培育年轻干部渠道，在全市遴选74名年轻干部集中培训。开展干部日常考核、专项考核和年度考核，严格管理监督干部。

立足固本强基，加强基层党组织建设。推进“五好一满意”（学习好、创新好、服务好、效能好、廉洁好，让群众满意）标准化党支部创建，抓好党建促乡村振兴、促脱贫攻坚，举办“第一书记代言产品暨帮扶成果展”“扶贫代言行项目”获2018年全国网络扶贫优秀案例。推进全国城市基层党建示范市建设，在街道社区建立“城市基层党建联盟”。非公企业和社会组织“两个覆盖”不断扩大，互联网、出租车、物业等行业党建创新发展，搭建千名专家服务千家企业“双千服务”平台。开展“红动江城”活动，打造一批红色党建示范带，有效激发基层党建工作活力，提升基层党组织组织力。

坚持以反“四风”（形式主义、官僚主义、享乐主义和奢靡之风）为重点，加强作风建设。开展干部作风大整顿活动，在聚焦“五弊”（宽松软、躲怕推、虚飘浮、粗浅慢、庸懒散）基础上，精准查找吉林市8个重点领域41个重点问题，采取公开承诺、集中攻坚、销号管理等方式推动问题有效解决。紧盯节假日等重要节点，严查违反中央八项规定精神问题，强化执纪为民理念，开展群众身边腐败和作风问题专项治理。

保持高压态势，开展反腐败斗争。落实“两个责任”（党委的主体责任和纪委的监督责任），加强纪律和监督，学习贯彻《中国共产党党内监督条例》和《中国共产党纪律处分条例》，强化日常监督和问责追责，加强纪律监督、监察监督、巡察监督、派驻监督。深化政治巡察，开展常规巡察，开展专项巡察，探索开展交叉巡察，抓实巡察整改。

【经济发展】 将“三抓”（抓环境、抓项目、抓落实）作为贯穿全年经济工作的主线，以环境为保障，以项目为核心，以落实为根本，实现高质量发展。全年主要指标总体呈现前低后高、逐季回升、企稳向好，地区生产总值实现2210亿元，规模工业总产值增长6.9%；固定资产投资额增长4.7%；社会消费品零售总额增长4.2%；地方级财政收入增长4.5%；全年接待游客人数、旅游收入分别增长17%和25.3%；城镇常住居民人均可支配收入28538元，农村常住居民人均可支配收入13895元，分别增长5%和6.1%。

推动新旧动能转换。坚持一张蓝图绘到底，加快构建“6411”现代产业体系，强化项目建设对产业转型的支撑作用，全市开工5000万元以上项目338项，其中亿元以上项目242项。发展冰雪产业。贯彻习近平总书记“冰天雪地也是金山银山”“三亿人参与冰雪运动”和“吉林要做好雪的文章”的重要指示精神，结合市情实际和发展路径，立足世界级冰雪资源、培育世界级冰雪产业、打造世界级冰雪品牌。高标准编制吉林市雪场规划、泛北大壶区域规划、冰雪产业规划等专项规划，通过中央电视台、北京冬博会、欧洲阿尔卑斯山地博览会等平台，宣传吉林市冰雪资源。与国内外知名企业深度对接合作，推动世界一流、亚洲第一的滑雪综合度假区项目尽快落地。北大壶冬奥村等冰雪产业重点项目进展迅速，亚洲首座全天候标准化滑雪专业训练场——北山四季越野滑雪场建成。新雪季以后，万科松花湖滑雪场、北大壶滑雪场接待滑雪者人次分列全国第一、二名，全市规模雪场接待滑雪者人次、旅游收入分别增长45%和35%。吉林市冰雪产业对外影响力明显提升，产业发展趋势得到国内外高度认可，获得年度十佳冰雪旅游城市。培育新兴产业。碳纤维步入产业化、规模化发展新阶段，碳谷原丝项目新增产能8000吨，吉林精工一期2000吨大丝束碳纤维实现量产，吉林市成为全球最优质的人造丝生产基地、最大的腈纶纤维生产基地、最大的竹纤维生产基地和全国最大的碳纤维原丝生产基地，拥有"碳纤维原丝—碳丝—碳纤维制品"国内最完整的产业链条。加快推动传统产业转型。化工"补链"、冶金"转型"成效明显，吉化汽油国Ⅵ质量升级、吉神聚醚多元醇等化工项目竣工投产。吉林铁合金、吉林炭素正式签订搬迁协议，吉林建龙产值比2017年增长28.4%。发展现代服务业，推进实体商贸业与电子商务有机融合，网络零售交易额比2017年增长45%。农村电商快速发展，"中国淘宝村"发展到4个，约占东北三省（13个）的三分之一。全市外贸进出口总额首次突破80亿元，比2017年增长20%。

【乡村振兴】 聚焦"五个振兴"（产业振兴、人才振兴、文化振兴、生态振兴、组织振兴），共同发力，全市粮食总产量保持55亿千克阶段水平。在产业振兴上，推动"主粮区"向"优品区"跨越，提升"中国粳稻贡米之乡"知名度，增强大米、鲜食玉米等"吉字号"农产品市场竞争力；推动"特色区"向"高效区"转变，基本建成50个设施园艺标准园，形成"南果北种"新亮点；推动"农品区"向"加工区"提升，农产品加工企业发展到1200余家，其中市级以上龙头企业318家，省级现代农业产业园创建单位数量在全省领先。推动"种植区"向"旅游区"扩能，休闲农业年接待游客500万人次，营业收入增长15%。在人才振兴上，培育新型职业农民3138人，农民工返乡创业1万人以上。在文化振兴上，提升公共文化服务标准化、均等化水平，基层综合文化服务中心设置率和功能完备率达到国家标准。在生态振兴上，率先在全省推行农村公路路长制，全市改造农村厕所2.6万户，打造11个省级美丽乡村、52个省级重点村和9个精品片区。在组织振兴上，以"党建+"模式建设和谐美丽乡村，为乡村振兴提供基层组织保障。

【深化改革】 深化"放管服"改革，在全省率先启动"只跑一次"改革，企业投资核准类项目审批时限从165个工作日压减至40个工作日。启动电子政务外网建设，推动政务云平台数据整合，更多业务实现跨部门联办，不动产登记业务办结时限缩短至5个工作日。建立以需求管控和清单管理为核心的证明管控体系。"只跑一次"改革得到国务院督察组肯定。由人民日报社、中国品牌建设促进会指导试发布的"中国城市品牌（地级市）综合分值前100名城市"中，吉林市位居东北三省地级市榜首。

深化国资国企改革。实施授权经营体制改革，12家市属重点企业超千亿元资产划入吉发集团，国资监管运营体制逐步完善。42家国有企业剥离办社会职能、26家实现公司制改制、22家基本完成"三供一业"（供水、供电、供暖、物业管理）资产划转和职能移交任务。

推进农业农村改革。完成农村土地承包经营权确权、国有农场土地确权等重点事项。发放土地经营权抵押贷款1.7亿元，土地流转面积占承包地面积的34%，农民合作社、家庭农场分别增长40%和89%。规范土地供应机制。对经营性房地产用地实行统一规划、统一征收、统一储备、统一供应，完善公开、公平、公正的土地供应机制，土地出让净收入比2017年增长50.7%，全市商品房销售面积比2017年增长16%，去库存周期比2017年减少两个月。

【改善民生】 创建全国文明城市，落实各项民生实事。全市城镇新增就业7.7万人，农村劳动力转移就业61.7万人。城市、农村低保标准分别提高到每人每月545元和每人每年3804元。全市开工建设城建重点工程45项，年度投资51亿元，城市棚户区完成改造4010户，发放住房租赁补贴8555户。560万平方米无籍房办理不动产登记。完成37个老旧小区、1505户农村危房改造任务。改扩建停车场53个，静态交通秩序得到有效改善。

推进教育现代化，吉林市互联网学校项目在全国基础教育信息化应用领域走在前列，全市10所中职学校克服重重困难如期搬迁入驻职教园区。推进"健康吉林"建设，在2018年全省卫生健康系统重点工作目标责任制督导考核中位居第一。大型舞剧《天路》在国家大剧院演出，公共文化服务体系示范区创建通过国家验收。连续3年高水平举办国际马拉松比赛，吉林市籍运动员武大靖为国家斩获平昌冬奥会唯一金牌。

【安全稳定】 推进"安全生产治理年"活动，组织实施煤矿、危化品、交通、消防等十大领域专项整治，全市安全生产事故比2017年下降57.1%。开展扫黑除恶专项斗争，取得打击遏制的阶段性成果。推进"平安江城"建设，以治安视频监控为主要内容的"雪亮工程"经验在全省推广。

【三大攻坚战】 打好防范化解重大风险攻坚战。把政治责任体现在狠抓落实上，把担当精神体现到各项工作中，综合施策，推动吉发集团获得AAA信用等级评定，组建并运行市投融资担保公司，争取专项债券，全年未出现一笔债务逾期违约，维护政府信用。同时，重拳整治金融乱象，守住不发生系统性区域性金融风险的底线。

打好精准脱贫攻坚战。聚焦"两不愁、三保障"（稳定实现农村贫困人口不愁吃、不愁穿，农村贫困人口义务教育、基本医疗和住房安全有保障）和"六个精准"（扶持对象精准、项目安排精准、资金使用精准、措施到户精准、因村派人精准、脱贫成效精准）要求，将产业扶贫作为脱贫攻坚的重中之重，开展"携手扶贫"活动，开展"规划到村，帮扶到户，责任到人，宣传到心，记录到位"为主要内容的基层基础工作精准化行动。

在推进精准扶贫结对包保机制的基础上，全面推广复制“龙头企业 + 金融 + 贫困村”“富裕村 + 金融 + 贫困村”“公司 + 金融 + 贫困户”等帮扶新模式，以市场化的机制构建扶贫的常态长效机制。启动推进“统一战线助力百村振兴行动”和“百企帮百村”脱贫攻坚光彩行动，调动社会各界参与脱贫攻坚。全市109个省级贫困村产业项目224个，实现省级贫困村脱贫产业项目全覆盖，完成42个贫困村、8594人脱贫出列的年度目标任务。推进吉林市与白山市的协作扶贫，完善年度联席会议、行业扶贫协调联系、县（市）区包保贫困乡村推进等机制。

打好污染防治攻坚战。贯彻落实习近平生态文明思想，落实河长制（落实地方党政领导河湖管理保护主体责任、解决复杂水问题、维护河湖健康生命的一项制度创新）和各项生态环境保护要求，成立生态环境保护委员会和环保督察反馈问题整改工作领导小组，统筹推进大气、水、土壤等污染防治，在清洁煤炭体系建设、餐饮业油烟治理等领域建立长效工作机制，实现环境治理常态化。把中央和省环保督察反馈问题及转办案件整改作为必须完成的政治任务，召开市委常委会8次，市委专题会议6次，市政府常务会议9次，逐项问题研究整改。重点解决松花湖五虎岛违建、拦网养殖、青背违规修建大坝、“九河一湖”（小牤牛河、腰屯河、嘎牙子河、鸡冠山河、远大河、石井沟河、小沙河、天太河、北大沟和跃马湖）黑臭水体、榆树沟社区居民搬迁等一批困扰吉林市多年的“老大难”问题。全年环境空气质量优良天数304天，比2017年增加45天。松花江干流水质稳定保持在三类良好以上，成为首批国家水生态文明建设试点城市。

（市委办公室）

市委重要会议

【市委全体会议】 中国共产党吉林市第十三届委员会第四次全体会议。8月2日，中国共产党吉林市第十三届委员会第四次全体会议在西关宾馆国际会议中心召开。市委书记王庭凯主持会议。出席会议的市委委员63人，候补委员10人。全会听取和讨论市委书记王庭凯受市委常委会委托所作的工作报告，审议通过《中共吉林市委 吉林市人民政府贯彻落实〈中共吉林省委吉林省人民政府关于以数字吉林建设为引领，加快新旧动能转换，推动高质量发展的意见〉任务分工方案》，市委副书记、市长刘非就《分工方案（讨论稿）》向全会作了说明。

8月2日，中共吉林市委十三届四次全体会议在吉林市西关宾馆国际会议中心召开。图为会议现场 （朱奕名 摄）

中国共产党吉林市第十三届委员会第五次全体会议。12月29日，中国共产党吉林市第十三届委员会第五次全体会议在西关宾馆国际会议中心召开。市委常委会主持会议。出席会议的市委委员62人，候补委员11人。全会贯彻中共十九大和十九届二中、三中全会精神，落实习近平总书记对东北振兴工作的重要指示精神，落实中央经济工作会议和全省经济工作会议部署，听取和讨论市委书记王庭凯受市委常委会委托所作的工作报告，审议通过全会决议。市委副书记、市长刘非传达全省经济工作会议精神，市委副书记沈德生传达省委、省政府批准的《吉林市机构改革方案》精神。

【市委理论学习中心组（扩大）集体学习会】 3月22日，市委理论学习中心组（扩大）2018年第一次集体学习会在市机关会议中心召开。学习十三届全国人大一次会议、全国政协十三届一次会议和省委书记巴音朝鲁在全省传达学习贯彻全国“两会”精神大会上讲话精神。市委书记王庭凯和市长刘非作中心发言。全体市级领导，各县（市）区、开发区主要负责人，市直部门主要领导，驻吉中省直有关部门领导及部分重点企业和大专院校负责人参加会议。

6月15日，市委理论学习中心组（扩大）2018年第二次学习会在市机关会议中心召开。市委常委、市纪委书记、市监委代理主任郑文家传达中央巡视办副主任王瑛在省委理论中心组学习会上的辅导报告精神，以及省委书记巴音朝鲁在省委理论中心组学习会上的讲话精神。市委书记王庭凯主持会议并讲话。

7月9日，市委理论学习中心组（扩大）2018年第三次学习会在市机关会议中心召开。中央党校党建教研部副教授马丽围绕贯彻落实中共十九大和中央环保大会精神作《大力推进生态文明建设》专题讲座。市委书记王庭凯主持会议并讲话。

8月8日，市委理论学习中心组（扩大）2018年第四次集体学习会在市机关会议中心召开，围绕《正确认识妥善应对中美经贸摩擦》作专题学习。

9月27日，市委理论学习中心组（扩大）2018年第五次集体学习会在市机关会议中心召开。东北师范大学中国东北研究院副院长、贫困治理与可持续发展研究中心主任、博士生导师王士君围绕“脱贫攻坚三年行动和第三方评估”作专题授课辅导。会议由市委副书记、市长刘非主持。

9月27日，市委理论学习中心组（扩大）2018年第六次集体学习会在市机关会议中心召开。吉林大学法学院宪法学与行政法学教研部主任李海平围绕“2018年修宪与新时代法治建设”作专题辅导。会议由市委副书记、市长刘非主持。

9月30日，市委理论学习中心组（扩大）2018年第七次集体学习会在市机关会议中心召开。市民委主任李彦明围绕《深入学习贯彻习近平总书记关于宗教工作重要论述精神，加强和改进新形势下的宗教工作》专题作解读辅导。市委书记王庭凯主持会议。

10月12日，市委理论学习中心组（扩大）2018年第八次集体学习会在吉林市西关宾馆国际会议中心召开。市纪委副书记、市监委副主任赵凯围绕《中国共产党纪律处分条例》作学习解读报告。市委书记王庭凯主持会议并讲话。

11月28日，市委理论学习中心组（扩大）2018年第九次集体学习会在市机关会议中心召开。集体观看内部警示教育片。徐莉、李天林、郑国学、陈强分别发言。市委副书记、市长刘非主持会议并讲话。

【全市扶贫开发工作领导小组（扩大）会议暨开展“携手扶贫”活动动员会议】 6月5日，全市扶贫开发工作领导小组（扩大）会议暨开展“携手扶贫”活动动员会议在市机关会议中心召开。市委常委、副市长、市扶贫开发工作领导小组副组长熊亮华通报2017年县（市）区、市直部门扶贫开发工作成效考评情况。市委副书记、市扶贫开发工作领导小组副组长沈德生宣读关于开展“携手扶贫”活动实施方案。龙潭区江北乡棋盘村、九台农村商业银行、永吉县代表发言。市委书记、市扶贫开发工作领导小组组长王庭凯讲话。会议由市委副书记、市长、市扶贫开发工作领导小组组长刘非主持。

【吉林市生态环境保护大会暨中央环保督察反馈问题整改工作推进会】 6月20日，吉林市生态环境保护大会暨中央环保督察反馈问题整改工作推进会在市机关会议中心召开。会议以习近平新时代中国特色社会主义思想为指导，深入贯彻中共的十九大、十九届二中、三中全会和省委十一次全会、十一届二次会议以及全国、省生态环境保护大会精神，分析生态环境保护面临的新形势新任务新要求，对统筹加强生态环境保护、坚决打好污染防治攻坚战、加快推进中央环保督察反馈问题整改作出全面部署。市委书记王庭凯讲话。会议由市委副书记、市长刘非主持。

【吉林市与温州市对口合作推进会】 7月13日，吉林市与温州市对口合作推进会在市机关会议中心召开。市发改委主任李建华介绍吉林市与温州市对口合作工作进展情况及下步工作建议。市经合局局长杨晶明介绍吉林市与温州市对口合作项目进展情况。市委常委、市委宣传部部长陈强讲话。市委副书记沈德生主持会议并讲话。

【吉林省第二生态环境保护督察组督察吉林市工作动员会】 7月28日，吉林省第二生态环境保护督察组督察吉林市工作动员会在吉林市西关宾馆国际会议中心召开。省环保督察组组长鲁晓斌作动员讲话。省环保督察组副组长孙铁就吉林市委、市政府配合做好督察工作提出要求。市委书记王庭凯作表态发言。会议由市委副书记、市长刘非主持。

【全市实施乡村振兴战略暨“六清”和“四好农村路”建设及县域经济振兴发展现场推进会议】 9月12日，全市实施乡村振兴战略暨“六清”和“四好农村路”建设及县域经济振兴发展现场推进会议在市机关会议中心召开。市委书记王庭凯讲话，桦甸市、磐石市及龙潭区作典型发言，市发改委、市财政局、市农委、市交通局作表态发言。会议由市委副书记、市长刘非主持。与会人员到桦甸市进行实地参观。

【吉林省第二生态环境保护督察组督察吉林市情况反馈会议】 10月18日，吉林省第二生态环境保护督察组督察吉林市情况反馈会议在吉林市西关宾馆国际会议中心召开。省环保督察组组长鲁晓斌宣读反馈意见。市委书记王庭凯作表态发言。会议由市委副书记、市长刘非主持。

【吉林市创建全国文明城市动员大会】 11月15日，吉林市创建全国文明城市动员大会在市机关会议中心召开。市委常委、市委宣传部部长陈强对《吉林市创建全国文明城市工作实施意见》以及创建、考核、迎检等相关工作作解读说明。船营区、昌邑区、市城管执法局、市市政公用局、市公安局交管支队主要领导作表态发言。市委书记王庭凯讲话。会议由市委副书记、市长刘非主持。（市委办公室）

全面深化改革

【概况】 全年组织市委深改组会议4次、联络员会议2次，配合上级完成改革督察、评估9次，自行开展改革督察6次，改革经验和信息报送工作继续位于全省前列，吉林市被评为“全省地市（州）改革工作先进单位”。

【改革谋划】 科学安排年度改革任务，和上级同步出台吉林市深化改革工作要点和任务台账，明确年度全市改革重点。建立市级领导领衔抓改革机制，在全省率先出台《关于深入落实党委深改组成员领衔抓改革工作机制的实施意见》《2018年市委深改组成员领衔抓改革重点任务》。建立完善工作制度，及时转发《中共吉林省委全面深化改革领导小组〈关于深入贯彻党的十九大精神加强和改进全省改革工作实施意见〉》，并结合吉林市实际提出具体要求，促进各涉改部门改革工作开展。制定下发《关于进一步规范改革事项提请审议范围和流程的通知》，规范改革会审议议题的范围和流程。全年高标准组织筹备改革会议4次，审议通过《吉林市加快推进“只跑一次”改革实施方案》等11个涉改方案。召开2次专项小组联络员会议，将改革工作推深做实。

【改革督察】 抓住省委改革办到吉林市开展群团改革、农村土地三权分置等9次督察和第三方评估工作的契机，详细了解吉林市重点领域改革推进情况。开展“吉林市农村金融综合改革”等6次督察，形成督察报告。在迎接全省改革工作绩效考核中，逐项准备并审查74个考核指标，系统梳理2018年全市改革工作推进完成情况，向考核组展示吉林市改革成果。

【改革宣传】 上报稿件被《吉林改革工

作》采用5篇，被《调研与决策》采用2篇，4篇被省委改革办以“重要改革信息形式”推荐到中改办。拓宽省媒平台宣传改革亮点，《吉林市在全省首创“吉路通”手机APP，打造科技范十足的智慧公路》在《新文化报》及《吉林日报》刊发，在全省宣传吉林市改革推进过程中的典型做法和成果。创新改版《吉林市改革工作》。2018年《吉林市改革工作》细分为“外地经验、本地动态、改革资讯、会议信息”4个类别，全年刊发38期，呈报市级领导参阅并发至全市涉改单位（部门），其中2篇得到市委主要领导签批。（市委政研室）

6月5日，吉林市第一书记代言产品暨帮扶成果展在世纪广场启幕（王喜元 摄）

组织工作

【概况】 截至2018年年末，全市有中国共产党党员24.78万名，基层组织1.05万个。其中，基层党委781个，总支部357个，支部9330个。

【干部作风大整顿活动】 集中整治不担当不作为乱作为和形式主义、官僚主义等现象和行为，解决一批群众反映强烈的突出问题，全市问责干部163名、选树典型629名，干部队伍作风建设向上向好。省委副书记、省长景俊海到吉林市督导干部作风大整顿活动时给予肯定。《省干部作风大整顿活动情况专报》第9期在全省率先刊发市委组织部相关工作经验做法，《吉林日报》先后3次报道相关活动情况。

【干部学习教育】 把习近平新时代中国特色社会主义思想纳入“两学一做”学习教育常态化制度化主要内容，全市各级党组织开展各类集中学习6000余次，召开相关座谈会2200余次，举办研讨会2466次，讲授专题党课2163次，举行主题党日活动3671次，营造“学先进典型、做先锋模范”的浓厚氛围。推进基层党建传统优势与信息技术深度融合，推进党员教育微信公众平台建设，高标准抓好“新时代e支部”工作，支部入驻率99.18%，党员入驻率97.9%，《江城党建》栏目受到党员群众广泛认可。开展“三诺一评”（年初承诺、全年践诺、年终述诺、民主测评）活动。组织指导党内政治生活，制发各级党员领导干部参加所在支部组织生活会台账，全市乡科级以上领导班子成员6430名参加所在支部组织生活，开展批评和自我批评。

【干部队伍建设】 提升干部选任管理科学化水平，围绕精准识人、精确选人、正向激励，加强制度建设，规范干部研判、动议、任免等工作程序。强化干部培养锻炼，跟踪培养466名优秀年轻干部，组织75名40岁以下正科处级年轻干部专题培训，选派60名干部到温州学习培训，抽调干部到脱贫攻坚和项目建设一线、开发区、国有企业、金融机构挂职锻炼。严格管理监督干部，组织领导班子和领导干部年度考核，加大日常考核和专项考核力度，开展选任用人情况专项检查。做好干部教育培训，举办4期县（局）级以上领导干部和5期乡（科）级以上干部学习培训班，全市700余名县（局）级以上党员干部和1400余名乡（科）级以上党员干部参加培训。联合市委党史研究室，举办“纪念吉林市解放七十周年大型图片展”。

【基层组织建设】 实施以党的政治建设为统领，提升组织力的“红动江城”活动，在全省组织部长会议上作特色成果展示。8月10日，吉林市组织工作会议在市委会议中心举行。

在农村持续推进“五好一满意”（好书记、好队伍、好制度、好服务、好业绩、群众满意）党支部建设。组织全市76名乡镇党委书记分三批赴温州市乡镇学习培训，利用电子商务推进代言活动分四期培训全市109名第一书记，举办第一书记代言产品暨帮扶成果展，通过进展区、进社区、进景区、进商区活动，带动形成特色产业147个，实现订单1258笔、销售额274万元，带动3100户贫困户增收320万元，《中国组织人事报》、新浪网、人民网等媒体相继刊发吉林市第一书记管理做法。扶贫代言行项目获中国网络扶贫优秀案例奖。结合干部作风大整顿活动，举办“实干担当”擂台赛。实施“头雁回归创业”计划，开展“引凤还巢”活动，发展壮大农村集体经济，配合开展扫黑除恶专题斗争。

在城市，推进全国城市基层党建示范市建设，建立党建联盟，打造一批特色鲜明的社区品牌。推进“五好一满意”党支部建设，强化社区党组织书记培训，举办全市社区党组织书记专题培训班。提高社区工作者专业化水平，对全市2000余名社区工作者进行社会工作师资格考前辅导培训。逐级建立市、县（市）区、街道、社区四级党建联席会议，组建“街道党工委—社区党组织—网格党支部—楼（院）党小组—单元党员中心户”五级网格组织架构。推行“一站式”公共服务、“菜单式”便民服务、“项目式”志愿服务，创新“社会化”服务，提高社区服务质量、服务能力和服务水平。

在非公有制企业和社会组织，依托2个国家级开发区和13个省级开发区党建指导服务中心设立党建工作指导站15

个，配备党建指导员200余人，船营区等三地被评为省级精品非公有制经济组织党建指导服务（分）中心，张顺安等5人被评为省级“双强”党组织书记。选树行业党建新亮点，以龙潭区、高新区为试点，成立出租车党员先锋车队，开展“争星创品红动江城”活动，总结推广筑石红物业与社区共建共享经验做法，省《党建新视线》栏目进行专题采访报道。对60余家互联网企业党建工作进行集中攻坚，实现全市规模以上互联网企业党的工作全覆盖。持续开展百名专家服务百家企业“双百服务活动”。实行定期督查暗访、实地调研制度，加强对非公党建督导指导，提升非公有制企业和社会组织党建工作质量。

在国有企业，完善国有企业法人治理结构，19家企业全部制定党组织议事决策规则，党组织书记与董事长“一肩挑”15家，企业党组织的领导核心和政治核心作用得到有效发挥。

【人才工作】 人才统筹协调。围绕推进数字吉林建设，研究起草《吉林市“数字吉林”人才服务工程实施方案》。组织召开松花湖人才驱动创新交流中心启动活动，邀请中国科学院院士王佛松、陈星旦、王立军等30位省内外高端人才为吉林市发展把脉问诊、建言献策。组织专家人才与40余家企业进行人才对接，帮助解决技术难题，推动企业新旧动能转换。

农村人才培养。实施“农村实用人才助力脱贫攻坚”计划，筛选331名农民骨干和农村产业“大王、能手”作为第二批重点培养对象。创建24家农村实用人才实训基地，组织4批农村实用人才到实训基地实训。

人才服务保障。落实党委联系服务专家制度，建立党委、政府领导班子成员与专家人才结对联系，坚持开展假日联谊和不定期的走访慰问等活动。开展“弘扬爱国奋斗精神、建功立业新时代”活动，利用新时代e支部、江城党建网等载体，挖掘和宣传群众公认、可信可学的弘扬践行爱国奋斗精神的江城人才典型，在市级媒体宣传12人先进事迹。

（市委组织部）

宣传工作

【理论武装】 组织全市党员干部学习习近平新时代中国特色社会主义思想和中共十九大精神，用马克思主义中国化最新成果武装党员、教育干部。在全市范围内建立“新时代传习所”2400余个，实现1384个行政村、353个城市社区、8所驻吉高校全覆盖，9家“新时代传习所”被评为首批省级传习所示范点。组织新时代传习所传习季活动，开展100余个重点传习活动。严格落实意识形态工作责任制，研究制定6个方面意识形态工作制度，推进意识形态专项考核，完善意识形态工作机制。强化社科领域、新闻媒体、文化文艺、民族宗教等各类阵地监督管理。加强互联网行业党建工作，成立互联网行业党委，实现党组织在互联网行业全覆盖，维护网上意识形态安全。

【舆论引导】 组织市直媒体刊（播）发重点经济类报道1.1万余篇，民生类重点报道1.8万余篇，开设重点专栏（专题）30余个，协调上级及域（境）外媒体刊（播）发吉林市重大新闻稿件2800余篇。围绕吉林市自然、历史、文化资源，不断讲好“江城故事”，传播“江城声音”，展示“江城形象”，提升城市知名度和影响力。政务双微“吉林市发布”全年发布信息4000余条，粉丝总数突破83万人，初步完成政务微信矩阵建设。启动城市宣传智慧化工程，构建全市100个重点点位数字地图，群众了解吉林市的方式更加轻松、便捷。“吉林乌拉圈”获得“中国融合创新年度贡献传媒”“中国报业十大最具影响力创新平台”称号，广播《江城总动员急寻熊猫血》现场直播获第二十八届中国新闻奖二等奖。实时监测全市网络舆情，报送舆情208期，620条信息。落实中央及省网信办宣传指令，组织网站、新媒体及两微一端推送宣传稿件近百篇，转发千余次。组织全市网信系统参与网评500余次，向省网信办舆情处上报敏感信息500余条。起草《落实网络意识形态、网络安全和信息化工作的考评方案》，经市委常委会审议通过，以市委办公厅名义下发。制定《吉林市落实网络意识形态、网络安全和信息化工作责任的考评细则》。编辑完成《互联网法规选编》，收纳相关法规33个。

【核心价值观建设】 推进社会主义核心价值观主题公园、广场、街路建设，打造富有吉林市特色的社会主义核心价值观宣传阵地。加强公民道德建设，评出市级道德模范及提名奖获得者24名、“江城好人”62人，23人获评“吉林好人”，1人荣登“中国好人榜”。启动新一轮全国文明城市创建工作，持续开展“文明村镇”“文明窗口”“文明校园”等群众性精神文明创建活动。开展爱国主义教育，组织爱国主义教育报告团深

6月5日，市委宣传部在铁道职业技术学院举办的吉林市青年创业典型事迹报告会

（市委宣传部　供图）

入学校开展“传承红色基因争做时代新人”宣讲48场。加强爱国主义教育基地管理，重新命名市级爱国主义教育基地。加强未成年人思想道德建设，开展“清明祭英烈共圆中国梦”“优秀传统文化伴我成长”等“特色文化进校园”主题教育实践活动。加强社区学雷锋志愿服务站点标准化建设，启动全市志愿服务项目创新大赛，全年新增实名注册志愿者20余万人，新增注册志愿服务组织1000余个。

【文化建设】 推进文化体制改革，完成五项改革任务和两项督察任务。开展文化产业提质增效活动，建立吉林市TA+文化产业重点园区，文化产业规模化、集约化、专业化水平提高。做好第四届温州文博会组织工作，全市17家文创企业（个人）、45类1941件作品参展。吉林市城市主题馆在众多高水平展馆中脱颖而出，获评“最佳人气奖”；陶瓷作品《乌拉满族火锅》获得“文化创意金奖”；陶艺《梅花》《吉林八景》《金穗系列》及《满族非遗创意刺绣》获得“文化创意奖”。举办民企高管培训班，开展“企业好故事”征集评选活动，开展“创新、创业——我的故事”主题宣传活动，组建吉林市青年创业典型事迹报告团，营造积极创新、勇于创业的浓厚氛围。

实施文艺精品扶持工程，各艺术门类精品创作成果丰硕，电视剧《女人的天空》获得中国广播影视大奖第31届电视剧“飞天奖”优秀电视剧大奖（提名作品）；电影纪录片《乌叔》获得第六届温哥华华语电影节最佳纪录片二等奖；吉剧《黄大年》于全国“两会”期间在中央电视台戏曲频道全剧播出；舞剧《天路》在国家大剧院进行首演。引进纵影天下（北京）文化资产管理有限公司到吉林市拍摄电影《三寸日光》《不妻而遇》，促进吉林市影视产业发展。发掘研究和保护传承吉林市优秀传统文化，制定《吉林市实施中华优秀传统文化传承发展工程方案》。推进基本公共文化服务标准化、均等化建设，入选第三批国家公共文化服务体系示范区。打造特色文化品牌，举办首届吉林市松花江文化季活动，组织开展市民文化节、农民文化节及“松花江之夏”“松花江金秋”等群众文化活动170余场。开展“我们的中国梦——文化进万家”活动，元旦和春节期间，组织文化文艺志愿者深入基层开展“红色文艺轻骑兵”等文化惠民活动110余场。

【解放思想大讨论活动】 制定大讨论活动方案和关于活动宣传、中心组学习、基层宣讲等6个子方案。编印6期6000册大讨论活动学习专刊，编发12期大讨论活动简报，确立25项重点调研课题，组织各级理论中心组学习500余次。9个县（市）区和25个市直重点部门“一把手”接受市直媒体专访。全市组织人大代表、政协委员、机关干部、国企负责人、民营企业家等6个层面10场座谈会；举办吉林市首届社科系列咨政论坛，收到有关专家学者28项咨政建议；在吉林市发布（吉林乌拉圈）手机客户端等新媒体平台开通“建言献策通道”，征集各类意见建议3000余条。全市各地各部门开展课题调研1431个，组织各类建言献策活动270余场，收集意见建议9200余条。组织市直媒体开设解放思想大讨论“专家谈”“大家谈”“建言献策”“基层声音”“域外声音”等专栏，市直媒体刊播发相关稿件500余篇。协调人民网、新华社、中国新闻社、《吉林日报》等中省直媒体推出吉林市活动相关报道稿件50余篇。《吉林日报》于10月31日专版报道吉林市大讨论活动情况；吉林电视台《好好学习》栏目将活动期间全省唯一一期专题节目放在吉林市摄制，于11月24日播出；省委宣传部编发的活动简报中，4次通报吉林市亮点做法，其中第12期简报专刊印发吉林市大讨论活动经验。吉林乌拉圈、吉林雾凇台APP以及吉林市发布官方微博微信等新媒体开设相关专栏专题，开发图解大讨论、1分钟看懂大讨论活动等传播新形式，组织网络大V、政府新闻发布平台和政务新媒体同步推送全市大讨论活动重要动态。组织市、县、乡、村各级基层宣讲活动1300余场，受众人数近7万人。梳理出突出问题820余个，制定各项落实改进工作的具体措施900余项。

【大调研活动】 全市宣传思想文化系统组织大调研活动。历时8个月，围绕经济社会建设、政治民生、理论武装、新闻宣传和管理、思想道德建设、精神文明创建、宣传干部队伍建设、文化体制改革和文化事业产业发展等方面，在选题上结合党委、政府中心工作，确定《关于学习温州市“最多跑一次”改革经验，推进吉林市“放管服”改革的调研》《落实意识形态工作责任制的实践路径》等60个调研课题。在推进过程中组织部机关中层以上干部分批次到温州进行对口调研，并围绕创城、文化产业、媒体融合发展等重点课题，组织若干支队伍去珠三角、长三角等发达地区调研学习。深入群众了解宣传思想文化工作实际情况，形成60篇调研成果。组织专家学者进行两次评审，评选出22篇优秀调研文章编辑成册，形成《吉林市宣传文化系统大调研活动优秀调研报告汇编》，同时对60篇调研成果中的精华部分进行梳理，形成《吉林市宣传文化系统大调研活动成果缉要——对策建议汇编》。召开吉林市宣传文化系统大调研活动总结会，下发《关于吉林市宣传文化系统大调研活动情况的通报》。 （冷志加）

统一战线

【思想政治引导】 组织各民主党派开展“五一口号”70周年系列纪念活动，引导党派成员牢记多党合作优良传统，坚定不移跟党走。高标准制定、高质量落实政党协商计划，召开政党协商会议4次。协助民主党派加强组织建设，完成民主党派基础建设情况统计工作。创新举办“民主党派双月工作论坛”6期。“民主党派双月工作论坛”经验做法在省委统战部《统战纵横》刊发。民盟、民进、农工党、九三学社分别获得各党派中央表彰奖励。

高起点谋划部署新阶层人士统战工作，调研制定《关于加强吉林市新的社会阶层人士统战工作的实施意见》。完善市委新阶层人士联席会议制度，召开联席（扩大）会议，部署重点工作。组建成立吉林市新阶层人士联合会，创新建立7个新阶层实践基地。吉林市《主轴驱动、两翼发力》经验做法在省委统战部《统战纵横》刊发，并在全省统战部长会议上作书面经验交流。

【民族宗教工作】 以“深入开展民族团结进步教育，铸牢中华民族共同体意识”

为主题，开展民族团结教育宣传工作。协调做好第二届全省少数民族文艺会演和少数民族节庆活动服务保障工作。做好少数民族流动人口服务管理工作。制定印发《关于加强和改进新形势下宗教工作的实施意见》。加强宗教团体和宗教界代表人士队伍建设，做好中央、省委宗教工作督查和问题整改工作。

【服务民营经济】 开展理想信念教育，组织“学习十九大精神宣讲报告团”，实施“江城优秀企业家培育工程”，构建“亲”“清”政商关系，引导民营企业家坚定信心、守法诚信经营。务实创新服务举措，组织开展服务民企“政策三人行”活动，举办“银企对接”“产需对接”“项目对接”大会和金融论坛，协议融资近10亿元。激励民营企业投身“双百”行动，全年脱贫项目投资近4000万元，为困难户捐款捐物202万元。

【党外代表人士统战工作】 落实党员领导干部与党外代表人士联系交友制度，协调完成27位市级党员领导干部走访慰问党外代表人士工作，并走访慰问11名市直机关局级党外领导干部。组织统战干部和党外干部赴重庆开展域外培训。

【助力百村振兴行动】 围绕服务乡村振兴战略，组织统一战线创新开展“助力百村振兴行动”，被市委、市政府纳入全市乡村振兴战略总体规划，统筹推动、同步实施。形成《统一战线助力百村振兴行动实施方案（2018—2020）》，计划用三年时间，实现乡村振兴、百村先行。组织515名企业家、618名民主党派成员、103名律师以及103家社会组织人员组成103支志愿行动工作队，组建成立7支特别行动队。集中统战优势力量，共同肩负起“思想、项目、文明、法治、文化、科技、健康和数字”“7+1”行动进百村的使命和重任。市委先后召开动员大会、现场经验交流会，市委统战部召开工作调度会、座谈会5次。各民主党派主委分别带队深入一线、调研督导。各相关部门组成“专家顾问团”发挥优势、指导行动。年内，谋划推进项目113个，计划总投资4.4亿元；90%的村开展文明进村评选活动。同时，其他进村行动统筹推进，开展各类思想宣讲活动212次，律师义务法律咨询2457人次，送文化下乡202次，科技惠农服务84次，健康义诊89次。依托云耕农业数字化平台优势，全面提升助力百村振兴行动数字化水平。省委统战部多名副部长到吉林市调研，肯定吉林市做法。省工商联在吉林市召开全省脱贫攻坚光彩行动现场会，推广吉林市经验。统一战线助力百村振兴行动在全省乃至全国产生广泛影响。

【海峡两岸（吉林）青年就业创业基地成立】 2018年5月，经国台办批复国家级海峡两岸（吉林）青年就业创业基地正式成立。基地位于松花江智慧新城，占地面积66公顷，至2018年年末，基地有200余家公司和企业，涵盖文创、传媒、科技、电商、旅游、生技、农业新技术等多个产业领域；有中国文化大学厨师培训基地、吉的堡东北区幼师培训基地、云林县农会培训基地和吉林市大润发超市培训基地4个合作机构；佛手山文化公园办事处、旺旺中时（北京）媒体工作站、海峡两岸教育文化交流发展促进会吉林办事处、台北文教协会吉林办事处、台北农经协会吉林办事处等12家台资企业入驻；台湾青年实习、培训、就业117人；与台湾青创总会、云林县农会、吉林市海峡两岸经贸文化发展协会等30余家两岸青创组织及商协会建立战略合作关系；与中国文化大学、台中科技大学、岭东科技大学等6所台湾高校和吉林大学、北华大学等10余所省内高校建立创业联盟关系。 （白　雪）

政策研究

【概况】 2018年，中共吉林市委政策研究室（改革办）完成调研报告17篇，协助市委完成几十个综合性材料，向全市征集83份调研课题，挑选74篇调研文章，形成2018年度全市重点调研课题文集编印，编发《调研专报》12期。

全年出台深化改革指导性文件7份，组织市委深改组会议4次、联络员会议2次，配合上级完成改革督察、评估9次，自行开展改革督察6次，改革信息《吉林市改革工作》全年刊发38期。《吉林市通讯》出刊12期，文字编辑总量90余万字，采用稿件305篇，被评为全国十佳党刊。

全年在省级刊物刊发文章12篇，推荐到国家级期刊7篇。获得市级主要领导签批文章4篇，年度改革经验和信息报送工作位于全省前列，在全省年度深化改革绩效考核中，吉林市被评为全省地市（州）改革工作先进单位。

【调查研究】 根据中央财办要求，开展一季度经济形势分析和吉林市高质量发展专题调研，并在中财办组织召开的全国一季度经济形势分析座谈会上作交流。基于全国各地才争夺战，开展人才问题调研，形成《城市抢人大战分析及对策》，市委书记王庭凯批示后，呈各市级领导参阅。到南方发达地区就商事制度改革、“放管服”综合配套改革学习考察，形成调查报告，市委秘书长签批后在《吉林市通讯》刊发。组织开展吉林市“6411”产业体系大课题调研，深入机关单位和企业，先后召开17个专题座谈会，形成《吉林市“6411”产业体系调研报告》。

围绕热点难点问题，开展对策性调研。开展吉林市文化产业发展情况调研，调研报告刊发在省委《吉林通信》。参与全市校城融合发展论坛和推进工作会议，完成《吉林市深化校城融合发展全力开创老工业基地振兴新局面》报告报省委政研室。对吉林市华微电子股份有限公司发展情况进行调研，形成报告报市委主要领导。结合扶贫攻坚工作对桦甸金牛牧业发展情况调研，2篇调研报告分别在《江城党建》《吉林通信》刊发。开展吉林市农村金融综合改革和国资国企改革督察调研，形成《吉林市加快国资国企改革着力提高国有经济发展活力》调研报告。到春光牧业、市话剧团、长白山制药等企业调研，形成9篇域内企业发展专题调研报告。

【文稿起草】 围绕市委中心工作，完成交办文稿起草任务。完成环保督察、脱贫攻坚、化解金融风险等几十个市委综合性材料。在市委十三届四次和五次全会报告起草中，承担并完成重要部分内容起草。

【决策咨询】 从征集的83份课题中精心遴选调研文章74篇，完成2018年度全市重点调研课题文集编印。编发《调研专报》12期，为领导决策提供有价值的参考。配合省委政研室，完成中美贸易摩擦对吉林省外贸出口企业影响和改善民营经济发展环境专题调研，供省委决策参考。

【《吉林市通讯》编辑】 全年出刊12期，文字编辑总量90余万字，采用稿件305篇。分别策划“新时代新征程”、纪念吉林市解放70周年、改革开放40年巡礼等主题，新增《改革记忆》栏目，客观再现吉林市40年社会发展历程。增加经济发展和文化风情等内容，同时优化老牌经典栏目。（市委政研室）

机构编制

【党政机构改革】 超前准备谋划，启动机构改革工作。组织干部学习领会党和国家机构改革决策部署和精神，掌握改革各项规定。逐个分析测算拟新组建部门编制、领导职数配备和涉改部门机构编制调整数据，拟订机构改革预案，做好各项基础准备工作。组织开展吉林市党政群机关及事业单位机构设置和编制职数配备情况调查摸底，逐个部门拟订机构编制职责框架，形成党委、人大、政府、政协等各类机构及有关事业单位改革基础资料。

省委深化市县机构改革推进会召开后，提请市委常委会议传达贯彻会议精神，成立吉林市推进机构改革协调小组。拟订《吉林市机构改革方案》，提请市委常委会议审议后上报。12月25日，省委、省政府正式批准《吉林市机构改革方案》。吉林市三次召开推进机构改革协调小组会议，对标对表中央和省委要求，11月14日，制定印发《吉林市推进机构改革工作实施方案》。12月27日，制定印发《〈吉林市机构改革方案〉的实施意见》，明确吉林市机构改革时间表、路线图、任务书。市委十三届五次全体会议安排部署吉林市机构改革工作，市本级机构改革工作正式启动。

【事业单位改革】 巩固承担行政职能事业单位改革试点成果。按照改革总体要求，梳理吉林市本级事业单位承担的行政职能，确保一项不落回归机关。置换的203名行政编制全部下达，优化编制结构。开展综合行政执法改革相关工作，配合中央编办完成事业单位机构改革内部研究测算。

经省编办批复设立吉林市松花湖国有林保护中心和吉林市上营国有林保护中心，基本完成市本级国有林场改革。整合归并市区两级文化市场综合执法机构，落实“同城一支执法队伍”要求。参与事业单位车改工作，收回相关部门机关工勤事业编制21名。

【重点领域改革】 印发《吉林市纪委市监委机关内设机构和人员编制规定》。落实省盐业体制改革有关精神，在吉林市粮食局加挂吉林市盐务管理局牌子，负责本行政区域盐务行政管理职能。

【机构编制管理】 服务发展。牵头制定助力引进人才使用编制意见，开展组织、教育、人社、公安等9部门（单位）人才审批管理使用方面权力清单和公共服务事项清理工作，会同组织、人社部门制定下发《关于进一步提升事业编制使用效益优化人才服务的意见》，提升人才资源配置效率和编制使用效益。围绕党委政府中心工作，设立吉林市投资促进服务中心，加强吉林市招商引资服务工作。推进吉林市社会信用体系建设工作，在吉林市铁路项目建设服务中心加挂吉林市信用信息服务中心牌子。厘清行业安全生产监管职责，明确吉林市文化广电新闻出版局安全生产监管专门机构。

规范管理。撤销市直议事协调机构36个，调整部分市委议事协调机构负责人，印发严格市直议事协调机构管理的通知。审核批准市直部门（单位）公开招录（聘）、政策性安置用编计划588名。开展机构编制执行情况评估和日常监管工作，强化各部门（单位）机构编制工作意识，提升机构编制工作权威性和严肃性。针对事业单位法人“注销难”状况，在依法依规前提下，采取简易办法，用半年时间推动注销48家事业单位法人，占总量的50%。开展中文域名注册和网上名称管理工作。

事业单位登记管理。精简登记要件13项，缩短2项业务办结期限，推进“双向快递”方式，部分业务实现不见面办理，事业单位登记管理“只跑一次”取得实质性进展。支持政研合作、政校合作，首次开展利用国有资产举办事业单位设立登记工作，中科院苏州医工所吉林市工程技术研究院、吉林大学吉林市研究院登记为事业法人。完成198家市直事业单位法人设立、变更、注销登记等日常事业单位登记管理工作，完成391家市直事业单位法人年度报告公示和市本级“双随机一公开”实地核查工作。完成34家机关、群团统一社会信用代码赋码发（换）证工作。

【“只跑一次”改革】 落实“只跑一次”改革工作，助力“放管服”改革。参与学习考察“最多跑一次”改革工作，赴温州等地学习考察“最多跑一次”和“行政审批局”经验做法，形成调研报告向市政府专题会议报告，为推进吉林市“只跑一次”改革提供借鉴。

推进落实“两集中、两到位”（审批事项向一个处室集中、行政审批处室向行政审批服务中心集中，保障进驻行政审批服务中心的审批事项到位、审批权限到位）工作。制定印发《吉林市推进落实行政审批“两集中、两到位”工作方案》。组织42个具有行政审批服务职能部门全面自查梳理，重新明确32个部门行政审批办公室机构编制职责事项。按照“应进必进”原则，推动市本级781项行政审批服务事项、898名行政审批工作人员进驻市政务大厅（分厅）。

动态调整行政许可事项和市政府部门权责清单。两次调整市级行政许可事项，调整35个部门304项行政职权。推进“权力下沉、集成服务”改革。按照吉林市推进“只跑一次”改革任务要求，研究制定《关于落实“权力下沉、集成服务”改革任务工作方案》，细化分解7个方面17项工作任务并落实工作责任。（宋 菲）

机关党建

【政治思想建设】 制定《市直机关学习贯彻十九大精神安排意见》，指导市直机关党组织学习贯彻中共十九大、十九届二中、三中全会精神和习近平新时代中国特色社会主义思想。编印下发《市直机关党员干部学习教育手册》“口袋书”，机关党员人手一册，促进党员干部日常学习。指导市直部门（单位）贯彻落实《新时代传习所管理办法（试行）》文件精神，专项督查贯彻落实情况。指导各部门（单位）开展政治理论教育和业务知识学习，提高服务发展能力和业务工作水平。落实理论中心组学习制度，督导、检查市直机关党委（党组）理论中心组学习情况。开展市直机关层级培训，指导各部门（单位）通过组织报告会、研讨会，收看专家讲座录像、召开专题座谈会等形式进行学习交流。深化机关精神文明建设，开展2016年至2018年度全省精神文明建设先进集体、文明家庭和先进工作者推荐申报工作。贯彻执行《吉林市关于落实党委（党组）意识形态工作责任制检查考核实施办法》，加强意识形态工作情况督导和调度，及时向市委汇报工作推进情况。开展市直机关解放思想大讨论活动，举办市直机关“为振兴吉林献计献策座谈会”。举办“长白山大讲坛”暨“江城大讲堂”活动，开展吉马情怀、国防教育、公文知识、艺术鉴赏、机关干部语言表达技巧、心理健康调适等6场专题讲座。

6月19日，市直机关工委举办市直机关入党积极分子培训班 （市直机关工委 供图）

【基层党建规范化建设】 推进市直机关“两学一做”学习教育常态化制度化，印发《关于市直机关（单位）各级党员领导干部以普通党员身份高标准严要求参加支部组织生活会的通知》，通过检查整改、形成专题报告、建立台账档案等方法，提高组织生活会质量。加强市直部门党委（党组）书记年度抓机关党建工作述职评议考核工作，组织召开市直部门党委（党组）书记抓机关党建工作述职评议会议、部门党委（党组）领导班子会议，实现党建述职评议工作全覆盖。在市直机关76个部门开展向郑德荣学习活动，参与支部1196个、党员14565名，召开会议891次，集中学习916次，通过门户网站、微信工作群等多渠道扩大活动的影响力和覆盖面。推进建功“十三五”主题实践活动，表彰奖励10个市直机关标兵党组织、29个市直机关先进党组织、138个市直机关先进基层党组织、762名市直机关优秀共产党员、225名市直机关优秀党务工作者。

加强组织发展，落实年度发展对象审查、预审制度，举办入党积极分子培训班，集中培训179名年度发展对象。落实党内关怀帮扶机制，春节前组织走访慰问市直机关生活困难党员316人，汇款22.12万元，帮扶补助2002年以前因公牺牲困难党员、干部家庭，汇款40万元，救助特殊生活困难党员2万元。加强党务干部队伍建设，指导市直部门规范机关基层党组织设置，履行专职书记任职考核程序，配齐配强机关专职党务干部。组织84个部门（单位）机关专职副书记赴汪清县委党校，开展“重走抗联路”党性教育活动。贯彻市委《关于在“两学一做”学习教育中强化市直部门（单位）机关党建工作问题整改的实施办法》，明确部门党委改党组后机关党委工作职责，指导、推动理顺机关工委、部门党组和机关党委之间关系，规范机关基层党组织设置，落实机关党建责任。召开市直机关贯彻省市委落实全国基层党建工作重点任务推进会，下发《市直机关落实全国基层党建工作重点任务推进会任务分解清单》。加强督导检查力度，专项检查市直机关发展党员工作、下拨党费使用情况，发现问题立即整改。组成督导组，两次督察通报84个直属机关党组织落实全国省市基层党建重点工作任务情况及问题整改情况，一对一反馈存在问题，限期整改，约谈进展迟缓单位。

以落实支部条例为契机，按照组织健全、制度完善、运行规范、活动经常、档案齐备、作用突出要求，推进“五好一满意”（“忠、公、能、廉”好书记，“信、实、勤、和”好队伍，“诚、准、快、细”好服务，“严、全、明、精”好制度，“新、多、真、优”好业绩，群众满意）党支部建设活动。印发《关于市直机关e支部建立和入驻情况的通知》，开展培训活动。截至2018年年末，入驻基层党组织1056个，入驻党员13258人。开展强责、提质、创标“双百双争”活动，选树100个先进党支部标杆和100名优秀共产党员标杆，推动市直机关（单位）基层党组织持续开展“争创先进支部、争做优秀党员”活动。召开市直机关强责、提质、创标“双百双争”活动现场推进会，开展现场观摩和经验交流活动。创新主题党日活动，开展参观抗联基地、重温入党誓词、扶贫志愿服务等支部主题党日活动。组织党员志愿服务323次，走访慰问困难党员205人，送慰问金27783元，送物品折合8420元，解决实际困难和问题88个。走访慰问社区困难群众88人，送慰问金5100元，送物品折合3119元，解决实际困难和问题18个。走访慰问农村困难党员群众734人，送慰问金25000元，送物品折合43679元，解决实际困难和问题149个。

【服务型党组织创建】 巩固“作风建设提升年”活动成果，培树先进典型，总结表彰2017年度“创百佳效能处室，争百优服务标兵”“群众满意十佳处室、十佳窗口”，推进全市“只跑一次”改革，提高机关服务效能。结合全市脱贫攻坚工作，开展“温暖家庭、和谐社区”创建工作，细化工作要求，加强检查考核，抓好任务落实。全市84个市直部门(单位)帮扶社区困难家庭群众1018人次。其中，受助创业人员3163人次，受助就业人员9173人，提供创业就业资金1.3万元。助学18720人次，提供助学金1791.7万元。大病救助712人次，残疾人救助14人次，解决医疗费用165.1万元。为困难家庭赠送米6925千克、面4517.5千克、油3416千克、衣物82件、慰问品折合金额12万元，爱心捐款23.87万元。

【党风廉政建设】 印发《市直机关纪工委2018年工作要点》《关于进一步加强市直机关作风建设的通知》《关于加强市直机关干部党风廉政建设推进干部作风大整顿活动的实施方案》等制度性文件，明确任务、细化责任，形成崇廉尚廉氛围。发布《坚决纠正端午期间“四风”问题》《关于国庆期间严格执行“八个严禁”加强监督执纪问责的通知》，提醒全市党员干部廉洁自律，自觉维护良好形象。市直机关工委对全市202名重点岗位负责人进行集体廉政谈话，通过集体约谈重申党纪国法，教育重点岗位负责人用好手中权利，肩负起岗位职责。

开展“使命·红线”主题教育活动，组织全市重点岗位负责人参观江城监狱，发挥警示教育作用。开展知识测试、专题讲座等活动，学习贯彻《中华人民共和国监察法》和《中华人民共和国宪法》。联合社会监督员3次明察暗访市直各部门(单位)及县(市)区纪律作风，发现11个县(市)区及市直部门(单位)存在各类问题33个，责成相关单位进行内部处理并约谈相关负责人。重新制定《吉林市机关党风廉政暨纪律作风建设社会监督员工作规则》，监督员从原有19名增至38名，举办监督员工作会和培训班，加强社会监督队伍建设。以设立信访举报箱、公布举报电话、设立网上举报平台等方式，加大市直机关作风问题监督力度。做好来电来访工作，全年受理举报15件次，全部办结。强化案件查办监督和业务指导，全年查办案件9件，处理违纪党员9人。其中，给予开除党籍处分2人，留党察看处分2人，党内严重警告处分1人，党内警告处分4人。

6月8日，市直机关工委在市直机关会议中心开展“长白山大讲坛——江城大讲堂”活动

（市直机关工委 供图）

【群团组织建设】 强化党建带工建、带团建、带妇建功能，推进工会、共青团、妇联等群团组织规范化建设。开展市直机关“锐意进取，轻羽飞扬”羽毛球比赛、“赏朱雀秀美，沐江城春风”春季登山活动、“凝心聚力谋发展，奋勇当先铸党魂”篮球比赛、市直机关工间操活动竞赛、“强身心，健体魄，凝心聚力促发展”系列健身活动、“朗韵清风”经典诵读选拔赛、全市机关大型经典颂读“朗朗乾坤”文艺晚会、“不忘初心跟党走、幸福吉林正青春”主题演讲比赛、“提素质、学技能、强本领、做表率”电脑操作及公文写作能力竞赛、女性心理健康知识讲座、妇女干部“访红色印记 展巾帼风采”党性教育培训班等群团活动，活跃机关文化生活，增强基层组织凝聚力和向心力。

【机关党建综合调研】 印发《不忘初心砥砺前行——2017年度吉林市直机关党建工作掠影》，采选60余个经典案例、近400幅活动图片，展示特色亮点，打造机关建设品牌，突出机关工委党建引领指导作用，促进市直部门党建经验交流推广与互学互鉴。按照全市调研工作要求，开展机关党建调研。市直机关工委成立调研组，通过下发调查问卷、深入基层走访、召开座谈会、随机提问、个别访谈等形式，专题调研市直机关及所属事业单位党的建设情况。选取20个市直部门单位进行抽样调查，发放问卷2800份。召开机关专职副书记、机关基层党务干部及党员座谈会2场，16个单位、30余人参加座谈。撰写《突出特色引领创新全面推进市直机关党建工作——市直机关工委2018年度党建工作调研报告》报市委。评选参与调研成果征集单位上报的近200篇调研文章，对优秀调研成果予以表彰奖励。（徐智媛）

信访工作

【概况】 2018年，市信访局加强信访积案化解力度，抓重点案件办结、督查督办，按期办结中央信访联席办交办75件信访积案和省信访联席办交办394件信访积案。畅通信访渠道，落实领导接访工作制度，推行联合接访工作模式，推进网上信访。加强重要会事、敏感时期信访工作保障，高标准完成国家和省“两会”期间信访维稳工作。

【信访积案化解】 甄别有理访案件，依法分类。有事涉单位的立即交办，督促事涉单位案件研判，制定化解方案，落实主体责任；无事涉单位的由信访局组织研究，对案施策，及时化解。市信访局、市纪委、市委督查室、市政府督查室开展4次联合督查，加大重点案件督查督办力度，及时、有效解决一批突出信访问题。2018年，中央信访联席办交办75件信访积案，省信访联席办交办394件信访积案，全部按期办结。

【信访法治化建设】 制定《吉林市关于进一步加强信访法治化建设实施意见》《关于加强进京去省来市集体访防范处置工作的实施意见》，明确各级党委政府和事涉部门的主体责任，细化每项工作的操作程序，为全市开展信访工作提供依据。

【畅通信访渠道】 2018年，全市各级党委政府主要领导带头接访，分管领导主动接待处理分管领域信访问题。市、县两级接待上访群众727批10287人次，解决信访问题302件，涉及3458人次。其中，市级领导接待上访群众108批2912人次，解决信访问题29件，涉及573人次。

在市、县两级全部实行联合接访工作制度，凡事涉多部门重大信访问题，均由事涉部门、属地、信访部门、公安部门开展联合接访，明确责任，有效解决一大批信访问题。2018年，市县两级实施联合接访，化解重大集体访120件3192人次。

规范常规网上信访受理办理程序，落实网上案件包保责任，组织开展全市信访干部规范化办理业务知识培训。2018年，网上受理信访案件2191件，领导信箱接收129件，均按照相关规定及时受理、办理。

【信访维稳】 高标准完成国家和省“两会”期间信访维稳工作。全市坚持实行京地、长吉两条线信访维稳工作模式，强化政治担当，落实信访工作责任，完成上级交办的各项信访维稳工作任务，得到省委、省政府肯定。

完成中央巡视组移交案件办理。全市把办理中央巡视组移交的信访案件作为一项重要政治任务，落实各级党委（党组）“一把手”主体责任，加强督办调度，依法依规优先办理。 （市信访局）

老干部工作

【概况】 截至2018年年末，吉林市有离休干部1696人。其中，机关344人，事业586人，企业766人。老干部平均年龄89.4岁。年内，离休干部去世358人，死亡率17.4%。

【老干部思想教育】 结合“两学一做”学习教育常态化制度化，在全市离退休干部中开展中共十九大精神和习近平新时代中国特色社会主义思想学习活动。以“不忘初心、牢记使命”为主题，进行15场专题辅导、10场理论宣讲、23次座谈讨论，开展“e支部”网上学习。对年老体弱、行动不便的老干部采取送学上门、发放《传习月报》、发送短信、微信等方式开展学习。为老干部发放《十九大报告辅导》《习近平三十讲》《学习参考》《传习月报》等近1000份。专门定制“不忘初心为党增辉”徽章800枚，全年发放《传习月报》3万余份。

【老干部党建】 全市有离退休干部正式党支部487个、临时党支部33个。按照“四个跟进”（政治引领跟进、组织建设跟进、服务工作跟进、发挥作用跟进）目标要求，加强离退休党组织建设。各县（市）区、各部门把老干部党建工作纳入党建工作总体布局，落实各级党委对老干部党建工作主体责任，落实主要领导第一责任人责任，与其他领域党建工作，同部署、同推进、同考核。党支部制度建设全面创新，制定离退休干部《党支部换届选举工作程序》《基层党组织工作制度》《党支部考核标准》《党支部书记工作补贴发放管理办法》《党建工作经费发放管理办法》，保障党支部各项工作有序开展。开展“百名书记讲党课”“五型”（标准型、学习型、活动型、奉献型、临时型）特色党支部创建活动，举办“全市离退休干部党支部书记暨理论骨干培训班”，提升全市离退休干部党建工作水平 。

【发挥老干部作用】 开展“我看改革开放40年”巡回宣讲活动，市离退休干部传习宣讲团进机关、进社区、进学校、进农村，宣讲70余场，全市听课受益群众4万人。

开展“我看改革开放新成就”建言献策活动。通过召开集体座谈会、组织高端访谈、发放征求意见表、上门走访征求意见等方式，在全市离退休干部中征求对吉林市经济发展的意见建议150余条。

开展“我看改革开放新成就”主题征文活动。全市收集离退休干部文稿120余篇，书画摄影作品照片70余张，作品从不同角度表达老干部们对改革开放成果的赞扬和歌颂，为“助力吉林振兴”“助力精准脱贫”“助力乡村发展”发挥作用。

【老干部精神文化建设】 全市各级老干部活动中心、老干部大学以“见证新时代改革新成果”“颂歌十九大改革新成绩”为主题，开展原市级离退休干部“赴温泉产业带”“长生谷社区养护中心”参观考察活动。组织离退休干部文艺演出进社区、进乡村、进养老中心50余场，组织书画摄影作品展30余场次。市老干部大学举办“纪念改革开放40周年”书画展，参展作品168幅，全市各界书画爱好者200余人参观书画展。组织书法班学员春节前夕走进5个社区，为居民免费写春联、送春联。全市有1000余人次老干部参与公益活动。 （张柏东）

保密管理

【概况】 中共吉林市委保密委员会办公室（市委保密办）作为中共吉林市委保密委员会的办事机构，由原中共吉林市委办公厅管理的机关调整为市委工作机关，为县（局）级，归市委办公室管理，对外加挂吉林市国家保密局牌子。2018年，落实中央和省委关于保密工作的决策部署，提高依法治密能力和技术支撑水平，推进保密体系建设。

【定密管理】 增强规范定密意识，将定密责任人制度列入年度重点考核内容，在日常工作中加强专项定密督导。

【涉密人员管理】 2018年，吉林市严格落实《吉林省涉密人员出国（境）保密审查工作暂行办法》，市委保密办指导机关、单位正确处理涉密人员出国（境）相关工作。做好全市党政机关机构改革中保密工作，对涉改部门单位开展检查，防止发生失泄密事件。完成各级各类统一考试保密工作，多次会同有关部门检查各考点保密硬件设施建设和制度落实情况，全年完成各类国家统一考试保障任务6次。

【网络保密管理】 提升保密技术支撑水

平，完善涉密计算机违规外联平台、互联网接入口保密监管平台、互联网门户网站检查平台“三大平台”，提升监管覆盖面。制定《互联网案件查办规则》，完善案件处理流程。印发《关于进一步加强计算机及网络管理的通知》，规范计算机及互联网管理使用。启动敏感信息实时监管平台和保密综合业务信息系统建设。

【保密宣传教育】 将保密教育纳入市委理论中心组学习内容，纳入全市领导干部网上学习和公务员初任培训、网络学习必修课。组织全市县局级领导干部到省保密教育实训平台参观学习。组织观看保密警示教育系列片，采取上门播放形式，在8个县（市）区及45家机关、单位播放53场，观看总人数2611人，其中县局级领导干部266人。组织258名涉密人员分3期参加全省保密网络技术培训，对取得优秀成绩的29人予以通报表彰。以4月15日全民国家安全教育日为契机，在世纪广场集中开展宣传活动。

【保密督导检查】 推进机关、单位保密自查自评工作常态化制度化，将自查自评工作纳入绩效考评。根据第一轮督查情况和涉密文件清退、机构改革情况，选取34家机关、单位开展针对性督查。成立吉林市重要军事设施周边环境安全保密督查领导小组，联合有关部门检查驻吉林市旅级以上单位周边环境安全保密情况。（邵际航）

党史研究

【概况】 2018年，中共吉林市委党史研究室（简称“市委党史研究室”）贯彻落实中央和省、市委关于党史工作的方针政策，研究制定全市党史工作规划、计划并组织实施。研究在吉林地区活动的有关党史事件和党史人物专题；征集、研究、整理、编辑、出版和发行党史资料和党内人物资料；撰写吉林地区地方党史正本。举办重要党史人物纪念活动，运用党史开展革命传统教育；审查涉及党史内容的重要出版物和影视作品。完成上级党史研究部门交办的工作任务，提供相关党史资料。

【党史编研】 为纪念吉林市改革开放，出版《中国共产党吉林市改革开放新时期历史大事记》（1976年10月至2002年10月）。大事记定位是改革开放及社会主义现代化建设新时期，根据中央党史研究室2016年出版的《中国共产党的九十年》体例，加入两年徘徊时期内容。在2003年版大事记增订本基础上，查阅跨度26年资料，翻拍1万余幅报纸图片，坚持“大事突出、要事不漏”原则，基本涵盖吉林市改革开放前20余年各个方面情况。经过大幅度增编和精编，文字量70余万字，为党史三卷编写奠定基础。

编纂《中国共产党吉林市改革开放新时期历史大事记》，时间跨度从党的十六大召开到中共十八大召开前夕。通过筛选，科学确定入编内容，精编条目，完成初稿30余万字。

征编研究地方党委执政实践现实资料。2月，制定下发《关于编纂2017年卷〈中国共产党吉林市执政实录〉的通知》，12月末印刷出版。按时完成2017年卷《中国共产党吉林省执政实录》吉林地区部分资料征集上报。编纂《中国共产党吉林市执政实录》2015年卷，获吉林市第八次社会科学优秀成果三等奖。

【资料征编】 征集东北抗联和党史人物史料。对室存东北抗日联军档案文献资料整理归类，包括日伪、国民党方面涉及东北抗日联军的历史资料等。全年持续开展通盘大量查档，查阅800份原始档案，分门归类、集中整理存放，做到底数清楚、心中有谱，从中精选18份东北抗联的资料按时上报省委党史研究室。参与和支持帮助龙潭区委开展江密峰镇南沙村代王砬子山抗日义勇军密营遗址项目研究、鉴定。该项目是吉林地区东北抗日联军史料征集工作的一部分，是新发现的距离吉林市最近的一处抗日义勇军密营，填补吉林市抗日战争研究的空白。

征编《中共吉林市党史人物》第五卷。全体业务人员共同参与，每个业务人员负责包保征集和编纂5名至6名党史人物传记。经过多方征集，补充和完善人物生平资料，精编整理人物传记初稿25万余字，做到全方位、多角度、深层次挖掘人物生平经历和实绩，确保人物传记内容严谨、丰满、翔实。

征集“口述史”资料。根据吉林市副市级以上党史人物口述史资料征编工作采访名单，2018年初市委党史研究室根据实际情况制定具体采访计划，合理确定采访人物和采访对象，根据实际情况采取上门走访、电话采访和接待采访的方式，征集老干部口述资料及相关资料，并做好珍贵资料归档立卷。全年征集人物口述资料5份，总字数约5万字，其中包括新中国成立前参加抗联的副市级以上领导干部后代回忆其生平经历的口述资料。

【党史宣教】 打造《党的十九大精神解读》《深入学习领会习近平深入推进东北振兴座谈会讲话精神》《伟大的征程——长征》《杨靖宇和东北抗联第一路军》《吉林革命拨火人——马骏烈士》等8个专题党史课，深入机关、学校、社区和驻军部队开展党史宣传教育和红色文化宣传活动，全年授课22场次，听课人数9000余人。加强与《吉林市通讯》承办单位沟通协调，增强“党史视界”专栏的现实针对性和可读性，发挥党史资政育人作用。全年以中国共产党在吉林市的发展历程（建党初期至解放战争时期）为核心内容，供稿12期，3.5万余字，图片16幅。连续5年被吉林市委评为《吉林市通讯》先进单位，参编人员被评为先进个人。

【吉林市解放70周年图片展】 2018年3月9日是吉林市解放70周年纪念日。市委党史研究室指定专人负责搜集图片、编写稿件，适时开展以“不忘初心、牢记使命”为主题的纪念吉林市解放70周年图片展活动，在吉林市委党校展厅展出图片120幅，附文字介绍1.5万余字，均为早期建党、抗联时期、解放战争时期的老照片。（孙志强）

党校教育

【概况】 2018年，中共吉林市委党校（简称“市委党校”）配合市委组织部、统战部、机关工委、人社局等部门举办和接待各级各类培训班次63期，培训学员

表 4

2018 年中共吉林市委党校办班情况一览表（主体班）

名称	培训对象	培训起止日期	培训人数（人）
船营区第五期青年干部实训班	青年干部	4 月 10 日至 13 日	50
昌邑区领导干部学习党的十九大精神专题培训班（第一期）	昌邑区领导干部	4 月 25 日至 27 日	133
昌邑区领导干部学习党的十九大精神专题培训班（第二期）	昌邑区领导干部	5 月 7 日至 9 日	138
人大代表和人大工作者履职培训班	人大代表和人大工作者	6 月 4 日至 12 日	280
市委组织部青年干部培训班	青年干部	6 月 4 日至 15 日	77
市直机关积极分子培训班	市直机关积极分子	6 月 19 日至 21 日	180
全市农村基层党建指导员培训班	农村基层党建指导员	6 月 25 日	510
吉林市基层团干部培训班	吉林市基层团干部	7 月 10 日至 11 日	170
吉林市社区书记培训班	社区书记	7 月 20 日至 21 日	315
市直机关专职书记培训班	市直机关专职书记	9 月 18 日至 20 日	85
共青团长春市委基层团干部培训班	共青团长春市委基层团干部	9 月 26 日至 28 日	50
中科院长春分院系统单位党委 2018 年党支部书记轮训培训班	中科院长春分院党支部书记	10 月 9 日至 12 日	67
吉林市离退休干部党支部书记暨理论骨干培训班	吉林市离退休干部党支部书记	10 月 16 日	100
市直机关妇女干部“访红色印记展巾帼风采”党性教育培训班	市直机关妇女干部	10 月 24 日至 26 日	80
全市“解放思想推动吉林市高质量发展”大讨论活动基层宣讲骨干培训班	全市基层宣讲骨干	10 月 29 日	155
学习贯彻习近平总书记重要指示精神解放思想推动吉林市高质量发展专题进修班	县局级领导干部	11 月 12 日至 12 月 7 日	66
蛟河市建档立卡贫困村软弱涣散村（后进村）党组织书记培训班	蛟河市建档立卡贫困村软弱涣散村（后进村）党组织书记	11 月 21 日至 23 日	52
吉林市脱贫攻坚业务专题培训班	驻村干部	11 月 26 日	156
2018 年度吉林市少先队辅导员培训班	吉林市少先队辅导员	12 月 19 日	150
2018 年度吉林市学校系统团干部培训班	吉林市学校系统团干部	12 月 20 日	150

（市委党校）

表 5

2018 年中共吉林市委党校办班情况一览表（非主体班）

名称	培训对象	培训起止日期	培训人数（人）
2018 年市直新进执法队伍人员培训班	市直新进执法队伍人员	3 月 8 日至 9 日	295
2018 年预算执行工作培训会	财务人员	3 月 13 日至 16 日	25
市直部门公务员学习贯彻党的十九大精神集中轮训班	市直部门公务员	3 月 19 日至 4 月 18 日	1440
吉林市宗教界人士党的十九大精神培训班	吉林市宗教界人士	4 月 23 日至 24 日	142
吉林市国土资源局干部教育培训	吉林市国土资源局干部	5 月 16 日至 18 日	600
2018 年市直机关公务员初任培训班	市直机关公务员	5 月 21 日至 6 月 1 日	224
吉林市妇女干部培训班	吉林市妇女干部	6 月 11 日至 14 日	140
国电吉林龙华公司 2018 年“深研十九大躬耕做贡献”党务人员培训班	国电吉林龙华公司党务人员	6 月 19 日至 22 日	42
吉林市民政局 2018 年度党务工作者培训班	吉林市民政局党务工作者	6 月 22 日	63
昌邑区卫计局青年干部培训班	昌邑区卫计局青年干部	6 月 26 日至 29 日	52
吉林化纤集团第一期一线主管能力提升培训班	吉林化纤集团主管	6 月 26 日至 29 日	108
2018 年公务员任职培训班	市直机关公务员	7 月 2 日至 13 日	150
第九期世界温州人新生代国情研修班	温州年轻企业家	7 月 16 日至 20 日	70

（市委党校）

9425 人次；党性教育“抗联故地铸党魂”现场教学项目接待 35 个域内域外班次，培训学员 1897 人次。全年接待班次 98 期，培训学员 11322 人次，培训规模等各项指标创最高纪录。科研课题结项 47 项。其中，获省市社联课题结项评奖一等奖 3 个，三等奖 1 个。立项 59 项，包括解放思想大讨论活动课题 12 项。获得全省党校（行政学院）“优秀教学组织奖”，教师刘杰“实施乡村振兴战略建设幸福美丽乡村”课程被评为全省党校（省行政学院）第四届“精品课”。

【教育培训】 根据《2018 年全国干部教育培训工作要点》及省市 2018 年干部教育培训工作要点的有关部署，把学习贯彻习近平新时代中国特色社会主义思想和党的十九大、十九届二中三中全会、全国“两会”精神等作为重点教学内容，科学划分为不同教学专题，融入到 2018 年各类班次教学中，在主体班次中主课主业类课程占比均超过 70%，党性教育类课程占比超过 20%。规范培训学制班次，举办学制为半个月的全市年轻干部

“增强政治素质、提升综合能力”专题培训班和学制一个月的县局级领导干部进修班。通过课程更新机制研发新专题课53个，全年组织评审课15次，评审教研人员百余人次。“抗联旧地铸党魂”党性教育教学项目不仅承担吉林市党员干部的党史党性教育教学，还承担省委党校主体班次、大连党校等域外35个班次现场教学任务，培训学员1897人次。推进温州市和吉林市干部教育培训工作交流，承办以专题教学、体验式教学、现场教学为主的第九期温州人新生代国情研修班，党校干部教育培训项目实现“立足吉林 面向全国”教学目标。

【理论研究】 通过老工业基地转型升级研究基地新科研平台，与省社科院城市发展研究所协调，申报课题通过省社科院审核立项。党校教研人员参加吉林市第八次社会科学优秀成果评奖和吉林市社会科学界首批智库专家及学者评选，教师刘丽被评为智库专家，刘甜甜被评为智库学者。教师王晓群承担《吉林省城市竞争力蓝皮书》中吉林市部分编写工作。组织教研人员承担吉林市解放思想、实现高质量发展课题12个。承办吉林市法学会宪法理论研讨会，为依法治市建言献策。组织教研人员参与全省党校系统学习宣传贯彻习近平新时代中国特色社会主义思想理论研讨征文活动；与市委宣传部联合开展“谋振兴促发展”百题应用理论研究成果征集活动；组织教研人员参加省委宣传部和全省党校系统纪念改革开放四十周年研讨会征文活动及全市解放思想推进高质量发展研讨会征文活动。（王垚元）

档案管理

【概况】 至2018年年末，吉林市档案馆有馆藏档案316363卷（件），档案全宗325个。形成时间上限为1725年。按历史时期划分，有历史档案、革命历史档案、现行档案等；按档案门类划分，有文书档案、专门档案等；按档案载体类型划分，有纸质档案、照片档案、录像档案、影片档案、实物档案等。历史档案在馆藏中所占比重较大，历史久远也是吉林市档案馆馆藏特色之一。

【服务经济建设】 完成对丰满大坝重建工程档案管理验收准备和业务指导工作，参加全市新坝验收工作协调会。跟进服务开发区建设，深入中新食品区、松花湖旅游经济开发区，开展档案业务建设标准化、规范化建设指导工作。开展中新食品区产城融合项目、哈达湾老工业区搬迁改造项目档案指导工作，为中新食品区制定《档案整理实施办法》，为哈达湾老工业区搬迁项目制定《冀东水泥吉林有限责任公司档案搬迁移交工作方案》。

贯彻国家档案局10号令，指导吉林市国投公司、吉林世贸万锦大酒店、吉林市农业发展银行等企业开展档案工作，帮助企业制定档案工作实施方案、档案整理实施办法、档案室建设方案，规范和健全企业档案室管理制度。出台《吉林市精准扶贫档案管理实施细则》，与县（市）区扶贫办采取现场培训指导等方式进行业务指导。组织人员参加全省精准扶贫档案工作现场培训会，明确精准扶贫档案整理规范和操作办法。成立脱贫档案指导工作调研组，深入各县（市）区开展脱贫档案调研指导，培树并推广桦甸市、磐石市在精准扶贫档案管理方面的典型经验，发挥示范作用。

【档案创新发展】 特色珍贵档案社会征集项目。征集到侯德武相关资料、于得宝书画作品等档案资料51件，丰富馆藏。龙潭区征集到清代民国地契档案等20余件，举办苏雨智珍贵档案捐赠仪式，收藏80余幅书法作品进馆。

档案编研精品开发项目。对馆藏清代乾隆年间满文档案进行数字化加工、核对筛选等项工作，为《馆藏乾隆年间满文老档》出版工作做好准备。磐石市对93盒近千卷磐石抗日战争、解放战争、抗美援朝时期的历史档案进行整理归档。

重大活动跟踪建档。对吉林国际马拉松赛事、中国·吉林雾凇冰雪节等重大活动进行跟踪归档指导。完成党和国家领导人视察及全市重大活动摄影接待任务6次，形成2000余张照片，为全市重大活动留存文化记忆。

【民生档案服务】 2018年，窗口接待群众利用档案资料2009人次，为单位及个人提供编史修志、工作查考、经济纠纷、享受待遇等资料、凭证770件，群众满意率100%。开展全市农村土地确权登记颁证档案管理工作调研与业务指导，组织召开全市农村土地确权颁证工作档案管理培训会，明确土地确权档案管理工作的具体原则和操作方法。配合市农委开展全市县、乡、村三级确权档案验收考核工作。昌邑区举办土地确权颁证档案工作培训会，为考核验收提供技术支撑。

【档案保护与开发利用】 结合吉林市档案馆馆藏实际，开展濒危历史档案裱糊抢救修复项目。完成对破损国家重点档案的手工裱糊修复180卷4039页。探索特殊修复技术研究和实践，取得较好成效。桦甸市、舒兰市全面完成馆藏国家重点档案电子目录体系建设。

完成对永吉县法院托管档案接收、整理工作，接收档案1171盒，12039卷。完成液化气公司、非金属矿业公司、市塑料厂等9个单位进馆档案资料核对、整理及修复工作，提高群众利用档案的查准率、查全率。船营区对馆藏满30年的档案开展开放、鉴定工作。丰满区完成对馆藏125个全宗25万件档案的数字化工作，占馆藏总量的80%。

【档案业务指导】 加强机关档案业务指导和监管，围绕加快推进机关文档一体化，强化纸质档案与电子档案配套管理，全市机关电子档案配套率不断攀升。贯彻落实《数字化档案室建设指南》，指导市政府办公厅开展数字化档案室建设试点工作，取得成效。开展全市社区档案工作示范单位的指导与验收工作，在省级刊物介绍经验。蛟河市对70个一级立档单位的档案员进行集中业务培训。永吉县加强基层档案指导，重点开展1个示范乡镇（黄榆乡）10个村、15个社区立卷归档指导。

【档案普法宣传】 围绕宪法宣传以及纪念“6·9”国际档案日，制定市档案局宪法宣传月活动方案，与吉林供电公司在江城广场开展宪法、档案法宣传活动，现场向群众发放《小红的兰台奇遇记》漫画宣传资料，《中华人民共和国档案法》宣传单，解答群众咨询相关法规问题10余件，营造浓厚的档案普法氛围。

（徐海英）

吉林市人民代表大会

JILIN PEOPLE'S CONGRESS

综　述

【概况】 2018年，召开第十六届人民代表大会第三次会议，视察全市各领域建设情况，讨论、决定全市政治、经济、教育、科学、文化、卫生、民政、民族、环境和资源保护等工作的重大事项，制定《吉林市立法条例》等两部地方性法规，开展人大监督，依照法律规定的权限决定国家机关工作人员任免。

人代会闭会期间常设机构包括内务司法委员会、财政经济委员会、农业与农村委员会、教育科学文化卫生委员会、城乡建设环境保护委员会、民族侨务外事委员会、人事代表选举委员会和法制委员会。

【人大代表构成情况】 2018年，吉林市有全国人大代表4人、省人大代表79人，市人大代表405人、县级人大代表1893人、乡镇人大代表4572人。

市人大代表分为10个代表团，分别为永吉代表团32人、舒兰代表团48人、磐石代表团41人、蛟河代表团36人、桦甸代表团38人、船营代表团54人、昌邑代表团66人、龙潭代表团51人、丰满代表团27人、解放军代表团12人。

【重大事项决定】 年内，推进重大事项决定和人事任免工作规范化，维护党的主张和人民意志。对人代会、常委会、主任会工作程序进行梳理优化，对相关组织制度和工作制度进行修改完善。作出批准吉林市2017年市本级决算、与白俄罗斯共和国明斯克市伏龙芝区缔结友好城区关系等11项决议、决定。

（市人大常委会办公室）

1月17日，吉林市第十六届人民代表大会第三次会议在市机关会议中心召开

（市人大常委会办公室　供图）

重要会议

【吉林市第十六届人民代表大会第三次会议】 1月17日至19日，吉林市第十六届人民代表大会第三次会议在市机关会议中心召开。大会有代表405人，出席会议代表381人。会议执行主席张焕秋、刘非、李向东、唐永军、刘吉全、孙宝玉、马驰、孙维国。会议听取市长刘非作的《吉林市人民政府工作报告》，表决通过《吉林市第十六届人民代表大会第三次会议选举办法》。选举张殿锋为吉林市监察委员会主任；选举吉林市出席吉林省第十三届人民代表大会代表78名；通过关于吉林市人民政府工作报告的决议、关于吉林市2017年国民经济和社会发展计划执行情况与2018年国民经济和社会发展计划的决议、关于吉林市2017年预算执行情况和2018年预算的决议、关于吉林市人大常委会工作报告的决议、关于吉林市中级人民法院工作报告的决议、关于吉林市人民检察院工作报告的决议；通过《吉林市地方立法条例（修正案）》（7月27日经省人大常委会批准实施）。

【吉林市第十六届人大常委会会议】 2018年，吉林市第十六届人民代表大会常务委员会召开7次会议。

（市人大常委会办公室）

表 6　**2018 年吉林市第十六届人民代表大会常务委员会会议一览表**

会次	时间	主要内容	主持人	参会人员
十一次	1 月 19 日	听取人事任免提请说明；审议通过《吉林市人大常委会 2018 年工作要点》《吉林市人大常委会关于组织人大代表学习宣传贯彻党的十九大精神的实施方案》；决定人事任免事项，任命郝连生、付英舰、赵凯为市监察委员会副主任，李滨、胡长山、苏长城、李野、贯淑春为市监察委员会委员	李向东 刘吉全	市人大常委会主任李向东，副主任刘吉全、孙宝玉、马驰、孙维国，秘书长张立辉和委员 40 人出席会议。市政府常务副市长沈德生，市监察委员会主任张殿锋，市中级法院院长姜富权，市人民检察院检察长赵彦峰，市人大各专门委员会副主任委员，市人大常委会各办事机构负责人列席会议
十二次	3 月 23 日	贯彻落实全国“两会”精神、市委常委扩大会议及市委书记王庭凯讲话精神；决定人事任免事项，任职人员进行宪法宣誓	李向东 孙宝玉	市人大常委会副主任刘吉全、马驰、孙维国及委员 32 人出席会议。市中级人民法院院长姜富权，市监察委、市人民检察院相关负责人，市人大各专门委员会副主任委员，市人大常委会各办事机构负责人，市政府办公厅及市政府有关部门负责人，各县（市）区人大常委会负责人列席会议
十三次	4 月 27 日	审议并表决通过《吉林市组织实施宪法宣誓制度细则（修订案）》，表决通过《吉林市人大常委会关于接受沈德生申请辞去吉林市副市长职务的决定》《吉林市人大常委会关于接受张殿锋申请辞去吉林市监察委员会主任职务的决定》《吉林市人大常委会关于接受王雪峰申请辞去吉林市副市长职务的决定》；决定任命李天林、熊亮华为吉林市人民政府副市长，郑文家为吉林市监察委员会副主任、代理主任，任职人员进行宪法宣誓	李向东 马　驰	市人大常委会主任李向东，副主任孙宝玉、马驰、孙维国，秘书长张立辉和委员 36 人出席会议。副市长陈胜、市中级人民法院院长姜富权、市人民检察院检察长赵彦峰、市监察委负责人，市人大各专门委员会副主任委员，市人大常委会各办事机构负责人，市政府办公厅及市政府有关部门负责人，各县（市）区人大常委会负责人列席会议
十四次	5 月 28 日	传达全国人大常委会举办的地方人大常委会负责人学习班主要精神；会议听取市政府关于废止《吉林市知名商标认定和保护条例》《吉林市松花湖风景名胜区管理条例》两部地方性法规的说明；听取市政府和市中级人民法院人事任免提请说明和拟任职人员供职发言；审议并表决通过市人大常委会关于废止《吉林市知名商标认定和保护条例》《吉林市松花湖风景名胜区管理条例》两部地方性法规的决定和接受有关人员辞职的决定；决定人事任免事项。任职人员进行宪法宣誓	李向东 孙宝玉	市人大常委会主任李向东，副主任刘吉全、孙宝玉、孙维国，秘书长张立辉和委员 37 人出席会议。市政府常务副市长李天林，市监察委员会、市中级人民法院、市人民检察院相关负责人，市人大各专门委员会副主任委员，市人大常委会各办事机构负责人，各县（市）区人大常委会负责人列席会议
十五次	7 月 26 日	听取和审议市法院《关于全市法院推进以审判为中心的刑事诉讼制度改革情况的报告》，市政府《关于吉林市 2018 年国民经济和社会发展计划 1—6 月份执行情况的报告》《关于吉林市 2017 年市本级决算草案和 2018 年预算 1—6 月份执行情况的报告》《关于 2017 年度吉林市本级预算执行和其他财政收支的审计工作报告》；听取《吉林市人民政府关于中华人民共和国吉林省吉林市与白俄罗斯共和国明斯克市伏龙芝区缔结友好城区关系的议案》的说明；听取和审议市人大常委会执法检查组《关于〈中华人民共和国森林法〉和〈吉林市森林资源管理条例〉贯彻实施情况的检查报告》《关于〈吉林市城市园林绿化条例〉贯彻实施情况的检查报告》；审议并表决通过《吉林市人大常委会关于批准吉林市 2017 年市本级决算的决议》《吉林市人大常委会关于批准中华人民共和国吉林省吉林市与白俄罗斯共和国明斯克市伏龙芝区缔结友好城区关系的决定》	李向东 孙维国	市人大常委会主任李向东，副主任刘吉全、孙宝玉、马驰、孙维国，秘书长张立辉和委员 38 人出席会议。市委常委、常务副市长李天林，市中级人民法院院长姜富权、市人民检察院检察长赵彦峰，市监察委负责人，市人大各专门委员会副主任委员，市人大常委会各办事机构负责人，市政府办公厅及市政府有关部门负责人，各县（市）区人大常委会负责人和部分市人大代表列席会议

续表 6

会次	时间	主要内容	主持人	参会人员
十六次	9 月 26 日	听取和审议市政府《关于科技创新工作情况的报告》《关于吉林经济技术开发区转变经济发展方式，提高经济运行质量和效益情况的报告》，市检察院《关于刑事检察工作情况的报告》，市人大常委会执法检查组《关于〈中华人民共和国旅游法〉〈吉林省旅游条例〉〈吉林市旅游条例〉实施情况的检查报告》《〈吉林市城区养犬管理条例〉立法后评估报告》；表决通过《吉林市人大常委会关于接受张殿锋、刘子军辞去省十三届人大代表职务的决定》；决定人事任免事项；补选吉林省第十三届人民代表大会代表；对吉林市贯彻实施旅游法律法规情况开展专题询问	李向东 孙维国	市人大常委会主任李向东，副主任刘吉全、孙宝玉、马驰、孙维国和委员 40 人出席会议。市政府副市长熊亮华，市中级人民法院院长姜富权，市监察委、市人民检察院相关负责人，市人大各专门委员会副主任委员，市人大常委会各办事机构负责人，市直有关部门、经开区管委会负责人，各县（市）区人大常委会负责人，部分市人大代表列席会议
十七次	11 月 26 日	听取和审议市政府《〈吉林市国民经济和社会发展第十三个五年规划纲要〉实施情况中期评估报告》《关于全市生态环境保护工作情况的报告》《吉林市河道管理条例修正案（草案）》，市人大《关于 2018 年度市人大代表建议、批评和意见办理情况的报告》《吉林市规范性文件备案审查条例（草案）》《吉林市人民代表大会议事规则（修订草案）》《吉林市人民代表大会常务委员会工作报告（讨论稿）》；审议并表决通过《2018 年市级财政预算调整方案》《吉林市人大常委会关于接受贯树城申请辞去吉林市副市长职务的决定》《吉林市人大常委会关于召开吉林市第十六届人民代表大会第四次会议的决定》；决定免去贯树城吉林市公安局局长职务；决定任命刘红为吉林市副市长，刘磊为吉林市副市长、吉林市公安局局长；任职人员进行宪法宣誓	李向东 刘吉全	市人大常委会主任李向东，副主任刘吉全、孙宝玉、马驰和委员 31 人出席会议。市委常委、常务副市长李天林，市中级人民法院院长姜富权，市监察委、市人民检察院相关负责人，市人大各专门委员会副主任委员，市人大常委会各办事机构负责人，市直有关部门负责人，各县（市）区人大常委会负责人，部分市人大代表列席会议

（市人大常委会办公室）

立法工作

参见 78 页《法治·地方立法》

人大监督

【“三大攻坚战”监督】 贯彻落实习近平总书记“绿水青山、冰天雪地都是金山银山”重要指示精神，监督检查吉林市环境保护工作专题询问整改落实情况，听取和审议市政府关于环境保护工作情况的报告；检查森林资源保护、绿化管理等有关法规贯彻实施情况；组织市人大代表视察全市扶贫产业项目建设情况；开展全市国有资产管理专题调研。

【司法工作监督】 探索创新规范性文件备案审查监督机制，强化法律监督。全年审查市政府报送备案规范性文件 20 件，报上级人大常委会备案法规件 3 件。听取和审议市中级人民法院关于推进以审判为中心的刑事诉讼制度改革、市检察院关于刑事检察工作情况的报告。深入丰满区、桦甸市、蛟河市，就全市贯彻实施《中华人民共和国森林法》《吉林市森林资源管理条例》情况开展执法检查，形成执法检查报告，通过常委会审议后反馈给市政府处理并跟踪问效。视察禁毒法贯彻实施情况。

【经济工作监督】 贯彻中央和省委有关文件精神，拓展和深化人大预算执行和决算审查监督，重点审查监督预算支出和政策拓展及改革举措实施情况，促进政府加强全口径预算管理。听取和审议 2018 年全市国民经济和社会发展计划 1 月至 6 月执行情况、2017 年市本级决算草案和 2018 年市本级预算 1 月至 6 月执行情况、2018 年市本级财政预算调整情况、2017 年市本级预算执行和其他财政收支审计工作情况的报告。加强对计划执行情况监督，重点审议“十三五”规划中期评估报告，保持全市经济社会平稳健康发展。

【民生工作监督】 组织部分省、市人大代表对吉林市美丽乡村建设、城建重点项目工程建设、全市普及高中阶段教育等项工作开展情况进行视察，围绕推进城乡义务教育一体化开展专题调研。深入船营、龙潭、丰满三个城区，就《吉林市城市园林绿化条例》贯彻实施情况进行执法检查，实地查看部分公园、小区、道路绿化和公园改造及亲水平台建设情况，促进全市园林绿化管理水平整体提升。

【其他重点工作监督】 突出吉林市旅游文化名城功能定位，对旅游法和省市旅游条例贯彻实施情况进行执法检查并形成报告，开展全市旅游工作情况专题询问。围绕推动吉林市高质量发展，听取和审议市政府关于“十三五”规划中期评估、全市科技创新、吉林经开区转变经济发展方式提高质量效益等项工作情况报告。组织省、市人大代表对生态旅游、哈达湾老工业区搬迁改造等项工作进行视察。围绕全市外事侨务以及侨资企业发展、文物保护等工作开展专题调研。视察城建重点工程建设情况，推动全市重大项目建设，推进搬迁改造，打造高端现代服务业集中示范区；推动中央、省委、市委重大决策部署贯彻落实；推进国有资产和国有企业改革，提高企业国有资产监管质量。

【规范性文件审查】 研究起草《吉林市规范性文件备案审查条例（草案）》，完善备案审查制度，创新性建立委托审查、联合审查工作机制，将社会主义核心价值观纳入审查标准体系，完成市政府报送的20余个规范性文件合法性、适当性审查。（市人大常委会办公室）

人事任免

【概况】 2018年，坚持党管干部原则和人大依法任免有机统一，落实宪法宣誓制度，对吉林市组织实施宪法宣誓制度细则进行修订完善，任免"一府一委两院"国家工作人员42人次，任免、补选的国家机关工作人员和代表人选均满票通过。加强法职人员任职前考核，提高任职人员法律意识和工人责任感。

【接受请辞】 4月27日，吉林市第十六届人大常委会第十三次会议决定，接受沈德生辞去吉林市副市长职务的请求，并报吉林市第十六届人民代表大会第四次会议备案；接受王雪峰辞去吉林市副市长职务的请求，并报吉林市第十六届人民代表大会第四次会议备案；接受张殿锋辞去吉林市监察委员会主任职务的请求，并报吉林市第十六届人民代表大会第四次会议备案。5月28日，吉林市第十六届人大常委会第十四次会议决定，接受陈胜辞去吉林市副市长职务的请求，并报吉林市第十六届人民代表大会第四次会议备案。11月26日，吉林市第十六届人大常委会第十七次会议决定，接受贾树城辞去吉林市副市长职务的请求，并报吉林市第十六届人民代表大会第四次会议备案。

【决定任免】 3月23日，吉林市第十六届人大常委会第十二次会议通过，任命邵明宇、姜阳为吉林市第十六届人民代表大会内务司法委员会委员。

4月27日，吉林市第十六届人大常委会第十三次会议通过，决定任命李天林、熊亮华为吉林市副市长；任命郑文家为吉林市监察委员会副主任，决定郑文家为吉林市监察委员会代理主任。

5月28日，吉林市第十六届人大常委会第十四次会议通过，决定免去陈波吉林市粮食局局长职务。任命王钰为吉林市中级人民法院副院长、审判委员会委员、审判员，关波、张博轩、曹晏鹏、郭春明为吉林市中级人民法院审判委员会委员，侯广志为吉林市中级人民法院立案第一庭庭长，赵志军为吉林市中级人民法院民事审判第三庭庭长，孙海波为吉林市中级人民法院民事审判第一庭副庭长，张英吉林市中级人民法院民事审判第二庭副庭长。免去侯广志吉林市中级人民法院民事审判第三庭庭长职务，赵志军吉林市中级人民法院立案第一庭庭长职务，张英吉林市中级人民法院民事审判第一庭副庭长职务，黄梅吉林市中级人民法院执行庭副庭长、审判员职务，李钢、衣永利、秦铁良、姚文秀、王吉海、于敏吉林市中级人民法院审判员职务。

9月26日，吉林市第十六届人大常委会第十六次会议通过，免去王捷、张永军、田伟、胡春清、冯占萍、赵淑兰、赵淑娟吉林市人民检察院检察员职务，王晓牧吉林市城西地区人民检察院检察委员会委员、检察员职务，姜新吉林市城西地区人民检察院检察员职务，刘成斌吉林高新技术产业开发区人民检察院检察员职务。（市人大常委会办公室）

代表工作

【代表管理】 制定出台《市人大代表学习宣传贯彻习近平新时代中国特色社会主义思想和中十九大精神的实施方案》，执行代表列席常委会会议制度，邀请市人大代表列席常委会会议。实行代表履职档案管理，全面落实代表履职管理办法、述职评议办法等各项工作制度。首次开展年度优秀履职代表评选，推选出30名市人大优秀履职代表。启动代表信息化管理，搭建人大常委会与代表、代表与代表、代表与群众之间网络沟通平台。

【代表培训】 年内，在市委党校举办代表履职专题培训班开展全员培训，组织市人大代表党性修养和素质提升培训班，参加全国人大培训，培训覆盖面90%以上。

【代表活动】 有针对性地组织人员对市政府、法院、检察院工作开展情况进行视察、调查研究和执法检查，创造代表履职平台。5月，组织部分常委会委员集中视察吉林市贯彻实施《中华人民共和国禁毒法》情况，提出加强禁毒教育基地建设、提高禁毒工作管理水平等意见建议。10月，组成视察组集中视察吉林

6月4日，2018年吉林市第十六届人大代表和人大工作者履职培训班在市人大常委会举办
（市人大常委会办公室 供图）

市产业扶贫情况，先后视察蛟河市天岗镇木雕扶贫车间、舒兰市溪河镇三兴村肉牛养殖等8个产业扶贫项目，形成视察反馈意见转交市政府处理。11月，组织全国人大代表、省人大代表视察市检察院12309一站式服务情况。组织60余名省、市代表参与美丽乡村建设和绿色生态旅游专题调研，并形成专题报告报省人大。邀请省、市人大代表参加市人大常委会专题询问，对推动全市旅游起到促进作用。

全年邀请178名代表参与市人大常委会27项重要工作。各级人大代表坚持高站位、高质量依法履职，代表小组发挥专家作用，增强主体活力、释放主体作用。通过捐资、捐物及合作等方式，主动参与精准扶贫、改善民生、助推经济发展的各项社会活动，积极发挥社会作用。

【议案办理】 吉林市第十六届人民代表大会第三次会议期间代表提出议案和建议、批评、意见56件，其中《关于秸秆能源化利用产业体系建设的建议》《关于对温得河流域进行治理的建议》《关于北大沟治理的建议》被确定为2018年重点建议。为办理代表建议，召开市十六届人大三次会议代表建议办理联席工作会议，30多个相关部门参加，是多年来首次大范围、高层次举行代表建议交办会议。市政府、法院、检察院高度重视，落实代表建议。10月16日，专题调研代表建议办理情况，并对重点建议办理进行现场踏查，组织部分提出建议的代表参加，由办理部门进行面对面答复。年内，市十六届人大三次会议56件代表建议全部办结，面复率100%。

加强代表闭会期间建议办理，将市人大代表闭会期间提出的3件建议及时转交市政府有关部门，政府相关部门进行办理并答复。

（市人大常委会办公室）

表7　**吉林市第十六届人民代表大会第三次会议代表建议办理情况一览表**

建议编号	建议代表	建议题目	承办单位	
			主办单位	协办单位
1	刘俊玲	关于把优秀的民营企业家纳入到政府干部培训体系的建议	市人社局	—
2	刘俊玲	关于加大政府对民间艺术团经费投入的建议	市文广新局	市财政局
3	曹炳志	关于在吉林市城区界至红旗路段区间设置路灯的建议	市交通局	市市政公用局
4	曹炳志	关于将吉铁院二期建设项目列为市重点工程的建议	市发改委	—
5	李佳东	关于加强对县级医院基础设施及人才培养的建议	永吉县人民政府	—
6	崔彦磊	关于秸秆能源化利用产业体系建设的建议	市发改委	—
7	于忠利	关于在上营森林经营局经营区内修建公墓的建议	舒兰市人民政府	—
8	曹洪峰等2名	关于调整粮食收购进项发票的建议	市国税局	—
9	张永生	关于加大“三品一标”农产品政策扶持的建议	市农委	—
10	曹洪峰	关于调整吉林市级河长制成员单位职责的建议	市水利局	—
11	张连祥	关于建立长期管护验收退耕还林成果机制的建议	市林业局	—
12	吴　昊	关于“振兴农村战略为契机、以合作社基地为基础发展适合本地的乡村旅游，打造绿色水稻种植旅游基地”的建议	市农委	—
13	马又生 尹基成 葛　播	关于促进我市农民专业合作社快速发展的建议	市农委	—
14	马又生 尹基成	关于实施旅游综合服务提升、加快推进吉林旅游文化名城建设的建议	市旅发委	—
15	聂振宇	关于治理初高中在职教师课后办班补习乱象的建议	桦甸市人民政府	市教育局
16	聂振宇	关于治理吉林市地区河流清理河道的建议	市水利局	—
17	张延勤	关于加快退耕还林加大绿化我市公路沿线、打造生态美丽吉林的建议	市交通局	市林业局
18	葛　播	关于推进我市区域农产品品牌建设的建议	市农委	—
19	曹　萍	关于温德河前二道乡流域进行河道疏浚工程建议	丰满区人民政府	—
20	刘振华等12名	关于减轻居民购房租赁税负担的建议	市房产局	—
21	姜国富	关于吉林市临江门广场附近音乐噪音整治问题的建议	市公安局	—
22	赵　祺	关于对温德河流域进行治理的建议	市水利局	市城建集团
23	刘　莉	关于让残疾儿童人人享有低保和免费康复服务的建议	市民政局	—

续表 7

建议编号	建议代表	建议题目	承办单位	
			主办单位	协办单位
24	金　成	关于保障二类疫苗运行经费的建议	市卫生计生委	—
25	苑洪波	关于规范吉林市出租车司机统一服装的建议	市交通局	—
26	赵迎胜	关于合理安排洒水车工作时间的建议	市市政公用局	—
27	吴悦春	关于加快推进吉林医养创新特色小镇建设的建议	市发改委	—
28	尹维君	关于加强市内老年及残疾人代步车管理的建议	市公安局	—
29	吴悦春等 4 名	关于物业公司融入社区治理体系，提升我市物业服务水平的建议	市房产局	—
30	赵利国	关于修改《吉林市城市市容和环境卫生管理条例》梳理城市行政执法职责打造宜居吉林的建议	市市政公用局	—
31	徐春英	关于修建江城广场过街天桥的建议	市规划局	市建委
32	邢纪浦	关于整治站前广场等重点区域残疾人电动车非法营运的建议	市交通局	市公安局
33	王　博	关于禁止燃放烟花爆竹的建议	市安监局	—
34	刘元军	关于加强殡葬服务管理的建议	市民政局	—
35	刘忠娜	关于加速培养我市农村创业型人才的建议	市农委	市人社局
36	张玉才	关于政府进一步为企业减负、优化企业发展环境的建议	市工信局	—
37	匡永峰	关于吉林北出口（华丹大街）货运车辆限行的建议	市公安局	市交通局
38	任小伟	关于建立水上应急救援，助力城市发展的建议	市公安局	—
39	丛占中	关于推进我市开展医师执业责任保险工作的建议		—
40	张卓智	关于借鉴先进经验推动我市农村沼气装置发展的建议	市农委	—
41	王丽英	关于龙潭区江密峰牤牛河污染治理的建议	龙潭区人民政府	市环保局
42	关轶翠	关于完善龙潭区江北公园照明设施的建议	市市政公用局	—
43	关轶翠	关于冬季在我市公交车辆上铺设防滑垫的建议	市交通局	—
44	吴爱菲	关于加强违建管理的建议	市执法局	—
45	扈乃祥	关于在 202 国道增设路口的建议	市交通局	—
46	徐有生	关于统筹规划车辆停放场所的建议	市执法局	—
47	郎　巍	关于高速公路江密峰口处至天太村原收费站安装路灯的建议	市交通局	—
48	蒲文晶	关于增加装修工人公益职业技能培训的建议	市人社局	—
49	翟国冬	关于加强改进社会自管二次供水泵房管理的建议	市市政公用局	—
50	桑小洲	关于建设江北松花江两岸的建议	市市政公用局	—
51	桑小洲	关于北大沟治理的建议	市市政公用局	市环保局
52	桑小洲	关于我市主要线路公交车安装 LED 屏的建议	市交通局	—
53	霍继宏等 3 名	关于在旺起镇大石村开设松花湖风景名胜区主入口的建议	市规划局	丰满区人民政府 松花湖管委会
54	胡殿武等 2 名	关于加强城区弃管小区管理的建议	市房产局	—
55	么　儒等 2 名	关于温德河治理的建议	市水利局	市市政公用局 市城建集团
56	王君先	关于文明祭祀杜绝烧纸的建议	市民政局	-

（市人大常委会办公室）

吉林市人民政府

JILIN PEOPLE'S GOVERNMENT

综　述

【概况】 2018年，吉林市全面落实年初确定的381项重点工作任务。地区生产总值全年增长2.4%。固定资产投资全年增长4.7%。社会消费品零售总额全年增长4.2%。外贸进出口总额首次突破80亿元，增长21.6%，高于全省13个百分点。一般公共预算收入实现375.5亿元，增长1.8%。地方级财政收入增长4.5%，高于预期1.5个百分点。全市规模工业总产值增长6.9%，增加值增长4.4%，单位GDP能耗下降3.5%。全市新登记各类市场主体4.6万户，民营企业户数增长17%，民营经济主营业务收入增长7%。城镇新增就业7.7万人，城镇和农村常住居民人均可支配收入分别为28538元和13895元，分别增长5.0%和6.1%，高于GDP增速。

【产业升级】 冰雪产业快速发展。中瑞滑雪小镇项目签订协议，北大壶滑雪度假区新开工重点项目15个，总投资36亿元，增长76%；万科松花湖滑雪度假区新开工项目投资增长85%。亚洲首座全天候标准化越野滑雪训练场——北山四季越野滑雪场建成。省级冰雪特色校发展到75所，市民及青少年上冰雪分别为230万和20万人次。北华大学成立全国首家冰雪学院。全年接待国外冰雪考察洽谈团组28个，占全市对外交流团组的40%。新雪季以来，全市规模雪场接待滑雪者人次、旅游收入分别增长44%和34%。

新兴产业发展壮大。碳纤维步入产业化、规模化发展新阶段，碳谷原丝项目新增产能8000吨，吉林精功一期2000吨大丝束碳纤维实现量产，碳纤维原丝产能、碳丝单线产能位居全国第一，产业产值增长61.7%。医药健康产业保持较快发展，康乃尔原料药试生产，吉尔吉医药健康产业园等项目全面投产。国家级通航产业综合示范区建设步伐加快，吉航民机维修基地建成，金汇全省直升机应急救援基地成功投入运营。工业智能化转型初见成效，金洪汽车数字化车间建成，吉林化纤等5条数字化生产线投入使用，万丰奥威轮毂单元智慧工厂被工信部确定为智能制造新模式应用项目。

传统产业转型步伐加快。吉化汽油国Ⅵ质量升级烷基化、吉神聚醚多元醇等化工“补链”项目竣工投产。吉林铁合金、吉林炭素正式签订搬迁协议，吉林建龙80万吨冷轧钢项目主体完工。一汽吉林汽车7个新能源新车型通过工信部生产公告，R9智能网联车实现量产。正大100万吨大米加工及1.2万吨米糠油项目取得进展。

现代服务业发展势头良好。筑石城市会展中心等一批项目运营，优辆车服等本土互联网服务企业快速成长，国内最大的企业外包服务平台“猪八戒网”落户吉林市。农村电商快速发展，“中国淘宝村”发展到4个，在东北三省占比31%；欧亚商都等商贸企业线上线下销售融合发展。电商网络零售额增长45%以上。

【三大攻坚战】 开展防范化解重大风险攻坚战。坚守不发生区域性系统性风险底线，推动吉发集团获得AAA信用等级评定，组建并运行市投融资担保公司，成功发行吉林市历史上第一笔境外债。新增债券资金36.4亿元，置换存量政府债务20.3亿元。加强网络借贷、地方农合机构等风险点监管，立案查处非法集资案件18起。实施断保人员接续缴费奖补措施，积极争取各类支持资金，保障养老金按时足额发放。

开展精准脱贫攻坚战。落实“六个精准”（扶贫对象精准、措施到户精准、项目安排精准、资金使用精准、因村派人精准、脱贫成效精准）要求，开展“携手扶贫”活动和基层基础工作精准化行动，省级贫困村脱贫产业项目实现全覆盖，危房改造、安全饮水和健康扶贫成果显著，42个省级贫困村出列、8594名贫困人口减贫目标如期实现。与白山市扶贫协作取得实效。

开展污染防治攻坚战。完成中央环保督察反馈问题整改17项，办结督察转办案件1066件，办结“回头看”转办案件428件。完成省生态环保督察反馈问题整改27项，办结转办案件918件。研究制定45项常态长效机制。松花湖生态环境治理、榆树沟社区居民搬迁、“九河一湖”（腰屯河、石井沟河、鸡冠山河、远大河、小牤牛河、嘎呀子河、小沙河、天太河、北大沟9条河流和跃马湖）黑臭水体整治等一批难点问题启动整改。统筹抓好大气、水、土壤等污染防治，环境空气质量优良天数304天，比2017

年增加45天；深入落实河长制，松花江干流水质稳定保持在三类良好以上，成为首批国家水生态文明建设试点城市。

【乡村振兴】 现代农业发展成效明显。绿色有机水稻种植面积比重提高到37%，实施鑫达农牧科技等重点农业产业化项目14个，省级现代农业产业园发展到6个，市级以上龙头企业增加到318家，"三品一标"（无公害农产品、绿色食品、有机农产品、农产品地理标识认证）农产品203个，农产品加工业销售收入增长12%。美丽乡村建设持续推进。

农村人居环境持续改善。启动农村人居环境整治三年行动，创建完成9个精品片区、6个省级美丽乡村、52个省级重点村。在全省首推农村公路路长制，建设和绿美"四好农村路"1358千米。改造农村厕所26050户。明城、岔路河等重点镇污水处理设施竣工运行，农村垃圾收运体系基本实现全覆盖。

加大农民增收支持力度。培育新型职业农民3138人，培训各类人员10万人次。建成农村半小时就业服务圈1126个，农村劳动力转移就业61.8万人次。高标准承办全省首届农民丰收节。

【区域协调发展】 中心城区功能品质提升。建设重点城建工程45项，完成投资51亿元。西部快速路、白山大桥等项目进展顺利，江城广场周边环境改造等12项工程竣工使用。维修更换集中供热老旧管网84.7千米，小街小巷微循环改造25.7万平方米，人民广场等市民生活休闲场所环境提升，城市整体形象进一步改观。

新型城镇化建设取得进展。大荒地稻香温泉小镇入选国家首批典型经验小镇，明城、烟筒山入选全国千强镇，万昌、平安被评为国家农业产业强镇示范镇，庆岭冰酒小镇等13个小镇列入省级特色产业小镇。

【改革创新】 "只跑一次"改革成效显著。率先在全省启动"只跑一次"改革，取消各类证明1000余项。率先在全省开展政务大厅"周六轮休、中午不休"延时服务。"只跑一次"改革得到国务院督察组和省政府肯定。推进"证照分离"改革，企业开办时间压缩至3个工作日以内。创新投资项目审批管理办法，企业投资核准类项目审批时限从165个工作日压减至40个工作日。启动电子政务外网建设，推动政务云平台数据整合，更多业务实现跨部门联办，不动产登记业务办结时限缩短至5个工作日，二手房交易实现2小时内领证。开展无还本续贷业务，为企业节省过桥资金5000万元。

国资国企改革不断深化。实施授权经营体制改革，12家市属重点企业超千亿元资产划入吉发集团，国资监管运营体制逐步完善。国有企业42家剥离办社会职能、26家公司制改制、22家"三供一业"资产划转和职能移交任务基本完成。

农业农村改革进展顺利。完成农村土地承包经营权确权、国有农场土地确权等重点事项。发放土地经营权抵押贷款1.7亿元，土地流转面积占承包地面积的34%，农民合作社、家庭农场分别增长40%和89%。供销合作社综合改革试点经验在全省推广。

土地供应机制逐步完善。对经营性房地产用地实行统一规划、统一征收、统一储备、统一供应，全市商品房销售面积比2017年增长16%，去库存周期比2017年减少2个月。

【项目建设】 全年开工5000万元以上项目338个，其中亿元以上项目242个，竣工投产97个。参加第三届全球吉商大会、"央企进吉林"等省级经贸交流活动，务实开展与温州对口合作，利用正和岛（北大壶）新年论坛等平台开展招商活动，蛟河抽水蓄能电站等84个项目签约，吉林建龙60万吨镀锌管等85个项目开工建设，其中京东智慧物流等44个项目实现当年签约、当年开工。

【民生实事】 完成2018年初确定的八个方面27件民生实事。城市、农村低保标准分别提高到每人每月545元和每人每年3804元。改造城市棚户区4010户，发放住房租赁补贴8555户。560万平方米无籍房办理不动产登记。完成37个老旧小区宜居改造和1505户农村危房改造任务。新施划一批停车泊位，改扩建停车场53个，静态交通秩序得到有效改善。编制完成新型智慧城市建设总体规划，成为全省首个在公交车上免费提供无线网络连接（Wi-Fi）服务的城市。开展城区小学生课后免费托管服务。基本公共卫生服务项目由12类46项增加到14类55项。

【社会事业】 公立医院综合改革落实情况在全省第三方评估中排名第一。大型舞剧《天路》在国家大剧院演出，公共文化服务体系示范区创建通过国家验收。成功举办2018吉林市国际马拉松暨全国马拉松锦标赛、第二十四届国际雾凇冰雪节等节庆赛事活动，吉林市运动员武大靖勇夺平昌冬奥会金牌并刷新世界纪录和奥运会纪录，市城投冰球队参加"丝路杯"VHL超级冰球联赛，城市形象和美誉度得到提升。民族宗教工作得到加强，承办全省第二届少数民族文艺会演。军民融合不断深入，双拥共建取得新成效。狠抓食品药品安全监管，有效防控非洲猪瘟疫情；强化安全生产责任落实，实施十大领域专项治理；推进信访积案化解攻坚和社会治安综合治理，开展扫黑除恶专项斗争，形成打击遏制的良好态势，维护和谐稳定的社会局面。（市政府办公室）

重要会议

【市政府常务会议】 2018年，吉林市人民政府召开常务会议14次，集体研究审议、讨论决定市政府重大问题决策、重要干部任免、重大项目投资决策、大额资金使用等重要事项。

【市政府专题会议】 2018年，吉林市人民政府召开专题会议58次，研究部署、统筹协调、组织实施吉林市在经济社会发展过程出现的具体工作事项。

【市政府全体（扩大）会议】 8月16日，召开吉林市人民政府第十六届二次全体（扩大）会议。市长刘非讲话，副市长李天林、陈东、盖东平、熊亮华出席会议。强调抓好五方面重点工作：坚持创新引领，推动经济高质量发展；坚持农业农村优先发展，实施乡村振兴战略；坚持底线思维，打赢"三大攻坚战"；坚持全面深化改革，激发经济发展活力；坚持以人民为中心发展思想，保障和改善民生。（市政府办公室）

表 8

2018 年吉林市人民政府常务会议一览表

会次	时间	主要内容	主持人	参会人员
一次	1 月 8 日	研究审议 2018 年度《政府工作报告》《2018 年吉林市推进依法行政建设法治政府实施方案》、解决农民工工资支付等工作	刘　非	沈德生、陈东、陈胜、王雪峰
二次	2 月 11 日	研究授予城市地下综合管廊项目公司特许经营权及划转入驻职教园区学校原址资产事宜	刘　非	沈德生、陈东、陈胜、盖东平、王雪峰、谢义
三次	2 月 26 日	研究审议推进"放管服"和"只跑一次"改革有关精神及相关具体工作方案，落实中央环保督察反馈问题整改等工作	刘　非	沈德生、陈胜、贾树城、盖东平、王雪峰、谢义
四次	4 月 10 日	研究审议《加快推进"只跑一次"改革实施方案》、拟提请废止《吉林市知名商标认定和保护条例》等两部地方性法规等工作	刘　非	沈德生、陈东、陈胜、贾树城、盖东平、王雪峰、谢义
五次	6 月 14 日	传达省长景俊海到吉林市调研重要讲话精神，传达习近平总书记关于生态文明建设和生态环境保护讲话精神，传达全省生态环境保护大会和中央环保督察反馈问题整改工作推进会会议精神，审议《吉林市关于进一步加强信访法制化建设实施意见》	刘　非	李天林、谢义、熊亮华
六次	7 月 24 日	传达省委十一届三次全会精神，研究吉林市新型智慧城市建设总体规划编制及吉林市投资项目审批管理暂行办法起草情况	刘　非	李天林、陈东、贾树城、盖东平、谢义、熊亮华
七次	9 月 3 日	研究贯彻中共中央、国务院《关于打赢脱贫攻坚战三年行动的指导意见》及加强经营性房产用地储备出让等工作	刘　非	李天林、陈东、贾树城、盖东平、谢义、熊亮华
八次	9 月 11 日	研究石头口门水库水源地整改工作及生态文明建设工作	刘　非	李天林、陈东、贾树城、盖东平、谢义、熊亮华
九次	9 月 29 日	研究非洲猪瘟疫情及吉林市防控工作、城镇公共服务项目用地基准地价制定等工作	刘　非	贾树城、盖东平、谢义、熊亮华
十次	10 月 29 日	研究四季度食品药品安全监管工作，审议建立生态环境保护长效机制实施建议等工作	刘　非	李天林、盖东平、谢义、熊亮华、刘红
十一次	11 月 22 日	研究审议《吉林市国民经济和社会发展第十三个五年规划纲要实施情况中期评估报告》、落实中央环保督察"回头看"转办案件办理情况	刘　非	李天林、陈东、盖东平、谢义、熊亮华、刘红、刘磊
十二次	12 月 7 日	研究审议《吉林省党政领导干部安全生产责任制实施细则》等工作	刘　非	谢义、熊亮华、刘红、刘磊
十三次	12 月 12 日	研究扫黑除恶专项斗争工作、年底工作安排及明年工作谋划等事项	刘　非	李天林、陈东、刘红、刘磊
十四次	12 月 28 日	研究冰雪装备产业园招商引资优惠政策及推进共享模式、深化公车改革项目等事项	刘　非	李天林、陈东、盖东平、谢义、熊亮华、刘红、刘磊

（市政府办公室）

表 9

2018 年吉林市人民政府专题会议一览表

序号	时间	主要内容	主持人	参会人员
1	1 月 2 日	调度 2018 年招商引资活动安排及 4 月份拟开工项目前期手续批办情况	刘　非	沈德生、陈东、陈胜、毕克千及市直相关部门负责人
2	1 月 5 日	调度职教园区建设搬迁工作进展情况	刘　非	沈德生、陈胜、贾树城、盖东平、王雪峰、孙洪彬、毕克千、杨立民及市直相关部门负责人
3	1 月 20 日	全市安全生产工作视频会议暨市安全生产委员会 2018 年第一次全体（扩大）会议	刘　非	谢义及市直相关部门负责人
4	1 月 22 日	全市房屋和土地征收"冬春攻坚"动员会议	刘　非	刘非、王雪峰、毕克千及市直相关部门负责人
5	1 月 23 日	分析经济运行情况座谈会	刘　非	沈德生、陈胜、谢义、毕克千、李铁、张春民及市直相关部门负责人
6	2 月 2 日	听取学习温州经验"最多跑一次改革"相关情况汇报	刘　非	沈德生、毕克千及市直相关部门负责人
7	3 月 23 日	贯彻落实全国"两会"精神	刘　非	市长、副市长、副秘书长及市直相关部门负责人
8	3 月 29 日	北山四季越野滑雪项目建设进展情况专题会	刘　非	盖东平、王雪峰、简俊峰、杨立民及市直相关部门负责人
9	3 月 29 日	部署 2018 吉林市国际马拉松暨全国马拉松锦标赛	刘　非	贾树城、盖东平、王雪峰、马旭瞳、毕克千、简俊峰、杨立民及市直相关部门负责人
10	4 月 2 日	研究"四位一体"发展模式	刘　非	市直相关部门负责人
11	4 月 16 日	全市第一季度经济运行分析会	刘　非	沈德生、陈胜、谢义、毕克千、李铁、战铁功、张春民及市直相关部门负责人
12	4 月 16 日	北大壶开发区发展规划情况汇报	刘　非	盖东平、杨立民及市直相关部门负责人

续表 9

序号	时间	主要内容	主持人	参会人员
13	5月24日	水环境质量达标滞后地区公开约谈会	刘　非	李天林、简俊峰及市直相关部门负责人
14	5月24日	吉林市环境保护委员会2018年第一次全体（扩大）会议	李天林	王庭凯、刘非、沈德生、李天林及市直相关部门负责人
15	5月25日	全市冰雪产业发展推进会议	盖东平	刘非、盖东平、杨立民及市直相关部门负责人
16	6月8日	全市冰雪产业发展工作调度会议	刘　非	李天林、盖东平、毕克千、杨立民及市直相关部门负责人
17	6月25日	北山四季越野滑雪场项目周边环境整治工作进展情况	刘　非	李天林、简俊峰及市直相关部门负责人
18	7月5日	全市冰雪产业发展工作调度会议	盖东平	刘非、盖东平、杨立民及市直相关部门负责人
19	7月5日	调度推进吉林市中央环保督察反馈问题整改工作及转办案件办结情况	刘　非	刘非及市直相关部门负责人
20	7月6日	全市工业经济发展座谈会	谢　义	谢义、李铁及市直相关部门负责人
21	7月11日	调度全市“只跑一次”改革推进情况	刘　非	刘非、沈德生、毕克千、方培雷、战铁功及市直相关部门负责人
22	7月12日	调度北大壶联创瑞士滑雪度假小镇项目推进情况	刘　非	盖东平、杨立民及市直相关部门负责人
23	7月15日	中央环保督察反馈问题整改进展滞后问题约谈会	李天林	刘非、李天林、简俊峰市直相关部门负责人
24	8月6日	听取温德河四季田园综合体建设规划情况汇报		刘非、陈东及市直相关部门负责人
25	8月15日	吉林市金融风险防控处置化解工作会议	李天林	刘非、李天林、战铁功及市直相关部门负责人
26	8月14日	全市重点项目建设推进会议	刘　非	王庭凯、刘非、沈德生、李天林、副市长、马旭疃、毕克千、市委副秘书长等
27	9月26日	研究松花湖生态环境整治工作	刘　非	刘非、李天林、陈东、贾树城、盖东平等
28	9月29日	全市“项目建设月”重点工作完成情况调度会议	李天林	刘非、李天林、陈东、贾树城、盖东平、谢义、熊亮华及相关副秘书长等
29	9月29日	调度全市冰雪产业发展推进情况	刘　非	刘非、李天林、盖东平、杨立民、战铁功等
30	10月8日	调度2018年秋冬季秸秆禁烧工作情况	李天林	刘非、李天林、简俊峰市直相关部门负责人
31	10月9日	调度中新正大生猪项目进展情况	李天林	刘非、李天林、战铁功及市直相关部门负责人
32	10月30日	听取北大壶联创瑞士滑雪度假小镇项目推进工作情况	刘　非	刘非、盖东平、杨立民及市直相关部门负责人
33	10月31日	听取2019世界冰雪城市北大壶论坛筹备工作情况	刘　非	刘非、盖东平、杨立民及市直相关部门负责人
34	11月1日	集中研讨系列专题会议	刘　非	刘非、李天林、毕克千、战铁功及市直相关部门负责人
35	11月1日	听取昌邑区“水泥艺术工场”等5个重点项目推进情况	刘　非	刘非、李天林及市直相关部门负责人
36	11月2日	集中研讨系列专题会议	刘　非	刘非、李天林、简俊峰市直相关部门负责人
37	11月5日	召开松花湖周边环境整治专题会	刘　非	刘非及市直相关部门负责人
38	11月6日	集中研讨系列专题会议	刘　非	刘非、陈东、孙全仁及市直相关部门负责人
39	11月6日	召开集中研讨系列专题会议	刘　非	刘非、谢义、李铁及市直相关部门负责人
40	11月6日	石头口门水库水源地问题整治工作会议	刘　非	刘非、李天林、陈东、贾树城、盖东平及市直相关部门负责人
41	11月8日	调度全市项目建设和招商引资工作情况	李天林	刘非、李天林、盖东平、毕克千、杨立民、战铁功、简俊峰及市直相关部门负责人
42	11月14日	召开集中研讨系列专题会议，听取盖东平副市长分管战线及部门（单位）2019年重点工作谋划情况	刘　非	刘非、盖东平、杨立民及市直相关部门负责人
43	11月16日	调度《吉林市冰雪装备产业园招商引资优惠政策》制定及法国波马公司投资政策需求情况	刘　非	刘非、盖东平、杨立民及市直相关部门负责人
44	11月19日	研究推进都邦保险整合重组相关事宜	刘　非	刘非、沈德生、李天林、刘红、战铁功及市直相关部门负责人
45	11月21日	研究采购比亚迪新能源车辆相关事宜	刘　非	刘非、李天林、战铁功及市直相关部门负责人

续表 9

序号	时间	主要内容	主持人	参会人员
46	11 月 22 日	召开雾凇冰雪节筹备工作部署会议	刘　非	刘非、盖东平、刘磊、毕克千、王小东、杨立民及市直相关部门负责人
47	11 月 28 日	研究出租车有关工作	刘　非	刘非、谢义、刘磊、王小东、李铁及市直相关部门负责人
48	12 月 3 日	研究中央生态环保督察“回头看”信访案件办理情况	刘　非	刘非、李天林、简俊峰及市直相关部门负责人
52	12 月 3 日	与市属国有融资平台公司负责人集体谈话	刘　非	刘非、李天林、刘红、战铁功及市直相关部门负责人
49	12 月 6 日	研究市政公用行业公共服务社会化运营工作	刘　非	刘非、李天林、战铁功、简俊峰及市直相关部门负责人
50	12 月 6 日	听取 2019 年城建重点工程项目谋划情况汇报	刘　非	刘非、李天林、简俊峰及市直相关部门负责人
51	12 月 7 日	研究丰满大坝重建工程有关事宜	刘　非	刘非、李天林、战铁功、简俊峰及市直相关部门负责人
53	12 月 9 日	调度全市经济运行情况	刘　非	刘非、李天林、谢义、杨立民、战铁功、李铁及市直相关部门负责人
54	12 月 11 日	研究 2019 年优化营商环境工作	刘　非	刘非、李天林、毕克千、战铁功及市直相关部门负责人
55	12 月 12 日	研究“一主、六双”产业布局专项规划编制工作	刘　非	刘非、李天林、李铁及市直相关部门负责人
56	12 月 24 日	吉林市秸秆禁烧工作再动员、再部署会议	刘　非	刘非、简俊峰及市直相关部门负责人
57	12 月 24 日	调度正和岛签约相关事宜	刘　非	刘非、盖东平、杨立民及市直相关部门负责人
58	12 月 26 日	研究调整出租车运输价格有关事宜	刘　非	刘非、谢义、刘磊、王小东、李铁

（市政府办公室）

决策咨询

【专家咨询论证】 全年完成专家咨询论证 5 项，分别为市政务公开办申报的《吉林市“十三五”信息化发展规划》《三融五跨促发展创新转型惠民生，吉林市新型智慧城市建设总体规划（2017—2021 年）》，市“只跑一次”改革办公室申报的《吉林市政务服务信息系统工程建设项目功能需求》，市国土资源局申报的《关于建立健全国土资源执法监管共同责任机制的意见》，吉林国有资本投资运营有限公司申报的《关于康乃尔化工重组相关问题的研究》。调研室（决策咨询联络处）组织相关专家组进行函审论证，均于时限内办结并得出专家组结论性意见，提高政府依法决策、科学决策、民主决策水平。

【重点课题研究】 开展 2018 年重点课题研究，对全市区域经济与产业发展、金融创新、“互联网 +”、城市规划建设管理、法治政府建设等五大重点领域的重大现实问题，热点、难点问题，以“委托 + 合作”形式组织开展课题研究，确定重点研究课题 17 个。其中，委托类课题 12 个，合作类课题 5 个。

【决策咨询成果评审】 开展年度重点研究课题和决策咨询意见建议评审工作。按照《吉林市人民政府重大行政决策咨询委员会考评暂行办法》，对 15 个重点研究课题和 24 个决策咨询意见建议进行考核评分，评选出《关于优化城市设计，提升吉林市特色风貌的研究》《以通用航空为重点建设航空产业园，推动区域协调发展》等 16 个优秀决策咨询成果。

（市政府办公室）

政务督查

【重点目标任务督查】 突出对 2018 年市政府目标责任制确定的 381 项重点目标任务开展精细化督查。全程实施质量监督、督办督查重要目标节点，并将全年完成情况纳入绩效考核体系。首次启用市政府政务督查系统专家库成员，分门别类召集 60 余名市政府督查专家组成专项督查组，对承担任务的 59 个市政府部门和各县（市）区、开发区进行实地督导检查，对重点工程和重点项目开复工情况实地核查。突出落实“稳增长”政策措施，对全市加快推进的 5000 万元以上已开工重点项目逐项开展实地核查。形成《关于 2018 年全市投资与 5000 万元以上重点项目推进情况的督查报告》。突出对市政府常务会议和市政府主要领导在民营企业座谈会、安委会等专题会议，以及赴经开区、北大壶实地调研确定的 217 个方面事项进行调度和实地督查。督促各责任单位和部门按时限保质保量完成市政府部署的重点工作任务。

【问题隐患督查】 督办中央环保督察反馈问题及中央环保督察转办案件落实。组织专家成立督查组对 9 个县（市）区、5 个开发区及市直重点责任部门开展为期 11 天实地督查。对 52 个未办结案件和随机抽取的 68 个办结案件逐一现场核实，了解存在的问题，督导整改进度。并将实地核查发现的 52 件未办结案件中有 7 个存在整改滞缓问题、9 个完成难度较大问题以及 68 件已办结案件中个别存在整改不到位问题及时通过《关于对全市中央环保督察反馈问题整改及转办案件办结情况开展“回头看”督查报告》上报市政府主要领导和分管领导。督办安全生产整改事项落实。对 9 个县（市）区、3 个开发区和市直重点部门涉及安全生产领域改革发展、十大专项治理工程、国家省市安全生产专项巡查检查发现问题整改和领导班子成员安全生产“一岗双责”开展情况进行重点督导检查。对检查中发现的各类隐患问题，及时通过督查专报向市政府领导及各责任单位通报情况。按照市长刘非在《全市安全生产工作推进落实情况督查报告》中作出的“转存在问题、隐患的县（市）区、开发区、部门，抓紧时间整改，实行销号制，完成一件报安委会销号一件。到期未完成整改的，全市通报”批示意见，市政府督查室对存在问题隐患进行跟踪督办，81个问题隐患均得到整改落实。

【督办事项督查】 做好省督办事项落实。接到省政府督查室来文交办需要办结事项145项。其中，国务院大督查24项，省旅游产业推进会确定督办事项21项，省长在北京拜访国家部委领导及在京召开专题会确定督办事项13项，省环保督办事项10项，省政府十三届全体会议确定督办事项8项，省政府推进高质量发展专题会议督办事项6项，省经贸代表团赴江苏省广东省活动督办事项5项，省政府民营经济发展推进会确定督办事项3项，省踏查“三早”项目活动督办事项2项，审计署长春特派办督办事项2项等，全部办结。组织做好2018年国务院大督查有关迎检工作。研究制定细化吉林市《迎检工作方案》，召集相关责任部门进行工作部署。起草《吉林市人民政府关于2018年国务院大督查自查报告》。组织有关部门和单位参加座谈。统筹协调沟通，及时向督查组提供所需资料，保障督查调研工作顺利进行。

（市政府办公室）

政务服务

【政务公开】 按照中共中央办公厅、国务院办公厅《关于全面推进政务公开工作的意见》及其实施细则要求，推进决策、执行、管理、服务、结果“五公开”，确保权力在阳光下运行。

动态扩展公开内容。根据国家和省对政务公开工作的新要求以及公众关切，明确年度工作重点，稳步有序拓展“五公开”范围。及时公开市政府全体会议和常务会议讨论决定的事项、市政府及其部门制定的政策（依法需要保密的除外），保障人民群众的知情权。结合政府机构和“只跑一次”改革，调整公开政府部门权责清单，强化对行政权力的制约和监督。及时办理各级人大代表建议和政协委员提案，并将结果向社会全文公布，接受监督。将“五公开”落实到公文办理程序。要求在拟制办文时，明确主动公开、依申请公开、不予公开等属性，随公文一并报批，拟不公开的依法依规说明理由。将“五公开”落实到会议办理程序。建立健全利益相关方、公众代表、专家、媒体等列席有关会议的制度，增强决策透明度。提交地方政府常务会议审议的重要改革方案和重大决策措施，除依法应当保密的，均在决策前向社会公布决策草案、决策依据，听取公众意见。

推进社会公益事业建设领域政府信息公开。印发《2018年全市政务公开工作重点任务分工方案的通知》《推进社会公益事业建设领域政府信息公开工作任务分工方案的通知》等文件，指导各部门（单位）开展政府信息公开工作。

做好依法处理依申请公开工作。在时限、内容、程序、答复方式依法合规的同时，处理数起依申请公开工作，群众均表示满意，未发生行政复议或诉讼。

【公共资源交易管理】 推进公共资源交易服务与管理监督职能相互分离，建立完善公共服务平台、项目交易平台和行政监管平台。发挥服务平台作用，运用“互联网＋公共资源”模式，建设市公共资源交易网，推行公共资源交易信息公开共享制度，依法公开交易公告、成交信息、变更信息等，实现信息公开共享。提升交易平台运行能力，以安全稳定为前提，新增交通类项目双信封评标办法、优化业务系统等措施，有效推进平台全流程电子化进程及使用范围，实现项目受理、公告发布、场地预约、投标报名、文件下载、网上投标、电子评标、中标公示等环节全部电子网络化，完成吉林市公共资源交易平台从依托有形市场向网络电子交易平台的转变，从而实现交易各环节的“只跑一次”，甚至是“零跑动”。2018年12月，吉林市公共资源交易平台通过电子招标投标系统技术检测认证，成为吉林省首家获得电子招投标系统（EBS）三星级认证的公共资源交易平台系统。全年通过公共资源交易电子化平台系统实现交易2200宗，总交易额约180亿元，节资增益金额约4.15亿元。

【“只跑一次”改革】 发挥协调统筹作用，推动跨部门跨领域集成服务等，助力全市“只跑一次”改革取得丰硕成果，群众和企业办事更加方便快捷。

“两集中、两到位”。参与组织市政府42个具有行政审批服务职能的部门（单位），全面自查梳理进驻政务大厅的行政审批服务事项、机构和人员。有749项行政审批事项进驻市政务大厅（分厅）集中办理，37个部门（单位）33个审批办公室815名工作人员进驻市政务服务大厅（分厅），基本实现行政审批职能归集到位、审批事项授权进厅到位、行政审批机构和人员进厅到位；分类组建投资项目、商事登记、公安服务、交通运输、社会事务、不动产登记、医保、社保8个综合窗口，探索推行“无差别全科受理、分类审批、统一出件”服务模式，真正把权力放到该放的层面，放到离群众和企业办事创业最近的地方。

事项清单标准化。针对以往事项拆分不到位、办事指南不清晰导致群众和企业办事发懵、工作人员指导不清的问题，组织全市2000余名审批业务骨干连续奋战6个月把事项梳理拆分至不可再分。截至2018年年末，市本级70个部门（单位）梳理出不可拆分事项3690项，3个批次公布群众和企业到政府办事“只跑一次”事项3386项，占比91.8%，超额完成省政府工作任务。在此基础上，编制3700余套、7400余份新版政务服务事项清单及办事指南，使群众和企业明白办事、办明白事，工作人员解答问题实现标准化。此项工作得到省长景俊海肯定，批示在全省学习推广。

投资项目审批制度改革。按照“减到底、统到边、合到位”总体改革思路，围绕率先实现“项目审批时间再砍一半”目标，组织制定《吉林市投资项目审批管理暂行办法》，改变政府部门各自为政的“串联式”审批模式，新项目审批时限缩减近四分之三，在实践中得到投资项目企业和政府审批部门的普遍欢迎。

8月31日，吉林市政务公开办召开干部作风大整顿动员大会 （市政务公开办 供图）

国务院办公厅督查室专门要求吉林市就此项改革报送了相关资料，国务院第七督查组扩大内需组专程到吉林市调研，组织召开“建设项目审批、核准和报建改革座谈会”。

政务服务事项容缺受理。探索开展政务服务事项容缺受理，组织制定《吉林市政务服务事项容缺受理实施办法（试行）》，市本级25个部门（单位）梳理出容缺受理政务服务事项184项，2018年10月15日在市政府门户网站公布第一批33项容缺受理政务服务事项清单。

规范证明事项管理。牵头组织研究针对性措施，实施证明事项需求管控和一张清单管理，取消全市无依据证明1000余项，保留68项证明，形成吉林市需求端证明事项清单，做到清单之外无证明；出台《关于加强证明事项需求端管控、方便群众和企业办事的意见》，构建需求管控、清单管理、制度保障、信息共享和协同推进机制，分别解决“为何开”“开什么”“怎么开”“怎么减”“如何落”问题，形成需求管控和清单管理为核心的证明管控体系，实现证明源头治理和长效治理，在全省乃至全国走在前列。

“无还本续贷”。在全省率先开展“无还本续贷”业务，通过抵押权注销和设立并行办理，为金融机构贷款安全提供保障，解决小微企业融资困难问题，降低企业融资成本。

低保户、特困户、困难居民供热费减免补助。发挥统筹协调作用，推动相关部门（单位）在2018年供暖季，推出低保户、特困户、困难居民供热费减免补助办理集成服务，通过数据共享等措施，简化供热费减免申请手续、办理程序，城区低保户、特困户、困难居民办理2018—2019年度供热费减免，11578户“零跑动”、4169户“跑一次”即可办理。

信息查询和证明开具。推出“不出厅、一站式、多点办”集成服务新模式，有效解决业务服务分散、群众东奔西跑的问题，仅交通运输综合窗口办理交通运输从业资格证，全市每年有近1万人受益，可减少材料及复印件15万件。

“只跑一次”改革大调研、大推进活动。与全市政务服务系统干部作风大整顿活动等结合，调查梳理并解决“只跑一次”改革中存在的问题；政务服务人员以群众身份到办事大厅亲身体验办事过程，站在群众立场研究解决办事难症结问题，梳理汇总各县（市）区、开发区以及市各部门调研走访问题清单328项、解决问题清单232项、措施清单245项、制度清单92项，有效促进改革任务落实。

【政务服务信息化建设】 围绕建设全市政务服务信息系统平台，启动5条线工作。

启动行政审批服务集成工作，通过线上线下融合的集成受理办理模式，夯实政务服务基础。

启动相关软件系统研发工作，实现行政审批服务和服务监管规范化、程序化、电子化。

启动数据整合工作，加快推进横向网络信息互通和数据交换，打通“信息孤岛”，摸清全市各类信息系统和信息资源底数，为开展政务服务信息系统建设奠定较好基础。形成《吉林市市级部门政务信息系统自查报告汇编》，全市有信息系统393个（其中，国家128个、省112个、市153个），6个部门有8个手机APP，23个部门有43个微信公众号，全地区政务新媒体有300个。对全市涉批事项所对应的系统进行调查统计，厘出154个系统；梳理出全市供给侧信息资源360项，需求侧信息资源304项，形成了《吉林市政务服务信息资源供给及需求调查表》，为信息系统互联互通做好准备。推进部门内部系统整合，关停7个部门19个“僵尸”系统，9家单位提出整合计划。

启动电子政务外网建设工作，构建横向连接各系统和部门单位，纵向贯通市县乡村并与省政务外网安全对接的网络平台。核查了全地区近3000个物理点位，确定“统采分签，按需开通”的建设模式，开展市级基础平台建设，完成116个单位线路铺设，其中开通服务57家。推进政务云平台扩容及系统整合，实施升级技术论证和改造评估，有25个部门39个系统进入云部署。

启动网上办事体验最佳互联网界面创建工作，打造方便快捷、温馨友好的e界面。

【干部作风大整顿】 推进“只跑一次”改革，提升工作效能破“五弊”（宽松软、躲怕推、虚飘浮、粗浅慢、庸懒散）。压缩审批时限，制定出台《吉林市投资项目审批管理暂行办法》，改变以往政府部门各自为政“串联式”审批模式，审批时限缩减四分之三；集成服务，选择群众办事频次高、数量大的事项为突破口，突出放减并举、集成服务，打破部门办事条框，实行工作人员跨部门和业务领域办公，提升群众和企业办事效率；精细化服务，把审批事项梳理拆分至不可再分，公布“只跑一次”改革事项3444项，占比91.5%。

【“中午不休”便民举措】 在全省率先推行推出市区两级政务服务大厅中午不打烊，午间不休息（11时30分至13时）

延时服务，实现工作日全天不间断服务，覆盖进驻市区两级政务服务大厅及各分厅全部审批业务，为群众办事提供更大方便。吉林省省长景俊海在12月3日省政府办公厅《省内动态》上作出批示："很好，各市（州）、各县（市）区都应这样为民提供方便。" （张　然）

人事人才

【人才队伍建设】 落实吉林省人民政府人才新政"18条"，驻市高校本地就业率15.2%。继续引进国外专家引智项目，引进外国专家27人次，12项国家和省资助项目获得批准，获省资助资金54万元。

完善高技能人才培养，新增高技能人才1633人，完成省指标的181.44%。举办"技兴江城"职业技能大赛，大赛设置创客实践、机械制图、应急急救等20个竞赛项目。组织参加省级技师工作室和师徒工作间评选，吉林市鸣梁浪木文化产业有限公司梁海臣工作室被评为吉林省首席技师工作室。向上推荐吉林省万名"青年技术能手"候选人1541人，有1316名青年被评为吉林省"青年技术能手"。

推动职称制度改革，完成2017年度综合类评审，吉林市有专业技术人员62272人。其中，正高级职称635人，副高职称11143人，中级职称27688人，初级职称22806人。机关事业单位人才结构得到改善，基层机关事业单位人才短缺问题得到缓解。

【人事管理】 稳步推进人事制度改革。落实公务管理制度，组织实施宪法宣誓活动。实施公务员招录，全年招录公务员433人。

完善事业单位公开招聘制度，采取以集中统一招聘为主，专项和委托招聘相结合方式，全年公开招聘、选聘各类事业单位人员1469人，满足基层单位对急需人员需求。推进事业单位继续教育培训考核，合格率94%。

继续采取功绩选调、考试考核方式，接收安置军转干部139人，全部进入党政机关、政法机关和参公单位，完成省下达绩效目标。 （市人社局）

应急管理

【应急组织体系建设】 为保证应急管理人员力量，市政府应急办及时致函市编办调整市应急委员会成员，并督导应急委成员单位及各县（市）区更新、补充应急体系人员，完善组织构架，形成统一指挥、协调有序、反应灵敏、运转高效的应急体系。梳理国家、省、市应急管理相关制度规定，制发《应急管理重要文件汇编》，使工作有章可循。会同市建委制定《吉林市应急抢险救灾工程建设管理办法》，填补抢险救灾工程建设管理方面制度空白。

【应急预案管理】 全年指导相关部门修订完善预案90余件，提高应对防汛、防火等大灾能力。加强对大型群众性活动预案管理，审核开江鱼美食节、金日成诞辰纪念活动、职业院校技能大赛、北山庙会和吉林市国际马拉松锦标赛等大型群众性活动预案40余件次。参与"5·12防灾减灾日"和"安全生产月"等活动，组织《中华人民共和国突发事件应对法》纪念日宣传，下发《关于开展〈中华人民共和国突发事件应对法〉颁布实施十一周年宣传活动的通知》，要求各级政府及部门宣传应对法和应急知识，并对各单位宣传情况进行实地督导检查，市应急办印发《中华人民共和国突发事件应对法》《应急避险自救常识手册》7000余份，在全市社区、广场等公共场所设立宣传栏200余处。

【应急信息报送】 严格落实24小时在岗值班制度，时刻保持信息接收网络畅通，研判准确，报告及时，传达领导批示、指示迅速准确。开展业务培训。组织各县（市）区应急管理工作人员，分8批次进行信息报送培训，规范信息报送工作内容、报送程序、处置流程、报送格式等，提升信息报送工作规范化水平。协助领导处置突发事件。发挥《吉林市值班信息》《信息快报》等信息报送载体作用，加强应急信息和政务值班信息呈报、沟通与联系，及时准确完成上报下达紧急敏感信息任务。全年协调处置敏感和较大以上突发事件21起，向市领导报送各类信息300余件，编发《吉林市值班信息》27期、《信息快报》598期，电话报告信息1500余条，短信报告信息3000余人次，处置来市集体访279批次。在处理"桦甸市一氧化碳中毒事件""船营区伤害致死案""磐石市两死两伤交通事故""永吉县亡人交通事故""昌邑区村民拦堵长图铁路（七家子段）事件""桦甸市兴桦煤矿瓦斯爆炸事故"过程中，迅速调度各相关单位，并向市政府领导和省政府及时续报情况，信息渠道畅通，传达及时准确，辅助市领导决策。

【应急保障能力建设】 督导各县（市）区、开发区用好应急平台。对各县（市）区、开发区应急平台使用情况进行调研巡查，梳理发现的问题和需要改进的栏目，制定整改方案，协调运维公司进行改进。为各县（市）区、开发区拨付专项经费2万元用于现场应急平台升级改造，完善视频点调和会议功能。

加强应急通信设备日常管理维护。督促各相关单位做好卫星电话维护保养，及时缴纳费用，保证关键时候用得上；定期组织应急指挥车、现场应急平台组网联调，培训操作人员，检验设备状况，保证人员、装备随时处于良好状态。

采购应急通信网络终端设备。为提高应急通信网络终端设备在突发事件处置中的通信保障能力和工作效率，确保应急通信畅通、快捷和方便，根据工作实际需要，为市政府领导、办公厅领导及市应急办相关工作人员配备应急通信网络终端设备。 （市政府办公室）

精准扶贫

【概况】 吉林市扶贫开发工作领导小组办公室（简称"市扶贫办"）主要负责编制全市扶贫开发工作规划、研究制定工作方案、政策意见、日常工作督导检查、工作考核等工作，负责组织实施全市脱贫攻坚战，确保2020年全面实现脱贫目标。下设5个工作组，分别为扶贫综合组、规划协调组、巡查督导组、开发指导组、项目推进组。截至2018年年末，完成42个贫困村退出、8594名贫困人口减贫目标任务。

【危房改造】 2018年，在全面推进危房改造基础上，对农村分散供养特困人员、低保户、残疾人家庭及边缘户住房进行再鉴定。改造403户建档立卡贫困户危房。其中，D级258户，C级145户。建档立卡贫困户安全住房率100%。

【基础设施建设】 优先支持贫困村农村安全饮水巩固提升工程，全面加强贫困村饮水安全保障。全年投资0.35亿元，集中开展安全饮水检测工作，完成安全用水设施提升工程60处，保障贫困人口5199人的饮水安全。生活用电保障率达100%，村村通动力电100%，保证光伏扶贫项目、产业扶贫项目等及时接网。

【教育扶贫】 落实学前教育、义务教育、高中教育、职业教育等各项资助政策。全市职业学校组织开展对农民工职业技能培训5630人次。通过申请国家和省专项经费，实施“改薄工程”42所农村学校，新建、改建、扩建校舍5.6万平方米。脱贫攻坚开展以后，贫困家庭因贫辍学现象为零。为贫困村培训教师4946人，输送青年教师251名。全市春秋两季“雨露计划”补助准确及时发放到位，没有错补漏补情况，发放资金139.8万元，惠及中高职贫困学生932人次。

【健康扶贫】 推动“先诊疗、后付费”“五提高、一增加、一降低、三减免”等政策落实，制定出台《吉林市建档立卡农村贫困人口大病兜底保障实施方案》，将贫困人口住院医疗费用实际报销比例提高到90%、慢病门诊医疗费用实际报销比例提高到80%。实施县域内“先诊疗后付费”，为贫困患者减免医疗费用665万元。公共卫生和基本医疗服务、卫生室标准化建设合格率、新农合参保率、家庭慢病签约服务率、大病集中救治进展率及国家9种大病专项救治进展率均为100%。

【产业扶贫】 制定下发《吉林市扶贫产业转型提升方案》，加快实施“五个转型”。

向“企业带动”模式转型。推广磐石市依托鑫达牧业、金刚山食品等农产品加工龙头企业带动贫困户的“企业带动”模式，改变贫困村单打独斗、各自为战的状况，建立“政府主导、企业主角、乡村参与”的产业发展模式，提高产业市场参与度和抗风险能力，带动贫困户脱贫。

向合作社带动等模式转型。推广市农委包保帮扶的永吉县兴隆村建立土地股份合作社模式，采用扶贫资金政府主导权＋经营主体使用权＋贫困户收益权“三权明晰”的扶贫收益分配思路，以“村集体＋土地入股＋贫困户＋产业能人”的土地股份合作为发展模式，扶贫项目资产量化给贫困户入股或贫困户以土地等要素入股，使贫困户变股民，资产变资本，资金变股金，确保扶贫资金和项目及其收益与贫困户利益紧密联结，长期收益。开展扶贫车间建设，截至2018年年末，蛟河市、永吉县、舒兰市、磐石市、桦甸市均已建设扶贫车间，涉及雕刻、袜业、毛纺织、土特产等行业，每个车间吸纳贫困劳动力5—8人就业。

向一二三产融合发展模式转型。推广桦甸市常山镇兴隆湾花海种植项目模式经验，以中药材花卉种植为基础，整合其他资源，项目由单一的中药材项目，延伸为多元的扶贫旅游开发项目。推广“舒兰二合”模式，打造好17个乡村旅游扶贫产业村。推广永吉县宇丰米业集团企业已建成的芦笋生产国家标准园区，配套建设冷链保鲜设施，把芦笋变成保鲜食品的做法，作为工业化发展的主打产业，寻求企业合作，促进转型发展。

向全产业链条模式转型。推广发展舒兰的畜禽养殖—屠宰加工—肉制品精深加工产品链、永吉的果蔬保鲜—精深加工产品链和磐石的中药种植—中介参与—加工转化的中药材产业链。

向整县（乡）推进模式转型。推广蛟河市整市（县）推进“冰葡产业”、整乡推进“灵芝项目”的做法，打造一批扶贫产业“龙头项目”和拳头产品。脱贫攻坚以后，全市总计发展产业项目814个。其中，发展光伏项目127兆瓦，带动14017人；发展种植业317个，养殖业229个；光伏、电商、休闲农业224个。2018年，落地特色产业项目301个。

【创业就业扶贫】 综合利用“互联网＋”，做到线上线下有机结合，形成综合招聘服务体系，组织召开各类招聘活动134场，免费发放“春风卡”等宣传材料约28.66万份；实现县内就地就近建档立卡贫困人员就业303人；实现跨省转移建档立卡贫困人员就业68人；每个贫困村都有创业致富带头人，对268名致富带头人开展相应培训，组建14个协调推进组，帮扶带贫1431人。（市扶贫办）

地方志工作

【概况】 2018年，吉林市地方志编纂委员会办公室组织制定《吉林市地方志工作条例（草案）》并开展立法调研，编纂出版《吉林市年鉴（2018）》，启动编纂《江城记忆》系列丛书，撰写论文入选国家级论坛并在国家级学术期刊发表。在全省率先实现市县两级地方综合年鉴全覆盖。主任周胜新作为吉林省代表在全国省级地方志机构主任工作会议暨第三次全国地方志工作经验交流会议上作经验交流。市地方志编委会办公室被评为全省续志资料征集工作先进单位。

【修志工作】 贯彻落实国务院《地方志工作条例》、《吉林省地方志工作条例》和中指组“一纳入、八到位”（把地方志工作纳入国民经济和社会发展规划、各级政府工作任务之中，做到认识到位、领导到位、机构到位、编制到位、经费到位、设施到位、规划到位、工作到位）工作精神，坚持依法治志，《吉林市地方志工作条例（草案）》列入2018年地方性法规重点调研项目计划，完成2018年立法调研工作任务。组织完成《吉林市志·大事记》（75万字）和《吉林市指南》（77万字）出版发行工作；开展《吉林市志·山志》编纂工作，完成初稿及终审；编纂完成《吉林市志·抗洪救灾志》；聘请吉林市水利专家朱云庆编写《吉林市志·水志》；做好吉林市续志资料长编编纂指导及整理编写工作，为三轮修志做准备。

【年鉴工作】 组织完成2018卷《吉林市年鉴》资料征集及编纂出版工作。《吉林市年鉴（2018）》由吉林市人民政府主办、吉林市地方志编纂委员会办公室承编。卷前公益彩页以江城名片、数字江城、图说江城、江城映像等形式展示吉林市年度亮点，正文设大事记、市情概貌、党政机构、群众团体、法治、军事、经济调节与监管、农业、工业、城市建设、生态建设、商贸服务业、旅游等27个类目、211个分目、1580个条目，随文表格55个，卷首及正文使用图片218幅，全书92万字，系统记述2017年吉林市政治、经济、文化、社会、生态等方面基本面貌和年度发展状况。2018年10月，由吉林文史出版社出版发行。

按照省方志委年鉴编纂全覆盖工作推进会工作要求，全面调研县（市）区年鉴工作，指导吉林市下辖五县（市）和四区完成年鉴编纂出版工作，实现国务院《全国地方志事业发展规划纲要（2015—2020）》设定的“两全目标”（全面完成第二轮修志规划任务，实现省、市、县三级综合年鉴全覆盖）任务。开展好年鉴规范化建设，指导桦甸年鉴创精品工程，指导吉林市编办等单位编纂部门年鉴。

【地方志资源开发】 弘扬吉林市地情文化，组织编纂地域历史文化读物系列丛书之一《知家乡爱吉林三字经》（约25万字），该书以“三字经”形式宣传、传播吉林市历史文化，完成初稿及释文编写，进行插图绘画；完成“江城记忆”系列地情书之《旧闻新事》《船厂史影》编纂工作。与吉林市商务局联合编纂“江城记忆”丛书之文化兴商系列《吉林市的味道》《吉林市名特优》初稿，展示吉林市饮食变迁和吉林市名特优产品，打造吉林市味道文化品牌。做好《吉林市地情》丛书中《爱国将领杨凤翔传》《史迹诗情》重新整理、再版工作。参与编纂《经典吉林》之《吉林市史话》，由吉林音像出版社、吉林新拓文化出版公司出版发行。参与编纂中国名镇志文化工程《中国名镇志·夹皮沟镇志》，指导《乌拉街镇志》《江密峰镇志》编纂工作，形成篇目，报送吉林省地方志编纂委员会。

开展资政服务民生活动，为吉林市电视台录制纪录片《张作相在吉林》人物资料提供脚本并参加录播，参与吉林省电视台《故事吉林》系列纪录片拍摄并提供资料。为“纪念改革开放40年图片展——中国梦我的梦 我与城市40年”大型主题图片展提供部分图片和文字。

【学术理论研究】 年内，王明辉、赵健敏撰写的论文《依法治志是新形势下地方志发展的必由之路》在“南岳衡山杯”首届全国地方志系统优秀论文交流座谈会上获二等奖，付莉撰写的论文《新时代年鉴功能拓展研究初探》在国家级期刊《中国年鉴研究》发表，另有2篇论文入选中国地方志第八届学术年会优秀论文集。向吉林省地方志学术年会（2017年）报送论文10篇，5篇获特别奖，2篇获二等奖，1篇获三等奖。

【基础服务平台建设】 完善市本级地情资料基础设施建设，做好资料室整理、搬迁、改造工作。年内，蛟河市和龙潭区方志馆通过吉林省地方志编纂委员会评估，吉林市9个县（市）区全部通过省方志委评估。与杭州市地方志办公室、太原市地方志办公室、黑龙江省图书馆等40余个省市交流交换地情资料400余册。开展志书、年鉴、地情丛书等书籍数字化整理工作。为省方志馆、市图书馆、市博物馆、市档案馆、各县区赠送志鉴地情书300余册。（唐冬梅）

机关事务管理

【机构改革保障】 积极筹措办公用房，第一时间拿出调整预案，及时确定涉改25个部门的办公地点。高标准完成涉改单位标牌制作任务，保证各部门及时揭牌办公。联合市财政局印发《加强机构改革中国有资产管理有关问题的通知》，指导涉改部门做好资产清查划转工作。

【重点建设项目】 市纪委市监委工程项目是2018年度全市重点工程，由市管局牵头组织实施市直机关抢险抢修防空专业队和公用人员掩蔽工程及市纪委市监委办公用房维修项目。先后与市纪委监委召开11次专题会议，研究落实各项工作。其中，抢险抢修防空专业队和公用人员掩蔽工程完成可研批复，原警校二层食堂已拆除并完成部分土方外运，签订除特装设备采购之外的所有合同和保密协议；完成市纪委市监委办公用房维修项目房屋安全鉴定及部分施工图设计，签订建设工程设计合同、技术服务合同及相应保密协议。

【标准化建设】 制定《吉林市机关事务标准化建设实施方案》，部署动员并召开工作推进会议。邀请市市场监督局专业人员辅导，制定标准体系表，确定17项业务标准子体系。完成公共机构节能、办公用房维修服务、机关食堂管理等15项业务标准子体系起草及审核工作。

【政府采购】 全年完成采购任务500余项，财政采购预算金额7.7亿元，实际采购金额7.2亿元。同财政预算相比节约资金4626万元，节约率6.07%。制作招标文件500余件，发布采购公告1800余次；召开评标大会500余次；完成合同500余项，2000余份，有效发挥政府采购职能。

【公务用车管理】 车改后重新确定市直公务用车配备编制，对各县（市）区保留公务用车进行全面统计。市直保留一般公务用车总编制为399台，更新各类公务用车17台，为部门间合理调车23台；将全市党政机关保留车辆进行统一标识化喷涂；全年派车3万余次，安全行驶210万千米；完成“两会”、环保巡视、扫黑除恶等大型活动的车辆保障工作；配合做好全市事业单位车改实施工作，完成9家直属事业单位保留车辆审核工作，对事业单位、国企取消公务用车进行接收。做好取消公务用车的处置工作，市本级1166台取消公务用车中完成1149台的处置，处置率98.5%，各县（市）区取消公务用车1107台，处置1076台，处置率97%。

【固定资产管理】 清查统计市管局及代管单位固定资产，全年审核登记固定资产6610万元，报废593万元；开展市级党政机关办公用房权属登记前期数据统计工作，市直行政事业单位总建筑面积129万平方米；持续做好办公用房统一管理、调剂和清理整治工作，盘活零散闲置办公用房，收回办公用房总面积9542平方米。（市机关事务管理局）

中国人民政治协商会议吉林市委员会

JILIN COMMITTEE OF THE CHINESE PEOPLE'S POLITICAL CONSULTATIVE CONFERENCE

综　述

【概况】 政协吉林市第十三届委员会委员由29个界别组成，计411人，其中常务委员81人。政协吉林市第十三届委员会设办公厅、研究室和提案、经济科技、文教卫体、社会民族宗教法制、人口资源环境、文史和学习、委员和对外联络7个专门委员会及机关党委。2018年，政协吉林市第十三届委员会落实市委十三届三次全会精神，强化民主监督职能，提高调查研究水平，为城市建设贡献智慧和力量。

【走访调研】 围绕全市经济工作主线，组织开展“服务重点企业、优化营商环境、助推经济发展”专项走访调研活动，组织政协委员走访调研全市近2000家企业，收集意见建议1900余条，形成政协党组专题报告、建议案、调研报告、提案、信息7份。

【史料编辑出版】 年内，编辑出版第三十五辑史料《吉林掌故旧闻录》，发挥存史、资政、团结、育人的作用。

（市政协办公室）

重要会议

【政协吉林市第十三届委员会第二次会议】 1月16日至18日，政协吉林市第十三届委员会第二次会议在市机关会议中心和世纪大饭店召开。386名委员出席会议。会议由市政协副主席刘长木主持，市领导张焕秋、刘非等出席会议。审议通过《政协吉林市第十三届委员会常务委员会工作报告》《政协吉林市第十三届委员会常务委员会关于十三届一次会议以来提案工作情况的报告》；列席市人大十六届三次会议；听取市长刘非所作政府工作报告；协商讨论市政府工作报告和其他报告；通过《关于同意王爱萍、沈华实辞去政协吉林市第十三届委员会常务委员职务的决定》；通过《政协吉林市第十三届委员会第二次会议决议》。

【市政协十三届常委会议】 2018年，政协吉林市第十三届委员会召开5次常委会议，听取审议重点建议案和调查报告，

表10　　2018年政协吉林市第十三届委员会常委会议一览表

会次	时间	主要内容	主持人	参会人员
十三届五次	1月17日	审议政协吉林市第十三届委员会第二次会议决议（草案）	张文才	市政协主席、副主席、秘书长及75名常委出席会议
十三届六次	1月18日	审议通过政协吉林市第十三届委员会第二次会议决议（草案）	李敏花	市政协主席、副主席、秘书长及75名常委出席会议
十三届七次	3月30日	传达全国政协十三届一次会议精神和市委书记王庭凯在市委常委（扩大）会议上的讲话精神，听取并审议通过市政协及其常委会2018年工作要点及增补文教卫体委员会兼职副主任名单	张文才	市政协主席、副主席、秘书长及66名常委出席会议
十三届八次	7月25日	听取并协商讨论市发改委《关于我市2018年国民经济和社会发展计划1—6月份执行情况的通报》、市财政局《关于我市2017年市本级决算（草案）和2018年预算上半年执行情况的通报》，审议通过人资环委《关于加快我市冰雪旅游发展的建议案》、提案委《关于设立我市建设类担保公司助力建筑行业做强做大的建议案》《政协吉林市委员会委员、常委参加全体会议和常委会议管理的规定（试行）》《政协吉林市委员会委员、常委年度履职量化考核办法（试行）》	刘长木	市政协主席、副主席、秘书长及62名常委出席会议
十三届九次	9月27日	听取市中级人民法院《关于全市法院重点工作情况的通报》、市人民检察院《关于全市检察工作情况的通报》，听取并审议通过经科委《关于我市开展招商引资情况的调研报告》，听取市委统战部《关于对市十三届政协常委、委员进行调整的说明》，审议并通过常委、委员调整事项	孙秀云	市政协主席、副主席、秘书长及71名常委出席会议

（市政协办公室）

协商讨论吉林市年度内经济社会发展情况等。（市政协办公室）

协商议政

【冰雪旅游发展情况调研】 2018年6月至7月，市政协副主席刘长木带领部分政协委员调研全市冰雪旅游发展情况。实地察看莲花山滑雪场、北大壶滑雪场等景区，走访相关旅行社，听取市旅发委负责人工作汇报，召开座谈会。了解基本情况及存在问题，提出加快吉林市冰雪旅游发展的具体建议。

【担保和建筑行业情况调研】 市政协在开展“服务重点企业优化营商环境助推经济发展”活动过程中发现，“融资难、融资贵”是影响企业发展的重要问题，尤其在建筑领域中更为迫切。为助力破解难题，市政协对全市担保行业和建筑行业进行专题调研，提出设立融资类担保机构、助力建筑行业做大做强的建议。

【招商引资情况调研】 市政协副主席马招利带领部分政协委员，走访企业、听取汇报、组织座谈，调研全市招商引资情况，认为吉林市招商引资工作存在的问题是思想观念相对落后，政策研究运用不够；营商环境不够优化，跟踪服务不到位；部分项目质量不优，体量不大，外向度不够；县域开发区规划滞后，体制不够顺畅。建议解放思想，勇于进取；完善营商环境，筑巢引凤；突出产业优势，精准招商；深化开发区改革工作，搭建良好平台。（市政协办公室）

民主监督

【政协委员提案】 2018年，征集提案323件，经审查立案230件。其中，集体提案48件、委员提案182件。立案提案全部办复，提案涉及问题得到解决或在解决中的占81.7%；所提问题因条件限制或其他原因尚不能解决和留作参考的占18.3%。

表11　**2018年政协吉林市第十三届委员会督办重点提案一览表**

序号	提案者	提案题目
1	市工商联	关于大力推动我市民营企业“小升规”的建议
2	李智渊	关于推进我市冰雪旅游发展的建议
3	张玲、郭林、王玉林	关于加强我市农村垃圾处理的建议
4	市农工党	关于实施医养结合 推进我市养老服务产业发展的建议
5	谢勇绍	关于保护和促进港澳侨资企业投资环境的建议
6	赵　婷	关于缩短我市法院执行、结案时间的建议
7	高志军、全军	关于利用建筑垃圾发展新型建筑材料的建议
8	市民进	关于挖掘我市历史文化资源 创建旅游文化名城的建议

（市政协办公室）

【政协委员反映社情民意】 2018年，收集社情民意信息508条，编发《社情民意》77期、《转办函》12件、《工作动态》12期。办理协商重要社情民意信息，《关于对庆丰小区街路进行全面维修的建议》等18条重要社情民意信息得到相关部门办理落实。

【提案督办】 2018年，市政协遴选《关于挖掘我市历史文化资源创建旅游文化名城的建议》等8件重点提案进行督办协商。《关于实行小学生免费课后托管的建议》得到市政府领导高度重视，列为2018年市政府办好27件民生实事之一。市委、市政府将其纳入支持民营经济发展政策体系一同研究，并出台《吉林市人民政府关于促进民营经济发展的政策措施》。（市政协办公室）

视察调研

【全国政协调研组到吉林市调研】 4月2日至4日，中国经济社会理事会主席、中共中央书记处原书记、全国政协原副主席杜青林带领全国政协调研组赴吉林市围绕“促进农村一二三产业融合发展”开展调研并召开座谈会。省政协主席江泽林陪同调研。

【中国企业联合会、企业家协会调研组到吉林市调研】 7月18日至20日，全国政协原副主席、中国企业家协会会长王忠禹率调研组到吉林市围绕“新时代企业创新发展 打造世界一流企业”进行调研。吉林省政协副主席赵晓君陪同调研。

【全国工商联调研组到吉林市调研】 7月27日至28日，全国政协副主席、工商联主席高云龙率调研组到吉林神华集团有限责任公司、吉林东福集团公司进行调研。吉林省委统战部部长李景浩陪同调研。

【省政协经济科技委员会到吉林市调研】 5月7日，吉林省政协副主席赵晓君带领省政协经济科技委员会调研组到吉林市就“冰雪经济和新兴通用航空产业发展”进行专题调研。

【省政协人口资源环境委员会到吉林市视察】 5月15日至17日，吉林省政协副主席李晋修带领省政协人口资源环境委员会视察组到吉林市围绕“河长制实施情况”进行监督性专题视察。

【省政协社会和法制委员会到吉林市视察】 5月18日，吉林省政协副主席曹宇光带领省政协社会和法制委员会调研组到吉林市就“公共法律服务体系建设情况”进行视察。

【省政协港澳台侨和外事委员会到吉林市调研】 7月10日至11日，吉林省政协副主席李龙熙带领省政协港澳台侨和外事委员会调研组到吉林市围绕“发挥新侨作用为我省经济社会发展服务情况”进行调研。（市政协办公室）

中国共产党吉林市纪律检查委员会 吉林市监察委员会

COMMISSION FOR DISCIPLINARY INSPECTION OF CPC JILIN MUNICIPAL COMMITTEE, SUPERVISION COMMISSION OF JILIN

综　述

【概况】 2018 年 1 月 19 日，完成吉林市监察委员会组建工作。市县两级监察委员会分别于 1 月 20 日和 1 月 5 日正式挂牌成立。改革后，市县两级纪委监委内设机构 155 个（不含机关党委）。其中，市本级 24 个，新设立执纪监督室 7 个、审查调查室 7 个、信息技术保障室 1 个；县（市）区内设机构 13 个至 16 个不等，其中设立纪检监察室 6 个至 8 个不等。下属事业单位 2 个：吉林市廉政教育中心、中共吉林市纪律检查委员会电化教育中心。

【纪检监察体制改革】 推进监察体制改革试点工作，完成市县两级监察委员会机构组建和人员转隶，全市划转检察机关政法专项编制 253 名、转隶 203 人。市纪委市监委机关实行监督检查和审查调查职能分离、部门分设，扩充案件监督管理、案件审理等部门力量。

强化制度保障和机制衔接。制定《市纪委市监委机关调查措施使用规范（试行）》等工作制度规定 46 个。推动纪法贯通、法法衔接，会同政法机关制定 3 个规范性文件，严把事实关、程序关和法律适用关。

推进派驻机构监察职能延伸。深化派驻机构改革，赋予市纪委市监委 6 个派驻纪检监察组和 2 个县（市）区的乡镇（街道）派出监察机构试点相应监察职能，推动监察工作向基层延伸。

推动制度优势转化为治理效能。全市监察对象由 1.9 万人增加到 10.8 万人，推动实现对行使公权力的公职人员监察全覆盖。全市纪检监察机关立案调查非机关事业单位监察对象案件 512 件 512 人；立案调查非中共党员监察对象案件 45 件 45 人；使用留置措施审查调查 61 人；移送司法机关处理 96 人，比 2017 年增长 146.2%。

【审查调查】 年内，严肃查处一批党员领导干部严重腐败案件，全市纪检监察机关立案 2138 件，处分 1822 人。审查调查县（处）级干部案件 77 件，审查调查乡（科）级干部案件 279 件。剖析研判发案根源，强化以案促教、以案促改，提出纪检监察建议 88 个。

【作风建设】 围绕推动全市干部作风大整顿活动，开展“四个一”（梳理查办一批、推动督办一批、暗访发现一批、抽查检查一批）行动，出台市纪委市监委服务保障民营企业发展十条措施。全市纪检监察机关查处违反中央八项规定精神问题 161 起 224 人，通报曝光 81 批次。查处形式主义、官僚主义问题 203 起 282 人，通报曝光 4 批次 16 起 24 人。

【队伍建设】 在全市纪检监察机关深化“两学一做”学习教育，开展干部作风大整顿、解放思想大讨论活动，加强理论学习中心组学习，坚持用习近平新时代中国特色社会主义思想武装头脑、指导实践、推动工作，提高工作质量和水平；开展纪检监察业务集中培训，对全市纪检监察干部组织开展 16 批次 3000 余人次教育培训；开展机关文化大讲堂、干部职工家访等活动，培育良好的机关党内政治文化，增强队伍凝聚力、战斗力；带头转变作风，制定并严格执行《市纪委市监委领导班子关于改进工作作风的实施办法》，加强自身作风建设；制定《市纪委市监委机关政务工作运行程序（试行）》，规范内部运行制度；健全内控机制，严格执行请示报告制度，强化内部监督制约；坚持刀刃向内，决不护短遮丑，全市查办纪检监察干部违纪违法案件 15 件，处分 15 人，开除党籍、开除公职 2 人。（市纪委市监委）

重要会议

【中共吉林市第十三届纪律检查委员会第三次全体会议】 2 月 6 日，中共吉林市第十三届纪律检查委员会第三次全体会议在市机关会议中心举行。出席会议的市纪委委员 35 人，列席 136 人。全会由市纪律检查委员会常务委员会主持，市委书记张焕秋出席全会并讲话。会议贯彻落实中共十九大、十九届中央纪委二次全会和省纪委十一届三次全会精神及市委部署要求，总结 2017 年全市纪检监察工作，部署 2018 年工作任务。审议通过市纪委书记张殿锋代表市纪委常委会所作工作报告。

【吉林市纪委市监委全体干部大会】 3 月 7

2月6日，中国共产党吉林市第十三届纪律检查委员会第三次全体会议在市机关会议中心举行 （市纪委市监委 供图）

日，市纪委市监委召开全体干部大会，推进深化国家监察体制改革试点工作。市委书记王庭凯出席会议并讲话。

【吉林市纪检监察机关审查调查工作会议】 4月17日，吉林市召开全市纪检监察机关审查调查工作会议，贯彻落实全省纪检监察机关审查调查工作会议精神和市委落实意见，部署推动审查调查工作任务落实。 （市纪委市监委）

巡察工作

【政治巡察】 深化政治巡察。及时修订市委巡察工作五年规划，推进一届任期内全覆盖。坚持巡察工作重大事项向市委书记专题会议请示报告制度。强化巡察机构队伍建设，选好配强市县巡察机构人员。创新实践巡察方式，统筹运用常规巡察、提级巡察、交叉巡察组合方式，解决人情干扰问题。开展十三届市委第二轮、第三轮巡察，巡察单位33个，发现问题555个，整改完成154个，移交问题线索275件，推动办结75件。市县两级巡察机构巡察基层党组织173个，发现问题5170个，整改完成2316个，移交问题线索704件，推动办结203件。

落实巡视整改。做好十一届省委第四轮巡视反馈问题整改落实工作，加强对巡视整改落实情况的监督检查，对县（市）区开展巡视整改专题民主生活会情况进行督导，对巡视移交的问题线索优先办理、快查快结，完成巡视反馈问题整改244个，立案审查113件，处理182人。协助推动2017年省委扶贫领域专项巡视整改工作，问责并通报曝光虚假整改5人。

【十三届市委第二轮巡察】 3月至6月，开展十三届市委第二轮巡察。组建4个巡察组，对市发改委、市教育局、市工商局、市执法局、市卫计局、市文广新局、市民政局、市人社局等8个市直部门开展常规巡察；组建1个巡察组，对全市扶贫领域责任部门及9个县（市）区开展扶贫领域专项巡察“回头看”。

【十三届市委第三轮巡察】 8月至10月，开展十三届市委第三轮巡察。组建4个巡察组，对市总工会、市妇联、市残联、市文联、市科协、市社科联、市工商联、团市委等8个群团组织开展常规巡察；配合十一届省委第五轮巡视，组建5个巡察组，对13个县域开发区及4个特色小镇开展提级巡察；指导舒兰、蛟河、船营3个县（市）区开展交叉巡察。

【市委巡察工作领导小组及市委书记专题会】 7月，市委巡察工作领导小组及市委书记专题会议先后听取十三届市委第二轮巡察工作情况。各巡察组于7月底向各被巡察单位进行反馈。

12月，市委巡察工作领导小组及市委书记专题会议先后听取十三届市委第三轮巡察工作情况及十三届市委第二轮巡察整改情况。各巡察组于12月末向各被巡察单位进行反馈。 （市纪委市监委）

党风廉政建设

【惩治腐败】 加强审查调查。严肃查处一批党员领导干部严重腐败案件。全市纪检监察机关立案2138件，比2017年增长32.3%；处分1822人，比2017年增长9.4%；审查调查县（处）级干部案件

8月7日，吉林市召开十三届市委第三轮巡察工作动员部署会议 （市纪委市监委 供图）

77件，比2017年增长32.8%；审查调查乡（科）级干部案件279件，比2017年增长32.9%。注重剖析研判发案根源，强化以案促教、以案促改，提出纪检监察建议88个。

提高审查调查效率和质量。开展线索处置“回头看”和问题线索“大起底”；完善市县两级办案协调配合机制；灵活运用重要案件提级办理或指定异地交叉办理措施；发挥案件审核把关和监督制约作用，结合实际对21起案件提前介入审理；在法定条件下探索实践不采取留置措施直接移送司法机关，全市有53人未经留置直接移送检察机关；协助省纪委省监委相关专案查办工作，全市审查调查省纪委省监委指定管辖案件29件63人；定期召开问题线索处置意见汇报会，制定《以了结方式处置问题线索程序规定（试行）》，精准处置问题线索；做好阶段性数据分析、信访形势和舆情突发预警预判工作。全市纪检监察机关接受信访举报5340件次，处置问题线索3217件次，谈话函询270件次，比2017年分别增长53.1%、14.2%和19.6%。

强化审查调查安全工作。修改完善审查调查安全工作制度41个。组织开展对各县（市）区纪委监委及乡镇（街道）谈话场所建设、制度落实、办案安全管理等工作的指导检查。开展全市审查调查安全自查自纠和专项督查，整改各类安全问题31个。组建300人的辅警看护队伍，为依法使用留置措施提供保障。

【问题查处】 年内，全市查处群众身边不正之风和腐败问题306起437人，比2017年分别增长91.3%、125.3%。开展扶贫领域专项督导检查、扶贫领域腐败和作风问题暗访抽查，查处扶贫领域腐败和作风问题157起244人，比2017年分别增长124.3%、183.7%。强化对中央环保督察整改落实情况及省环保督察移交问题线索的督查督办，问责生态环保监管方面问题70起107人。开展扫黑除恶专项斗争监督执纪问责工作联点包保，加强与政法机关协作配合，对涉黑涉恶腐败和“保护伞”问题线索进行大排查，查处涉黑涉恶腐败和“保护伞”问题8起34人。 （市纪委市监委）

纪律检查

【监督执纪】 运用监督执纪“四种形态”（第一种形态，经常开展批评和自我批评、约谈函询，让“红红脸、出出汗”成为常态；第二种形态，让党纪轻处分、组织调整成为违纪处理的大多数；第三种形态，让党纪重处分、重大职务调整的成为少数；第四种形态，让严重违纪涉嫌违法立案审查的成为极少数）加强纪律建设，强化党员干部纪律意识。坚持惩前毖后、治病救人，加强日常管理和监督，抓早抓小、防微杜渐。全市纪检监察机关运用监督执纪“四种形态”处理2971人次，比2017年增长2.7%。运用第一种形态，谈话提醒、约谈函询、批评教育1082人次，占36.4%；运用第二种形态，给予轻处分、组织调整1509人次，占50.8%；准确运用第三种形态，给予重处分、重大职务调整158人次，占5.3%；果断运用第四种形态，处理严重违纪违法涉嫌犯罪党员干部222人次，占7.5%。

【纪律教育】 强化以案为鉴、以案明纪，组织参观廉政教育展、编印忏悔录、制作警示教育片，用干部身边的违纪违法典型案例开展警示教育；强化法纪学习宣传，开展监察法宣传月活动，组织全市各级党员干部学习新修订的《中国共产党纪律处分条例》；营造守纪氛围，在广播、电视、网络等媒体制作播出《廉政时分》24期、《廉政之声》260期，组织第四届“江城清风”廉洁文化“五个一”创作征集活动，组织全市县（处）级党员领导干部及其家属签订廉洁家风承诺书。 （市纪委市监委）

监察管理

【政治监督】 严明政治纪律和政治规矩。自觉践行“两个维护”，聚焦深化党和国家机构改革实施、脱贫攻坚、环保督察整改落实、扫黑除恶专项斗争、惠民政策落实等党中央重大决策部署，加强监督检查，确保政令畅通。严肃党内政治生活，对各级党组织召开民主生活会情况进行督查指导。严把政治关、廉洁关，对参加市“两会”人员遵守换届纪律情况进行全程监督。全市查处违反政治纪律案件25件25人。

压实管党治党责任。督促全市各级党组织开展“两个责任”（主体责任、监督责任）约谈、述责述廉和新提拔任职领导干部廉政谈话。全市纪检监察机关组织开展约谈提醒423人次；述责述廉193人次；任职前廉政谈话99人次；回复党风廉政意见1760人次；为751名县（处）级党员领导干部建立廉政档案。强化问责追责，倒逼责任落实。全市问责党组织2个；问责党员干部385人，比2017年增长21.8%，其中履行主体责任和监督责任不力问题问责70人。

【作风建设】 巩固拓展落实中央八项规定精神成果，作风建设持续深化。坚定不移纠“四风”（形式主义、官僚主义、享乐主义、奢靡之风），紧盯节假日等重要节点，开展专项监督检查、明察暗访、交叉互检和随机抽查，严查违反中央八项规定精神问题。围绕贯彻落实党的路线方针政策和党中央重大决策部署、联系群众和服务群众、履职尽责和服务经济社会发展、学风会风文风、检查调研等方面存在的形式主义、官僚主义问题，开展集中整治。围绕推动全市干部作风大整顿活动，开展梳理查办一批、推动督办一批、暗访发现一批、抽查检查一批“四个一”行动。围绕优化营商环境，出台市纪委市监委服务保障民营企业发展十条措施。全市纪检监察机关查处违反中央八项规定精神问题161起224人，比2017年分别增长163.9%、194.7%；通报曝光81批次，比2017年增长440%。全市查处形式主义、官僚主义问题203起282人，通报曝光4批次16起24人。

（市纪委市监委）

民主党派·工商联

DEMOCRATIC PARTIES AND THE FEDERATION OF INDUSTRY AND COMMERCE

综 述

【概况】 截至2018年年末，吉林市有民主党派成员7381人，基层（总支）委员会71个，成员中副市级领导干部9人，正局级领导干部18人，副局级领导干部56人，具有中高级以上职称占66.9%，各级人大代表、政协委员497人。

【民主党派思想建设】 2018年是中共中央发布“五一口号”70周年，吉林市各民主党派在市委统战部指导、协助下，召开纪念“五一口号”发布70周年座谈会、诗歌朗诵会、主题征文比赛，回顾民主党派与中国共产党风雨同舟、团结合作的光辉历程，展望新时代中国特色社会主义多党合作事业的伟大前景。各民主党派将学习、重温“五一口号”精神与贯彻落实中共十九大精神、习近平总书记3月4日重要讲话精神结合起来，加强自身建设，提高参政党建设水平，不断巩固和壮大爱国统一战线，共同为吉林市新一轮发展振兴献计出力。

市委统战部为民主党派新成员和基层组织宣讲《新时期统一战线新发展》《新时代民主党派基层组织发展新方向》等课程5次，使各民主党派成员全面了解中共十九大精神和统一战线理论，正确审视加入民主党派的初衷和在民主党派组织中的作用及努力方向。

【多党合作平台建设】 完善参政议政工作平台，推进民主党派双月工作论坛。民主党派双月工作论坛是由市委统战部主办、民主党派市委轮流承办的参政议政的一种创新形式，在全国省市级单位尚属首家，最大程度地发挥民主党派人才荟萃、智力密集的优势，有效提升全市民主党派参政议政质量和效能，为党委政府科学决策提供重要参考。市委统战部与民主党派市委负责人及相关专家学者从商定论坛题目、制定方案、深入调研到论坛组织，严格把关，多次论证。截至12月底，举办6期论坛，内容涉及乡村振兴、职业教育、人才战略、传统文化、群众性文化活动和中医药产业等多个方面。每次论坛后，将论坛成果重新梳理，以统战参阅件形式报送市委、市政府。从民主党派负责人到专家、学者以及社会各界都对论坛给予很高评价。论坛经验在省委统战部《统战纵横》上刊登。

搭建政党协商工作平台，贯彻落实《吉林市政党协商实施办法》。会同有关部门研究制定《吉林市2018年政党协商工作计划》，完善知情明政、考察调研、工作联系、协商反馈机制，民主党派开展考察调研、加强协商能力建设，推进政党协商规范化、制度化建设。3月1日，市委统战部召开各民主党派市委负责人参加的协商会议，就助力百村振兴行动进行专题协商。

搭建社会服务工作平台，通过集中统战力量、整合统战资源，发挥“千村振兴、百村先行”引领示范作用，推动统一战线助力百村振兴行动。统战部与各民主党派市委沟通联系，动员618名民主党派成员积极加入行动组，与103个村建立助力联系，根据各村情况，因地制宜，因需而动，特别是组成医疗服务队、文艺轻骑兵、科技支农组等具有民主党派界别特色的服务组织，发挥民主党派联系广泛、人才荟萃、智力密集优势，使百村在思想、项目、文明、法治、文化、科技、健康等七个方面有质的飞跃。

【民主党派组织建设】 加强民主党派市级组织领导班子建设。市委统战部部长在民主党派年度工作谋划、专门工作会议以及利用班子培训等时机，对民主党派领导班子进行以会代训和教育引导，提升民主党派领导班子政治把握能力、参政议政能力、组织领导能力、合作共事能力和解决自身问题能力。2018年，6个民主党派市委中有4个获得中央先进市级组织称号，并且分别在思想政治建设、组织工作、社会服务工作等方面获得中央表彰。

各民主党派市委加强基层组织建设。年初，统战部协助民主党派市委对基层组织年度考核。考核结果，91%的基层组织达到优秀创建标准。年内，有14个民主党派基层组织获“全国先进基层组织”称号，有45个民主党派基层组织获“省级先进基层组织”称号。（白 雪）

民革吉林市委员会

【概况】 截至2018年年末，中国国民党革命委员会吉林市委员会（简称“民革吉林市委”）有15个直属基层总支、支部。其中，总支13个，支部2个。有党员826人。党员中有职称的456人，占党员总数55.2%。各级人大代表、政协委员59人。其中，省人大代表2人，省政协委员3人，市人大代表4人，市政协委员12人，区人大代表10人，区政协委员35人。2018年，在民革吉林省委总结表彰工作中，6个基层总支被评为先进基层组织，12人被评为先进个人。

【思想建设】 学习中共十九大精神和民革十三大精神，贯彻落实民革中央《关于开展纪念中共中央“五一口号”发布70周年、民革成立70周年活动的通知》。4月底，举办“纪念中共中央‘五一口号’发布70周年、民革成立70周年”主题诗文朗诵比赛。开展“习近平新时代中国特色社会主义思想全员培训”活动，为基层组织购买中共十九大精神、习近平新时代中国特色社会主义思想的学习辅导材料。

【组织建设】 吸引高层次人才加入民革组织，年内发展新党员51人，其中博士9人。11月30日，举办新党员培训班，创新开展新党员入党仪式，提高新党员参政履职水平。编制基层组织标准化建设模版，推广到基层组织。在龙潭区总支召开民革吉林市委基层组织标准化建设现场会，提高市委会基层组织标准化建设水平。

【参政议政】 3月，制定《民革吉林市委参政议政工作实施办法》，提升参政议政工作规范化、制度化水平。民革吉林市副主委蒋晖在省人大会议上提交《关于大力扶植民营博物馆产业发展的建议》，得到省文化厅采纳和落实，为吉林市两家民营博物馆分别争取到13万元和5万元扶植资金；民革吉林市委秘书长马巍向市政协提交《打造东北特色田园综合体，实现我市乡村振兴战略》，得到提案委重视和督办；法律总支主委王文向市政协提交的《关于规范我市小额贷款公司的建议》，得到市政府金融办答复和落实；蒋晖《建议延伸1路公交车终到欧亚综合体》《市中心医院周边停车应一体化规划管理》及贾辉《应加强对古建筑修缮监管和专业指导力度》等社情民意反映得到市政府采纳。年内，参与5期由中共吉林市委统战部主办的“民主党派双月工作论坛”活动，承办1期“弘扬地方优秀传统文化、助力文化名城建设”主题论坛，向中共吉林市委统战部提交《关于在校城融合中更多地吸纳高校人才》《发挥法制界别成员作用、全力助推乡村振兴工程》《关于弘扬地方优秀传统文化的建议》等发言和提案材料。引导和鼓励基层组织向中共吉林市委统战部、市政协提交《关于发挥民主党派成员在依法治市工作中特殊作用的几点建议》《关于城区基础教育发展的建议》《关于大力弘扬地方优秀传统文化的建议》等提案和调研报告。

【法律援助】 民革吉林市委法律援助向基层延伸。法律总支（民革吉林市中山法律援助工作站）骨干党员受聘为蛟河市政府法律顾问，为村民工伤提供普法讲座、法律咨询、代理诉讼等7次；帮扶蛟河市松江镇富江村“富江花海”项目建设，协调富江村与“苏尔哈渔场”开展联合经营，引进投资300余万元打造的“观花品鱼”乡村旅游精品线路对外营业。针对社会普遍关注的“校园欺凌”等热点问题，走进吉林信息技术学院、松江镇九年制学校、吉林工业经济学校，开展校园普法讲座。年内，中山法律援助站实施援助案例26件；各类普法教育、公共咨询受众3000余人。

【社会服务】 确定以“法制进村”为主要方向的工作策略，制定《民革吉林市委“助力百村振兴行动——法制进村”工作方案》,119名民革党员志愿者成为“助力百村振兴行动”志愿者。龙潭区总支聘请专家为江密峰镇黄金村贫困户及村民义诊200余人次，捐赠药品价值5000余元。磐石支部组织党员中的医疗卫生专家、党员志愿者15人，为磐石市明城镇七间房村200余名村民送去义诊服务和常用药品。民革党员王吉成出资2万元帮助村党委开展精神文明村建设。民革吉林市委、吉林市教育局联合发文推广“博爱同心”校园文化共建活动，与5所学校签订共建协议。全年在市属各级各类学校开展地方传统文化讲座活动20余场次、30余个小时，听众7000余人。（徐欣妍）

民盟吉林市委员会

【概况】 截至2018年年末，中国民主同盟吉林市委员会（简称“民盟吉林市委”）有31个基层组织，含8个基层委员会、6个总支委员会、17个支部委员会，1922名盟员。盟员中具有高级职称的640人，占社员总数的33.3%，有各级人大代表、政协委员77人。在2018年民盟中央工作表彰中，被评为思想宣传工作先进集体和社会服务工作先进集体；1名盟员被评为高校组织工作先进个人；民盟丰满区委员会被授予“优秀盟员之家”称号；民盟吉林电子信息职业技术学院支部被授予“优秀盟员之家”称号。

【思想建设】 发放学习材料，学习贯彻中共十九大、民盟十二大以及习近平系列讲话精神。将主题教育与重大纪念活动结合，加强民盟优良传统教育。5月，举办盟史·盟务主题展览。8月，承办“不忘初心 翰墨铭志”——纪念改革开放40周年暨民盟吉林市委成立65周年书画艺术展，展出书法、绘画、摄影、泥塑等艺术作品120余幅。组织盟员参与民盟吉林省委、市政协组织的主题征文、文艺演出等系列活动，多篇文章入选文集。

【组织建设】 制定包括《基层班子工作制度》等10项制度在内的《基层组织制度参考范例》，引导基层合理规范开展活动。成立民盟吉林医药学院支部、吉林工业职业技术学院支部、吉林市人民医院支部，实现吉林市4所高校和4所高职院校基层组织全覆盖。完成民盟毓文中学支部换届，实现基层组织新老交替、支委班子和盟员结构重组。新建成机关“盟员之家”，民盟丰满区委员会、吉林电子信息职业技术学院支部“盟员之家”获评民盟中央“优秀盟员之家”。11月，召开职业教育联盟成立大会，通过民盟吉林市委职业教育联盟章程。全年发展新盟员134人，重点发展综合素质好、起点层次高的非公有制经济人才，解决民盟结构性人才短缺问题。

【参政议政】 制定《民盟吉林市委参政议政工作制度》《民盟各基层组织参政议政工作制度》，完善参政议政骨干盟员联系机制。组织开展吉林市职业教育发展现状、松花江流域吉林市区段水质情况、乡村旅游发展、农村学前儿童教育等调研。桑小洲、宫健泽等人《关于发展职业教育、打造“江城工匠”的建议》

《关于吉林市区松花江段水质保护的建议》等17篇提案和2篇重点调研报告分别报送至市政协、中共吉林市委统战部和民盟吉林省委，得到重视。宫健泽、刘景瑜、张旭、桑小洲等人撰写的文章分别获得民盟吉林省委理论研究二等奖、三等奖。宫健泽、刘景瑜执笔的理论文章《协商民主面临的问题与解决方案探究》获得“学习习近平新时代中国特色社会主义思想 建设高素质中国特色社会主义参政党”征文二等奖。任重远在国际上最具影响力的物理领域学术期刊之一《应用物理学研究》上发表研究论文。组织上报社情民意50件，有25件社情民意被市政协采用，1件被省政协采用，5件在《江城晚报》刊发。

【社会服务】 开展“助力百村振兴”行动，精选103名骨干盟员成立志愿者队伍，与103个村建立助力联系；组织志愿者与村干部对接，对各村情况进行调研。发挥人才、智力和技术优势，开展“健康扶贫”“技术扶贫”“爱心帮扶”等活动。民盟吉林市委和民盟丰满区委员会被民盟中央授予“民盟社会服务工作先进集体”称号。（徐雨思）

民建吉林市委员会

【概况】 中国民主建国会吉林市委员会（简称“民建吉林市委”）有9个基层委员会、4个总支、2个直属支部，1047名会员。第十一届委员会有市委委员27人。

【思想建设】 以“不忘合作初心、继续携手前行”为主题，开展主题教育活动。4月，组织开展纪念“五一口号”发布70周年主题征文活动，有26篇优秀征文被民建省委采用。其中，莫英志撰写的《重温五一口号精神，共画新时代同心圆》、李艳撰写的《重温五一口号，不忘携手共行》被民建中央采用。民建吉林市委纪念“五一口号”发布70周年主题征文活动获得民建吉林省委一等奖。5月至6月，民建吉林市委与团市委等单位共同举办“知我家乡·爱我吉林”第四届语文朗读大赛活动。11月，组织开展纪念“改革开放40周年”主题征文活动。

9月21日，民建吉林市委举行民建会史馆建成仪式。图为民建中央主席郝明金（左一）、民建吉林省委主委车秀兰（右一）为民建会史馆揭牌 （民建吉林市委 供图）

【组织建设】 9月21日，召开市级组织建设工作座谈会，观看民建吉林市委工作纪实《走进新时代》，听取民建吉林市委和8个基层组织的工作汇报。推进基层组织标准化建设，完善基层组织工作制度，规范基层组织工作程序。制定并下发《2018年基层组织年度工作量化目标及考评标准》。明确组织发展流程，把吸纳与经济界密切相关的高层次专家学者和懂经济、会管理的高层企业人才以及公职身份的代表人士入会作为组织发展工作重点。全年发展38名会员。

【参政议政】 3月，以“实施人才兴市战略，推动振兴发展”为主题，承办吉林市2018年第一届民主党派工作论坛。4月，开展农村电子商务产业发展调研活动，《大力发展农村电商助推乡村振兴的建议》被民建中央采用。9月，围绕数字吉林建设和电子商务提升工程，赴长春兴隆山保税区开展调研活动，撰写《关于吉林省区域电子商务平台发展的建议》并上报民建吉林省委。10月，围绕改善民营经济发展法制环境开展调研活动，撰写《关于完善非公有制经济法律保护的建议》并上报民建吉林省委。

全年收到社情民意100余份，报送民建省委35份，报送市政协、市委统战部各60份。其中，《关于促进建材经营行业良性发展的建议》等6篇社情民意获得民建省委领导批示；《关于无人售票公交车配备乘务管理员的建议》等2篇社情民意被省政协采用；《关于优化“车让人”交通规则的建议》获得副市长刘磊批示；《关于农村义务教育工作的建议》被政协确定为大会发言材料。参政议政工作获得民建吉林省委一等奖。

【社会服务】 2018年，民建吉林市委有125名会员参加助力百村振兴行动。其中，22名企业家会员担任工作组组长，103名会员志愿者根据专业特长在不同工作组工作。打造“爱心家园”“爱心基金”“希望之路”“支农大篷车”“一体化服务”等民建服务品牌。“爱心家园”等社会服务活动多次在吉林市电视台“直播江城”等节目播出。

【民建会史馆建成】 2018年，民建吉林市委与民建吉林省委共同筹建民建会史馆。9月，总投资50万余元，建筑面积301平方米，集图文展览、雕塑展览、教育培训、史料研究等多种功能为一体的综合性展览馆建成。9月21日，全国人大常委会副委员长、民建中央主席郝明金为民建会史馆揭牌并题字。（田 昆）

民进吉林市委员会

【概况】 截至2018年年末，中国民主促进会吉林市委员会（简称“民进吉林市委”）有会员1297人，其中各级人大代表、政协委员97人。基层组织75个。

其中，吉林市委会设8个基层委员会（含36个支部，1个小组），另有15个独立支部和1个小组；磐石市委会含14个支部。会员担任各级人大代表、政协委员的有98人。其中，省人大代表2人，省政协委员1人，市人大代表5人，市政协委员26人。年内，组织会员撰写参政理论文章13篇，在民进吉林省委第十五次参政党理论研讨会上，论文撰写获得一等奖1人，二等奖5人。

【思想建设】 开展“不忘合作初心 继续携手前进”主题教育活动，推进思想政治教育主题年工作。5月，召开纪念中共中央发布“五一口号”70周年座谈会。10月，召开纪念改革开放40周年座谈会。机关干部李兴中撰写的《重温“五一口号”，推进新时期多党合作，为建设新时代中国特色社会主义做贡献》，被民进中央评为优秀奖，在《吉林民进》刊登。11月，举办骨干会员培训班，学习贯彻中共十九大精神、习近平新时代中国特色社会主义思想。开展“我身边的先进”宣讲活动，上报民进吉林省委宣讲材料1篇。年内，组织会员撰写参政党理论文章13篇，在民进吉林省委第十五次参政党理论研讨会上，李兴中撰写的论文获得一等奖，秦昕、王战生、王化廷、王宣齐、丛奇撰写的论文获得二等奖。

【组织建设】全年考核42名新会员入会。制定相关规章制度，建立档案，逐步使基层组织工作规范化、制度化。5月，组织部分基层组织负责人参加民进省委在通化召开的民进吉林省基层组织建设现场会，并在会上交流民进吉林市委组织建设经验。全年有200人次参加由市委组织部、市人社局、市委统战部以及民进省委等举办的学习培训。表彰先进集体和优秀会员。召开吉化基层委员会和龙潭区基层委员会换届大会，推荐民进省委企联会成员13人，5人当选为民进吉林省委企联会第一届理事会理事。

【参政议政】 完成调研报告《吉林市文化志愿服务体系建设情况的调研与建议》，形成民进吉林市委集体提案。教育委员会形成《吉林市义务教育均衡发展的建议》调研报告。会员宋文刚、周建伟、王战生、吴科、郭衍娇代表民进吉林市委在民主党派工作论坛发言。举办吉林市民主党派第五期工作论坛《群众性文化活动的现实需要与创新发展》，会员贾军作主旨发言。开展议政调研，参加市政协举办的民主监督生活会、市政府工作报告征求意见会，提出意见建议。向市政协提交2篇大会发言，提交3份市委会集体提案。全年向市政协报送社情民意13件。其中，《关于建设文化志愿服务体系的建议》被省政协社情民意编发，《公交车德胜门人民广场一侧站桩应重新设置》《让我市冬季绿起来》分别在市政协社情民意第13期、36期刊载。向市委统战部报送统战信息10件，被采用4件。全年民进吉林市委各级人大代表、政协委员提交提案、议案55份，社情民意43件。在民进吉林省委召开的2018年参政议政表彰会上，会员王战生、张玉坤获评民进省委参政议政先进个人。

【社会服务】 民进吉林市委制定《助力百村振兴行动——文化教育进村”工作方案》，103名会员成为“助力乡村振兴志愿者”。民进基层组织制定《“助力百村”振兴行动民进服务队实施方案》《送戏下乡活动方案》等系列活动方案。8月，民进吉林市委在龙潭区江密峰镇夹信子村开展送传统文化进乡村活动，邀请到北华大学副教授刘春学为村民们作题为“传统文化与乡村生活”的专题报告。9月，民进吉林市委联合市歌舞团支部在昌邑区左家镇马虎头村开展文化惠民演出进乡村活动。12月，民进吉林省委、市委会、磐石市委会赴磐石市红旗岭镇二道岗村，联合开展捐赠图书、送演出活动。船营区基层委员会在搜登站镇中心小学和五里桥小学开展“助力百村 传统文化送课（书）下乡”活动，赠送国学文化书刊600册。龙潭区会员郭衍娇组织建立“医路同行”公益服务团队，组织会员开展帮扶活动12次，受益群众5000余人。会员孙喜斌将个人收藏的23件清代、民国时期档案捐赠给龙潭区档案馆。依托白山书院，在文庙博物馆开展国学讲坛系列活动，全年邀请多位国学老师开展国学系列讲座数十场。（刘薇薇）

农工党吉林市委员会

【概况】 截至2018年年末，中国农工民主党吉林市委员会(简称“农工党吉林市委”)有7个总支、9个支委会、4个专委会，750名党员。有各级人大代表、政协委员60人。年内，撰写理论研讨文章2篇。其中，韩金宏撰写的论文《建立健全脱贫攻坚民主监督工作机制 力促精准扶贫工作落实落地》获农工党中央理论研究三等奖、农工党省委2018年理论研究一等奖。

【思想建设】 开展坚持和发展中国特色社会主义学习实践活动，依托“不忘合作初心，继续携手前进”专题教育，先后组织市委会班子成员及骨干党员赴江苏南通、河北正定、江西南昌及吉林通化开展“不忘合作初心 重走先辈道路”“不忘合作初心，重温光荣历史”“不忘合作初心，重走抗联路”等专项教育活动。依托“改革开放40周年”“五一口号”发布70周年纪念日开展征文活动。

【组织建设】 完善船营总支、中心医院总支、卫生学校支委会为代表的“大、中、小”模式，各基层按照标准模式陆续开展标准化建设。船营总支、中心医院总支、卫校支委会与辽源、通化和白城等市委会进行标准化建设经验交流，船营总支与通化市东昌区支部建立友好基层。全年发展新党员39名，其中医药卫生界27人，占69%。向市政协推荐市政协委员1名，向农工党省委推荐专委会委员35人。向吉林市新的社会阶层人士联合会推荐会员18人，有4人当选会员，其中1人当选理事会理事。

【参政议政】 围绕中医药发展、院前急救体系建设、农民专业合作社、农村电商等热点问题，开展4次专题调研，完成2个全市重点调研课题，中标并完成2个省委招标课题，向市政协上报集体提案2篇，形成大会发言1篇。其中，《关于实施医养结合推进养老服务产业发展的建议》获得市委常委、统战部部长郑国学签批，并被列为市政协2018年重点督办提案办理；《关于省人口流出加剧问题的调研》被农工党吉林省委作为集体提案提交省政协十二届二次会议，被用于省政协大会发言，获农工党中央调研报告二等奖，该报告被澎湃新闻等多家网站媒体平台转载。年内，农工党吉林市委举办1场、参加5场“党派双月论坛”。围绕“发展职业教育，打造江城工匠”等主题，邀请6名农工党籍专家参加6场论坛，分别作《传承利用好满族文化精髓打造地方传统文化品牌》等主题发言。

农工党吉林市委编辑社情民意40篇，被农工党省委采纳20篇，省政协采纳7篇，被市、区政协采纳19篇，1篇被报送农工党中央，其中《发挥高校人才优势 做好人才队伍建设》的信息获省农工党关注，被转化为省农工党集体提案拟上报省政协。

【社会服务】 年内，农工党吉林市委成立4支医疗小分队，选派108名志愿者进入103支助力百村工作队，以“健康进村”为主题深入农村，前往30余个村镇，开展各类义诊活动50余次，举办健康教育讲座4次，服务群众近2000人，免费赠药价值2万余元，与江密峰镇政府建立医疗帮扶对接关系，向村民承诺提供20余项减免优惠政策，现场发放医疗优惠卡600余张。在全市统一战线助力百村振兴行动现场经验交流会上，农工党吉林市委主委温春阳代表民主党派作交流发言。开展“中国环境与健康宣传周”活动和“国际科学与和平周”活动，在江北乡、乌拉街镇等乡镇，服务群众600余人次，捐赠药品及生活物资价值近万元，发放宣传资料1000余份。（王会波）

九三学社吉林市委员会

【概况】 截至2018年年末，九三学社吉林市委员会（简称“九三学社吉林市委”）有15个基层委员会、85个支社、3个直属小组，1590名社员。社员中具有高级职称的846人，占社员总数的53.2%，有各级人大代表、政协委员57人。在2018年九三学社中央组织工作表彰中，被评为组织工作先进集体，3名社员被评为组织工作先进个人。北华大学邢砾云，北华大学附属医院丁希艳、宁显宾、赵清石，中国农科院特产所艾军等社员获得2018年吉林省科技进步二等奖；吉林化工学院金朝辉获得中国高校校报协会好新闻消息类三等奖，钟方丽获得吉林省教学成果一等奖。年内，九三学社吉林市委社员取得科研成果69项，发表学术论文118篇，出版专著12部；有8项国家发明专利被授权；有20余人次获得省、市科技进步奖，100余人次获得省、市及系统先进个人称号。

【思想建设】 以习近平新时代中国特色社会主义思想为主线，开展多种形式学习培训。举办纪念“五一口号”发布70周年座谈会；以纪念改革开放40周年为主题，组织社员参加社省委、市政协相关活动；参加社中央“五四运动与九三学社初心”和改革开放40周年征文活动，上报征文30篇。结合传统节日开展“不忘合作初心 继续携手前进”主题教育活动。以九三学社吉林市委参政党理论研究课题组牵头，申报《九三学社青年社员思想观念及价值取向研究》社中央思想建设研究课题。

【组织建设】 坚持领导班子议事、联系基层制度。调整各专门工作委员会人员，向社省委推荐省专委会及监委会人选，全社有25名社员在社省委各专门委员会任职。举办2018年骨干社员培训班，开展重走抗联路主题教育活动。全年发展社员76人，其中博士、硕士占30%，高中级职称占78%。完善组织架构，完成丰满区委员会届中调整及龙潭区、船营区、昌邑区届中增补。推进“社员之家”平台建设，号召各基层组织社员参加社员之家平台社章社史知识竞赛活动。推动基层组织开展“学习社章、遵守社章”主题教育活动。

【参政议政】 在吉林市政府工作报告协商会上就人才引进、乡村振兴、健康产业等方面提出意见和建议；在政协大会期间提交提案2篇并作书面发言，其中《关于统筹规划，合理开发我市地热资源》提案得到安排落实。完成重点调研课题《我市乡村振兴发展几点思考的调研报告》，承办主题为“民主党派与乡村振兴”的吉林市民主党派2018年第二期双月论坛。完成重点调研课题《吉林市乡村垃圾和固体废弃物治理的调研报告》，代表九三学社吉林省委在社中央“乡村环境综合治理”论坛发言。协助市委统战部开展“城乡统战助振兴”调研，形成《发挥科技人才优势、促进城乡融合、变输血为造血》调研报告。

年内，九三学社各级人大代表、政协委员上报议案、提案19篇。其中，窦悦《关于加强公立医院人才管理的建议》和李海涛《关于改革幼儿教育运行模式的建议》作为社中央四季度信息选题上报社省委；吴献提出的《关于实施乡村振兴战略》的建议获昌邑区采纳实施。此外，促进各专门委员会与基层组织间互动，形成《关于进一步培育新型农业经营主体》《推进我市智能城市建设》《推进医养结合加快养老服务体系发展》等一系列建议，其中科技专委会与省地病二所支社联合完成的关于航空产业发展的提案得到行业部门重视。

参加九三学社中央第一届“九三教育论坛”，上报征文4篇，全部入选。年内，参加吉林市“民主党派双月工作论坛”6期，其中承办1期，参加5期。

全年形成各类调研报告11篇，其中《关于开展手机POS机安全监管若干问题的调研》和《关于航空产业发展的调研》上报社省委；完成提案19篇，其中《关于推进医养结合加快养老服务体系发展的建议》上报社省委。征集社情民意信息65篇。其中，社中央采用2篇，省政协采用8篇，市政协采用3篇。获得领导签批2篇。其中，《关于急需对防控非洲猪瘟疫情检查站提供工作条件保障的建议》获得副省长李悦批示，《农村中小学教师岗位应采取支教服役制》的建议被市委常委、统战部部长郑国学签批。

【社会服务】 助力百村振兴行动。九三学社牵头组成科技专家组，开展高层科技人才与乡村结对活动。从基层组织负责人、骨干社员中优选103人，编入进村服务队，深入乡村开展调研、科技、义诊、扶贫扶智等活动。与市科技局配合，开展科技服务活动。对百村科技服务需求进行调研，整理出科技助农需求汇总表，有的放矢进行技术指导。利用冬季农闲时间安排社内专家到桦甸市桦郊乡平安村、公吉乡大肚川村，提供中药种植和菌类种植技术指导。农科院委员会组织专家到各县（市）区开展农技下乡服务，就水稻播种、高粱种植关键技术、大豆高产高效栽培技术、缓解旱情对玉米产量损害等农业生产中的常见问题进行讲解；中心医院委员会到曾通村、大口钦镇、联江村举办义诊活动；龙潭区委员会和吉化公司委员会联合在江北乡义诊；昌邑区委员会将左家富山村作为帮扶基地，协助村民卖农副产品，申请数万元“六清”资金，捐赠篮球架，邀请城建学校老师为村民讲授经济作物种植；丰满区委员会、船营区委员会、农业科技学院支社、图书馆支社等也积极参加对接活动、多次随组入村开展帮扶活动。

扶贫济困活动。端午节期间、春节期间慰问养老院，送去生活用品和新春祝福；昌邑区委员会两次走进左家镇星火小学为学生科普口腔卫生健康相关知识；丰满区委员会与昌邑区委员会、青工委联合到新建街道进行慈善捐助。

义诊与医学科普活动。中心医院委员会参加全民营养周义诊咨询活动，走进市妇联幼儿园进行用眼卫生科普宣传；疾控中心支社参加市卫计委、市教育局、市田家炳中学联合开展“吃动平衡、健康体重”营养进校园活动，帮助学生掌握科学健康的体重管理方法。九三学社吉林市委与市科技局联合开展第17个科技活动周活动，组织九三学社10余名医疗专家到一拉溪镇北阳村开展扶贫义诊。

【合作交流】 2018年，九三学社中央首次开展主席连续3年联系地市级组织活动，九三学社吉林市委成为社中央主席首批联系的地市级组织之一。9月28日至30日，九三学社中央副主席刘忠范一行到吉林市调研，双方达成合作意向。九三学社吉林市委与社北京海淀区委初步达成建立友好市委会的合作意向。与北京体育大学的九三支社建立联系并达成意向，为吉林市冰雪产业发展引进人才和科研成果；苏州医工所的部分九三社员参与吉林市的合作项目；与社辽源市委开展基层组织建设交流；协助社天津市委开展“传承传统文化加强对文庙保护的研究”课题调研。 （王梦溪）

吉林市工商业联合会

【概况】 吉林市9个县（市）区均设立工商联基层组织。截至2018年年末，市县两级工商联有会员5506人，直属会员962人；所属商（协）会27个。其中，行业商（协）会18个，外埠商会9个。市工商联连续3年获全国工商联和《中华工商时报》“创新中国奖”。

【助村行动】 助力乡村振兴。按照市委统战部要求，从市工商联会员企业中推选309名企业家，对103个村进行助力包联。开展以项目进村和文明进村为重点的“七进”（进企业、进机关、进学校、进社区、进农村、进家庭、进公共场所）任务，强化跟踪调度指导，及时分析和解决活动中遇到的问题。截至2018年，落地项目24个，还有79个村的项目在研究、推进中。有67个村开展文明进村评选活动。

助力脱贫攻坚。开展“四送”活动，160个会员企业为贫困村送理念、送产业、送就业、送温暖，开发9个养殖、种植扶贫项目，取得较好效果。召开“百企帮百村”产业扶贫经验交流会，57个村企结对，为真正实现技能扶贫、产业脱贫奠定坚实基础。助村行动得到省联和市委的高度认可，先后召开省工商联“扶贫现场经验交流会”和市委统战部“助力百村现场交流会”，助村经验得到推广。

【百联千企进江城】 依托有效载体。以吉马为契机，邀请成都、铜陵、西宁等6地工商联带知名企业到吉林市交流，宣传推介吉林市市情、重点项目和相关政策，考察高新区、经开区、中新食品区及部分企业；举办“全方位合作、高质量发展”论坛，各地企业家代表分享企业高质量发展的成功经验。实现稻米与魔芋深加工项目初步对接，吉林市国旅有限公司与西宁青海国信旅游有限公司签订合作协议；以省工商联“三会一活动”为契机，为省内企业与经开、高新、中新食品区联姻。截至2018年年末，中新食品区分别与吉春制药和厚德集团的蛋产品项目进行了后期跟踪。

开展对口合作。与温州市工商联签订对口合作协议，为加强两地企业交流奠定基础；接待温州市党政及企业家代表团，与吉林市的化工、商贸、农产品、纺织等行业企业进行对接；市委常委、统战部部长郑国学带领9名企业家回访考察温州市，使企业家看到差距，学到经验，坚定加快发展的信心。

广泛建立联系。接待天津市东丽区、河北省衡水市、吉林省松原市、白城市等地工商联，并建立友好商会关系；邀请新疆、广西吉林商会代表到吉林市考察农业项目；与江苏省镇江市工商联共同研究推进两地航空产业项目发展，并就航空产品制造业务、大型无人机整机组装等项目进行深入交流探讨。截至2018年年末，市工商联建立137个地市级友好商会。

【优秀企业家培育】 开展主题宣讲活动。开展“不忘创业初心、接力改革伟业”主题活动，指导推动县（市）区工商联和直属商会开展理想信念教育实践活动；在桦甸、蛟河等地举办3场“习近平新时代中国特色社会主义思想”专题宣讲活动，300余名企业家参加活动，反响热烈，该项工作被全国工商联和《中华工商时报》评为“2018创新中国特别奖”；向会员企业印发深入学习贯彻习近平总书记座谈会讲话精神《材料汇编》1000册。

组织专题培训。组织吉林市工商联（总商会）领导班子及部分常委24人，赴井冈山开展“不忘初心 牢记使命”专题培训，学习革命精神，继承革命传统，坚定理想信念。

组织企业“进名校”“进名企”。与复旦大学、清华大学联合举办2期企业家素质提升研修班，实地参观了上海汽车股份有限公司、华平股份科技有限公司等名企，实现教育培训有效延伸。

举办“工商联大讲堂”。邀请市委常委、统战部部长郑国学，中国民营经济研究会常务副会长王忠明和省人社厅决策咨询委员李志宏，分别作《十九大精神专题辅导》《正确认识中国市场变化引导民营企业转型升级》和《中小企业资本运营》专题讲座，受到会员欢迎。

成立新时代传习所。市工商联组织成立优秀企业家俱乐部暨非公经济新时代传习所。通过线上和线下相结合方式，对企业家开展教育培训，全年开展6次全国同步线上教育，举办1期主席会长咖啡屋，取得较好效果。 （李劲松）

群众团体

MASS ORGANIZATION

吉林市总工会

【概况】 吉林市总工会下辖基建交通工会、财贸农林工会、教科文卫体工会3个产业工会，工人文化宫、职工服务中心、劳工纪念馆、职工互助服务中心、职工法律服务中心5家事业单位。所辖县（市）区地方总工会9个，国家级开发区工会2个，直属企业工会61个。全市有各级工会委员会（法人）4407个，职工540638名，工会会员512940名。

【职工思想建设】 2018年，吉林市各级工会把引领职工听党话、跟党走作为首要政治责任，通过“聆听新时代的声音”平台和载体，组织职工学习近平新时代中国特色社会主义思想和中共十九大精神。深化“中国梦·劳动美”主题教育，汇聚职工思想共识，推动全市高质量发展。弘扬社会主义核心价值观，以普及职工工间操激发职工思想道德情操，吉林市两支代表队在第七届全国职工健排舞大赛中分获金、银奖，吉林市职工代表队在全省八运会上获团体总分第2名，市总工会获赛会优胜奖和优秀组织奖。加强职工文化阵地建设，满足职工精神文化需求，新建4家全国职工书屋示范点、13家省级职工书屋。省委组织部对市总工会创新学习十九大精神的做法给予肯定。

【工人队伍建设】 把产业工人队伍建设纳入经济社会发展规划和人才队伍建设整体规划。开展“当好主人翁、建功新时代”劳动和技能竞赛，实现职工技能大赛与高校对接，推动大赛向专业化、新技术、新领域迈进，命名吉林工业职业技术学院为全市职工职业技能培训基地。大规模培养、选树和表彰“江城工匠”100名，举办百名“江城工匠”颁奖典礼，“江城工匠”人才队伍形成规模。市委书记王庭凯、市长刘非等出席颁奖盛典，在社会引起反响。交警、气象、防疫、邮政等行业性职工技能竞赛各显特色，中油吉化、吉林化纤、吉林热电等企业开展劳动竞赛，对企业发展产生重要推力。产业工会“建造魅力江城”“我为江城添光彩”“教育教学大练兵”以及女职工“提素建功”竞赛活动有声有色，展示产业职工风采和女职工“半边天”作用。全年全市开展劳动竞赛企事业单位4407家，占基层单位总数80%；职工提合理化建议3.2万项，创造价值1亿元；技术革新、修旧利废1236项，创造价值1.3亿元。

【职工权益保障】 调整充实厂务公开暨创建劳动关系和谐单位组织机构，完善厂务公开民主管理规范化建设制度规定。全市国有企事业单位职代会、厂务公开建制率、集体合同签订率100%，百人以上非公企业职代会、厂务公开建制率分别为86%和89%。推动《吉林省企业工资集体协商条例》宣传贯彻，利用主流媒体、政府网站进行条例解读，指导和规范企业开展集体协商“百日要约行动”，规范企业工资集体协商。百人以上非公企业工资集体合同签订率88%。开展劳动关系“和谐杯”竞赛，全市开展“和谐杯”竞赛单

4月28日，吉林市首届百名“江城工匠”颁奖盛典在吉林一中艺术中心举行。图为市长刘非（中）出席盛典并为获奖者颁奖　　（市总工会　供图）

位达到80%，表彰先进单位141个、先进个人65人。推进“七五”普法，开展“普法守法·携手筑梦”系列送法活动50场次，帮助74名农民工讨薪455.8万元。建立健全“职工群体性事件”应急处理预案，全年为职工提供法律援助35件，受理案件26件，帮助职工挽回经济损失108.7万元。推动工会劳动保护监督检查“模版”化管理，推进“安康杯”竞赛，落实班组安全生产“查讲评”。

【帮扶困难职工】 将困难职工帮扶纳入市总工会普惠服务重要日程，实现4042户困难职工家庭解困脱困，完成全年解困脱困任务。元旦春节期间，全市各级工会筹措资金3000余万元，走访慰问困难职工群众、生产一线职工及劳动模范2万余人；盛夏酷暑，市总工会出资40余万元，慰问一线公安交警和绿化工人；9月“金秋助学”，市总工会筹措122.1万元，资助困难职工学子221人；数九深冬，市总工会出资120万元，为全地区8500名环卫工人配发防寒棉服棉鞋。深化“职工服务站”向基层延伸，指导劳动关系领域社会组织新建职工服务站15个，全市省级优秀职工服务站18家。职工互助保障发展会员24万人，受益职工2.3万人。深化“智慧工会”建设，利用市总工会网络平台，推动工会工作“线上线下”融合，建设全市基层工会和工会会员基本信息数据库，为开展工会会员普惠服务奠定基础。推进脱贫攻坚工作，携手东北电力大学改变村容村貌，推进扶贫村精神文明创建活动。（宋 卓）

共青团吉林市委员会

【概况】 截至2018年年末，全市有共青团员160300人，基层团委337个，团工委62个，团总支249个，团支部7180个，团干部7294名。

【基层团组织建设】 2018年，共青团吉林市委（简称“团市委”）以“吉青家园”建设工作为统领，建设青少年综合服务平台86个。加强“智慧团建”系统录入管理，提升基础团务管理水平。制定《吉林市星级团支部（村、社区）创建工作标准体系》，全面启动星级团支部（村、社区）创建工作。落实团内表彰，评选表彰2017年度“吉林市五四红旗团委”直属团委20家、“吉林市五四红旗（基层）团委”基层团委39家、“吉林市五四红旗团支部”86家、“吉林市优秀团干部（基层）”130名、“吉林市优秀团员”295名。

【共青团改革】 督导7个县（市）区团委按期完成换届工作。制定《关于选拔优秀青年干部到团市委机关挂职锻炼的实施方案》，经市委组织部批准同意，选配9名优秀青年干部到机关工作，打造专职、挂职、兼职相结合的团干部队伍。同步推进青联、学联、少先队改革工作，制定印发《吉林市青年联合会委员管理办法》，强化青联组织自身建设。出台《吉林市中学共青团改革实施方案》《吉林市少先队改革方案》《吉林市团校改革方案》。

【团干部队伍建设】 组织400余名乡镇街、高校团干部和少先队辅助员系统学习习近平新时代中国特色社会主义思想、习近平总书记关于青年工作重要思想和共青团、少先队工作实务等知识，有效提升团队干部的思想政治素质和业务工作能力。完善团干部协管工作制度，加强与县区、市直机关党委（党组）沟通，加强团干部协管工作。

【团员先进性建设】 严格执行发展团员工作细则，按照“坚持标准、控制规模、提高质量、发挥作用”的总要求，提升团员发展质量，做好团员发展工作。规范开展入团仪式百余次、主题团课百余场，覆盖团员青年5000余人。严格控制14周岁以下入团情况，全市新发展团员6605名，初中、高中毕业班团员和学生比例分别为25.3%和70%。

【青少年思想建设】 理想信念教育。重点针对各类青年群体，开展分类引导教育。围绕习近平新时代中国特色社会主义思想特别是习近平总书记关于青年工作重要论述，组建宣讲团进青联、进学校、进乡镇和进农村广泛开展宣讲活动；将大学生走进“新时代传习所”活动与大学生社会实践活动和志愿服务活动相结合，先后走进龙潭区大口钦镇前窑村、镇敬老院、龙华街道兵工社区和船营区大绥河镇太平岭村、青岛街道和龙社区开展大学生进传习所活动，教育引导大学生坚定理想信念，助力城市发展；在全市开展“青年大学习”行动。

主题实践教育。利用新时代传习所等载体，重点开展“不忘初心跟党走·幸福吉林正青春”系列主题活动，在青少年中培养和践行社会主义核心价值观。联合开展2018吉林市中小学生“清明祭英烈·共圆中国梦”活动，持续开展“清明祭英烈”网络主题活动，网上留言献花5000人次。召开全市各族各界青年纪念五四运动99周年大会暨江城青年文明优质服务行动启动仪式，组织青年集体参与文明城市创建和服务经济发展软环境；在市博物馆开展“红领巾解说员”活动，用孩子的视角和语言讲述建党历史和城市历史，发挥少先队组织教育、自主教育、实践活动功能。

舆论正向引导。打造线上线下互动融合工作格局，加强新媒体阵地建设，强化团属新媒体平台互联互通，促进线上线下融合发展。原创音乐短片《青年志愿者之歌》被团中央微博转发，点击量近百万次，并在第四届中国青年志愿服务项目大赛展播。深度报道“3·5”学雷锋、五四青年节及马拉松志愿服务，策划拍摄吉马志愿者、向团十八大报道等网络文化作品。挖掘和宣传各行各业优秀青年典型，拍摄《新时代·新青年》吉林市优秀青年典型事迹视频，并召开江城青年说先进典型故事分享会，用典型激励青少年成长成才。开展“江城青年说——不忘初心·我为吉林代言”知家乡爱家乡城市宣传活动，面向全市应届高中毕业生举办免费口才集训营，选拔优秀学员开展专题文艺晚会；在全市范围内开展“知我家乡·爱我吉林”青少年演讲大赛，弘扬和展示吉林市青年风貌。

【文明优质服务行动】 围绕服务软环境和“只跑一次”改革开展以“争做新时代青年先锋·服务江城发展新业绩”为主题的文明优质服务行动，以机关青年集体为重点，开展吉林市机关行业青年风采展示活动，精选8个机关行业青年风采展示项目，展现青年集体的良好风貌。开展“青联县区行”活动9场，实地走访项目20余个，参与委员200余人次。围绕服务招商引资和项目建设，组织市青年企业家赴杭州、温州开展经贸考察。相继接待新疆阿勒泰地区青少年代表团、中俄青年创业交流团，对外积极宣传推介吉林市发展成果和投资发展环境。

【青年志愿者行动】 启动2018年“学雷锋”青年志愿者行动，开展志愿服务活动近百次。联合吉林省益然志愿者协会在昌邑区大荒地小学开展“情寄乡村·爱暖童心”乡村儿童公益项目，发放爱心包价值2万元。组织开展服务春运“暖冬行动”，服务万余人次、服务时长4000余小时。选拔、培训近2000名青年志愿者，完成2018吉马赛事各项志愿服务任务。组织开展2018年吉林市志愿服务项目大赛，发动全市各级志愿服务组织、社会组织广泛参与，征集志愿服务项目133个，形成志愿服务项目库。

【帮扶贫困群众】 跟踪包保贫困村和贫困户，组织机关干部多次到包保的贫困村研究脱贫项目，到贫困户家中走访慰问；村集体林下养鸡项目增收，收益分红反哺贫困户，该村被评为省级脱贫示范村。联合铁投成立驻村工作队，驻村时间200天以上。开展以“青春扶贫携手小康”为主题的青联县（市）区行9场，实地走访项目20余个，参与委员200余人，帮扶贫困学生、建档立卡贫困户300余人，筹集物资及捐款5万余元。

【推进“校城融合”】 年内，举办共青团系统“舞动青春·助力吉马”校城融合团体操展演，为吉林国际马拉松营造氛围。为学生搭建才艺展示平台，举办“永远跟党走激扬青春梦”纪念建党97周年全市共青团系统校城融合文艺晚会；组织3场优秀高校志愿者走进博物馆活动，增进驻吉大学生对吉林市的了解热爱，激发驻吉高校学生扎根江城、回报江城的坚定信心。以服务各高校学生留吉就业为目标，成立吉林市大学生服务中心，为驻吉高校学生搭建创新创业、就业指导、项目孵化等多位一体服务平台。

【扶持青年创业就业】 打造“创青春”品牌，协调推进“创青春”大赛和青年创业园区工作。培树齐玉伟等8名优秀电商人才，创办青创空间，在孵企业29家，开展创业培训1429人，公益培训1000人，青创空间被共青团吉林省委评为“优秀青年创业示范园区”。举办2018年青年创业典型事迹报告会，组织青年创业典型报告团在吉林市8所高校作巡回报告，覆盖学生5000余人。举办吉林市未就业高校毕业生“学企对接会”暨创业指导进园区活动，600余名未就业大学生进行现场对接。围绕特色旅游、农产品加工、电子商务等服务行业精选33个强度适中的返乡青年创业项目，组建返乡青年项目库。联合市人社局开展创业创新大赛，推荐3个项目参加比赛，推荐5个优秀创业项目参加吉林市创业创新成果展。

【服务新兴青年群体】 联合吉林省“I未来”原创艺术协会举办“匠心致青春·筑梦I未来”吉林市新兴青年群体筑梦计划暨2018吉林市青年原创艺术季启动仪式，组织开展吉林市青年创意文化市集活动，引导青年手绘工艺、传统技艺、原创设计等30余个青年团队参与创意文化集市。联合市青年书法家协会开展“弘扬爱国奋斗精神践行青年书法家社会担当”书法展，举办“红色文艺轻骑兵——吉林市青年书法家公益讲堂”。开展“音为梦想”青年K歌活动并通过新媒体平台直播转播，点击率40余万次。依托城市之光书店打造“新兴青年群体筑梦空间”，在世界阅读日开展“悦读一小时，阅览一片天”系列活动。

【维护青少年合法权益】 开展“法律伴我成长——做新时代守法诚信青少年”普法宣讲活动，在《直播江城》《江城晚报》同时播报。在《法治江城》栏目制作一期《校园欺凌绝不是过分的玩笑》法制讲座，联合船营法院少年审判庭开展《青少年模拟法庭》活动，维护青少年合法权益。开展“青少年成长与家庭教育”专题讲座，覆盖家长近300人。开展预防艾滋病宣传工作，为在校大学生发放预防艾滋病宣传手册2000余册。

【“青年大学习”行动】 在全市开展“青年大学习”行动，组织开展青年大学习主题团课活动9期，在共青团吉林市委微博上开设“青年大学习”微话题并发布相关内容50余条，组织开展“青年大学习”网络知识竞赛。9月28日，举办团市委机关“青年大学习”行动暨强责、提质、创标“双百双争”（选树100个先进党支部标杆、100名优秀共产党员，争创先进党支部、争做优秀党员）活动党团知识竞赛。12月13日，共青团吉林市委开展吉林市“青年大学习”专题培训班暨2018年网络文明志愿者骨干培训班，全市50名共青团系统宣传干部、网络文明志愿者骨干参加培训活动。

【纪念一二·九运动】 12月9日，共青团吉林市委在东北电力大学礼堂主办以“薪火传承一二·九青春筑梦新时代”为主题的纪念一二·九爱国学生运动83周年暨2018年吉林市共青团系统校城融合文艺会演。晚会由东北电力大学、北华大学、吉林医药学院、吉林农业科技学院、吉林化工学院、吉林铁道职业技术学院、吉林工业职业技术学院和吉林电子信息职业技术学院8所驻吉高校的12个精品节目构成，涵盖歌舞、朗诵、器乐、小品等多种形式。全市学校共青团系统举办纪念一二·九运动主题升旗仪式、一二·九红色观影、主题征文比赛、诗歌朗诵等系列纪念活动，号召青年一代爱学校、爱家乡、爱祖国，担负起城市发展、东北振兴、国家富强的责任。

【吉林市“青联青企县区行”活动】 2018年初，共青团吉林市委、吉林市青年联合会、吉林市青年企业家协会联合启动“青联青企县区行”活动，走进昌邑区现代农业先导区——孤店子镇开展调研走访。探讨、研究当地新农村建设、龙头企业发展先进经验、村企共建特色模式；走访域内中小企业，了解其发展状况、存在困难及实际需求；关爱帮扶域内12名孤寡老人及31名农村留守儿童。9月1日，“青联青企县区行”代表团到丰满区旺起镇建设村广源食用菌合作社参观、交流、学习。9月13日，到桦甸市桦郊乡平安小学献爱心温暖和捐赠爱心物资。9月20日，到舒兰市庆丰中心校开展捐赠活动，为天德乡19名贫困学生捐赠学习及生活用品。11月18日，前往拉法街海清村，青联委员出资5000元购买生活用品，开办“爱心超市”并举行揭牌仪式。贫困户以表现换积分，用积分在村“爱心超市”兑换生活用品。截至2018年年末，“青联青企县区行”成员相继走访船营区、龙潭区、永吉县、磐石市、丰满区、桦甸市、舒兰市和蛟河市，开展“青联青企县区行”活动9场，实地走访项目20余个，参与委员200余人次。

【大学生走进“新时代传习所”活动】 5月26日，市委宣传部和共青团吉林市委共同组织开展首场大学生走进“新时代传习所”活动，深入龙潭区前窑村新时代传习所、大口钦镇敬老院以及兵工社区新时代传习所开展志愿服务，推进全市“新时代传习所”建设，提升高校大学生社会实践能力，推动高校“青马工程”建设和志愿服务活动开展，搭建驻吉林市高校与吉林市乡村、社区互助共建平台。7月8日，第二场新时代传习所活动走进船营区，深入船营区大绥河镇太平岭村、青岛街道和龙社区开展志愿服务。

【“校城融合”团体操展演】 6月2日，由共青团吉林市委、吉林市文广新局、吉林市体育局主办，主题为“舞动青春·助力吉马”2018年吉林市共青团系统“校城融合”团体操展演活动在吉林市世纪广场举行。来自东北电力学院、吉林化工学院等10个演出单位405名参演人员进行团体操表演。（程同亮）

吉林市妇女联合会

【概况】 吉林市妇女联合会（简称“市妇联”）下设县（市）区、乡镇（街道）、村（社区）三级妇联组织。市、县（市）区、乡镇（街道）、村（社区）四级妇联配齐配强妇联干部，基层妇联组织全部建立妇女活动阵地“妇女之家”。

【思想宣传】 市妇联以中共十九大主题宣传为重点，将全市1733个村级以上“妇女之家”和100个非公有制企业等其他领域妇女组织纳入新时代传习所，组建中共十九大精神宣讲团，印发《吉林市妇联“妇女之家”新时代传习所“五传”汇编》，通过“百千万巾帼大宣讲”和“人人争做宣讲员”主题载体活动培养150名高素质宣讲员，深入企业、农村、机关、校园、社区举办传习活动3600余场次，覆盖群众128575人；以“巾帼心向党·建功新时代”为主题，举办全市妇联系统“十九大精神知识竞赛”，通过电视、网络等媒体平台直播，有10万余人互动观看竞赛。

以全媒体主题宣传为途径，抓住三八国际妇女节、吉林市第十五次妇女代表大会等重大活动和节日节点，宣传报道2018年工作。年内，在全国、省、市各级各类报纸、杂志刊登报道7篇，国家妇女儿童工作委员会、长白山先锋、省女儿童网等官网刊载150篇，全国妇联“女性之声”、省妇联“吉林女性”等各级微信公众号发布信息700余篇；多样化开展“巾帼志愿暖人心”主题志愿服务活动，打造“与爱同行·巾帼志愿者在行动”品牌，组织开展巾帼志愿服务活动100余次，参与2000余人次；妇联专兼职干部、执委建立妇女群众微信群、qq群，使“面对面”“键对键”网上网下共同发力常态化，长效化。

推进男女平等基本国策宣传，制定《关于加强吉林市妇联系统新时代意识形态领域工作实施方案》，探索加强女大学生、信教妇女思想教育，以纪念改革开放40周年为契机，邀请全国劳动模范、全国五一劳动奖章获得者、全国三八红旗手等优秀典型，举办“将改革进行到底”事迹报告会1场、携手东北电力大学开展“凝聚青春正能量”杰出女性事迹报告会1场，1200人参加报告会。

【妇联改革】 坚持政治性、先进性和群众性原则，召开“吉林市妇女第十五次代表大会”，按照70%、70%、50%硬性比例要求推选各级妇女代表，选举产生新一届市妇联领导班子，专职主席、副主席3名，挂职副主席1名，兼职副主席3名，形成一支专职干部为骨干力量、挂职兼职干部为重要支撑的市妇联领导班子队伍。

推进乡镇、街道妇联组织区域化建设，指导全市139个乡镇街道全部完成换届选举，吸纳各行各业3475名妇女骨干成为执委，每个乡（镇）街妇联配备兼职副主席6人，吸纳843名有影响力、号召力的女骨干、女能人、女带头人、女先进典型兼任副主席，解决基层妇联组织“倒金字塔”问题。制定基层妇女组织选举方案和模版，指导非公有制企业、行业协会、两新组织建立妇委会，全年在非公有制经济和社会组织中建立“妇委会”200个。评选“优秀妇女之家”100个，“示范妇女之家”10个。

市妇联与市委组织部、市委党校联合举办吉林市妇女干部培训班，培训妇女干部140名；因地制宜在基层举办5期妇联干部培训班，500名基层妇联干部参加培训。通过理论研讨、现场教学、实地交流等方式，强化妇联干部责任意识和实践本领，提升工作水平，推动妇联系统共性工作形成模式，特色工作各放异彩。截至2018年年末，市、县两级妇联系统干部下基层宣讲十九大精神、帮扶贫困妇女儿童、技能培训、法律宣传、指导“妇女之家”活动等20356次，为妇女群众解决实事2450余件，增强妇联组织凝聚力和号召力。

【创业创新】 针对城乡妇女差异性需求，开展技能培训。采取按需培训方式，在基层举办“吉林四姐”基础培训班10期培训409人；采取提升培训方式，市妇联接举办培训班6期培训195人；采取“基地＋贫困村”培训方式，承接省妇联“创富大篷车”手工制作、“巧姐村（社区）”、妇女农家乐乡村休闲旅游项目等培训班7期培训248人。提高女性创业就业、增收致富意愿和能力。

发挥榜样力量，培育创造精神。举办“喜迎三八话发展，乐姐厨艺大比拼”竞赛活动、创新创业路演大赛、“巾帼建功”岗位技能初赛评选和“吉林市首届孕妈妈风采大赛”以及各类妇女创业典型（基地）评选活动，助推女性创业理念、模式提档升级，激发女性创业创新内生动力。

发挥女性社会组织作用，形成示范带动效应。满族乌拉格格服饰设计有限公司在船营区致和街道友好社区建立的“吉林巧姐”培训基地被评选为省级“吉林巧姐”社区，有效促进女性创业将地域文化与经济品质相融合；培育省级妇女创业创新“她”空间2个、省级妇女农家乐乡村休闲旅游项目示范单位1个、示范农庄4个、示范人家9个，推荐省级乡村旅游代言人3人；与市直机关工委、市人社局联合在公安、教育、卫生、工商、银行五大系统开展“巾帼建功”岗位技能大赛。10月22日，举办“吉林市妇女纪念改革开放40年暨2018年吉林市‘巾帼建功’岗位技能大赛成果汇报会”，表彰50名获奖选手。

推动落实妇女小额担保贷款政策。推荐城乡妇女创业就业小额贷款为主体的“她”基金，为城乡妇女提供创业小额担保贷款1904万元，扶持283名城乡妇女、48名返乡女农民实现创业就业。

提升女企业家整体素质。指导20余家女企协会员企业成立“妇委会”，带领女企业家到温州考察对接，推荐4家市女企协会员企业参加市工信局开展的质量创新成果评选活动，其中2家企业创新成果进入全国总决赛；邀请吉林大学兼职教授、上海交通大学特聘教授杨云博士举办“吉林市女企协私人董事会培训”活动，解决女企业家在企业生产经营中存在的困惑问题。

【助力乡村振兴】 制定下发《吉林市“乡村振兴巾帼行动”实施方案》《吉林市2018年“美丽庭院、干净人家”创建评选活动工作方案》，挖掘“美丽庭院、干净人家”带头人，鼓励妇女同胞向典型看齐、争做典型。

推荐省级女经纪人25人，吸纳240名农村女经纪人加入女经纪人联盟，推荐省级贫困村致富带头人1人；通过县（市）区妇联广泛征集创业致富带头人优秀案例及吉林市“企业好故事”11个，入选4个；举办新型职业女农民暨女经纪人培训班，培训农村致富女骨干97人，组织25名女经纪人参加省妇联举办的吉林省现代农业发展促进会第三次会员大会暨“乡村振兴巾帼行动”专题培训班，组织13家农民企业50类产品参加省首届巾帼农产品市集。发挥各类典型示范引领作用，激发妇女创业热情。

继续开展“双学双比”（学文化、学技术、比成绩、比贡献）评选表彰活动，深化“引凤还巢”工程，重点培育蔡雪等返乡创业女大学生人才到农村创业创新，联合市农委共同组织召开“乡村振兴巾帼行动”现场推进会，重点实施“美丽庭院、干净人家”创建活动；成立各县（市）区妇联巾帼志愿者服务队，拓展妇联组织工作空间，带动妇女在促进乡村振兴中贡献巾帼力量。

【家庭文明建设】 成立吉林市家庭教育工作领导小组，印发《吉林市关于指导推进家庭教育的五年规划（2016—2020年）》等相关文件，组织开展关于《吉林省关于指导推进家庭教育的五年规划（2016—2020年）》中期评估工作；聘请北华大学心理研究室主任在“松花江大讲堂”开展“注重家庭、注重家教、注重家风”宣讲活动；科学实施“吉林市家庭教育公益传播计划”，第一批4所“吉林市家庭教育工作示范基地”分别在船营区和龙社区、昌邑区林荫路小学、丰满区日升社区、龙潭区第二实验小学成立。

在各地婚姻登记处设立宣传栏，宣传“好家庭、好家风、好家教”，通过微信群、QQ群、社区公告栏等开展常态化寻找最美家庭活动，采取点面结合的方式，从市级到县区两级妇联组织分别举办“最美家庭”表彰活动，评选表彰10类百户最美家庭，10户最美家庭标兵；推荐张薇薇等4户家庭为吉林省级“吉林好人”；开展“吉林市最美家庭图片巡展”活动100余场。建立家庭教育工作示范基地4所，带动家长成为“和美家风活动学校”最活跃的志愿者，推动活动大众化、常态化、长效化。

指导县（市）区妇联组织，开展孤残儿童和贫困家庭救助活动。六一儿童节期间，开展吉林市妇联“牵手明天、快乐成长”系列走访慰问活动，看望儿童2000千余名，资助贫困、留守儿童500余名，为孩子们送去47万余元慰问金及慰问品。牵手新疆阿勒泰地区儿童，为他们编织爱心毛衣500件。

【妇女权益保障】 *法治宣传教育普及。*以“建设法治吉林·巾帼在行动”为主题，在全地区开展妇女法治宣传系列活动，开展《中华人民共和国宪法》《中华人民共和国妇女权益保障法》等法律法规宣传“法律六进”（法律进机关、进乡村、进社区、进学校、进企业、进单位）活动30余场；在市电视台《法律讲堂》栏目，结合典型案例进行三期法治宣传讲座；参加全市宪法知识竞赛取得第三名；在妇联系统开展“宪法宣传月”活动，在北华大学法学院模拟法庭，与市法学会共同举办“走进新时代传习所，宪法宣传进校园”专题讲座；各级妇联组织联合法官、检察官、律师等巾帼志愿者，依托“妇女之家”开展面对面法律咨询及法治文化活动170余场，受益群众5万余人，主办“妇女权益保障法治理论研讨会”，提高社会各界参与妇女维权工作积极性。

*基层维权。*关注农村土地承包经营确权登记颁证、农村集体产权制度等改革工作，在市农委经济管理站建立妇女儿童维权站，推进在村和社区“妇女之家”建立妇女议事会，开展法治进乡村活动，维护农村妇女合法权益。2018年7月，全国妇联权益部部长高莎薇在吉林市调研农村集体产权制度改革试点工作时，赞扬吉林市妇联切实维护农村妇女土地权益做法。同市司法局对接在9个县（市）区法律服务中心开设“妇女儿童法律服务窗口”，由妇联组织安排工作人员到窗口坐班，专门接待和受理有关妇女儿童法律服务的相关业务工作，配合村（居）法律顾问不定期为乡镇（街道）和村（居）妇女儿童提供法律服务和法律帮助，构建“实体平台能办理、热线电话能处理，网络平台能受理”的妇女儿童公共法律服务格局。截至2018年年末，实体平台办理1652件，热线电话处理133件，网络平台受理774件，健全完善社会化综合维权服务模式。9月，吉林市妇联代表省妇联接受全国妇联权益部基层妇联维权服务工作情况调研互查，调研组对吉林市妇联构建社会化综合维权服务模式的经验做法给予肯定，并向全国妇联上报推广。9月26日至28日，省妇联维权工作研讨培训班在吉林市举办，吉林市妇联交流维权工作经验，组织全省维权干部到基层维权工作联系点现场学习。

*创新依法维权。*吉林市妇联在全省率先成立妇女权益保障法学会，第一个与市中级人民法院、市民政局联合下发关于《家事案件诉前调解改革工作实施方案》，是第一个举办有关农村产权制度改革妇女维权培训班及宪法学习竞赛进高校等活动的妇联组织，为推动全省妇女维权工作提供鲜活经验和好做法。

*统筹协调保障。*5月25日，在朝鲜族实验小学举行吉林市“预防和控制儿童伤害”活动项目启动仪式。5月28日，联合市统计局组织召开吉林市推进妇女儿童发展规划终期达标协调会暨妇女儿童发展规划监测统计会议。7月4日，组织召开吉林市第五次全市妇女儿童工作会议。9月10日，在全省妇联系统第一个以政府名义下发《关于开展将两规实施中的重点难点问题纳入政府督查情况

调研的通知》，将实施中的重点难点问题纳入政府督查。10月12日，与北华大学、丰满区妇幼保健院共同举办“女性健康知识”进高校活动，增强女大学生保健意识。（王新刚）

吉林市科学技术协会

【概况】 吉林市科学技术协会（简称“市科协”）由市级自然科学及工程类科学学会（协会、研究会）、企（事）业科协和县（市）区科协三支力量构成。截至2018年年末，有理、工、农、医及交叉学科市级学会47个。县（市）区科协9个（独立建制5个，船营、龙潭、丰满、永吉与其他部门合署办公），高新区、经开区科协联合会2个。全市70%乡镇、街道及主要社区建有科普组织。国企科协20个、民企科协41个。高校及科研院所科协10个。省、市青少年科技示范校80个。农村专业技术协会112个。国家级科普教育基地8个，省级科普教育基地25个，院士专家工作站2个。

2018年，市科协被中国科协评为科普中国·百城千校万村工作先进集体、全国科普日优秀组织单位，被省科协评为学会学术工作、信息工作先进集体，市科技馆被省科协、省教育厅多次评为科技竞赛活动优秀组织单位。

【组织体系建设】 制定完善走访慰问科技工作者实施办法，出台联系服务基层组织和科技工作者实施办法和常委年度工作书面述职评议办法，建立联系服务科技工作者的长效机制。落实中央及省市群团改革要求，推进全市科协体制改革。指导磐石、蛟河市科协按改革要求完成换届，探索吸纳“三长”（基层医院院长、学校校长、农技站长）加强科协组织体系试点。致函部分县（市）区委，协调帮助解决基层科协“四缺”（缺编制、缺人员、缺经费、缺场所）问题。指导2个市级学会成立功能型党支部。研究出台市级学会规范管理与有序服务办法，指导成立干细胞与再生医学协会，对所属45个学会进行摸底调研、清理整顿，对6个开展活动突出的学会给予资金支持，取消16个不能正常开展活动的学会会员资格，指导老科协等6个学会按时换届。

【科技人才队伍建设】 组织召开全市科技界解放思想大讨论座谈会，开发区、企业、高校、科研院所11位高端专家为吉林市产业发展、科技创新、人才培养建言献策。吉林化纤集团碳谷公司吉林碳谷碳纤维技术研发创新团队、吉林电力大学“可再生能源联网安全分析与控制”科研团队和“电力系统安全运行与节能技术”科研团队3个科研团队被省委宣传部、省科协评为吉林省“黄大年式科研团队”；与市委组织部、市人社局等单位，联合向上推荐1个团队、9位青年人才参评吉林省青年科技奖，冯宪敏等4人获2018年省青年科技奖；完成市自然科学学术成果奖和优秀学术论文评选；向市委组织部推荐“双百服务”（百名专家服务百家企业）专家29名。

【校城融合活动】 发挥科协组织的桥梁纽带作用，促成北华大学、吉林化工学院与高新区管委会、创新科技城签署战略合作协议，联合建立大学生实训基地，联合举办计算机技术学科教育，共建“互联网+实验”平台，全年实训大学生500余名。探索“科协+商会”协同模式，组织“校企通”产学研精准对接活动，促成吉林医药学院和市小微商会联合举办4期双创精英实训班，培训大学生300余名。

【创业创新活动】 邀请全国冷链物流专家对东北亚丰迪、大森林等公司节能降耗给予现场指导；中国药理学会在吉林医药学院建立全国首家合理用药科普基地；中国汽车工程学会为永吉经济开发区服务站正式挂牌；推荐创新科技城和吉林化纤为省双创研究会省级会员单位，市级会员60家、个人会员70人。举办专利应用、创新方法和“双创周”培训，超千人参加培训。新建海智基地工作站和企业科协各1个。

【吉林松花湖人才驱动创新交流中心成立】 8月6日，吉林省首批院士专家学术休假疗养暨松花湖人才驱动创新交流中心启动仪式在吉化职工疗养院举行，松花湖人才驱动创新交流中心获省科协批准成立，成为吉林省首个高层次人才学术休假及创新交流平台。中国科学院院士王佛松、陈星旦、王家骐、王立军等30位省内外高端人才应邀参加学术休假疗养活动。吉林市科协为10位省内顶级高端科技专家颁发战略性新兴产业决策咨询特聘专家聘书，作为市科协科技智库重要人力资源储备。启动仪式后，针对吉林市化工新材料、医药健康、电力电子、现代农业4个重点产业，省市科协举办4个科技沙龙，全市相关部门、高校、科研院所、规模企业、科技小巨

8月6日，吉林省首批院士专家学术休假疗养暨松花湖人才驱动创新交流中心启动仪式在吉化职工疗养院举行（市科协 供图）

5月18日，2018年吉林市第九届青少年科学节启动仪式在船营区实验小学举行
（市科协　供图）

人企业代表、科研人员300余人参加活动。吉林创新科技城、吉林华鑫菌业公司分别与千人计划专家王立军和吉林省食用菌协会现场签署合作协议。吉林化工学院、吉林医药学院与中科院长春分院达成科技成果转化合作意向2个。吉林大学、长春中医药大学、吉林医药学院、东北电力大学、吉林农业科学院等8个院校与吉林市企业、高校、科研院所达成初步合作意向6项。市科协征集专家决策咨询意见和建议，形成多篇《吉林科技智库简报》上报中国科协和省、市领导，供决策咨询参考。

【吉林市首届"农村产业科技致富"大王能手评选活动】 市科协、市人才办、市农委、市脱贫办、市广播电视台科教频道等联合开展吉林市首届"农村产业科技致富"大王能手评选活动。经基层单位联合推荐、专家评审组初审和集中评审、实地抽查、社会群众网络投票、领导小组终审和公示，授予桦甸市金牛牧业有限公司总经理潘淑红等16人"吉林市农村产业科技致富大王"称号，授予舒兰市秀平养猪专业合作社理事长万秀平等69人"吉林市农村产业科技致富能手"称号。（韩　莹）

吉林市归国华侨联合会

【概况】 2018年，吉林市归国华侨联合会（简称"市侨联"）加挂对外联络处牌子。在9月初闭幕的第十次全国归侨侨眷代表大会上，市侨联被中国侨联授予"全国侨联系统先进组织"称号。

【对外联络】 1月，邀请泰国中国和平统一促进会总会会长王志民、马来西亚宗乡青慈善与教育基金会主席洪来喜等省侨联海外（港澳）顾问、委员一行10人到吉林市中新食品区考察。6月，英国东北同乡会副会长韩兵、秦松、齐鸣应邀到吉林市参加"亲情中华"端午联谊活动。7月，邀请沈阳市侨联、侨商会考察团一行10人到吉林市进行工作交流，参观考察吉林市侨资企业，就举办东北城市侨商联盟、助推侨商经济合作、服务地域经济发展进行友好交流，并达成基本合作意向。6月末7月初，应台湾中华海峡两岸青农文教环保经贸交流协会邀请，市侨联组织龙潭、丰满区侨联负责人、侨商会会长一行赴台湾进行经贸考察，同台商探讨和交流吉林市人参、鹿茸产品合作开发及市场需求等问题。10月，市侨联副主席辛志成率市侨商会、青委会、龙潭区、船营区、丰满区侨联负责人出访埃及、坦桑尼亚和南非，与埃及华人华侨协会、坦桑尼亚华人华侨联合会和南非南部非洲中国企业家协会等多个爱国侨团开展交流，建立非洲海外联系窗口，在南部非洲企业协会举办"吉林市侨联驻南非联络处"挂牌仪式。

【基层组织建设】 年内，全市建成省级"侨胞之家"4个。其中，蛟河市2个，昌邑区、龙潭区各1个。县（市）区级"侨胞之家"16个。6月，吉林市选拔14名侨胞之家负责人参加省侨联在吉林大学举办的基层侨联干部培训班。10月24日，吉林地区"侨胞之家"创建活动现场会在龙潭区圣赢碳纤维制品有限公司和蛟河市民主街金星村召开，各县（市）区委统战部、侨联、蛟河市各乡镇（街）和"侨胞之家"负责人50余人参加会议。完善基层侨联组织建设，市侨联九届委员会增补副秘书长1名。磐石侨联完成换届选举。桦甸侨联开展侨情侨企情况调查摸底，建立294名新侨及海外留学人员基础台账。

【文化活动】 春节期间，邀请中国侨联"亲情中华"艺术团到永吉县进行慰问演出，受到中国侨联和省侨联肯定和现场归侨侨眷好评。国庆节前夕，昌邑区侨联在财富购物广场组织"我爱你，中国"大型快闪活动。7月，市侨联艺术家委员会组织10余位艺术家到吉林天乙度假基地，开展走进侨企书画笔会联谊活动。组织吉林市侨界代表观看《厉害了！我的国》《战狼2》两部爱国主义题材电影，在侨胞中引起强烈反响。

【为侨服务】 春节期间，市侨联组织机关党员走访慰问侨界知名人士和困难侨胞侨眷60余人次，发放慰问金和慰问物资两万余元。8月10日至13日，经市侨联邀请，中国侨联特聘专家、中国东中西部区域经济发展研究院院长、上海智库中心主任、教授于今和著名经济专家孙飞到吉林市永吉县双河镇、北大壶镇研究建立东北"田园综合体"示范基地。全年接待泰国、马来西亚、德国、日本、新加坡、澳大利亚、乌克兰等10余个国家和地区的华人华侨社团、个人近百人次，帮助协调解决各类问题20余件。中国香港亚美集团通过市侨联为吉林市中小学教育捐资125万元港币，捐款通过市慈善总会转赠到指定学校。（市侨联）

吉林市台湾同胞联谊会

【概况】 至2018年年末，吉林市有定居台胞64名，常住台胞（包括台商、台生）10余名。

【思想建设】 2018年，吉林市台湾同胞联谊会（简称“市台联”）组织开展“纪念改革开放40周年”主题征文活动，收到征文作品9篇。经台盟吉林省委推荐，参加“精彩吉林辉煌成就”庆祝改革开放40周年大型主题宣传系列活动，市台胞王雷的征文作品《庆幸我们赶上了改革开放的新时代》和郭丰满的征文作品《纪念改革开放四十周年》分别获得征文作品三等奖。7篇征文经市台联推荐，参加市政协纪念改革开放40周年征文评选，其中谢玉书、谢雪山的征文被市政协评为一等奖。9月1日，市台联、台盟吉林市支部组织召开理事、盟员（扩大）会议，学习习近平新时代中国特色社会主义思想和中共十九大精神，贯彻全国和省市“两会”精神，吉林市部分理事、盟员和旅居岛内台胞、大陆配偶11人参加会议。组织台胞、盟员参加省台联和台盟吉林省委共同举办的“不忘初心，继承优良传统——纪念中共中央发布‘五一口号’70周年”研讨班和“学习贯彻十九大精神纪念改革开放40周年”研讨班。

【参政议政】 市台联和台盟吉林市支部先后到丰满区前二道乡张家村开展食用菌种植专业合作社发展情况调研，到永吉县北大壶等地开展温德河上游水土保持情况调研。4月，接待和参加台盟吉林省委调研组赴吉林市昌邑区和四平市伊通满族自治县就农村集体产权制度改革情况进行的专题调研；7月，参加省政协调研组赴中新（中国—新加坡）吉林食品区开展的关于“发挥新侨作用，为吉林省经济社会发展服务情况”的调研。2018年，完成《发展实体经济提升供给体系质量》调研报告1篇，完成《关于我省尽快出台政策措施鼓励和支持台湾青年到吉林市创业就业的建议》及《关于严厉打击三轮车非法载客营运的建议》等提案建议3篇。

【社会服务】 开展“下基层、送温暖”走访慰问活动。春节前夕，市台联走访慰问包保帮扶的丰满区红旗街道温德村2户困难群众，按照每户25千克白面、5千克豆油和500元慰问金的标准，为困难群众送温暖，并详细询问他们的身体状况和生活情况，鼓励他们要坚定信心，克服困难，勇于面对生活，保持乐观健康心态。

开展贫困户包保帮扶。深入贫困户家中走访慰问，了解掌握贫困户生活面临的实际困难，联系岗位对接，与脱贫包保牵头部门领导研究贫困户包保帮扶工作，采取切实措施，确保贫困户实现脱贫目标。4月11日，参加丰满区红旗街道备春耕扶贫工作会，4月13日将春耕补助款发放到贫困户手中。贫困户丁志林因患结核病住院期间，市台联送去慰问金1000元。截至2018年，包保的2户贫困户实现阶段性脱贫目标。

探索农村集体经济新的增长模式，推进实施吉林市统一战线共享农场项目，帮扶贫困村脱贫增收，市台联副会长李劲松、秘书长姚庆、台胞谢明、谢峰认领菜地4块，交款3200元。市台联副会长李劲松为贫困户房屋改造等事项捐款900元。

开展关爱孤独症群体活动。11月6日，台盟吉林市支部组织部分盟员到位于丰满区小白山乡鸡冠山村的启明星助残机构（吉林市启明星助残家政服务有限公司），开展关爱孤独症群体活动，慰问暂住在这里的孩子们。启明星助残机构有孤独症等残疾孩子11名，教职员工7名。台盟吉林市支部为孤独症孩子和老师们捐赠价值2000元米、面、油等生活用品。

【服务台胞】 春节前夕，市台联对居住在吉林市的困难台胞、部分离退休台胞和台胞遗属走访慰问。3月8日，市台联、台盟吉林市支部组织吉林市女台胞、女盟员开展健康体检活动，受到女台胞、女盟员欢迎。市台联多次到市结核病防治所、船营区青岛街道庆丰社区为旅居岛内台胞办理相关事宜，协助台胞考生开具台籍考生证明，组织部分青少年台胞和离退休台胞参加省台联举办的青少年台胞夏令营和老年台胞秋游活动。

【接待联络】 年内，重点接待全国台联2018年台胞青年冬令营吉林省分营一行90人到吉林市参访活动及台盟中央宣传部一行3人到吉林市宣讲台盟盟史开展宣传思想工作调研等活动。2月，市台联组织参访团赴台交流。吉林市台联医药卫生交流参访团一行4人在团长冯星带领下，赴岛内进行参访交流，与台中医疗社团法人、综合医院等4个医疗机构及中华两岸一家亲交流协会等6个党派和团体进行交流，建立岛内交流平台，为吉台两地医药卫生领域开展交流合作奠定基础。 （李劲松）

吉林市文学艺术界联合会

【概况】 至2018年年末，吉林市有8家文艺家协会，分别是吉林市书法家协会、吉林市美术家协会、吉林市音乐舞蹈家协会、吉林市摄影家协会、吉林市戏剧家家协会、吉林市作家协会、吉林市民间文艺家协会和吉林市曲艺家协会。各文艺家协会拥有国家级会员334人、省级会员2098人。下属《短篇小说》杂志社和吉林市艺术中心两个事业单位。

【品牌活动】 年内，吉林市文联围绕吉林市旅游文化名城创建举办欢天喜地过大年摄影大赛、山水桦甸摄影大展、绿洲公园摄影大赛、天地长白2018吉林市第二届水彩画作品邀请展、2018年新年音乐会、第一届吉林五县（市）书法作品联展、第六届松花江合唱节等精品活动39项；围绕三八国际妇女节举办“百花迎春”吉林市女书法家作品展览，持续10天，展出作品300余件，评选出优秀作品60件，并组建女书法家工作委员会；围绕开江鱼美食节编排大型满族音乐舞蹈史诗《满韵清风》，举办“满韵清风”第五届成扇邀请展；围绕中国书法城创城六周年，举办于顺书法篆刻展、第二届影视艺术家书画展、杨懋森教授百扇画展等系列书画活动26场，邀请中国书法家协会创始人、国务院特殊津贴专家、北京体育大学出版社前社长兼总编杨再春到吉林市举办书法汇报展。完成市政府关于举办全国摄影大赛联络和前期准备工作，制定出台《中国吉林国际雾凇冰雪摄影艺术节方案》，接待中国摄影家协会考察团对吉林市国际雾凇冰雪摄影节项目实施情况进行考察。

【文学】 作家协会为农民作家张晓瑛、刘晋宏举办作品研讨会，成立吉林市网络作家协会，举办诗歌专著《小诗界》首发式。成立吉林市网络作家协会和吉林市诗人委员会，举办“吉林市十大乡村作家”命名表彰仪式。

【书法】 精品展览。结合全国第二届大字书法艺术展等系列全国品牌展览，以舒兰溪河、龙潭书协、磐石书协等创作基地为依托，组织书法家创作更多反映新时代人民美好生活、群众喜闻乐见的书法作品。结合全国第二届大字书法艺术展等系列商业展，组织青年书法家打造入展精品。举办第五届吉林省农民文化节吉林市活动启动仪式暨“希望的田野”第二届吉林五县（市）书法作品联展、“百花迎春”吉林市女书法家作品展览、杨再春书法汇报展、“龙潭之子”沙非书法作品展等精品展览。

书法公益讲堂。吉林市书法家协会结合自身优势，发起“书法教育进校园”活动，组织书法名家赴吉林化工学院、东北电力大学、石井沟九年制学校、高新区管委会等单位举办系列书法教育活动，从理论到实践提高书法爱好者的书法审美、临习取法、临创转换运用等综合创作能力，激发学生们学习书法热情，受到师生们欢迎。

雅集交流。2018年元宵节，吉林市书法家许义、倪俊冬、关大朋、杨君、崔成岐、马驰野等人在东北最大道观——玄帝观举行雅集，创作节日主题作品30余件。3月16日（农历二月初二），是中国民间传统节日中和节，吉林市书协许义、关大朋、杨君、崔成歧、丁银林等一行在吉林经贸学校书法工作室举办雅集，成为吉林市书协戊戌年传统节日系列雅集之一。

【美术】 “深入生活、扎根人民”主题实践活动。2月，吉林市美协与书协组成“吉林市文联文艺志愿服务小分队”先后赴吉化公司染料厂、永吉县双顶子村开展“送欢乐下基层”慰问活动。3月和8月先后邀请吉林市美术家协会副主席夏墨、著名画家雷斌为吉林市女画家作公益讲座。5月，吉林市美术家协会、吉林市画院组织吉林市骨干作者走进吉林石化公司大检修工地写生采风。9月28日，举办“在党的光辉照耀下——纪念中国共产党领导吉化70周年吉林石化公司职工书画展”。6月2日，“红色文艺轻骑兵，青山绿水画蛟河”专题美术展览在蛟河市蓝湾国际美术馆开展。

品牌活动。3月9日，“百花迎春”——吉林市第二届女书画家作品展在吉林市艺术中心开幕。4月20日，举办“天地长白”2018吉林市第二届水彩画作品邀请展。7月5日，首届吉林市松花江文化季启动仪式暨“满韵清风”第五届成扇邀请展开幕式在吉林市艺术中心举办。11月7日至12月7日，吉林市美术家协会承办中国·吉林市国际冰雪摄影大展标志LOGO、吉祥物征集活动，参与中国·吉林市国际冰雪摄影大展系列活动筹备工作。

名家展览。1月26日“印象乌拉街”——水彩的萨满情结·邵强水彩画展在吉林市博物馆开幕。4月2日，“苦行探道”——张春玉山水写生作品展在吉林市美术馆开幕。4月24日，吉林市第13届开江鱼美食节拉开帷幕之际，作为美食节系列活动之一的一款“水墨盛宴”——“吉庆有鱼”吴晓光开江鱼系列中国画作品展在吉林书画城开幕，展出吴晓光开江鱼系列作品80余件。6月5日，“且歌且行”宋德禄水墨作品展在吉林市博物馆开幕，展出宋德禄2014年以来创作的民族题材和都市题材作品70幅。7月31日，杨懋森百扇画展开幕式在吉林市博物馆举行。11月1日，“丘园养素”——刘廷香师生国画展在吉林市艺术中心开幕，展出刘廷香和31位学员描绘家乡的256幅国画作品。

对外交流活动。2月1日，由吉林市文广新局、吉林市美术家协会、吉林市收藏家协会共同主办的第六届袁武先生作品收藏展在吉林市美术馆开幕。4月27日，举办“红色之旅”吉林市画院走进贵州写生作品展，展出作品67幅。8月，“缘起丹青”——常德画院、吉林画院学术交流展在吉林市美术馆开幕。9月，“松瓯墨韵”——吉林画院、温州书画院学术交流展在吉林书画城开幕。12月7日，“艺玄工妙”——2018全国中国画作品邀请展在吉林市美术馆开幕。

【音乐舞蹈】 2月，在吉林市艺术中心召开音舞协2018年新年音乐会，表彰2017年度协会先进个人和先进二级学会。在首届农民丰收节闭幕式上举办第三届中国吉林市·2018玫瑰音乐节，打造艺术、

7月5日，首届吉林市松花江文化季启动仪式暨“满韵清风”第五届成扇邀请展在市艺术中心开幕。图为开幕式现场 （市文联 供图）

文化、时尚、美食及周边多元化活动。7月，在北华大学音乐厅举办第六届松花江合唱节，12 支合唱团参加合唱节活动。特邀吉林艺术学院音乐学院基础理论系主任孔云霞、东北师范大学音乐学院钢琴系硕士生导师娄雪玢到吉林市，开展“百名艺术家走进新时代传习所”“文艺扶贫奔小康”系列活动之“手拉手”吉林省音乐志愿者走进吉林市音乐公益教学活动。

【文艺惠民活动】 在市民文化节和农民文化节系列活动中开展庆祝改革开放 40 周年大型综艺晚会、第三届吉林—潍坊精品收藏交流展、鹰猎展演展示等品牌惠民活动 14 项。深入吉林市基层农村开展各项文艺惠民活动，演出 66 场，开展文艺创作辅导 12 场，送出书画、春联、全家福、民间工艺作品 5 万余件。元旦春节期间组织书协、美协、影协、音协、作协、曲协、民协等协会组成 8 支“红色文艺轻骑兵”小分队，深入城镇、街道、乡村、厂矿、军营，为基层群众送去 30 场新春文艺祝福。

【首届吉林市松花江文化季活动】 6 月至 9 月，以“弘扬松花江文化展现吉林市风采”为主题，举办首届吉林市松花江文化季活动，本着“人人参与文化，人人享受文化”原则，采取市县两级联动方式，在全市范围内开展文艺演出、文化赛事、展览展示等群众喜闻乐见的系列文化活动 60 余项、400 余场。

【“满韵清风”第五届成扇邀请展】 7 月 5 日，首届吉林市松花江文化季启动仪式暨“满韵清风”第五届成扇邀请展在市艺术中心举办，展览由市委宣传部、市文学艺术界联合会主办，市美术家协会、市书法家协会、东北电力大学、市女子学校承办。展出 120 余位作者的团扇、折扇、挂扇、扇面作品 1350 余件，包括书法及国画人物、山水、花鸟等内容。一年一度的成扇展成为吉林市松花江文化季重要活动之一。

【吉林市十大乡村作家命名暨创作经验座谈会】 10 月 24 日，吉林市十大乡村作家命名暨创作经验座谈会在市艺术中心举行，表彰华生、刘晋宏、蔡艳文、于松涛、陈静波、胡彦春、王松林、北果、张景云、李玉红等 10 名乡村作家。乡村作家们结合自己创作的实际情况，畅谈自己的创作历程、创作经验和创作想法。活动由市作协驻会副主席格致主持。

【吉林市网络作家协会成立】 1 月 26 日，由吉林市网络作家自愿结成的非营利性社会组织——市网络作家协会在吉林市艺术中心正式成立，该协会是市作家协会的二级协会。成立大会上选举产生协会第一届领导机构，审议通过《吉林市网络作家协会章程》，选举产生市网络作家协会第一届理事会、第一届主席团成员。网络作家刘阳当选为首届网络作家协会主席。

【潍坊 · 吉林两地第三届收藏家论坛及收藏精品展】 8 月 5 日，“艺苑藏珍”潍坊 · 吉林两地第三届收藏家论坛及收藏精品展在吉林市艺术中心开幕。活动由吉林市和潍坊市两地文联共同主办，两地收藏家协会承办。潍坊收藏家协会带 130 余件书画收藏品到吉林市展览。展陈陆俨少、黄胄、沙孟海等近现代国内艺术大师和书画大家作品，还有两地文化名人、吉林先贤成多禄、“江城四老”（赵玉振、那致中、金意庵、刘迺中）等大师精品。

【吉林市鹰猎文化传承协会举办农民文化节鹰猎文化活动】 7 月 20 日，吉林市鹰猎文化传承协会在昌邑区土城子镇打鱼楼村举办农民文化节鹰猎文化活动暨吉林市摄影家协会摄影创作基地揭牌仪式。市文联副主席王慧聪、市鹰猎文化传承协会主席李忠文为活动揭牌，市摄协秘书长孙宝华讲话。除鹰猎协会骨干外，还有省内外 70 余位摄影爱好者参加活动。（市文联）

吉林市残疾人联合会

【概况】 根据全国第二次残疾人抽样调查结果测算，吉林市有残疾人 31.6 万人。其中，视力残疾 44120 人，听力语言残疾 73443 人，肢体残疾 104702 人，智力残疾 19185 人，精神残疾 22243 人，多重残疾 44907 人。截至 2018 年年末，吉林市有持证残疾人 110761 人。其中，视力残疾 11550 人，听力语言残疾 13478 人，肢体残疾 60966 人，智力残疾 13461 人，精神残疾 9330 人，多重残疾 1976 人。有一二级持证残疾人 43360 人，三四级持证残疾人 67401 人。

2018 年，吉林市残疾人联合会（简称“市残联”）帮助 1563 名城镇残疾人就业，完成任务 1560 人的 100.2%；对 4476 名残疾人进行职业技能培训，完成任务 4240 人的 105.6%；为 551 户贫困残疾人家庭进行无障碍改造，完成任务数 367 户的 150%；为 25630 名残疾儿童和持证残疾人提供基本康复服务，完成任务 11837 人的 216.5%。

【残疾人社会保障】 2018 年，吉林市将符合条件的残疾人家庭全部纳入最低生活保障，落实低保家庭中重度残疾人、一户多残增发低保金政策，全年有 10134 人享受增发低保金待遇。年内，全面实施残疾人“两项补贴”制度，3.5 万名残疾人领取生活补贴，3.6 万名重度残疾人领取护理补贴，补贴目标人群覆盖率 95% 以上；为 3.2 万名残疾人进行基本养老保险补贴；为 547 名重度残疾人提供居家托养服务，为 266 名重度残疾人提供机构托养服务；建设 5 家日间照料示范站；与北华大学合作开展“阳光家园计划”第三方评估，制定服务流程和评估标准，规范工作开展；投入 57.6 万元给予 576 名考取机动车驾驶证的残疾人培训费补贴；投入 120 万元为 6 万名持证就业年龄段残疾人购买意外伤害保险；投入 210 万元实施吉林市残疾人免费乘坐公交车政策，办理残疾人免费乘车 IC 卡 1.2 万张；开展“下基层、送温暖”走访慰问活动，走访慰问贫困残疾人家庭 2230 户，发放慰问金 111.5 万元、慰问品价值 44.6 万元。

【残疾人康复服务】 年内，为 25630 名残疾人提供基本康复服务。其中，为视力残疾人进行白内障手术 2330 例，提供定向行走培训 256 人次；为听力残疾人筛查验配成人、儿童助听器127只，提供儿童听力训练37人；为肢体残疾人筛查、安装及适配大、小腿假肢185例；为智力、脑瘫、自闭症残疾儿童提供康复救助480名；为精神残疾人提供服药救助1587人，住院救助282人；为5类残疾人配发辅助器具7425件。以市政府文件下发《吉林市人民政府关于建立残疾儿童康复救助制度的实施方案》。建立区级8个残疾人康复示范站。在全省率先制定出台残疾人家庭医生签约服务政策文件及残疾人康复服务包，并在省康复会议上作经验交流。全国残疾预防试验区试点工作、全国残疾人康复服务信息发布试点工作在全国工作会上作经验交流，做法在全国推广。

【残疾人基础服务】 完成市县两级残联26项服务事项标准规范化工作，市残联8项公共服务被列入吉林市首批群众和企业办事“只跑一次”事项清单中，并通过市政府网站向社会公布。加强残疾人证核发管理，采取政府购买服务的方式进行残疾评定复检仲裁。截至2018年年末，对1338名残疾人进行抽检、复检和仲裁。其中，降级103人，取消残疾人证35人。对全市10.8万名残疾人实施动态更新调查，推进动态更新数据应用。在全省率先完成盲人协会、聋人协会、肢残人协会在民政部门注册。印发《推进“带传培训工程”带头人向残疾人基层组织专职委员转变的实施办法》，实现农村一二级带头人向专职委员角色转变。

【残疾人教育就业】 落实《吉林省学前教育资助办法》，为残疾儿童发放学前教育资助3万元；落实《吉林市特殊教育提升计划》，采取“一人一案”措施解决未入学残疾儿童少年就学问题；开展残疾学生高考服务，8名学生享受优先进入考场、延长考试时间、佩带助听器等便利政策。落实扶残助学政策，为149名高中生发放扶残助学金29.8万元，为93名中专生、120名大专生、216名本科研究生发放扶残助学金162.6万元。举办关东绣、毛线编织、剪纸等技能培训班97期，培训4476人；接待就业咨询3145人次，完成残疾人求职登记735人次，推荐就业756人。推进残疾人按比例就业工作，为5家超比例安置残疾人就业单位发放奖励金7万元。

【残疾人帮扶救助】 为全市700余名残疾人免费发放康复体育器材2000余件，发放价值1.65万元的轮椅15台，搭建社会爱心平台，联系爱心企业为残疾儿童捐赠款物价值2.7万元，联系慈善机构、爱心人士为贫困残疾人捐赠款物价值11万元。为3.8万名残疾人及家属免费发放旅游年卡7.7万张。完成市残联网站无障碍建设。（全世高）

吉林市红十字会

【概况】 截至2018年年末，吉林市红十字会收到捐赠款27万余元，严格按照红十字会相关规定和捐赠者意愿用到每一个扶贫项目当中，使用资金25万余元。全年开展应急救护员培训班15场，培训学员1200余人，有800余人通过考核取得应急救护员证书；开展应急救护及宣传3期，广场宣传活动2场，宣传人数近万人。组织无偿献血宣传活动30场，采集造血干细胞血样245例，捐献造血干细胞2例，捐献遗体6例。元旦、春节期间，开展博爱送万家活动，发放救助金2.2万元，发放物资总价值近2万元，收益人口1180人。

【社会宣传】 为纪念第71个世界红十字日，市、区两级红十字会及相关单位团体40余家、300余名志愿者参加纪念活动，通过开展义诊、卫生保健知识宣传、应急救护演示、爱心募捐、文艺演出、红十字博爱周活动等多种形式宣传红十字精神。做好防艾宣传教育工作，重点开展“青春红丝带健康与我行”青少年防艾宣传教育活动、防艾知识竞赛、红十字志愿者防艾宣传进基层等系列活动。

【应急救护培训】 开展防灾减灾应急救护培训，在“5·12”开展以“减少灾害风险，建设安全城市”为主题的应急救护宣传培训活动，组织红会志愿者走进社区宣传防灾减灾知识，普及灾害中自救互救知识，增强群众防灾避险意识，提高自救互救能力，提升城市文明程度。组织2期面向跑步爱好者的卫生救护技能培训，普及对包括运动创伤、心肺复苏、常见意外伤害处理等应急救护技能，保障2018吉林国际马拉松赛顺利举办。全年开展应急救护员培训班15场，培训学员1200余人，有800余人通过考核取得应急救护员证书；开展应急救护及宣传3期，广场宣传活动2场，宣传人数近万人。

【志愿服务】 红十字会志愿者组织“医+医”志愿者服务队奔赴昌邑区土城子乡曾通村、蛟河市天岗镇联江村、丰满区江南乡永庆为村民义诊，普及健康知识，为村民发放药品500余盒，服务村民600余人次。红十字会志愿者先后5次组织去江北乡敬老院、昌邑区福利中心慰问，为老人打扫卫生、包饺子，送去生活用品等价值6000余元。红十字爱心家园多次慰问孤儿、孤寡老人及艾滋病患者，募集款物6万余元，发放到需要救助的群众手中。帮助困难家庭癌症患者参与省红十字会肿瘤救助项目，至2018年年末上报省红十字会肿瘤救助的困难患者115人。

【红十字会爱心救助家园】 全年慰问帮扶孤儿、孤寡老人、艾滋病患者、残障人士6000余人次，帮扶物资包括米、面、油及生活用品等，募集资金帮助贫困学生109人，发放助学款6万余元。在全地区设立9个“高考爱心服务站”，为考生和考生家长准备急救药品、铅笔、橡皮、铅笔刀、雨伞、矿泉水、坐垫等，为考生和考生家长免费测量血压、进行心理辅导，组织红十字爱心车队志愿者连续11年开展高考志愿服务活动，对有需要的考生实行一对一预约接送。（市红十字会）

外事·侨务·港澳台事务

FOREIGN AFFAIRS, OVERSEAS CHINESE AFFAIRS AND HONG KONG, MACAO AND TAIWAN AFFAIRS

外事管理

【涉外事务管理】 贯彻落实国家和省市关于因公出国的相关规定，全年审核审批团组56批131人次，完成出访人员生物信息采集、公务普通护照保管、出访报告收缴等工作。为符合条件的吉林市16家企业25人次审核办理和更换APEC卡，办理邀请外国人来华业务14批32人次。加强全市公民海外领事保护，妥善处置18起涉外突发事件。

【与驻华使馆交往】 组织“2018吉林省全球推介——外国使节走吉林”活动。邀请26个国家的外国驻华使节和境外媒体记者100余人到吉林市参观考察和宣传报道；配合相关国家驻华领馆在吉林市举办“4·15”纪念活动，确保活动安全有序；做好瑞士、芬兰、塞尔维亚、巴布亚新几内亚等国驻华大使到吉林市洽谈考察事宜。

【融入“一带一路”建设】 根据对外交流合作需要，立足自身优势，寻求参与“一带一路”建设的契合点，着重强化引智引技和产能合作。推动吉林市成为“21世纪海上合作委员会”创始会员城市。强化招才引智，推动白俄罗斯国家技术转移中心吉林市中白技术转移中心成功签约，与白俄罗斯国家科学院、白俄罗斯国立技术大学和莫斯科全俄药用和香料植物研究院就科技项目合作、引进专家等问题进行磋商和交流；赴澳大利亚、新西兰开展人才引进，推动与澳大利亚CSIRO联邦科学与工业研究组织、新西兰华人科学家协会、新西兰吉大校友会建立人才沟通渠道。助推企业“走出去”，组织一建公司、市政公司赴塞尔维亚进行经贸洽谈，推动龙运化工与俄罗斯企业开展经贸合作。

【外事接待】 1月15日至16日，印尼培德基金会主席、培德三语国民学校校长陈华贵一行3人应邀到访，洽谈华文教育和外派教师事宜。

1月28日，俄罗斯莫斯科吉林同乡会会长赵井东一行7人应邀到访，洽谈“一带一路”相关合作事宜。

2月2日至3日，省外办、奥地利驻华大使馆和市政府在万科松花湖度假区共同举办“中国吉林·奥地利冬季运动高峰论坛暨滑雪比赛”。

2月19日，日本吉林总商会会长庄旭夫妇到访，洽谈合作事宜。

2月11日至12日，德国AMW公司总裁Mathias Hoffmann和中德工业园德方总裁霍福翰到访，就在吉林市设立铸造公司、为德国大众供应零部件事宜进行洽谈。

3月12日，英国东北商会、东北同乡会会长孙志勤、副会长唐海良到访，洽谈合作事宜。

3月27日至28日，德国沃比奥生物燃料公司董事奥利弗·路德克一行2人到吉林市考察利用秸秆生产燃料乙醇和生物柴油事宜。

4月23日至24日，日本阿米他公司社长齐藤善信一行4人到吉林市考察

8月18日，2018吉林省全球推介——外国使节走吉林活动欢迎宴会在世贸万锦大酒店举行

（市外事办 供图）

8月19日，外国使节参观吉林市满族博物馆 （市外事办 供图）

中新食品区建设情况并商谈合作事宜。

5月11日至12日，以坎佩尔为团长的瑞士滑雪运动联盟代表团到访，就推动与吉林市在成立滑雪运动学校，培养教练员、滑雪爱好者等事宜进行洽谈。

5月30日，德国汉堡中华文化体育协会会长宿亚珍、顾问王成军到访，洽谈体育合作事宜。

6月13日，意大利天冰集团首席执行官 Patrick Danielsson 一行到访，就推动在吉林市冰雪装备产业园投资设厂事宜进行洽谈。

6月20日至21日，德国 Du VT 公司董事长 Hoffmann 到访，就在吉林市中德工业园投资建设秸秆打包机生产企业事宜进行考察，同时考察中德双元制教育开展情况。

6月21日，日本丸红株式会社旗下日本片仓协同农业株式会社到访，就该公司与吉林市政府合作，试验并推广该公司研发的秸秆分解微生物事宜进行洽谈。

6月25日至26日，俄罗斯海参崴经贸代表团一行4人到访，洽谈旅游地产项目及推动吉林市与海参崴市友好交流合作等事宜。

6月30日，澳大利亚新南威尔士大学商学院学校代理吴启红、助理吴浩玮到访，考察留学资源，洽谈合作事宜。

7月1日，澳大利亚东北同乡会陈雅芳（吉林市海外交流协会海外理事）一行2人到访，洽谈在吉林市投资建厂事宜。

7月10日，法国阿尔卑斯集团国际项目总监让·马克·法里尼一行到访，洽谈推动冰雪产业合作事宜。

8月1日，日本吉林商会田晶到访，商谈文化交流事宜。

8月1日，美国北加州东北商会理事卢艳秋一行3人到访，洽谈经贸文化合作事宜。

8月13日至14日，澳大利亚东北商会一行2人到访，就吉林市在澳洲举办“文化经贸周”活动进行工作交流。

8月14日，以英国东北商会常务副会长唐海良为团长的企业家代表团一行4人到访，考察吉林市汽车项目。

8月16日，美国北加州东北商会理事卢艳秋一行3人观看市群众艺术馆“喜连成社”公益惠民京剧专场演出。

8月18日至19日，举办“2018吉林省全球推介——外国使节走吉林”活动，45名外交使节到访。使节团在吉林市考察冰上运动中心、松花江中心城区滨江慢行系统工程、市博物馆和市满族博物馆。

9月3日，澳大利亚澳中文化贸易促进会主席陈贺义、会员关英虹一行4人到访，洽谈有关事宜，帮助关英虹调研新中国成立初曾在吉林市工作的父母信息资料。

9月6日至9日，韩国韩中经济技术交流研究所会长全正奉一行2人到访，考察吉林市投资环境和产业发展状况。

9月7日，英国东北商会会长孙志勤、以色列华人华侨联合会李卡苏一行4人到访，洽谈与以色列太库创新中心开展合作事宜，考察生态养殖项目。

9月12日，墨西哥科技经贸代表团11人到访，考察吉林市科创项目。

9月14日至15日，法国纪尧姆市常务副市长皮埃尔·让·帕提寇和市长助理多米尼克、英国东北商会会长孙志勤到访，考察吉林市冰雪产业发展状况，赴桦甸开展项目合作洽谈。

9月15日，巴布亚新几内亚驻华大使馆公使文森特·索马雷等2人到舒兰市考察恒大环保工程有限责任公司生产的太阳能板等环保产品，探讨与巴新地方企业合作可能性。

9月20日，芬兰驻华大使肃海岚一行5人到吉林市考察北山四季越野滑雪场等项目，洽谈对接2019年中芬冬季体育运动年期间在吉林市举办相关活动等合作事宜。

9月25日至27日，塞尔维亚驻华大使米兰·巴切维奇到访，探讨双方在化工、交通基础设施、能源、建筑、制药、文化、体育、教育等领域交流合作事宜。

9月27日至28日，新西兰吉大校友会会长平旭东、会员周闻2人应邀到访，洽谈吉林市代表团出访新西兰有关事宜。

9月28日至29日，瑞士驻华大使戴尚贤到访，洽谈冰雪产业合作和友好交流事宜。

10月15日至17日，新加坡农粮局食品企业管理组一行4人，到吉林市考察永吉无疫区、检查站建设及中新食品区生猪项目。

10月15日至17日，澳洲留学辅导中心执行董事和中国区代表一行2人到访，洽谈校际合作、引进澳洲优质教育资源等事宜。

10月25日，法国波马集团副总裁菲利·法比恩一行到访，考察经开区和北大壶滑雪场，洽谈冰雪产业合作事宜。

11月13日，新西兰吉大校友会代表、大洋洲一带一路促进机制副秘书长赵莹一行3人到访，洽谈邀请吉林市参加国际展望大会合作交流事项。

12月7日至8日，新西兰吉大校友会成员、中新教育公司董事长周闻与助理辛迪到访，与田家炳中学、吉林市二中洽谈教育合作事宜。

12月14日，以泰国工业部前副部长翁伟瓦猜为团长的亚洲国际投资商会代表团到访，市外办主任吕吉权、副主

表12

至2018年吉林市缔结国际友好城市一览表

序号	城市	国别	缔结时间
1	山形市	日本	1983年4月21日
2	斯波坎市	美国	1987年5月29日
3	纳霍德卡市	俄罗斯	1990年7月16日
4	伏尔加格勒市	俄罗斯	1994年2月22日
5	平壤市万景台区	朝鲜	1996年2月27日
6	艾伯特王子市	加拿大	1998年5月
7	松江市	日本	1999年11月9日
8	明斯克市伏龙芝区	白俄罗斯	2018年9月17日

（市外事办）

表13

至2018年吉林市荣誉市民一览表

序号	国籍	姓名	出生年份	身份	审批时间	备注
1	日本	金泽忠雄	1919年	日本山形市前市长	1984	已逝
2	日本	枝松昭雄	1936年	曾任日本友好协会全国本部副理事长 原山形市议会副议长 时任山形市议员	1992	—
3	日本	神内良一	1929年	时任日本协力财团董事长	1995	—
4	韩国	朴渊龙	不详	时任韩国大田市精神病院院长	不详	已逝
5	日本	佐佐木利夫	不详	时任日本木材贸易株式会社社长	1996	—
6	日本	佐藤幸次郎	1933年	时任山形市市长	1998	—
7	美国	王景武	1942年	时任泰国正大集团资深执行副总裁	2000	—
8	日本	松浦正敬	1948年	时任松江市市长	2000	—
9	日本	吉村和夫	1931年	时任山形市市长	2000	已逝
10	中国台湾	陈庐一	1964年	上海市台湾同胞投资企业协会副会长	2002	—
11	瑞典	王茂	1929年	瑞典王氏有限公司总经理	2005	—
12	中国香港（丹麦裔）	捷成汉	1956年	香港捷成洋行董事长	2005	—
13	韩国	金荣镐	1954年	美国嘉吉集团农标普瑞纳饲料有限公司总经理	2006	—
14	中国	马昕	1964年	时任行者集团董事长、总裁、中科院博士	2006	—
15	中国香港	戴德丰	1948年	时任香港四洲集团主席系全国政协常委 广东省政协常委兼港区召集人 香港银紫荆星章获得者	2008	—
16	日本	市川昭男	1941年	时任山形市市长	2008	—

（市外事办）

任胡立业、商务局负责人与代表团就参加第9届东盟（曼谷）中国进出口博览会、与泰国罗勇市深化各领域交流等事宜交换意见。

12月18日至22日，应吉林市政府邀请，俄罗斯友城纳霍德卡市副市长科热夫尼科夫一行到访，洽谈推动两市经贸交流和友好合作事宜。

12月24日，国际冬季运动协会主席兼世界罗佩特滑雪联合会主席尤哈·维尔加玛率代表团一行7人到访，开展冰雪产业合作交流，考察松花湖滑雪场。

12月26日至30日，第24届中国·吉林国际雾凇冰雪节期间，澳大利亚中国东北同乡会总会长姜兆庆率代表团一行7人到访，洽谈冰雪产业及旅游合作事宜。

12月31日，法国纪尧姆市常务副市长皮埃尔·让·帕提寇到吉林市参加正和岛新年论坛，洽谈建立友好城市关系和雪场合作事宜。

【国际友城缔结】 9月17日，吉林市与白俄罗斯明斯克市伏龙芝区正式缔结国际友好城区关系，吉林市有国际友城8个，全年新增5个友好交往城市。（市外事办）

侨务管理

【为侨服务】 春节前夕，走访慰问归侨侨眷126户，发放慰问款8.85万元。开展“迎中秋庆国庆”“以新替旧”慰问活动，为全市26户重点及贫困归侨侨眷送去生活用品，看望慰问并转达党和政府的关怀。

解决贫困归侨侨眷生产、生活困难。为永吉县归侨申请3万元危房改造资金，改善居住环境；为磐石市低保户侨眷更换旧式门窗，使其温暖过冬；为桦甸市两户贫困归侨侨眷免费安装5千瓦光伏发电设备，解决其生活困难；为9户贫困归侨侨眷发放1.2万余元春耕生产帮扶资金，帮助解决生产难题；为2户患大病归侨发放救助资金1万元。

开展侨界助学。为2018年升入高中和大学的贫困归侨侨眷子女发放助学资金4000元；组织5户贫困归侨侨眷子女参加省侨办组织的夏令营活动。

走访慰问海归专家。中秋节前夕，到企业走访慰问吉林市首位申报成功的“千人计划”专家江加标，传达吉林市重视人才引进工作精神。

帮助解决信访问题。帮助侨眷协调解决房屋产权纠纷事宜，协调律师处理投资纠纷事宜。

【侨务建设】 组织4批次全市侨务干部参加国侨办、省侨办组织的侨务培训班，承办1次近100人参加的全省侨务干部培训工作，培养懂理论、精业务、肯奉献侨务干部队伍，更好为侨服务。

组织参加全省侨界书画展、全省侨界文艺会演和全省侨务社区工作经验成果汇编。吉林市报送书法作品7幅、绘画作品3幅、摄影作品40幅；选出文艺会演节目3个；报送4个侨务社区经验成果。经过评比，吉林市书法、绘画、摄影作品全部获奖，市外事办获得“全省侨界书画摄影大赛及文艺会演活动组织先进单位”奖。

在全市开展《中华人民共和国归侨侨眷保护法》宣传活动，营造社会各界和归侨侨眷知侨法、懂侨法、守侨法的良好社会氛围。

按照“只跑一次”改革要求，华侨回国定居、“三侨考生”（归侨青年、归侨子女、华侨在国内的子女）升学加分、归国华侨证办理、归侨退休生活补贴发放等侨务审核、审批业务统一在政务大厅办理，指导业务窗口依据有关侨务政策，做好审核、审批工作。

【对外交流】 接待来自印度尼西亚、俄罗斯、日本、英国、德国、澳大利亚、新西兰、美国、以色列、法国等地的华侨华人团组22个，183人次。加强与世界各地侨领沟通，畅通吉林市与各国的联系渠道。推荐11名教师在外任教，传播华文知识，维系华侨华人与祖（籍）国的联系，让更多华侨后代了解中国悠久灿烂的中华文化。（市外事办）

港澳事务

【吉港澳暨国际金融合作交流】 组织吉林市金融企业参加省港澳办组织的吉港澳暨国际金融合作交流会，结识更多金融界人士，为更好投融资创造有利条件。7月7日，吉林省吉港澳国际金融合作交流会部分代表一行10人到吉林市访问，考察中新食品区，洽谈合作事宜。

【接待香港同胞到访】 接待到吉林市访问的中国香港“未来之星”学生代表团，通过访问了解祖国内地发展，使他们更加热爱祖国。8月21日，香港亚美集团中国区域总经理、志娟基金捐方代表谢勇绍等一行2人到访，商谈志娟基金捐赠吉林市教育事业有关事宜。

【接待澳门同胞到访】 12月22日至24日，中央政府驻澳门联络办公室组织澳门教业中学师生一行31人到吉林市访问，提升澳门师生对国情的认识和理解，增强澳门师生的爱国主义情怀，加强两地学校交流。（市外事办）

台湾事务

【对台交流交往】 党际交流。11月，市委副书记沈德生率吉林市党际交流团赴台与国民党“中彰投”地区党部开展交流活动，拜会高层人士，巩固交流成果、提升交流格次、扩展交流领域。

基层交流。中国台湾南投县、彰化县、台中市分别组织当地基层代表80余人组成交流团到吉林市开展交流活动。各县（市）区和相关部门主动参与两岸交流活动，结合各地产业特色和基层乡情，举办形式多样、内容丰富、成效显著的交流活动，使到访台胞与吉林市乡镇、社区基层干部和群众在互动中加深了解，奠定合作基础。

专项交流。全年组织吉林市教育、经贸、文化等交流团组近百人赴台交流学习，通过参加两岸论坛、参访当地学校和企业、深入基层实访体验等多种交流方式，帮助参访人员学习经验、开拓眼界、考察商机。

重点交流项目。1月，台中市明台中学师生一行16人到吉林市，与吉林市部分职业学校师生举办“相约雾凇之都——吉林市”第六届吉台中学生冬令

1月12日，台中市明台中学师生一行16人在吉林市参加“相约雾凇之都——吉林市”吉台中学生冬令营活动
（市委统战部 供图）

5月9日，中国台湾彰化县基层交流团到吉林市参观访问。图为参访人员到吉林市博物馆参观 （市委统战部 供图）

营活动。通过共同学习、游览、生活，拉近两岸青少年情感距离，促进文化互融。双方签署校际交流合作备忘录，拓宽吉台两地教育交流渠道。央视《海峡两岸》栏目及两岸多家主流媒体分别对活动进行宣传报道。

8月，台北市、新北市以及台中市的教师、律师、医师等30名行业精英到吉开展“三师”（教师、律师、医师）会师松花湖交流活动，与吉林市行业代表就专业知识和经验、未来发展趋势等内容进行研讨交流，双方在思想碰撞和学习交流中加深了解。

【对台经济合作】 吉林市青年就业创业基地被国台办正式授牌为国家级海峡两岸青年就业创业基地。市台办指导基地制定三年发展规划，明确基地发展目标和主攻方向。成立基地运营服务团队，设立综合服务办公室，制作各类宣传材料，完善基地各类硬件设施，确保能够为台湾青年到吉就业创业提供优质的服务保障。与台湾旺旺集团合作成功举办2018时报金犊创意节，制定冰雪文化形象宣传计划书，举办吉林市冰雪文化设计活动启动仪式，并组织宣讲团队，在北京、江苏、广西等全国10余个省市金犊奖巡讲会场宣传推介吉林市冰雪文化特色和青创基地发展前景。在复决审期间，精心设计与青创基地相互融合的吉林冰雪文化城市发展论坛、海峡两岸（吉林）青年就业创业基地揭牌仪式、松花湖吉台经贸合作洽谈会等系列活动。收到两岸参赛选手带有吉林冰雪特色创意作品1437件，有217件优秀作品入围复决审。通过设计作品以及系列活动与基地发展建设的有机融合，成功将吉林市历史文化、城市形象、冰雪旅游等诸多元素以及吉林市青创基地推向海内外。年内，基地举办各类创业大赛、创意市集展示、项目路演、高峰论坛等活动32场。

对台招商引资和项目建设。围绕健康养老产业，组织吉林市青创基地和医疗企业赴台开展经贸考察。围绕观光农业产业，组织吉林市可视农业联合会与到访的云林县农会就可视农业项目合作进行考察和座谈。围绕汽车产业，邀请台湾惠朋集团董事长王胜瑜到吉考察保税物流中心，与吉林市汽车制造和销售企业负责人座谈。通过“走出去”与“请进来”，双方达成多项合作意向。借助2018时报金犊创意节在吉林市举办契机，邀请到台湾旺旺集团副董事长胡志强一行29人到吉林市，举办松花湖吉台经贸合作洽谈会，组织两地装备制造、食品加工行业企业家进行座谈交流，旺旺集团与吉林省添正医药股份有限公司、台湾药师生公会与筑石集团分别签署项目合作协议。对重点项目实行跟踪服务机制。协调省台办为桦甸老岭黄金矿业项目研究解套方案。开展对佛手山文化公园二期特色小镇、昌邑区红光村温泉小镇安养、国信吉林青山等项目的跟踪推进。继续跟进台湾直购大东北贸易吉林总部、台湾南侨集团奶油制品、味噌集团现代农业等项目。

组织完成吉林市台企协会换届选举，加强对吉林市海峡两岸经贸文化发展协会工作指导和带动，加强吉林市涉台协会连接两岸民间交流与往来的平台作用。

【对台文化交流】 对《台情内参》进行全新改版，提升内参的信息层级和宣传实效，全年出刊12期。整合资源，形成微信公众号“吉台快线”、今日头条号“吉台快讯”、一点号“吉台热点”和网站“吉林与台湾”等新媒体宣传矩阵，全年发稿1800余篇，粉丝量11776人，播放量17万次，阅读总量1399万人次。

《以诺的冰雪奇缘》在北京国际儿童电影节中获得“最受观众喜爱儿童电影”奖项，在加拿大金枫叶国际电影节中获得“最佳儿童片导演奖”，是两岸开放交流30余年首部获得国际奖项的反映海峡两岸青少年情感交流互动为主的冰雪主题电影纪录片。12月，吉林市举办该片及主题曲首映式。

完成反映大陆各地特色名胜、文物古迹和民俗风情的电视纪录片《大陆寻奇》吉林市拍摄任务，于5月在岛内及全球华人地区播放。完成反映吉林满族文化、渔猎文化、冰雪文化以及吉林市风土人文的电视纪录片《梦回乌拉》拍摄，并进行入岛宣传播放。

【对台联络服务】 借助海峡两岸开放交流30周年之机，组织开展“两岸一家亲 走进新时代”台胞台商台属团拜会。省台办领导、吉林市委副书记沈德生、全国台企联常务副会长王姿涵、部分台企协会代表以及台胞、台商、台属代表等100余人共聚江城，回顾吉台交流发展历程，观看两地同胞共同演出的文艺节目，融洽两岸民众情感。在中秋前夕，组织在吉林市台胞台商台属开展“圆梦中秋”茶话会，零距离关注关心台胞台商台属生活，征求服务意见和建议，改进服务工作。按照上级台办要求，组织开展吉林市台湾居民居住证申领发放工作。 （白 雪）

法 治

RULE OF LAW

地方立法

【概况】 2018年，发挥人大主导作用，推进科学立法、民主立法、依法立法，用好城乡建设与管理、环境保护、历史文化保护三方面地方立法权限，推进立法工作精细化，提高立法质量。年内，新制定《吉林市地方立法条例》《吉林市城市房地产开发经营管理条例》两部条例（全文参见附录），审议《吉林市河道管理条例（修订稿）》和《吉林市规范性文件备案审查条例（草案）》，完成《吉林市地方立法条例》《吉林市城市房地产开发经营管理条例》报请省人大常委会批准工作，围绕修订《吉林市旅游条例》进行4轮研究论证，开展城区供热管理以及大气污染和生态环保方面地方立法等工作立法调研，对涉及生态环境等地方性法规进行自查清理。废止《吉林市知名商标认定和保护条例》《吉林市松花湖国家级风景名胜区管理条例》两部地方性法规。28名立法咨询员履职尽责，5个立法服务基地和32个立法联系点正式挂牌运行，全年采纳立法意见建议40余条。

【审议《吉林市河道管理条例（修订稿）》】 随着河长制全面实行和属地管理职责落实，《吉林市河道管理条例》中个别条款与河长制要求不相适应，亟待修改完善。市人大相关专门委员会、市政府法制办、市水利局经过调研论证，按照属地管理原则将市管河流管理权限下放至区，增加乡（镇）、街道以及村（居）委会职责，对各级河长职责以及河长制工作机制进行明确。删除河道工程修建维护管理费和河道采砂管理费方面内容，对河道管理违法行为的处罚种类和额度进行调整。修订后法规经过市人大常委会会议一审，待修改完善后提交常委会会议二次审议。

【审议《吉林市规范性文件备案审查条例（草案）》】 为促进备案审查工作的规范化、制度化，提高法律监督工作质量，市人大常委会将制定《吉林市规范性文件备案审查条例》列入立法计划并形成《吉林市规范性文件备案审查条例（草案）》，于2018年11月提交常委会会议一审。条例中统一规范性文件概念和内涵，明确备案审查适用范围、相关机关和部门各自职责和审查重点，对备案审查工作程序进行细化。同时，创新性建立委托审查、联合审查机制，将"是否符合社会主义核心价值观"作为审查重点。

【地方性法规清理】 按照全国人大和省人大常委会法工委要求，坚持立改废释并重原则，组织相关专门委员会和市政府相关部门对涉及生态环境以及有关商标制度的地方性法规开展清理工作。2018年5月，市人大常委会会议对市政府提请的《吉林市人民政府关于提请审议废止〈吉林市知名商标认定和保护条例〉等两部地方性法规的议案》进行审议，废止《吉林市知名商标认定和保护条例》和《吉林市松花湖国家级风景名胜区管理条例》两部地方性法规。

【法规起草调研论证】 市人大法工委与相关专门委员会牵头组织相关部门，进行沟通论证，明确《吉林市旅游条例》起草思路，推进旅游立法工作。借鉴先进地区供热管理经验，开展《吉林市城区供热管理条例》调研工作，由市政府先行制定《关于调整城区停热用户基础热费相关政策的通知》等管理办法，待进入立法程序。按照全国人大和省人大常委会法工委工作部署，完成大气污染和生态环保方面地方立法调研工作。

年内，市人大法制委员会完成《全国人民代表大会常务委员会备案审查工作规范（试行）》（征求意见稿）、《中华人民共和国个人所得税法修正案（草案）》《中华人民共和国耕地占用税法（草案）》《中华人民共和国车辆购置税法（草案）》《吉林省技术市场条例（草案）》《吉林省统计管理条例（草案）》等6部上级人大常委会交办的法律、法规草案征询意见工作，协助省委党校调研组完成《吉林省行政执法队伍建设研究》《政府购买社区养老服务法律问题研究》《新时代吉林省法治实践问题研究》等3项调研课题，完成涉及城市建设管理、森林资源保护、村委会换届选举、城区养犬、物业管理等方面的法规询问解答工作30余人次。

【重新制定《吉林市地方立法条例》】 根据立法法修改后的新形势，重新制定《吉林市地方立法条例》。2018年1月，市十六届人大三次会议审议通过《吉林市地方立法条例》，7月27日经省人大常委会批准实施。该条例的实施对进一步加强吉林市地方立法工作、提高立法质量提供制度保障。

【《吉林市城区养犬管理条例》立法后评估】 7月至9月，市人大常委会通过8个环节组织开展对《吉林市城区养犬管理条例》立法后评估，由法工委形成评估报告并提交2018年9月市人大常委会会议审议。常委会会议肯定评估报告的同时，针对养犬管理工作中存在问题提出审议意见，要求市政府做好审议意见落实工作。通过开展立法后评估活动，市人大常委会掌握该法规制定和执行情况，了解人民群众意愿和呼声，推动条例执行，促进城区养犬管理工作依法开展。

【地方立法服务基地】 建立地方立法服务基地和立法联系点以后，市人大法制委员会在《吉林市城区养犬管理条例》立法后评估以及修改相关法规草案的过程中，组织5个立法服务基地和7个立法联系点参与相关工作，分别召开征求意见座谈会4次，征集社区群众意见建议40余人次，使立法工作更加科学民主。

【规范性文件备案审查】 按照“有件必备，有备必审，有错必纠”要求，采取主动审查与被动审查、全面审查与重点审查、相关专委会初步审查与法工委集中审查相结合的方式，开展规范性文件备案审查工作，全年审查市政府报送备案的规范性文件20件，报上级人大常委会备案法规件3件，有效维护法制统一。结合备案审查工作中发现的问题，研究起草《吉林市规范性文件备案审查条例（草案）》，完善备案审查制度，提高法律监督力度。

（市人大常委会办公室）

政法委及综治

【维护国家安全社会稳定】 发挥各级人民调解组织职能作用，组织调解处理矛盾纠纷16249件，化解15892万件。“百姓说事点”经验受到中央政治局委员、中央政法委书记郭声琨肯定。医疗纠纷调解委员会被评为全国人民调解工作先进集体。推进律师参与矛盾纠纷化解工作，在全省率先成立律师代理申诉服务中心，全年代理申诉的54件案件均妥善处理。经验做法被中国政府网、《吉林日报》等媒体刊发。市委常委、政法委书记徐莉在中央政法委举办的市级政法委书记培训班上交流经验。做好全国“两会”“上合组织青岛峰会”等敏感时期维稳工作，开展影响社会稳定矛盾问题摸排调研活动。健全完善《涉法涉诉案件办理工作流程》，明确职责、流程，确保涉法涉诉信访案件得到有效化解。全年接待来访群众及处置来访信件390余件1800余人次，妥善处置20余件重大疑难信访案件。采取超常举措、超常力度，推进涉法涉诉信访积案化解攻坚工作，确保吉林市涉法涉诉信访积案全部化解。

【服务经济社会发展】 推动市委、市政府出台《关于完善产权保护制度依法保护产权的实施方案》，为企业维护合法权益提供制度保障。省委改革办对该项工作给予充分肯定。贯彻落实市委、市政府关于“三抓”（抓环境、抓项目、抓落实）行动安排部署，研究制定政法机关服务民营企业发展40条意见，组织全市政法机关助推经济振兴发展。市中级人民法院开展“百名法官进百企 服务三抓促振兴”主题实践活动，组织法官走进企业帮助解决生产经营困难问题。市人民检察院坚持把优化营商环境作为工作重点，依法打击破坏市场经济秩序犯罪225件395人。市公安局出台《吉林市公安机关推进“只跑一次”改革实施方案》，明确细化行政审批事项清单1030项，占行政审批项目85.1%。市司法局组织“涉企法律服务团”为全市2500余家大型企业、20个大型在建项目提供咨询论证1600余次，出具法律意见书1700余份，避免和挽回经济损失近亿元。市委常委、政法委书记徐莉在解放思想推动吉林高质量发展大讨论上的文章被《吉林日报》头版头条刊用。

【平安江城建设】 贯彻落实市委、市政府《关于加强社会治安防控体系建设的意见》，组织全市政法机关严厉打击各类违法犯罪活动，整治社会治安突出问题，提升吉林市平安江城建设水平。

*打击违法犯罪。*全市公安机关立各类刑事案件14485起；破获刑事案件6268起，年内发生命案全部侦破，发案率比2017年下降26.4%。破获命案积案20起，全省排名第一。破获被公安部列为“利剑”行动1号督办的以徐某、李某为首的生产、销售假药案件。全市检察机关批捕2652人，起诉5675人。全市审判机关审结刑事案件4896件。

*扫黑除恶专项行动。*坚持把扫黑除恶专项斗争作为一项重要政治任务，突出抓好宣传发动、深挖线索、案件攻坚等重点任务，实现扫黑除恶、“破网打伞”、问题整治整体推进。全年打掉涉黑犯罪组织11个、恶势力集团18个，恶势力团伙54个，抓获涉黑涉恶犯罪嫌疑人416人，破获刑事案件314起，破获九类案件269起，扣押、查封、冻结涉案资金1.86亿元；审结涉恶案件43起169人；查处黑恶势力保护伞8起34人。中国新闻网刊发吉林市扫黑除恶专项斗争工作经验。

*基层平安建设。*推动“雪亮工程”和综治中心建设，全省“雪亮工程”暨三级综治中心一体化建设推进会在吉林市召开，推广吉林市工作经验。组织全市公安机关开展“公安干警基层行”和常态化夜巡工作，提升见警率和管事率。年内，全市警情比2017年下降6.4%，刑事发案比2017年下降28.9%。

*维护公共安全。*加强消防安全隐患整治工作，全年吉林市火灾发生数量比2017年下降39.91%。强化道路安全治理，查处各类交通违法行为180.9万起。开展打击整治枪支爆炸物品违法犯罪专项行动，查处涉枪涉爆案件19起，收缴各类非法枪支137支、子弹11907发、炸药1327千克。完成82项大型节庆会事活动安保任务，确保各项活动安全顺利。

【法治江城建设】 贯彻落实市委《关于全面推进依法治市的实施意见》，坚持科学立法、严格执法、公正司法、全民守法，法治江城建设得到深化。

*普法工作。*市司法局举办法治大讲堂25场，组织6000名机关干部进行法律知识考试，组织5500名法律志愿者开展“松花江普法行”活动，增强吉林市干部群众尊法学法守法用法意识。

刑事诉讼制度改革。研究制定《吉林市关于推进以审判为中心刑事诉讼制度改革试点实施方案》，成立以市委常委、政法委书记徐莉为组长的以审判为中心诉讼制度改革试点工作领导小组，制定相关工作制度机制25个和常见普通刑事案件证据标准及规则指引14个，实行案件繁简分流，落实简案快审、繁案精审，推进庭审实质化，提升吉林市执法办案质效。吉林市刑事诉讼制度改革工作得到省人大常委会、省委政法委高度评价，相关工作经验被中央电视台等媒体报道。

规范执法司法活动。制定《关于集中开展清理超期羁押案件专项执法检查的实施方案》，通过明察暗访、实地核查、调阅案卷等形式，核查出市本级超期羁押案件146件，全部得到有效解决。持续推进全市审判机关开展“执行攻坚”活动，执行案件综合执结率91%以上，执行悬赏保险、案件关联执行和第三方参与网上拍卖工作经验被最高法推广。推进阳光司法办案，市中级人民法院3个庭审入选全国法院百场优秀庭审，在全国法院司法透明度指数评估中位列全国49家较大中院第4位。

【政法队伍建设】 贯彻落实中央《关于新形势下加强政法队伍建设的实施意见》，打造信念坚定、执法为民、敢于担当、清正廉洁的政法队伍。推动全市政法机关开展干部作风大整顿活动，统筹部署、强力推进，开展民主生活会和组织生活会，严肃批评与自我批评，制定整改措施，提升全市政法机关作风建设水平。围绕提高政法干警法律政策运用能力、防控风险能力、群众工作能力、科技应用能力、舆论引导能力，开展庭审观摩、实战演练、业务培训等活动，提升全市政法干警业务能力水平。市中级人民法院司法警察支队被评为全国法院先进集体。市人民检察院在省级以上业务竞赛中被授予标兵、能手称号11人次。市公安局法制部门在全省公安机关法制系统比武练兵技能竞赛中获得团体第一名，车管所被公安部评为全国一等车管所，看守所女子监区中队被公安部记集体一等功。加大党风廉政建设和反腐败斗争力度，全年查处违法违纪干警59人，其中县（局）级以上3人，维护党纪国法权威，形成强力震慑。（市委政法委）

法治政府建设

【概况】 2018年，吉林市人民政府法治办公室科学制定法治政府建设年度任务，下发《关于做好2018年度法治政府建设工作推进落实的通知》，建立法治政府建设工作管理档案，推行月调度、季汇报、半年督导检查、定期督查等多项工作机制。发挥法治政府建设领导小组办公室职能作用，加强统筹协调，破解工作难题，确保法治政府建设各项工作稳步推进。履行法治政府建设情况报告义务，及时向省政府和市委、市人大报告2017年度法治政府建设情况，自觉接受监督。通过全面考评各县（市）区、开发区、市直各部门年度法治政府建设工作完成情况，推进法治政府建设各项目标任务全面落实。会同市人社局开展全市法治政府建设表彰活动，对工作中表现突出的20个集体和30名个人给予记三等功、嘉奖奖励，引领和推动全市依法行政整体水平得到整体提升。

【行政立法】 科学制定立法项目计划，把修订《吉林市旅游管理条例》和《吉林市河道管理条例》等9个立法项目列入重点立法项目计划，把制定《吉林市松花湖国家级风景名胜区管理条例（草案）》和《吉林市烟花爆竹安全管理条例（草案）》等11件立法项目列入调研项目计划，把《吉林市松花江市区段河道环境管理办法》《吉林市烟火类观赏品施放管理办法》和《吉林市医疗纠纷处置办法》列入立法后评估项目计划。

开展《吉林市知名商标认定和保护条例》和《吉林市松花湖国家级风景名胜区管理条例》清理工作，拟制《关于提请审议废止〈吉林市知名商标认定和保护条例〉等两部地方性法规的议案（草案）》，经市政府常务会议讨论通过，并提请市人大常委会议审议。指导水利局、交通局完成《吉林市河道管理条例修正案（草案）》和《吉林市危险化学品道路运输安全管理暂行规定（草案）》调研、论证、修改等相关立法审查工作，其中《吉林市河道管理条例修正案（草案）》经市政府常务会议讨论通过，并提请市人大常委会议审议；《吉林市危险化学品道路运输安全管理暂行规定》经市政府常务会议审议通过（于2019年2月1日施行）。组织指导市旅发委、市公安局完成《吉林市旅游条例》《吉林市城区养犬管理办法》等立法项目调研论证工作。

组织指导相关部门制定《吉林市松花江市区段河道环境管理办法》《吉林市烟火类观赏品施放管理办法》和《吉林市医疗纠纷处置办法》等立法后评估工作实施方案，明确评估内容、评估标准、评估方法、评估步骤和时间安排，采取实地考察、专题调研、座谈会等方法收集各方面意见和建议，经过整理分析形成立法后评估报告。

【政府涉法事务审查】 2018年，市法制办审查市委、市政府交办的各类涉法事务199件（次）。其中，审查《吉林市新型智慧城市建设总体规划》《吉林市“十三五”信息化发展规划》《吉林市加快推进“只跑一次”改革实施方案》等政府常务会议议题77件（次）；审查《关于加强气象科技应用的战略合作框架协议》《军用土地使用权兑换协议》等招商引资合同、特许协议54件（次）；处理市政府交办其他涉法事务68件（次）。提出法律意见500余条，有效提高政府依法科学决策水平和质量。

【行政审批项目管理】 2018年，市法制办按照上级文件要求牵头对全市行政审批项目进行两次集中清理，调整56项（涉及20个部门）。其中，增加行政许可事项15项，减少行政许可事项29项（包括取消7项、暂停12项、调整出保留目录8项、改为备案管理2项），变更名称8项，最终确定市级保留行政许可事项378项。同时，做好行政审批项目网上动态平台管理工作。按照清理结果，通过行政审批动态管理平台对行政许可项目做相应调整，推动全市行政审批制度改革工作向纵深发展。

【规范性文件备案审查】 2018年，前置审查市政府规范性文件59件（市政府31件、市政府办公厅28件），备案审查部门规范性文件35件，审查其他文件38件。强化规范性文件备案，全年备案规范性文件133件。其中，市政府、市政府办公厅21件，市政府各部门72件，县（市）区40件。做好规范性文件公布，经备案的规范性文件全部向社会公开，推进政府信息公开工作落实。

做好全市规范性文件清理后续工作，对2017年开展的全市新中国成立以来规范性文件清理结果进行全面摸底排查，逐一排查新中国成立以来市政府和市政府办公厅、各县（市）区政府、开发区管委会所有文件目录，对疑似规范性文件进行调档确认，督促各相关单位按照程序梳理上报，推进各项任务全面落实。完成全市涉及与宪法修改内容不一致、与产权保护、与生态环境保护等方面规章和规范性文件专项清理工作，清理结果及时向有关单位报送。

【行政执法监督】 开展行政执法委托备案审查，年内完成10个执法部门、46件行政执法委托的备案审查工作，对存在问题的委托书责令相关部门改正后重新签订。规范涉企执法检查，审核各部门（单位）上报150余个涉企年度抽查计划，对符合要求的90余个计划予以通过，未予通过的不得实施，规范执法部门涉企检查行为。推进规范行政处罚自由裁量权工作落实，下发《关于进一步规范落实行政处罚自由裁量基准制度的通知》，要求执法部门依照有关法律、法规、规章梳理本部门行政处罚事项，明确现行有效的行政执法依据，确定遵照执行的行政处罚自由裁量标准，为严格规范行政执法提供重要依据。至2018年年末，市直36个执法部门执行58个行政处罚裁量标准。严格行政执法人员资格管理，组织全市295名新增执法人员进行集中培训和考试，强化执法人员素质，提升行政执法能力。完成2018年度行政执法证件年检工作，发放年检标7084个。清退不符合标准执法人员51人，规范行政执法队伍。

加强重大行政处罚监督，严格落实重大行政处罚备案制度，全年接收7个部门60件重大行政处罚备案案件，通过备案审查，发现执法程序、法律适用、自由裁量使用、文书规范性等方面问题，及时向备案单位反馈意见，提高执法规范性。根据省政府2018年度行政执法检查工作部署，市法制办于8月在全市组织开展行政执法专项检查，抽查各类执法案卷954卷，罚没款票据存根382本，针对检查出违反法定程序、执法程序瑕疵、罚没款票据不规范、执法文书不规范等问题，下达行政执法监督改正意见书，责令其限期改正，确保执法行为依法合规。

按照《吉林省人民政府办公厅关于全面推进相对集中行政处罚权工作的意见》文件精神，探索研究吉林市推进相对集中行政处罚权工作，经反复研究论证，起草制定《吉林市人民政府办公厅关于进一步推进相对集中行政处罚权工作的实施意见》，于5月23日以市政府办公厅文件形式下发，指导全市相对集中行政处罚权工作。

【行政复议案件办理】 2018年，收到行政复议申请124件（新收102件、结转22件），受理121件。到期审结100件。其中，维持27件，终止54件，驳回10件，撤销4件，责令履行2件，不予受理3件。结案率100%。健全行政机关负责人及其工作人员依法出庭应诉制度，加强行政应诉指导，提高行政应诉水平，维护政府权益。2018年，以市政府为被申请人的行政复议诉案件1件，经复议机关中止1件；以市政府为被告的行政应诉案件67件，经法院审结12件（驳回起诉、诉讼请求11件，撤销1件）。

【民商事仲裁】 全年受理各类民商事案件391件，涉案标的额4.7亿元。受理的案件中审结375件，未结16件，案件“三率”（调解和解率、快速结案率、自动履行率）分别为92%、96%、94%，申请法院强制执行22件。（市政府法制办）

公 安

【打击刑事犯罪】 2018年，立各类刑事案件11706起，破案4384起，侦破“龙潭乔方坤故意杀人案”“永吉徐连坤入室抢劫杀人案”等现行命案起，破案率为100%。立案侦办组织、领导、参加黑社会性质组织案件12起，打掉恶势力犯罪集团18个，打掉恶势力团伙54个，抓获涉黑涉恶犯罪在逃人员38人，查结线索585条。破获侵财案件2588起，刑拘侵财犯罪嫌疑人1168人，起诉五类侵财犯罪嫌疑人809人。破获重大网络贩枪案件3起，起诉涉枪犯罪嫌疑人36人，缴获火药动力枪支10支。破获拐卖妇女犯罪案件22起。起诉拐卖妇女犯罪嫌疑人2人，起诉组织、容留、强迫妇女卖淫犯罪嫌疑人23人。抓获网上在逃人员744名。其中，抓获漂白身份潜逃19年命案在逃人员史成进、20年省督目标在逃人员张秀芬等一批重大在逃人员。

【打击经济犯罪】 年内，受理经济犯罪案件729起，立案649起，破案333起，其中破获部级经济犯罪大要案件17起。打处犯罪嫌疑人556人，挽回经济损失9000余万元。破获破坏金融管理秩序案件232起，打处非法吸收公众存款、集资诈骗犯罪嫌疑人23人。破获假币案件5起，捣毁伪造、销售假币犯罪窝点1个，抓获犯罪嫌疑人4人，收缴假币81.49万元以及用于生产、销售假币的电脑2台、打印机5台、水印模板1个。破获非法集资、网络传销等涉众型经济犯罪案件43起，打处犯罪嫌疑人63人，涉案金额1.08亿元。破获侵权假冒案件75起，打处犯罪嫌疑人83人。破获虚开增值税专用发票案件1起，打处犯罪嫌疑人5人。侦破涉及陕西、福建、上海、广东、北京、河北等6省、市的“12·01”系列特大虚开增值税专用发票案件，价税金额2.5亿元，现场缴获作案工具手机12部、U盘14枚、金穗报税卡9枚、银行U盾6枚。

【打击毒品犯罪】 2018年，破获毒品犯罪案件291起。其中，破获公安部毒品目标案件1起，省公安厅毒品目标案件2起。捣毁制毒加工窝点1处，摧毁跨省、跨区域毒品贩运通道19条，打掉吸贩毒团伙28个，缴获各类毒品10.6千克，查封涉毒资产215.19万元。起诉毒品犯罪嫌疑人439人，查获吸毒人员1468人，强制隔离戒毒247人，责令社区戒毒（康复）316人，抓获涉毒网上在逃人员16人。铲除毒品原植物罂粟31407株，办理非法种植毒品原植物刑事案件1起，办理行政案件689起，行政处罚604人。

【打击制售假劣犯罪】 年内，办理制售假劣食品案件25起，假劣药品案件24起，烟草打假案件4起，其他制售假劣案件15起。抓获违法犯罪人员82人。其中，刑事拘留13人，取保候审69人。

【打击电信网络诈骗犯罪】 年内，打掉电信网络诈骗团伙15个，刑事拘留犯罪嫌疑人113名，其中重点地区犯罪嫌疑人3名。破获各类电信网络诈骗案件950起，成功破获“吉林市7·31王某某被诈骗案”“10·27侵犯公民个人信息案”“709特大网络开设赌场案”3起部督案件以及王某、刘某等人具有代表性的电信网络诈骗案件，办理资金返还2笔，返还金额2.32万元。

【治安管理】 2018年，全市公安机关发现受理治安案件31218起，查处31218起，结案21065起。查处违法人员29246人。办理涉黄涉赌案件154起，查处涉案人员685人。其中，采取刑事强制措施186人，行政处罚499人，收缴赌博工具90余台（副）。办理“黑彩”赌博案件29起，打处违法犯罪人员147人，采取刑事强制措施76人，行政处罚71人，涉案金额1亿余元。开展缉枪治爆专项行动。排查整治437家，整改安全隐患16起。收缴过期炸药2068千克，雷管7870枚，收缴各种枪支279支、子弹121029发、管制刀具1225把，各类剧毒危险化学品83.5千克。教育培训爆破作业人员1346名。查处非法买卖储存危险物资（烟花爆竹）3起，行政拘留3人；查处违规燃放烟花爆竹35起，查处35人，罚款12500元。严密肇事肇祸精神病人分级管控，落实“三级包保”责任制度。在全市推广特种行业安装治安信息管理手机APP工作，对已经使用信息系统建设的行业进行不间断的检查，确保正常使用，发挥作用。推广旅馆业人脸识别无证审核入住和吉林公安APP证照管家服务功能。全市电子游艺场所实行治安检查“签到制管理”，使娱乐业真正成为社会治安稳控的前沿触角。开展犬类专项治理。解答和接待来人或电话咨询、投诉1200余人次，协调属地公安机关出警30余次，办理涉及犬只违法行为案件4起，涉及违规犬只5条，罚款4400元。

【交通安全管理】 年内，吉林市公安机关开展道路交通安全隐患排查整治行动，排查国省县乡公路道路交通安全隐患86处，函告相关政府部门。查获各类违法行为车辆13213台。其中，报废车9台，假套牌78台，逾期未年检车辆8500台，黄标车1486台，交通肇事逃逸车辆26台。查处各类交通违法行为230.7万起，其中涉酒违法行为8027起，打处违法嫌疑人200余人。整治事故多发路段26处，完成33处信号灯、30处交通智能卡口、10处闯红灯抓拍增补、37处交通视频监控建设工作，抓拍违法行为6.5万起。以“动态巡逻、定点值守”的方式，设置交通早晚高峰固定执勤岗106处、交通平峰固定执勤岗50处和中小学校护学岗23处，在龙潭大桥、临江门大桥和松江大桥两端安排固定岗24小时值守。开展交通安全教育课1045余次，对驾驶人开展以职业和安全警示为主要内容的“继续教育”督导检查530次，购买100余万元反光标识，为农村“五小车辆”（轻便摩托车、摩托车、三轮农用机动车、小四轮农用机动车、四轮农用机动车）免费粘贴。全地区发生一般以上交通事故339起，死亡148人，受伤345人，财产损失172.2万余元。

【消防安全管理】 2018年，扑救火灾及处置各类灾害事故1248起，抢救被困人员226人，疏散群众227人，抢救和保护财产近2亿元。 年内，组织4大类9支灭火救援专业队开展特殊火灾扑救、特殊灾害事故处置的技战术研究、战法培训与强化训练，固化作战编成，定期开展临机拉动和装备测试。特别是进入汛期后，吉林消防支队调集抗洪救援队在松花江流域开展抗洪救援演练，设置打捞化工桶、孤岛救生、抛投救生、内涝排险、转移群众、抛投器投射距离测试等11项科目。以季节性消防检查为主线，重点做好“全国两会”“中非论坛”“进博会”“吉马赛”等重大活动消防安保，结合吉林市城市布局和火灾特点，锁定大型城市综合体、人员密集场所、特殊群体聚居场所、文物古建筑等关键领域作为监督检查的“靶心”，开展专项整治行动。年内，检查社会单位4.2万家次，发现督促整改火灾隐患3万处，临时查封危险场所和部位486处，责令“三停”（停产停业、停止使用、停止施工）332家，罚款751.5万元，行政拘留155人，各项执法数据均列全省前茅。加强乡镇新型消防水源建设，全市76个乡镇的新型消防水源全部建成并投入使用，在全省率先实现乡镇消防水源全覆盖，农村初起火灾得到控制。同时，乡镇新型消防水源也为农村耕地灌溉取水提供便利。

【安全保卫】 年内，完成警卫和安保任务120余批次，其中完成“雾凇冰雪节”以及第三届“吉马赛”、民俗庙会等大型节庆会事活动安保100余批次。1月16日至19日，吉林市政协第十三届委员会第二次会议和吉林市第十六届人民代表大会第三次会议相继召开。全市参勤公安干警、消防和武警部队官兵，认真履职尽责，严格落实各项措施。

【户政管理】 2018年，吉林市公安机关开展派出所“一标三实”（标准地址、实有人口、实有房屋、实有单位）信息采集攻坚战，户政支队面向10余家新闻媒体召开“一标三实”工作新闻发布会，获得良好社会反响。开展清理“重、错、假”户口问题。清理重复户口653个，解决无户口人员落户617人，主项信息变更、更正档案1560份，清理无照片人员1208人。启动省内和全国异地办理身份证业务，办理省内异地居民身份证6131张，全国异地居民身份证3426张，为75名身份证遗失的考生开辟身份证办理“绿色通道”。创新身份证便民服务新举措。公安机关在证件有效期满前三个月，以手机短信形式免费发送提醒信息，在证件制作完成的第一时间提醒居民何时前往领证。全面推开居住证办理业务，为辖区居民办理居住证24154张。深入推进“放管服”和“只跑一次”改革，全市户政系统梳理出办事清单166项，并编制办事指南和流程图，其中127项实现“只跑一次”。办理军人证号业务162人次，接待群众及其他单位人口信息电话查询5485人次，接待来人来函186人次，咨询各类业务3578人次。落实户籍制度改革，办理投资落户11人，购房落户2571人，引进人才落户355人，放宽政策落户221人。

【出入境管理】 年内，吉林市公安机关受理审批因私出入境证件190775件。其中，受理护照申请材料96442件，港澳台申请材料94333件。为申请群众预约、加急、开辟绿色通道等特办服务135人次，实施“科技强警、机器换警”工程。全市19个出入境受理窗口设有自助填表、自助受理、自助签注、自助取证等自助设备23台。9月20日，在丰满分局江南派出所设立吉林市首个派出所24小时自助服务厅。受理大队民警为有特殊需求的申请人、企业、学校上门办证1639本。正式开通“互联网+公安”综合服务平台出入境板块，接受群众咨询167人。调查审批中发现问题47起。其中，冒名顶替8起，虚假户口8起，双重户口7人，法定不准出境7人，持有同类证17件。备案人员单位未出意见12人。接待到吉102个国家和地区的境外人员21328人次，受理各种证件1779人次。其中，居留许可1640人次、签证81人次、五年台胞证2人次、一次性台胞证1人次、出入境通行证55人次，获得外国人永久居留证122人。查处“三非”（非法入境、非法居留、非法就业）外国人案件61起69人。其中，非法入境9起9人、非法居留47起47人、非法就业5起13人。

【执法规范化建设】 制定《吉林市公安机关刑事案件指定管辖规定（试行）》等9项规定，出台《法制部门介入刑事案件证据收集规定》等7项执法管理工作制度，进一步推进执法规范化进程。

依法行政。制发《吉林市公安局2018年推进依法行政建设法治政府实施方案》，确定从依法履职、公开透明、高效便民、清正廉洁、守法诚信5个方面实施法治政府建设。全面完成23项重点工作，依法治市和法治政府建设取得成效。

执法巡查。分别于8月、11月进行两次全市范围的执法安全管理巡查工作。实地检查基层一线执法单位325个次，执法办案中心26个次，发现问题3469个，完成整改3276个，整改率94.44%。开展“月网上执法巡查”，印发网上执法巡查工作情况通报12次，通报、整改执法问题252个。

执法培训。推进以审判为中心的刑事诉讼制度改革，定期组织民警利用互联网“庭审直播”系统观摩庭审，提升法治素养和能力。举办4期“江城公安法治讲堂”，聘请省内外知名法官、检察官、律师以及公安法制专家，深入解读改革内容，提高民警证据意识、程序意识、诉讼意识。全市公安机关民警9000余人次参加培训。

行政审批事项清理。吉林“互联网+公安”综合服务平台新增实名注册用户1.6万人，咨询、办件8100件。落实“放管服”和“只跑一次”改革工作，组织39轮事项清单集中梳理工作，向市政府上报并公布市县两级公安机关行政审批事项清单1027项。其中，可实现“只跑一次”事项879项，梳理与公安机关有关的证明事项27项，修订权责清单72项。推进“民营企业发展微信平台”运行。建设14个微信平台，吸收公安机关领导、干警529人、民营企业负责人786人。发布宣传信息1.8万余条，发布法律常识、涉企典型案例评析等信息4000余条，各平台成员发布互动信息3万余条。

【教育培训】 年内，吉林市公安机关举办各类培训班39期，培训民警及其他人员5729人次。其中，全省公安机关新录用民警培训班2期364人，全市公安机关派出所所长、教导员、培训班2期320人，警衔晋升培训班2期420人，为市纪委、监委培训看管人员300人。配合市公安局政治部完成省公安厅年终教育训练考核的摸底考试和集中培训任务，266名参测民警全部达标。协助各警种、各县（市）区分局开展“轮训轮值”和岗位练兵活动，培训民警4000余人次。

【从优待警】 落实全警带薪休假，定期体检制度，组织77名荣立二等功以上荣誉民警赴广西桂林、北海等地开展功模休养。组织60名伤残民警赴湖南长沙、韶山等地开展健康休养。走访慰问烈士、因公牺牲民警家属、困难民警434人次，发放各类慰问金及烈士、因公牺牲及完全丧失劳动能力民警子女学费补助合计294.6万元。为2名符合优待入学条件的二等功以上民警子女提供入学就学帮助，为126名功模民警子女发放助学金。围绕全国“两会”安保、扫黑除恶专项斗争等公安中心工作及时开展表彰奖励，有1个集体立集体一等功、3个集体立集体二等功、18个集体立集体三等功；1人立个人一等功、30人立个人二等功、157人立个人三等功。交管支队船营大队二中队中队长孟靖涵等3人入围全省第三届“我最喜爱人民警察”评选，昌邑分局新地号派出所、丰满分局江南派出所等2个集体和高新分局高新派出所所长王鑫等21名个人被省公安厅授予“十佳百优”称号，交管支队10名突出贡献民警被市总工会授予“五一劳动奖章”。

【从严治警】 围绕“五弊”（管党治党不严、责任意识不强、工作效率不高、干事魄力不够、工作能力素质不高）和“八个重点领域”（从严治党、经济发展、金融风险防范、环境保护、脱贫攻坚、信访维稳、安全监管、效能服务）查摆问题，开列“五个清单”（查摆问题清单、原因剖析清单、整改措施清单、责任落实清单、完成任务清单）问题6246个，整改率100%。召开以“向人民报告工作”为题的征求意见座谈会337次，邀请各界群众代表4329人开门纳谏。在窗口单位开展明察暗访，发放调查问卷500余份，征求群众意见，解决群众反映强烈的突出问题。年内，查处民警违法违纪案件30起、34人。（张建民）

检 察

【概况】 2018年，全市各项检察工作继续保持在全省前列，6项主要业务工作全部进入省级优秀行列，3个派驻监所检察室被最高人民检察院评为全国一级规范检察室，脱贫攻坚工作被市委评为优秀等次。丰满区检察院被授予全国检察宣传先进单位，桦甸市检察院被最高人民检察院、人社部授予集体一等功。

【经济检察】 开展金融风险专项整治，依法打击非法吸收公众存款、集资诈骗、网络传销等经济犯罪86件103人，突出办理省沃地淞生物科技有限公司骗取国家节能减排专项资金4430万元等一批有重大影响案件。继续开展破坏环境资源犯罪专项治理，查处乱砍滥伐、毁林开荒等破坏环境资源犯罪152件194人，适时开展饮用水水源地专项保护、垃圾场专项治理、环保督察反馈问题专项整治等工作，督促有关部门治理河流8条、清理垃圾3.5万吨、整治污染企业230家、补种树木5万余株、恢复林地湿地525

公顷，避免直接经济损失1862万元。

【社会检察】 开展校园欺凌专项治理，查办侵害未成年人权益犯罪18件21人，对涉案未成年人不捕16人、不诉37人，跟踪帮教、心理疏导17人，通知合适成年人到场参与案件处理35次、封存未成年人犯罪记录129件，4个基层检察院建成专门未检办案区。开展信访积案化解攻坚，23起涉检信访积案及2起市委交办信访案件全部按期化解，连续10年实现涉检进京“零非访”。坚持有错必纠，依法办结刑事申诉72件、国家赔偿23件，依法返还扣押款物2629万元。

【民生检察】 依法维护民生民利，结合开展“保障舌尖上的安全”“放心消费在江城”专项整治，严惩销售假盐假药、伪劣肉制品等食品药品领域犯罪19件96人。参与恶意欠薪行为专项治理，为农民工讨薪开设司法审查“绿色通道”，依法查处拒不支付劳动报酬犯罪11件13人，以支持起诉、执行监督等方式帮助33名务工人员追讨工资60余万元。加强司法救助工作，为3名刑事被害人提供司法救助金23万元。参与脱贫攻坚，依法打击扶贫领域腐败犯罪4件4人，走访慰问昌邑区东局子街道盛昌社区20名困难群众，帮扶磐石市黑石镇文化村实现产业脱贫37户56人。完善便民利民措施，加大资金投入，完成市县两级检察院建设，挂牌成立12309检察服务中心，为群众提供线上线下“一站式”服务，受理来信来访1859件，开展远程视频接访31件，接待律师阅卷957次。

【批捕起诉】 2018年，贯彻宽严相济的刑事政策，批捕2652人、起诉5675人，不捕349人、不诉717人，其中认罪认罚依法从宽处理174件185人。开展扫黑除恶专项斗争，打击群众反映最强烈的横行作恶、危害一方、欺行霸市、操纵经营等黑恶势力犯罪，提前介入公安机关侦查29件，批捕涉黑44人、起诉57人，批捕涉恶164人、起诉112人，从严惩处“雪狼保安队”“三眼帮”“套路贷”等涉黑犯罪组织7个、恶势力犯罪集团7个，市检察院在全省扫黑除恶工作推进会上作经验交流。继续保持对腐败犯罪的高压态势，对监察机关立案调查的职务犯罪案件，提前介入53件69人，受理移送81件99人，提起公诉64件81人、决定不起诉7件8人，审查起诉省商务厅原厅长丛某21人系列腐败案、省投资集团原董事长刘某受贿案、市汽车工业园区管委会原主任李某贪污受贿案等一批重大案件。

【诉讼监督】 依法监督公安机关立案41件、监督撤案12件，追捕34人、追诉71人，刑事抗诉39件，法院改判或发回重审、指令再审20件。开展虚假诉讼监督24件、审判人员违法行为监督153件、民事执行监督234件；民事抗诉24件、发再审检察建议22件，法院采纳18件。发违法行政行为和违法行政强制措施监督检察建议292份，行政机关采纳并整改290件，比2017年上升116.3%；发非诉执行监督检察建议70件，法院采纳64件；办结行政诉讼监督31件，其中提请抗诉2件。依法纠正减刑、假释、暂予监外执行不当85件，纠正社区矫正人员脱管漏管37人，经羁押必要性审查建议改变强制措施198人。

【公益诉讼】 协调市委印发《关于支持全面开展检察机关提起公益诉讼工作的实施意见》，加强与行政执法机关维护公益方面的良性互动，着力形成“双赢多赢共赢”局面。围绕党委关切、群众关注的环境资源、国有资产、食药安全等领域问题，向行政机关发诉前检察建议342件，比2017年上升86.8%，行政机关整改300件，整改率88.8%；依法提起行政公益诉讼13件。开展“清理违法开设滑雪场专项监督”，督促有关部门依法取缔存在私自运营、少批多占、非法毁林问题的滑雪场3家，促进吉林市冰雪旅游产业健康发展。对社会高度关注的孙某等人销售15.5万千克病死猪肉案，在依法严肃追究其刑事责任的同时，以刑事附带民事诉讼方式，探索提出惩罚性赔偿请求，最终法院以涉案金额十倍标准，判处31名被告人赔偿人民币总计3000余万元，并责令通过媒体公开赔礼道歉。

【检察改革】 支持监察体制改革，向监察机关整体划转原职务犯罪侦查职能与机构，两级检察院按原有编制25%比例转隶人员188人。适应监察委调查案件导入司法程序需要，建立全新办案机制11项，与市监察委、市公安局就强制措施执行、补充调查程序等问题会签文件2个，实现法法贯通、平稳过渡。完善检察运行机制改革，深化以审判为中心诉讼制度改革，落实“捕诉一体”“简案快审”执法方式，探索“认罪认罚从宽处理”、检察建议公开宣告等办案机制，参与全省“206”刑事智能辅助系统、行政检察与行政执法衔接平台建设，提升检务智能化水平。

【长白山区域生态环境和资源保护检察监督专项行动】 开展长白山区域生态环境和资源保护检察监督专项行动是检察机关立足法律监督职能推进生态文明建设的有效载体。专项行动中，全市检察机关将长白山生态环境和资源保护领域作为行政执法监督及公益诉讼工作重点，积极与法院及林业、环保、水利、国土、食药监、审计、财政、住建等单位沟通协调，完善领域调研和机制衔接。市检察院与市环保局在建立协作配合文件基础上，数次召开联席会议，对全市案件统一进行研究，排查案件线索，商讨解决途径。2018年，全市两级检察机关发出纠正违法行为检察建议254件，纠正不作为和慢作为行为201个，提起行政公益诉讼案件8件，民事公益诉讼案件7件，诉讼请求均得到法院支持，90%行政公益诉讼案件在诉前程序中得到有效解决，为吉林市生态文明建设作出贡献。

【清理破坏生态环境违法开设滑雪场检察监督专项行动】 2018年，全市检察机关围绕市委市政府决策部署，找准服务吉林市冰雪旅游产业健康发展的切入点，创造性开展清理破坏生态环境违法开设滑雪场检察监督专项行动。在林业、国土、环保等相关部门配合下，调查摸清全市滑雪场的建设、审批和运营情况，发现部分滑雪场存在建设无序、先建后批、边建边批、私自扩大使用土地面积等问题。考虑到保护民营经济发展、营造优良营商环境等因素，市检察院党组就相关工作及时向市委、市委政法委汇报，以事要解决为原则，保持谦抑审慎地行使检察权，通过检察监督手段推动问题解决，进而形成合理有序发展氛围，向行政机关发出检察建议5份，督促相关行政机关依法履职，行政机关作出行政处罚的有5个滑雪场，其中3个滑雪场被取缔，其余滑雪场进行整改。该项工作得到市委高度重视，被市委列为年度重点工作。 （市检察院）

法 院

【概况】 吉林市中级人民法院下辖船营区、昌邑区、龙潭区、丰满区、高新区、永吉县、磐石市、桦甸市、蛟河市、舒兰市10个基层人民法院、20个派出人民法庭。全市两级法院核定政法专项编制1256名，实有1119人。其中，员额法官456人，司法辅助人员和司法行政人员663人。

2018年，全市两级法院受理各类案件81140件，审（执）结72762件，结案率89.7%，诉讼案件法定审限内结案率（指在法律规定的审理期限内审结的诉讼案件数占诉讼案件结案数的百分比）99.7%。吉林市中级人民法院受理各类案件8193件，审（执）结7617件，结案率93.0%，诉讼案件法定审限内结案率99.9%。

年内，全市法院多项工作经验被上级法院推广，省高级人民法院、中共吉林市委主要领导对吉林市中级人民法院整体工作给予充分肯定。全市法院在吉林省高级人民法院组织的2018年度目标责任制考核中全部达标，吉林市中级人民法院连续2年被评为市（州）法院优秀档次，船营区、蛟河市、磐石市法院进入全省基层法院优秀行列。吉林市中级人民法院司法警察支队被评为“全国法院先进集体”，1名副庭长被评为“全国优秀法官”。吉林市中级人民法院和船营区法院被评为“全国法院新闻宣传暨网络宣传先进单位”。市法院主办的《松花江审判》被评为“全国法院优秀期刊”。

【刑事案件审理】 年内，全市法院审结各类一、二审刑事案件4896件，判处五年以上有期徒刑等刑罚664人。贯彻宽严相济刑事政策，从严惩处危害国家安全、公共安全，破坏社会主义市场经济秩序，侵犯公民人身权、财产权犯罪。严把案件事实关、证据关、程序关和适用法律关，审结一批最高院、省高院指定管辖、在全国和省内有影响的刑事大要案。

【扫黑除恶专项斗争】 聚焦中央和省、市委决策部署以及上级法院要求，建立制度体系，突出打击重点，坚持法律标准，层层压实责任，内外协调互动，震慑黑恶势力犯罪。全年审结涉黑涉恶案件17件49人。

【民商事案件审理】 实行民商事案件繁简分流，积极适用小额诉讼、督促程序和简易程序，推进办案提速。全年审结一、二审民商事案件38477件，平均办理天数48.4天。合力打造“枫桥经验”的吉林样板，全市法院一审民商事案件调撤率49.8%，比2017年提高5.5个百分点。

【行政案件审理】 年内，审结一审、二审行政案件2611件。创新行政审判机制，龙潭法院行政案件简易程序适用率为91.7%。落实依法治市工作任务，发出司法建议58份，发布行政审判白皮书，助力法治政府建设。

【涉诉信访化解】 落实包案责任，推动律师代理申诉，法律援助律师全面入驻诉讼服务中心，凝聚社会合力减少信访存量，年内化解旧访123件。强化审判质效监管和判后层级答疑，从源头上防止新访。两级法院全年仅发生新访18件，案访比（指在一定时期内办结各类案件总量与发生新访案件数量之比，比值越大，说明办案的整体质量越高）4042∶1。控制越级访，稳定重大会事期间信访秩序。

【司法便民服务】 释放诉讼服务中心功能，开展规范立案行为专项行动，保障合法诉权，全市法院当场立案率95.4%。为农民工讨薪和赡养、抚养诉讼开辟绿色通道，深入老弱病残、地域偏远当事人住所地开庭办案2100余件次，为诉讼能力较弱的当事人指定法律援助律师802人次，为困难当事人减缓诉讼费659件383.3万元。《人民日报》和中央电视台等主流媒体多次报道吉林市中级人民法院和船营区、高新区、永吉县、蛟河市等法院保障民生做法。

【案件执行工作】 构建执行联动格局。贯彻落实中央和省委、市委关于基本解决执行难文件精神，市中级人民法院和市交管支队、不动产登记中心、住房公积金管理中心实现“点对点”对接，与19个部门联合出台惩戒失信被执行人的实施意见，市委政法委协调司法救助资金400余万元，形成综合治理执行难的工作格局。

推进执行机制创新。针对被执行人难找、执行款物难查、协助执行人难求、特殊主体难办等实际，吉林市中级人民法院在东北三省率先实施执行悬赏保险，主动试水案件关联执行，引入第三方参与司法网拍。上述工作经验被最高院向全国法院宣传推介。

加大拒执行为惩戒力度。用足用好强制措施，保持对规避执行、抗拒执行高压态势。在近三年执行攻坚期间，全市法院发布失信被执行人名单19632例、限制高消费30882例、罚款186人次、司法拘留990人次，以拒不执行判决、裁定罪判处46件49人，以非法处置查封、扣押、冻结的财产罪判处17件21人，2422名“老赖”迫于惩戒压力履行了判决义务。

提升执行工作效能。聚焦最高人民法院基本解决执行难目标，层层落实主体责任，制定人财物倾斜政策，推进执行信息化、规范化建设，全市法院执行案件综合执结率达91%以上，实际到位款物折合人民币82.35亿元，涉民生案件到位款项1.84亿元，涉政府执行案件全部执结。

【法律保障服务】 服务“三大攻坚战”。在全省法院率先出台服务保障“三大攻坚战”（防范化解重大风险、精准脱贫、污染防治的攻坚战）指导意见，并设立金融审判等专业合议庭，助力防控金融风险。优质高效审理涉环保案件，推进环境公益诉讼，申请设立旅游纠纷巡回审判法庭。吉林市中级人民法院在全国法院会议上介绍环境资源案件审判经验。丰满区人民法院全力服务松花湖景区林地及水域环保治理，舒兰市人民法院为涉环保诉讼开设快速通道。

保障实施重大发展战略。妥善处理涉及“双十”项目（十大产业项目和十大城镇化工程）建设、乡村振兴战略等纠纷。发挥破产重整职能，审理大型国企重整案件，帮助企业摆脱困境，加大“僵尸”企业破产清算力度，依法终结破产清算程序32件，未发生行业性风险和重大群体性事件。强化组织领导，优化军地协调，完成65个涉军“停偿”项目诉讼执行任务。磐石市人民法院在北部战区五省（区）涉军维权表彰会上介绍工作经验。

营造安商护商氛围。吉林市中级人民法院在全省法院率先研判出台让涉诉企业“只跑一次”和服务民营经济发展两个指导意见，持续开展“百名法官进百企，服务三抓促振兴”主题实践活动，为相关企业开展个性化服务。倡导“谦抑审慎善意”司法，慎重采取强制措施，从严规制司法行为，确保各类市场主体放心投资、安心创业。中共吉林市委和吉林省高级人民法院主要领导对吉林市法院优化营商法治环境做法给予肯定。

【审判体制改革】 落实司法责任制。修订审判（执行）权运行实施办法和审委会议事规则、专业法官会议规则，强化控权程序设计，规范院、庭长监督行为，定期评查庭审、文书和发改案件，纠正案件、问责法官、兑现奖惩。船营区人民法院被最高院评为首届全国法院审判管理优秀单位。

推进以审判为中心的刑事诉讼制度改革。推行简案快审，全市法院简案快审比率为78%，当庭宣判率84%，比2017年分别上升48%、11.3%。桦甸市人民法院当庭宣判率91.7%。坚持繁案精审，严格落实罪刑法定、疑罪从无、证据裁判和非法证据排除等原则制度，坚决防范冤假错案。两级法院依法对30起案件的指控罪名、47起案件的指控事实不予认定，宣告无罪5件6人。省人大常委会调研组对吉林市改革成果给予充分肯定。

落实改革配套措施。推进“道交一体化”（指道路交通事故纠纷“网上一体化处理”）试点和城区家事案件集中管辖，搭建“分调裁”（指案件的繁简分流和调解速裁）平台，吉林市中级人民法院二审民商事案件速裁适用率为71.8%。严格落实院、庭长办案制度，优化专业审判团队建设，探索法官动态管理办法，缓解司法辅助人员短缺矛盾，提升审判工作质效。

【智慧法院建设】 电子卷宗随案同步生成和深度应用。履行试点职责，开发应用“诉讼无忧e中心”和“云柜”系统，实现电子卷宗扫描、挂载和纸质卷宗移送“三同步”。吉林市中级人民法院和磐石市、蛟河市人民法院在全省法院专题会议上介绍工作经验。

网上办案服务。释放信息化建设成果，两级法院一审民事、行政案件网上立案率分别为93.1%、70.9%。吉林市中级人民法院电子送达、网上开庭、网上证据交换、网上阅卷等核心指标均位列全省法院第一。

司法公开。全市法院通过网络平台公开案件流程信息59580件、裁判文书62942篇、案件执行信息4339件。吉林市中级人民法院文书上网率和庭审直播数量均位居全省法院前列，3个庭审入选全国法院百场优秀直播庭审。在全国法院司法透明度指数评估中，吉林市中级人民法院跃居全国49家较大中院第4位。船营区人民法院进入全国基层法院庭审公开前100名。外省市多家法院到吉林市考察智慧法院建设应用成果。

链接 >>

诉讼无忧e中心——市法院结合智慧法院建设需求，在全省法院率先建立纸质卷宗扫描、电子卷宗随案同步生成“一体化”工作平台，实现了材料转接、扫描服务和电子卷宗挂载系统、智能流转、OCR识别等应用功能。该中心是推进实现法院无纸化、全流程网上办案和电子卷宗公开工作的重要基础平台。

【法院接受监督】 接受地方党委领导。正确处理接受中国共产党的领导和依法独立审判的关系，主动向市委汇报年度工作思路和司法服务决策动态，落实市委作出相关决议、决定，确保法院工作正确政治方向。

接受人大、政协监督。吉林市中级人民法院分别向市人大常委会报告、市政协常委会通报以审判为中心的刑事诉讼制度改革和工作机制创新举措，邀请代表、委员观察庭审、听证和见证重大案件执行过程98人次。

接受社会各界监督。认真办理检察建议，依法审理抗诉案件。定期邀请民主党派、无党派人士及工商联、社科联负责人参加公众开放日活动，参观诉讼服务设施，通报法院阶段性工作，征求意见建议，促进法院科学发展。

【吉林中院司法透明度指数评估进全国前五名】 3月22日，中国社会科学院法学研究所、社会科学文献出版社联合发布法治蓝皮书《中国法治发展报告No.16（2018）》，披露2017年度中国司法透明度指数情况。吉林市中级人民法院在81家参评法院中排名第5位，在49家中级法院排名中列第4位。连续3年排名进入前二十名。

【吉林中院被中国庭审公开网评为2018年“优秀直播法院”】 在中国庭审公开网2018年度“优秀直播法院”“直播量增长前50名法院”“优秀直播法官”“最受关注直播案件”4个奖项评比中，吉林市中级人民法院以1129场庭审直播在全国425家中级法院排名中位居第20位，被评为“优秀直播法院”。庭审直播总量1718场，在全国中级法院中排名第18位。船营法院被评为“直播量增长前50名法院”、船营法院法官李杰被评为“优秀直播法官”。吉林市中级人民法院连续2年获得“优秀直播法院”称号，是吉林省唯一入选中级法院。2018年，吉林市中级人民法院庭审直播观看量2290120次，场均观看量2028次。庭审直播场次较2017年度增长89.11%，实现全市法院全覆盖、案件类型全覆盖、全市员额法官全覆盖。

【《松花江审判》被评为全国法院优秀期刊】 11月，最高人民法院印发通报，公布全国法院优秀期刊评选结果，地方各级法院主办的100种期刊入选全国法院优秀期刊，吉林市中级人民法院编辑出版的《松花江审判》被评为全国法院优秀期刊，成为吉林省法院唯一入选期刊。《松花江审判》创办于20世纪80年代初，为定期出版季刊，2016年吉林省新闻出版广电局为《松花江审判》办理内部资料性出版物准印证，至2018年出版136期。（李振峰）

司法行政

【概况】 至2018年年末，全市有律师机构71家，包括10家法律援助中心，注册执业律师581人；公证机构9家（其中2个林区公证处暂停执业），执业公证员53人；基层司法所139个，基层法律服务所89个，法律工作者290人；司法鉴定机构9家，司法鉴定人150人。

2018年，吉林市司法局履行法律服务、法治宣传和法律保障职能，推进重点工作任务落实，服务稳定、服务发展、服务民生等各项工作取得阶段性成果。成立律师代理申诉服务中心做法得到省司法厅厅长张毅批示，被《吉林日报》等媒体翔实报道，国务院网站予以刊发，律师参与社会矛盾化解工作经验在中央政法委举办的市级政法委书记培训班上交流；公共法律服务体系建设成功经验——《桦甸市推动政府购买法律服务实现村（居）法律顾问全覆盖》得到省司法厅厅长张毅批示，省政府《每日要情》予以刊发；吉林市医疗纠纷调解委员会被评为“全国人民调解工作先进集体”；恒正达律师事务所被司法部评为律师党建先进所；公共法律服务体系建设走在全省前列，省政协副主席曹宇光予以高度评价。

【法治宣传教育】 开展领导干部学法用法工作。组织全市党政机关宪法知识专题讲座，党政机关班子成员582人参加讲座；举办全市党政机关宪法知识电视大赛，全市党政机关60个单位、180余人参与预赛（笔试），总决赛实况在市电视台新闻频道全程播放；举办法治大讲堂25场；组织全市党政机关6000余名副科级以上领导干部进行宪法法律知识考试。

开展“松花江普法行”活动。7月5日，在吉林市政府门前广场举办全市“松花江普法行”暨“守护白山松水法律在行动”启动仪式。围绕保护松花江母亲河，全市13个普法讲师团、520个基层普法小分队、5500名志愿者，深入松花江两岸流域社区（村屯），通过专题讲座等形式宣传《中华人民共和国环境保护法》等20余部法律法规，普及率85%。市县两级举办“松花江普法行”专场文艺演出4场。

深化市、县（区）、乡（镇）、村（社区）四级联治联创模式，开展法治县（市）区、法治乡（镇）街、“民主法治示范村（社区）”创建活动，提升全社会法治化管理水平。

做好省人大“七五”普法中期检查迎检工作。制定下发《2018年全市普法依法治理工作要点》。督导各县（市）区开展“七五”普法中期自检自查工作。落实各县（市）区“法律六进”（法律进机关、进乡村、进社区、进学校、进企业、进单位）典型示范工作点。完成吉林市“七五”普法中期迎检汇报材料和档案资料整理工作，摄制“七五”普法中期迎检专题片。开展“我与宪法”优秀微视频征集活动，向省司法厅上报微视频18个。利用互联网、微信微博及报纸、电视、广播宣传宪法8500余次，受教育面70%。

【司法行政改革】 适应“放管服”改革需要，深化公证体制改革，推进合作制公证机构试点工作，成立吉林市沿江公证处，办理各类公证4700余件。推进“只跑一次”改革。11月12日，市司法局召开“只跑一次”公证法律集成服务建设推进会，正式确立在政务服务窗口搭建集成服务平台。年内，全市司法行政审批11类75项全部进入大厅，实现“大厅之外无审批”。公证机构梳理出28项“只跑一次”公证事项清单，编制办事指南，办理相关公证事项8000余件，实现公证业务办理“只跑一次”。

【公共法律服务】 加强决策咨询委员会法律顾问工作。组织2018年首次函询论证，对市国土资源局申报的关于建立健全国土资源执法监管共同责任机制相关事宜进行论证，提出修改意见20余条。参加政府常务会议14次，对市政府专题论证会提出书面论证意见100%，对函询事项书面答复100%。

组织“三抓”（抓环境、抓项目、抓落实）专项行动。各“涉企法律服务团”“双十项目顾问团”和市政府“决咨委”法律顾问组为全市2500余家大型企业、20个大型在建项目提供法律体检2000余次，咨询论证2600余次，出具法律意见书1700余份，代理涉及企业债权债务、知识产权、劳务用工和征地补偿等各类纠纷的诉讼案件208件，办理涉企公证业务5000余件。涉企司法鉴定业务400余件，为企业减免法律服务费用近千万元，涉及资金近20亿元。

建设市、县（市）区、乡（镇）街道、村（社区）四级公共法律服务体系实体平台，平台功能职责定位“3+X”模式（“3”为法律咨询、法律援助、人民调解，X为其他法律服务），打造集“协调联动、业务管理、服务群众”三位一体综合性公共法律服务平台，实现公共法律服务实体平台“一站通”。3月，市司法局在桦甸市召开全力推进公共法律服务实体平台建设现场会，推广桦甸市“一村居一法律顾问”等做法。年内，吉林市9个县（市）区全部建成公共法律服务中心；乡（镇）街道建立公共法律服务站141个，村（社区）建立公共法律服务室1603个。

开通吉林市“12348”公共法律服务微信公众号，链接司法部网站、12348中国法网等平台，制作二维码10万张分发至社区（村屯），通过信息化手段推动“互联网+公共法律服务”落地开花，实现公共法律服务网络平台“一网通”。

开展司法鉴定“三到一免”活动（到现场、到家庭、到病床服务，为困难群众减免鉴定费用），提供到现场、到家庭、到病床服务199次，为困难群众减免鉴定费用20.1万元。

年内，“12348”公共法律服务热线接待群众咨询电话10175人次。

【特殊人群管理】 指导市强制隔离戒毒所开展各类演练9次。9个县（市）区社区矫正中心全部建成，对9个县（市）区及64个司法所开展社区矫正执法巡查工作，举办社区服刑人员集中教育9期，全市社区服刑人员在册3021人，再犯罪率0.03%。强化刑满释放人员安置帮教工作措施，应接收2726人，实际接收2663人，安置率100%，未发生重新违法犯罪案件。

【矛盾纠纷排查化解】 通过完善人民调解组织网络，丰富“百姓说事点”功能，凸显专业性行业性人民调解组织作用，全市各级人民调解组织调处各类矛盾纠纷22414件，调处成功21810件，成功率97.3%。市医疗调查委员会受理纠纷181件，调解成功149件，成功率82.3%。两级信访法律事务服务机构受理案件210件，办结183件。

【扫黑除恶专项斗争】 指导市强制戒毒所干警与强戒人员逐个谈话，制作涉黑涉恶线索摸排登记表，排查走访社区戒

7月5日，吉林市龙潭区在江北公园开展以“美丽中国，我是行动者”为主题的“松花江普法行”宣传活动　　（杨自羽　摄）

毒（康复）人员。对社区服刑人员严格管控，对黑、恶、枪、暴等“四涉类”罪犯和抵触服刑犯等重点人员制定管控个案，防止其参加黑恶势力活动。重点走访曾涉黑涉恶及聚众斗殴等犯罪类型的刑满释放人员，并采取相应稳控措施。组织各律师事务所按照时间节点履行涉黑案件报备程序，收到涉黑报备案件61件（其中，法律援助7起），实现了“零”漏报要求。发挥村（社区）调委会、人民调解员、百姓说事点信息员作用，开展矛盾纠纷扫黑除恶“大排查、大调处”活动，排查出线索39个。其中，涉及强制隔离戒毒的14个，社区矫正的2个，涉黑涉恶刑满释放人员23人。

【法治文化建设】 在吉林市政府门前广场、乡镇街道、村屯社区，常常能看到“松花江普法行”法治文艺节目。来自舒兰市小剧团、丰满区艺术宣传队等23个法治宣传文艺队伍的近300名文艺骨干，行走在法治文化建设第一线，深入基层慰问演出，在为群众带去欢笑的同时，把法律知识也带到人们面前。特别是连续举办两届的吉林市“乡村法治文艺大赛”，内容涵盖歌曲、舞蹈、快板、小品、相声、“三句半”、地方戏等多种形式，大多是来自基层群众创作、表演，有的还是表演者的亲身经历，活动现场节目精彩、气氛热烈，观众称之为家门口的“法治文化大餐”。通过法治与文化的互动，宣传与实践的结合，搭建起群众参与法治宣传的互动平台，以艺术表现形式演绎法律内涵，传播法治理念。“松花江普法行”活动成为强化法治文化建设、丰富法治文化载体、创建法治文化品牌的重要载体。

【法律援助】 *法律援助工作站建设。*4月9日，市法援中心与市人民检察院就建立检察院法律援助工作站召开座谈会，制定下发《关于在全市两级人民检察院案管中心设立法律援助工作站的实施方案》。11月14日，市法律援助中心在江城监狱举行法律援助工作站揭牌仪式，并现场开展解答咨询提供法律服务。

*重点人群和重点领域法律援助。*为全市59个贫困村配齐法律援助联络员，建立83人组成的微信工作群，举办贫困人员法律知识培训班23场。为持有“法律援助便民服务卡”的贫困人员代理民事案件21件，刑事案件2件，接待咨询290余人次。全市法律援助机构办理法律援助案件3382件，基本实现重点人群法律援助全覆盖。

【法律扶贫】 结合人民群众现实法律需求，制发《关于在全市开展“法律扶贫”活动的实施方案》，实现市直机关与法治建设薄弱村屯面对面对接帮扶，促进基层法治建设。在全市范围内推广磐石市“法律参事”做法，在机关干部以及普法志愿者中选派人员到农村担任“法律参事”，帮助农村（社区）把好政策法律关，促进宪法专题宣传。至2018年年末，全市有900余名法律工作者被确定为“法律参事”，为712个村（社区）担任法律顾问，提供法律咨询185件，参加矛盾纠纷形势研判会23次，组织法律讲座33次，参与排查化解矛盾纠纷124次，受理法律援助77件，受到群众好评。

【律师事务】 2018年3月，市司法局组织召开全市律师工作大会，全市500余名律师参加会议。9月22日，市司法局组织国家统一法律职业资格计算机化考试工作，做好考试报名、考场设定、组织考试等各环节工作，设置考点8个，考场52个，为吉林市地区、延边州地区2876名考生参加考试提供保障。年内，通过“律师进社区”和“助力百村振兴”活动，208名驻社区律师及103名驻村律师开展普法讲座等活动730余次，提供义务法律咨询2300余人次，发放助力百村振兴律师联系卡1万余张。

【公证事务】 截至2018年年末，全市有公证机构9家（2个村区公证处暂停营业），执业公证员53人。吉林市有江城公证处和沿江公证处2家公证机构。6月19日，吉林市沿江公证处正式对外执业。年内，吉林市公证机构办理各类公证7.81万件。

【律师代理申诉案件服务中心成立】 4月20日，市司法局组织召开吉林市律师服务党委工作大局、参与社会矛盾纠纷化解、开展律师代理申诉工作研讨会等工作，正式成立吉林市律师代理申诉案件服务中心。该中心是依托吉林市律师协会在市民政局登记成立的民办非企业性质的法律志愿服务组织，建立联席会议制度、受案制度、派驻制度和法律援助等制度，主要受理在全市有较大影响的重大疑难再审、申诉案件（包括政法机关转交办和申诉人自访案件）。市司法局选派12名政治立场坚定、业务素质强、社会认可度高的优秀律师组成“中心”服务团队，市律师协会会长修保担任主任。年内，律师代理申诉服务中心受理申诉案件60余件，办结30余件。　　（宋　扬）

军　事

MILITARY AFAIRS

吉林军分区

【概况】 2018年，吉林军分区党委贯彻落实军委国防动员部和省军区党委决策部署，团结带领官兵开展部队建设。讲政治铸牢忠诚根基、讲使命开展练兵备战、讲改革推动创新发展、讲纲纪从严正风反腐，开创国防动员事业新局面。

【思想政治建设】 发把学习贯彻习近平新时代中国特色社会主义思想和党的十九大精神作为重大政治任务，持续深入推进，强化官兵“四个意识”（政治意识、大局意识、核心意识、看齐意识）。开展“传承红色基因、担当强军重任”主题教育，抓好“两学一做”（学党章党规、学系列讲话、做合格党员）学习教育常态化制度化，开展“做时代新人、当强军先锋”群众性实践活动，听党指挥更加坚定自觉。

【应急行动建设】 抓日常战备，研究制定战备值班手册，规范值班设置，建立常态抽查报告制度，形成常态戒备。对省军区赋予的11项国防动员准备任务，党委研究建立军地联合指挥机构，制定国防动员方案，完成应急力量编配任务。组织首长机关训练，参加省军区封闭集训，参训人员成绩全部合格，军事素质和指挥能力得到锤炼。完成民兵常态备勤试点和省军区防化教练员集训任务，民兵基地化组训率67.7%，考核合格率92%。

【落实从严治党】 贯彻中央军委党的建设会议精神，查找两级问题，推动逐项整改。严肃党内政治生活，对照要求高标准开好民主生活会，落实机关组织生活制度。推进正风肃纪反腐，查处蛟河市人武部严重违规违纪问题，持续净化政治生态。贯彻落实民主集中制原则，确保科学决策。突出政治标准、聚焦备战打仗选干部配班子，保持干部队伍稳定。

【党管武装】 推动党管武装工作创新发展，坚持和加强党委议军、武委会例会等基本制度。指导各人武部召开武装工作会议，保证军分区各级年度工作顺利展开。落实省委议军会议精神，征集驻军部队和各人武部建设情况和军民融合发展意见建议。市县两级党委先后解决6大类、30余个武装工作重点难点问题，将征兵工作纳入干部目标责任制。支持驻军建设，新建消防指挥中心，购置武警巡逻车和野战炊具等。建成松花湖水上训练基地。筹集资金8.2亿元，保障优抚对象待遇落实和驻吉部队暖房子工程改建。投入资金解决新组建或移防部队基础建设。

【征兵工作】 2018年，吉林地区兵役登记率100%。征兵视频和图板通过电视台和“吉林市国际马拉松比赛”展播，在微信和“今日头条”开通“吉林市征兵公众号”，《江城日报》《江城晚报》相继在头版报道吉林市征兵新闻，刊登征兵政策解读，扩大征兵宣传覆盖范围。实行封闭体检，落实“谁体检、谁签字、谁负责”原则。在广播、电视、报刊以及网络上向全社会公布监督电话和举报邮箱，实现“零报告”。开展役前训练和教育，淘汰不合格兵源，推动“五率”（报名率、上站率、合格率、择优率和退兵率）落实，完成年度征集任务。

【军事训练】 完成首长机关编组作业、军事理论、体能训练和实弹射击等军事训练任务。创新“集中驻训、常态备勤”工作机制，完成民兵防空、应急、防化、通信、医疗、运输等9个专业、165个课目训练任务。9月，省军区对龙潭民兵应急一连个人防护、医疗救护和手榴弹投掷抽考，合格率达到规定标准。10月，开展“牢记使命、矢志强军”训练展示表彰活动，对训练优异和工作突出的民兵和专武干部进行表彰。11月，军委国防动员部对船营民兵应急一连拉动点验和考核，成绩优秀。在民兵训练基地完成省军区防化教练员96人为期10天集中训练，训练保障能力受到省军区表彰。

【国防教育】 依据《中华人民共和国国防教育法》开展国防教育工作。建设中小学校国防教育基地，制定《吉林市中小学校国防教育实施细则（试行）》。吉林市革命烈士陵园被评为“国家级国防教育基地”。联合市人防办，在人民广场举行“第十八个全民国防教育日暨2018年度吉林市国防人防教育”广场集中宣传活动，增强人民群众国防观念。突出党政领导机关重点，协调保障省国防教育讲师团到吉林市委进行国防教育

5月11日，吉林军分区组织民兵防暴分队开展防暴训练　　（尹家宝　摄）

宣讲。吉林市民企拥军协会、武警吉林支队九中队和大妈拥军队队长许玉贤获“国防建设突出贡献奖”第一名。撰写的大妈拥军队事迹《夕阳唱晚分外红》在全军第十二届民兵刊物评比中获一等奖。市委宣传部被评为全国国防教育工作先进单位，吉林市民营企业拥军协会被评为全国拥军模范单位。

【国防动员】 制定《吉林市国防动员委员会工作规则》，调整市、县两级国动委主要领导和单位成员，落实各职能办公室人员编配，将网信动员办公室由市政府办公厅调整到市工信局，增设装备动员办公室。3月至5月，开展国防动员潜力调查，汇总上报8类181项7万余条潜力数据。结合民兵组织调整，对各县（市）区国防动员潜力数据进行核实，对存在问题进行整改。4月下旬，编组首支网信动员分队。完成北部战区和省军区对国防交通专业保障队伍城区中队点验拉动，人员、装备到点率100%。

军地联合印发《民兵调整改革方案》，研究编兵整组课题，调整优化民兵种类结构，拓展编兵整组渠道，完成3类编兵整组任务。吉林军分区机关和船营区人武部代表省军区在军委国防动员部检查考评中取得第六名的成绩。以“五率”（报名率、上站率、合格率、择优率和退兵率）牵引，加强质量排序和大学生征集，优先完成征集任务。完成国防动员潜力调查8类181项数据普查任务。组织“我爱国防”大学生演讲比赛，5名选手分别进入省级决赛和全国比赛。

【双拥参建】 落实军人子女优待入学政策，为32名军人子女中考加分，72名军人子女择校入学；落实24名随军随调家属安置工作，为430名随军未就业家属落实货币化补助政策；建军91周年之际举办“情系橄榄绿、爱约松花江”军人集体婚礼。持续开展“感恩、奉献”教育活动，组织军分区部队并协调驻军，完成困难群众走访慰问、春季植树、义务献血、吉林市国际马拉松赛事保障等相关共建任务。投入16.3万元完成分区包保蛟河市南大村建档立卡贫困户危房改造、暖房工程建设和村两委党建帮扶及园区修缮工作。

【安全管理】 强化底线思维，贯彻落实新一代共同条令，开展“贯彻落实新条令 塑造军队好样子”活动，抓部队训练安全。每月开展安全大检查，清查整改各类安全问题145个。逐级压实管理责任，加大重要目标、重点部位安全防范力度，常态化组织突发情况处置演练，迎接军委国防动员部安全大检查得到上级机关认可。组织军分区、人武部两级严格贯彻依据新条令，定期组织安全形 势分析，自上而下开展安全风险评估，逐级压实管理责任，逐人明确责任分工。组织巡回检查，集中梳理制度坚持不到位、硬性要求不落底、安全设施有短板等问题145条。8月，检出组织领导类、基本制度类、保密管理类、车辆消防类、武器装备类问题32条，反复纠治整治，部队管理秩序更加正规、制度落实更加规范。抓训练安全评估预测，开展安全教育和训练，严密组织实弹射击，确保训练安全，对军网防火墙、交换机、IP保密机等核心设备参数设置进行检查整改，对联接军网终端电脑的杀毒软件、病毒防护系统、个人密码等按要求进行相应设置，确保军分区全年未发生军网安全保密问题。结合泄密事件通报，加强保密教育筑牢保密思想防线。规范军分区、人武部办公行文，每月一次正规化检查，完善机关营区安防监控系统，恢复播放作息号，规范正规化秩序；发挥士官骨干作用，在协助地方学校和共建单位完成军训任务、组织军队高等教育自学考试、维护机关正常工作等方面发挥积极作用。

5月11日，吉林军分区组织民兵开展水上救援训练　　（李国标　摄）

9月12日，吉林军分区进行新兵役前留影 （刘 铭 摄）

【报废弹药调运】 9月，接到国防动员部《关于销毁报废弹药的通知》后，吉林军分区成立以司令员、政委为组长，副司令员为副组长的领导小组，协调成立吉林市委、市政府主要领导参加的军地报废弹药领导小组，制定详细方案计划、精心筹划准备、严密组织实施。在调运过程中，省军区派人现场检查指导装载；运输期间，军分区领导全程带队督导，确保运输卸载万无一失。9月13日至15日，完成4类报废弹药调运工作。

【综合保障】 落实财经监管，严把立项审批核销关口，逐级签订理财责任书，针对问题从严整改。把停止有偿服务作为重大政治任务，针对停止有偿服务任务涉及面广、协调难度大的实际问题，协调军地多次召开领导小组会和任务推进会，全市501个停偿项目全部按时限顺利关停。军地合力攻坚克难，完成报废弹药调运工作，保障处处长被推荐军委国防动员部表彰。持续加强营区综合整治，改善官兵生活环境。 （李国标）

武警吉林支队

【概况】 2018年1月1日起，根据军队规模结构和力量编成调整改革任务部署，番号改编为武警吉林支队。主要担负吉林市辖区内看押、看守、重要目标守卫、丰满水电站附近水域巡逻警戒和吉林市地区的城市武装巡逻、抢险救援、处突维稳等任务。年内，先后完成武装押解、装备押运、“1803”“1816”等临时重大勤务40余起，完成2018年吉林市国际马拉松比赛临时警卫勤务，打赢三场维稳战役。2018年，获得武警部队“运筹”参谋业务大比武总队范围内支队级“团体第一名”、总队首届“尖兵”军事体育竞赛团体第二名、总队特战分队暨应急班比武竞赛特战分队团体总分第二名优异成绩，教导队士官张琦被评为武警部队优秀教练员。

【思想建设】 学习中共十九大和中央军委党的建设会议精神，特别是把习近平主席系列重要讲话作为首要政治任务抓紧抓好。第一时间纳入党委中心组、经常性政治教育、党团活动计划，党委层面坚持学在前、用在前，深入领会重大理论观点、重大战略思想、重大工作部署；部队层面运用信息网络、板报橱窗、警营广播、微信平台等载体，开展“每天一学习、日学一观点”学习活动。

借“学训词、铸军魂、开新篇”专题教育之势，开展“学习背记训令训词”群众性实践活动。每月召开教育准备会，随机抽点基层干部授课，提升基层干部“四会”（会搞思想调查和计划安排教育、会运用现代化教学手段备课讲课、会做思想工作、会进行心理教育疏导）能力，姜博、代钦宇、孙建三名基层干部在总队优秀“四会”政治教员评比竞赛中被评为“十佳”优秀政治教员。支队“传承红色基因 担当强军重任”第三专题大课辅导受到好评。创新开展党课教育，在书记带头讲党课基础上，邀请杨靖宇密营纪念馆馆长、吉林市市委党校教授等为官兵讲述抗联英雄故事。

加强营区政治环境建设，组织开展“奋进新时代、努力创一流”强军战歌歌咏比赛。坚持“一队一特色、人人有特长”理念，开展特色文化活动，加强仪式教育，举行迎接武警部队队旗仪式和宣布命令暨警官晋升警衔大会，全程邀请官兵家属参加，激发官兵献身强军事业的自豪感和荣誉感。

【执勤工作】 贯彻新时代执勤思路，开展两项执勤安全教育整顿，全员摸排思想、全域扫除盲区、全面鉴定部署。协调目标单位争取经费19万余元完善执勤

1月30日，武警吉林支队举行迎接武警部队队旗仪式 （武警吉林支队 供图）

设施，持续推进“智慧磐石”工程建设和“五防一体化”（人防、物防、技防、联防、犬防一体化建设）升级改造，协调地方引入公安“雪亮”工程，与吉林市气象局建立信息共享机制，科技强勤工程推进有力。10月，贯彻落实武警部队《关于切实采取措施加强固定目标执勤工作的通知》精神，汲取凌源第三监狱在押犯脱逃事件教训，严密组织“零点行动”，加强执勤工作落实。

【训练工作】 严格落实“军事训练一票否决制”，组织勤训轮换、应急专项准备“12种能力”检验评估、“魔鬼周”极限训练、“卫士—18·白山”演习和各级各类比武竞赛，率先开展水上反恐训练，提高部队实战化训练水平。支队召开庆功授奖大会，对59名军事训练成绩突出个人表彰奖励，记功嘉奖数占年度奖励数的83%，立起“训练有为、训练有位、训练有功”鲜明导向。1月3日，武警吉林支队开展2018年冬季野营拉练，培养官兵意志品质和战斗精神，锻炼培养各级指挥员组织指挥能力。2月2日至6日，根据北部战区联指中心统一部署，武警吉林支队严密组织参加北部战区联指中心带辖区武警内卫总队指挥处置重要特殊情况演练。吉林支队着眼处置抢险救援行动，立足实战化需求，完成遂行抢险救援行动演练任务。组织军体“尖兵”选拔竞赛，考核内容依据《军事体育训练大纲》标准认真评判，采取逐项考核、逐人实施的方式，比拼竞赛3000米跑、器械体操、俯卧撑、仰卧起坐等5个课目，40名参赛“尖兵”作风严谨、态度端正、士气高昂、顽强拼搏，自觉克服身体不适、恶劣天气等不良影响，展现出良好精神面貌和过硬军事素质。

【战备工作】 以迎接军委和武警部队战备拉动检查为契机，按照武警部队战备值班力量体系建设要求，落实战备工作规范，细化“一案一策”执勤战备方案，跟进完善《机关作战勤务值班规范》，组织首长机关带特战分队开展战备突击检查，提升部队战备能力。

【从严治军】 贯彻新颁发的“共同条令”，落实《正规化管理规定》和《安全工作八个方面基本规范》，以迎接安全大检查为契机，开展“条令年”“安全日”和百日安全竞赛活动，组织安全教育专题辅导、学习事故案件通报、组织安全大检查，规范整治机关办公秩序和基层秩序，提升部队正规化水平。

按照“教育为先、堵疏结合、技管并举、综合治理”思路，加强软硬件建设，配套完善相应管控措施，对17名顶风违规使用手机人员进行严肃处理，确保手机管理使用严格正规。坚持部队家庭联管联控，突出在外人员管理，运用“日提示、周预警、月巡查”载体，抓好不正当交往、不合理消费、不安全行车等问题防控，持续夯实安全发展根基。

2月23日，武警吉林支队开展“魔鬼周”极限训练 活动　（武警吉林支队 供图）

武警吉林支队《加强手机使用管理的主要做法》和《“条令年”活动开展的主要做法》被吉林总队转发。

严格落实中央军委《关于严禁违规宴请喝酒问题的规定》，加强武器弹药管理，开展网络赌博、网络借贷专项教育，对符合驾驶条件的人员逐人考核审批，有效解决智能网络使用、私家车管理等倾向性问题。贯彻习近平主席关于“7·19”事件重要批示精神，开展枪弹及爆材危险品安全教育整顿。成立3个工作组，深入基层中队检查问题隐患，确保部队内部安全稳定。

【安全保卫】 4月2日至4日，根据武警吉林总队统一部署，吉林支队完成“1803”二级临时住地警卫勤务。6月10日，根据市委、市政府和市公安局统一部署，吉林武警支队出动兵力，历经10小时连续奋战，高标准高质量完成2018吉林市国际马拉松锦标赛安全保卫任务。

【基层建设】 制定《按纲指导基层建设计划》《精准帮建实施方案》，运用季度按纲建队考核、蹲连住班等载体，采取年初建账、季度理账、半年清账、年终结账办法，实施目标控制、过程控制和终端控制，形成一整套抓制度落实的闭合回路。巩固深化总队集训成果，持续开展党支部班子岗位练兵活动，政工处牵头集中开展两大群众组织、三支队伍和纪检委员业务培训，及时健全新兵补入、老兵复退、转隶调整后各级各类组织。全年安排5批75人次工作组下基层蹲点帮建，分两批组织76名基层干部到执勤六中队参观见学，提升机关依法指导、部队依法抓建、官兵依法履职意识。坚持综合衡量、分类排队，研究制定常委包片、股队挂钩帮建措施，突出对7个连续5年未进入先进的中队实施精准精细帮建，7个后进中队全面建设进步明显，官兵创先争优意识显著增强。

【后勤保障】 把握后勤遂行任务特点规律，修订完善后勤保障各类预案，健全指挥体系，完善警民联储联供联保运行机制。开展后勤保障训练和“讲奉献、亲体验、我当一天炊事兵”活动，采取

8月1日，武警吉林支队举行“八一”升国旗仪式　　（武警吉林支队　供图）

总队代培和支队办班相结合模式，开展后勤专业兵培训，全年组织驾驶员复训3次，船艇操作手培训1次，炊事员“以保代训”2次，组织支队后勤专业兵比武会操，在总队组织的后勤专业兵比武竞赛中取得第三名成绩。

开展后勤领域重点问题“清仓归零”整治活动，贯彻勤俭持家原则，科学编汇年度经费预算，严把经费预算审批、大宗物资采购等关口，突出生活费和地方保障性经费管理，提高经费物资管理使用效益。开展安全行车、枪弹隐患专项治理，有效防范车辆违章、枪弹安全事故等问题发生。

【正风肃纪】 抓好机关党建工作，把组织生活落到实处。开展理论武装和信息清查清理，清查1万余册图书、500台电脑，发现并整改问题10项50个。端正选人用人导向，在干部中形成“靠素质立身、凭实绩进步”思想共识和“人品好、态度好、工作好”用人理念。解决干部休假、婚恋、子女入学等切身利益问题，主动与驻地3所中（小）学建立共建共育协议，为11名干部子女办理择优入托入学手续，为8名大龄单身干部牵线搭桥，对20名生活困难干部进行慰问。采取计划安排休、机关代职休、见缝插针休的办法，确保干部休满假，机关基层干部休假率98%。武警支队“正风气、树方向、立起干部选拔方向标”的经验做法被武警吉林总队转发。

贯彻武警吉林总队《关于对新提拔任职党员干部进行廉政谈话实施办法》，对11名新提拔任职领导进行廉政谈话。开展纪委书记预防微腐败巡回宣讲活动，在武警吉林总队范围内率先完成覆盖所有基层单位巡讲任务。党委纪委利用法定节日及时推送廉政短信，开通举报电话，开展明察暗访，警示官兵遵纪守法，严肃惩治基层“微腐败”。　（于　超）

人民防空

【概况】 年内，贯彻落实国家、省市关于政务服务只跑一次总要求，审核相关服务事项。配合人防工程BIM建模工作，推动高新北区和东山片区人防工程控制性详细规划编制工作，推进南部新城和哈达区域人防工程控制性详细规划早日形成成果。开展公共服务事项确认及公示，制定行政许可自由裁量权。清理规范性文件，根据时效情况及时公布。

【项目审批管理】 将原来13项群众和企业办事事项简化为8项依申报服务事项，申报材料总数由45个减少为29个。推进市直机关抢险抢修防空专业队和公用人员掩蔽工程建设，配合推进吉林北山四季越野滑雪场项目。根据市政府要求“简政放权、放管结合、服务群众”相关事宜，落实28项重点工作任务和2项保障措施。精简申报材料、审批流程，增加审批前的咨询服务，实现一站式申报审批，一次性服务。起草《吉林市人防工程建设审批和事中事后监督管理规范（试行）》。年内，市本级结建审批65项，其他工业项目备案和易地建设防空地下室28项。

【人防训练演练】 组织应急洗消专业队16人参加省人防办在辽源市组织的人防应急洗消专业集训。应抚顺市人防办请求，5月22日与抚顺市人防办机动指挥所进行协同通信演练。对战备值班室进行迁移改造，指导各（县）市确定指挥场所建设规划。

【人防宣传普查】 开展人民防空主题园区建设，9月15日在松江东路国防园游园举行人民防空知识大型广场集中宣传活动，摆放人防知识系列展板44块，发放人防知识有奖答题传单和试卷5000余份。对全市各类人防工程和普通地下工程开展全面普查，搜集国防动员潜力相关数据报省人防办。

【人防通信保障】 维修维护警报器控制系统，通过普查摸清底数，加装保护装置。“9·18”进行警报器试鸣，鸣响率100%。与抚顺人防办信保中心对抗演练，发现和解决各种通信手段在不同距离、不同环境下使用状况及存在的问题，为指挥作业系统应用提供技术支持。协调配合相关数据信息在电子地图上的标注和操作，按照程序和规范完成各类数据信息的录入和维护工作。

【人防工程维护】 选用吉林省新技术材料（玄武岩纤维）防护设备，投入人防指挥工程和北山“四季越野滑雪场”建设项目。配合推进吉林北山四季越野滑雪场项目，完成相应掘进部分的拱顶及墙身初期支护工作。对8处存在安全隐患的干道竖井地面进行混凝土灌注加固改造；对4处安全隐患突出的管理房进行整体维修改造。　（白申平）

经济管理

ECONOMIC MANAGEMENT

宏观经济调控

【概况】 2018年，吉林市坚持稳中求进工作总基调，贯彻习近平总书记对东北振兴工作重要指示精神，按照高质量发展要求，统筹做好稳增长、调结构、促改革、惠民生、防风险等各项工作，全市经济和社会保持平稳健康发展。全年地区生产总值增长2.4%；一般公共预算收入实现375.5亿元，增长1.8%；地方级财政收入增长4.5%（其中，税收收入增长5.6%，非税收入占地方级收入比重下降0.8%）；城镇新增就业7.7万人，城镇登记失业率控制在3.5%；城镇和农村常住居民人均可支配收入分别为28538元、13895元，比2017年增长5%和6.1%；单位GDP能耗下降4.5%。

【三次产业】 农业经济稳定发展。2018年，全市粮食总产量50.25亿千克。全市新建棚室面积1730公顷，蛟河木耳产业园等省级现代农业产业园发展到6个，园艺特产业产值增长8%。市级以上龙头企业发展到318家，农产品加工业销售收入增长12%。可视农业基地发展到36家，休闲农业星级企业发展到125家，休闲农业营业收入增长15%。乡村振兴战略深入实施，美丽乡村建设成效明显，意禾田、绿银生态等15个田园综合体加快建设，大荒地村作为全省唯一村庄入选首届中国农民丰收节特色村庄。

工业经济平稳增长。开展“稳增长、调结构、促转型”服务年活动，全市规模工业总产值增长6.9%，增加值增长4.4%，其中百户重点企业产值增长9.1%，实现利润76亿元。新兴产业茁壮成长，碳纤维产业产值增长61.7%，碳谷原丝项目新增产能8000吨，吉林精功一期2000吨大丝束碳纤维实现量产，碳纤维原丝产能、碳丝单线产能位居全国第一；医药健康产业不断壮大，康乃尔原料药试生产，修正医药产业园竣工，吉尔吉医药健康产业园全面投产；国家级通航产业综合示范区加快建设，吉航民机维修基地建成，金汇全省直升机应急救援基地运营。传统产业加速转型升级，吉化汽油国Ⅵ质量升级烷基化、吉神聚醚多元醇等化工“补链”项目投产；建龙钢铁80万吨冷轧钢项目主体完工，一汽吉林R9智能网联车、R7升级车型和V80电动车实现量产；正大公司100万吨大米加工及1.2万吨米糠油等项目进展加快。民营经济主营业务收入增长7%，民营企业和个体工商户数量分别增长17%和9%。

服务业发展质量全面提升。冰雪产业快速发展，吉林市被评为“2018中国十佳冰雪旅游城市”，北山四季越野滑雪场建成，中瑞滑雪小镇项目签约，正和岛（北大壶）新年论坛取得成功，新雪季以来，全市规模雪场接待滑雪者人次、旅游收入分别增长44%和34%。金融、物流、健康养老等重点行业发展良好，全市银行信贷投放超1000亿元，新设立4支总规模50亿元的产业发展基金，茜茜家居等10家企业挂牌“吉交所”；京东智慧物流园项目一期运管中心主体竣工；国投长生谷、正大国际医院等高端健康养老项目陆续投入运营；优辆车服、吉林通卡等新兴企业加快发展壮大，猪八戒网签约落地，神农民俗文化旅游集聚区被认定为省级服务业集聚区。

【投资消费】 稳投资取得积极成效。以“招商季”“三早”行动、项目建设推进月等活动为载体，全力以赴稳投资促增长，全社会固定资产投资增长4.7%。全年在建5000万元以上项目338项。其中，新开工136项，续建202项，亿元以上项目242项。吉林创新产业园一期、万丰工业园二期等97个项目竣工，吉林创新科技城、碳纤维应用研发中心、西部快速路等重点项目进展迅速。全年新开工招商引资项目85个，招商引资到位资金165亿元。

消费市场繁荣稳定。全市社会消费品零售总额增长4.2%。旅游市场持续向好，在冰雪游、温泉游、乡村游等旅游热点的带动下，全年接待旅游者人数、旅游收入分别增长19%和25%。实体商业平稳发展，全年组织开展各类促销活动200余场，带动全市批发、零售、住宿和餐饮行业平均增长7%。网络消费持续活跃，电商网络交易额增长45%以上，全市建成4个“中国淘宝村”，在东北三省占比为31%，获得“电子商务促进乡村振兴十佳案例”奖。

外贸保持快速发展。全市外贸进出口总额首次突破80亿元，比2017年增长21%，高于全省13个百分点。其中，进口实现21.4亿元，出口实现58.6亿元，全年保持快速增长态势。其中，冶金、纺织、化工、机电、农产品、木制品六大行业占到全市进出口总额的93.6%。

【重点领域改革】 在全省率先启动“只跑一次”改革，全市“只跑一次”事项占比为91.8%，政府性投资项目、企业投资核准和备案类项目审批时限分别压减77.9%、75.8%和71.1%，106项涉企行政审批事项实施“证照分离”改革，取消各类证明1000余项。推进国资国企改革，吉发集团完成资产划拨工作并获得AAA信用等级评定，国有企业中有42家剥离办社会职能，26家完成公司制改制，22家完成“三供一业”（供水、供电、供暖、物业管理）分离移交任务。如期完成开发区改革、农村土地承包经营权确权等年度改革任务。

【创新创业】 吉林市成功获批建设国家创新型城市。以百度创新中心为代表的多层次双创支撑平台体系加快构建，中科院苏州医工所吉林市工程技术研究院、吉林大学吉林市研究院相继挂牌成立，东北电力大学、东杰科技、吉隆科技与邓中翰院士领衔的中星微电子签订战略合作协议，市级以上双创载体发展到49个。全市新建7个院士工作站，新引进高端领军人才17人、创新团队17个。出台集聚人才创新创业实施意见，举办“江城新时代”吉林市首届大学生创新创业大赛，大学生本地就业率提升到15.2%。

【对外合作】 年内，参加第三届全球吉商大会、“央企进吉林”等省级经贸交流活动，开展“走出去”“请进来”招商活动，与南京联创科技集团、江苏苏化集团等一批知名企业达成合作意向和招商成果。吉温对口合作向纵深发展，两市全面建立市级层面总协调、部门点对点合作、园区开发区专题专项合作、县区块状合作和商会跨领域跨行业合作的“五位一体”对口合作模式，组建成立吉林温州商会，龙潭区与温州龙湾区等10余对县（市）区、开发区建立友好合作关系，名特优产品对口合作展洽会等系列对口商贸活动成果丰硕。

【三大攻坚战】 重大风险防范化解。坚守不发生区域性系统性风险底线，防控地方政府债务和国有企业债务风险，全市没有出现债务逾期违约现象。加大对网络借贷、地方农合机构和重点金融案件的风险摸排和处置力度，立案查处非法集资案件18起。开展养老保险扩面征缴工作，实施断保人员接续缴费奖补措施，多渠道争取各级各类资金支持，有效保障养老金足额按时发放。

精准脱贫攻坚。开展产业扶贫、行业扶贫、“携手扶贫”等攻坚活动，创新“龙头企业＋金融＋贫困村”“富裕村＋金融＋贫困村”“公司＋金融＋贫困户”等扶贫模式，省级贫困村脱贫产业项目和电商网络实现全覆盖，贫困村道路、安全饮水、电网等基础设施水平进一步提升，全面完成42个省级贫困村出列、8594名贫困人口减贫目标任务。

污染防治攻坚。吉林市重视中央和省环保督察反馈问题整改及案件办理，有效解决松花湖生态环境治理、榆树沟社区居民搬迁等一批环保难题。大气污染防治成效显著，环境空气质量优良天数304天。全面完成黑臭水体年度整治目标，松花江干流水质稳定保持在三类良好以上。加强工业企业搬迁场地修复和固体废物管理，完成晨鸣纸业原场地土壤修复工作。（市发改委）

经济体制改革

【财政体制改革】 完善政府预算体系。“四本预算”（公共预算、政府性基金预算、国有资本经营预算、社会保障预算）履行人大审查和批准程序。编制中长期财政规划，确保未来三年实现一般公共预算总量平衡、政府性基金预算和国有资本经营预算当年平衡。推进预决算信息公开，市本级政府预决算、“三公”经费（指政府部门人员因公出国经费、公务车购置及运行费、公务招待费产生的消费）汇总预决算，部门预决算和“三公”经费预决算按时限要求进行公开。

国库集中支付改革。将市本级51家预算单位纳入改革范围，支付系统中新增“政府支出经济分类”“经费类型”要素，从支出经济属性反映政府用于工资、机构运转、对事业单位补助等方面的具体情况，提升预算编制的科学化和精细化水平。

省以下财政事权和支出责任划分改革。启动市级财政事权和支出责任划分改革工作，督促推动本级各部门落实好分领域改革的主体责任，跟踪国家和省有关部门的改革进展情况，结合本地实际，抓好工作落实。

政府会计改革。成立政府会计准则制度咨询委员会，为宣传贯彻政府会计准则制度提供政策解读和指导。组织开展5期行政事业单位准则制度培训班，培训1350人次。（市财政局）

【税收征管体制改革】 2018年，开启国税地税征管体制改革，国税地税合并。7月5日，国家税务总局吉林市税务局正式挂牌成立。7月20日，按照国家税务总局关于国税地税征管体制改革统一部署，吉林市县（市）区国税局、地税局正式合并，组建新税务机构并统一挂牌。各县（市）区局稽查局、税务分局（所）同时组建挂牌，标志着吉林市税务机构改革实现“县乡推进全覆盖”。10月25日，全市县级税务机关分别召开干部大会，宣布内设机构、事业单位、派出机构负责人和干部任职决定，吉林市县级税务机关干部大会共宣布224个部门负责人和2324名干部任职决定，完成吉林市税务机构改革。按照征管体制改革要求，制定下发《吉林市改革国税地税征管体制征管业务实施方案》及吉林市改革国税地税征管体制征管业务作业图，确保税收工作有序衔接，平稳运行。制定下发《关于征管体制改革户籍调整工作的通知》，对吉林市城区内相关单位户籍作出调整，并向纳税人发布《关于机构撤立和职能调整的通告》，方便纳税人掌握其主管税务机关变更情况。重新配置全市税务系统各单位信息系统，清理冗余数据，完成单边重复纳税人清理1861户，调整纳税人主管税务科（所）及主管税务机关36784户，提高数据质量和办税效率。2018年8月是全国税收征管体制改革过渡期的首个申报期，吉林市税务局组成纳税服务督导组，分赴各县（市）区局实地调研督导改革过渡期纳税服务工作。（市税务局）

【投资项目审批流程改革】 厘清企业投资项目审批事项。配合省统一厘清投资项目审批事项，保留53个审批事项。其中，每个项目均需办理事项12个，特殊要求事项41个，除此之外各县（市）区、各级审批部门一律不得增加审批事项。省审批流程将投资项目审批分为项目审批、用地审批、规划许可、施工许可、竣工验收5个环节，对没有前后置要求的审批事项一律并联办理，对有前后置要求的提前介入审核。

连接电子政务外网，设立“综合窗口”。按照《吉林省加快推进企业投资项目审批流程改革实施方案（试行）》要求，市政务大厅综合窗口及相关审批部门连通电子政务外网。同时，设立“投资审批受理台”，做到“一口进出”。受理台负责受理、审核企业通过在线平台或现场提交的申报材料，生成审批事项告知清单，一次性告知项目单位；对企业申报材料进行完备性审核后，即时上传申报材料，并通报集成批办区各相关审批部门，开启网上审批流程。各相关审批部门收到申报材料后，按照审批环节次序，依据国家和省相关法律法规和规章，在规定时限内独立完成审批，即时将批复文件上传在线平台。在线平台自动提示受理台和企业，通知该事项完成审批。企业可随时通过在线平台或直接到受理台打印批复文件。在审批过程中，如遇需企业补充材料等情况，审批时间暂停计时，通过短信等方式与企业进行沟通，待企业完善材料并符合审批条件后，审批时间继续计时。

优化政府性投资项目审批流程。参照省企业投资项目审批事流程和《吉林市人民政府关于进一步加强政府性投资项目管理的意见》制定政府性投资项目审批流程。政府性投资项目审批流程分为项目审批、用地审批、规划许可、施工许可、竣工验收5个环节，对没有前后置要求的审批事项一律并联办理，对有前后置要求的提前介入审核。建设单位向综合窗口提出申请，发改部门审批项目建议书、可行性研究报告、初步设计及概算，规划、国土部门核发选址意见书、用地预审、建设用地规划许可证和建设用地批准书，财政评审中心出具招标控制价，建设单位组织招投标，城乡建设部门（市政公用部门）核发施工许可证，综合窗口组织相关部门联合验收统一出具批复文件等。

按照“权限集中、人员到位”要求，各级投资项目审批抽调业务骨干充实到政务服务大厅，所有投资项目审批事项全部集中到各级政务服务大厅，实现大厅之外无审批。所有审批事项进驻大厅后，处室职能工作重心从事前审批向事中事后监管转变，强化政策研究、规划制定，强化项目谋划、上争资金，强化高位统筹、协调服务。（市发改委）

【创新政府配置资源改革】 贯彻落实国家和省《关于创新政府配置资源方式的指导意见》和《关于创新政府配置资源方式的实施意见》，推动吉林市创新政府配置资源方式改革，市发改委起草《吉林市创新政府配置资源方式工作方案》。围绕创新政府配置公共资源方式，提高资源配置的效率和效益，明确政府对自然资源、经营性国有资产及非经营性国有资产的配置方式、组织方式、监管方式以及目标、完成时限、保障措施等提出30条具体落实内容。经市政府常务会议和市委深化改革会议审议通过，以市委办公厅、市政府办公厅名义下发正式文件推进落实。（市发改委）

【征信体制改革】 全面推进社会信用体系建设，落实《吉林省社会信用体系建设实施方案》，成立吉林市社会信用体系建设领导小组，制定出台《吉林市社会信用体系建设实施方案（2018—2020年）》，印发《2018年吉林市社会信用体系建设重点工作任务》。启动建设全市信用信息网站和大数据平台，梳理市场主体信用信息采集目录，依法依规对企业、事业单位等组织的信用信息和个人的信用信息进行采集、处理和分析。贯彻落实国务院《征信业管理条例》，加快培育征信市场，规范征信活动，加强对征信业监督管理。（市发改委）

土地资源管理

【土地资源规划】 土地利用总体规划调整。完成土地利用总体规划调整完善工作，市、县、乡三级土地利用总体规划调整数据库上报省国土资源厅和国土资源部并全面通过验收。规划调整方案全部完成批准和公开公示。

规划动态管理。加强土地利用计划管控作用，依据省国土资源厅下达的年度计划，科学合理编制全市土地利用计划。严格控制新增建设用地总量，实行计划差别化管理，突出重点，有保有压。对保障性住房等民生工程用地实行应保尽保，对重大基础设施和重点建设项目实行优先保障，对高耗能、高污染等不符合供地政策项目一律不安排指标。严格用地审批计划指标审查，精打细算，合理安排各类用地计划时序，保证批地和用地都控制在计划指标之内。

建设用地预审。办理各类用地预审22件，预审用地总量154.1517公顷，主要完成沈吉线（吉林境内）西阳至口前至马相屯段水害整治应急工程、珲春至乌兰浩特高速公路吉林至机场段改扩建工程、吉林市建华街（恒山东路—苍山路）道路工程项目、吉林市毓德九年制学校建设项目、东山龙丰铁路区域棚户区改造回迁区项目等吉林市重点项目用地预审及上报工作。

“十三五”土地整治规划编制。于2018年4月13日完成省国土资源厅审查，4月16日通过市政府批准实施。

第三轮矿产资源规划编制。完成矿产资源规划文本、说明；完成矿产资源储量表、主要矿区资源储量基本情况表、矿产资源开发利用布局规划表等15份规划附表；制作完成规划附图；征求各县（市）区政府、市直相关部门、三湖保护区等单位意见；组织完成规划专家论证工作，通过省国土资源厅组织的技术审查和专家评审；完成市政府法制办合法性审查。（王立军）

【耕地保护管理】 耕地保护。完成省政府下达的吉林市耕地保有量77万公顷、基本农田60.34万公顷的责任目标；市、县（市）、乡（镇）、村委会层层签订耕地保护目标责任书，签订率100%；按照《吉林市人民政府办公厅关于印发吉林市县级政府耕地保护责任目标考核办法的通知》要求，市政府对县级政府耕地保护责任目标履行情况进行考核。严格实施耕地占补平衡制度，并由市委办公厅印发《关于加强耕地保护和改进占补平衡工作实施方案的通知》。完善耕地保护制度，市国土资源局、市财政局、市农委印发《关于建立健全耕地保护奖励补偿机制的指导意见》。

集体土地征收。市城区年内获得国家和省批准21个批次，征收总面积123.1850公顷。（张红 杨微）

【土地利用管理】 国有建设用地审批。全地区完成国有建设用地供应审批454宗，面积1230.15公顷，收缴土地总价款40.01亿元。其中，市本级供应审批88宗，面积197.26公顷，收缴土地总价款30.13亿元，净收益9.85亿元。

吉林市公共服务项目基准地价公布实施。贯彻落实《关于扩大国有土地有偿使用范围的意见》《国土资源部办公厅关于加强公示地价体系建设和管理有关问题的通知》及《吉林省国土资源厅关于印发吉林省公示地价体系建设和管理工作方案的通知》文件精神，依据《吉林省国土资源厅关于印发吉林省城镇公共服务项目用地基准地价成果编制指导意见的通知》及《城镇土地估价规程》等相关规范，吉林市于2018年10月9日公布实施吉林市城镇公共服务项目用地基准地价。

城镇低效用地再开发工作。确定城镇低效用地地块，全市合计153宗，面积595公顷，完成标图入库和建档工作，形成低效用地专项规划文本和说明。初步拟定吉林市城镇低效用地再开发政策。

供后监管、闲置土地处置。组织各县（市）局、市城区和开发区分局推进土地利用动态巡查工作，强化建设项目用地供后开发利用全程跟踪监管，督促用地单位按时开工、竣工，合理开发利用土地。依据《闲置土地处置办法》，年内处置闲置土地15宗，土地面积184.14公顷。

土地供应计划。编制《吉林市城区2018年度国有建设用地供应计划》，全年计划供地868公顷。其中，商服用地96公顷，工矿仓储用地300公顷，住宅用地262公顷，其他用地200公顷。

各类专项工作。重点核查国家督察发现的吉林市217宗疑似闲置土地情况，组织和督导县（区）国土局开展实地核查工作，及时录入和更新土地监测监管系统数据。经实地核查，确定23宗属于土地闲置。年内处置完成闲置土地15宗，土地面积184.14公顷。（王雷）

【地政管理】 农村集体建设用地和房屋调查。2018年11月，吉林市农村集体建设用地和房屋调查工作成果全部通过省国土厅验收。

土地变更调查与遥感监测。组织各县（市）区对国家提出的1658块、面积1856.94公顷疑问图斑进行调查测绘、地类定性和地方数据库更新。全面查清吉林市2017年度土地资源和利用状况，掌握真实准确土地基础数据，为科学规划、合理利用、有效保护土地资源，加强和改善宏观调控提供依据。

第三次土地调查。5月7日，印发《吉林市人民政府关于开展吉林市第三次土地调查的通知》，成立市级组织领导机构，开展吉林市第三次土地调查工作。组织编制项目预算，完成项目招投标工作。8月，吉林市第三次土地调查工作正式进入具体实施阶段，收集整理林业、水利、农业等资料，开展内外业试点，制定工作计划，全面实施作业。（李海波）

【地籍事务管理】 土地权属调查。全年完成各项审批权属调查895件，面积1002.25公顷。其中，工业用地挂牌项目23件，面积80.34公顷；经营性用地挂牌项目24件，面积86.51公顷；经营性用地二次审批项目39件，面积171.46公顷；建设用地审批项目79件，面积296.17公顷；二级市场审批项目585件，面积93.52公顷；收购储备用地项目6件，面积9.97公顷；无籍房用地审批项目9件，面积18.02公顷，竣工验收项目130件，面积246.26公顷。

集体土地征收土地权属审核。全年完成集体土地征收和农用地转用土地权属及地类认定项目复核40件，面积449.70公顷。

地籍测绘管理及地籍调查成果应用。全年为规划部门出具规划认证用地情况说明159份；在项目审批过程中，完成87宗建设项目用地规划数据入库，为保证土地测绘数据真实性、准确性，对10家测绘单位，198个宗地的地籍测绘成果进行检查并录入地籍系统。（曹海山）

【农垦土地确权发证】 2018年，市国土资源局与市农委一同加强农垦土地确权发证工作组织和督导，全地区完成登记发证面积1219.67公顷，发证82本，完成农垦企业土地使用权确权登记工作。

（王宇翔 岳思妤）

【土地开发整理复垦】 2018年，吉林市有高标准农田建设项目5个，建设面积10650公顷，总投资23962.5万元。依地块图斑逐一核查吉林市城区范围内17个土地整治项目剩余补充耕地指标，核查出1500公顷新增耕地可用于补充耕地，完成18个项目124公顷补充耕地工作。（刘喜）

【土地收购储备交易】 制度建设。制定《吉林市人民政府办公厅关于进一步加强经营性房地产用地储备出让工作的意见（试行）》，以市政府办公厅文件印发。制定完善多项土地市场制度，拟定全市城区范围内15个区片出让指导价，经市政府常务会及市委常委会讨论通过，以市政府办公厅文件发文实施。结合实际采取分类处理办法，拟定无籍房项目涉及规划调整用地审批补交地价款问题意见，解决百姓办理无籍房产权民生问题。优化办事流程，拟定《关于调整工业项目供地审批前期手续办理的办法》，加快推进工业项目供地审批前期手续办理。

土地收储融资。编制实施《2018年度吉林市城区土地储备计划》《吉林市城区土地收储三年（2018年至2020年）滚动计划》，对三年内可收储的土地资源，在总量、结构、布局、时序等方面作出统筹安排。2018年，收储土地6宗，土地面积69公顷，收储成本76223万元；出让储备土地6宗，出让面积20.32公顷，收储成本32750万元，出让纯收益48644万元。向省财政厅申请土地收储专项政府债，编制收储项目可研报告，申请发放收储专项债券17.6亿元，全部到位。2018年，支付贷款、债券利息9951万元。

国有土地使用权出让。组织筹备土地出让推介会，推介哈达湾造纸厂改造项目等地块出让信息。成交45宗地，面积133.16公顷，成交价款278857万元，政府净收益78725万元。其中，工业用地成交20宗地，面积66.14公顷，成交价款32379万元，政府净收益10431万元，平均地价490元/平方米，平均地价上浮15%；经营性用地成交25宗地，面积67.02公顷，成交价款246478万元，政府净收益68294万元，平均地价3678元/平方米，平均地价上浮50%。完成规划调整审批41项，可收缴土地出让价款13379万元，收缴到位出

让价款7697万元。（吴高伟）

【矿产资源开发管理】 采矿权管理。2018年，受理采矿登记报件7件，有偿出让采矿权5个，收缴采矿权出让收益97.55万元。

矿产资源开发利用综合信息统计。完成对全市2018年矿产资源开发统计基础数据库的汇总检查工作，并按时提交省国土厅进行检查验收。截至2018年年末，全市持证矿山企业278家，从业人员9821人，年产矿量2339.33万吨，矿产品销售收入225589.99万元，工业总产值236831.80万元。

矿山企业监管。对系统中的开采信息公示底数进行调整，指导采矿权人填报开采信息，依法对矿山企业采矿权信息进行公示。6月，配合省国土厅实地核查随机抽取的蛟河市中大饮品有限公司等4家矿山企业公示年度开采信息内容真实性。

矿泉水水源地年检。对全市11家矿泉水企业开展水源地年度检测工作。主要对矿泉水开发单位的采矿许可证、矿泉水鉴定证书、上年度矿泉水水源年检合格证等有效证件进行审查，对水质、水量、水位、开采量等矿泉水动态监测数据及原始记录进行检查，对矿泉水水源保护区设置、建设以及采取的防护措施等方面进行细致查验，对矿泉水开发利用方案、资源储量、可开采量及实际开采等矿泉水利用情况进行核实，现场对矿泉水水源地采集的水源样品进行封样，并指导受检单位将采集的水样送交检测机构。（张艳萍　吴昭）

【地质环境管理】 矿山地质环境治理恢复保证金返还。本级发证矿山应返还35家，完成10家矿山企业返还保证金材料审核并转至财务处进行返还。

矿山地质环境保护与恢复治理。对吉林市矿山地质环境保护与治理恢复进行调查，摸清现状及历史遗留问题底数，组织编制《吉林市矿山地质环境保护与综合治理规划（2018—2025）》。指导和督促县（市）、区局投入2030余万元，完成50个历史遗留问题矿山地质环境治理恢复项目，超额完成《市政府重点工作目标责任制》工作任务。完成15个省级及市本级发证矿山地质环境治理恢复的初验和终验工作，返还保证金1696万元，加快吉林市矿山地质环境治理恢复及绿色矿山建设等工作进程。在磐石三河矿业组织召开吉林市矿山地质环境治理恢复暨绿色矿山建设工作现场会，并在全省率先完成2个绿色矿山建设申报工作。

地质灾害防治。完成《吉林市地质灾害“十三五”规划（2016—2020）》《吉林市地质灾害防治方案》《吉林市突发地质灾害应急预案》编制工作。指导县（市）区进行34次地质灾害应急演练，参与人数1400人次，发放明白卡1600份，重新核实12个重要地质灾害隐患点。（张艳萍　吴昭）

【矿产资源储量管理】 2018年，完成全市433个矿区的资源储量数据及12个查明储量登记、2个占用储量登记的审查及上报工作；完成14个乙类矿山和2个甲类矿山矿产资源储量核实报告的评审备案工作；完成7个《矿山企业资源储量变动表》的审核工作；对11个建设项目压覆矿权情况进行复核，及时出具压覆矿产资源情况证明；组织完成2017年度60家矿山企业《矿产资源储量动态监测年度报告》的评审备案工作，并将2017年度矿产资源储量动态监测汇总报告上报省国土厅。（程大莉）

【矿产资源勘查管理】 对27个勘查项目出具复核意见，新立5个、保留9个、变更（延续转让）等13个；对7个勘查项目进行野外验收并出具《野外验收意见》；组织调度各县（市）局、市城区分局完成矿业权人2017年勘查信息公示及相关工作；按时完成省国土厅开展的自然保护区内探矿权退出风险调研和评估及相关工作，组织各县（市）局、市城区分局开展落实省级及省级以上保护区内探矿权清退工作。全地区涉及探矿权项目153个，按照省国土厅要求签订退出协议43个，下达《停止勘查活动通知单》113个，送达《办理探矿权注销通知书》22个；按照省国土厅《关于推进重点区域国土资源领域破坏生态环境问题整改的工作通知》要求，完成省国土厅抽查组对市国土资源局有关国土资源领域破坏生态环境问题整改情况检查汇报工作。（程大莉）

【国土资源资产管理】 土地二级市场管理。审批土地二级市场5171宗（件），涉及土地面积49.14万平方米，收取租金和出让金5687.7万元。并将以上5171件行政审批信息全部录入到吉林市行政许可和行政处罚双公示系统。

土地二级市场创新。将原在政务大厅受理的共用宗地网点、车库以及乡镇住宅业务调整到不动产登记大厅资产窗口办理，出让金价格也由原来的一户一评估更改为一个土地级别按不同年限进行一次性评估，将上述业务审批时限从原来3个工作日改为即可办理，真正实现“只跑一次”，同时为市财政减少土地评估费用。（贺嘉超）

【国土资源执法监察】 建立执法共同责任机制。6月14日，为提高土地执法效果，解决单靠国土部门一家监管、土地违法行为制止难、查处手段单一问题，市政府常务会审议通过《关于建立健全国土资源执法监管共同责任机制的意见》，7月16日以吉市政办函〔2018〕28号文件印发实施。强化属地县、区级政府查处整改主体责任，明确各级国土、发改、财政、公安、规划、建委、安监、林业、电力等有关部门职责分工，发挥农村基层组织作用，建立有效联动机制，遏制违法违规用地行为蔓延势头。

巡回执法检查。制定下发《关于开展2018年度执法巡查工作计划》，明确市本级及所辖县（市）区、开发区责任分工、巡查区域、巡查方式、巡查职责范围和目标任务。全市开展动态巡查1383次，发现并制止违法行为125起。查处土地违法案件445件、矿产违法案件23件。通过开展动态巡查工作，基本做到“地动先知，有违必究”。

违法案件查处。全市立案查处各类国土资源违法案件468件。其中，土地违法案件445件，面积90.59公顷；矿产违法案件23件。发挥12336举报电话、举报信箱和群众来信来访受理等渠道作用，及时组织核查办理群众举报、上级批办的违法违规线索。完成自然资源部、沈阳督察局和省国土厅转办53件违法线索调查核实工作，及时报告调查核实情况。完成市长电话室交办案件线索15件。其中，土地违法案件13件，矿产违法案件2件。及时进行调查核实并报告调查处理情况。做好高尔夫球场清查整治工作，配合市发改委对吉林市5个高尔夫练习场清查整治情况进行复核检查，4次配合省政府及省自然资源厅的检查验收，吉林市5个高尔夫练习场全部整改到位，通过国家和省政府检查验收。

卫片执法检查。各县（市）区、开发区开展2017年度土地矿产卫片执法检查工作。经省级验收确认，吉林市2017年度土地卫片执法检查违法用地面积、耕地面积占年度新增用地面积、耕地面积比例分别为18.19%、14.03%，扣除符合“一户一宅”农民建房，合法矿权范围内违法用地，省级以上重点工程、保障性安居工程等民生工程后，比例分别为3.16%、2.1%，顺利通过省级验收。矿产卫片工作按照国家总体部署，核实后按时上报国家备案。督导各县（市）区、开发区做好2017年土地矿产卫片违法案件查处工作以及2018年全天候卫星遥感监测工作。协调市建委、市交通运输局、长吉城际铁路有限责任公司等部门对吉林枢纽西环线工程、长春西路、高新大路、吉长南线等15件吉林市部分重点工程违法用地进行立案查处。

打非治违行动。配合市安委会开展全市安全生产大检查。开展集中整治非法开采泥炭专项行动。立案查处非法开采泥炭12起，制止11起，没收非法盗采泥炭矿5.6万立方米。开展地热温泉违法采矿集中整治专项行动，立案查处地热温泉违法采矿8件，移送公安局机关立案查处5起。对15个煤炭企业及75个非煤矿山进行实地核查，根除经查办和处置过的非法违法行为。

环保督察工作。落实环保督察涉及国土资源领域各项工作任务，坚持提高认识、主动配合、强化责任、狠抓落实，做好环保督察期间的情况排查、案件处置和信息上报工作，克服时间紧、任务急、强度高、压力大等诸多难题，较好完成各项工作任务。在2018年6月底前，由国土牵头办理的中央环保督察组交办吉林市整改任务清单中两项问题全部按要求整改销号。中央环保督察“回头看”期间，审核全地区100余件涉及国土信访举报案件，对中央环保督察组指出的问题，第一时间调查、第一时间整改、第一时间报告，坚持边查边改、立查立改，全部办结。中央环保督察期间，市国土资源局监察支队派2名干部驻市政府环保督察协调联络组，利用3个月时间，高标准完成工作任务。

“大棚房”专项清理整治。起草全市“大棚房”清理整治方案、问题线索排查、参加市里督导检查、全市“大棚房”数据汇总上报等基础工作，按照时间节点完成任务。迎接2次国家自然督察沈阳局及5次省政府督导检查，取得良好工作成果。经过核查确认，全市设施农业计1497.2公顷。其中，日光温室494.5公顷，塑料大棚939.6公顷，连栋温室14.67公顷，其他设施农业66.4公顷。截至3月8日，全市确认376个“大棚房”有问题。其中，一类问题13个（涉及主体7个），二类问题1个，三类问题362个（144个需要拆除整改，218个唯一住宅暂时予以保留）。至2018年年末，全市“大棚房”完成拆除整改。

安全生产。组织开展安全生产执法行动，打击非法勘查、开采矿产资源，配合市安委会开展全市安全生产大检查。开展集中整治非法开采泥炭专项行动，立案查处非法开采泥炭12起，制止11起，没收非法盗采泥炭矿5.6万立方米。开展地热温泉违法采矿集中整治专项行动，立案查处地热温泉违法采矿8件。移送公安局机关立案查处5起，对15个煤炭企业及75个非煤矿山进行实地核查，对查办和处置过的非法违法行为做到根除。

应诉复议听证。吉林市国土资源管理行政复议案5件，行政应诉案件12件，未发生行政诉讼败诉或被撤销问题。受理市政府法制部门转来的关联国土资源管理的法规、规章和规范性文件征求意见稿8件，均按要求及时以书面形式向有关部门反馈修改意见，绝大多数意见被采纳。办理人大代表提案、政协委员议案3件，答复满意率100%。

国土资源法治宣传。做好“4·22”地球日、“6·25”土地日、“12·4”法治宣传日主题宣传活动，开展经常性宣传，开展送法下乡活动，印发宣传资料2000余份，采用电子屏、宣传栏、标语在繁华地段设点宣传，提供咨询服务。

（唐小平　刘　淼）

【信息化建设】 系统建设。完成“身份认证及协同办公平台系统项目”建设；完善不动产登记信息平台建设工作，为“只跑一次”提供技术支持；完成不动产平台登记系统三级等保测评工作，整合乡镇数据，为吉林市集体土地上不动产登记工作提供技术保障；完成国土数据向2000大地坐标转换工作；将规划库、卫片、地籍调查数据更新到“一张图”系统。

系统安全。落实数据备份管理制度，年底完成全年全部数据备份，同时将市国土资源局全部数据备份到省国土厅信息中心，保证市国土资源局数据安全。全年制作大幅面专题地图640余幅，提取宗地坐标800余个，为各处室扫描数字化图150张，门户网站发布各类信息4000余条。2018年，从事信息化建设工作人员8名，信息化建设投入269.2万元。（朱　晓）

国有资产监督管理

【概况】 截至2018年年末，吉林市有42家市属国有企业。其中，市国资委直接监管企业28家，委托监管企业14家。

【国有资本运营】 截至2018年年末，吉林市国有资产总额2417.1亿元，负债总额1483.1亿元，所有者权益934亿元。2018年，实现营业收入161.7亿元，国有资本收益3247万元。

【市属企业服务城市发展】 2018年，吉林市市属企业积极服务城市建设和民生工程。城投公司开工续建地下综合管廊等14个政府性重点项目；铁投公司开工承建正大项目、杏林路道路工程等9个政府性重点项目；国投公司重点完成江机家属区“三供一业”（供水、供电、供热、物业）维修改造；交投公司推进长吉南线改建等4个项目建设；国元公司推进哈达湾工业区企业搬迁及回迁安置；文投公司基本完成北山四季越野滑雪场建设；轨道交通推进项目前期工作；吉城公司承担城区段“九河一湖”黑臭水体整治等26个城建项目；中纬勘测规划公司建设项目获得吉林省优秀测绘与地理信息工程奖；城乡规划设计院全年完成土城子小城镇总体规划等106项设计任务；水务集团全年完成供水1.4亿吨；公交集团全年新开、调整线路12条，客

9月27日，吉林市国有资产监督管理委员会举办吉林“企业好故事”评选活动决赛。图为颁奖仪式现场　（孙儒锋　摄）

运量2.4亿人次。

【国资国企改革】 推进国有资本授权经营体制改革，印发《授权吉发集团履行部分出资人职责的通知》，授权11项职能，明确行权方式。基本完成22家企业“三供一业”（供水、供电、供热、物业）资产划转和职能移交、42家国有企业剥离办社会职能、26家企业公司制改制等专项任务。在化纤集团开展国企改革“双百行动”（百家中央企业子企业和百家地方国有骨干企业），为推进国企综合性改革探索经验。推进国有企业领导人员管理体制改革，先后在3家企业开展市场化选聘和契约化管理经理层成员试点。出台《企业机构编制和员工管理办法》，逐户企业进行“定编、定职、定薪”，压缩企业集团本级内设机构27个，削减用工编制283名。同时，推进国有企业公务用车改革。

【工业经济结构布局优化】 全年完成16家企业股权划转、4家企业资产划转，其中将11家市属重点企业、1179.9亿元资产集中划入吉发集团，实现大纵深、多层次、优势集中、互相支援的国有企业投资、运营、发展体系。

【国企资产整合】 研究谋划市属平台公司市场化转型实施意见和市属企业整合重组框架性意见，探索“差异化定位、市场化运作、集团化经营、产业化发展”的产业投资集团发展方向；推进都邦保险股权整合重组和国投公司重组康乃尔化工、众鑫化工并购等重大重组工作。

【国有资产监管】 完善国资监管运营体制，印发《吉林市国资委监管事项清单》，梳理市国资委职能，确定监管事项24项；强化制度建设，制定《市属国有企业投资项目负面清单》《预算管理工作规范》《财务决算报告管理工作意见》《业绩考核与薪酬管理办法》等规范性文件；组织企业全面开展资产清查和债权清收，摸清资产存量、资产质量及债权总量；开展年度财务审计，发现问题90个，督导整改57个。

【国有企业党建】 学习贯彻习近平新时代中国特色社会主义思想、中共十九大精神，组织全系统理论中心组学习142次，集中学习2451次；组织召开系统党建工作会议，同18家市属企业签订党建工作责任状，明确23家企业第一责任人；落实“双向进入、交叉任职”领导体制，党委书记、董事长“一肩挑”企业17家，党员总经理兼任党委副书记企业7家，为9家重点骨干企业配备专职党委副书记；加强领导班子和领导人员队伍建设，把一批懂专业、善治理、敢担当、作风正的干部选用到领导岗位，优化企业领导班子结构；实施能力提升工程，围绕“防范和化解金融风险”主题对150名企业高级经营管理人员进行专题培训，选派10名企业后备干部赴央企及温州等发达地区国企挂职锻炼；开展“企业好故事”宣讲，编印市属国有企业庆祝改革开放40周年活动《大道》一书，成立新时代传习所114个。　（王　刚）

财　政

【概况】 2018年，全市一般公共预算收入完成375.5亿元，比2017年增长1.8%；市本级一般公共预算收入完成179.3亿元，比2017年增长1.9%。全市一般预算全口径财政收入完成299.5亿元，比2017年增长1.7%；一般公共预算地方级财政收入完成104.3亿元，比2017年增长4.5%。一般预算财政支出412.0亿元，比2017年增长2.7%。财政运行总体平稳，为经济社会平稳健康发展提供基本财力支撑。

【财政收支管理】 采取强化评估、深化稽查、细化压欠和优化服务等措施同向做功、多维发力，优化收入结构。及时清算、盘活闲置资产，增加资产处置收益。完善罚没管理工作，严格落实罚缴分离，罚没收入及时足额缴库。落实经营性房地产用地储备出让工作意见，增加土地出让净收入。全年争取各类国家、省级财政专项资金60.7亿元。加强资金调度和运行分析，增强资金调度前瞻性，清理部门和单位存量资金0.4亿元，收回财政统筹使用。压缩财政支出2.2亿元，严格执行“没有预算不得支出”，硬化预算约束，未列入预算项目不安排支出。提升政府采购质量，全年采购额度27.6亿元，节约资金8151万元。提升预算评审的专业性、权威性和公正性，完成评审项目243项，审减资金6.5亿元，审减率21%；组织开展财政专项检查，纠正财政违纪违规行为，保障财政资金安全。

【推动政府和社会资本合作】 纳入PPP（Public-Private-Partnership字母缩写，即公共私营合作模式）项目库项目13个（不含市县），投资额365亿元，进入执行阶段项目7个，其中5个项目成立项目公司。

【支持产业发展】 拨付市级科技创新

专项资金和科技三项经费4269万元，支持科技平台建设、科技奖励补助等。拨付省级应用技术研究与开发资金1055万元，科技小巨人企业研发省级补助经费560万元，支持科技产业发展。拨付服务业发展专项资金7668万元，支持服务业加快发展。拨付市级旅游引导发展资金2220万元，用于旅游行业规划编制及研究、项目开发补助、旅游宣传促销等。拨付市级民营经济发展专项资金741万元，扶持民营企业发展。拨付市级碳纤维发展专项资金2295万元，支持碳纤维产业发展。

帮助各类企业做好向上申报项目工作，申报中央和省级重点产业发展引导、中小企业和民营经济发展引导等专项5项，申报项目146个，到位资金1.3亿元。落实"种子基金""助保金池"政策，帮助38家次企业获得低息贷款1.9亿元，扶持中小企业做大做强。

调整完善市级行政事业性收费目录清单、涉企行政事业性收费目录清单、政府性基金目录清单、实行政府定价的经营服务性收费目录清单和实行政府定价的涉企经营服务性收费目录清单，落实各项政策，为企业减轻负担。

发放农业支持保护补贴和玉米、大豆、稻谷生产者补贴3亿元，落实玉米、大豆深加工补贴资金7449万元，促进农民增产增收。

【支持环保项目建设】 拨付污水处理服务费9469万元，针对七家子污水处理二期项目运营实际情况进行绩效考核；国电吉林热电厂热源改造项目基本完工；第六水厂新建（一期）、城市地下综合管廊项目在建设中；温德河水生态综合治理（湿地公园）项目基本完工且成功申请奖补资金500万元；南部新城松花江水生态综合治理项目PPP合同准备报批；哈达湾区域生态修复及海绵城市项目进入设计、建设阶段。

支持山水林田湖草生态保护修复项目建设。按照国家、省专项资金支持方向和重点，围绕水污染防治和水生态保护工作进行项目前期统筹和谋划，对项目库进行3轮优化，确定项目15个，计划总投资17.96亿元。至2018年年末，完成投资3.2亿元，占计划总投资的17.9%；完工项目4个，在建项目6个，开工率67%；未开工项目5个，在办理开工前的各项审批手续。

做好环保督察整改项目和化解信访积案资金保障工作。市级财政匹配资金8.26亿元。其中，21个环保督察整改项目匹配资金2.46亿元，松花湖区域拦网养殖整改项目匹配资金3.8亿元，船营区商业大厦产权户信访案件匹配资金2亿元。

【支持改善城乡居民生活环境】 支持白山大桥、玄天岭文化公园及综合配套工程、西部快速路等城建重点工程建设，加快实施"一城一网"联网工程，开展"吉马"赛道绿化、彩化工作，支持改造老旧供热管网工程，为居民生活提供更加优美的城市环境，保障工作生活和城市功能正常运转。拨付资金1.3亿元，支持保障性住房工程建设，改善居民居住环境。拨付优惠乘车公益性补贴6215万元，落实适龄老人共享乘车优惠政策。

【支持就业创业和社会保障】 投入就业创业资金2.3亿元，促进就业困难人员、高校毕业生、返乡农民等特殊群体就业创业。争取国家和省财政转移支付资金和省级调剂金46.8亿元，确保社会养老保险按时发放。拨付资金3.4亿元，为5.1万名城乡低保人口提供最低生活保障。拨付专项资金1.1亿元，妥善处理国企改制遗留问题。

【支持卫生体制改革】 下拨资金8903万元，提高基本卫生服务人均补助标准，支持扩大服务范围、增加服务内容。拨付财政补助资金4.9亿元，提高城镇居民医疗保险、新农合参保（合）缴费补助水平。

【支持教育文体事业发展】 拨付市区城乡义务教育公用经费1亿元，完善保障机制。拨付资金7444万元，保障10所中等职业学校搬迁至职教园区，加快吉林特色现代职业教育发展。拨付资金2808万元，对城区小学课后服务和市直属公办高中高三课后辅导教师和管理人员进行补助。安排教育附加及教育基金支出1.7亿元，用于职教园区基建项目建设、校舍维修项目建设和常规设备购买。拨付资金130万元，推行"百万青少年上冰雪""校园冰雪计划"，在中小学普及冰雪运动。支持文体广电事业发展。落实资金1亿元，推动冰上龙舟俱乐部锦标赛、"吉林马拉松"等活动开展。

【支持乡村振兴】 落实资金4.2亿元，加大农业投入，优化支农支出结构，推进美丽乡村建设、林业改革、农村综合改革、现代农业生产等方面发展。及时向吉林市城区12.4万个农户发放农业支持保护补贴1.6亿元，发放玉米、大豆、稻谷生产者补贴1.3亿元，落实玉米、大豆深加工补贴资金7449万元，提高农民生产积极性，促进农民增产增收。

【防范化解债务风险】 成立由市委书记和市长任双组长的吉林市防范和化解债务风险工作领导小组，制定政府性债务风险应急处置预案和加强政府性债务管理实施意见，建立防范和化解债务风险工作机制。执行国家（省）政府债务限额管理，严控政府债务增量，发挥地方政府规范举债的积极作用，争取新增政府债券额度36.4亿元，做好优化存量政府债务结构和调减高成本、高利息债务等工作，争取地方政府置换债券20.3亿元，减轻偿债压力，守住不发生区域性系统性风险底线。 （杨 航）

税 务

【概况】 2018年是党中央国务院全面开启国税地税征管体制改革之年，吉林市初步构建起新的税收征管体系。全年完成全口径税收收入279.6亿元。完成省以下地方级收入118.8亿元，比2017年增收5.26亿元，增长4.6%，完成全年计划的101.6%。围绕机构改革和重点工作，省税务局、市委、市政府等各级领导给予表扬性批示9次。全市税务系统获得省、市、县三级集体荣誉123个，个人荣誉365个；6家单位获得省级"青年文明号"称号。

【吉林市税务机构改革】 2018年，党中央国务院全面开启国税地税征管体制改革，国税地税合并。7月5日，国家税务总局吉林市税务局正式挂牌成立。7月20日，按照国家税务总局关于国税地税征管体制改革的统一部署，吉林市县（市）区国税局、地税局正式合并，组建新税务机构并统一挂牌。各县（市）区局稽查局、税务分局（所）同时组建挂牌，标志着吉林市税务机构改革实现“县乡推进全覆盖”。9月21日，按照省局总体部署和市税务局改革工作安排，国家税务总局吉林市税务局召开副科级以上领导干部大会，宣读市税务局机关内设机构、另设机构、事业单位和派出机构新任职人员，以及非领导职务人员的任职决定。9月25日，市税务局召开机关干部大会，宣布市税务局机关干部任职决定。10月23日至24日，吉林市税务局组成14个调研组，分别由局领导带队，对全市税务系统各县（市）区税务局“三定”（定机构、定职能、定人员编制）方案落实情况开展专题调研，就各基层单位做好做细相关工作进行现场指导，确保各县（市）区局“三定”工作平稳落地。10月25日，全市县级税务机关分别召开干部大会，宣布内设机构、事业单位、派出机构负责人和干部任职决定，吉林市县级税务机关干部大会共宣布224个部门负责人和2324名干部任职决定。至此，完成吉林市税务机构改革。

【税收征管】 按照征管体制改革要求，制定下发《吉林市改革国税地税征管体制征管业务实施方案》及吉林市改革国税地税征管体制征管业务作业图，确保税收工作有序衔接，平稳运行。制定下发《关于征管体制改革户籍调整工作的通知》，对吉林市城区内相关单位户籍作出调整，并向纳税人发布《关于机构撤立和职能调整的通告》，方便纳税人掌握其主管税务机关变更情况。重新配置全市税务系统各单位信息系统，清理冗余数据，完成单边重复纳税人清理1861户，调整纳税人主管税务科（所）及主管税务机关36784户，提高数据质量和办税效率。2018年8月是全国税收征管体制改革过渡期的首个申报期，吉林市税务局组成纳税服务督导组，分赴各县（市）区实地调研督导改革过渡期纳税服务工作。

落实深化增值税改革政策，开展消费税信息采集，设立“瑞孚、九新、金尚、瀚翔、百业”五个车购税延伸服务点；强化增值税专用发票管理，开展风险识别和任务推送，推进关口前移；协调市公安局、吉林海关、中国人民银行吉林市中心支行制定《吉林市打击虚开骗税违法犯罪两年专项行动方案（2018.08—2020.08）》，明确相关部门在调查取证、案件移送、后勤保障等工作中职责。破获“12·01”虚开增值税专用发票大案，该案涉及关联的虚开案件149起，涉案金额价税3亿元，移交检察机关待起诉。落实个人所得税改革政策，通过新媒体发布政策及解读21次，通过“互联网+咨询”解答近万人次，举办纳税人专题及软件培训10余次，4000余名纳税人参加培训。

推进信息管税工作，加大信息采集力度。截至2018年11月，采集12个部门13745条信息，利用第三方涉税信息平台将采集到信息进行匹配装载，增加税收4080.89万元。完善风险特征指标，实现业务与技术较好融合。继续强化对涉嫌虚开增值税发票高风险纳税人的核查工作，加强对两头在外企业风险监控。

【依法治税】 加强依法行政工作组织领导，成立全市税务系统依法行政工作领导小组、税务行政复议委员会暨行政应诉工作领导小组及重大税务案件审理委员会。完善执法平台建设，开展规范性文件清理，印发派出机构挂牌后相关事项公告，确保机构改革过程中税收法治工作平稳过渡。机构改革后，市税务局将公职律师增加到5名，全年审查吉林市税务系统对外签订各类合同45份，受理税务行政复议1起，参与行政诉讼2件，为基层单位提供法律咨询服务3件。

落实税收优惠政策，执行国家税务总局印发《关于实施进一步支持和服务民营经济发展若干措施的通知》。截至2018年11月，全地区落实税收优惠政策114.86亿元。其中，增值税先征后退1.55亿元，出口免抵退税4.54亿元，其他各税征前减免税收优惠108.76亿元。

【纳税服务】 *办税服务厅建设*。在市中心新建1个24小时自助办税服务厅，提供全天候服务。在12个办税服务厅新增自助办税设备53台，功能涵盖近70%的涉税业务。对省局12366热线电话、市税务局纳税服务咨询投诉电话和税风税纪软环境监督回访电话等反馈的问题逐一核实，及时办理。

“放管服”改革。全地区多个办税服务厅设置“免填单”“免录入”软件，平均节约办税时间60%以上。与邮政集团吉林市分公司签订合作协议，在全市各办税服务厅设立“只跑一次”邮寄窗口，对不能当场办结的业务，提供办税结果邮寄服务。开展容缺受理，对纳税信用较好的纳税人缺少非关键资料可以先办理再后补。

培训辅导。通过门户网站、移动客户端和APP等网络平台对深化增值税改革三项措施和落实个人所得税优惠政策等内容，开展实体培训与网络辅导。开展民营企业“大调研大走访”活动，围绕民营企业需求找短板、围绕政策落地找不足、围绕服务效果找弱项，以税收服务“一带一路”，助力民企开拓国际市场。开展打击“黑中介”专项整治工作，通过落实涉税专业服务实名制、信用等级评定、公告、约谈、推送和上门服务等措施，把黑中介逐渐排除在涉税专业服务市场之外。

【税务培训】 9月，市税务局举办3期个人所得税法及过渡期政策培训班，全市办税服务厅190名工作人员参加培训。为推进全市社会保险费征管职责划转工作，普及社保费政策法规知识，以视频会议等形式举办培训4期，培训人员400人次。12月4日至11日，组织开展涵盖货物和劳务税、财产和行为税、企业所得税和个人所得税及国际税收管理等4部门主要业务的综合业务培训，培训税政部门人员270人次。

【中小微企业专题培训】 6月15日至7月27日，吉林市税务局、工信局联合举办6期中小微企业税收政策专题培训班，为全市600余家企业610余名管理及财人员进行培训，落实国家扶持中小微企业发展的政策措施，促进吉林市民营经济快速发展，帮助企业合理运用税收优惠政策减税降费、降本增效。

【社会保险费和非税收入征管职责划转】 10月23日，全市社会保险费和非税收入征管职责划转工作推进会在国家税务总局吉林市税务局召开，各县（市）区及开发区（管委会）政府常务主管领导、市财政局、市人社局、市社保局、市卫计委、市税务局及各县（市）区分管局

11 月 23 日，吉林市税务局组织召开“问需求、查短板、帮发展”民营企业税收座谈会 （温厚军　摄）

领导及具体业务科室负责人 175 人参加会议，有序推进全市社会保险费和非税收入征管职责划转，确保 2019 年 1 月 1 日由税务部门统一征收各项社会保险费和适宜划转的非税收入。11 月 19 日，吉林市税务局邀请市人力资源和社会保障局、市社保局、市医保局、吉林银行吉林分行和中国建设银行吉林市分行 5 家单位参与社会保险费征缴体制论证会，围绕沙场推演征缴体制理论的可行性，结合吉林地区现行社会保险费征缴体制，研讨税务部门承接后面 临的问题、难点，集中交流各单位在征管中存在的问题。同日，吉林市税务局向欧亚置业、时代购物、星云化工、虹园汽配 4 家财务负责人颁发吉林市税务局第一批社会保险费和非税收入义务监督员聘书，吉林市 4 个主城区的民营企业财务负责人正式履行吉林市税务局社会保险费和非税收入义务监督员职责，协助税务部门收集社会保险费征管职责划转以及征收管理方面的社情民意。同月，由吉林市人民政府主导，国家税务总局吉林市税务局牵头，分别组建成立由市税务局、市财政局、市人社局、市社保局、市卫计委和人民银行吉林市中心支行“一把手”任组长的交接工作领导小组，明确组织领导，建立交接工作机制，确定交接范围和具体工作任务衔接人，确保征管职责交接工作小组及各成员单位按照工作进度，统筹开展各项工作，完成社会保险费职责划转任务。

【民营企业“大调研大走访”活动】 2018 年 11 月，贯彻习近平总书记在民营企业座谈会上重要讲话精神，落实国家税务总局关于开展新一轮民营企业“大调研大走访”活动部署，自 11 月 13 日开始，吉林市税务局组织开展由市税务局班子成员带队的全地区系列民营企业“大调研大走访”活动，“面对面”听取民营企业涉税诉求，“一对一”开展民营企业涉税宣传，“点对点”解决民营企业涉税难题，持续优化税收营商环境，精准助力民营企业实现更好更快发展。11 月 23 日，市税务局组织召开“问需求、查短板、帮发展”民营企业税收座谈会，全市 14 家民营企业代表参加会议。截至 11 月 25 日，全市各级税务机关走访民营企业 228 家，召开民营企业座谈会 17 次，收集涉税问题 123 个，意见建议 109 条，其中现场解决各种问题和意见 118 个。 （李晓波）

金融监管

【概况】 2018 年，组织开展治理银行业市场乱象专项检查。其中，银行机构自查发现问题 121 个，实施机构内部问责 363 人次，经济处罚金额 18 万元，1 家机构暂停业务；监管检查 14 家银行机构，发现问题 73 个，针对违法违规行为，行政处罚 5 家银行机构，处罚金额 245 万元。

【防范化解金融风险】 完成《2017 吉林市金融稳定报告》，综合分析影响区域金融稳定风险因素，向金融监管部门提出风险提示及政策建议。做好重大事项报告，对 13 家金融机构开展重大事项报告执行情况现场督察，并就存在问题发出风险提示。全年接报处理重大事项 135 件，上报 60 件，约谈法人投保机构 9 家，对 3 家法人机构进行现场风险提示。

强化信用风险管控，年内处置不良贷款 93.8 亿元，是 2017 年的 7.8 倍。加强政府债务风险管控，2018 年，到期平台贷款全部按期收回。严密防范流动性风险，重点监控和“贴身盯防”风险突出机构，形成 5 家农商行流动性风险监测分析报告 22 期。防范同业业务风险，下发同业业务监管问询单 28 份。加大案件风险防范力度，针对 2018 年发生 1 起案件和 1 起风险事件持续做好督导和跟进工作，严肃责任追究。严格法人机构风险监管，大力推进辖内农合机构风险事件处置，控制风险外溢和蔓延。

【服务实体经济发展】 排查钢铁、煤炭等过剩产能行业信贷情况，推动落后产能依法依规退出。督导辖内银行机构做好国务院大督查发现问题整改工作，要求主动对接住建部门，构建信息互通共享机制，严格房地产行业授信管理。助力小微、民营企业发展，落实小微企业“无还本续贷”要求，破解小微和民营企业融资难融资贵问题，辖内银行机构整体实现“两增两控”（单户授信总额 1000 万元以下的小微企业贷款同比增速不低于各项贷款同比增速，贷款户数不低于上年同期水平；合理控制小微企业贷款资产质量水平和贷款综合成本）目标要求。推动农村金融综合改革试验工作，制定创建农村新型普惠融资服务体系工作目标和措施，支持乡村振兴发展和金融产业扶贫。

【深化银行业改革】 健全完善公司治理机制，开展农商行公司治理专项检查，要求机构及时整改检查发现问题，完善相关制度机制。支持法人机构增资扩股，2018 年，磐石农商行增资扩股 2 亿元、磐石吉银村镇银行和蛟河吉银村镇银行分别定向募集 5000 万股和 3000 万股。培育发展新设银行机构，推动磐石农商行受让蛟河农商行在吉林市龙潭区和白山市江源区发起设立两家村镇银行股权，并作为其筹建发起人，吉林龙潭华益村镇银行获筹建批复。推动筹建民生银行信用卡中心，丰富业态发展。

【监管执纪】 严格行政许可审批，年内完成行政许可项105项。其中，董事和高管任职资格63项，机构类行政许可42项。强化非现场监管工作，实施监管会谈26次，约见高管谈话24人次，下发监管评价函8份、监管通报12份、监管问询单33份、非现场风险提示单1份、非现场监管警告单1份。组织开展现场检查，针对18家银行机构现场检查8项，发现问题81个，下发检查意见书23份。依法实施行政处罚19项，罚没金额8079.5万元，警告相关责任人6名，取消高管任职资格2人，禁止从业2人，打击银行业违规违法行为。

【机构改革】 12月28日，中国银行保险监督管理委员会吉林监管分局挂牌，其前身为中国银行业监督管理委员会吉林监管分局。下设永吉、舒兰、磐石、蛟河、桦甸5个监管办事处。吉林银监分局第一时间组织召开保险行业协会工作汇报会，同保险行业协会建立月度例会制度，加强信息共享交流，强化风险排查及监测预警，维护吉林地区保险业健康发展。

（吉林银保监分局 人民银行吉林中支）

审　计

【概况】 2018年，吉林市审计局完成审计项目123项。其中，完成审计署和省审计厅统一组织的审计项目6项，分别是重大政策措施落实情况跟踪审计、保障性安居工程跟踪审计、2017年度扶贫领域政策措施落实及扶贫资金管理使用情况专项审计、领导干部自然资源资产离任（任中）审计、吉林省农村公路建设情况审计调查、2017年度全省铁路护路联防经费管理使用情况审计。完成对市本级一级预算单位预算执行审计17项，对领管领导干部经济责任审计30项，对市二级预算单位财务收支审计72项，对2家市属国有企业资产、负债、损益情况进行审计，对市卫生学校新建（二期）项目进行固定资产投资审计；对吉林市4城区“清收还林”进行专项审计调查，完成年度审计任务。审计出问题资金39887万元。其中，违规资金22305万元，管理不规范资金17581万元，督促整改问题资金27140.20万元。通过审计实现收入17873.3万元，为市财政增收17503.8万元，为区财政增收369.5万元。移送司法、纪检监察机关和有关部门案件线索31件，处理相关责任人4人，提出审计建议226条。

年内，市审计局《关于吉林市城市建设控股集团有限公司2014—2016年度资产、负债、损益情况的审计》项目、《吉林市第三季度实施的桦甸市人民政府2016年扶贫政策措施落实和扶贫资金管理使用情况审计》项目被省审计厅评为2017年度审计机关优秀审计项目；《第三季度放管服跟踪审计》项目被省审计厅评为嘉奖项目。市审计局获得2018年度吉林省保障性安居工程先进集体称号，信息工作获全省审计机关第一名。

【政策跟踪审计】 审计发现个别行政机关违规在协会商会列支行政经费、应缴未缴国有资产有偿使用收入等方面的问题、民办教育机构风险保证金收取依据不充分问题，教育部门采纳审计意见，退还市属101家民办教育机构的上百万元风险保证金，同时提请人大对《吉林市民办教育条例》作出修订，在教育系统内引起极大社会反响和轰动。在收费清理改革审计中，主要围绕交通系统安全员证和安全生产标准化等级认证存在的问题和农民工工资保证金收取不到位问题进行。

【保障性安居工程审计】 在全省保障性安居工程审计中，重点对政府购买棚改服务和货币化安置、安居工程建设管理和保障性住房分配使用情况等方面进行审计调查，发现安居工程资金分配管理、安居工程建设管理、住房分配、安居工程住房使用和运营管理等4个方面问题，有效督促问题整改，通过审计规范各部门保障性安居工程资金528.98万元。

【扶贫审计】 按照省审计厅统一部署，成立10个审计组，由农业处牵头，对吉林市本级及所辖五县（市）四区2017年度扶贫政策措施落实和扶贫资金分配管理使用情况进行审计，抽查62个乡镇、117个村，入户调查农户168户，抽查扶贫资金12828.87万元，涉及项目147个。审计发现精准扶贫政策措施落实、扶贫资金安全、扶贫资金拨付和盘活统筹、扶贫项目绩效、扶贫项目建设管理以及其他方面存在的问题等6个方面30个问题，发送移送处理书10份，并针对审计发现的问题，逐一督促落实整改，有效促进扶贫政策措施落实及扶贫资金合理利用。

【财政审计】 2018年，完成市本级预算执行17项，二级预算单位财务收支项目72项，审计出未足额批复预算、使用项目支出安排基本支出内容、无预算支出、决算不实、非税收入未及时缴库、存量资金未及时清理、往来款长期挂账、固

10月29日，吉林市审计局召开干部作风大整顿活动专题会议　（市审计局 供图）

定资产未及时入账、租金收入应缴未缴市财政、财务报告数据不全面、差旅费报销审核不严格、超预算列支办公设备购置费、未按规定标准发放医药费、自管资金未纳入财政专户管理、违规收取培训费、未按规定履行政府采购手续、内控制度执行不够严格等问题，审计组针对审计发现的问题进行督促整改，全年为财政增收 9314.1 万元。

【领导干部经济责任审计】 年内，完成经责审计项目 30 户项，审计发现未及时上缴财政收入、应缴未缴结余资金、多提专项经费管理费、财务处理不规范、部分收入和保证金款未及时纳入账内核算、内控制度不健全、财务报告数据不全面、会计账务处理不准确、漏缴税金、占用下属单位车辆、将财政资金存放于非国有直接管控银行、无发票及不合规发票入账等领导干部负有领导责任的问题。

【企业审计】 按照市《防患和化解债务风险重点工作责任分工》要求，对国投公司、吉林化纤集团公司的资产、负债、损益情况进行审计。在对吉林化纤集团公司审计中，发现账务处理不规范致使损益不实、将房产无偿借给改制企业、内部管理制度不健全、内控制度执行不严格等 3 个方面 11 个问题，有 2 个问题以专报形式上报市政府。在对国投公司审计中，重点对国投公司本级及所属 10 家企业 2015 年至 2017 年资产、负债及损益情况实施审计。通过审计发现未按规定取得发票，未按规定发放津贴、补贴，税收，融资、贷款，会计账务处理等方面问题 20 个，揭示国有企业在生产经营过程中存在各类风险，及时规范和清理全市国有企业津贴补贴发放标准，避免国家巨额税款流失。

【配合审计】 年内，吉林市配合审计署工作 4 项，配合省委巡视组工作 3 项，配合省审计厅工作 2 项，配合市委、市政府及其他部门工作 9 项。　　（卜　伟）

统　计

【辅政报告分析】 整合“短、平、快”的统计专报和“高、精、深”的统计调查报告，灵活应用“风向标”分析方法，增强分析针对性和时效性。2018 年，全年撰写统计专报 136 篇、统计调查报告 23 篇、重点课题 10 篇，对全市经济运行进行及时高效的监测和预判，对全市经济发展状况进行有深度、有价值的分析，得到市委、政府主管领导肯定。

【“四上企业”入库】 加强单位名录库建设，做好“四上”企业（规模以上工业企业、有资质等级以上的建筑业企业、限额以上批零住餐企业、规模以上服务业企业）申报入库工作。主动向市政府领导汇报“准四上”企业入库情况，得到市委、市政府重视。统计局利用普查单位信息库，结合国税、地税、工商、民政、编办等部门提供的企业资料，分级分类，筛选确定“准四上”企业清查详单，根据清查结果建立“准四上”企业跟踪监测库，保证随时掌握符合标准的企业及时纳入“一套表”数据平台，确保“应统尽统，不重不漏”。年度审批入库单位 109 家。其中，规模以上工业 13 家，限额以上批发和零售业 24 家，限额以上住宿餐饮业 4 家，规模以上服务业 18 家，有资质的建筑业 33 家，房地产业 17 家。年度审批退库单位 991 家。其中，规模以上工业 546 家，限额以上批发和零售业 227 家，限额以上住宿餐饮业 32 家，规模以上服务业 151 家，有资质的建筑业 19 家，房地产业 16 家。

【统计方法制度改革】 根据国家加快发展“三新”（新产业、新业态、新商业模式）要求，推进“三新”统计工作。参照《战略性新兴产业分类》《高技术产业（制造业）分类》，确定工业战略性新兴企业、高技术企业统计范围，实现对战略性新兴企业工业产值、高技术企业工业产值、增加值、效益指标的全面统计。

【重点工业企业动态监测】 利用“一套表”平台及部门工业会商会议对全市重点工业企业建立序时档案，翔实掌握企业的基本信息、重点指标完成情况、科技投入、科技人员情况等，档案实行动态化管理，便于及时了解企业情况。

【统计法治建设】 出台《2018 年全市统计法治工作要点》，强化对调查对象依法独立真实报送统计资料的宣传，强化对各部门、各单位支持维护统计机构统计人员依法独立调查的宣传，使其更加配合支持统计工作，及时、准确、全面的提供报送统计资料。统计人员在学好《中华人民共和国统计法》基础上，学习《统计法实施条例》《吉林省统计管理条例》等法律法规，提高依法行政、依法统计意识和能力。在加强宣传和培训基础上，配合市依法治市办公室对全局副科级以上干部进行普法教育考核，在全市统计系统针对统计工作人员进行统计法考试，建立统计执法人才库，推进统计执法检查、提高统计执法规范性。开展双随机执法检查，查处统计违法行为。完善统计违法案卷评查制度，提高统计行政处罚案件办案质量和水平。

【统计基层基础建设】 2018 年，按照全市一体化工作要求，加强统计基层基础建设，做好县级统计基础建设考核工作。统计基础工作建设由最初以统计业务工作规范化为主要内容，发展到统计组织建设、队伍建设、制度建设、业务规范化建设和网络建设“五位一体”，在人员、办公条件、制度建设方面实现较大改观，在统计调查、统计服务、统计数据管理等方面实现规范化科学化，完善乡（镇）街基层统计站建设，从抓基层统计站入手，提高源头统计队伍统计能力。对基层统计工作站加强业务指导，按照星级统计站标准严格要求，加强星级统计站评比，让乡（镇）街基层统计站充分发挥自身作用，加强对基层企业基础工作督导。

【第四次全国经济普查】 接到《关于认真做好全省第四次全国经济普查工作的通知》后，吉林市成立第四次经济普查领导小组，下发《关于做好全市第四次全国经济普查工作的通知》。组建县级四经普领导小组及其办公室，全市 150 个乡镇、街道成立四经普办公室。组建市经济普查办公室，内设 8 个工作组，每组由分管副局长任组长，局内各处室全员参与。县级经普办平均配备 3 人至 4 人专职参与经普各项工作。制定《“两员”选聘及管理工作细则》，按照普查方案要求选聘人员，全市选调“两员”（普查指导员、普查员）4433 人。制定普查一体化方案，明确普查各阶段培训计划、培训范围、方式和时间、培训教员、培训内容。2018年，市本级普查预算290万元全部到位；县级预算488.5万元全部到位。全市划分普查区150个，普查小区2284个，并绘制电子地图，开展普查培训。全市在9月17日开始入户登记，10月25日前完成数据录入、编码、审核、改错、上报工作。（田星阳）

统计调查

【住户专项调查】 2018年，新一轮住户调查样本投入使用，推广电子试记账工作，有201户“电子记账+纸质记账”双轨制电子记账试点户，占城镇样本数量比例的65%。年内双随机抽查60户住户样本，及时反馈发现的问题，保障调查数据质量。抓好专业台账建设，落实报表布置、指导、审核、评估、上报等各个环节责任，规范台账管理，提升工作效率。做好农民工市民化监测调查、农民工监测e调查（联网直报），完成住户调查各项任务。

【消费价格调查】 规范消费价格调查业务工作流程，推进“集中采价”和“跟岗采价”制度，严格检查采价点、代表规格品和行走路线合理性，准确把握各类价格变动趋势；保质保量完成国际比较项目（ICP）收尾工作。按照试点方案和总队具体要求，完成生产者价格权数基础数据补充调查、工程造价信息收集、新方案数据测试、测试数据比对分析、撰写测试分析报告等工作，高质量完成投资价格调查试点工作。

【劳动力调查】 落实调查陪访制度，建立调查管理台账，加强现场指导和督查，强化调查全流程控制，制定“一档一集一表四台账”，即《吉林市月度劳动力调查员档案》《吉林市月度劳动力调查入户照片集》《吉林市月度劳动力调查数据反馈表》《吉林市劳动力调查跟访台账》《吉林市劳动力调查失业人口登记台账》《吉林市劳动力调查非经济活动人口登记台账》和《吉林市劳动力调查电话回访记录台账》，分别对劳动力调查工作流程、数据采集、审核、责任分工等方面作出规范要求。

【农作物抽样调查】 完成农作物抽样调查样本整合各项后续工作，严格执行调查方案，修订《农业抽样调查基础工作规程》。坚持直接调查，深入田间地头和农户家中，做好实割实测工作。

【畜牧业调查】 完善《吉林市队主要畜禽监测数据质量控制办法》《吉林市队主要畜禽养殖户走访细则》等相关规章制度，通过横向比对、纵向分析，构建畜禽工作交流新平台。

【住户收支与生活状况调查】 吉林市住户调查样本分布于40个调查小区，每个调查小区抽选10户居民家庭，计400户居民家庭。其中，国家调查样本390户（城镇300户，农村90户），省调查样本10户（城镇户）。全年以保证数据质量为重点，严格遵守调查制度，推进电子记账工作，完成居民收支调查工作。2018年，吉林地区城镇常住居民人均可支配收入28538元，比2017年增长5.0%；农村常住居民人均可支配收入13895元，比2017年增长6.1%，继续保持与经济发展同步。

【居民消费价格指数调查】 居民消费价格指数（CPI）调查每年1月1日至12月31日为年轮调查周期，12月31日结束当年调查工作。2018年，吉林市居民消费价格指数（CPI）102.4，处于温和上涨状态。其中，服务价格上涨3.7%，食品价格上涨1.8%，工业品价格上涨1.6%。

【工业生产者价格调查】 针对关停并转企业和规模以下工业企业进行样本轮换，替换企业16家，新增企业11家。加强数据审核力度，对企业进行逐一审核，全年选取10家企业作为执法检查对象。2018年，工业品出厂价格总指数（PPI）为105.1。其中，石油加工、炼焦和核燃料加工业产品价格上涨16.2%；非金属矿物制品业价格上涨17.3%；黑色金属冶炼和压延加工业产品价格上涨12.7%；化学纤维制造业价格上涨20.4%，下半年连续6个月涨幅超过23.0%。

【统计执法检查】 全年对13家采购经理专业样本企业、13家生产投资价格专业样本企业、4家畜禽专业样本企业开展“双随机”统计执法检查，结合执法检查对企业人员进行业务辅导和统计普法宣传，有效提高其指标理解和报表能力，同时强化配合统计调查意识。

【统计普法宣传】 全年组织4次集中学法活动，提升全员法治素养；结合常规调查及“双随机”统计执法检查开展统计普法宣传；利用“统计开放日”重要时点、《中华人民共和国统计法》颁布纪念日之机，开展面向社会公众的统计普法宣传，提高居民配合统计调查工作意识。

【统计服务】 坚持以数据服务为主体，发挥调查队熟悉民生调查优势，为各级党和政府提供时效性强、参考价值高的优质服务产品，更好地为国家政策制定和宏观管理提供数据支撑，发挥好参谋助手作用。全年撰写各类分析、信息119篇，分别被总队采用32篇，《中国信息报》采用9篇，省委、省政府采用18篇，省领导批示15篇，国家统计局网站采用11篇，国家领导批示2篇。全年完成重点课题16篇，其中由吉林市队领题的养老调查分析获三位省领导签批。组织开展纪念改革开放40周年系列成就分析和“总有一股力量激励我们不断前行”等征文活动，撰写研讨征文14篇，分别从吉林市交通运输业、旅游业发展变化情况，城镇居民收支、居住环境提高等方面，用丰富具体的统计数据和鲜活生动的统计分析展现改革开放40年来吉林市经济发展成就。

2018年，为市委、市政府各部门提供数据49次，计1264笔数据。为吉林市邮政管理局开展《2018年吉林地区邮政普遍服务质量满意度调查》工作，调查涉及9个县（市）区，发放问卷2000份，并完成调查报告撰写工作，助力地方政府部门更好提高服务质量。（张嘉露　张玉坤）

价格监管

【概况】 2018年，吉林市稳慎推进价格改革，调整供热基础热费政策、出台临时性出厂热价，为供热企业增收几千万元；建立健全城镇非居民用水超定额累进加价制度；推进医疗服务价格改革，为公立医疗机构年度增收5000万元。贯彻落实国家和省普遍性降费政策，为企业减负6500万元；推进“只跑一次”改革，4项审批服务事项达到“只跑一次”

要求；牵头全市推进公平竞争审查工作，建立健全审查督察机制。提升服务民生水平，全年启动稳价惠民机制6天，惠民总额近300万元；建议市政府安排价调资金财政预算2270万元，有效保障民生福祉；2月启动价格临时补贴机制，为全市18.58万困难群众发放临时价格补贴464.59万元。加强价格执法力度，开展涉企收费、殡葬服务等专项检查，退还467家多收价款3642.85万元；重要节期和洪灾期间出动检查员800余人次，确保市场价格秩序稳定。提升价格服务水平，全年受理咨询、举报、投诉案件1200余件，协调退还消费者多收价款6359元；受理价格认定案件1353件，总标的额58754万元。

【价格改革】 供热相关价格改革。调整城区停热用户基础热费相关政策。取消原停热两年及以上用户不缴纳基础热费的限制政策，只要停热就必须缴纳20%基础热费，为有效解决“悬空房”蹭热现象发挥积极作用。调整2018—2019供热期热电联产企业临时出厂热价，由每吉焦27.50元提高到30.48元，缓解因煤炭价格上涨造成的亏损补偿问题。

天然气价格改革。落实国家发展改革委关于供暖季天然气供应保障工作电视电话会议精神，及时调整工作节奏。暂缓疏导居民用天然气价格；维持非居民用天然气价格继续原有政策，协调省批准吉林市延续新吉美天然气管输费用政策，有效防止气源因缺口过大引发社会不稳定现象。

水价综合改革。出台开发区污水处理收费政策，具体标准为：居民每立方米0.95元、非居民每立方米1.40元、特业每立方米2.50元，政策兼顾用户和企业利益，实现环保与民生的统一；建立健全城镇非居民用水超定额累进加价制度，先行出台针对电子制造、学校等单位和部门的惩罚性水价政策；推进农业水价综合改革和农村饮水安全工程水价改革。

医疗服务价格改革。放开肉毒素注射治疗等20项医疗服务项目价格管制，激发市场活力；制定修订吉林市相关医疗服务项目价格39项，促进医疗技术进步发展，满足群众需求；创新解决中心医院等市级“三甲”医院服务收费问题，为医院年度增收5000余万元，有效促进公立医疗机构均衡发展；加快推进县（市）公立医院医疗服务价格改革步伐；重申驾驶员体检医疗服务项目价格政策。

旅游、交通等相关价格改革。放开旅游景区（景点）讲解收费，由经营者根据经营成本和市场需求自主定价；降低市陨石雨博物馆门票价格，由成人每人每次80元降低为70元，为促进旅游业健康发展提供价格政策支持；规范旅游专线票价管理，放开313、333路旅游专线价格管制，制定305路城市公共交通票价；启动出租车运价结构调整工作；建立城市生活垃圾收费制度；推进地下综合管廊入廊价格及日常维护费政策制定工作。

【价格调控】 价格调节预算资金。年初市政府安排2270万元预算资金，主要用于蔬菜大棚、畜牧养殖基地建设、冬储补贴、平价店建设、节期外进蔬菜补贴、少数民族肉食补贴等。

平价店建设。在元旦、春节等重要节期，落实集中巡查和驻店监管制度，适时启动平价店惠民机制，平价店米、面、油、肉、蛋等低于市场平均价9%以上，蔬菜低于市场平均价26%以上，惠民总额300余万元，确保吉林市居民生活必需品价格基本稳定，社会反响良好。

启动社会救助和保障标准与物价上涨挂钩联动机制。2月，吉林市居民消费价格指数单月比2017年涨幅为3.7%，达到启动条件。物价部门立即协调财政、民政、人社、调查队等召开会议，在国家规定的20天内将464.59万元补贴资金全部发放到位，惠及全市困难群众18.58万人。

【价格服务】 贯彻落实国家和省普遍性降费政策。9月1日起，取消土地使用权交易服务费和矿业权交易服务费两项垄断性交易平台交易服务收费项目，年度减轻企业负担30万元；落实国家和省进一步降低企业用能成本要求，从4月1日起，先后4次降低一般工商业用电价格，减轻企业缴费负担6479.57万元。

强化收费目录清单化管理。依法编制行政事业性、涉企行政事业性、实行政府定价管理的经营服务性收费3个目录清单通过市物价局网站和全市涉企目录清单查询系统向社会公示。

推进“只跑一次”改革。将非住宅存量房地产交易价格认定等5个价格服务纳入全市第一批“只跑一次”改革清单，其中4项服务审批事项达到“只跑一次”要求；推进商品标价签管理改革，改革后用户可按照标准格式自行印制使用商品标价签，实现标价签管理“一次也不跑”。

落实公平竞争审查制度。组织召开全市公平竞争审查第二次联席会议，指导各部门各单位继续做好存量清理和增量审查工作，纠正滥用行政权力排除限制竞争的规定和做法；探索建立公平竞争审查督查机制，对各部门、各单位公平竞争审查工作实施督察，促进公平竞争审查工作高质量落实。

价格认证。强化“价格认定一体化平台”建设管理，提升价格认定工作与“互联网+”融合水平。2018年，受理价格认定案件1353件，总标的额58754万元，实现税收10191万元。

3月12日，吉林市人民政府召开价格临时补贴发放工作协调会 （市物价局 供图）

价格监测、成本监审和调查。完成7个农调户的调整工作，将2017年农调户误工补贴全部发放到位；制定《2018年成本监审（核算）目录》；完成2018年上半年生猪饲养成本及收益调查数据收集；完成6大类154个监测品种的采集报价96期次，上报《九城市粮油及主要副食品价格监测》数据76期次，发布价格监测信息6期。

【价格执法】 依法开展价格专项检查。根据国家和省价格监督检查统一部署，先后开展涉农、涉企、垄断性服务价格、殡葬服务收费等专项检查。对吉林供电公司擅自收取临时接电费价格违法行为进行纠正，退还467户多收价款3642.85万元。对吉林市殡葬服务中心自立项目收取仪仗队服务费行为进行处罚，没收违法所得14850元，罚款14850元。

市场价格行为监管。在元旦、春节等重要节期，市、区价格部门出动800余人（次），对全市商贸流通企业、平价店和集贸市场实施驻店监管和市场巡查，确保节期市场价格基本稳定。

价格举报案件查处。全年接待咨询、投诉、举报1200余件，协调退还消费者多收价款6359余元。“局长接待日”活动现场受理、接待群众来访19件，在3个工作日内全部处理完毕，受到市长公开电话室通报表扬。（市物价局）

工商行政管理

【“只跑一次”改革】 制定市工商局《加快推进“只跑一次”改革工作方案》《商事登记“一窗受理、集成服务”改革工作实施方案》。梳理“只跑一次”事项清单256小项，发布事项清单253项，事项清单公布率98.8%。压缩企业开办时间，凡提交材料齐全、符合法定要求的，企业开办时间（包括营业执照办理、公章刻制和发票申领环节）不超过3天。对招商引资等重点工程项目开辟“绿色通道”，实现当天办结。在严格执行3日限时办结制度和首办责任制基础上，将7大类23项行政审批事项调整为当场办结事项，减少审核环节，做到一次办结。全市系统办理“零跑动”事项33995户次、“只跑一次”事项79235户次。

【商事制度改革】 深化“多证合一”改革，逐步扩大“多证合一”改革范围。7月1日起，新增8个部门22个证件（备案事项）纳入“多证合一”改革范围，实现54证合一，发放“多证合一”营业执照87233户。加快实施工商登记全程电子化。9月28日起，全面实现网上申请、网上受理、网上审核、网上发照、网上公示，有79946户市场主体实现了网上登记。推动“证照分离”改革。代政府草拟吉林市“证照分离”改革方案，组织召开专题会议。11月10日起，对第一批106项涉企行政审批事项，分别按照直接取消审批、审批改为备案、实行告知承诺、优化准入服务等4种方式，实施“证照分离”改革，进一步解决“准入不准营”难题。

【“双随机一公开”监管】 严格执行年度双随机抽查计划，全市完成随机抽查任务809项，抽查检查对象2.4万户，实现双随机监管工作全覆盖。强化跨部门联合抽查检查，以市政府名义制定印发《吉林市“双随机一公开”联合抽查计划》，市县两级行政执法部门制定联合抽查计划100条，占年度总抽查计划11%。

【市场主体年报公示】 2018年，企业年报率为93.46%，个体工商户年报率为92.19%，农民专业合作社年报率86.00%。建立健全社会信用监管体系。全市341个部门依托国家企业信用信息公示系统，按照“谁产生、谁提供、谁负责”原则，归集公示涉企信息29.7万余条，全部记于企业名下，基本实现涉企信息跨区域、跨行业、跨部门无障碍流转。全市系统公示行政处罚信息公示率、准确率和及时率均为100%。

【煤炭市场监管】 落实环保督察整改，严把市场主体准入关口，完成变更取消煤炭项目129户，注销43户，吊销21户，列入经营异常名录6户。加强流通领域煤炭监管，依法查处无照经营行为，全地区组织开展3次煤炭质量抽检，抽检流通领域煤炭经营主体85户。依法清查在禁燃区销售高污染燃料经营行为，禁燃区内有14户迁出，搬迁煤炭4650吨。

【旅游市场监管】 健全消费维权网络体系，全地区57个景区景点中建立消费维权服务站50个，29个A级景区景点实现维权服务站全覆盖。高效处理消费者投诉举报，全市系统处理涉旅投诉10余件，为消费者挽回经济损失近万元。

【农资市场监管】 开展农资打假行动，接待咨询人数1225人次，发放农资宣传资料7240份。开展化肥质量抽检，抽检化肥611批次。开展农资经营类市场主体抽查，抽查农资经营者442户。查办农资案件52件，受理农资投诉18件，为农民挽回经济损失26.48万元。

【其他市场主体监管】 开展整治虚假违法广告和互联网广告专项行动，办结广告违法案件43件，发布广告监测报告5期，停播整改涉嫌违法广告135条，下达责令改正通知书13份，市属媒体广告

11月2日，吉林市“证照分离”改革专题会议在市政府会议室召开　（全万方　摄）

3月12日，吉林市工商行政管理局举办“放心消费在江城”五进企业消费维权知识竞赛。图为比赛现场 （金万方 摄）

涉嫌违法率平均在4.4%以下。开展网络传销专项整治，查处传销案件3件。开展“网剑行动”，检查网站、网店2110次，检查电子商务产品生产加工单位10次，督促网络交易平台删除违法信息62条，责令整改网站20个，提请关闭网站1个。

【商标品牌管理】 制定出台《吉林市“十三五”期间商标品牌发展和保护实施规划》。至2018年，吉林市拥有中国驰名商标25件，地理标志商标4件。

【“守合同 重信用”企业培树】 2018年，吉林市工商行政管理局走访、指导各类“守合同重信用”企业61家，对2家国家级企业开展注册、合同等方面的法律援助，向各级“守合同重信用”企业推行建设工程施工劳务分包合同、吉林省农村土地承包经营权流转合同等合同示范文本8类。

【消费维权】 落实“放心消费在江城”创建工作。投入宣传费用9万元，营造创建活动氛围，激发群众参与热情，提高社会影响力。开展流通领域商品质量监管，抽检服装鞋帽、儿童用品、装饰装修材料、珠宝贵金属、汽车配件和消防产品等商品594组，销毁不合格商品1545件。培树县（区）级示范店120家，示范街区（商圈）1个、示范行业1个。3月，原省工商局发布全省消费环境综合指数排名情况，吉林市在9个市（州）消费环境测评中，综合指数排名第一。做好消费维权工作，维护消费者合法权益。全市系统受理消费者咨询、投诉、举报26585件，挽回经济损失524.58万元。 （金万方）

表14 **至2018年吉林市中国驰名商标一览表**

序号	商标	核定使用商品或服务	商标注册人	认定时间
1	白山	黏胶丝	吉林化纤集团有限公司	2002年2月8日
2	福源馆	糕点制作（替他人）	吉林福源馆食品集团有限公司	2004年11月13日
3	长白山	葡萄酒	长白山酒业集团有限公司	2007年8月20日
4	华微	晶体管	吉林华微电子有限公司	2009年4月
5	吉恩	硫酸镍	吉林吉恩镍业有限公司	2009年4月
6	吉炭	石墨电极、炭块	吉林炭素有限公司	2010年1月
7	YDD	断路器、电开关、高低压开关板	吉林永大集团有限公司	2010年1月
8	恒高及图	断路器、电开关	吉林市日新恒通电气有限公司	2011年5月
9	吉福及图	辐射交联热缩电力电缆终端及接头、辐射交联热收缩管	吉林市吉福新材料有限责任公司	2012年4月
10	新亚强 XinYaQiang 及图	六甲基二硅氮（胺）烷、三甲基一氯硅烷	吉林新亚强生物化学有限公司	2012年4月
11	银桥	汽车配件	吉林圆方机械集团有限公司	2012年4月
12	棒槌泉	矿泉水（饮料）	舒兰市棒槌泉饮品有限公司	2013年1月4日
13	惠邦 HUIBANG 及图	贴面板、纤维板、非金属门	桦甸市惠邦木业有限公司	2013年1月4日
14	龙鼎及图	母线槽、高低压开关柜	吉林龙鼎电气股份有限公司	2014年1月14日
15	大荒地 DAHUANGDI	米	吉林市东福米业有限公司	2014年1月14日
16	老爷岭 LYL 及图	米	吉林市永鹏米业有限公司	2014年9月4日
17	吉元 JIYUAN	木耳、精制坚果仁	桦甸市吉元土产有限公司	2015年6月5日
18	九江潮	死家禽、肉	吉林九江潮集团有限公司	2015年6月5日
19	彦旗乌拉街	米、谷类制品	吉林省彦旗农业股份有限公司	2015年6月5日
20	天德盛	烧酒、酒（饮料）	吉林粮食集团酿酒有限公司	2015年6月5日
21	哈达及图	氮化洛铁、高硅硅锰合金	吉林铁合金股份有限公司	2015年6月5日
22	如一坊	饭店、餐馆	李荣华	2015年12月31日
23	永德兴	中药成药、医用营养品	吉林隆泰制药股份有限公司	2016年12月29日

续表 14

序号	商标	核定使用商品或服务	商标注册人	认定时间
24	舒兰大米 SHULANRICE 及图	大米	舒兰市大米协会	2017 年 7 月 6 日
25	舒药 SHUYAO 及图形	中成药	吉林济邦药业有限公司	2017 年 10 月 31 日

（市工商局）

表 15 至 2018 年吉林市地理标志商标认定情况一览表

序号	商标	核定使用商品或服务	商标注册人	商标类型	注册时间	所属县（市）区
1	舒兰大米	大米（30 类）	舒兰市大米协会	证明	2009 年 6 月 14 日	舒兰市
2	万昌大米	大米（30 类）	永吉县粮食行业协会	证明	2013 年 3 月 21 日	永吉县
3	黄松甸黑木耳	木耳（29 类）	蛟河市食（药）用菌协会	证明	2014 年 7 月 28 日	蛟河市
4	黄松甸灵芝	灵芝（5 类）	蛟河市食（药）用菌协会	证明	2018 年 2 月 14 日	蛟河市

（市工商局）

质量技术监督

【概况】 2018 年，重点推进质量强市战略，加强对煤炭产品质量、特种设备、燃煤小锅炉整治等重点领域的质量监管，以“质检利剑”“地条钢”排查整治为重点开展执法打假工作，完成年度各项工作任务。全年检验压力容器 2991 台、压力管道 1608 条、电站锅炉和工业锅炉 455 台、电梯 9057 台、起重机 807 台、厂内车 430 台、安全阀 6775 只、槽罐车 2769 辆、气瓶 4940 只；检验产品样品 419 批次；检测水表 21612 只、燃气表 22000 件、加油机 1280 台、热能表 1189 台、流量计 289 件、CNG 加气机 204 台；检定计量器具 17.72 万台件。

【“只跑一次”改革】 按照市委、市政府“坚持以人民为中心的发展思想”和群众和企业到政府办事“只跑一次”要求，调整权责清单，市质监局取消行政许可 1 项，取消其他职权 4 项，取消行政处罚 4 项，修改行政许可 2 项。围绕实现群众和企业到政府办事“只跑一次”目标，梳理 32 项企业和群众办事事项，拆分“一件事”梳理事项为 61 项，实现“只跑一次”事项为 58 项，“只跑一次”占比 95%。3 月公布 37 项“只跑一次”事项清单，4 月公布 13 项“只跑一次”事项清单，7 月将特种设备定期检验等 7 个事项列入“只跑一次”事项。组织编写《吉林市质量技术监督局关于群众和企业到政府办事指南》简版和详版，将行政许可公开事项在网站和现场办事大厅进行详细公布，做到阳光透明政务，全面接受社会监督。对除特种设备定期检验等 7 个事项以外的 54 项办事事项进行集成情况调查，梳理要件 238 个。其中，需要其他部门办理事件 49 个，需共享其他部门数据要件 7 个，需办事者提供要件 182 个，尚未实现集成或共享要件 56 个。编制年办件量在 200 以上的办事事项办事指引 17 项。为方便群众办事，提出容缺受理政务服务事项清单 21 项。

【产品质量管理】 结合全市特色产业结构和特点，以特色农产品、服务业、化工产品企业为培育重点，制定《2018 年名牌产品培育计划》，支持、指导民营经济、长吉图开发开放区域企业和小微企业申报省名牌产品，推荐 24 个产品获评吉林省名牌产品。完成对各区政府、开发区管委会 2017 年度“吉林省名牌产品获评及获评企业质量信用状况”指标绩效考核工作。开展质量提升行动工作，牵头起草《中共吉林市委、吉林市人民政府关于开展质量提升行动的实施意见》。开展第六届“市长质量奖”评选工作。开展机动车检验检测机构年度资质认定专项监督检查，完成 5 家企业问题整改，完成 40 家辖区获证检验检测机构国家认监委网上直报数据的审核工作。配合省局完成对辖区 10 家检验检测机构飞行检查工作。

组织开展煤炭产品质量专项检查工作，安排部署各县（市）市场监管局、区分局结合本地实际，对辖区内生产、加工、洗选煤炭产品生产企业进行排查。全地区开展煤炭产品质量专项检查工作出动检查人员 400 余人次，检查车辆 100 余台次。截至 2018 年 10 月，吉林市有煤炭加工、洗选企业 4 家。其中，洗选企业 1 家，加工企业 1 家，停产 1 家，废业 1 家。

开展产品质量日常监督检查和巡查。2018 年开始，改变历年由检验机构上报监督抽查计划、监督处审批的模式，经与工商部门协调，调取全市注册企业登记信息，根据市质监局监管范围及检验能力，筛选确定年度全市产品质量监督抽查对象，同时做好备案并向市法制办上报《2018 年全市产品质量监督抽查计划》，经市法制办批复后向各县（市）市场监督管理局、各区分局、稽查分局、各质检机构下达 2018 年产品质量监督抽查计划并组织实施。全年实际抽样 76 家企业，83 批次产品，检验合格率 95% 以上。

处理质量抽检不合格产品生产企业及投诉举报。年内，处理完成 2017 年国家抽检不合格产品生产企业 1 家、2018 年度省抽检不合格产品生产企业 4 家，市政府投诉举报案件 1 件。

迎接省禁塑工作考评督查组考核检查。全年出动检查人员 300 余人次，检查车辆 120 余台次，通过全系统全面排查和重点检查，未发现违规生产不可降解一次性购物袋和塑料餐具的行为。3 月 7 日，省禁塑工作考评督查组一行到吉林市开展考核检查，市质监局工作取得满分。

组织产品质量监督检查。以“质检利剑”“地条钢”排查整治为重点，开展执法打假工作。办理各类行政执法案件 26 起。其中，受理各类举报和质量申诉 19 起，立案 3 起，结案 3 起。出动执

4月2日，吉林市质量技术监督局在丰满大坝重建工程450吨桥吊荷载试验现场进行监督　（罗中瑞　摄）

法人员1142余人次，对化肥、化工、机电、轻工、农机及配件、车用汽柴油等产品进行监督检查，抽查企业405家，抽检样品80个。

【计量管理】 计量器具强制检定。2018年，吉林地区检定强检计量器具17.72万台件。其中，检定用于贸易结算强检工作计量器具11.06万台件，医疗卫生强检工作计量器具3735台件，安全防护强检工作计量器具6.27万台件，环境监测强检工作计量器具93台件。

计量器具专项监督检查。开展加油站计量器具检查，对中石油、中石化以及社会个体加油站进行全面检查，检测结果均符合相关法规规定，计量允许偏差合格率100%。开展定量包装商品净含量检查，2018年度定量包装监督抽查工作在9月底前结束，出动人员63人次，历时4个月，抽查本地区生产企业31家、71个批次，销售企业32家、32个批次，总计103个批次。其中，净含量标注合格92个批次，合格率89.3%；净含量合格103个批次，合格率100%。进行集贸市场计量器具强制检定，建立计量器具台账，明确检定周期和强检日期，检查在用衡器300余台、公平秤10台，集贸市场在用计量器具检定合格率98%以上，公平秤合格率100%。开展环境监测用的强检计量器具检查，10月底前全部完成，市区内有1家市级环保监测站正常开展工作，外县（市）级环保监测站正常开展工作，市区内有8家社会化环境检测机构正常开展工作，各环保监测机构按要求制定环境计量管理制度，设立专（兼）职计量管理人员，建立环境监测用计量器具台账及周期检定制度，在用环境监测用计量器具定期进行强制检定或校准，能够提供在用计量器具有效检定证书或校准报告。

【标准化管理】 参与起草3个吉林省地方标准制定，即《政务办事“只跑一次”工作规范第1部分：总则》《第2部分：一窗受理、集成服务》《第3部分：行政审批事项编码规则》《第4部分：服务大厅现场管理》。推荐吉林市企业参加“第四届吉林省标准创新贡献奖”活动，建龙钢铁1项企业标准获得二等奖，吉林铁合金6项国家标准获得一等奖、3项行业标准获得二等奖。为市政府重点扶持企业龙山有机硅集团公司提供标准化咨询服务，免费为其查找相关国家标准、行业标准、地方标准92项，为企业研发、设计、生产、经营提供技术支持。在“标准信息公共服务平台”上备案标准376项。其中，企业标准342项，国家和行业标准34项。

【特种设备安全监管】 推进燃煤小锅炉整治和第二次污染源普查工作，针对中央环保督察反馈问题，市质量技术监督局成立环保督察反馈问题整改工作领导小组，制定整治工作方案，协调组织各区局、县（市）市场监督管理局召开环保督察反馈问题调度会，明确辖区内未整改的燃煤小锅炉整改措施、整改方式、整改时限，确保整改工作落到实处，从7月起分两批公示注销128台燃煤锅炉使用登记证。

从7月起分两批公示注销128台燃煤锅炉使用登记证。开展特种设备安全排查工作，严厉打击未经依法许可、存在重大安全隐患的特种设备的安装和使用行为。全系统出动执法人员1452人次，检查企业1346家，特种设备9626台（套），发现隐患77处，下达安全监察指令书66份。开展城区冬季公共服务保

6月4日，吉林市质量技术监督局召开贯彻落实中央环保督察反馈问题整改工作调度会　（刘海良　摄）

10 月 18 日，吉林省危化品储运容器质量监督检验中心在吉林市特种设备检验中心揭牌成立 （罗中瑞 摄）

障工作，检查特种设备企业 313 家，特种设备 3223 台，出动执法检查人员 1005 次，发现 7 家锅炉使用单位存在严重事故隐患，责令其整改完毕，为特种设备使用单位安全生产提供有效保障。开展气瓶专项排查整治行动，对气瓶充装单位、检验单位、车用气瓶安装单位、气瓶经营单位进行检查，检查气瓶充装站、饭店、学校、宾馆、餐饮行业 200 余家。开展受理告知工作，包括锅炉 159 台，压力容器 794 台，电梯 983 台，起重机械 124 台，大型游乐设施 12 台，压力管道 2067 条。受理并审核特种设备行政许可 55 家。其中，移动式压力容器及气瓶充装单位 30 家，压力容器安装改造修理 7 家，电梯安装改造修理 18 家。对全市大型游乐设备安全检查和应急演练，在劳动节、儿童节、国庆节期间，对游人密集出行阶段进行不定期安全检查，组织各游乐场所和人员密集场所在吉林市华业广场开展应急救援演练，确保吉林市在用 49 台大型游乐设备安全使用，全年无人员伤亡事故。

【执法打假】 以“质检利剑”“地条钢”排查整治为重点，开展执法打假工作，全年办理各类行政执法案件 26 起。其中，受理各类举报和质量申诉 19 起，立案 3 起，结案 3 起，行政处罚 23 余万元。完成“双随机”监督抽查工作，抽查食品包装、水泥等企业 209 家，出动执法人员 600 余人次。开展农资打假专项整治行动，以春耕备耕关键农时为重点节点，以质量水平不稳定，尤其是以往国（省）抽查和市监督抽查不合格的企业为重点企业，严查坑农害农质量违法案件，检查农资生产销售企业 110 家，其中农资生产企业 32 家。全系统出动执法人员 494 人次，检查农资企业 19 家，抽样 9 家，检验结论均为合格。开展吉林市成品油制品生产企业产品质量监督抽查行动，现场对企业生产的车用乙醇汽油、车用柴油进行抽样，共出动执法人员 48 人次，检查企业 35 家，抽检样品 80 个。对本辖区内违法违规制售“地条钢”等钢铁产品的行为进行拉网式排查，排查钢铁生产企业 2 家，重点涉钢生产企业 17 家，疑似“地条钢”企业及地点 41 处。经多次排查，均未发现“地条钢”违规生产情况。

【投诉举报受理】 2018 年，接到投诉、举报、咨询件 635 件，涉及汽车、质量、计量、特种设备等多方面案件。举报件办结率 100%，投诉件办结率 68%，咨询办结率 100%。办理省质监局移交督办的吉林昊宇电气股份有限公司电厂锅炉四大管道项目举报案件，对昊宇电气股份有限公司内部调取资料 1000 余份，外调 24 家企业质量文件中 531 份报关单及商检单，案件在办理中。

【许可证监管】 加强对吉林市获许可证工业产品生产企业监督检查，督促获证企业落实安全主体责任，提高产品质量水平，检查生产许可证获证企业 15 家，出动执法车辆 15 台次，执法人员 30 人次，按计划完成日常监督检查任务。

【技术平台建设】 10 月，吉林省唯一一所危化品储运容器质量监督检验中心在吉林市特种设备检验中心挂牌成立，辐射东北三省及内蒙古地区，开展危化品储运容器进行生产使用各环节的监督检验、定期检验、缺陷分析、事故分析等，为危化品生产储运企业提供技术咨询和支持。6 月 11 日，市特检中心专业技术人员 155 人历时 4 个多月完成吉化大检修任务，检验压力管道 1.4 万余条，全长 1300 余千米。与吉林化工学院签订“携手并进、互惠双赢”校企战略合作协议书，建立校企人才培育机制，实施定向培养技术人才。12365 质量投诉平台从单纯的打假举报、产品质量投诉电话，逐步发展成为集举报受理、咨询服务、信息传递、执法打假指挥等功能为一体，能快速反应、风险预警、应急处置的综合服务平台，成为质检系统情报信息处理中心、数据分析预警中心。

【行政审批管理】 截至 2018 年 10 月 25 日，完成行政审批事项 8610 件（次）。其中，计量标准考核（授权）42 户，特种设备使用登记 2422 台（次），特种设备作业人员资格核准 6061 人（次），机动车检测机构资质认定 14 户，特种设备（制造、修理、安装、改造、充装）生产许可证考核发放 48 户，检验检测机构资质认定 23 户。行政审批事项提前办结率 100%。

【质量惠民宣传活动】 以“3·15”消费者权益日、“5·20”世界计量日、质量安全月为活动载体，开展宣传活动。组织市计量院、市能源所、市衡检中心，会同供电公司、水务集团、港华燃气、中国石油昆仑燃气吉林公司等相关单位为市民提供多项咨询服务及免费检定活动，现场悬挂计量宣传横幅 5 幅，发放计量宣传图册、资料 200 余份、发放环保袋 300 个，免费检测血压计 30 台，检测老花镜 12 副，检测家用人体秤 16 台。通过对市民使用的血压计、人体秤进行免费检测，普及民生质量、计量、安全知识，产生很好社会效益。市计量院将每周五定为实验室开放日，供市民参观实验室，并为市民免费检测血压计、电子秤等家用计量器具，全年吉林地区计量惠民活动免费检测计量器具588台件。（罗中瑞）

食品药品监督管理

【概况】 2018年，全市有食品、保健食品、化妆品、药品、医疗器械生产经营企业和使用单位66738家。其中，食品企业46120家，保健食品企业1568家，化妆品企业及使用单位8720家，药品企业及使用单位5609家，医疗器械企业及使用单位4721家。

【“只跑一次”改革】 2018年，吉林市食品药品监督管理局（简称“市食药监局”）按照省、市两级政府要求，推进“只跑一次”审批改革工作，向社会公布两批次“只跑一次”事项清单88项，占审批项目的95.7%，超额完成市政府下达的85%总体目标。下放市食药监局监管的大型商超食品经营许可及食品小作坊许可审批权，向各城区分局及开发区分局交接396家食品经营企业、28家食品经营小作坊，方便群众办事。压缩审批时限，食品生产审批从30个工作日压缩至20个工作日，食品经营审批从20个工作日压缩至13个工作日，药品经营审批从15个工作日压缩至5个工作日，医疗器械审批从15个工作日变成即办。全年审批办接待咨询、办事群众万余人次，受理即办和承诺件2106件，办结件1791件，退办件277件。

【安全监管】 加大无证经营清查力度，严格许可审批，全面规范食品药品经营行为。年内，全市清理无证经营企业613家，发放食品药品许可证9256个。加大食品药品抽检力度，全年完成食品药品抽样检验4171批次。其中，食品2903批次，不合格33批次；药品1196批次，不合格15批次；医疗器械72批次，不合格3批次。对不合格产品依法进行查处。针对非洲猪瘟、炭疽病疫情，汇同市畜牧局进行多次联合专项检查，与100余家肉类产品生产经营单位签订责任书，严防问题肉类产品流入市场。

【专项整治】 先后开展“三节两会”、春季学校食堂、托老托幼机构食堂、旅游景区餐饮单位、网络订餐、食品非法添加、保健品虚假宣传、特殊药品、无菌植入类医疗器械等20余个专项整治工作，检查企业近3万家，责令整改企业2586家，关停查封企业221家，查办案件577件。其中，食品289件、保健食品5件、化妆品15件、药品217件、医疗器械51件。公开处罚案件542件，撤销《药品GSP认证证书》11家，产生震慑作用。

【食品安全放心工程】 开展餐饮单位量化分级管理提升行动，完成量化分级12240家。推进餐饮单位“明厨亮灶”质量提升工程，全市建成“阳光厨房”816家。对美团、饿了么等网络订餐平台进行治理，集中约谈代理商36人。开展餐饮环节狗肉及其制品专项检查行动，整改84家，关停14家。完成重大活动食品安全保障30余次，实现保障“零”事故。

【安全隐患大排查】 “长生疫苗”案件发生后，在全市范围内开展食品药品风险隐患排查工作。针对吉林市没有疫苗生产企业的实际情况，把中药注射剂、中药制剂、多组分生化药等高风险药品生产企业作为排查重点。全市排查食品药品企业32110家。其中，药品生产企业30家，疾病控制中心及疫苗接种单位184家。发现问题隐患1250个，责令整改企业1124家次，取缔无证经营57家，查处案件105起。通过大排查，有效化解全市食品药品安全风险隐患。

【安全风险防控】 突出应急建设，修订完善食品药品应急预案，健全应急工作领导小组、应急队伍和专家库。强化投诉举报工作，2018年度受理举报及咨询4790件。其中，举报682件、咨询4108件。强化食品药品监测，完成药品不良反应报告800份、药物滥用监测报告112份、医疗器械不良事件监测报告91份，监测食品药品违法广告3108起，并全部及时按规定进行处置。

【服务医药企业发展】 开展企业调研活动，为英联、西典、吉尔吉、汇康、康乃尔、鹿王、国药等企业协助解决文号转移、文号购进、厂房搬迁、厂房改造等问题40余个。加强吉林市与浙江医药企业对口合作，推进西点药业与浙江安吉豪森药业、吉林英联生物制药与浙江海正药业的合作项目。

【食品药品安全宣传培训】 2018年，先后开展“6·26”禁毒日、食品安全宣传周、药品安全宣传月、打黑除恶、宪法宣传等活动。悬挂宣传标语60幅，发放宣传手册5万册、宣传单30余万张，现场咨询5000余人次。开展食品药品监管业务及法律法规相关培训，培训从业人员6000余人次、监管人员1250人次。（赵昱华）

7月17日，食品药品监督管理局开展“食品安全宣传周”活动。图为活动现场（毛华 摄）

安全生产监督管理

【概况】 2018年,以全力减少一般事故、有效遏制较大事故、坚决杜绝重特大事故为目标，开展“安全生产治理年”活动，统筹推进安全生产责任落实、专项整治、隐患排查、改革创新、基础建设等重点工作。全市发生各类生产安全事故69起，死亡67人，事故起数比2017年下降56.9%，死亡人数比2017年下降40.2%，全市安全生产形势持续保持稳定。

【煤炭行业管理】 强化煤矿质量标准化建设和经常性管理工作，按照半年抽查工作要求，持续进行动态达标监管。2018年，3个产煤县（市）对6处生产煤矿进行两次全覆盖安全生产标准化检查。市安监局按照50%抽查率，抽查3处煤矿安全生产标准化管理情况，下达安全隐患行政执法文书11份；对违反煤矿安全法规的隐患进行行政处罚，罚款5.6万元。煤矿企业问题整改后形成整改报告，在市、县两级安监局备案。

组织新修订《煤矿安全培训规定》宣传贯彻学习，检查督导煤矿企业培训工作，针对重点难点内容推进落实，进行指导、帮带。督促煤矿企业严格按照《中华人民共和国安全生产法》和《煤矿安全培训规定》相关要求，落实主要负责人组织制定并实施本单位安全生产培训计划的职责，强化培训组织管理，配齐安全培训管理人员，保障安全培训经费，建立健全安全培训档案，做到主要负责人和安全生产管理人员在规定期限内考核合格，特种作业人员持证上岗，新工人入井作业前培训合格。10月，煤矿企业组织全员进行3天脱产培训。对舒矿培训中心6项实操设备采购安装情况进行初验，并陪同省安监局进行终验。

推进煤炭洗选设施建设，确保中央环保督察回头看“零问题”。严格按照有关法律法规和各级有关规定，对煤矿原煤的硫份和灰分依据地质报告进行确认并上报省安监局。明确市、县定期对煤炭洗选和销售情况进行检查，应当入选的原煤入选率100%。

【日常监管】 煤矿方面。组织开展依法打击和重点整治煤矿安全生产违法违规行为专项行动,各级共检查煤矿157矿次，督促整改隐患670项。

非煤矿山和尾矿库方面。重点组织开展采空区和尾矿库专项治理，检查矿山545矿次，督促整改隐患1233项。

危险化学品和烟花爆竹方面。针对危险化学品生产、经营、储存、使用等环节，检查危化企业2233家次，督促整改隐患3396项；督促落实旺季销售期间烟花爆竹安全生产。

冶金、机械等工贸企业方面。开展粉尘防爆等专项整治，通过企业自查、专家检查和企业抽查等方式，督促51家企业整改隐患168项。开展有限空间作业专项整治，检查确认有限空间企业33家，发现并督促整改隐患51项。对全市53家涉氨制冷企业，各县（市）区全部组织验收，市安监局抽查验收，督促8家企业整改隐患128项。

职业卫生监管方面。开展水泥制造、汽车制造（含汽车维修保养）、铅蓄电池等行业专项整治，全年检查企业98家，发现问题297项，下达执法文书186份。在职业病危害治理“百千万工程”第二阶段规范企业创建工作中，全市有155家企业达到职业病危害治理“百千万工程”规范企业水平，超额完成全省“千”户企业的创建要求。

【安全生产领域改革】 成立改革推进办公室，推进吉林市《安全生产领域改革发展实施意见》重点任务落实。针对安全生产领域改革93项重点工作任务进行细化分解，明确责任处室、工作措施、完成时限及联系人；组织市级40余个涉及改革重点工作任务的安委会有关成员单位建立部门改革重点任务台账。同时建立对账销号和单月底调度及督查制度，4月底由市政府督查室组织专项督查，9月市安委会办公室组织专项督查。截至12月14日，2018年改革重点工作任务56项，完成55项。

【基层安全生产网格化】 调研和试点建设基础上，于10月底印发吉林市《加强基层安全生产网格化工作实施方案》，并先后2次召开专题会议，部署落实基层网格化工作，协调解决工作中遇到的难点问题。截至12月14日，市、县两级行业部门建立网格化监管责任台账，各乡镇街道建立网格化管理台账，各县（市）区开发区安委会办公室统一编制《基层网格化监管工作手册》，在乡镇（街道）统一部署施行。

【危险化学品安全风险摸排】 按照危险化学品综合治理工作和安全风险摸排要求，组织县（市）区、开发区和各有关部门开展危险化学品安全风险摸排。经统计汇总，全市各行业摸排重大危险源93处，涉及危险化学品安全风险企业689家。截至2018年年末，各县（市）区、开发区按照要求建立覆盖各部门、各环节、各领域的危险化学品安全风险“一张图一张表”，吉林市安全风险“一张图”上报省安监局。

【安全生产机制建设】 以“一业一规、一企一标、一岗一责、一人一卡、一日一醒（省）”为载体，开展安全生产“五个一工程”建设活动，完善行业安全生产监督管理规范和企业安全生产标准体系，加强安全生产风险分级管控和隐患排查治理双重预防机制建设，推动企业自觉落实全员岗位责任制，促进企业安全生产工作法治化、规范化、制度化，企业安全管理能力和安全运营水平得到整体提升。截至2018年年末，全市706家规模以上企业完成“五个一工程”建设工作任务，1931家企业全面启动开展。

【安全生产宣传教育】 组织开展“安全生产月”“安全生产咨询日”等宣传教育活动，省安全生产咨询日活动主会场由吉林市承办；协调有关部门组织开展“安康杯”竞赛、“青年安全示范岗”“平安校园”创建等系列安全主题教育活动；在各类媒体上持续报道全市安全生产工作情况，进行安全生产公益宣传，营造全社会安全生产浓厚氛围；重点强化企业负责人、安全管理人员以及特种作业人员的培训教育考核，督促企业主要负责人员、安全管理人员和特种作业人员持证上岗；指导监督企业开展安全生产教育培训，提高企业员工安全意识和技能。

【应急救援能力建设】 在对生产安全事故应急预案进行持续修订的基础上，督促指导各县（市）区、企业进一步完善预案体系，强化预案备案管理。牵头组织在桦甸市板庙子金矿开展尾矿库溃坝模拟实战救援演练，督促指导重点企业针对不同事故类型、不同救援要求组织开展各类应急救援演练。2018 年，全地区组织开展应急演练 627 场。其中，综合演练 176 场，专项处置演练 433 场，桌面推演 18 场。通过开展应急演练，检验应急预案针对性和可操作性，增强企业应急响应能力，积累实战经验。在重新调整市级安全生产专家库的基础上，增加设立由 80 余名专家组成的应急救援专家组，提升全市生产安全事故应急救援保障能力。（王 强）

吉林海关

【概况】 2018 年，吉林海关接受申报报关单 2073 票，比 2017 年下降 7.17%；税收 6078 万元，比 2017 年增长 6.7%；进出口货运量 8.1 万吨，比 2017 年增长 17.55%；办理加工贸易手册 11 笔，进出口备案金额 1 亿美元，内销征税 125.2 万元；办理减免税审批表 101 份，减免税审批总额 552 万美元，减免税款 624 万元；稽查作业 10 家，保税核查 2 次，巡查企业 13 家；移交缉私部门案件线索 7 起，补税 1 起；办理注册、变更、注销企业 159 家。吉林海关通过"全国文明单位"和"省级青年文明号"复核。

【海关机构改革】 4 月 20 日，实施海关机构改革，原吉林（市）检验检疫局划入吉林海关。双方加强工作对接，建立联席会议制度，成立集中办公工作领导小组，先后组织召开 8 次会议共同研究机构改革相关事宜，并严格按照规定的时间节点，保质保量完成各项改革工作。4 月 20 日前完成所有检验检疫标识拆除更换、一线执法人员统一换装、吉林海关恒山路办公区挂牌等工作。加强业务深度融合，组织参加总署、总关关检业务融合网上培训活动 37 次，制定关检业务融合培训计划，组织全员业务培训 2 次，组织海关执法能力考试和党建知识考试 3 场次，组织党建业务知识竞赛 1 次，取得很好效果。实现报关报检注册登记备案"一口对外，一次办理"。落实查检合一，结合工作实际制定《吉林海关保税物流中心货物现场"查检合一"工作实施方案》以及货物查验工作流程，利用金关二期查验系统和单兵作业设备，随机派班共同开展"查检合一"工作。按照《长春海关集中办公有关事项通知》要求，结合吉林海关和原吉林（市）出入境检验检疫局实际，制定《吉林海关机构改革集中办公工作方案》，经联席会议研究确定报备长春海关。

【海关业务改革】 实施全国通关一体化，组织实施货物通关"一次申报，分步处置"的管理模式，优化人力资源配置，科学设置综合岗、验估岗，开展事中单证验估 42 起，现场接单审核 90 票。推进无纸化作业，通关作业无纸化率 100%。推行税收征管方式改革，"自报自缴"模式报关单占全部应税报关单的 70%，征收税款占全部税收的 60%。推广新一代海关税费电子支付系统，推进海关专用缴款书企业自行打印改革，减免税审批无纸化、审价作业无纸化，推介关税保证保险。施行报关报检资质整合工作，企业报关报检资质申请办理时间平均缩短 50%，做好关检融合企管新系统上线工作，企业备案信息项目由 56 项压减至 18 项，压缩 68%。推广"单一窗口"标准版应用，属地企业在本关报关单 80% 应用"单一窗口"标准版申报。

【禁止洋垃圾入境】 召开专题会议进行部署，严防洋垃圾走私进境。学习相关文件精神，提高禁止洋垃圾进境敏感性；加强对进口固体废物情况排查和风险分析；向企业宣讲国家严禁洋垃圾进境政策和法律法规。截至 2018 年年末，吉林海关没有"洋垃圾"进境事情发生。

【加工贸易无纸化改革】 组织吉林地区 23 家加工贸易企业召开政策宣讲会，并与 5 家企业签订加工贸易无纸化协议，占加工贸易企业 63%；组织上报吉林北沙制药有限公司、吉林晨鸣纸业有限责任公司为开展"以企业为单元加工贸易监管"的试点企业。

【保税物流中心】 吉林市保税物流中心自 2017 年 1 月 17 日运行至 2018 年年末，接受申报报关单 961 票，征收税款 5230 万元，进出口货运量 1773 吨，货值 8 亿元，企业借助保税物流中心退税功能实现出口退税近 5000 万元。拓展保税物流中心业务量和仓储货物种类，年内先后有乙丙橡胶、俄罗斯进口大豆油、大型化工设备等新类型产品进出中心；推进跨境电子商务业务，设备安装到位，完成平台系统测试，联系长春海关相关部门开展验收事宜；发挥保税物流中心优势，继续推进利用加工贸易促进化工产业发展形成的 10 个链条，完成 3 个链条；召开座谈会研究台湾企业汽车底盘零部件、中国香港企业手表和首饰简单加工以及法国波马公司缆车和索道冰雪产业等进驻吉林市保税物流中心事宜。

【缉私工作】 落实打私工作主体责任，召开打私工作推进会，推动全员打私。开展"国门利剑 2018"专项行动，加强同机场办、驻邮局办事处等部门联系配合。支援关区大要案办理及重点工作，有 11 人借调参与办理"5·18"走私海产品专案、缉枪专项行动等重要刑事、行政案件办理及专项工作。加强情报基础工作，全力开展追逃工作，完成"10·20"案件侦办工作。开展积案清理，办理协查案件 20 余次。全年受理行政案件 8 起；立案 9 起，立案案值 1.65 万元，涉税 0.26 万元；调查终结 1 起，调查终结案值 18.33 万元；审结 6 起，缉私罚没入库 2 万元，补税 1.26 万元。（吉林海关）

冰雪产业

ICE AND SNOW INDUSTRY

综 述

【自然条件优势】 吉林市冰雪资源十分丰富，极具北方特色。吉林市的海拔高度、山体坡度、雪期跨度、冬季温度、积雪深度、风的速度，在全国乃至全球都具有极大优势。

雪质好。吉林市位于北纬42度至44度之间，与欧洲的阿尔卑斯山脉和北美的落基山脉同处于“冰雪黄金纬度带”，是世界著名粉雪基地之一。

积雪厚、雪期长。冬季多雪，平均降水量38.3毫米，平均雪深14厘米，山地雪深可达1米到1.4米。雪季平均温度为零下10摄氏度，年积雪天数150天以上。

山体坡度适中。吉林市域内多山，有千米以上山峰110余座，多数山体坡度在5度至30度之间，滑雪场山体自然落差适中，非常适合滑雪。

雪场风速适宜。自由式空中技巧项目要求比赛时段内平均风速小于3米/秒。吉林市北大壶、万科松花湖等滑雪场年平均风速2.26米/秒，符合国际专业赛事对风速的要求。

交通区位快捷便利。吉林市地处吉林省中部，是长吉图开发开放先导区的直接腹地，也是中国东北和东北亚区域较为重要的交通节点城市。依托长吉城际高铁，吉林龙嘉国际机场，长珲、沈哈高速公路等，构成了吉林市四通八达的立体交通网络。北大壶滑雪场距市区仅50千米，在国内国际可以举办冬奥会雪上项目的顶级雪场中，是距离市区最近的。万科松花湖滑雪场则距市区仅15千米，在国内外同等规模雪场中距离市区同样是最近的。无论从区位优势、山体坡度，还是雪期跨度、积雪深度、风的速度，吉林市都非常适宜开展雪上运动。

【冰雪设施】 吉林市的冰雪设施、冰雪旅游产品与同类地区相比具备竞争优势，越来越得到冰雪游客认可。至2018年年末，全市建有12座滑雪场，雪道总面积超过356万平方米，总长度近100千米。其中，万科松花湖滑雪场拥有国内最长高山雪道之一，全长4.1千米；北大壶滑雪场N3雪道登顶吉林市最高峰南楼山。吉林市多次承办世界、国家各个级别雪上运动赛事，是国家雪上训练队集训地。

【国际冰雪运动之都建设】 在国家振兴东北、转型发展的大背景下，吉林市委、市政府贯彻习近平总书记“冰天雪地也是金山银山”的重要指示精神，抓住2022北京冬奥会契机，把发展冰雪产业作为新旧动能转换、实现高质量发展的重要支撑，成立冰雪产业发展领导小组，细化落实年度重点任务，举全市之力加快推进。特别是在机构改革过程中，在省委省政府支持下，吉林市成立全省唯一的冰雪产业发展办公室，为做大做强冰雪产业提供有力保障，让“白雪换成白银”成为现实。吉林市立足于服务2022北京冬奥会，依托吉林市资源优势和发展基础，利用三到五年的时间，在冰雪产业领域取得重大突破。以“雾凇之都、滑雪天堂”为核心定位，将吉林市打造成为中国冰雪产业创新发展先行区、国际冰雪产业合作新平台、国际冰雪运动之都、世界级冰雪旅游目的地。建立工作推进机制，确定年度10个方面40项重点任务，明确部门责任。高标准编制全市冰雪产业发展规划、雪场资源规划和泛北大壶区域冰雪产业发展规划，通过中央电视台、北京冬博会、欧洲阿尔卑斯山地博览会等平台，宣传吉林市冰雪资源。

【冰雪运动普及】 推动全民上冰雪，实施“筑梦冰雪相约冬奥”中小学生冰雪运动普及工程。省级冰雪特色校发展到75所，市民及青少年上冰雪分别为230万和20万人次。北华大学成立全国首家冰雪学院。全年接待国外冰雪考察洽谈团组28个。

【冰雪旅游品牌】 2018年，吉林市围绕“雾凇、冰雪、温泉”三大冬季旅游资源，持续开发冰雪旅游产品，丰富冰雪活动载体，开展国际雾凇冰雪节、国际冰雪摄影大展、国际龙舟赛、全国冬泳比赛等别具特色的节事活动。中国吉林国际雾凇冰雪节连续举办24届，成为中国十大最具影响力冰雪旅游节事之一，“赏雾凇、戏冰雪、泡温泉”成为吉林市冬季旅游的金字招牌。在2018中国体育文化博览会、中国体育旅游博览会上，吉林市北大壶滑雪度假区、万科松花湖度假区获得“2018中国体育旅游精品景区”称号，吉林市五家山滑雪场打造的“吉林炫美雾凇，畅滑冰雪之旅”获得“中国体育旅游精品线路”称号。

（市政府办公室）

规划建设

【冰雪产业规划编制】 2018年，与国内外顶级专业团队合作，高质量编制完成《吉林市雪场资源空间布局规划》，对全市可能建设雪场的山体进行高度、坡度、朝向、空间等要素分析，全面优化雪场空间布局。会同相关部门，编制《吉林市冰雪产业发展规划》《泛北大壶区域冰雪产业发展规划》和《吉林市冰雪旅游交通规划》。从全域角度划定六大适宜建设滑雪场的区域，分别是位于吉林市市区内的松花湖区域、东山—朱雀山区域，位于永吉县内的北大壶区域，位于舒兰市的万宝山区域，位于蛟河市的太平山—老爷岭区域，位于磐石市的莲花山区域。规划选定北大壶区域、松花湖区域、东山—朱雀山区域作为吉林市滑雪场近期重点建设区域。对雪场选址、雪道布局、小镇建设运营等进行深入研究，确定建设亚洲第一、世界知名的瑞士联创北大壶滑雪度假区200千米雪道及一镇四村的概念规划布局。

【滑雪度假区建设】 2018年，加快推进总投资112亿元的北大壶冰雪体育旅游产业项目。年内，北大壶新开工酒店、公寓及配套设施等15个重点项目，总投资31.6亿元，增长76.3%；酒店床位由2017年的1000张增加到2638张，仍然供不应求。还有雪上训练基地、配套酒店、度假小镇等15个重点项目待建。万科松花湖度假区实施4.5千米越野滑雪道修整等项目，投资增长85%，酒店床位数发展到1568张。

【北山四季越野滑雪场建设】 该滑雪场是中国为备战2022年冬奥会所筹建，是全球首例利用人防工程改建室内滑雪场项目，也是亚洲首座具有世界水平全天候标准化滑雪专业训练场地，可开展越野滑雪、冬季两项训练和比赛，弥补中国越野滑雪训练场地短板。雪场分为两期建设：一期包括室内雪道1308米，室外雪道1616米，射击场和处罚圈各1处，运动员出发大厅约3000平方米，整个室内赛道在零下6摄氏度条件下运营；二期工程包括四季冰雪体验馆、室内雾凇体验馆、冰雕展览馆、冰雪主题乐园等。2018年12月，市政府决定由市体育局接管并运营，室内雪场各项设备运转正常，有部分训练队进行训练。

1月，建设中的吉林北山四季越野滑雪场 （市体育局 供图）

至2018年年末，北山四季越野滑雪场投资3.02亿元。室内专业雪道于2017年9月27日开工，2018年2月5日室内专业雪道实现隧道扩建全线贯通，6月6日完成全部洞室底部仰拱施工，9月9日完成标准段隧道及各洞室二次衬砌施工，9月26日运动员出发大厅完工，9月30日室内专业雪道主体工程完工，完成项目室内专业雪道建设。经过近两个月设备联合调试、制冷管道打压、制冷设备改进及自动化系统调试等一系列工作，控制系统实现自动调节。12月17日，室内进行二次造雪尝试，同时室外开始造雪，并将成雪逐步推送至室内。12月27日，项目室内专业雪道完成造雪铺设，市体育局组织队伍进行首次试滑。室内民众雪道于2017年10月9日开工，至2018年年末完成总工程量的60%。造雪机械间于8月10日正式开工，完成总工程量的60%。室外雪道于2018年4月28日正式开工，完成总工程量的70%，钢结构焊接基本完成。

【北大壶雪场招商】 吉林市深度挖掘泛北大壶区域雪场资源，开展针对性招商活动。推动投资500亿元的北大壶滑雪综合度假区建设，打造年接待人次超过400万的世界一流、亚洲第一的滑雪综合度假区。至2018年年末，详规招投标结束，进入详规设计阶段。

【冰雪装备制造产业园建设】 依托老工业城市制造业基础，在永吉经开区高标准规划建设冰雪装备产业园，出台招商引资优惠政策，引进索道缆车、造雪机等冰雪装备制造企业，推动冰雪装备产业集聚化、规模化发展，加快建设轻重装备结合、研发制造服务兼顾的全产业链、全生命周期的冰雪运动装备制造基地。随着吉林市冰雪产业的快速发展和冰雪品牌影响力提升，吸引一批全球领先的冰雪装备制造企业相继到吉林市考察洽谈。

【冰雪产业服务保障】 出台《关于促进旅游业发展的若干意见》《做大做强冰雪产业实施方案》等政策文件，设立冰雪产业专项基金，打造冰雪产业发展政策洼地，推动冰雪产业快速发展。同步做好“冰雪+”文章，加快促进产业融合发展。同时，加强重点景区综合整治，开辟游客投诉绿色通道，加强规范管理，旅游服务标准和水平全面提升。 （市政府办公室）

服务设施

【概况】 吉林市围绕在全国率先建成年接待超千万人次的世界级滑雪度假区，以泛北大壶区域和青山区域为重点，至2018年年末，建成12座滑雪场。其中，

万科松花湖滑雪场（2018年12月29日）　（市文广旅局　供图）

包括北大壶和万科松花湖2个国际级滑雪综合度假区，以及1座世界级的室内四季越野滑雪场。

【北大壶度假区滑雪场】 位于吉林北大壶体育旅游开发区，距吉林市区53千米。是亚洲自然条件和竞技滑雪品质最好的雪场，拥有130万平方米雪道面积和870米亚洲雪场最大有效落差。有26条雪道，总长度43.5千米，雪道面积全国排名第三。是国内首个冬季休闲度假示范区、首批国家体育旅游示范基地创建单位。曾成功举办第六届亚冬会和第八届、第九届、第十二届全国冬运会的全部雪上赛事，连续4年承办国际雪联空中技巧和雪上技巧世界杯比赛，在承办亚洲高端、竞技滑雪比赛方面处于领先地位，在国际滑雪版图上也占有一席之地。

【万科松花湖度假区滑雪场】 位于吉林市松花湖畔青山脚下，距市区东南20余千米，是能够同时满足国际大赛和家庭度假需求的综合性滑雪度假区，雪道面积全国排名第一，有34条优质雪道，滑雪面积175公顷，拥有国内最长高山初级雪道。曾成功举办过全国大学生高山滑雪比赛、中国高山滑雪锦标赛、中国大众单板赛、奥地利滑雪赛等众多国际国内赛事。连续2年获得“世界滑雪大奖”中国最佳滑雪场。

【吉林北山四季越野滑雪场】 利用人防工程改建而成，作为备战冬奥、补齐短板的重点工程，是亚洲第一座、世界第四座四季越野滑雪场，有专业雪道1308米，民众赛道500米，最大高差21.3米，可以保障越野滑雪项目运动员全年无空档期训练，也能满足民众四季体验滑雪运动休闲需求。至2018年年末，有5支吉林市青少年滑雪队进行训练。雪季结束后，国家体育总局冬季运动管理中心所管理的运动越野滑雪队、冬季两项滑雪队、北欧两项滑雪队陆续入驻集训。

【冰上运动设施】 吉林市冰上运动设施主要有吉林市体育馆和专业冰上训练馆。吉林市体育馆是能够容纳超万人的大型冰篮转换综合性体育场馆，多次举办国内外大型赛事。在保障国家队赛事训练方面，承接国家男女冰球队、国家青年短道速滑队、八一速滑队等到吉林市训练和比赛交流，积累丰富的办赛经验和服务保障能力，得到国家训练队的高度评价和认可。吉林市的冰上训练馆全年为中小学生免费开放，为青少年参与冰上运动提供场地保障。吉林市每年冬季铺设室外公益冰场，2018年铺设冰场114块，市民参与滑冰136万人次。

【国家级训练基地】 在国家体育总局支持下，国家冰球训练基地、国家滑雪训练基地、国家登山滑雪训练基地等国字号训练基地先后落户吉林市，推动吉林市冰雪运动加快融入国家冰雪运动发展全局中，全面提升吉林市短道速滑、冰球、滑雪等项目整体实力。（市政府办公室）

冰雪旅游

【概况】 冰雪旅游作为实现吉林市高质量发展的主导产业，在吉林市全面振兴、全方位振兴的整体格局中占有至关重要的位置。雾凇、冰雪、温泉、民俗是吉林市重要的冰雪旅游资源。2018年，吉林市在第二十四届中国·吉林国际雾凇冰雪节期间举办开幕式、中俄（吉林市）旅游合作对接洽谈会、第十届吉林市冰雪温泉节、“观雾凇、戏冰雪，冰天雪地闹民俗”——来吉林市过大年等系列冰雪旅游活动。

【雾凇景观】 雾凇作为吉林市的城市名

松花江边的吉林雾凇（2018年1月）　（市文广旅局　供图）

吉林神农温泉（2018年1月）　　（市文广旅局　供图）

片，与黄山云海、泰山日出、钱塘潮涌共同被誉为“中国四大气象奇观”。吉林市冬季气温在零下20摄氏度以下的天数长达六七十天，穿城而过的松花江水在冬日严寒里奔流不息，江水通过上游丰满发电站发电机组后温度有所升高，载着巨大的热能顺流而下，源源不断释放出的水汽凝结在松花江数十里长堤的树木枝条上，形成“忽如一夜春风来，千树万树梨花开”的雾凇奇观，在全市范围内形成以雾凇岛为核心的松花江百里雾凇景观带。受阳光、风速和温度变化的影响，雾凇的出现变幻莫测，形态也因时而异。吉林雾凇以其壮美与神奇，让众多国内外游客心驰神往、流连忘返。吉林市每年冬季接待赏雾凇游客超过500万人次。

【温泉旅游】 吉林市拥有1500平方千米温泉带，出水温度在60摄氏度—75摄氏度之间，富含氡、苏打、镁、钠、硫磺等30余种有益人体健康的矿物质微量元素，属中国少有的高热泉。吉林市以打造世界一流的温泉养生旅游度假区为目标，将温泉体验与生态观光、满族风情、休闲养生相结合，不断延伸冬季冰雪旅游产业链条，建成以神农温泉、圣德泉为代表的九大温泉旅游体验目的地。2018年至2019年雪季，全市温泉度假区接待游客53.6万人次。

【民俗旅游】 吉林市作为满族的发祥和隆兴之地，也是朝鲜族聚集区，有着恢弘的物质文明和灿烂的精神文化。满族的萨满文化、渔猎文化、饮食文化、婚俗文化、服饰文化沿袭传承；朝鲜族的民族歌舞、餐饮美食、独特服饰、节庆活动独具魅力；标志回族文化的清真寺、北极饮食一条街更是特色鲜明。每年冬季，通过开展“乌拉满族过大年”“冰天雪地闹民俗”等系列体验活动，让游客近距离体验包豆包、写春联、欻嘎拉哈、赏冰灯、放焰火、品年夜饭等别样的关东风情。　　（市政府办公室）

【冰雪旅游接待】 在遭遇罕见“贫雪”的2018年至2019年雪季，吉林市冰雪旅游实现逆势增长，全市接待冰雪游客突破2590万人次，增长15.1%；旅游综合收入突破440亿元，增长18.9%。接待冰雪游客人次和旅游综合收入连续5年保持两位数增长。其中，北大壶度假区接待游客49.6万人次，增长60.52%，增速全国第一；旅游收入1.9亿元，增长46.4%。万科松花湖度假区接待滑雪人次56.62万，增长46.84%，接待人数在全国雪场排名第一；旅游收入2.27亿元，增长33.48%。来自上海、广东、浙江、江苏等经济发达地区游客分别增长75%、61%、61%、48%，吉林市冰雪旅游品牌对于发达省份高收入群体的吸引力持续增强。

【四季旅游产品】 下发《关于丰富吉林市四季旅游产品方案》，指导全市各大雪场、景区开发非雪季旅游产品。重点推出森林避暑、温泉养生、水上乐园等四季旅游项目，开展山地越野、热气球、滑翔伞等山地体验活动，组织夏令营、电影节、音乐节、美食节等营销活动，有效破解专业雪场“一季热三季冷”问题。2018年，全市雪场非雪季接待游客较2017年增长60%以上。

【冰雪民宿产业】 借助冰雪冷资源打造富民热产业，以东北民俗文化和冰雪温泉旅游景区为依托，培育雪乡度假、冰雪娱乐、温泉体验等冰雪主题民宿，青山、二合雪乡、雾凇岛等一批民宿，床位总数超过3000张，雪季带动景区周边户均增收20万元以上，带动农民增收致富，助推脱贫攻坚和深入实施乡村振兴战略。

舒兰市二合雪乡（2015年2月）　　（市文广旅局　供图）

【雾凇冰雪节期间冰雪旅游活动】 12月28日，第二十四届中国·吉林国际雾凇冰雪节在吉林市北大壶滑雪度假区开幕。举办的冰雪旅游活动主要包括：第24届中国·吉林国际雾凇冰雪节开幕式，开幕式分为热场表演、开幕仪式、雪上韵律操、雪上足球、威风锣鼓、旅游商品展等特色表演展示；中俄（吉林市）旅游合作对接洽谈会，通过举办中国吉林市—俄罗斯远东旅游推介会，开展对接洽谈、合作考察等，开拓吉林市冰雪旅游市场。第十届吉林市冰雪温泉节，通过温泉体验、温泉养生、美食品鉴等特色活动，展示吉林市丰富冰雪温泉旅游资源，增强吉林冰雪旅游吸引力和知名度；“观雾凇、戏冰雪，冰天雪地闹民俗”——来吉林市过大年系列活动，通过推出戏冰雪、闹民俗等一系列满族风情旅游产品，吸引游客到吉林市过大年，推动吉林乡村旅游发展。（市文广旅局）

冰雪赛事

【概况】 2017年至2018赛季，吉林市运动员参加国际、国家级冰雪体育赛事41项次，获金牌37枚，银牌25枚，铜牌42枚；2018年至2019赛季，吉林市运动员参加国际级、国家级冰雪赛事17项次，获金牌23枚，银牌17枚，铜牌8枚。

【冰雪赛事平台建设】 年内，吉林市围绕助力2022年北京冬奥会，承办世界自由式滑雪空中技巧比赛、全国大众高山滑雪冠军赛、全国冰球联赛、全国花样滑冰锦标赛等大型冰雪赛事活动百余项，连续举办4届吉林市冬运会和3届学生冬运会，吉林市冰雪运动参与人群由运动员、教练员和冰雪爱好者向更宽泛层面的赛事观众、志愿者以及行业类从业者扩展。首次举办世界冰上龙舟俱乐部锦标赛，开创国际冰上龙舟运动先河。

【冰雪赛事承办】 年内，吉林市围绕助力2022北京冬奥会，承办世界自由式滑雪空中技巧比赛、全国大众高山滑雪冠军赛、全国冰球联赛、全国花样滑冰锦标赛等大型冰雪赛事活动百余项，

【冬季运动会】 至2018年，吉林市连续举办4届吉林市冬运会和三届学生冬运会。1月至3月，举办吉林市第三届学生冬季运动会，设置越野滑雪、高山滑雪、单板滑雪、短道速滑、速度滑冰等5个大项49个小项比赛，来自全市各学校、冰雪俱乐部、冰雪传统校近600名青少年运动员参赛。

【首届世界冰上龙舟俱乐部锦标赛】 2月10日至11日，首届世界冰上龙舟俱乐部锦标赛暨2018—2019年度中国冰上龙舟公开赛系列赛（吉林市站）在吉林市举办。比赛由国家体育总局、省体育局、吉林市政府、中国龙舟协会联合举办。国际龙舟联合会主席麦克·托马斯、国家体育总局社体中心主任范广升出席开幕式。来自俄罗斯和中国安徽、山东、江苏、湖北、吉林等地及港澳台地区40支龙舟俱乐部队伍参赛。安徽龙奥水上运动俱乐部、纳德利龙舟俱乐部、澳门名门世家龙舟俱乐部分获100米直道赛前三名；纳德利龙舟俱乐部、Tiger sviadivostok（老虎）、黑龙江大庆龙舟协会龙舟队分获200米直道赛前三名；纳德利龙舟俱乐部、安徽龙奥水上运动俱乐部和聊城大学龙舟队分获300米直道赛前三名。（市体育局）

2月10日，首届世界冰上龙舟俱乐部锦标赛（吉林市站）在吉林市举办

（江城日报社　供图）

宣传推介

【冰雪城市品牌建设】 2018年雪季，以冰雪体育赛事、冰雪节庆活动为载体，提升吉林市冰雪的热度和曝光度。在媒体支持下，吉林市五星级雾凇景观、冬季 龙舟赛、首届吉林市国际冰雪摄影大展、北山四季越野滑雪场、冰雪民俗等“吉林市冰雪现象”亮相各大新闻媒体，被集中宣传和报道。吉林市冰雪主题宣传片登陆央视黄金时段，贯穿整个雪季持续播出，“雾凇之都、滑雪天堂”冰雪城市品牌更加响亮，吉林市作为冰雪城市的知名度、影响力和美誉度大幅提升。

【冰雪体育资源推广】 2018年，吉林市体育局组织4家冰雪装备制造企业参加国际冬季运动（北京）博览会，制作发放冰雪体育宣传资料近2万份，成为吉林市展馆最大亮点，外国驻华官员、新闻媒体、国内外体育界知名人士、国内政府代表团多次到吉林市展台参观交流，认可参展企业和吉林市优良冰雪资源。

【冰雪产业宣传交流】 2018年，吉林市利用国际（法国）山地冰雪装备博览会、国际冬季运动（北京）博览会、美丽乡村民生论坛（日本）、世界冬季城市市长会议等世界冰雪专业平台，推动市级领导做好冰雪产业宣传；举办澳大利亚文化旅游经贸周、世界冰上龙舟俱乐部锦标赛、奥地利冬季运动高峰论坛等赛事、论坛活动，加强与“一带一路”地方合作委员会、21世纪海上合作委员会、中韩地方政府交流平台、中日友城交流平台、中国国际友城交流平台沟通联系。

9月19日，"雾凇之都 冰雪名城"吉林市专场推介会于2018国际冬季运动（北京）博览会开幕当天在国家会议中心举行。图为推介会现场 （市政府办公室 供图）

【冰雪全渠道营销】 借助省级平台，参加北京"旅博会""冬博会"和"北京王府井大街炫彩""冬奥在北京、体验在吉林"等活动。拓展长三角、珠三角、京津冀等区域市场份额，推出50余条特色冰雪旅游线路，对全国31个省市开展全渠道营销。强化冰雪对外交流，与世界知名冰雪城市、冰雪装备制造商及著名雪场、冰雪联盟建立深度联系，成功举办"外国使节走吉林"和"中国吉林·奥地利冬季运动高峰论坛暨滑雪比赛系列活动"，扩大冰雪外向度。

【中国·吉林首届国际冰雪摄影大展】 2018年雪季，举办中国吉林首届国际冰雪摄影大展，历时近3个月，包括"ShowJilin"（秀吉林）中外冰雪摄影名家作品展、冬奥会冰雪主题摄影展、"世界之眼"看吉林等17项展赛活动。集中展出海内外摄影名家到吉林市采风创作参展的逾千幅冰雪摄影佳作，从全球化视角展现吉林市冰雪资源和地域文化，其中首届（吉林市）四季旅游全国摄影大展全年展出吉林市四季不同风光。

【大型音舞诗画《盛世花开》】 12月27日，由市政府、省文化和旅游厅主办的第24届中国·吉林国际雾凇冰雪节专场文艺演出——大型音舞诗画《盛世花开》在市人民大剧院启幕。演出由市歌舞团历时两个月创排完成，80分钟时间，上演15个节目，通过"春回大地、盛夏繁花、硕果金秋、冰雪神韵"4个篇章，以歌舞为核心表演形式，展示中国改革开放40年伟大征程以及吉林市经济社会发展丰硕成果和人民群众和谐幸福、开拓进取的崭新风貌。

【儿童记录片《以诺的冰雪奇缘》】 吉林市策划拍摄的反映海峡两岸小学生情感交流互动电影纪录片——《以诺的冰雪奇缘》取得公映许可证，并在北京国际儿童电影节中获"最受观众喜爱儿童电影奖"，在加拿大金枫叶国际电影节中获"最佳儿童片导演奖"，是两岸开放交流以来首部获得国际奖项的反映海峡两岸青少年情感交流互动为主的冰雪主题电影纪录片。该片以台湾小学生以诺到吉林市与本地小伙伴结对生活和互动为主线，以雾凇、冰雪、温泉、冬捕、特色饮食、民俗风情为主要拍摄场景，全方位展现吉林市冰雪文化特色和丰富的冰雪旅游资源，诠释吉林市民俗文化和人文风貌。 （市政府办公室）

合作交流

【市级领导出访交流】 2018年，发挥市级领导出访对冰雪产业对外合作的积极作用，组织5次出访。市级领导带队出访法国、瑞士、芬兰、德国、美国、加拿大、俄罗斯、白俄罗斯和日本，宣传推介冰雪产业资源，推动开展交流合作。

【冰雪战略合作】 年内，吉林市与大山地雪场、帕克市雪场、惠斯勒雪场、日本留寿都等世界知名雪场及加拿大Ecosign山地规划设计公司、美国SE公司、D+K雪场房地产规划公司等世界知名雪场设计公司沟通联系，引入雪场设计；与法国阿尔卑斯、美国威尔等世界知名雪场运营公司洽谈合作，引入专业雪场运营团队；考察瑞士策马特、韦尔比耶滑雪小镇、法国三峡谷瓦托伦斯滑雪度假等世界顶级冰雪特色小镇规划，与地中海俱乐部洽谈扩大投资，打造世界知名的度假村；与凯撒卡里奥体育学院、芬兰冬季运动中心、美国滑雪产业协会、俄罗斯冰球协会等专业组织建立合作关系，引入滑雪运动联盟及培训体系。邀请国际冬季运动协会、世界罗佩特滑雪联合会、瑞士滑雪运动联盟、法国阿尔卑斯集团、天冰集团、波马集团、联创集团、瑞士韦尔比耶雪场等代表团到访。与天冰、波马、金鸡、迪马克、普瑞诺特、策马特缆车、巴莱特等40余家冰雪装备制造商洽谈合作，吸引国际冰雪装备制造企业落户吉林市冰雪装备产业园，吉林联创中瑞滑雪小镇项目签约。

【冰雪城市友好合作】 2018年，吉林市与法国纪尧姆市、瑞士巴涅市和加拿大本拿比市建立友好合作关系，推动与法国霞慕尼市、格勒诺布尔市、萨莫安斯市和尚贝里市，瑞士策马特市，芬兰洛赫亚市，美国帕克市，加拿大惠斯勒市等建立友好交流关系。

【冰雪嘉年华企业家交流活动在吉林市举办】 12月31日，冰雪嘉年华企业家交流活动在吉林市举办，来自全国各地的350位企业家汇聚江城洽谈合作商机。省委副书记、省长景俊海与参会部分企业家举行会谈，与会企业家表达在吉投资合作意愿，认为吉林招商政策体系完备，营商环境日益改善，会在各自领域加强与吉林对接，扩大在吉投资规模。

【正和岛（北大壶）新年论坛在吉林市举办】 2018年12月31日至2019年1月2日，由吉林市政府和中国商界社交平台正和岛联合主办的冰雪嘉年华企业家交流活动——正和岛（北大壶）新年论坛在吉林市举办。论坛主题是"冰点·燃点”，来自全国各地350余名专家、学者、企业家参加论坛，与吉林市及省内其他市州政府对接项目、洽谈合作。省委副书记、省长景俊海与参会部分企业家举行会谈，共同探讨宏观经济发展趋势以及企业家如何把握机遇创新思维，变困难的“冰点”为实现事业新发展的“燃点”。正和岛新年论坛在吉林市举行，为吉林省搭建了与全国企业家资源对接和信息共享的平台。

【中国吉林·奥地利冬季运动高峰论坛暨滑雪比赛】 2月2日至4日，吉林省外事办公室、吉林市人民政府、奥地利驻华使馆和奥地利国家旅游局联合举办的2018中国吉林·奥地利冬季运动高峰论坛暨滑雪比赛在吉林万科松花湖滑雪度假区举行。中国和奥地利200多位冰雪运动专家和嘉宾出席，中奥两国60名运动员参加比赛。活动以加强中奥两国在冰雪运动及产业等方面合作为主题，是中奥两国冬季体育产业重要交流平台。

（市外事办　市商务局）

人才培养

【冰雪奥运冠军培育计划】 推进实施《吉林市冰雪奥运冠军培育计划》，在人才选拔、项目优化、设施建设等方面进行整体布局，完善体教结合、跨界选材、对外交流、校城融合等培养体系。至2018年年末，全市成立冰雪青少年俱乐部7个，冰雪体育传统校19所。加强对外交流合作，主动出击，与北京市延庆区、北京市残联、江苏省常州市、徐州市以及浙江省残联、福建省水上中心等开展优势互补的互惠合作。12月，吉林市体育局与国家体育总局水上运动管理中心签署相关合作协议。按照市委、市政府“校城融合”发展战略，市体育局率先与驻吉高校进行合作探索，为2022北京冬奥会培养高水平竞技人才，吉林市体育局与吉林医药学院、吉林市壹舟科技有限公司共同开展冰雪体育运动一体化保障项目开发与应用研究项目，在体育训练、医学研究、低压低氧训练设备领域进行全面合作，市政府高度重视，专门拨款30万元资金扶持，低压氧仓在市运动学校投入使用。至2018年，吉林市实现冬奥会、世锦赛、世界杯、亚冬会、全国冬运会等重大冰雪赛事金牌全覆盖。在索契冬奥会上，吉林市运动员李坚柔获得短道速滑500米金牌，实现吉林市奥运会金牌零的突破；在平昌冬奥会上，吉林市籍运动员武大靖为中国获得唯一一枚金牌。

12月28日，北华大学“冰雪教学实训基地”和“国际冰雪教育培养基地暨冰雪创业园”项目建设启动仪式在北华大学国际学术报告厅举行。图为启动仪式现场

（北华大学　供图）

【冰雪竞技队伍建设】 按照“强项更强，恶补短板”要求，着眼于备战冬奥会，率先开设短道速滑、单板滑雪平行回转等14个优势冰雪项目。确保经过一个奥运周期刻苦训练，能够有更多更好的运动员入选国家队，登上领奖台。至2018年年末，吉林市有83名运动员入选国家队、国家青年队、跨界跨项集训队。其中，短道速滑、速度滑冰18人，雪上项目65人，单板项目27人。特别是女子单板滑雪入选国家队20名，占据国家队三分之二名额。有辅助教练员6人在国家队任教。加强后备人才培养，建立市、县、体校（青少年体育俱乐部）梯次培训和选拔体系，冰雪运动专业后备人才常态保持在300人以上。

【北华大学冰雪学院成立】 12月28日，在中国·吉林国际雾凇冰雪节开幕之际，吉林省副省长安立佳、吉林市市长刘非为北华大学冰雪学院揭牌。吉林省教育厅正厅级巡视员战高峰、吉林省科技厅副厅长刘多、吉林省体育局副局长张振英、吉林市副市长盖东平出席揭牌仪式。北华大学冰雪学院将在冰雪人才培养、科学研究、社会服务、文化传承创新等方面走特色发展之路，把学院建设成吉林省冰雪人才培养基地、冰雪科学研究基地、社会服务与成果孵化基地、冰雪文化艺术创新基地和国际冰雪教育基地。

冰雪学院依托北华大学多学科优势和吉林区域特色体育产业与资源，树立“大冰雪”教育理念，打造“冰雪+”人才培养模式，培养本科及研究生层次的高水平冰雪体育运动、冰雪体育运营管理、冰雪场地工程、冰雪运动康复、体育外语、冰雪艺术、冰雪体育传媒、冰雪园林、冰雪旅游等应用型专业人才，以满足北京冬奥会及冰雪运动进校园、冰雪体育产业发展等对专业人才的需求。规划建设冰雪教学实训基地和国际冰雪教育培训基地暨冰雪创业园项目，省科技厅副厅长刘多、省体育局副局长张振英、吉林市副市长盖东平共同启动北华大学冰雪教学实训基地和国际冰雪教育培养基地暨冰雪创业园项目建设。

【“校城融合”新模式】 至2018年年末，吉林市驻吉8所高校、22所中职学校中，有3所高校、15所中等职业学校开设冰雪相关专业23个，在校生8850人，每年毕业生平均3000名左右，全力培养和输送雪场管理、设备维护、赛事运营等各类专业人才。

（市政府办公室）

农 业

AGRICULTURE

综 述

【概况】 2018年，全市粮食总产量比2017年下降15.9%。其中，水稻总产量下降8.4%，大豆总产量下降29.4%，玉米总产量下降17.6%。全年农林牧渔业总产值可比价增长1.8%。其中，农业产值增长4.0%，林业产值下降12.3%，牧业产值增长3.0%，渔业产值下降13.7%，农林牧渔服务业产值增长2.2%。全年粮食作物播种面积下降2.7%。其中，大豆播种面积下降9.8%，水稻播种面积下降9.6%，玉米播种增长0.1%。农业机械总动力增长7.6%。

【一二三产业融合】 新建卓远工厂化有机蔬菜、宇丰非转基因木瓜、沃亚温室火龙果等一批生产基地，形成"南果北种"新亮点和水果反季种植供应新增长点。园艺特产业加速发展，农产品加工业稳步提升。持续扩大休闲农业影响力，举办吉林市"十大景区""十佳最美民宿"评选活动。年内，舒兰市马鞍岭村、磐石市古城村获评2018年中国美丽休闲乡村，昌邑区大荒地村入选全国特色村庄。

【农业平台建设】 在万昌现代农业先导区、孤店子现代农业先导区重点建设温泉农业、稻渔种养等项目。永吉县被确定为全国农村一二三产业融合发展先导区创建单位和省级农业可持续发展试验示范区创建单位。永吉县万昌镇、舒兰市平安镇被评为国家农业产业强镇示范镇。发展数字农业，可视农业新零售电商平台上线。东福实业、宇丰米业公司被评为全国新型职业农民培育示范基地。

【农村改革】 发展多种形式适度规模经营。工商注册家庭农场数量4098户，比2017年增加1933户；工商注册农民合作社6251户，比2017年增加1795家。土地流转面积14.8万公顷，占承包地面积的34.2%。发放土地经营权抵押贷款1.8亿元。基本完成全市农村土地承包经营权证颁发工作。推进农村集体产权制度改革，基本完成清产核资任务。农垦改革完成国有农场土地确权和农场分离办社会职能改革。

【吉林省首届农民丰收节在吉林市举办】 9月20日，由吉林省农业委员会、吉林省粮食局、吉林市人民政府主办的吉林省首届中国农民丰收节暨吉林大米品牌发展论坛系列活动在吉林市大荒地村东福米业举办，来自国家粮食部门及省内外粮、农行业的数百名嘉宾与村民共同参与。活动以"丰收中国 品牌吉林"为主题，开展开镰节、文化宣传活动、专题报告、吉林大米品牌发展论坛等活动，展现吉林稻米产区面貌，呈现吉林农业现代化建设成果，助力吉林农业品牌建设。来自国务院发展研究中心、中国社科院、中国粮食行业协会、国家发改委、吉林省水稻研究所、吉林大学、浙江大学等机构的专家学者参加吉林大米品牌发展论坛，从宏观政策、产业发展、品牌创建等角度，解码"吉林大米现象"成因，探索吉林大米品牌成长之路。

（王帝元）

3月15日，全省农村集体产权制度改革吉林市培训班在吉林市举办

（市农业农村局 供图）

8月24日，吉林市农业委员会与吉林市可视农业联合会举行可视农业新零售电商平台上线发布会　　（市农业农村局　供图）

种植业

【概况】 2018年，吉林市积极应对罕见气象灾害，调优种植结构，灾害年份获得较好收成。粮食播种面积69.0万公顷。其中，玉米50.85万公顷、水稻13.98万公顷、大豆3.12万公顷、杂粮杂豆0.64万公顷、薯类0.41万公顷。综合实地测产、田间调查和县（市）区上报数据，全市粮食产量50.25亿千克。其中，玉米37.5亿千克，比2017年减少5.25亿千克；水稻11亿千克，比2017年减少0.5亿千克；大豆、杂粮和薯类等其他粮食作物0.75亿千克，比2017年增加0.55亿千克。通过优化粮食品种结构，籽粒玉米种植面积比2015年调减6万余公顷。突出粮豆轮作，种植优质大豆4.1万公顷。种植甜黏玉米1.7万公顷。

【玉米】 2018年是吉林市粮食生产特别是玉米生产极不平凡的一年。全市遭遇历史罕见春季苗前干旱、苗后低温多雨、8月初高温干旱等较重农业气象灾害。农业部门组织专家和技术人员全力帮助农民群众采取抗旱保苗、加强田间管理、推广增产增效技术等有效农艺措施，把减产损失降到最低程度。全市玉米播种面积50.85万公顷，比2017年增加0.59万公顷；玉米总产量37.5亿千克，比2017年减产5.25亿千克。

【水稻】 吉林市农业部门抓住消费升级有利时机，引导水稻种植户发展优质水稻生产，推广应用水稻提质增效生产、水稻钵体毯状苗育插秧、水稻病虫害绿色防控等重点生产技术，提升全市水稻栽培技术水平。全市水稻生产受春季干旱缺水影响，种植面积下降到13.98万公顷，比2017年减少1.23万公顷；当年新增绿色有机水稻种植面积2300公顷，发展到5.63万公顷，占水稻种植面积的40.2%；全市水稻总产量11亿千克，灾害之年取得较好收成。舒兰市被命名为“中国生态稻米之乡”。

【大豆】 吉林市响应国家和省政府关于调整种植结构、扩种大豆工作的号召，及时研究出台大豆生产者补贴政策，提高大豆补贴标准，组织各县（市）区政府、开发区管委会动员农民群众增加大豆种植面积。全市农业部门结合春旱实际，指导农户对未出苗的玉米地块和缺少水源的水田地块改种大豆。2018年，全市大豆种植面积3.12万公顷，比2017年增加0.62万公顷，增幅24.9%；全市大豆总产量1亿千克。

【种植结构优化】 划定56.8万公顷粮食生产功能区和重要农产品生产保护区。粮食播种面积69万公顷。突出粮豆轮作，种植优质大豆4.1万公顷。种植甜黏玉米1.7万公顷。围绕粳稻贡米之乡区位优势，种植绿色优质水稻，面积5.6万公顷，占水田的37%。

【优良品种推广】 吉林市主推先玉335、翔玉998、科育186等27个玉米适宜种植品种，五优稻4号、吉农大908、庆林998等25个水稻适宜种植品种，黑农38、吉林47等4个大豆适宜种植品种。全市新增绿色有机水稻种植面积2300公顷，发展到5.63万公顷，占水稻种植面积的37.1%，优质水稻产业优势更加明显。落实性诱剂防水稻二化螟面积4600余公顷、赤眼蜂防水稻二化螟面积3300余公顷，开展有机水稻全降解地膜覆盖技术试点面积30公顷，带动有机水稻栽培模式推广。

【耕地轮作试点】 2018年，吉林市继续推进耕地“休养生息”和促进农业可持续发展工作，在舒兰市、蛟河市开展耕地轮作试点，轮作面积8667公顷。其中，舒兰市5333公顷、蛟河市3333公顷。舒兰市、蛟河市有12个乡（镇、街道）作为耕地质量监测点，开展土样采集、土壤数据分析和产量测定等工作。

【春播期间抗旱保苗】 春播期间吉林市遭遇连续30余天缺少有效降雨的罕见气象灾害，旱田作物严重缺墒。市农委组建全市农情调度系统，协调农业专家调查苗情、墒情、芽情，调度旱田缺墒、出苗等情况，为科学指导抗旱保苗提供参考。5月17日、25日，分别下发《关于认真做好当前抗旱保苗工作的紧急通知》《吉林市当前抗旱保苗工作技术指导意见》，为春播提供技术支持，全市旱田平均保苗率87%。　（王帝元）

林　业

【概况】 吉林市辖区内林业用地总面积171.68万公顷，有林地面积150.24万公顷，活立木总蓄积1.85亿立方米，森林覆盖率54.17%。有9个县（市）区林业局，1个森林经营局，2个省直森林经营单位，2个省直森工企业。林区内有2400余种野生植物，360余种野生动物，并蕴藏着金、铁、花岗岩、大理石等丰富的矿产资源。全市有4个国家级森林公园（朱雀山森林公园、蛟河市拉法山森林公园、桦甸市肇大鸡山森林公园、磐石市官马莲花山森林公园），1个国家级自然保护区（松花江三湖国家级自然保护区）、2个省级自然保护区（左家省级自然保护区、威虎岭省级自然保护区）。2018年，全市林业社会总产值实现142.6亿元。三次产业产值比例为22.7 ∶ 61 ∶ 16.3。

【林业产业布局】 根据区域特点，科学规划布局，全力打造产业集群。至2018年年末，东部建成中国·吉林（蛟河）林特产品加工贸易园区，西部建成中国·吉林（永吉）长白山森林食品科技产业园区，北部建成中国·吉林（舒兰）林特产品工业园区，中部建成中国·吉林（朱雀山）国家森林公园生态旅游园区，计划于“十三五”末在南部建成中国·吉林（桦甸）长白山特色产业科技示范区。制定《关于加快全市林业发展的若干意见》和《关于扶持林业产业发展金融服务工作实施意见》等政策文件，“十三五”期间重点实施8个万亩产业工程，包括万亩红松果林、万亩绿化苗木、万亩林下参、万亩榛子果林、万亩森林中药材、万亩绿色菌菜、万亩植桑养蚕和柞蚕养殖、万亩经济林工程。2018年，新增细辛、山兰、林下参、柴胡等中草药1000公顷，新增榛子果林、红松果林、蓝莓等经济林8866公顷。均完成年计划目标任务，进入管护阶段。

【产业规模化发展】 “公司+农户”模式。农户与公司签约合作，由公司负责提供苗木和技术，发展订单林业。吉林宏达建设集团有限公司在永吉县金家乡何家村购买43公顷林地，发展绿化苗木基地，当地7户农民以地入股，采取利益分成的方式进行合作。

农民专业合作社模式。由合作社统一规划、统一销售，农户独立经营，实现规模效益。舒兰市天德乡农富村村民宋兴刚等成立林业经济作物种植专业合作社，利用30公顷林地发展平欧大榛子项目。

股份制经营模式。农民以集体林地入股，建立股份制企业，共担经济风险，共享经济成果。永吉县北大壶镇桃子沟村村民吴金和，种植绿化苗木100公顷，带动农户50户以林地入股，成立金和绿化苗木公司，每公顷年收入近10万元。

林地流转模式。即：林地向龙头企业、科研机构或造林大户流转集中，实行集约经营。吉林省爱特种植公司在永吉县北大壶镇草庙子村投资500万元，从农民手中流转林地70公顷，主要用于发展榛子栽植产业试验基地，该基地现已被北华大学、黑龙江省林科院、中国林科院经济林研究室确定为试验基地。

【苗木建设】 加大苗木检查力度，对各县（市）区进行联合抽检。2018年，抽检157个造林地块，32个苗木批次，一级苗木使用率98.3%，良种使用率87.2%。加强良种基地建设，完成项目内种子园建设的补植、抚育管理等工作。

【林业改革】 省级国有林场改革验收。通过国有林场改革，成立20个国有林管理中心。完成全地区9929名林业职工信息统计工作及79家国有林场数据库信息复查工作；完成岗位设置、财政保障、职工社保和富余职工安置等13个方面35项改革主要任务；督办各县（市）区涉改单位30余项改革工作，高标准完成各项任务指标。完成省级国有林场改革验收，全地区11家参改单位全部获得优秀，其中永吉县和磐石市获得满分成绩，为国家改革验收奠定坚实基础。

集体林权制度改革。规范全市10个林权管理服务机构建设，发挥林权交易服务中心功能。成立林业纠纷仲裁组织机构，建立解决纠纷工作机制，摸清各类林权纠纷情况，将矛盾化解纳入法治轨道。截至2018年年末，林权中心发布交易信息600余条，接待政策咨询80余人次。林权抵押贷款办理17笔，贷款金额2000万元。

【森林防火】 截至2018年年末，吉林市连续39年实现无重大森林火灾。修订和完善森林防火工作考核标准，加大问责力度，严格执行行政领导问责制，形成强有力的森林防火组织领导体系。春、秋两季分别召开全市森林防火工作会议，对全市防火形势进行分析，部署全市森林防火工作。防火期内，全市6033名巡护检查人员全部到岗到位，严格执行24小时值班制度，保证112座瞭望台时刻有人坚守。严控火源，消除隐患，全市签订11.2万份禁烧承诺书。（市林业局）

畜牧业

【概况】 2018年，全市畜产品产量平稳，生猪、肉牛、奶牛、蛋鸡、肉鸡分别发展到302.8万头、77.8万头、3800头、968.6万只、5439.1万只。肉、蛋、奶产量32.3万吨、14.2万吨、1.3万吨。

【特色优质畜产品】 2018年，长白山黑毛牛存栏850头，吉林花猪饲养量4000头，东鸽肉鸽出栏25万只，梅花鹿饲养量5.3万头，蜜蜂养殖量5万箱，能繁母貂存栏1.2万只。

【畜产品质量安全监管】 全市有国家级标准化示范场13个，省级标准化示范场67个。青（黄）贮窖数量223个，秸秆饲料化利用能力为77.5万吨。畜禽养殖废弃物资源化配套率为72.01%、利用率74%，全省排名第一。畜禽群体免疫密度全年维持在90%以上，应免畜禽群体免疫密度100%，免疫抗体合格率保持在80%以上。检测肉蛋奶、饲料违禁物质及“瘦肉精”8310批次，抽检合格率99%以上。代表全省接受国家“瘦肉精”随机抽样监测，样品合格率100%。

【疫情防控】 保持“未传入、未发现和未发生”有效防控状态。吉林市代表国家接受世界动物卫生组织（OIE）专家对中国口蹄疫防控计划实施情况实地现场评估，得到国际专家高度评价。吉林市无疫区建设先进经验在全省畜牧工作会议上交流。（王帝元）

渔 业

【概况】 2018年，吉林地区水产品总产量4.1万吨，实现渔业产值7.35亿元。总体上水产品产量变化不大。因渔业资源整合，松花湖产量持续下降，2018年比2017年下降20%。因稻渔综合种养面积增加到6666.67公顷（10万亩），稻渔产量比2017年增加9倍多。因产值价格逐渐过度到采用统计局数据，2018年渔业产值增加2.57亿元，变动幅度较大。

【渔政管理】 加大渔业违法行为高发水域及高发时段的巡查频次和检查力度，牵头组织有关城区开展违规渔具渔法专项整治行动，实施“禁渔期”管理和“中国渔政亮剑2018”吉林市系列专项执法行动17次，出动执法车辆174台次、人员656人次，查收及销毁各类网具421个，处理举报案件21起，罚款2000元。6月6日，市水利局承办主题为“增殖水生生物，共建美丽吉林”的“2018年吉林省松花江水生生物增殖放流活动”，现场放流鲢鱼、草鱼鱼种30万尾，取得较好生态效益。

【水产品质量安全监管】 建立水产品质量安全工作领导小组，同各区、开发区签订产地水产品质量安全责任状，明确重点工作以加强宣传、抽样检测和执法检查为主，按照省市有关部门要求，印发2018年《吉林市水产品质量安全工作要点》，制定《2018年吉林市水产品质量安全专项整治方案》《2018年吉林市产地水产品“质量月”活动方案》《吉林市2018年“农业质量年”工作实施方案》《2018年吉林市渔业“双打”及农资打假专项治理行动实施方案》《2018年吉林市渔业违禁药物和有毒有害化学物质残留专项治理行动方案》《2018年吉林市水产品质量安全抽样检测工作计划》，对全市水产品质量安全监管进行全面部署。

制定水产品质量安全抽检工作实施细则，明确水产品质量抽检和快检的取样对象、取样数量和规格、样本编号及取样时间、检测项目及具体工作要求。2018年，计划抽样300个批次抽检样品，全部完成抽检任务。按照省农业厅关于开展中秋、国庆节日期间水产品质量安全专项整治行动的通知和水产品质量安全抽查大排查大整治的有关要求，为加强吉林市中秋、国庆期间水产品质量安全管理，增加8个抽样样品的抽检。所送308个抽检样本经检测均符合国家质量标准，合格率100%。

组织执法人员，针对水产养殖环节风险隐患突出问题，重点在水产养殖“三项记录”（养殖生产记录、用药记录和销售记录）、渔用投入品管理、水产苗种等方面按照省水利厅下达的监管措施清单逐项对照检查，落实监管措施。从5月开始，相继开展违禁药物和有毒有害化学物质残留专项整治活动、水产品“双打”（打击以次充好、以劣充优、带病销售，打击无生产许可证销售水产苗种）及渔需物资打假专项治理春季、夏季专项行动，渔政执法人员对省级水产良种场、健康养殖示范场、无公害认证企业等15家重点养殖企业、养殖户进行检查。

制定吉林市产地水产品质量安全大抽检大排查大整治专项行动方案，对昌邑区金源水产良种场、船营区胖头沟水库等养殖企业进行检查和抽检。9月20日，接受省食品药品安全问题整治及秋季两节食品药品安全检查组对吉林市水产品质量安全情况的检查，并按检查组要求，落实整改措施。10月22日至26日，对各县（市）区9户重点养殖场（户）进行检查。

制定日常考核实施方案，抽查养殖场（户）水产品质量安全管理情况，对各县（市）区水产品质量安全监管情况进行日常考核，磐石市、桦甸市、昌邑区和丰满区考评结果较好。

【渔业项目审批验收】 2018年，完成吉林省下达吉林市2项水产补助专项项目，分别为旺运森渔业有限公司25万元的名特优良种引进、松花湖土著品种鱼种选育项目和市水产技术推广站50万元的稻渔综合种养增收工程。

【第二次水产养殖业污染源普查】 年内，在吉林省水产养殖污染普查办公室指导下，完成吉林市城区第二次水产养殖业污染源普查工作。制定《吉林市第二次水产养殖业污染源普查方案》，向财政部门申请经费13.7万元。组织各区和开发区普查人员参加省组织的4次普查技术培训，市水利局召开普查工作推进会议对与会人员进行普查技术培训，经省市培训人员70余人次。开展水产养殖业污染源普查宣传，制作宣传条幅38条，编制发放水产养殖业污染源普查宣传手册200册、宣传单300份，向普查户发放宣传手袋200个。按普查标准，城区最后填报入户调查数量167户。其中，规模化养殖场8户、养殖户159户。具体如下：船营区46户均为养殖户，昌邑区113户（其中规模化养殖场4户），龙潭区3户（均为规模化养殖场），丰满区3户（其中1户为规模化养殖场），经开区7户（均为养殖户），高新区2户（均为养殖户），松花湖风景区和中新食品区无。按省水产养殖业普查办要求，各地与当地环保部门衔接，于12月12日前将普查数据录入到环保普查统计系统。12月25日至28日，通过吉林省污染普查质量核查。 （市水利局）

园艺特产业

【概况】 2018年，全市实现园艺特产业总产值245.8亿元，比2017年增长8%。全年新建棚室1793公顷，其中新建标准化棚室292.4公顷。棚膜蔬菜、食用菌、中药材、果品、苗木花卉5大类50个标准园区建设更加完善。

【标准园区建设】 按照“整合资金、集中投入、重点建设、示范引领”思路，启动棚膜蔬菜、食用菌、中药材、果品、苗木花卉5大类50个标准园区建设，从服务到资金加大扶持力度。经过三年扶持和发展，形成永吉万昌全国最大的设施芦笋生产基地、全国唯一的鲜食芦笋出口基地、全省最大非转基因设施木瓜生产基地、丰满金丰北方最大“冷资源”开发利用高效节能新技术日光温室生产基地、吉林卓远东北最大工厂化有机蔬菜生产基地、龙潭双瑞东北最大太空育种蔬菜生产基地、丰满庆丰乐全省最大温室大樱桃生产基地、沃亚全省最大温室火龙果生产基地、苏相村全省最大黄桃设施生产基地，昌邑吉康绿谷全省最大富硒功能果蔬生产基地等十大典型基地。全市有8个园艺特产园区被新评为市级休闲农业与乡村旅游星级企业。

【寒地设施农业发展】 2018年，吉林市实现园艺特色产品四季生产、周年供应。举办第五届冬季休闲采摘节，应用新设施、推广新技术、展示新品种、探索新模式，能够在冬季生产果蔬的棚室设施超过8000栋。 （王帝元）

农产品加工业

【概况】 全市农产品加工业保持稳健

表 16

2018 年吉林市国家级省级重点龙头企业一览表

级别	序号	企业名称	所属县（市）区	级别	序号	企业名称	所属县（市）区
国家级	1	吉林市宇丰米业有限责任公司	永吉县	省级	40	蛟河市嘉绿宝食品有限公司	蛟河市
	2	吉林福源馆食品集团有限责任公司	船营区		41	吉林黑尊食品有限公司	蛟河市
	3	吉林市汇宇食品有责任公司	船营区		42	桦甸市福薪绿色食品有限公司	桦甸市
	4	吉林市东福实业有限责任公司	昌邑区		43	桦甸市龙程粮食贸易有限公司	桦甸市
省级	5	正大永吉实业有限公司	永吉县		44	吉林隆泰制药股份有限公司	桦甸市
	6	吉林市大富人家米业有限公司	永吉县		45	吉林省龙兴集团奈奇生态食品有限公司	桦甸市
	7	吉林市农家庄园食品有限公司	永吉县		46	桦甸市绿野冷冻食品有限公司	桦甸市
	8	吉林市全丰牧业有限公司	永吉县		47	桦甸市吉元土产有限公司	桦甸市
	9	吉林博大农林生物科技有限公司	永吉县		48	桦甸市龙威牧业有限公司	桦甸市
	10	吉林市福山粮食收储有限责任公司	永吉县		49	吉林省坤合食品有限公司	桦甸市
	11	吉林市齐新通达粮油有限公司	永吉县		50	桦甸市金牛牧业有限公司	桦甸市
	12	吉林市田野粮业有限公司	永吉县		51	吉林省府满仓粮业有限公司	桦甸市
	13	舒兰市权禾粮油贸易有限责任公司	舒兰市		52	吉林出彩农业产品开发有限公司	桦甸市
	14	吉林市圣基实业有限公司	舒兰市		53	桦甸市硕丰土特产食品有限公司	桦甸市
	15	舒兰市永丰米业有限责任公司	舒兰市		54	桦甸市成兴食品有限公司	桦甸市
	16	吉林市友诚米业有限责任公司	舒兰市		55	吉林省田谷有机食品有限公司	桦甸市
	17	舒兰市禾鑫谷物有限责任公司	舒兰市		56	桦甸市名峰生态度假村有限公司	桦甸市
	18	舒兰市金星精制米有限责任公司	舒兰市		57	吉林过亿休闲农业旅游度假村有限公司	桦甸市
	19	吉林大润德农业开发股份有限公司	舒兰市		58	吉林春光牧工商集团	船营区
	20	吉林华鑫菌业有限责任公司	舒兰市		59	吉林酿业集团有限公司	船营区
	21	吉林省大力食品有限公司	舒兰市		60	吉林市大丰粮油有限公司	昌邑区
	22	吉林市吉米粮食有限责任公司	舒兰市		61	吉林市永鹏农副产品开发有限公司	昌邑区
	23	舒兰市聚烽生物再生能源有限公司	舒兰市		62	吉林市华瑞米业有限公司	昌邑区
	24	吉林瀚蜂农业科技开发有限公司	舒兰市		63	吉林市吉得利工贸有限责任公司	昌邑区
	25	吉林宝龙仓农产品开发有限公司	舒兰市		64	吉林普康有机限公司	龙潭区
	26	舒兰市北莲米业有限责任公司	舒兰市		65	吉林市大军元牧业有限公司	龙潭区
	27	吉林天绿粮食仓储有限责任公司	舒兰市		66	吉林棋盘生态农业集团有限公司	龙潭区
	28	舒兰市李氏牧业有限责任公司	舒兰市		67	吉林市红阳农业开发有限公司	龙潭区
	29	舒兰市众邦源牧业有限公司	舒兰市		68	大森林食品有限公司	丰满区
	30	舒兰市盛美牧业有限公司	舒兰市		69	吉林市吉兴粮业有限公司	丰满区
	31	吉林济邦药业有限公司	舒兰市		70	吉林市映山红饲料有限公司	丰满区
	32	舒兰市龙凤山庄旅游服务有限公司	舒兰市		71	吉林省博大生化有限公司	经开区
	33	磐石市隆兴粮油有限公司	磐石市		72	吉林市黑沃土绿色食品有限公司	经开区
	34	吉林省山菇娘食品有限公司	磐石市		73	吉林市龙海畜禽综合加工有限公司	经开区
	35	磐石市磐橡绿色食品有限公司	磐石市		74	吉林市长荣农副产品有限公司	高新区
	36	磐石市超越饲料加工有限责任公司	磐石市		75	吉林吉福参生物开发股份有限公司	高新区
	37	吉林省鑫达农牧科技发展有限公司	磐石市		76	吉林沃达食品有限公司	中新食品区
	38	长白山制药股份有限公司	蛟河市		77	吉林德亚农业发展集团有限公司	中新食品区
	39	蛟河市丰源粮油有限责任公司	蛟河市		78	永吉县烨熠农副产品加工有限公司	中新食品区

（市农业农村局）

发展态势，龙头企业规模不断扩大。全市农产品加工业销售收入 830 亿元，比 2017 年增加 12%，其中龙头企业销售收入 264 亿元，增加 10%。龙头企业利税总额 28 亿元，占销售收入的 10.6%。新认定省级龙头企业 16 家，新评定市级龙头企业 19 家。全市市级以上农业产业化龙头企业保持在 318 家水平，其中省级以上龙头企业 78 家（包括国家级龙头企业 4 家）。

【优势产业】 全市有稻米加工龙头企业 62 家，年加工大米能力 245 万吨，带动农户 7.5 万户，年实际加工大米 152 万吨，销售收入 109 亿元。畜牧加工龙头企业 51 家，年产肉产品 51 万吨，销售收入 51 亿元，肉牛产业稳健发展。特产加工类企业 55 家，年销售收入 65 亿元，木耳、人参、果仁、紫苏、甜黏玉米等特色优势产业市场竞争力不断增强。

【玉米食品加工业】 全市有玉米食品加工龙头企业 34 家，年设计玉米加工能力 43.86 万吨。其中，速冻鲜食玉米加工企业 19 家，加工能力 15 万吨（4.7 亿棒）；食品用玉米粉、玉米馇生产企业 7 家，生产能力 18 万吨；玉米糕点食品加工企业 5 家，生产能力 6.5 万吨；玉米面条加工企业 3 家，加工能力 4.36 万吨。

【龙头企业带动发展】 龙头企业领办创办合作社 66 个，流转土地 1.87 万公顷，带动联结合作社和家庭农场 1116 个，带动种植基地 21 万公顷，建设优质稻米基地 4.27 万公顷、甜黏玉米基地 1.13 万公顷，带动农户 38 万户，带动户均增收 3660 元。企业用工总数 3.7 万人，其中农民工 2.7 万人。

【吉林市 5 户米企产品获国际展会金奖】 10 月，第十六届中国国际粮油产品及设备技术展示交易会在长沙举办，来自国内外408家企业参展，产品有8大类3000余个品种。展会还举办优势产业市县授牌、大米产业发展专题报告会、品牌宣传、产品推介等活动。吉林市粮食局、舒兰市粮食局组织相关大米加工企业参加展会。吉林市京粮集团吉林实业发展有限公司、中粮米业吉林有限公司、康琪米业有限公司、友诚米业有限责任公司和永丰米业有限责任公司5家企业的大米产品获评展会金奖。 （王帝元）

农产品品牌建设

【"三品一标"农产品222个】 组织申报无公害农产品、绿色食品、有机农产品、农产品地理标识认证。全市有效"三品一标"农产品222个。其中，无公害农产品47个、绿色食品150个，有机农产品21个，农产品地理标志4个。

【名优特农产品营销活动】 采取"走出去"办法，组织41家企业（222个品种）参加"第十六届中国长春国际农业·食品博览（交易）会"。举行可视农业新零售电商平台上线发布会，邀请30家典型农场企业代表上台进行产品推介。组织6家优质企业参加由省农委举办的全省优质农产品推荐会和第十六届农交会。

【吉林市大米品牌整合】 发挥磐石市鑫达、永吉县宇丰等产业化龙头企业带动作用，发展订单农业。可视农业基地发展到36家，可视农业新零售电商平台成功上线。牵头召开吉林市大米品牌整合工作座谈会议，相关市直部门、水稻主产县区和乡镇负责人、稻米生产经营企业以及专家达成多项共识，研究拟定工作实施方案并邀请专家进行论证咨询。由杭州芒种品牌管理公司承接全市大米区域公用品牌战略规划与策划项目，组织专家对品牌名称和文化内涵进行研究，开展系列大米调研工作，拍摄专题大米品牌宣传片。

【农产品质量安全监管】 完成永吉县、舒兰市省级农产品质量安全县创建工作，通过吉林市农产品质量安全监督检测中心资质认证。推行农产品产地准出制度，全市有试点生产主体162个。年内，吉林市持续构建农产品溯源体系，将27家农产品生产企业纳入"追溯平台"。

（王帝元）

表17 **2018年吉林市现代农业产业园一览表**

序号	县区	园区	级别
1	永吉	万昌镇现代农业产业园	省级创建单位
2		卓远现代农业产业园	市级
3	舒兰	霍伦河现代农业产业园	省级创建单位
4		天德现代农业产业园	县级
5	磐石	现代农业科技产业园	市级
6		驿马河田园综合体现代产业园	县级
7		取柴河食用菌现代农业产业园	市级
8	蛟河	木耳现代农业产业园	省级创建单位
9		黏玉米现代农业产业园	县级
10	桦甸	红石林蛙	县级
11		二道甸子人参现代农业产业园	县级
12		八道河子镇现代农业产业园	市级
13		常山镇甜黏玉米现代农业产业园	市级
14	昌邑	昌邑区现代农业产业园	省级创建单位
15	丰满	丰满区果蔬现代农业产业园	省级创建单位
16	中新	中新食品区现代农业产业园	省级创建单位

（市农业农村局）

表18 **2018年吉林市新评省级休闲农业星级企业一览表**

序号	县（市）区	企业名称	主要经营项目
1	永吉县	吉林市鑫昕庄园内陆养殖基地	垂钓、餐饮、游乐
2	蛟河市	蛟河市润泽谷旅游生态园	休闲旅游、采摘冰雪、餐饮娱乐
3		蛟河市庆丰园休闲农业旅游有限公司	休闲旅游、采摘冰雪、餐饮娱乐
4	桦甸市	桦甸市金色农华种植专业合作社	农产品加工、销售及休闲农业旅游
5	昌邑区	吉林市意禾田生态家庭农场有限公司	水稻种植、农产品生产加工、休闲农业与乡村旅游
6		吉林市昌邑区吉康绿谷种植专业合作社	水稻种植、农产品生产加工、休闲农业与乡村旅游
7	龙潭区	吉林市海纳生态旅游有限公司	休闲旅游、农事体验、生态农业、水产养殖、农林产品加工
8	丰满区	吉林市东北生态农业发展有限责任公司	休闲农业
9		吉林市富饶旅游开发有限公司	休闲农业
10		吉林市润田美农农业科技有限公司	休闲农业
11	磐石市	吉林省北国之春农业科技开发有限公司	休闲农业

（市农业农村局）

表19 **至2018年吉林市全国一村一品示范村一览表**

序号	年份	批次	申报数	示范村及主导产品
1	2012年	2	1镇	吉林省蛟河市黄松甸镇（黄松甸黑木耳）
2	2012年	2	1村	吉林省磐石市取柴河镇王家村（山姑娘滑子蘑）
3	2013年	3	1村	吉林省永吉县岔路河镇下坎村（牛步芦笋）
4	2015年	5	1村	吉林省桦甸市二道甸子镇新风村（桦牛黄牛）
5	2016年	6	1村	吉林省永吉县西阳镇马鞍山村（罗圈沟葡萄）
6	2017年	6	1村	永吉县西阳镇马鞍山村（葡萄）
7	2017年	7	1村	吉林省永吉县西阳镇兴隆村（棚膜蔬菜）
8	2018年	8	1镇	吉林省舒兰市平安镇（舒兰大米）

（市农业农村局）

现代农业园区

【现代农业先导区建设】 万昌、孤店子两个现代农业先导区全年投入资金9.24

金丰现代农业园热交换式高效节能日光温室（2018 年 12 月）

（市农业农村局 供图）

亿元，建设高标准农田 11633 公顷。其中，万昌先导区 9700 公顷，孤店子先导区 2233 公顷。利用“一飞三防”（指利用植保无人机一次喷药防治小麦病害、虫害、干热风）、测土配方施肥、性诱剂防虫等现代耕作技术，开展绿色有机种植；开展全程机械化和标准化种植，机械化作业率 85% 以上。

万昌先导区智能化水稻育苗工厂投入使用，年新增有机水稻秧苗 12 万盘，可满足 400 公顷水田秧苗需求；木瓜产业园“南果北种”项目将当地资源优势转化为经济优势，采用植物冷冻、唤醒、还原技术种植木瓜，拥有自主知识产权，技术趋于国内领先水平。建设智能温室 20 栋，占地面积 3.4 万平方米。种植木瓜 8000 株，香蕉 4000 株。木瓜上市后，受到消费者青睐。建立宇丰现代农业服务中心，实施“互联网 + 现代农业”行动，搭建生产大数据平台，为农民和经营主体提供农资供应、测土配方施肥、市场信息咨询等“一站式”社会化服务。

孤店子先导区建成 10 公顷水稻育苗温室、8 公顷智能化日光温室、75 台太阳能无线监控器和信息化监控大厅，形成生产环节可控制、流通环节可查询、销售环节可追溯的全程质量追溯体系。两个先导区创新实践“私人定制”“带地养老”“村企合一”“公司 + 基地 + 农户 + 标准化”等发展共赢经营模式，流转土地 786.67 公顷，带动周边农户 3.3 万户。万昌先导区农民人均可支配收入 1.5 万元；孤店子先导区农民人均收入 2.7 万元。

【现代农业产业园创建】 2018 年，吉林市有县级及以上现代农业产业园 16 个。8 月，经过县（市）区申请、专家评审、现场考核等程序，蛟河市木耳现代农业产业园、吉林市丰满区果蔬现代农业产业园、舒兰市霍伦河水稻现代农业产业园被省农委、省财政厅联合认定为吉林省第二批省级现代农业产业园创建单位。9 月，启动市级现代农业产业园创建工作。12 月，认定桦甸市八道河子镇现代农业产业园、永吉县卓远现代农业产业园、磐石市取柴河现代农业产业园、桦甸市常山镇甜黏玉米现代农业产业园为市级现代农业产业园。（王帝元）

休闲农业

【概况】 打造以“温泉娱乐、冰雪旅游、休闲采摘、农业观光、特色餐饮”为特点的休闲农业与乡村旅游新格局，休闲农业快速发展。2018 年，接待游客 500 万人次，比 2017 年增长 12%，营业收入 16 亿元，增长 15%，保持快速发展态势。从业人员 17162 人，带动 13673 户农民受益。休闲农业经营主体发展到 500 家，新评定市级休闲农业星级企业 17 家、升级 8 家；新评省级休闲农业星级企业 11 个，升级 4 家，市级以上休闲农业星级企业总数 123 家，位居全省首位。吉林雪乡舒兰二合村、磐石市古城村获评中国美丽休闲乡村，舒兰平安镇（舒兰大米）获准第八批国家一村一品示范村镇。全市有 2 镇 6 村获得国家一村一品示范村镇称号。

【休闲农业产业布局】 基本形成“一带、一圈、两县、两区、多节点”的休闲农业与乡村旅游总格局，金珠花海、二道采摘成为全市休闲农业的亮丽名片。宣传推介持续加强，在元旦、春节期间适时推出吉林市冬季“温泉养生、冰雪娱乐、休闲采摘”三条精品线路，推介神农温泉、二合雪乡、金丰采摘园等 32 个精品景点；清明、五一期间又组织推出春季“赏花踏青、品味春光”精品线路 8 条、精品景点 16 个。

【休闲农业品牌建设】 2018 年，吉林市政府主办、市农委牵头，联合市旅发委、市江城日报社联合承办，开展吉林市休闲农业“十大景区”及“十佳最美民宿”评选活动，有 52 家休闲农业经营主体参加评选。经媒体宣传展示、网络投票及专家评审，评出丰满区圣鑫葡萄酒庄、昌邑区神农温泉度假村等吉林市休闲农业十大景区和丰满区富饶农场、舒兰市二合雪乡孙家大院等十佳最美民宿，增强了吉林市休闲农业品牌知名度和影响力。（王帝元）

新型农业经营主体

【概况】 2018 年，全市新发展家庭农场 1933 个，工商注册数量 4098 个；新发展农民专业合作社 1795 个，工商注册数量 6251 个。组织开展新型农业经营主体资金需求情况调查，召开 4 次银农对接会，强化新型农业经营主体金融服务工作。建立健全新型农业经营主体政策支持体系和培育新型农业经营主体部门联席会议制度，组织 35 名经营主体负责人参加农业农村部组织培训工作。

【农村土地流转】 全市农村土地流转面积 14.8 万公顷，占承包地面积的 34.2%，比 2017 年增加 1.6 个百分点。完善土地流转服务体系建设。利用省农村土地适度规模经营服务体系项目建设，加强城区三级土地流转服务中心硬件建设。完善土地流转价格指导制度。做好土地纠纷信访接待工作，及时解答疑难问题和化解土地纠纷。

【新型职业农民培育】 以户为单位建档立卡，录入职业农民精准培育数据库，实行信息化管理，逐年精准甄选培育对象。按照知识技能水平、产业发展规模等内容制定新型职业农民认定标准，完善已制定的职业农民资格认证管理办法、实训基地认定办法等各项管理制度。全市认定初级新型职业农民500余人。开展冬春科技培训，举办培训班1435期，培训基层农业技术管理人员和农民群众23万人次，举办科技大集60余次，举办电视讲座35期，发放各类宣传资料22万份。培养新型职业农民260人，贫困村致富带头人73人；遴选并组织优秀青年农场主和新型经营主体带头人省外（北京、武汉、四川）交流合作15人次，国外交流（日本、韩国）3人次；培树返乡双创典型10人；认定市级首批新型职业农民实训基地14个。 （王帝元）

农业科技应用

【先进栽培技术推广】 2018年，全市推广玉米农机农艺相结合提质增效综合栽培、玉米垄侧保墒栽培、水稻提质增效生产、水稻种子包衣培育壮秧、大豆轮作高产栽培、植保无人机等25项先进适用高效增产增收的栽培技术。其中，测土配方施肥技术推广18.1万公顷，玉米垄侧保墒栽培技术推广14.7万公顷，水稻精确定量高产栽培技术推广8.2万公顷。

【农业生态环境建设】 吉林市加快农业生态环境建设，全面推进秸秆肥料化利用、化肥减量增效、农药减量增效工作。全市化肥施用总量控制在30.93万吨以内，首次实现“零增长”；全市农药总用量控制在2510吨以内，比2017年减少50吨，保持减量增效的良好态势；全市完成秸秆肥料化利用77万吨。全市列出财政专项资金444万元，用于开展农药包装废弃物收集和回收工作，收购、收集农药包装废弃物164.54吨，处理完成161.14吨。

【农业灾害防治】 开展农作物病虫害防治，以水稻稻瘟病、水稻二化螟、玉米螟，大豆食心虫等病虫害防治为重点，修改和完善防灾减灾应急预案，提高应对突发农业灾害能力。推广现代植保机械和病虫草害综合防治技术，农作物病虫害统防统治面积完成45.2万公顷，其中绿色防控面积26.7万公顷。加大人工对不利天气的防控能力，增加人工影响天气投入，提高防范旱、涝、冰雹、低温、霜冻等各种自然灾害能力。

【农业机械化】 全市落实农机补贴资金15380万元，推进全市农机总动力达到410万千瓦时，50万元以上农机化作业服务组织214个，20万元以上农机大户908个。农作物耕种收综合机械化率78.5%，水稻机插率81.4%，水稻机收率83.3%，玉米机械化收获率51.2%。机耕面积66.7万公顷，机械播种面积59万公顷，机械收获面积37.5万公顷，分别占耕地面积的97.4%、85.3%、54.2%。 （王帝元）

农村水利建设

【农田水利工程】 2018年，全年计划实施农田水利建设项目347项，实际完成371项，完成投资2.16亿元。年内，完成水库工程46项，完成投资4200万元。重点完成永吉县24座水库水毁修复工程，完成投资460万元；磐石市22座小型水库除险加固工程，完成投资3740万元。完成大中型灌区工程19项，完成投资4960万元。重点完成永吉县朝阳水库灌区水毁项目，完成投资807万元；永吉县碾子沟水库灌区水毁项目，完成投资631万元；永吉县星星哨灌区水毁修复项目，完成投资200万元。丰满区二道灌区水毁修复工程，完成投资1500万元。完成小型农田水利工程306项，完成投资1.25亿元。

【下达投资计划完成情况】 截至12月10日，全地区下达中央资金2.34亿元，完成投资2.06亿元，完成率88%。其中，市本级及城区下达中央投资2900万元，完成投资2860万元，完成率99%。市本级及城区下达省级水利发展资金849万元，年度建设任务全部完成。 （市水利局）

农业产业脱贫

【探索携手扶贫新模式】 推进“龙头企业+金融+贫困村”“富裕村+金融+贫困村”“公司+金融+贫困户”三种扶贫模式，鼓励龙头企业发挥产业引领作用，引入金融资本，带动贫困村发展特色产业，形成强村带弱村、先富帮贫穷攻坚合力。棋盘集团、东福米业、大军元牧业、宇丰米业、沃亚食用菌公司5家龙头企业加入吉林省金融商会扶贫联盟。组织13家企业与17个村结成扶贫对子，合作开发项目16个，总投资近1.08亿元。其中，企业投资8400万元，利用银行贷款80万元。推广就业扶贫车间模式，依托市（县）农业广播电视学校培训基地，组织教师为贫困劳动力准备农产品质量安全与品牌创建和设施蔬菜栽培技术辅导课。针对扶贫产业项目产品销售出路问题，坚持以“园区可生产、市场有需求、销售出效益”为发展方向，探索“龙头企业+实体专营店+贫困村产业品牌”直销模式，开拓“携手扶贫”新思路，为全市脱贫攻坚提供可借鉴、可复制模板。

【贫困村技术培训全覆盖】 为全市109个贫困村建立产业档案，实行档案管理标准化，实现动态跟踪。组成近千人的“三农”服务智囊团，实现全市109个贫困村专家指导全覆盖，探索实践项目论证、产业对接、技术培训“三位一体”服务模式。开展科技服务3万余人次，贫困村冬春科技培训全覆盖，举办各类培训班108期，培训1.9万人次；举办科技大集12次，发放各类宣传资料2.3万余份。在贫困村推广各类农业生产技术50余项。致富带头人培训73人次。承办全市产业扶贫现场会暨产业扶贫培训班，组织全市贫困村书记实地参观考察产业扶贫典型永吉县西阳镇兴隆村棚膜示范园区。 （王帝元）

工　业

INDUSTRY

综　述

【概况】 2018年，在国内外经济环境复杂多变、经济下行压力加大的挑战下，吉林市工业经济总体运行平稳。全年规模工业完成产值1586.1亿元，比2017年增长6.9%；完成增加值378.7亿元，比2017年增长4.4%；实现利润59.3亿元，比2017年下降7.2%；规模工业万元增加值能耗比2017年下降0.68%。

十大行业产值六升四降。其中，石化行业产值增长4.8%，冶金行业产值增长29.7%，电子行业产值增长3.1%，农副食品加工行业产值增长11.9%，轻纺行业产值增长12.2%，机械加工与制造行业产值增长1.7%，医药健康行业产值下降6.2%，能源行业产值下降0.2%，汽车及配件制造行业产值下降15.6%，建材行业产值下降13.8%。

新兴产业发展。碳纤维步入产业化、规模化发展新阶段，碳谷原丝项目新增产能8000吨，吉林精功一期2000吨大丝束碳纤维实现量产，碳纤维原丝产能、碳丝单线产能位居全国第一，产业产值增长61.7%。医药健康产业保持较快发展，康乃尔原料药试生产，吉尔吉医药健康产业园等项目全面投产。国家级通航产业综合示范区建设步伐加快，吉航民机维修基地建成，金汇全省直升机应急救援基地运营。工业智能化转型初见成效，金洪汽车数字化车间建成，吉林化纤等5条数字化生产线投入使用，万丰奥威轮毂单元智慧工厂被工业和信息化部确定为智能制造新模式应用项目。

传统产业转型。吉化汽油国Ⅵ质量升级烷基化、吉神聚醚多元醇等化工“补链”项目竣工投产。吉林铁合金、吉林炭素正式签订搬迁协议，吉林建龙80万吨冷轧钢项目主体完工。一汽吉林汽车7个新能源新车型通过工信部生产公告，R9智能网联车实现量产。正大100万吨大米加工及1.2万吨米糠油项目取得积极进展。

【工业投资】 全市工业稳步推进，工业固定资产比2017年下降4.9%。重点推进的2018年“四个一百”（综合交通、生态及环境保护、民生类、产业类各100个项目）重点项目中，吉林万丰奥威汽轮有限公司新能源汽车轮毂单元智慧工厂建设项目、吉林省嘉路喜再生资源利用有限公司再生油加氢及润滑油调和项目、吉尔吉医药健康产业园化药制剂生产基地等一批重大项目实现竣工投产，推进产品终端转化和结构转型升级，产业链延伸取得重大进展，整体产业精细化程度进一步提升。吉林紫瑞新材料有限公司年产1万吨2—乙基蒽醌及年产10.8万吨含硫废液焚烧制酸联合装置项目、吉林瑞吉特殊化学品有限公司年产6万吨乙氧基特殊化学品项目、吉林建龙钢铁有限责任公司80万吨冷轧工程项目相继开工建设。

【项目管理】 2018年，中共吉林市委、市政府确定以供给侧结构性改革为主线，以创新驱动为动力，以质量和效益提升为目标的总体构架。结合吉林市产业特征，提出化工产业“补链”、汽车产业“上量”、冶金产业“转型”、农产品加工“提质”总体要求，重点推进134个转型升级项目；同时按照新开、续建、达产、谋划4个方面，制定吉林市重点项目，推进工业产业结构转型升级。同时为加大对产业关键环节、关键技术和关键设备的企业转型升级资金引导，帮助向上争取资金。

推进投资5000万元以上工业项目97项，重点推进企业设备安装调试、投产手续办理等方面问题，帮助企业协调解决项目收尾工作，强化项目施工组织管理，科学合理倒排工期，协调保障各项生产要素，争取尽早建成投入运行。

围绕吉林市优势产业和新兴产业的链条配套及延伸，以谋划项目为抓手推动吉林市产业链延伸，产业集聚发展，针对不同方向谋划重大项目近30项。

【规模以上工业企业】 至2018年年末，全市有规模以上工业企业1077家，具体分布情况见下表：

表20 **2018年吉林市规模工业企业分布表**

属地	产值（亿元）		
	2018年	2017年	增长%
合计	1586.1	1483.8	6.9
永吉县	31.4	30.8	1.7
蛟河市	30.8	30.6	0.7
桦甸市	38.4	43.4	−11.5
舒兰市	46.6	44.9	3.8
磐石市	128.7	117.3	9.8
昌邑区	61.7	49.2	25.3
龙潭区	86.0	79.9	7.7
船营区	18.3	19.7	−6.8
丰满区	35.5	33.8	5.2
高新区	125.5	141.6	−11.4
经开区	207.6	171.9	20.8
中新食品区	1.8	2.0	−9.5

（市工信局）

【工业经济运行】 全年产值总体呈现波动上行态势。从各月产值完成情况看，全年仅有一季度产值比2017年略有下降，其他月环比呈上升态势。产值2月最高为249.5亿元，5月最低为108亿元。从各月经济效益完成情况看，总体呈现利润逐月上升趋势，主要是受产品价格大幅上涨及订单增加影响。

工业经济运行总体平稳。全市规模工业产值比2017年增长6.9%，增速低于2017年同期0.2个百分点。12个县（市）区属地规模工业中，昌邑区、经开区、磐石市和龙潭区增速高于全市平均增速，分别比2017年增长25.3%、20.8%、9.8%和7.7%；丰满区、舒兰市、永吉县和蛟河市增速低于全市平均增速，分别比2017年增长5.2%、3.8%、1.7%和0.7%；桦甸市、高新区、中新食品区和船营区产值分别比2017年下降11.5%、11.4%、9.5%和6.8%。

工业经济效益平稳上升。全市规模以上工业实现主营业务收入1619.1亿元，比2017年增长6.3%，实现利润59.3亿元，比2017年下降7.2%，实现税金148.6亿元，比2017年减少18.6亿元。重点亏损企业减亏成效显著，10家重点亏损企业减亏20.8亿元。

工业用电量、铁路货运量增加。全市工业用电133.2亿千瓦时，比2017年增长3.2%。全市铁路货物发送量1433.6万吨，比2017年增长16.5%。

【主要产业产量】 吉林市石化行业完成产值726.7亿元，比2017年增长4.8%；冶金行业完成产值291.7亿元，比2017年增长29.7%；农产品加工行业完成产值126.8亿元，比2017年增长11.9%；轻纺行业完成产值109.8亿元，比2017年增长12.2%；汽车行业完成产值86.4亿元，比2017年下降15.6%；能源行业完成产值68.1亿元，比2017年下降0.2%；机械加工及制造行业完成产值57.1亿元，比2017年增长1.7%；医药健康行业完成产值53.3亿元，比2017年下降6.2%；建材行业完成产值31.9亿元，比2017年下降13.8%；电子行业完成产值24.7亿元，比2017年增长3.1%。

【重点企业】 全市50家重点工业企业完成产值1245.4亿元，比2017年增长9.7%。其中，吉林石化完成产值584.9亿元，增长3.2%；建龙钢铁完成产值133.3亿元，

表21　**2018年全市50家重点工业企业区域分布表**

属地	家数（本期）	产值（亿元）		
		本期	同期	增长%
合计	50	1245.4	1135.3	9.7
永吉县	1	10.1	9.4	7.1
蛟河市	1	15.0	15.3	-2.1
桦甸市	4	10.4	14.7	-29.6
舒兰市	0	0	0	0
磐石市	7	95.5	84.4	13.2
昌邑区	1	42.8	22	94.8
龙潭区	13	786.3	730.1	7.7
船营区	0	0	0	0
丰满区	3	20.8	20.2	3.4
高新区	11	93.2	101.9	-8.6
经开区	8	171.3	137.4	24.7

（市工信局）

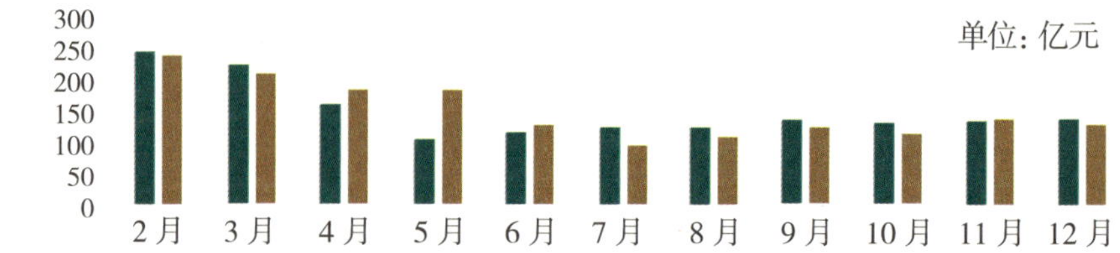

	2月	3月	4月	5月	6月	7月	8月	9月	10月	11月	12月
2018年	249.5	225	167.1	108	126.3	130.7	131.9	144.3	137	140.6	141.6
2017年	244	213.1	188.1	186.1	131.2	102.4	115.4	131.8	123.8	141.6	137.8

图1　**2018年吉林市规模工业月份产值走势图**

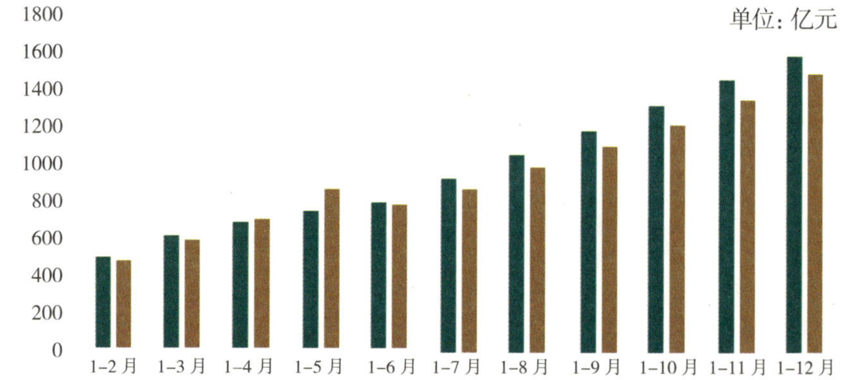

	1-2月	1-3月	1-4月	1-5月	1-6月	1-7月	1-8月	1-9月	1-10月	1-11月	1-12月
2018年	494.7	621.5	687.5	750.3	790.2	922.7	1049	1176	1310.3	1450.9	1586.1
2017年	480.1	596.6	598.3	874.6	778.2	871.9	986.9	1087.6	1208.7	1346.6	1483.8

图2　**2018年吉林市规模工业累计产值走势图**

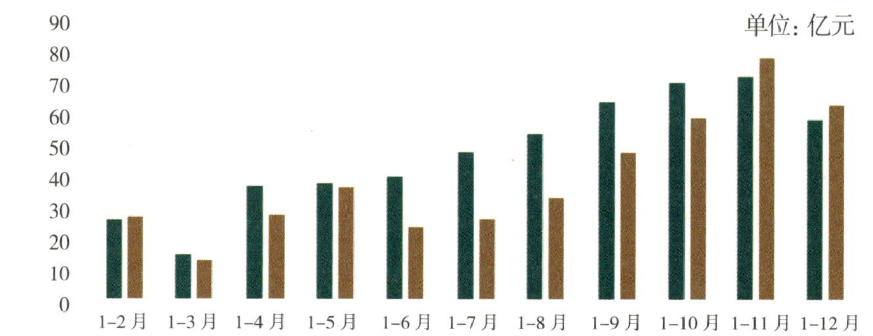

	1-2月	1-3月	1-4月	1-5月	1-6月	1-7月	1-8月	1-9月	1-10月	1-11月	1-12月
2018年	27	15.3	37.3	37.7	39.8	48.4	54.2	64.8	70.9	72.9	59.3
2017年	27.5	13.7	28.3	37	24.1	26.2	33.6	49.1	59.4	79.1	63.9

图3　**2018年吉林市规模工业利润走势图**

（市工信局）

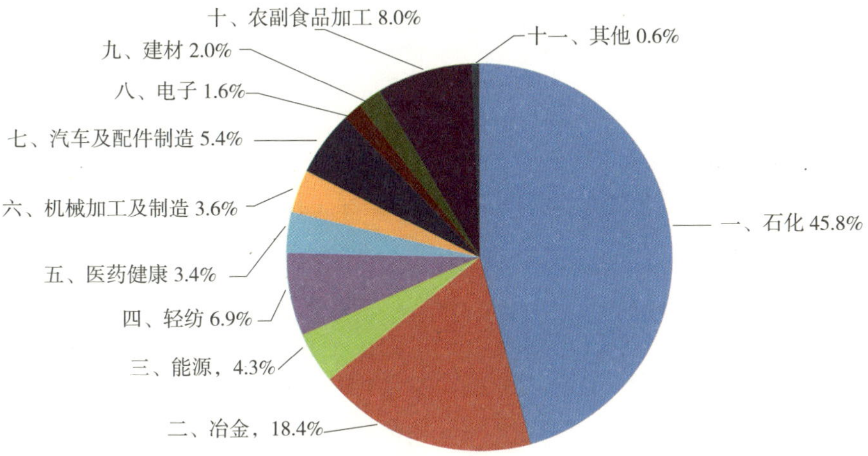

（市工信局）

图 4 **2018 年吉林市十大行业年产值占全市规模工业产值比重图**

表 22 **2018 年吉林市主要工业产品产量统计表**

主要工业产品	单位	2018 年	比 2017 年增减（%）
原煤	万吨	18.9	−55.5
发电量	亿千瓦时	125.4	−1.2
原油加工量	万吨	812.3	−9.5
汽油	万吨	167.2	−5.1
柴油	万吨	253.3	−10.0
焦碳	万吨	121.0	1.0
铁矿石原矿量	万吨	84.3	90.1
商品混凝土	万立方米	27.6	−42.2
啤酒	万千升	21.6	−2.4
化学纤维	万吨	36.8	1.7
硫酸（折 100%）	万吨	35.0	1.6
乙烯	万吨	76.7	−10.2
纯苯	万吨	23.6	−11.9
合成氨	万吨	26.6	3.8
ABS 树脂	万吨	55.0	−8.7
合成橡胶	万吨	12.3	−21.7
合成纤维单体	万吨	43.9	3.0
化学药品原药	吨	1577.7	−8.1
中成药	万吨	0.2	−21.2
水泥	万吨	383.3	−18.1
石墨及炭素制品	万吨	9.1	1.9
生铁	万吨	470.7	8.2
粗钢	万吨	510.5	16.8
成品钢材	万吨	568.4	14.8
铁合金	万吨	0.1	−90.0
黄金	千克	2620.0	−41.3
汽车	万辆	4.7	−37.3
变压器	万千伏安	98.9	−8.0
半导体分离器件	亿只	40.4	−8.8
自来水生产量	万立方米	11275.0	−5.7

（市工信局）

增长 30.3%；化纤集团完成产值 81.6 亿元，增长 20.2%；吉林炭素完成产值 42.8 亿元，增长 94.8%；一汽吉林汽车完成产值 35.6 亿元，下降 28.9%；博大生化完成产值 28.1 亿元，增长 172.4%；康乃尔化工完成产值 19.1 亿元，增长 23%；长白山制药完成产值 15 亿元，下降 2.1%；众鑫化工完成产值 12.8 亿元，下降 13.3%。

【主要产品】 2018 年，吉林市重点调度 40 种工业产品价格，其中以钼精矿、熟啤酒为代表的 12 种产品价格上涨，其中钼精矿价格上涨 32.3%，熟啤酒价格上涨 16.1%。

【主要工业指标在全省排名】 2018 年，全省规模工业产值增长 6.8%，吉林市高于全省平均增速 0.1 个百分点，排名第六。

（市工信局）

表 23 **2018 年全省及各市州工业产值增速统计表**

区域	产值累计增速（%）	位次
全省	6.8	—
松原市	17.3	1
通化市	12.0	2
白山市	11.8	3
四平市	9.0	4
白城市	7.6	5
吉林市	6.9	6
长春市	6.9	7
辽源市	−1.9	8
延边州	−6.4	9

（市工信局）

表 24 **2018 年全省及各市州工业增加值增速统计表**

区域	增速（%）	位次
全省	5.0	—
长春市	8.5	1
四平市	7.4	2
白城市	5.7	3
松原市	5.7	4
通化市	5.2	5
吉林市	4.4	6
白山市	3.4	7
延边州	3.3	8
辽源市	−1.7	9

（市工信局）

石油化工产业

【概况】 吉林市化工产业历史悠久，是吉林市重点支柱产业，也是吉林省三大主导产业之一，产业总体规模在东北地区仅次于大连市和大庆市。至2018年年末，原油一次加工能力1000万吨/年，乙烯生产能力85万吨/年。工业级规模以上生产装置中，规模居全国前三位的装置19套，其中环氧丙烷、乙丙橡胶、丙烯腈等10套装置生产能力位居全国第一。

全市有各类化工企业约650家，占全市工业企业总数的9.7%。其中，规模以上化工企业78家，占全市规模以上工业企业总数的15.7%；化工行业从业人员约5.5万人，占全市工业企业从业人员总数的40%。2018年，全市化工产业实现产值726.7亿元，占全市规模工业总量的45.8%，占全省化工产业产值的60%以上，是吉林市工业第一大产业。

【重点企业】 全市化工产业以吉林石化为龙头，吉林化纤、吉林燃料乙醇、康乃尔化工、吉神化工、众鑫化工等大型企业为骨干，怡达化工、吉林奥克等一大批中小企业为配套，通过上下游产品相关联，形成具有一定规模的化工产业集群。全市石化产业可细分为石油化工、生物化工、化工新材料、精细化工等四大类。石油化工以炼油、乙烯为龙头，发展油品、通用合成材料、有机化工原料，代表企业是中油吉化、康乃尔化工、吉神化工。生物化工发展生物质能源及相关产品，包括玉米制燃料乙醇、酒糟蛋白饲料、环氧乙烷、醇醚、减水剂等，代表企业是吉林燃料乙醇、博大生化、众鑫化工。化工新材料以发展高性能纤维材料和特种橡胶为主，包括聚丙烯腈基碳纤维、聚酰亚胺，乙丙橡胶等，代表企业有中油吉化、吉林碳谷、吉林方大碳纤维、吉研高科、吉林高琦聚酰亚胺材料、吉林精功等。精细化工涵盖农药、涂料、工业助剂、有机硅、食品添加剂、车用化学品、医药及中间体等10余个领域，代表企业有星云化工、吉化北方公司、怡达化工、大地化工、普瑞特、北沙制药等。

【吉林石化产业运行态势】 面对外部环境复杂多变、石化市场剧烈震荡、安全环保风险加剧等困难和挑战，吉林石化坚持科学从严和精细管理主线，突出转型升级和提质增效主题，保持稳定向好经营态势。全年加工原油812.3万吨，生产乙烯76.7万吨，实现主营业务收入598亿元，比2017年增加12.5亿元；炼化业务盈利25.8亿元，完成税金118亿元。

【技术改造及项目建设】 重点围绕“业务发展高质量、发展动力高质量、发展基础高质量、运营水平高质量”，强化工作措施落实，炼油烷基化、减水剂单体技术改造、燃料乙醇70万吨改造等项目顺利建成，揭阳60万吨/年ABS、50万吨/年航煤扩建、动力一厂新建1#锅炉等项目稳步推进，耐热聚乙烯管材料、ABS电镀料等新产品推向市场。

【中国石油天然气股份有限公司吉林石化分公司】 2018年，中国石油天然气股份有限公司吉林石化分公司（简称“吉化公司”）加工原油812.3万吨，生产乙烯76.7万吨、燃料乙醇58.2万吨，主要产品产量1058万吨；实现主营业务收入598亿元，上缴税金119亿元；炼化业务盈利25.8亿元，实现企业增效、员工增收、社会增益。年内，有28名员工获得国家和集团公司技能竞赛奖励、“石油名匠”“吉林省工匠”等称号，吉林石化公司获得“全国工人先锋号”等称号70余项。

2018年，吉化公司创成51个公司级HSE标准化车间，创成率76%。引进杜邦先进管理方法，量化危险作业分级分类和风险防控措施，保障生产运行和现场受控。破解制约装置长周期运行瓶颈，稳妥处理生产异常和突发状况，运行平稳率99.61%。完成123套生产及辅助装置、4935项检维修任务，机泵平均检修间隔时间由46个月提高到51个月。落实节能减排措施，实施环保24小时连续监测，“三废”（工业污染源产生的废水、废气和固体废弃物）达标排放，全面完成减排目标。

克服资源紧张等困难，实施控油品转化工相关措施137项，实现优化增效4.8亿元；组织天然气制氢装置阶段性开车，辛醇、丙烯酸酯等停车装置复产，炼油、丙烯腈、ABS等装置高效经济运行，全年平均负荷率95.8%。继续实施产销研一体化攻关，开展重点用户调研走访、跟踪服务，提高创效水平。通过扩大招标、开发直采供货商等措施，保障物资需求，实现降采1.3亿元。

结合行业发展趋势和企业实际，形成炼化业务转型升级优化发展方案；召开推动高质量发展研讨会，确立发展思路和目标。推进重点项目建设，完成汽油国Ⅵ质量升级烷基化等项目，稳步实施揭阳60万吨/年ABS等项目，ABS电镀料、耐热聚乙烯管材料等新产品推向市场。强化技术研发支撑，ABS树脂研发中心升级为中国石油ABS技术中心。

（市工信局　吉化公司）

汽车及零部件产业

【概况】 2018年，全市汽车及汽车零部件产业运行平稳，完成行业规模工业产值86.4亿元，按可比口径比2017年减少15.6%。一汽吉林汽车有限公司（简称“一汽吉林”）全年生产整车4.7万辆，比2017年减少37.3%。销售整车4.36万辆，重点车型森雅R9如期量产。

【重点项目建设】 一汽吉林C217（森雅R9）项目总投资2.93亿元，主要用于新建和改造冲压、焊装生产线。R9新车型于5月7日正式下线；佳宝T90于5月量产，填补准微卡产品系列空白；森雅R7都市版上市；完成R7EV400、V80EV等新能源车的开发与生产。长久专用车公司整车项目完成中置轴轿运车1112台，完成350台车辆改制。万丰奥威汽轮有限公司新能源汽车轮毂单元智慧工厂建设项目被国家工信部确定为智能制造新模式应用项目，总投资4.4亿元，年内竣工投产，年产量244万件，产值7亿元，晋级为戴姆勒奔驰全球供应商。吉林龙山万超天窗有限公司年产20万套天窗项目总投资5000万元，项目主体于2018年年底竣工，进行设备调试。吉林金洪汽车部件有限公司数字化车间建成，申请3项实用新型专利，获得省“科技小巨人企业”称号。吉林吉星轮胎有限公司启动青岛双星公司洽谈重组并购事宜。

【汽车产业】 一汽吉林调整生产布局规划，推进“绿色·智能”新基地建设；提升制造水平，改造完成二工厂焊装线，涂装车间采用水性漆工艺，总装实现柔性化生产；引入南京博郡、北京清行、江苏安特、航天北斗等合作伙伴，创造性采取定制包销、联合开发、OEM 等多种模式，促进增量增收；7 款新车型纳入工信部《新能源汽车推广应用推荐车型目录》车型受到奖励；改善营销手段，立体推广新品，调库存以应对市场；推进混合所有制改革，减员增效。

【零部件产业】 小糸东光车灯公司主营业务收入 12.2 亿元，产量 443 万只。完成主机厂配套进度要求，获得一汽大众、一汽奔腾、长安等项目开发权，全年申请专利 6 项。圆方机械有限责任公司年产 105 万根半轴，实现产值 3.8 亿元。北方捷凯公司全年完成 NCS 传动轴总成 14.3 万套，实现销售收入 1.2 亿元，增长 51.7%，获得国家级高新技术企业称号。

【产品研发】 利用社会资源开发森雅 R7 都市版并成功上市，开启全产业链造车新模式；在做好森雅系列市场适应性开发的同时，完成 R7EV400、V8OEV 等新能源车开发与生产。

【技术改造】 自主完成佳宝焊装线搬迁调试及工程整备，车身精度超过原有水平，森雅焊装线采用 167 台机器人，自动化程度在50%以上；总装实现柔性化、

5 月 7 日，一汽吉林举行产品升级项目森雅 R9 下线仪式 （一汽吉林 供图）

模块化多种车型混流生产，有效提高生产效率。建设高效率、高品质、低成本、低排放的涂装工艺，涂装车间进行水性漆改造，中涂、色漆涂料实现水性化，乘用车车身漆膜质量达到集团公司普通级轿车标准，喷漆线 VOCX 排放达到国内同行业先进水平。

【一汽吉林汽车有限公司】 一汽吉林全年销量 4.36 万辆，市场占有率 0.2%。重点车型森雅 R9 于 2018 年 5 月量产，营业总收入 323581 万元。产品升级项目森雅 R9 于 5 月 7 日下线，创造集团乃至行业 16 个月生产周期的纪录。C018（森雅 R8）项目生产处于准备启动阶段。油耗法规升级项目 R9 搭载 6MT 变速箱完成生产准备工作；按照国六标准设计研发的 DAM12TD 增程发动机项目进行标定及公告试验。通过修旧利废、节能降耗、物流改善和加工创收，全年开源节流 2000 余万元。在 R7 和 R9 混线生产基础上，仅用 10 个工作日达到标准产能，21 个工作日达到可动率 95% 以上，保质保量满足市场需求。全年开源创收 2594 万元、成本优化 8456 万元、费用优化 27247 万元。 （一汽吉林）

6 月 13 日，一汽集团公司副总经理雷平（中）到一汽吉林焊装车间参观调研 （一汽吉林 供图）

冶金产业

【概况】 截至 2018 年年末，全市冶金行业有规模以上企业 33 家，占地面积 1949 万平方米，建设面积 523.35 万平方米，资产总计 800.4 亿元，年从业人员平均人数 29885 人。拥有吉林建龙钢铁公司、吉林炭素集团、吉林吉恩镍业公司、吉林恒联精密铸造科技有限公司等大中型企业，有国家级技术中心 3 个、省级技术中心 2 个。2018 年，全市冶金工业规模以上企业完成工业总产值 291.7 亿元，比 2017 年增长 29.7%，占全市工业比重由 2017 年 11% 上升到 18.4%，实现利润 34.9 亿元。其中，钢产量由 437 万吨上升到 505 万吨，比 2017 年增长 15.5%；占全省钢产量 42%。全市规模以上企业生产的主要产品有铁矿石原矿、石墨及炭素制品、生铁、钢、铸铁件、钢材、铁合金、黄金。主要产量是铁矿石原矿 110 万吨、石墨及炭素制品 6.03 万吨、

粗钢505万吨、钢材495.4万吨、黄金2134千克。

【发展围钢经济】 随着吉林华信新型结构科技有限公司总投资3亿元建设60万吨冷轧带钢装配式建筑材料、吉林京华制管有限公司总投资2000万元年产8万吨热镀锌带焊管、吉林恒联与沈阳雷明公司合作生产60万吨方管等项目的建设，明城五金工业园区初具规模。以吉林恒联带钢为依托，发展焊管、五金建材、汽车结构钢等产品，延长产业链条，提高产品附加值和就地转化率，加快装配式住宅建设，加快金属制管业发展，为打造东北最大五金集散地奠定基础。

【推进供给侧改革】 打击“地条钢”，加大环境保护力度，扭转“劣币驱赶良币”局面，促进吉林炭素、吉林建龙等大型企业健康有序发展。钢铁行业短流程生产需求增加，高功率电极供不应求。2018年，实现产值42.7亿元，利润25亿元，比2017年增加12.3亿元。效益增加推动企业技术改造，加快“退城进园”步伐，企业入住金珠园区，进行可研设计。

【推动新旧动能转换】 利用吉林市丰富钼矿资源，引进内蒙古天首科技发展股份有限公司，整合吉林钼矿资源开发企业，发展深加工产品，提高产品附加值，谋划推进舒兰吉林高端钼产业园建设，利用5年至10年时间建设成集采选、加工、综合生产的百亿级园区。

【中央环保督察意见落实】 根据中央第一环境保护督察组反馈意见，落实吉林恒联公司整改措施。向省工信厅申请撤销吉林恒联精密铸造科技有限公司已取得的铸造用生铁规范条件资格，督促吉林恒联公司恒联于2018年6月20日前拆除310立方米、380立方米高炉；推进企业窄带钢升级改造，产品规格由480毫米升级到650毫米。根据去产能要求，向省工信厅呈报吉林恒联公司升级改造以及产能置换方案，完成省工信厅下达的整改任务清单。

【推进绿色制造】 加快城市主城区企业搬迁改造，重点推进吉林铁合金年产3万吨特种铁合金、吉林炭素·4万吨石墨电极搬迁改造项目，实现产品档升级，促进吉林市城市空间优化与产业转型；根据国家和省市打击“地条钢”的工作部署，深入排查铸造企业是否有违规行为，并监督有可能生产“地条钢”企业，做到发现一起处理一起。检查铸造企业违规行为，5月通过省、国家核查工作。根据《钢铁行业规范条件》和《钢铁行业规范企业管理办法》，组织专家核查吉林建龙钢铁公司，通过省级验收后。

【吉林建龙钢铁有限责任公司】 年内，完成钢产量379.9万吨，比2017年增长21.3%；实现产值133.3亿元，比2017年增长30.3%；实现利润14.92亿元，比2017年增加5.13亿元。原因：国家供给侧改革、落实“三去一降一补”政策，加强中央环保督察工作，使冶金行业回到平稳运行区间，盈利水平大幅上升；企业加强高炉冶炼技术攻关，提升冶炼水平，产量进一步提高；企业加强内部管理，提高管理水平，效益增加。

【吉林恒联精密铸造科技有限公司】 年内，完成钢产量125.7万吨，比2017年增长29.1%；实现产值43.08亿元，比2017年增长13.7%。实现利润5.9亿元，增加4.2亿元。原因：产品价格上涨；提高产品在本地区的销售额和当地原料采购额，降低物流成本；利用信息化、智能化技术提升传统产业价值和整体效能，提高管理水平。

【吉林炭素股份有限公司】 年内，生产炭素及其制品产量6.36万吨，增长8.2%；实现产值42亿元，比2017年增长94.8%；利润26亿元，比2017年增加4亿元。原因：行业外部环境好，随着炭素行业复苏，钢铁企业上电弧炉，对石墨电极的需求量明显上升，企业开足马力生产；国家加大对环保巡查，特别是对京津冀环保要求提高，短流程炼钢在环保方面优势凸显，对炭素制品需求增加。

【吉恩镍业有限公司】 吉恩牌硫酸镍拥有中国驰名商标，产品经销网络覆盖全国并远销海外。全年实现产值5.23亿元，比2017年增长37.6%。主要产品硫酸镍产量1.91万吨，比2017年增长23.7%。

【吉林京华制管公司】 年内，完成产量53.4万吨，比2017年增长1.4%；实现产值24.6亿元，比2017年增长19.3%；实现利润0.27亿元，与2017年同期持平。产值增长主要来源于产品价格提升。受供给侧结构调整及环保检查力度影响，钢铁价格快速上涨，带动钢铁上下游产品价格上涨，平均幅度30%。同时，扩大吉林和黑龙江市场份额，销量与2017年同期相比略有增长，其中螺旋焊管增长较大，促进公司指标向好发展。

【磐石铸诚无缝钢管有限公司】 企业无缝钢管生产能力在国内同行业排名第12位。产品覆盖石油、燃气、煤炭、汽车、船舶、锅炉、钢结构等领域。2018年，完成产量13万吨，比2017年增长51.6%；实现产值6.85亿元，比2017年增长74.2%。 （市工信局）

农产品加工产业

【概况】 2018年，吉林市农产品加工业（食品工业）实现产值126.8亿元，比2017年增长11.9%，占全市工业经济总量的7.9%。产业发展总体平稳增长，重点企业呈上升态势。重点调度20家企业，完成产值55.3亿元，比2017年增长65%，主要是博大生化2018年新项目投产及2017年停产因素影响，去除该因素，其余19家企业比2017年增长17.6%，其中博大生化、中粮米业、华润雪花啤酒、得利斯食品、老爷岭农副产品5家企业分别增长172.4%、8%、4%、186%、-4%，完成产值45.7亿元，占全行业总量的35.7%。

【玉米深加工业】 玉米深加工保持快速增长，主要是政策利好和新项目投产，以博大生化和燃料乙醇（在吉化公司统计）为引领，全年完成产值68亿元，比2017年增长33.4%。

【大米加工业】 吉林市大米加工企业集中在永吉和舒兰，两个县（市）区有大米加工规模以上企业35家。2018年，完成产值25.4亿元，比2017年增长11.9%。其中，永吉县9家，完成产值4.4亿元，比2017年下降1.8%；舒兰市26家，完成产值21.3亿元，比2017年增长16.7%。年内，大米加工向有机、绿色发展，精深加工水平不断提升。大部分企业采取“公司＋农户”形式，打造高标准农田，建设水稻品种繁育基地、发展绿色、有机米，进军中高端市场，实现一二三产业融合发展。

【企业转型升级】 部分食品企业引进先进技术和装备，从传统初加工向精深加工发展，产品向中高端发展。蛟河黑毛牛实业集团、桦甸桦牛集团引进高端肉牛，自建养殖基地，分别引进德国、美国先进屠宰线及冷冻排酸设备，产品面向高端市场。田谷食品引进酸菜腌渍专利技术，采用全封闭生产线，克服传统酸菜亚硝酸盐及黄曲霉残留问题，从白菜种植开始，生产绿色有机酸菜，发展较快。

【质量管理体系建设】 至2018年年末，吉林市有33家粮食加工企业完成可追溯体系认证，桦牛、田谷等养殖企业也完成认证，实现从食品原料源头到生产加工过程及市场销售全过程可视化追溯，全面提高产品质量和企业管理水平。

【重点项目】 全年有在建项目27项。其中，续建项目16项，新开工4项，谋划项目7项。重点建设项目有桦甸白云生态食品食用菌系列产品项目，磐石天惠食品有限公司黄芪、蔬菜深加工项目，磐石金刚山泡菜食品、农副食品深加工项目，吉林金亿新农村食品冷链建设基地有限责任公司冷链食品项目。

【吉林市博大生化有限公司】 主要产品有燃料乙醇、玉米油、饲料等，通过技术提升完成技术领先，优化节能工艺年产30万吨燃料乙醇项目。2018年，实现产值28亿元，比2017年增长近172.4%。

【中粮米业吉林有限公司】 是集粮食收储、加工于一体的综合产业化企业，隶属中粮集团旗下香港上市公司中国粮油有限公司中粮米业，年加工稻米30万吨，以“福临门”牌产品为主，2018年完成产值6.1亿元，比2017年增长8%。

【吉林福源馆食品集团有限公司】 是“中华老字号”企业、国家农业产业化龙头企业，拥有中国驰名商标。主要产品为中式、西式糕点、元宵、汤元、水饺等速冻食品以及熟食制品等，是吉林省规模最大、生产品种最多的烘焙食品生产企业。2018年，完成产值6364万元，比2017年增长9%。

【吉林市永鹏农副产品开发有限公司】 主要经营业务为农副产品深加工、精包装及销售等，吉林省农业产业化龙头企业、中国杂粮加工企业10强、全国放心进农村进社区示范工程示范加工企业。兼做线上线下销售，电商包括天猫、淘宝、京东、拼多多；传统渠道销售至全国主要省市及东南亚、北美地区。2018年，完成产值1.6亿元，比2017年下降4%。

【华润雪花啤酒（吉林）有限公司】 是吉林省大型啤酒生产企业，主要生产“雪花”系列啤酒，有勇闯天涯、雪花精酿干啤、雪花原汁麦等11个品种产品。2018年9月，增设1条年产10万千升听装线。全年完成产值5.6亿元，比2017年增长4%。 （市工信局）

碳纤维产业

【概况】 截至2018年年末，全市有26家碳纤维生产企业，碳纤维原丝产能16000吨，碳丝产能3408吨。吉林市是国内最早开展研制碳纤维的城市之一，是国家科技部唯一认定的国家碳纤维高新技术产业基地，是国内三大产业集群之一。2018年，碳纤维产业实现工业产值7.6亿元，比2017年增长61.7%，原丝产量9126吨，碳丝产量1833吨，制品产量387吨。其中，吉林碳谷碳纤维有限公司的原丝产能、市场占有率，吉林精功碳纤维有限公司的碳化单线产能，吉林联科特种石墨有限公司的碳纤维硬质复合碳毡保温材料产能，吉辉碳纤维制品有限责任公司的国产碳纤维发热电缆销售量均在国内排名第一。

【专业招商】 参与招商季行动，带领化纤集团到福建碳纤维制品企业进行考察和项目对接。参与央企吉林行活动，针对轨道客车碳纤维车厢项目，与中车集团投资公司进行技术交流。赴北京、长春多次与中国恒天集团围绕吉林市碳纤维产业发展洽谈合作。针对通用航空飞机、风电叶片拉挤板材、一汽汽车轻量化、轨道客车车厢等项目，突出专业招商，与行业龙头企业顺利对接，定位合作方向。

【项目建设】 吉林碳谷碳纤维股份有限公司40000吨碳纤维原丝项目一期原丝项目竣工，达到年产1.6万吨规模。吉林精功碳纤维有限公司年产8000吨大丝束碳纤维项目1号线投产。碳纤维研发应用中心项目主体完成封顶。

【中国碳纤维年会在吉林市召开】 7月24日至26日，2018年中国化学纤维工业协会碳纤维分会年会暨碳纤维及复合材料产业链创新发展论坛在吉林市召开，吉林碳谷、吉林精功等12家碳纤维领域企业参展，中国工程院、国家碳纤维工程技术研究中心、中国化纤协会等单位的院士、学者、企业家等300余人出席年会。 （市工信局）

装备制造业

【概况】 吉林市装备制造业历史久远，是吉林市优先发展的传统产业。装备制造业有企业85家，总资产152亿元。2018年，全市装备制造业规模以上企业实现总产值57亿元，比2017年增长1.7%，占全市工业比重的3.6%。主要产品有：核电管道、高低压开关柜、高合金管道管件、变压器、模具、电力电缆、矿热炉、沥青混合料搅拌设备等。

2018年，在供给侧改革和产业结构调整大环境下，保持全行业稳定运行，全市装备制造业规模以上企业实现总产值57亿元，比2017年增长1.7%，产值占全市工业比重的3.6%。全行业在国家固定资产投资减缓情况下，积极参与市场竞争，主动寻找新的经济增长点，以技术改造为突破口，向智能制造发展，总体运行态势良好，但发展仍不平衡。从产品看，军品、成套设备发展较好，电气设备、专用设备呈下降态势。

【项目管理】 年内，加强对吉林恒涛锅炉产业园项目、吉林江机特种工业有限公司飞机零部件及高端防爆器材生产项目及吉林省维尔特隧道装备有限公司隧道掘进机智能刀具项目的管理和指导，推进项目早日达产达效。

【首台套产品应用】 根据省工信厅的要求，加快实施创新驱动战略，推进落实《中国制造2025吉林实施纲要》，促进吉林省工业转型升级，促进省内首台（套）重大技术装备、首批次关键零部件和重点新材料推广应用政策，先后征集6家企业6种产品申报首台套产品目录，实行目录管理。有2家企业吉林金赛科技开发有限公司和吉林光大电力设备股份有限公司申报的产品成功进入2019年首台套产品目录。

【军民融合业发展】 开展对吉林市与军品生产有关的26家企业调研，加快“军转民”“民参军”企业发展。配合相关部门，参与吉林市军民融合发展规划及经开区军民融合产业基地规划调研，做好军民融合企业服务协调指导工作。

【吉林江机特种工业有限公司】 全年完成产值11.24亿元，比2017年增长62.44%，利润5758万元，比2017年增加567万元。由于企业积极开拓军品市场，企业军品订单增加，效益增加。

【中钢集团吉林机电设备有限公司】 全年完成产值6.32亿元，比2017年增长53.1%，实现利润–13181万元，比2017年减少12201万元。冶炼行业回暖，订单增加，但市场竞争激烈，产品毛利率下降，再加之企业生产成品增加，导致利润为负。

【吉林航空维修公司】 全年完成产值4.4亿元，比2017年增长1.49%。利润1663万元，比2017年增加449万元。企业继续稳固持军品市场，企业产值利润略有上升。

【吉林昊宇电气股份有限公司】 全年完成产值5.5亿元，比2017年增长0.1%，实现利润–8735万元，比2017年减少13937万元。由于企业经营成本增加，火电建设市场萎缩，公司的管道、管件及工厂化配管业务订单减少，利润大幅降低。

【吉林省公路机械有限公司】 全年完成产值5877万元，比2017年下降52.26%，利润500万元，比2017年增加153万元。随着筑养路机械市场竞争日益激烈，产品利润空间越来越小，2018年由于市场需求量减少，企业销售产品数量与2017年有所下降。（市工信局）

航空产业

【概况】 航空产业是吉林市“十三五”重点发展的战略性新兴产业。吉林市是首批国家通用航空产业综合示范区试点城市，拥有4C级二台子机场、全国规模较大的航空维修和零部件制造企业中航工业吉林航空维修有限公司和专门培养航空工程技术人才的航空工程职业技术学院，有专门提供航空煤油的高碳醇厂，同时工业有15个行业与航空相关联接轨，具有承接航空产业发展的能力。可用空域3.8万平方千米，是中国首批低空空域开放试点区域之一。吉林市委、市政府将航空产业纳入“6411”产业体系中，规划建设吉林市航空产业园，规划面积57.78平方千米；委托编制的《吉林市通用航空产业综合示范区实施方案》获国家发改委批复。

【编制航空产业规划】 吉林市委托国内专业团队编制吉林市航空产业园区总体规划、通航产业发展规划、通航运营实施方案和吉林市通用航空产业综合示范区实施方案，确定“3+2”（航空运营、物流、航空维修与制造三大主导产业，航空+旅游、航空+商务两大特色产业）的产业发展思路和主攻方向。

【二台子机场改扩建】 2018年，二台子机场总体规划（民用部分）收到批复，项目可研通过评审并出具评估报告。可研批复所需7大支撑件中办结民航行业审查意见、市政府资金承诺函、土地预审、规划选址等6个。军方意见是项目可研批复的最后一个支撑件，根据中央军委联参关于机场项目审批的最新要求，配合北部战区空军进行军省协议起草工作。

【通用机场群项目】 规划新建的蛟河、北大壶、桦甸、舒兰、磐石5个通用机场均列入全省通用机场布局规划。蛟河、北大壶通用机场项目推进选址审批工作；磐石、舒兰通用机场项目完成初步选址，计划编制选址报告；桦甸通用机场进行选址。

【航空制造产业】 吉林江机特种工业公司具备年产10万件飞机零部件生产能力。吉林山河通用航空有限公司组装制造的阿诺拉飞机是中国内地首个获得中国民航总局颁发轻型运动飞机适航证的民族品牌。山河良盛科技公司、天天飞航空科技公司等组装生产无人机近百架。

【航空维修产业】 吉林航空维修有限责任公司位于吉林二台子机场东端，隶属中国航空工业集团公司。以航空维修为主业，专门从事军用飞机、发动机、机载设备、机械部附件修理（大修）、零备件制造及民机维修服务业务。至2018年年末，与吉林省通航、韬晦之计航空、北大荒通航等9个地区通航公司签订战略合作协议，取得美国罗宾逊直升机公司维修服务中心授权。新建设8000平方米民机维修厂房投入使用，筹办的机务人员培训学校获得66部民用航空器维修人员执照考点资格，建设成为东北地区最大的通航维修基地。（市航空办）

医药健康产业

【概况】 2018年，医药健康产业规模实现产值53.3亿元，比2017年下降6.2%，占全市工业比重的3.4%。销售收入亿元以上企业10家。其中，10亿元以上企业2家，5亿元以上企业2家，1亿元至5亿元企业6家。

【中医药健康产业】 2018年，医药健康产业有6项任务列入市政府重点工作，分别为吉尔吉医药产业园、康乃尔圣业原料药、西点药业化学原料药、汇康原料药、长白山中药配方颗粒、紫鑫药业人参皂苷及针剂项目，按月调度跟踪项目进度，随时协调解决问题，保证各项目进展顺利，其中吉尔吉医药产业园等4个项目投产。

【产业发展扶持】 完成省、市医药健康产业专项资金结题验收工作。组织吉林市医药健康企业申报2018年省级医药健康产业发展专项资金砍块部分，支持长白

表 25　**2018 年吉林市医药健康产业销售收入亿元以上企业一览表**

序号	企业名称	2018 年销售收入（万元）	比 2017 年增长（%）	过亿元单品
1	吉林金恒制药股份有限公司	15465.5	26.2	参芪片
2	吉林康乃尔药业有限公司	54649	46.1	小牛血去蛋白提取物注射液、大输液
3	吉林吉尔吉药业有限公司	28454	22.7	—
4	吉林市鹿王制药股份有限公司	12467	−18.4	肾炎舒片
5	吉林省舒兰合成药业股份有限公司	10039	−12.4	—
6	长白山制药股份有限公司	161664	−11.9	康艾注射液
7	吉林隆泰制药股份有限公司	12260	-3.5	—
8	吉林英联生物制药股份有限公司	105518	21.7	注射用磷酸肌酸钠
9	吉林省西点药业科技发展股份有限公司	28119	2.3	益源生
10	吉林北沙制药有限公司	56654	−13.6	维生素 E 粉
合 计		485289.5	4.57	—

（市工信局）

山制药康艾注射液上市后再评价等 9 个项目。为帮助企业开拓市场，组织部分医药企业参加全国药品交易会。

【转型升级重点项目建设】 2018 年，转型升级重点项目包括投产项目 6 项、新开工项目 10 项、续建项目 15 项，谋划项目 12 项，已投产重点项目为吉尔吉健康产业园项目、吉林鹿王制药 GMP 异地改造项目、吉林汇康制药年产 150 吨医药原料药项目、吉林升通化工年产 150 吨医药中间体项目、源合盛（吉林）药业 GMP 建设项目、吉林市康乃尔圣业原料药有限公司原料药建设项目。

【园区和聚集地建设】 高新北区吉尔吉健康产业园项目投产达效，吉林康乃尔医药健康产业园区建设项目办理土地使用手续，进行项目可研报告编写等工作。磐石医药园为省规划管理特色园区，规模不断扩大，实现中药、化学药、生物药、保健食品和医药物流协同发展，投产医药企业 6 家。经开区为省级化学原料药医药中间体特色产业园区，利用经开区化学原料药区域优势和已规划用地，建设化学原料药和医药中间体特色园区，年内汇康原料药、康乃尔圣业原料药及升通医药中间体项目投产。

【医药企业科技创新】 2018 年，全市有在研新药 19 个，保健食品 27 个，二次开发品种 13 个。年内，取得专利 1 项。获得新产品 27 项。其中，医疗器械注册 14 项、新药补充批件 1 项，保健食品 12 项。康乃尔药业购买俄罗斯一类抗癌新药专利技术，完成工艺交接，进行临床前研究。作为药品上市许可持有人委托单位，与大连一科研单位合作开发一类抗癌新药，进入临床研究。英联生物引进合成酶循环使用技术，改进行磷酸肌酸钠生产工艺，降低成本提高产品质量。金恒制药 3 类新药西地那非 2018 年 5 月获批生产。（市工信局）

节能环保产业

【概况】 2018 年，吉林市规模工业综合能耗 1330.53 万吨标煤，比 2017 年下降 3.7%，万元增加值能耗比 2017 年下降 7.1%。

【绿色制造新技术】 年内，完成化纤厂“高改性符合强韧丝项目”主体工程并通过上级验收；推动瀚禹化工“废弃乙烯焦油制备二萘酚”入选国家“绿色制造系统集成关键工艺项目”并获得国家奖励资金；挖掘企业资源综合利用潜力，组织吉林金隅冀东环保科技有限公司进行“水泥窑尾生物质（秸秆）综合利用项目”；组织吉林省嘉路喜再生资源有限公司进入国家工信部“废矿物质油行业准入”行业规范目录；组织吉林航空维修有限责任公司等四户重点用水企业申报“节水型企业”。

【节能环保获奖项目】 2018 年，吉林市实施节能环保重点项目 12 项。其中，获得国家级奖励资金 1 项，吉林市瀚禹化工股份有限公司利用废弃物乙烯焦油制备 2- 萘酚绿色关键工艺系统集成项目获得奖金 1000 万元；获得省专项奖励资金的项目 2 个，获得奖金 220 万元，分别是吉林建龙钢铁有限责任公司焦化厂焦炉烟气脱硫工程项目和吉林省博大生化有限公司处理废水 500 立方米 / 小时中水回用项目。

【淘汰落后产能】 制定《吉林市利用综合标准依法依规推动落后产能工作方案》，明确推动落后产能联席会议工作制度，配合省工业和信息化厅对吉林市炼钢、炼铁、轧钢、造纸、水泥等 7 个重点行业进行落后产能督查，并督促各县（市）区完成省工业和信息化厅整改意见，推进依法依规推动落后产能工作实施。（市工信局）

轻工纺织产业

【概况】 吉林市轻工纺织产业主要分布在化纤、纺织、造纸、包装、木业、塑料、陶瓷等领域。2018 年，吉林市纺织行业实现工业总产值 109.8 亿元，行业运行稳中有升。吉林市轻纺行业两大龙头企业吉林化纤集团和吉林晨鸣纸业的产值占据行业的 88%，其他企业分布在陶瓷、印刷、包装等领域，但企业规模较小。随着国际油价震荡上行，对化纤行业发展产生巨大压力，推升化纤市场价格重心上移，其中腈纶、碳纤维由于原材料丙烯腈价格上涨而成本剧增。

【行业发展问题】 经济总量偏小，多数企业规模偏低。吉林市除吉林化纤集团、吉林晨鸣纸业公司外，其余大部分企业产值均在 5 亿元以下，缺少市场竞争力。

产业链条断缺，难以形成产业优势。吉林市纺织工业的源头化纤行业比较发达，下游产业纺织、服装行业比较薄弱，同时缺少家纺、丝绸、纺机等行业，更缺少印染类关键行业。产业结构不合理，轻工行业上下游企业缺少关联度，严重制约吉林市纺织工业快速发展。

企业处于分散经营状态，缺少产业集群效应。吉林市轻纺工业企业基本上还处于独自经营、各自为战状态，企业之间鲜有产权、技术、市场等层面的合作，未能做到优势互补、资源合用、信息共享。

【吉林化纤集团】 吉林化纤集团面对复杂的经济环境，克服中美贸易战、金融去杠杆、产能过剩以及环保升级等不利因素，较好完成生产管理、经营拓展、项目建设、创新升级、党建文化等工作，呈现出逆势增长局面。2018年，实现营业收入25.62亿元，比2017年增长16.59%；实现净利润1.32亿元，比2017年增长54.7%。

立足主业增量升级，围绕“质量攻关、产品升级”做强主业。2018年，粘胶长丝产量、质量为历史最好水平，实现股份公司规模效益同增长。推进定向增发工作，谋划粘胶长丝募投项目1.5万吨差别化连续纺长丝项目建设。

加快产业结构调整，延伸发展碳纤维材料。结合吉林市国资改革方向，逐步实现优质国有资产证券化，提升吉林化纤核心竞争力。2018年6月，公司收购吉林市国兴新材料产业投资有限公司持有的吉林精功碳纤维有限公司18%股权。6月28日，公司与精功（绍兴）复合材料有限公司在碳纤维及其复合材料方面进行战略合作，共同研发和制造复合碳纤维，在航空航天、国防军工、交通运输、汽车轻量化、风电等领域进行合作，优先考虑轨道交通、风电、运输槽罐罐体等领域合作。

加快产品结构升级。坚持传统产品优质化升级、规模产品差别化升级和新产品产业链一体化升级，产品在国内外高端市场领域毛利率、差别化率、市场占有率得到提升。

加大环境治理投入。完善环保管理体系，建立健全《股份公司环保岗位责任制》《环保设施运行管理制度》《环境管理考核标准》等相关环保制度，明确各级人员职责。梳理厂内环境保护方面的规章制度，进行完善，制定环保管理制度。组织各车间进行环保事故应急演练，对于突发环境事件应急预案进行重新制定并备案。（市工信局）

能源产业

【电力】 截至2018年年末，吉林市电力总装机容量542.6万千瓦。其中，火电287.6万千瓦，占总装机容量的53%；水电230万千瓦，占总装机容量的42.39%；生物质发电9万千瓦，占总装机容量的1.66%；太阳能发电13万千瓦，占总装机容量的2.4%；垃圾发电3万千瓦，占总装机容量的0.55%。有发电厂34座。其中，火电厂21座（含自备电厂），水电站6座，生物质电厂2座，太阳能电厂4座、垃圾发电厂1座。

火电方面主要有国电吉林热电厂、松花江热电公司、国电江南热电厂、亿斯特能源公司和源源热电公司、舒兰煤矸石、蛟河铁东、桦甸半焦等8座公用电厂及14座企业自备电厂等；水电方面主要有丰满发电站、白山发电站、红石发电站、松白水电站等6座水电站；生物质电厂主要有蛟河凯迪电厂、桦甸凯迪电厂；光伏电站主要有舒兰80兆瓦光伏扶贫电站和蛟河30兆瓦光伏扶贫电站、磐石10兆瓦光伏扶贫电站，及小型户用分布式光伏电站；垃圾发电厂有双嘉30兆瓦环保垃圾电厂。（市发改委）

【电网】 吉林地区电网位于吉林省电网的东北部，是吉林省电网“井”字形网络的中枢点之一，也是吉林省较大的电力负荷中心和水电基地。吉林市城网以500千伏包家、吉林东变电站为支撑，220千伏电网形成“日”字形双环结构。吉林地区电网有500千伏变电站2座，变电总容量3750兆伏安；500千伏线路3条，线路长度367千米。220千伏变电站19座，变电总容量5089兆伏安；220千伏线路59条，线路长度1585千米。66千伏变电站262座，变电总容量6736兆伏安；66千伏线路150条，长度3018千米。10千伏配电变压器22241台，5685兆伏安；10千伏线路1973条，线路长度16375千米。（市发改委）

【燃气】 吉林市供应的燃气气源有天然气和液化石油气两种。全市有燃气企业37家。其中，管道燃气经营企业3家；瓶组供气企业1家；液化石油气储配站18家，总储气能力8170立方米；燃气汽车加气企业15家，下设液化气加气站6座（合建2座），天然气加气站23座。

至2018年年末，全市有燃气管线总长度1142.86千米。其中，高压管道20.39千米，中低压管道1122.47千米。居民用户49.18万户。管道燃气可气化用户气化率超过80%。年天然气销售总量5.78亿立方米。

两家管道燃气供应企业分别为港华公司和昆仑公司。供气的气源来自两条长输管道。一条是中石化长输管道，由新吉美管道天然气有限责任公司负责管理；另一条是中国石油建设的“长—长—吉”天然气长输管道，气源来自长岭县大老爷府气田。（市发改委 市住建局）

【煤炭】 吉林市原煤产量为21.32万吨。其中，舒兰地区1.74万吨，桦甸地区4.4万吨，蛟河地区15.18万吨。有煤矿10处。其中，生产矿井6处，安全生产二级标准整改待验收矿井2处，长期停产矿井2处，总生产能力140万吨/年。按地域划分：舒兰市1处，蛟河市5处，桦甸市4处。按状态划分：生产煤矿6处，停产煤矿4处。6处生产矿井均实现采煤机械化。（市发改委）

【秸秆能源化利用】 2018年，吉林市秸秆“五化”（能源化、肥料化、饲料化、原料化、基料化）利用量为278万吨，“五化”利用率为58%，其中能源化利用98万吨，占20.4%。

建成一批生物质发电、供热大项目。蛟河凯迪电厂、桦甸凯迪电厂、磐石开发区生物质热电联产一期、高新北区职教园区120万平方米生物质供热和丰满小白山30万平方米秸秆集中供热项目、北大壶秸秆集中供热项目一期工程陆续竣工投产。磐石开发区生物质热电联产二期工程等项目在建设中。丰满区、龙潭区生物质热电联产项目等10个项目列入全省生物质发电规划，开展前期工作。

推广一批乡镇秸秆供热项目。丰满旺起镇灾后重建小区秸秆供热改造、左家镇秸秆供热改造、桦皮厂镇秸秆供热改造、舒兰文体中心秸秆供热改造、蛟河天岗开发区秸秆供热改造等一批乡镇秸秆能源化项目相继投产运营。全市生物质锅炉 70 台（463 蒸吨），年消耗秸秆能力 22 万吨。

实施一批秸秆成型燃料加工项目。建成舒兰天众合、舒兰聚烽、蛟河守庆、昌邑祺丰、永吉晟成、磐石利宇、舒兰浩业等 15 个秸秆成型燃料加工项目，年加工能力 60 万吨。　（市发改委）

2018 年，吉林供电公司供电服务指挥中心被评为国家电网“十大建设标杆单位”。图为吉林供电公司调度控制中心工作场景　（吉林供电公司　供图）

【吉林供电公司】 2018 年，国家电网吉林供电公司蝉联“全国文明单位”“全国‘安康杯’竞赛优胜企业”，获得“全国职工互助保障工作先进单位”“全国用户满意企业”“中国水利电力质量管理协会先进单位”等称号。在国务院大督查营商环境调查中，用电报装指标作为省内两个样本城市之一，在全国 31 个省（区市）中综合排名第五；供电服务指挥中心被评为国家电网“十大建设标杆单位”。吉林供电公司系统涌现出 1 名国家电网“优秀班组长”、2 名省供电公司劳模、1 名省供电公司“工匠”和 10 名省供电公司“优秀班组长”，1 人被评为全国“用户满意服务明星”，1 人被评为全国“安康杯”优秀企业家。地区调度班被评为国家电网“一流班组”，青创赛项目获省供电公司 1 金 3 铜和国家电网公司铜奖，2 个 QC 小组获全国“全面质量管理优秀小组”称号。

电网建设。首次编制县域配电网中长期规划，为电网高质量发展搭建科学框架。筹备吉林市电网建设领导小组，推动基建改革 12 项配套措施落地，通过国家电网公司验收。舒兰小康电示范县等农网改造升级工程按期投产，2 项 10 千伏线路、13 项配电台区项目被评为吉林省供电公司 2018 年配电网“百佳工程”；舒兰溪河镇下洼村 1 社和 9 社共用台区改造获评国网公司“百佳工程”。按期完成职教园区、北山四季雪场等省市重点项目。落实国家光伏扶贫要求，顺利完成磐石普惠集中式光伏扶贫项目并网任务。

经营管理。完成跨区跨省资产划转，开展资产清查，压减非生产性支出。围绕“量价费损”主线，持续挖潜电能市场。深化线损管理专业协同，提高采集成功率。对标质效同步提升，同业对标综合排名全省第二。竞赛调考工作排名全省第一。应用推广数字化审计和全过程跟踪审计，完成各类审计项目。初步完成物资“储检一体化”运作模式规划，推广实物 ID 应用。开展触电人身伤害案件压降专项整治，试点开展法治班组建设做法经验得到国网公司高度评价。

9 月 20 日，吉林供电公司开展变电运行维护工作。图为变电运维室员工检查清理端子箱　（吉林供电公司　供图）

改革创新。围绕吉林省供电公司资金管控优化提升试点工作，完成对公账户中主账户与子账户工行管家卡绑定，“银营财”三方数据一致，电费“日清日结”。严格资金预算管控，电费省级直收和资金省级直付改革任务取得突破。落实国家关于一般工商业电价平均降低 10% 的部署，4 批合计降低电价 8.85 分 / 千瓦时，降幅 10.17%，降价和清费共减轻用户负担 1.01 亿元。完成吉林地区 7 家国企“三供一业”（供水、供电、供暖、物业管理）供电服务职能接收。制定收入能增能减实施方案和全员绩效管理办法，建立绩效薪酬双审批制度。持续优化机构设置和人员配置，完成供电服务指挥中心、营销集约管控中心等机构搭建。提前 3 个月完成集体企业“瘦身健体”，被国家电网公司授予“集体企业管理先进集体”称号。

安全管理。细化基础检查提纲 3 个层级管控内容。推进设备精益管理，完成春秋检作业任务。创新研发输电智能巡检系统和移动端设备，利用云、定位、大数据技术提高线路运维质量。在省内率先实现变电站远程视频监控桌面化。借鉴沿海 4 家单位先进经验，探索开展“洪灾处置主动防御体系构建与实施”管理创新。落实迎峰度夏度冬等措施，完成“三人三岗”应急值班。成功应对台风“温比亚”和“苏力”，完成吉林省供电公司防台防汛现场督查。

供电服务。贯彻优化营商环境部署，压减办电环节和时间，10千伏及以下业扩报装提质提效试点经验在全省推广。首次运用10千伏业扩项目包，降低用户接电成本。融入“只跑一次”改革，30项常用办电业务24项实现“一次都不跑”，4项实现“只跑一次”。全省率先进驻不动产交易中心，实现公共服务行业更名过户业务“一地联办”。开展供电服务，共建社区和村委会1559个，覆盖率100%。推广“掌上电力”“电e宝”等线上服务渠道，注册用户25万户，高低压客户线上办电率100%。排查高危及重要客户和人员密集场所用电安全隐患。有效减少人为因素投诉数量，投诉万户发生数全省排名第一。（吉林供电公司）

12月12日，丰满水电站老坝首次爆破拆除部分坝体　（丰满电厂　供图）

【丰满电厂】 松花江水力发电有限公司吉林丰满发电厂（简称“丰满电厂”）是地市公司级（正处级）国有企业，2018年完成发电量14.124亿千瓦时，实现连续安全生产6121天。免检通过“全国文明单位”复查，获得“吉林省五一劳动奖状”，被授予“吉林省安康杯竞赛优胜单位”“国家电网金牌共产党员服务队”“国家电网有限公司东西人才帮扶工作先进集体”等称号。

安全管理。开展春季和秋季安全生产大检查，全年排查各类问题138项。完成公司对厂安全性评价工作。落实安全生产问题清单专项梳理，对发现的问题逐项登记整改。严格监督执行生产作业现场工作要求，推动本质安全型企业建设。开展“安全生产月”和“安全生产万里行”活动，着力打造企业安全文化建设。健全应急保障机制，高质量通过公司应急能力建设评估。获得安全动态奖励35万元，全部用于奖励生产一线部门及职工。

运行检修。统筹协调开展春季、秋季检修工作，其中12号机组通过A级检修工作彻底解决机组振动、摆度超标重大隐患。开展设备运维检修，在运行工况较为恶劣条件下，两台机组年均运行时间为6452小时，远超行业均值。提出“关口前移、超前预判”工作思路，及时发现处理开关操作机构缺陷，完成全部五套操作机构的更换。强化隐患闭环管理，全年发现和处理43项设备缺陷，处理率100%。

2月1日，丰满电厂进行机组检修。图为三期电站12号机组转子吊出
（丰满电厂　供图）

防洪度汛。贯彻年度防洪度汛工作要求，梳理完善防汛规章制度，调整厂防汛组织机构。配合市重点工程施工及重大文体活动，多次调整下游水位，收到多封市政府感谢信，践行央企社会责任。针对丰满大坝重建的工作背景，制定应对措施，加强设备监测巡回，化解防汛风险。

经营管理。注重过程管控，依据经营情况动态调整业绩指标。定期开展综合对标指数分析与监督，编制《丰满电厂综合管理对标工作执行手册》。以确保设备设施可靠运行、经营管理高效规范为目标，加强项目采购文件编制审批管理，确保与项目实施的有效衔接。坚持定期总结分析，确保进度和质量满足计划要求，2018年计划项目全部按要求执行。

丰满电站生产准备。修编生产准备实施方案，获得公司批复同意。召开技术规程编审布置会，全面落实规程编写部门及人员。制定年度生产现场培训计划，组织完成50余批次施工现场培训，安排近百名专业人员赴设备厂家学习培训。选派13名专业人员赴丰满建设局挂岗锻炼，深入掌握丰满重建工程施工细节。委派技术人员参加工程及设备出厂验收，提升验收工作专业成效性。编制机组委托代管协议，明确各方职责分工、责任划分等工作界面，确保代管期设备的安全稳定运行。

丰满大坝重建工程。加强泄洪兼导流洞运行维护，确保导流设施“随调随启”，全年两次开启泄洪兼导流洞，导出水量16.74亿立方米，保证大坝干地施工条件及老坝拆除水位控制要求。克服困难，搬迁水工部坝上办公地点，提前做好老坝注销、新坝注册等前期准备，保证老坝拆除工作顺利开展。加强仓储工作管理，确保丰满大坝重建工程物资仓储工作流程顺畅。（丰满电厂）

【吉林热电厂】 2018年，发电量26.27亿千瓦时，比2017年减少3.96亿千瓦时。利用小时3807.7小时，比2017年减少573.92小时。供热量982万吉焦，比2017年减少71万吉焦。供电煤耗309克/千瓦时，比2017年升高6克/千瓦时。入炉综合标煤单价784.81元/吨，比2017年增加71.11元/吨。连续10年实现安全年。

安全生产。全年检修单元机组主设备5台次，完成检修标准项目810项，非标准项目52项。全年消除缺陷5673条，其中较大缺陷39条。完成10号机组低真空供热改造及125兆瓦机组超低排放改造，实现节能降耗目标。各项指标持续改善，全年创新标准38次。

经营管理。鉴于煤炭市场持续紧张状态，吉林热电厂开拓煤源降本增效。采购可比低价煤48.6万吨，开拓烟煤、褐煤新煤源。克服主煤场煤棚施工影响，新修建及临时平整储煤场，库容40万吨，5月开始冬煤夏储，最高日库存30万吨，存储俄煤19万吨。强化内控挖潜增效，采取灵活掺烧方式，控制入炉煤价格，两台12.5万机组掺烧经济煤种25.8万吨。增强监督合力，全年查出假煤25批244车15719吨。

管理创新。继续开展星企创建工作，推进班组建设、突出贡献项目、绩效考核等企业管理重点工作，推进完成全厂各项目标。截至2018年年末，全厂评出四星级职工47人，三星级职工848人，四星、三星级职工占比为职工总人数的55.66%。针对工厂人员紧张、上级公司压减三分之一劳务费用的情况，整合资源，将有生力量补充到重要缺员岗位。全年整合4个班组，撤销1个二级单位，岗位变动387人次。

8月28日，吉林热电厂实施超低排放改造。图为10号炉超低排放改造脱硫塔临时烟囱吊装（刘伟 摄）

工程建设。2018年是吉林热电厂技改项目最多、最集中的一年，年度新技改项目21项，跨年度技改工程5项，全年合计26项。吉林热电厂成立重大技改组织机构，加强组织领导，强力监管安全、质量和进度，完成10号机组低真空供热改造及125兆瓦机组超低排放改造，提高机组供热能力和环保水平，实现节能降耗目标。（吉林热电厂）

【松花江热电公司】 吉林松花江热电有限公司（简称“松花热电公司”）是国家电投集团吉林电力股份有限公司控股的全资子公司，总装机容量730兆瓦，发电、供热综合产能为900兆瓦，可承担城市居民集中供热2000万平方米，可提供工业蒸汽1080吨/小时，吉林市区装机容量最大、供热机型和能源品种最全、供热辐射面积最广的热电联产企业。产品以电、热为主，其中热产品又分为采暖供热和工业蒸汽两种。

2018年，完成发电量30.38亿千瓦时，比2017年增发1.66亿千瓦时；供热量完成1714万吉焦，比2017年多供311万吉焦。其中，工业蒸汽热量完成974万吉焦，采暖供热热量完成740万吉焦；供电标准煤耗率完成255.63克/千瓦时，比2017年降低4.06克/千瓦时。发电厂用电率完成6.31%，比2017年降低0.33%。综合标煤单价完成656.89元/吨，比2017年升高27.76元/吨。

安全管理。安全管理网络各级人员严格履行安全生产职责，以落实“三化”（作业行为规范化、作业环境标准化、作业过程程序化）要求为抓手，全年开展反“三违”（行为违章、装置违章、管理违章）行动，强化过程监督，开展春秋检、隐患排查治理、装置性违章治理等常规工作，连续实现安全年。

生产经营。全厂“一盘棋”联动，工作中心向经营工作转移，适应市场化竞争环境。专注资产提质、节能降耗，全年投入9000余万元实施技改，设备运行可靠性、经济性得到大幅提升；坚持对标管理，开展指标竞赛激发员工精算细调热情，350兆瓦机组在中电联300兆瓦亚临界供热湿冷机组能效对标评比中获评AAAAA级。电、热产品产量均突破厂史最高记录。倡导遵循市场规律，推行“煤热联动”“煤汽联动”定价机制，促进产业链持续健康稳定发展。

运营管理。松花江热电公司推进依法合规治企，推行精细化管理，运营管理提质提效。对181项管理标准进行内部再评估，制度体系更加贴合运营实际；引入机采设备、建设标准化实验室，入厂煤质验收数据更加客观翔实；修订厂用合同模板，审批流程预置合规点审核；清查资产，规范处置废旧物资。

（松花江热电公司）

建筑业

CONSTRUCTION

建筑行业管理

【概况】 2018年，全市建筑业增加值比2017年下降3.0%。有资质建筑业企业总产值下降7.8%。企业房屋建筑施工面积854.4万平方米，竣工面积438.9万平方米。

【建筑业协会】 4月19日，吉林市建筑业协会组织召开第四届第一次会员代表大会。产生新一届理事会、理事会会长，副会长、秘书长、副秘书长。6月26日，召开第四届一次常务理事会议。年内，吸收新会员12家，调整会员等级7家。截至2018年年末，协会有会员单位308家。其中，会长、副会长会员单位15家，常务理事会员单位39家，理事会员单位121家，会员单位254家，收缴119家会员企业会费81.5万元。根据工作需要，协会设立发展研究委员会、建筑经济研究委员会、工程项目管理委员会、工程建设质量安全管理委员会、咨询培训委员会、经理工作研究会和建筑装修装饰委员会7个专业委员会，建立协会建筑工程技术专家委员会专家库，专家库有64名工程类专家，先后从专家库选派9名专家参加省、市工程招投标评标和“江城杯”（市优质工程）奖、“长白山杯”（省优质工程）奖评选工作。

【建筑业企业培育】 研究探讨符合吉林市实际的建筑业发展政策，鼓励和支持经营状况好、有发展潜力的优势企业晋升资质、拓宽经营范围，提高市属企业在吉林市建筑市场占有份额。2018年，培育和新发展建筑业企业61家，增项43家。

2018年，组织开展三次大型建筑业培训会，解读国家最新政策与法规，起草《关于促进建筑业发展的若干意见》。在5家企业列入全省重点扶持企业的基础上，确定21家企业为市级重点扶持企业，依法可享受相关扶持政策。

【建筑业发展转型升级】 以“质量安全提升行动”为契机，采取双随机监管模式，对吉林市在建工程施工现场标准化管理工作进行量化考核。扶持建筑业企业发展，在5家企业列入全省重点扶持企业名录的基础上，确定21家企业为市级重点扶持企业，梯次推进行业结构调整和转型升级；加强数据统计调度工作，跟踪企业对接沟通，做到应统尽统，全年完成建筑业产值295亿元。组织起草《关于促进建筑业发展的若干意见》，结合吉林市实际，研究制定建筑业发展扶持政策，履行市政府常务会议审议程序后印发执行。

【外埠入吉建筑业企业管理】 完善并明确外埠入吉企业单项工程信息登记程序与细则，贯彻《吉林省入吉建筑企业信息登记管理办法》，严格按照《吉林市城乡建设委员会关于进一步贯彻〈吉林省入吉建筑企业信息登记管理办法〉的通知》执行。

【企业信用信息管理】 组织信用信息及施工现场标准化检查，不定期核查企业动态，拒不履行生效法律文书确定义务的企业和主要负责人被列入建筑市场主体“黑名单”，在市场准入、资质资格管理、参与投标等方面依法给予限制。

【优质工程评选】 2018年7月，组织2016年度“江城杯”奖（市优质工程）补评工作，经企业申报、专家组复查，并经市建委主任办公会审议通过，吉林市建委、吉林市建筑业协会联合下发《关于表彰2016年度吉林市建筑工程“江城杯”奖（市优质工程）的决定》授予江南东山分区04-1-1地块（蓝景东悦）等16项工程“江城杯”奖（市优质工程）称号。2018年9月，组织2017年度“江城杯”奖（市优质工程）评选工作，授予松花江新城2号、3号高层住宅等14项工程“江城杯”奖（市优质工程）称号。2018年10月，组织“长白山杯”奖（省优质工程）申报工作，经企业申报，市建筑业协会复查，向吉林省建筑业协会推荐申报10项“长白山杯”奖（省优质工程），经省建筑业协会专家组复查，松花江新城二区3号高层住宅、吉林市高新大路三标段等7项被授予“长白山杯”奖（吉林省优质工程）称号。其中，4项工程被评为一等奖，3项工程被评为二等奖。组织2018年施工工法申报工作，会员企业申报6项施工工法，经省建筑业协会专家评审，吉林市第一建筑工程股份有限公司申报的干粉砂浆内墙机械喷浆抹灰施工工法被评为吉林省二级工法。

【建筑市场环境管理】 制定《吉林市建筑业企业自律公约（试行）》，规定企业在承揽工程、工程投标、合同管理、材料设备使用及遵守社会公德等方面的行为准则，引领企业增强遵纪守法、诚信经营理念。配合开展“建筑业企业资质核查”工作，核查427家企业，提出整改建议。帮助建筑业企业解决资质申请晋级、现场管理人员及技术工人数量不足问题。（市住建局）

建筑市场监察

【建设工程项目检查】 2018年6月，组织11个检查组对吉林市市区及所属各县（市）在建房屋建筑工程施工标准化管理及在建工程质量安全提升行动落实情况开展联合大检查，采取“专家查隐患、企业搞整改、政府抓督办”工作模式，规范工程质量管理工作及施工现场安全生产和文明施工管理。抽查房屋建筑工程市区57项、各县（市）区10项，抽查市区重点工程1项、市政基础设施工程5项、市区地下综合管廊工程4项，下达整改告知书93份。严查2018年在建建设工程项目法定前期手续要件办理情况，在建项目检查率100%。督促各方主体尽快完成前期手续办理，依法依规对违法事实严重、屡教不改的违法相关责任人进行行政处罚。12月，检查结果录入“双随机一公开”平台。

【建设项目跟踪监察】 年内，执法人员每天巡查检查项目，建设项目跟踪监察率、违规项目查处率在95%以上。按照省环保督察回头看工作要求，对施工现场地面裸露无硬覆盖、工程材料无遮盖、无洒水抑尘冲洗地面设备、未设置硬质密闭围挡、噪音扰民等达不到标准化管理项目进行整改。对手续不全项目依照法律程序作停工处理，督促建设单位抓紧办理施工许可证手续，并对施工现场硬质围挡按要求设置，对现场进行硬覆盖处理，对无法硬覆盖的裸露地面采用密闭式防尘网遮盖，配齐冲洗设备，调试好降尘喷淋压力，没有安装降尘喷淋的督促安装到位。对施工现场主要机械设备设置密封围挡，严格控制施工现场作业时间，杜绝噪音扰民事项发生。

【建设项目监管】 2018年，建设项目监管覆盖率100%，重点项目跟踪服务率100%。在迎省环保督察回头看检查、标准化现场管理基础上，开展打击非法转包、挂靠、违法分包等违法行为的专项执法行动，检查行动“全覆盖、零容忍、严执法、重实效”。对全市在建82个项目下达行政检查通知书，下达责令停止违法行为决定书25份，下达建设项目整改通知书257份，下达督办通知单40份，直接经济处罚119余万元。

【施工现场标准化管理】 建立健全联合执法制度，建立长效监管机制，逐步落实施工现场标准化管理工作。协同质监站、安监站分3次对辖区内在建工程项目进行检查，发现问题及时下达整改通知书，督促违法违规企业及时作出整改方案，通过监管、督办、整改，建设项目施工手续办理完结项目比历年有所提高，施工单位项目管理有很大进步。

【劳务用工人员管理】 落实劳务用工合同备案制和劳动作业人员实名制管理，办理劳务用工手册1241本，用工合同备案率90%以上。落实有关农民工文件精神，执法人员年初将保护农民工权益宣传单发放到施工现场，年中到各施工现场检查劳务用工管理，年底工程收尾前邀请开发单位、施工企业、劳务公司召开现场工作会，让施工单位作出书面承诺，建设单位拨付施工单位工程款时必须先发放农民工工资。全年现场服务农民工70余次，召开农民工协调会议22次，平稳推进18个项目的农民工上访讨薪事件，涉及金额590余万元，直接解决农民工315人欠薪问题，比2017年减少50%左右。（市住建局）

建设工程质量监督

【概况】 全年监督房屋建筑工程1138项，总面积约749.7万平方米；监督市政桥梁、道路、地下综合管廊工程21项，总投资约600亿元；监督覆盖率100%。受监督工程项目的地基基础和主体结构实体质量合格率100%；民用建筑执行建筑节能强制性标准全部达到设计要求；竣工验收备案工程562项，面积约302.3万平方米，备案率100%。备案工程质量100%合格，没有不合格工程流向社会。工程监理合同备案率在98%以上，工程检测合同备案率超过90%。质量投诉和群众来信来访结案率99.0%，没有越级上访或集体上访事件的发生。行政执法做到公开、公正、公平，全年没有错案发生。

【建设工程质量专项检查】 根据住建部《工程质量安全提升行动方案》要求和省住建厅部署及市建委安排，落实各方主体责任。根据《吉林省住房和城乡建设厅关于进一步加强工程质量检测机构质量管理的通知》要求，正式将检测机构作为责任主体强化质量终身责任。至2018年年末，所有在建建设工程项目均完成检测机构“两书”（法人授权委托书、质量承诺书）签署或补签工作。

年内，开展3次工程质量提升行动专项检查。6月，实施第一次联合大检查，组织11个检查组，采取向社会力量购买服务，聘请质量、安全专家和检测机构参加的双随机监管模式，对吉林市区及所属各县（市）在建房屋建筑工程施工标准化管理及在建工程质量安全提升行动落实情况开展联合大检查。抽查房屋建筑工程市区57项、各县（市）区10项，抽查市区重点工程1项、市政基础设施工程5项、市区地下综合管廊工程4项。下达反馈意见书35份、执法建议书1份、责令整改通知书7份、整改告知书39份。8月20日至9月13日实施第二次联合大检查，组织12个检查组，针对第一轮大检查中发现的标准化管理工作落实不到位等突出问题进行全面检查。抽查房屋建筑工程市区56项、各县（市）在建工程10项，抽查市政基础设施工程2项、市区地下综合管廊工程3项，对相关责任单位下达整改通知书146份。10月中旬，再次组织对吉林市市区及所属各县（市）在建工程质量提升行动大检查，检查情况向全市通报。（市住建局）

建设工程安全监督

【概况】 2018年，吉林市建委监管项目未发生一起施工安全生产责任事故，与历史同期相比呈较好趋势。年内，完成全市“只跑一次”改革工作，制定建设工程安全监督手续办理指南，简化安全监督手续审批流程，实行“零上门”网上办理。缩短企业办理时间，年内办理建设工程安全施工条件审查手续101项，从源头上保证建设项目安全生产文明施工条件。

【建筑起重机械设备管理】 严格落实起重机械设备安装告之、检测、使用登记各个环节的安全管理。全年办理塔式起重机使用登记145台，施工升降机37台，没有发生责任事故。

【建筑施工安全专项治理】 2018年，重点组织开展危大工程专项治理工作。制定《精准实施建筑施工脚手架、起重机械等危险性较大分部分项工程专项治理实施方案》，编制并印刷起重机械、基坑工程、脚手架等5方面施工安全要点宣传警示挂图150份，分发全市施工现场进行张贴警示。采取政府服务方式，由吉林市特种设备检测中心以第三方身份，每月对全市建筑起重机械设备进行抽查检测工作。发现问题下达立即整改通知单，进行跟踪问效。重大隐患，立即停止使用。在专项治理期间，市建委领导带队组织抽查施工现场8次，配合省建设厅督查检查5次，配合安监局随机检查2次。各类检查基本实现立查立改，达到闭合状态。有效加强房屋和市政基础设施工程中建筑起重机械、脚手架等危险性较大的分部分项工程安全管理。

在不同施工节点，组织开展三轮全市在建房屋建筑工程施工标准化大检查行动。由执法人员和安全方专家组成联合检查组，对照《施工标准化考评表》，将参加标准化考评的施工现场进行量化打分，及时反馈。督促施工现场查缺补漏，发现问题，立查立改。

8月8日，在万科施工现场组织召开消防演练及安全文明标准化工地现场观摩会议。省建设厅、市安监局、市消防支队等相关单位及各施工现场建设、施工、监理单位400余人到场观摩学习。吉林市新闻综合频道《直播江城》栏目连续2天报道应急演练和安全文明标准化现场观摩会相关内容。通过活动提升施工现场火灾防控能力、突发事件应急能力和安全文明施工管理能力。

【建筑施工扬尘污染防治】 把环境保护、扬尘治理及创城工作贯穿于施工全过程管理，吉林市建筑施工扬尘污染防治工作形成制度化、常态化和长效化。制定详细工作方案及完善管理制度，印发《关于进一步加强建筑施工现场围挡、大门管理的通知》《吉林市建筑施工扬尘专项治理工作方案》《吉林市建筑施工围挡整治规范工作方案》等文件，夯实建筑施工现场扬尘治理基础性工作。加强日常监督检查，全年出动执法人员4300余人次，执法车1120余辆，查出问题545条，停工整改19项。经整改复查，吉林市施工现场围挡、道路硬覆盖、裸露地面绿网覆盖率在90%以上，扬尘综合标准化达标率为90%以上。施工围挡版面传播社会主义核心价值观、中国梦等公益内容，版面比例为50%，较好完成承担创城工作目标。加强制度保障，与全市有建设项目的72家施工企业签订责任状，明确每一个在建工地的扬尘防治责任人，遇紧急情况，实行24小时驻点监控。全年接到噪声受理件156份，全部第一时间深入现场核实，对管辖范围内的扬尘及噪声问题件件落实，及时反馈，昼夜执法，不推不等。

【安全意识宣传教育】 在开工前组织开展全市建设工程“安管人员”进行安全生产继续教育培训工作，普及各类安全知识，提高施工现场管理人员安全生产意识。6月16日，在人民广场配合安监局开展安全生产咨询日活动，设立以“生命至上、安全发展”为主题的安全生产月展板，开展建设安全法律法规、安全生产知识的宣传活动，发放《危大工程施工安全管理要点告知书》50余份，安全生产月宣传挂图100余张。各施工企业及现场根据实际开展宣传教育活动。利用新闻媒体宣传报道安全生产工作，拍摄以“构筑安全堡垒，建设平安江城”为主题的安全生产宣传片，在吉林市新闻频道连续播出。 （市住建局）

建筑产业化发展

【建筑产业化政策】 装配式建筑是建设行业内部的产业升级、技术进步、结构调整的必然趋势。随着中共中央、国务院《关于进一步加强城市规划建设管理工作的若干意见》和国务院办公厅《关于大力发展装配式建筑的指导意见》、吉林省人民政府《关于大力发展装配式建筑的实施意见》以及《吉林市加快推进装配式建筑工作方案》《装配式建筑评价标准》等系列文件出台，为吉林市建筑产业化发展提供政策支撑。

【装配式建筑示范项目】 9月28日，在吉林市万科17号地组织万科莱茵小镇装配式建筑示范项目吊装启动仪式，开工建设万科17号地计2万平方米装配式建筑示范项目，采用三明治外墙板，容积率超出规划设计要求，省建设厅及市相关部门专家给予好评。该高装配率示范项目的启动成为吉林市建筑产业化发展的里程碑。

【产业化生产基地】 在经开区重点发展以钢筋混凝土预制构件为主的建筑产业园区，森煌集团预制构件生产线2018年形成生产能力40万立方米。推进柏源公司、嘉福公司钢结构加工安装企业不断发展壮大。推进现代木制企业在休闲旅游行业广泛应用的现代木制结构，并不断扩大产业规模。 （市住建局）

建筑节能管理

【建设领域节能减排】 2018年，落实“禁实”（禁止使用黏土实心砖）目标，开展城市本级“限黏”（以黏土为主要原料的烧结多孔砖、空心砖）工作。城市建设项目中杜绝使用黏土实心砖和以黏土为主要原料的烧结多孔砖、空心砖，控制实心黏土砖应用，规范建筑市场墙材产品使用，严格执行国家建筑节能强制性标准，“禁实”率100%。推行新型墙体材料流向统计制度，对新型墙体材料的生产、销售、使用实行三位一体控制。禁止新建、改建、扩建黏土砖生产项目，年内没有新建、改建、扩建实心黏土砖生产线情况发生，达标率100%。

【建筑节能普法宣传】 在具有地标性建筑沿江6个建设单位未完工的35栋工程上悬挂建筑节能宣传条幅标语、相关建设单位领取并张贴建筑节能宣传海报。

编制以“民用建筑节能专项验收工作办事指南流程图”和吉林市通过节能备案建材生产企业名单和网址为主要内容的温馨告知，利用执法检查和现场查验的时机进行宣传和发放。6月，在全市开展节能宣传周和低碳日宣传活动，以“节能降耗保卫蓝天”为宣传主题，以“提升气候变化意识强化低碳行动力度”为低碳日活动主题，在沿街的建筑主体上悬挂建筑节能宣传条幅，宣传建筑节能。

【建筑废弃物综合利用】 根据省墙材节能办下发《关于对全省建筑废弃物综合利用工作情况进行统计和检查的通知》要求，对吉林市2家利用建筑废弃物生产墙体材料企业开展统计和检查工作。至2018年年末，使用建筑垃圾生产墙体材料2.86万吨，堆放0.24万吨。其中，吉林市鹏龙宇建材有限公司生产1.7万立方米，使用建筑垃圾0.72万吨；吉林市骅坊节能环保建材有限公司生产1.74万立方米，使用建筑垃圾2.14万吨。

【建设项目节能专项验收】 结合吉林市气候特点及土建工程对温度特殊要求，4月初开始对吉林市民用建筑工程具体情况进行摸排。年内，走访54个建设项目，建筑栋数282栋，建筑面积354.2万平方米。查验核对材料610余份，发放温馨告知55份，下达行政检查通知书54份，召开建筑节能现场办公会8次，施工现场建筑节能工作指导54个建设项目，走访检查施工现场500余次。

【建筑节能产品认定】 依据《吉林省住房和城乡建设厅关于开展新型墙体材料核定工作的通知》规定，全年完成32个建筑节能产品认定材料的初审及企业现场踏查工作。其中，墙体材料类18个产品（外县市8个产品），保温材料类5个产品，建筑门窗类5个产品，散热类2个产品，其他产品类2个产品。均上报省级主管部门。截至2018年年末，为20个申报项目下达修改通知书。

【建筑节能行政执法】 加强建筑节能执法监察，对违规使用非建筑节能产品的建设项目下达责令改正通知书4份，提交整改方案4份，其中限期整改、复检4份，提取询问笔录14份；对违反“禁实”相关规定的建设项目下达责令改正通知书7份，提交整改方案7份，其中限期整改、复检7份，提取询问笔录21份；接受群众举报2起，经调查核实后，作出处理意见，形成书面报告并及时将处理结果反馈给举报人。

【新材产品建筑市场准入备案登记】 配合建筑节能工作，为50个建筑节能产品进行准入备案登记，并在吉林市建设信息网公示。其中，墙体材料类22个产品，含外埠5个产品，均在吉林市进行质检和市场准入登记；保温材料类15个产品；建筑门窗类8个产品；塑料管材类3个产品；散热类1个产品；其他类1个产品。

【大型公建能耗统计】 贯彻吉林省住房和城乡建设厅下发的《关于开展2018年吉林省国家机关办公建筑和公共建筑能耗统计工作的通知》精神，完成公建能耗统计工作。2018年，吉林市机关办公建筑、大中型公共建筑和居民建筑能耗统计完成1080栋，总建筑面积897.22万平方米。其中，吉林市2018年国家机关办公建筑能耗统计完成98栋，建筑面积64.31万平方米；大型公共建筑能耗统计完成18栋，建筑面积117.47万平方米；中小型公共建筑统计完成175栋，建筑面积70.50万平方米。根据文件精神，将居民建筑列入统计范围，统计789栋，建筑面积644.94万平方米。

全年总能耗量统计。国家机关办公建筑总能耗17519.14吨标煤，大型公共建筑总能耗53063.86吨标煤，中小型公共建筑总能耗17093.30吨标煤，居住建筑总能耗95304.69吨标煤，合计总能耗182980.99吨标煤。

全年单位建筑面积能耗量统计。国家机关办公建筑单位建筑面积能耗量27.24千克标煤/平方米，大型公共建筑单位建筑面积能耗量45.17千克标煤/平方米，中小型公共建筑单位建筑面积能耗量24.25千克标煤/平方米，居住建筑单位建筑面积能耗量14.87千克标煤/平方米，合计111.44千克标煤/平方米。

（市住建局）

墙体材料管理

【新型墙体材料专项基金扶持】 完成市级新型墙体材料专项基金补助项目申报工作。依据2017年墙材企业考核结果，遵循企业考核领导小组会议决议，受理4家企业申报的专项基金扶持申请，依据《吉林省新型墙体材料专项基金扶持项目申报细则》《吉林市新型墙体材料专项基金扶持项目管理实施细则》内容严格审核，其中1家企业不具备申报基金扶持资格。4月9日，会同市财政局对其他3家企业进行现场踏查及核实。组织召开申报专项基金扶持决议会议，上报市财政局。9月11日，3家新材补贴资金拨付到位，市级补贴资金155万元。

【新型墙体材料专项基金返还】 按照要求停止征收新型墙体材料专项基金，在规定时限内将符合返还条件的建设项目上报市财政局及省墙改办，审批完毕后协调财政办理退库手续。截至10月末，有26个建设项目审批完毕，返还专项基金2061.19万元，其中市级财政（80%部分）金额1648.96万元。截至2018年年末，有21个项目市级财政资金落实到位，返还金额1379.31万元；5个建设项目涉及市级返还基金269.65万元，待市财政局筹措资金后返还。

【墙体材料销售流向管理】 吉林市墙体材料产品统一使用由市墙体材料革新建筑节能管理中心统一制定、免费发放的出库单，对每家企业使用的出库单进行登记、汇总，从生产源头进行把关，更好掌握产品销售去向。吉林市有22家墙体材料企业。其中，5家企业停产，2家企业于2018年9月办理新证。全年向18家企业发放1008本出库单。7家本地企业开出墙体材料使用量约7.4万立方米，2家外埠企业开出墙体材料使用量近1.4万立方米，合计开出墙体材料使用量8.8万立方米。

（市住建局）

商贸服务业

COMMERCE AND TRADE SERVICES

商贸流通

【概况】 2018年，全市社会消费品零售总额实现1367.1亿元，比2017年增长4.2%，高于全市GDP增速2.2个百分点。批发、零售、住宿、餐饮四大行业销售额（营业额）平均增长7%以上，高于全市GDP增速5个百分点。吉林市商务局被评为全国打击侵权假冒工作先进集体。

【商品交易市场】 全市大型专业商品交易市场9家（包括以东北亚农产品批发市场、果品批发市场等为代表的大型农产品批发市场，以莲花日用杂品批发市场、松江交易二厅等为代表的生活轻工用品交易市场，以天津街批发市场为代表的服装鞋帽交易市场，以吉林市众安居、森鼎为代表大型建筑装饰装潢材料交易市场，以物华商城、统泰新物华五金机电批发城为代表的生产资料交易市场），零售市场165家，基本形成服务全市、辐射周边，批零兼具、层次分明的专业化交易市场网络布局。

【商贸活动】 2018年，吉林市限额以上企业发展到1434家，比2017年增加79家。开展第四届“吉林市老字号”、知名电商品牌、知名电商企业等评选活动。“文化兴商丛书”之《吉林市老字号》出版，并被评为“2018年吉林省优秀社会科学普及作品”。编纂完成展示、宣传吉林市商业品牌的《吉林市的味道》和《吉林市名特优》，传承商道，培树商贸企业，扩大吉林市地方商业品牌社会影响力。吉林市老字号企业在“2018中华老字号品牌发展高峰论坛”上获得“最佳形象展示奖”和“最受欢迎奖”。

组织大型商超利用节庆假日和全省“千企促销”等活动，开展商贸促销，拉动消费增长。年内开展重大促销活动200场。推动消费结构升级，引导商贸企业适应城乡居民消费结构转变，满足城乡居民绿色化、品质化、新颖化消费需求；实施品牌战略，引导企业创新设计、改善服务，发展高端消费；培育时尚消费、文化消费等新业态，不断完善消费结构，补齐短板。扩大餐饮消费，发展大众化餐饮，开展美食节、美食周、餐饮大赛等活动，加强吉菜饮食文化宣传，持续扩大餐饮消费规模。促进休闲消费，针对短途游、周边游、文化游日渐增多实际，引导商贸企业不断完善商贸业态，丰富旅游消费市场。拉动耐用品消费，举办汽车、家居建材等展销活动，拉动大宗商品消费。加强与中石油、中石化等成品油企业沟通协调，推动石油及制品类商品消费。培育热点消费，引导商贸企业配合全市大型文化、体育赛事等活动，结合本地产业优势和风俗文化特色，开展多种形式促销活动，激发居民消费热情。

【吉林市校·政·企商贸发展研究中心】 3月16日，由吉林市商务局、东北电力大学、吉林市长荣农副产品有限公司共同发起成立“吉林市校·政·企商贸发展研究中心

3月16日，由吉林市商务局、东北电力大学、吉林市长荣农副产品有限公司共同发起成立的“吉林市校·政·企商贸发展研究中心”在东北电力大学举行揭牌仪式

（市商务局　供图）

2月5日，吉林市老字号协会成立大会暨第一次会员代表大会在利雅德饭店召开。图为揭牌仪式现场　　　　（市商务局　供图）

展研究中心”并在东北电力大学举行揭牌仪式。加强校、政、企三方合作，发挥学校和企业各自优势，共同培养社会与市场需要人才，推进企业科技创新和管理创新，提升企业竞争能力。校、政、企三方互相支持、互相渗透、优势互补、资源互用、利益共享，实现高等教育与地方经济融合发展。

【吉林市老字号协会成立】 2月5日，吉林市老字号协会成立大会暨第一次会员代表大会在利雅德饭店召开，来自全市58家老字号代表参加会议。全体会员代表审议并通过《吉林市老字号协会章程（草案）》《会费缴纳及管理办法（讨论稿）》和《选举办法（草案）》，选举福源馆等31家会员为吉林市老字号协会理事单位。选举产生会长、副会长和秘书长单位，吉林市义和谦中医院有限公司被评选为会长单位，董事长莫英志为第一任老字号协会会长，长白山酒业等15家企业被评选为副会长单位，吉林市河南街工艺美术品经销有限公司被评为协会秘书长单位。在吉林市老字号协会第一次会员大会上，吉林市商务局相关负责人和新当选的老字号协会会长莫英志为协会揭牌。吉林省商务厅肯定吉林市老字号协会成立意义，是全省地级老字号协会首创之举。

【第四届“吉林市老字号”评选】 2018年5月，市商务局组织开展第四届“吉林市老字号”评选活动，向各县（市）区、开发区商务部门、相关企业印发评选通知，由各县（市）区推荐或企业自荐申报。吉林市老字号协会负责初审并提出推荐意见。市商务局和市电视台共同组成走访采风组，对初审合格企业进行走访采风后，市电视台新闻综合频道开设专栏进行宣传。组织专家进行评审并在商务之窗网站上公示。经综合评定，认定吉林市丰满区金华万事发酒家、吉林参记健康科技有限公司、吉林市昌邑区淞江宏伟煎粉第一家店、吉林市樱花墅朝鲜族餐饮管理有限公司、吉林市船营区丁记回族传统风味饸饹铺、吉林市船营区丁树平星光小吃部、吉林市明武口腔医院、蛟河市双凌钟表眼镜总汇、吉林省春萍大药房连锁有限公司、舒兰市三缘春饼店10家企业为“吉林市老字号”。

【每日多智能无人超市】 3月8日，吉林省首家24小时无人超市在吉林市亮相。这家名为“每日多”的智能无人超市位于吉林大街大富豪鞋店右侧，面积为30平方米左右，24小时营业。每天有工作人员管理货物并补货，及时更换生鲜产品。经过测试，一个人就能对超市日常工作进行管理，一个人最大限度可以管理10家同等规模的无人超市，大幅降低人工成本，初始成本投入20万元左右。

【商务民生】 完善肉菜流通追溯体系建设试点城市项目，为百姓安全消费、放心消费提供保障。“放心早餐工程”商贸企业获评“中国早餐经营优秀企业”。百年商业老街河南街改造一期工程顺利实施，“一网全城”二期5万平方米配送中心竣工运营。加强商务应急保障能力，及时应对2018年初两场暴雪极端天气，紧急投入6000吨动态储备蔬菜，确保百姓生活必需品质量好、数量足、供得上。　　（市商务局）

住宿餐饮

【概况】 2018年，吉林市住宿业实现销售额35.3亿元，比2017年增长5.2%，其中实现零售额15.5亿元，比2017年增长6.1%。餐饮业实现销售额191.3亿元，比2017年增长5.3%，其中实现零售额139.4亿元，比2017年增长4.4%。

【餐饮协会管理】 2018年1月，吉林中华餐饮美食协会组织召开3次会员代表大会，通过《会员管理办法》，选举产生三届理事会和常务理事会，完成换届工作。全年组织认定中餐烹饪大师、名师10人，表彰各类获奖先进人员100余人次。2018年，吸收会员22人，企业会员6家。截至2018年年末，协会有个人会员228人，单位会员108家，理事52人，常务理事12人。

【第十一届亚洲国际超级厨师综艺大赛】 9月20日，由吉林市商务局、吉林市中华餐饮美食协会主办，吉林市中华餐饮美食协会名厨委员会、吉林市一道峰味餐饮管理有限公司承办的江城吉林“峰味杯”吉菜美食节暨第十一届亚洲国际超级厨师综艺大赛在吉林市举办。大赛设立烹调、面点、凉菜、雕刻、烧烤、熟食6个项目。评出蓝带厨神奖14人，蓝带厨王奖24人、吉菜特金奖9人、餐饮服务金奖10人、中餐烹饪大师名师10人，中国吉菜名厨勋章4人，青年烹饪艺术家10人、资深烹饪艺术家10人、食神烹饪艺术家10人，吉菜团体宴席展

9月20日，江城吉林"峰味杯"吉菜美食节暨第十一届亚洲国际超级厨师综艺大赛在吉林市举办。图为活动现场合影留念　（吉林市中华餐饮美食协会 供图）

台金奖、特金奖17台。活动现场开展珍爱自然环境，"呵护绿水青山""呵护饮食健康""美丽江城，厨师在行动"千店万厨签名活动，宣读倡议书。来自内蒙古、长春、通化、鹤岗、吉林本地38家餐饮企业派代表80余人次参加比赛，近百人次获奖。

【名厨表彰】 为纪念改革开放40周年，吉林餐饮行业召开2018年度名厨表彰大会，分别表彰江城吉林资深名厨、江城吉林精英名厨、江城吉林青年名厨。江城吉林资深名厨10人：张钦岭、邹云翔、沙存滨、李东生、李大山、付利民、谢晓明、董宝财、柴永革、于金发；江城吉林精英名厨10人：孙海龙、刘洪文、王伟、张彦双、刘志斌、刘庆禄、杨崇华、牛顺利、原玉兵、王玉亮；江城吉林青年名厨10人：张龙、林赫、姜凯译、徐焕龙、孙文龙、史洋、李迎峰、杜云东、王雷、朱伟明。　（吉林中华餐饮美食协会）

粮食购销

【概况】 1月3日，经市编办批复，原由吉林市盐业公司行使的行政职能划归吉林市粮食局，市粮食局加挂吉林市盐务管理局牌子，增设盐政处（盐政稽查处）。为避免盐业体制改革过渡期内出现监管空白，经请示市政府主管领导同意，市政府办公厅下发《关于盐改过渡期加强盐业市场联合监管工作的通知》，明确过渡期内盐业监管部门及相关要求。

根据12月26日中共吉林市委、吉林市人民政府印发的《吉林市机构改革方案》，吉林市粮食局职责以及市民政局、市商务局等部门组织实施重要物资和应急储备物质收储、轮换和日常管理职责划入市发展和改革委员会，加挂市粮食和物资储备局牌子，不再保留市粮食局（市盐务管理局）。自此，市粮食局（市盐务管理局）机构不再单独设置。

2018年，吉林市粮食局（市盐务管理局）被国家粮食和物资储备局评为首批"全国粮食流通执法督查创新示范单位"；承办"吉林大米"高峰论坛暨吉林省首届农民丰收节；大米质量溯源体系建设范围更广，功能更完善；在京、浙、沪等地区举办7场宣传推介会，吉林市大米域外销量61.7万吨，进驻域外商超达4000家以上，"中国粳稻贡米之乡·吉林市"地域品牌影响力明显提升；建立完善粮食安全省长责任制全市联席会议机制，吉林市落实粮食安全省长责任制工作在省内获评优秀，在全省介绍工作经验，粮食系统国家级刊物作宣传报道。

【粮食企业】 全市持有粮食收购许可证企业572家。其中，粮食收储企业403家，油脂企业5家，加工企业164家（水稻加工企业142家，玉米深加工企业4家，饲料加工企业18家）。

【粮食加工】 全市粮食年加工能力1006万吨。其中，水稻521.5万吨，玉米454万吨，大豆30.5万吨。实际加工粮食445万吨。

【粮食仓储及烘干】 全市总收储能力1342万吨。其中，仓房储存能力970万吨，露天储存能力372万吨。日烘干能力11万吨，年烘干能力在700万吨以上。

【粮食安全】 落实粮食安全省长责任制，成立吉林市落实粮食安全省长责任制领导组。市、县两级政府相继成立粮食安全省长责任制考核工作组，由粮食、农委、财政、国土、发改、环保、水利、工商、统计、食药监、农发行等11个部门组成。各部门围绕"确保耕地面积基本稳定、质量不下降、粮食生产稳定发展、粮食可持续生产能力不断增强"等方面14个重点考核项目和25个考核指标分工合作，落实工作任务。建立吉林市粮食安全省长责任制考核工作成员和联络员工作联动机制，强化市领导小组办公室与各县（市）考核办、考核成员单位间联络沟通，形成部门联动。组织召开成员单位联络员会议，按照省考评细则开展部门自查自评，形成考核材料。成立由市农委、粮食、国土、水利、财政等相关部门组成的县（市）粮食安全省长责任制考核工作组，制定《吉林市粮食安全省长责任制考核实施细则》，考核各县（市）粮食安全工作，形成考核报告上报市政府。按照"平战结合、军民融合、急时应急、战时应战"要求，打造军民兼容服务平台，推进军粮供应系统融入国民经济动员体系建设。紧贴军改需求，主动对接部队，完成年度军粮供应保障任务。

【粮食收储】 玉米收储制度改革。突出政府引导，加强协调联动，抓重点、破难点，改革稳步推进，成效超出预期。玉米价格市场形成机制全面形成，多元主体活力充分释放，加工产业有效激活，农民种粮收益得到保障。截至2018年4月30日，全市收购新粮438.6万吨。其中，水稻74.6万吨，玉米358万吨，大豆及其他品种6万吨。没有发生卖粮难、大面积坏粮和社会敏感事件。

玉米去库存。截至11月1日，全市竞拍成交433万吨，占国家临储玉米年初库存61.9%。

水稻收购。落实水稻最低收购价库点7家，鉴于吉林市稻谷市场价格始终保持较高水平，水稻最低收购价政策尚未启动。

补贴审核。通过审核玉米和大豆加工企业申报材料，把符合条件2家玉米深加工企业，3家饲料加工企业，1家大豆加工企业纳入补贴范围，企业获得补贴7500万元。严格落实补贴监管制度，24小时监管企业补贴期间收购和加工。

解决收购资金问题。发挥吉林省粮食收购贷款信用保证基金作用，加强与金融部门合作，协助企业破解收粮资金瓶颈。2018年，全市有100家企业纳入吉林省粮食收购贷款信用保证基金“白名单”，其中2家企业获得9000万元贷款。

【大米品牌建设】 立足吉林市自身优势和特色，实施品牌战略，严格产品标准，强化质量管控，共同打造“吉林市大米”品牌，成效明显。

区域品牌影响力提升。完成以东福北方农博馆——“中国粳稻贡米之乡·吉林市”宣传基地为重点地域品牌文化建设；组织承办2018年“9·20”大米高峰论坛暨吉林省首届农民丰收节庆祝活动。通过参加各类展会及广告、销售渠道和新媒体推送等方式，提高吉林市地域大米品牌知名度。完成在杭州、长沙、上海、温州、北京（2次）等城市举办新米上市展览宣传推介活动。通过销售渠道建设带动大米企业土地流转、订单种植积极性。全市大米龙头企业实现土地流转10473公顷，订单种植17051公顷，大米销售量实现61.7万吨，大米域外销售价格平均在每千克10元以上，带动全市水稻销售价格平均在每千克3.2元以上，实现企业增效、农民增收。

销区市场渠道建设。通过东福、宇丰等龙头企业拓展销售渠道，在江浙沪等长三角地区及京津冀环渤海地区新增商超500家，其他渠道500家，外埠商超总量在4000家以上，经营业态包括商超、直营、社区店、电商等。

质量保障体系建设。完成2017年28家建成追溯体系企业回访工作，指导企业完善填报及相关流程；向省粮食局争取12家建设计划，并完成相关建设工作；通过质量溯源体系建设，对标“中国好粮油”及冬奥会质量标准，加强生产基地及检验能力建设，提高地域品牌核心竞争力。

“中国好粮油”示范项目建设。吉林市东福米业有限公司2017—2018年度项目建设进展顺利，相关建设项目按期完工，考核组完成实地考核验收，市财政局拨付到账发生建设费用。年内，为吉林市东福米业有限公司、京粮食集团（吉林）有限公司、中粮集团吉林有限公司3户大型企业争取到2018—2019年度“中国好粮油”示范项目建设计划，中央财政补助资金1765万元拨付到市财政专户，项目建设有序推进。

【粮食行业监管】 健全社会监督机制。向社会公开政策咨询和监督举报电话，倒逼收储企业阳光收粮、依法合规收粮。监督中储粮、中粮等国有企业收购库点统一使用“一卡通”“启粮”粮食收购系统，从源头杜绝拖欠售粮款行为发生。

粮食政策宣传到村到户。通过深入村屯、农户住所及粮食收储企业发放张贴宣传图片及《致全市广大农民朋友一封信》等多种形式，宣传国家粮食收购政策，提升农户防范意识，指导农户科学储粮。

严肃查处案件形成震慑。快速调查核实，依法严肃处理检查中发现、上级转办及群众举报案件，追回企业拖欠农民粮款365万元。

国家临储粮监管。通过日常监管、巡视监管及春秋库存检查等多种形式，逐库、逐仓彻底清查21家国家临储粮承储企业143万吨临储粮，保证国家粮食安全。通过成立市国家临储粮出库管理办公室，制定临储粮出库业务流程和监管制度，组织召开临储粮出库工作会议，下发《关于国家临储粮出库管理工作的通知》等措施，做好130万吨临储粮出库监管工作。

放心粮油工程诚信企业检查。按照《“放心粮油”企业评审、监督管理办法及考核标准》，组织抽查15家放心粮油加工企业及诚信销售店，在经营、卫生、质量、库存等方面开展综合检查，完善监督检查内容，维护成品粮监管秩序。

粮食行业安全监管。建立健全行业安全责任体系，严格落实安全生产“党政同责、一岗双责”制度；围绕“消防、用电、高空作业、外包”等安全重要节点，完善责任措施，使安全生产责任层层落实到位；深化安全储粮安全生产隐患大排查，重点整治储粮区域火灾危险源以及电路、用电设备安全状况等危险领域，发现安全隐患82项，整改完成82项，全部整改落实到位。针对“千吨囤”出粮潜在风险，召开承储企业负责人专题会议，邀请专家讲解，明确工作流程，确保出粮安全无事故。（市粮食局）

供销合作

【综合改革试点验收】 2018年5月，省委财经办和省供销社联合组成省委评估验收组，验收吉林市改革试点。验收组认为，吉林市供销社力主推进“双线运行”改革模式，建设组织、经营、流通、服务四大体系，搭建社有资产投资、农村综合服务、城乡商品流通、现代农业服务和农产品产销对接五大平台，实现多点突破，经验成果多，改革措施实。7月，省政府组织召开全面推进供销合作社综合改革助力乡村振兴会议，吉林市政府作为全省唯一市州发言单位，在会上推广“双线运行”经验做法。12月，“双线运行”改革模式被省委改革办评选为“庆祝改革开放40周年——吉林省全面深化改革优秀案例”，是全省唯一由省级部门和地方党委“双推”入选改革案例，也是全省唯一关于供销社改革案例。

【社有企业集团化建设】 社有资产清查。根据报请政府批准《社有资产清查方案》，聘请中介组织，通过清查企业账目、财务报表、会计凭证、土地房产权证等资料，开展大量调查核实工作，完成16家社有企业清产核资，形成资产清查审计报告，理清固定资产隶属关系。

企业集团化发展。以吉林市供销投资发展有限公司为主体，以新成立公司为子公司，注册成立吉林市供销投资集团，搭建社有资产集中运营承接平台。除市供销社外，蛟河市社成立供销总公司，履行企业集团化发展职能。集团组建后，以产权、资本、业务为纽带，加快推进与系统外企业整合重组，参股创办吉林市信诺供销再生资源等3家新兴社有企业。完成集团公司自有品牌——“吉供销”品牌标识设计，向国家商标局申报。集团公司还与中国银行吉林市分行合作，落地“益农贷”产业链授信项目，为蛟河市木耳经销商提供农产品收购贷款担保业务，在开辟金融服务领域先行试水。

资产划转工作。完成资产清查后，按照“一企一策”思路，逐个破解企业遗留债权债务、社会保障、人事安排等问题，着手销号“僵尸”企业和“空壳”企业，全面盘点资产净值，通过理事会会议和社有资产管理委员会会议，将明晰后社有资产合并划转到集团公司，完成资产经营管理权划转。

【新型合作经济组织体系】 永吉县、舒兰市、龙潭区相继组建县域农民专业社联合社，市、县“农合联”成员发展到28个，新型合作组织实体规模得到壮大。为提升“农合联”知名度和吸引力，以“农合联”为主体，以“供销社又回来了”为主题，相继举办两届大型农产品展销会，组织600种“吉”字号农产品参加展销，现场销售和订单额近3000万元，接待群众10万人次。其中，承办“全省迎新春供销年货大集”，全省10个地市州112家农民专业社、家庭农场、涉农企业参展，展销规模庞大；与市委组织部、市妇联联合举办金秋农产品展销会，组织扶贫村第一书记和妇女能人代言展销农产品，推动产销对接，助力扶贫攻坚。参加农博会，帮助企业和专业社拓宽农产品销售渠道，确立“农合联”在农民专业组织中核心和引领地位，让供销社重新回到市场中心。

【网上供销社】 推动互联网与物联网深度融合，把供销服务延伸到城市各个角落。供销亿家公司建成首家“筑石红”社区综合服务示范店，试运营期间实现营业收入125万元；融泰供销公司利用布设智能售货柜方式，开展日用品销售和农产品展销，短期内在全市社区和公共区域，建成180个24小时自动化供销服务点，成为供销社服务市民亮丽“名片”。

推动线上与线下深度融合，把电商服务拓展到乡村各个家庭。市日杂市场构建“龙头企业+电商平台+物流配送中心+农村综合服务站”流通模式，与县社联合，信息化改造基层社和综合服务社，完善消费体验、农资供应、信息发布、金融服务等功能，建成运营10家乡村综合服务站。农民通过服务站，利用线上订购、线下配送、网订店取方式，足不出村就能买到日杂市场2万余种商品，农村电商服务“最后一千米”被打通。

11月4日，吉林市供销投资集团有限公司与中国银行吉林市分行签订战略合作协议 （市供销社 供图）

【农业社会化服务平台建设】 通过资产盘活、企业带动、合资合作、能人选聘、人力下沉等方式，分类改造基层社22个；利用部门合建、村社共建等方式，创办农村综合服务社148个；通过联合兴办、参股入社等方式，新领办、创办专业合作社16个。

永吉县供销社建成土地托管中心。各县（市）区供销社依托企业和农民专业社，探索适合本地农业生产特点服务模式，延伸土地托管服务链条，全年完成托管、流转土地1.38万公顷。

蛟河市供销社投资建成功能齐全、设施先进的供销现代农业服务中心，成为吉林市首家县域为农综合服务平台。各县（市）区供销社还通过创新农资物联网、庄稼医生在线咨询、无人机作业等新兴服务手段，完成统防统治、配方施肥、农机服务19066公顷。

全国供销总社培训中心在吉林市举办农民专业社素质提升公益培训班，全省各地100余人参加培训。各县级代销社还通过联合办学、聘请专家授课等方式开展农业生产技能培训，培训农民和社员1000余人次。 （张佳琪）

专项经营

【烟草专卖】 吉林市烟草专卖局、吉林省烟草公司吉林市公司下辖舒兰市、磐石市、桦甸市、蛟河市、永吉县5个县级烟草专卖局（分公司）和龙潭区、昌邑区、船营区、丰满区4个区烟草专卖局，及1个控股吉林市金叶烟草有限公司和1个非法人实体物流配送中心。2018年，保持打假打私高压态势，破获符合国家局标准网络案件3起，抓捕11人，判刑4人，其中被公安部列为“云端战役案件”的“4·23”网络案件是全省首例新型烟

11 月 5 日，首届中国国际进口博览会吉林市合作项目签约仪式在上海举行

（市商务局　供图）

草制品案件。发挥全省市场监管系统应用示范单位作用，构建市场监管长效机制，开展专项行动 3 次，全年办理非渠道真烟案件 70 起，查获非渠道真烟 181 件。许可证相关办结时限缩减至 8 个工作日，其余申请类型均可当场办结。

（市烟草专卖局）

【盐务管理】 贯彻执行国家和省有关盐业政策、法规和规章，探索建立盐务、食药监等部门联合监管综合治理长效机制，制定《关于下发吉林地区 2018 年春季盐业市场清查整顿行动方案的通知》《关于加强工业盐等非食用盐管理的通知》《关于进一步规范吉林市盐业市场经营行为管理的通知》等规范性文件，利用“3·15”消费者权益保护日及“5·15”全国碘缺乏病防治日重大节点，联合市盐业公司、省地方病防治二所开展多种形式食用盐宣传推广活动。深入船营、昌邑、龙潭等辖区内商超、早市食用盐销售现场实地监管 220 余次，立案 30 件，扣押和没收违法经营食盐 7702.20 千克，收缴罚款 6025 元，维护食盐市场秩序。

【石油销售】 中国石油天然气股份有限公司吉林省吉林市销售分公司隶属于中国石油天然气股份有限公司吉林销售公司。2018 年，中石油吉林市销售分公司实现成品油销售 44.7 万吨。其中，汽油 23.25 万吨，柴油 21.45 万吨。发卡量 10 万张，储值额 13.8 亿元。非油收入 1.1 亿元。2018 年，确保吉林地区成品油市场供应，紧抓成品油购销存业务，开展加油卡业务、加油站便利店业务和加油站网络建设等各项工作，支持农业和城市建设高速发展，在春耕、秋收等农忙季节和建设施工季节，免费送油到乡镇村屯、建设工地。

（中国石油吉林市销售分公司）

会展活动

【参加首届中国国际进口博览会】 11 月 5 日，首届中国国际进口博览会在上海国家会展中心启幕。吉林市商务局牵头组织 200 余家企业 400 余人参会，超过预期参会企业数 107.22%。11 月 5 日，首届中国国际进口博览会吉林市合作项目签约仪式在上海举行，签约金额 15.3 亿元人民币。进博会吉林市团党支部在上海驻地以“树立新理念、体现新担当，扎实做好首届进博会各项工作”为题，召开进博会吉林市团党支部解放思想大讨论暨进博会吉林市合作项目签约仪式活动工作部署会。11 月 6 日，吉林省进口推介洽谈会暨签约仪式在上海国家展览中心举行，吉林市签约项目占全省签约项目总数近四分之一。吉林市交易分团还参加国家、吉林省举办的专场进口促进活动、各种形式采购需求说明会、双边及多边贸易合作洽谈等活动，并组织企业参加韩、日、俄等 7 场专题对接洽谈，与参展外商企业进行广泛接触和深入交流，成果丰硕。

【首届吉林市进口商品展洽会】 4 月 1 日至 8 日，吉林省进口商品展销活动暨首届吉林市进口商品展洽会在吉林市欧亚综合体举办，16 个国家和地区 1000 余个品种商品参展。8 天吸引消费者逾 100 万人次，总销售额超过 820 万元。组织企业参加首届中国国际进口博览会，签约合作项目 4 个，总额 15.3 亿元人民币；与外商达成成交意向超过 2.4 亿元人民币，促进消费升级，推动吉林市名、特、

4 月 1 日，吉林省进口商品展销活动暨首届吉林市进口商品展洽会在吉林市欧亚商都综合体开幕

（市商务局　供图）

12 月 7 日，第二届吉林市名特优产品温州对口合作展洽会在温州国际会展中心举行。图为吉林市副市长盖东平（右三）参观吉林市展台　（市商务局　供图）

优产品进入国际市场。

【第二届吉林市名特优产品温州对口合作展洽会】 12 月 7 日至 10 日，在温州举办第二届吉林市名特优产品温州对口合作展洽会。吉林市组织本地 32 家名特优厂家代表组成商贸展洽团，携大米、杂粮、人参、鹿茸、灵芝、蜂蜜、木耳、红酒、乌拉草制品等 10 大类 500 余种名特优品牌产品参展，达成地产品购销合作意向协议 120 余项，意向性采购金额 1.15 亿元。通过推介会、实地调研等模式对接温州企业，为吉林市名特优产品打入温州、江浙沪市场奠定基础。（市商务局）

现代物流

【概况】 2018 年，吉林市物流业发展水平明显提高，一体化运作、网络化经营、信息技术服务和供应链管理能力明显提升，涌现出一批现代化、规模化、品牌化物流领军企业及示范园区。截至 2018 年 12 月，吉林市有国家 A 级以上物流企业 6 家。其中，AAAAA 级 1 家（吉化集团公司物流中心），AAAA 级 4 家（吉林市东北亚物流有限公司、吉林市统泰物流有限公司、吉林市吉友物流有限公司、九天储运物流），AAA 级 1 家（吉林省陆港物流有限公司）。国家物流枢纽规划将吉林市确定为商贸物流枢纽城市。

【物流运输交通网络】 吉林市承载物流运输交通网络主要依靠铁路和公路两种方式。其中，铁路枢纽连接长春、哈尔滨、沈阳、图们、珲春 5 个方向，衔接长珲城际铁路、长图线、沈吉线、吉舒线 4 条铁路干线和龙丰线支线铁路，枢纽内有九江、九棋、金棋、西哈 4 条联络线相连接，铁路货运场站有吉林西站、哈达湾站、吉林北站、龙潭山站、金珠站、新九站等 6 个。公路通车总里程 15325.3 千米，高速公路 6 条 460 千米，形成“一环四射”通道(“一环”指吉林绕城高速公路,“四射”是指长吉高速、吉珲高速、吉沈高速、吉哈高速），“东连（珲春）西托（长春）、南通（大连、沈阳和关内）北达（哈尔滨）”高速主通道基本贯通，高速出入口包括吉林南、红旗、丰满、天南、江密峰、华丹大街、九站、吉林西、桦皮厂、口前、明城、磐石等 20 余个。国道公路有 5 条 999.8 千米，省道公路有 9 条 486.5 千米，5 个县（市）全部实现一级以上公路连接，乡镇和重要产业区实现二级以上公路连接，行政村通畅率 100%。

【物流业建设】 2018 年，吉林市交通运输、仓储及邮政业实现增加值 181.1 亿元，比 2017 年增长 2.5%，占全市生产总值 8% 左右。铁路货运发送量 1433.6 万吨，增长 16.5%；公路货运周转量 176.3 万吨千米，比 2017 年增长 3.2%。全市物流业从业主体 1000 余家，规模以上仓储物流企业 54 家，形成以吉化物流、九天储运为代表危化品物流，以亚奇物流、晟驰物流为代表汽车物流，以博宇物流、龙峰商贸为代表医药物流，以增益供应链、鑫海实业为代表粮食物流，以东北亚农产品批发市场为代表的农副产品物流等专业物流体系。截至 2018 年年末，投入建设的物流项目主要有长吉图物流园区、一网全城电商物流园区等。（市发改委）

家政服务

【概况】 2018 年，吉林市家政服务业在工商局注册个体工商户 558 家，企业 776 家，从事家政服务业从业人员约 3.2 万人。涵盖保安、保洁、护理、康复、居家养老、家庭服务、育婴服务、托老服务、快送配餐等 12 个行业。吉林市发展家庭服务业促进就业联席会议办公室和市家政服务协会设在市就业服务局，由市人社局统一管理。吉林市家政行业协会发挥行业协会优势和协调作用，承接部分日常工作，将优势强、信用好、专业化程度高、有代表性家政企业组织起来，通过开展活动、组织评选、技能培训，带动全市家政服务业快速发展。

【家政服务品牌创建】 吉林市有 9 家企业获得全国“千户企业”和吉林省“百强企业”称号。国家“千户企业”福满年是深受市民信赖早餐品牌，安置就业困难人员 300 余人。年内，吉林市家政协会培育星级家政服务企业 49 家、星级家政服务员 110 名、家政行业领军人 12 名和品牌企业 17 个。员工制百信家政被评为吉林省“诚信服务示范机构”，500 余名护工分布在 7 家三甲医院；亿家康养老康复中心聘请专家 3 次为 60 岁以上老人义诊 600 余人次，开展“无癌中国我的梦，亿家康在行动”公益治疗，为百名癌症患者免费进行负氧离子细胞净化，受到受益者和社会各界赞誉；顺祥达家庭环境维护中心 2000 余名家政员分布在 21 个住宅小区，服务质量得到雇主认可和好评；医养结合欣荣托老院在 11 个社区开展居家养老服务，使 60 余名老人不离家就能享受养老机构服务；铁东夕阳红托老总院打造品质养老，注重养老文化，院长马荣被中国红十字会和中央电视台评为“中国养老护理员榜样人物”，成为江城养老人典范；佳婴坊母婴护理中心获评吉林省家庭服务业培训示范基地，2000余名月嫂实现就业；美食源快餐公司被评为省餐饮业A级企业，成为市民公认品牌快餐；永吉康乐园中标接管公办养老机构，成立栩通康乐园养老中心。

2018年4月，帮助好德家政公司协调解决学校对接、校址租赁等问题。截至2018年年末，好德家政依托新起点学校完成16期护工师培训，并向上海成功输送300余名“江城护工师”，其服务得到社区老人好评。吉林家政人以其过硬的素质和吃苦耐劳敬业精神在上海逐渐站稳脚跟，“江城护工师”成为当地养老服务业一张靓丽名片。市人社局在上海成立劳动输出上海工作站，为务工人员送去家乡温暖。

2018年，有204名育婴员申报星级家政员，占申报总数的50%，全市对外输出育婴师260余人，向国内外7个城市输出育婴师200余人。全市有3800余名保安员，分布在390余个岗位上。

【家政服务培训】 落实国家“家政服务提质扩容”要求，与吉林财经学校联合举办家政专业中专学历班，150名家政学员入学专业课结业，学员进入实习阶段。与新起点、百信和展梦等培训机构签订联合办学协议，组织邦得、展梦等家政培训机构开展家政员、育婴员、养老护理员、保安员培训。全年培训家政服务人员4000余人。为多家企业协调提供求职窗口和招聘展位，年内来招聘求职人员1600余人；申报2个省级家庭服务职业培训示范基地项目，经省人社厅审核获批准。开展争当家政行业“技术状元”“技术能手”劳动竞赛活动，参加吉林省家政技能大赛，6人进入前十名并包揽个人单项前三名。

【家政服务模式创新】 为邦得、百信和合乐园家政公司提供求职窗口和招聘展位，支持企业发展，满足就业困难人员求职需求。利用小额贷款支持邦得家政公司创建技能培训学校。2017年至2018年，培训家政服务人员25期1200余人，其中有80%学员获取国家劳动部门职业资格证书，700余人实现就业。把走基层、移动办公作为服务企业平台，走访企业200余次。在吉林市电视台民生频道开办《家政服务栏目》，为“邦得家政”“欣荣居家养老”等21家企业和养老机构制作专题宣传，发挥服务企业作用。举办首届吉林市诚信家政服务（招聘）博览会，展区设立“家政服务咨询台”和“居家养老服务咨询台”。

【医养结合居家养老服务试点】 按照创新养老服务模式、重点发展居家养老要求，把有医疗机构和养老服务的欣荣康复托老院作为医养结合居家养老服务项目试点单位，依托医养结合，延伸居家养老服务。江城康复养老中心和融博鸿泰家政公司被列为开展助残服务智能社区项目试点单位。

【特色家政活动】 2018年，在市电视台开办《家政服务》栏目、举办首届吉林市诚信家政服务（招聘）博览会。开展首届“最美养老院长、最美养老护理员、最美老年社工”评选活动。评选出最美养老院长20名，最美养老护理员30名，最美老年社工10名。在全市养老行业树立一批先进典型，推动养老事业发展。开展“美食源老年健康美食节”大型系列活动，组织10家养老机构百余名老年人欢度重阳节。与都市110电台联合开展牵手阳光系列活动，搭建政府、家政企业与职工之间沟通交流、增进友谊平台。开展三八妇女节为千名家政行业一线女工献花和最美孕妈妈大赛。与市总工会开展关爱职工送健康活动。在“情系女性、关爱健康”女职工体检活动中，船营区妇幼保健院免费为700余名家政女职工进行妇科体检。开展由市总工会、市人力资源和社会保障局、市就业服务局主办吉林市“星级家政服务员”评选，有400余名家政服务员参加理论考核，有19家企业申报星级家政服务企业。

【吉林市家政服务业领军人颁奖典礼】 4月12日，由市总工会和人社局主办，市家政服务协会承办，市家协工会联合会、吉林市和美文化传播有限公司协办的吉林市家政服务业领军人颁奖典礼在市直机关会议中心举行。省、市相关部门30余名负责人及家政服务企业500余名员工出席典礼。市家政协会工会联合会获颁“全市工会联系引导劳动关系领域社会组织工作示范单位”奖牌，典礼以精彩的颁奖辞诠释保安、护理、居家养老、保洁、康复、家庭服务、托老服务、家政培训、育婴服务、社区服务、妇幼服务、快餐配送十二大家政战线领军人行业楷模的风采。（市家政服务业协会）

4月12日，“吉林市家政服务业领军人颁奖典礼”在市直机关会议中心举行
（市政府网站）

信息业

INFORMATION

数字化建设

【“数字吉林”建设】 组织召开全市“数字吉林”调研工作启动大会、“数字吉林”建设辅导报告会。开展数字吉林、智慧城市领域相关调研工作。针对《“数字吉林”建设规划（征求意见稿）》等省委省政府文件，结合吉林市实际情况，提出意见建议，为推进吉林市“数字吉林”建设打下基础。

【云平台建设】 推进业务应用系统入云迁移，支撑包括市政府网站集约化平台、市执法局城市指挥中心、不动产登记微信查询和网上预约等系统入云。截至2018年年末，入云部署25个部门39个系统。加大云平台扩容工作力度，分阶段顺利完成二期扩容服务，对全市云资源需求进行调研摸底，开展平台互联网区存储扩容升级服务，进行升级技术论证和改造评估，部署计算及存储资源，节约硬件投入。做好入云单位日常服务工作，完成国家信息安全等级保护三级年度测评、备案和软件系统正版认证工作，严把端口开放申请关，解决相关业务系统安全问题，政务云平台安全防护能力得到加强。

【无线“Wi-Fi”项目建设】 牵头组织全市“无线Wi-Fi”项目建设，引进中国普天公司出资1.7亿元建设全市公交车免费“无线Wi-Fi”项目（一期），会同吉林公交集团完成全市1000辆公交车无线网络连接设备安装，9月7日在全省率先开通投入使用，为日均70万乘客、年均2.5亿名乘客提供信息惠民服务。

【电子政务网络建设】 在全省无参照、无先例情况下，确定统采分签建设思路，核查全地区3000个点位资源，组织进行全地区政务外网购买服务公开招标，确定中标单位。召开全市各县（市）区、开发区工作推进会，督导签订分包服务合同，在省工信厅、省电子政务外网建设和管理协调小组备案。制定接入申请表、安全承诺书、开通确认单等制度。截至2018年年末，全市有116家单位完成线路铺设，其中开通57家，为全市政务信息系统提供基础网络条件。

组织部门开展自查，归纳梳理69家单位业务应用系统，全市有信息系统393个。其中，国家级128个，省级112个，市级153个。开展政务新媒体调研，吉林市全地区政务新媒体300个。推进部门内部系统整合，清理完成7个部门19个使用范围小、频度低的“僵尸”信息系统，全市9家单位提出整合计划，涉及整合信息系统53个。（市政数局）

【吉林云耕农业大数据服务平台入选国家新型智慧城市建设经典案例】 在《新型智慧城市发展报告2017》发布暨国家新型智慧城市创新发展论坛上，吉林云耕农业大数据服务平台入选12个经典案例之一，是吉林省唯一入选案例。吉林云耕农业大数据服务平台是吉林市政务服务网管理办公室重点推进的新型智慧城市建设项目之一。该平台通过农业数据资源的采集、整合、共享和利用，发挥农业大数据在产业发展及供给侧改革中的作用，构建自主可控的数字化全透明农业产业链、价值链的生态系统，服务于农业产业，促进农业产业结构优化调整和一二三产融合，实现打造健康放心农产品、促进农业增产和农民增收的目标。（市政数局）

链接>>

吉林云耕农业股份有限公司成立于2015年9月，是服务于农业的大数据平台型公司。依托“吉林一号”卫星空间数据信息进行农业大数据的产业信息化、实时化智慧管理，是国内首家将卫星数据与农业大数据信息相结合的实践项目，其农业大数据服务能力和影响力位居国家行业前列，打破农业领域体制机制障碍，打通数据孤岛，创新合作模式，培育交叉融合的农业大数据应用新业态，成为培育大数据应用新模式惠农信息工作的大数据样本。下辖农业大数据信息服务平台、大宗商品交易服务平台、农业文化旅游服务平台、基于ICF的人口大数据服务平台等四大农业业务平台。

电子信息产业

【概况】 2018年，全市电子信息产品制造业有规模以上企业13家，实现产值24.7亿元，比2017年增长3.1%。其中，产值10亿元以上的企业1家，亿元以上企业5家。

【新型电子元器件行业】 2018年，新型电子元器件行业企业加强产品研发和结构调整，更新换代提速，不断满足市场产品需求，中高端产品产量增长较快。行业龙头企业吉林华微公司全年实现产值15.7亿元，增长7%。

【汽车电子行业】 汽车电子行业继续保持发展势头，产品随着市场需求变化不断更新，新产品不断增加并供应市场。航盛电子公司销售收入增长较快。

【电力电子行业】 该行业发展趋于稳定，逐步摆脱下滑态势。电力电子行业部分企业创新发展，转型升级，逐步走出困境。规模以上的10家企业中，产值比2017年增长的7家，下降的3家。日新恒通公司实现断路器产品从传统装备制造走向“互联网+智能化产品+服务”的高端装备制造与集成，实现产品智能化、网络化。

【吉林华微电子】 吉林华微电子股份有限公司是集功率半导体器件设计研发、芯片加工、封装测试及产品营销为一体的国家级高新技术企业，在2018年中国半导体行业协会评选的中国半导体十大功率器件企业中名列首位，是行业连续10年排名第一的龙头企业，行业首家上市公司。2018年，完成工业总产值15.7亿元，比2017年增长7%。 （市工信局）

云计算产业

【联通吉林市云数据基地】 总投资1.1亿元，占地面积6009.97平方米，总建筑面积6897.44平方米，容纳1000个标准机柜。2015年5月正式投入运营，主要业务范围为吉林市政府提供政务云服务，以及为国内各类互联网公司提供服务。

【中国石油（吉林）数据中心】 一期投资25亿元，占地26.6万平方米，建筑面积2.45万平方米，容量2000个标准机柜。2014年6月正式投入运营，是中国石油集团级核心业务系统的生产运行数据中心和信息系统异地灾备基地，主要为中国石油天然气股份公司提供数据服务，是中国石油三大数据中心之一，是拥有“云计算”能力、国内领先的数据中心。2015年产值1.1亿元，2017年度产值1.1亿元。

【意邦智控江南数据中心】 占地面积2.2万平方米，建筑面积4.74万平方米，总容量为4000个标准机柜。一期投资4.85亿元，容量1000个标准机柜，完全采用商业化运营。 （市政数局）

软件服务外包产业

【软件外包服务贸易】 2018年，吉林市外包服务贸易呈现快速增长态势，实现420万美元，业务涉及日本、韩国、美国、比利时、瑞士等国家和中国香港地区。主要服务外包企业有大全数码、中讯创新、创惠科技、智明创发等。成功引进斯帝芬尼、中讯软件等国际知名企业，全市离岸外包资质企业发展到15家。第一届吉林市（大连）服务外包产业峰会在大连举行，软件服务外包产业快速发展。2018年，吉林市商务局获得第十六届中国国际软件和信息服务交易会优秀组织奖。创新“互联网+”战略发展模式，对外贸易平台建设取得实质性突破。

【第一届吉林市（大连）服务外包产业峰会】 6月13日，由吉林省商务厅指导，吉林市商务局、吉林高新区管委会主办，大连软件行业协会、大连市战略性新兴产业联盟协办，吉林创新科技城承办的第一届吉林市（大连）服务外包产业峰会在大连世界博览广场举行。吉林省、市相关部门领导，日本软银、斯蒂芬尼、野村信息、亿达信息等国内外服务外包企业代表，人力资源及培训机构负责人，大连本地服贸企业代表，吉林市相关企业代表等出席峰会。峰会结束后，吉林市园区和企业到大连部分服务外包企业进行实地考察，就合作项目进行探讨和交流。

表26 2018年吉林市离岸服务外包企业一览表

序号	企业名称
1	吉林大全数码科技股份有限公司
2	吉林中讯创新团建有限公司
3	斯帝芬尼信息技术（吉林）有限公司
4	吉林市伯瑞信息技术有限公司
5	吉林弘恒科技有限公司
6	吉林德铭科技有限公司
7	吉林恩源科技有限公司
8	吉林智深科技有限公司
9	吉林博琨信息技术有限公司
10	吉林东忠大全科技有限公司
11	吉林智明创发软件有限公司
12	吉林市俊逸科技有限公司
13	吉林吉智工场信息科技有限公司
14	吉林创惠科技有限公司
15	艾博科建筑设备设计（吉林）有限公司

（市工信局）

【吉林金谷软件服务外包产业基地】 吉

吉林金谷软件服务外包产业基地（2018年7月） （高新区 供图）

林金谷软件服务外包产业基地是2013年9月在吉林大仝数码科技股份有限公司原址基础上通过改扩建后成立的，建筑面积1.4万平方米，包括软件服务外包大厦、软件办公与写字楼、众创空间、联合办公空间和生活服务配套等基础设施。基地为国外客户、国内相关企业和个人提供软件研发、软件测试、信息服务、软件人才培训提供平台及配套生活服务设施。至2018年年末，入驻基地中小微孵化企业42家，创新创业团队17个。

【吉林智明创发软件有限公司入驻吉林金谷软件服务外包产业基地】 11月2日，吉林智明创发软件有限公司在吉林金谷软件服务外包产业基地举办乔迁仪式正式入驻吉林金谷软件服务外包产业基地，吉林智明公司的入驻使吉林软件服务外包产业基地功能得到进一步丰富和完善。省商务厅服务贸易处处长孙喜华、市商务局局长李勇参观考察软件服务外包基地和吉林智明公司，并与基地和吉林智明公司有关领导就服务外包产业合作举行会谈。智明创发软件公司是专门从事软件服务外包和IT技术服务的国际化企业集团，在中国北京、上海、大连、吉林、无锡、成都、杭州及日本东京拥有开发基地，在金融IT服务领域全球排名第九。至2018年年末，吉林智明创发软件有限公司是吉林市离岸服务外包执行额最大的企业，主要为日本客户提供离岸软件服务外包业务。（市商务局）

电子商务

【概况】 2018年，吉林市网络零售交易额增速45%，保持连续3年高位增长。吉林市获得“电子商务促进乡村振兴十佳案例”奖。截至2018年年末，龙潭区棋盘村、蛟河市黄松甸村、磐石市取柴河镇王家村和昌邑区孤店子镇大荒地村4个村被阿里巴巴集团认证为“中国淘宝村”，全省4个“中国淘宝村”全部产生在吉林市，占东北三省总数的30%，实现农村电子商务跨越式发展。

跨境电子商务运营中心在保税物流中心建成，为吉林市增添电商新型业态。举办吉林市首届知名电商企业和品牌评选活动，评出15家知名电商企业、14个知名电商品牌。与阿里巴巴集团等知名电商深化合作；与淘宝大学合作培养电商人才项目签约；被称为中国服务业阿里巴巴的“猪八戒网”落地吉林市。阿里巴巴“兴农扶贫”项目首批落地吉林市以及舒兰、蛟河、桦甸等县（市），为电商扶贫助力乡村振兴增添动力。

【首届知名电商企业和品牌评选】 12月17日，吉林市首届知名电商企业和品牌评选活动经企业申报、县（市）区商务局审核推荐、实地走访、网络投票，综合企业发展现状和社会知名度，经组织

7月24日，吉林市跨境电子商务运营中心项目在吉林保税物流中心3号库开工建设（市商务局 供图）

专家组评审，吉林市商务局、吉林市电子商务协会评选出吉林市永鹏农副产品开发有限公司、吉林市东福米业有限公司等15家企业为吉林市知名电商企业，吉林市统泰一网全城电子商务有限公司“一网超市”、蛟河市森百味有限公司“森百味木耳”等14家企业平台和产品为吉林市知名电商品牌。

【农村电子商务】 10月26日至27日，在阿里巴巴集团主办的第六届中国淘宝村高峰论坛上，授予吉林市磐石市取柴

表27 **2018年吉林市首届知名电商企业一览表**

序号	企业名称
1	桦甸市金牛牧业公司
2	吉林华微电子股份有限公司
3	吉林市永鹏农副产品开发有限公司
4	吉林市东福米业有限责任公司
5	吉林市长荣农副产品有限公司
6	吉林省坤合食品有限公司
7	吉林市统泰一网全城电子商务有限公司
8	吉林膳蔻现代农业股份有限公司
9	蛟河市森百味食品有限公司
10	蛟河市插树岭土特产品有限公司
11	吉林出彩农业产品开发有限公司
12	吉林市翼生活电子商务有限公司
13	吉林棋盘网络科技有限公司
14	吉林省田谷有机食品有限公司
15	桦甸市新合作电子商务有限公司

（市商务局）

表28 **2018年首届吉林市知名电商品牌一览表**

序号	品牌产品	企业名称
1	桦牛牛肉	桦甸市金牛牧业公司
2	老爷岭产品	吉林市永鹏农副产品开发有限公司
3	大荒地大米	吉林市东福米业有限责任公司
4	眼镜小猫瓜子	吉林省坤合食品有限公司
5	非我莫黍有机杂粮	吉林百益有机农业开发有限公司
6	膳蔻秋木耳	吉林膳蔻现代农业股份有限公司
7	一网超市app	吉林市统泰一网全城电子商务有限公司
8	插树岭食用菌	蛟河市插树岭土特产品有限公司
9	森百味木耳	蛟河市森百味食品有限公司
10	吉粮大豆油	吉林出彩农业产品开发有限公司
11	乌拉满族火锅	吉林棋盘网络科技有限公司
12	三河站农产品	中国邮政集团公司吉林市分公司
13	好芯牌酸菜	吉林省田谷有机食品有限公司
14	达顶核桃油	吉林省达顶土特产品有限公司

（市商务局）

河镇王家村和昌邑区孤店子镇大荒地村“中国淘宝村”称号。截至2018年年末，吉林市有磐石市取柴河镇王家村、昌邑区孤店子镇大荒地村、吉林市龙潭区棋盘村、蛟河市黄松甸村4个“中国淘宝村”，占东北三省“中国淘宝村”总数的30%，吉林省4个“中国淘宝村”全部产生在吉林市。由于“淘宝村”认定标准严格，完全以阿里巴巴集团后台大数据为依据，由电商专家进行审评，“中国淘宝村”称号含金量非常高，是县域电商经济发展水平的重要标志。经阿里巴巴研究院和有关专家根据县域电商发展综合水平、产品经营特色、创业带动效应、基础设施与公共服环境改善方面综合评估，授予吉林市“电子商务促进乡村振兴十佳案例”奖。

王家村“淘宝村”依托当地龙头企业“山菇娘”食品公司，建设“淘宝村”孵化基地和电子商务服务中心，实现网商主体集中经营，变自发式经营为抱团式发展。王家村通过阿里巴巴国际平台向加拿大等国家出口榛蘑、木耳等特色产品，在跨境电子商务方面作出有益尝试，为地方青年创业就业提供平台和机遇；大荒地“淘宝村”利用集约化、现代化农业产业优势，将品牌大米网上销售与“可视农业”、乡村旅游、温泉度假等产业结合，带动周边产业和上下链条产业快速发展。

10月26日至27日，在阿里巴巴集团主办“第六届中国淘宝村高峰论坛”上，磐石市取柴河镇王家村和昌邑区孤店子镇大荒地村被授予“中国淘宝村”称号，授予吉林市“电子商务促进乡村振兴十佳案例”奖。

【跨境电商产业发展】 鼓励企业利用互联网平台开拓国际市场。完成2018年度企业开展跨境电商业务资金项目申报审核及2019年预申报工作。长荣农副产品、华微电子、江机机械、固和泰等众多企业均上线阿里巴巴国际站等知名电商平台，进行企业产品宣传展示，打造外贸发展新引擎。7月24日，吉林市跨境电子商务运营中心项目在吉林保税物流中心3号库正式开工建设，项目按照施工建设计划稳步推进。部门协作形成服务外贸企业发展合力，协调省商务厅支持吉林市共享省跨境电商综合服务平台资源，协调长春海关支持保税物流中心改造建设跨境电子商务运营中心。多次召开座谈会，推动吉林市跨境电商运营中心项目顺利实施。（市商务局）

通信管理

【概况】 吉林市通信管理办公室隶属于吉林省通信管理局，为省通信管理局在吉林市的派驻机构。年内，在通信资源共建共享、推动第五代移动通信网络建设工作、应急通信保障等方面均取得优异成绩。

【通信基础设施建设】 2018年，各通信运营企业全面完成全年网络建设任务。新建基站759个，全市4G基站10936个，实现4G网络覆盖乡镇以上地区及农村热点地区。固定电话用户数42.87万户；移动电话用户数467.88万户；互联网宽带接入用户101.53万户。2018年，城市社区光纤网络覆盖率98%；行政村光纤通达率99.3%；移动宽带用户普及率达80%以上；固定宽带家庭普及率98%以上；城市家庭宽带接入服务能力为200兆；城镇基本实现城市光纤到楼入户。

【通信资源共建共享】 通信管理办公室推进通信资源共建共享工作，全年促成共享通信杆路164.893千米，共建通信杆路27.251千米，共享机房14个，共建室内分布系统12套。初步实现并持续推进宽带网络设施提升项目与资源开放共享，实现重点区域免费Wi-Fi应用。

【通信设施精准扶贫】 2018年，通信行业加大农村通信基础设施建设力度，实施贫困地区网络覆盖工程，完成贫困村宽带网络工程建设，组织各通信运营企业开展精准帮扶，成立帮扶组，推进扶贫项目进行，满足贫困村屯3G/4G信号覆盖，满足通话和手机上网需求，加强农村精神文明建设。2018年，帮扶40个贫困村实现网络脱贫，村村通率99.87%，扶贫项目总投资1074.75万元。

【专项通信保障】 吉林市通信管理办公室成立专项通信保障小组，统一领导，分级负责，快速反应，协同应对。发挥各通信企业作用，利用成员单位人员、设备、物资、信息等优势，密切沟通协调。完成吉林市马拉松比赛通信保障、吉林北山民俗庙会通信保障、国家统一法律资格职业考试保障等通信应急保障工作。

【5G移动通信网络建设】 吉林市通信管理办公室推进第五代移动通信网络建设工作，完成规划文本编制、专家评审、规划调整等工作。12月，经市政府常委会审议通过。加快部署吉林市第五代移动通信网络，普及5G应用，为推动吉林市新一代信息技术与实体经济深度融合、实现产业转型升级、建设网络强市奠定基础。（市通信管理办公室）

通信运营

【中国联通吉林市分公司】 至2018年年末，中国联合网络通信有限公司吉林市分公司（简称“中国联通吉林市分公司”）实现主营收入10.98亿元，利润11995万元；上缴各类增值税、营业税等税费2541万元；移动业务用户154.92万户。有从业人员2197人。

网络建设维护。在移动网方面，联通吉林市分公司坚持规划、建设、维护、优化一体化工作模式，针对市场发展建设移动网和对网络进行优化。截至2018年年末，移动网络4G接入成功率100%，移动网络质量用户满意度逐年提升；在宽带网方面，按市场需求驱动网络建设和结构改造，打造200兆带宽能力，实现网络侧200兆带宽接入能力用户占比为98%，光纤到户端口占比90%。

通信业务。根据客户使用习惯打造专属化使用产品，将宽带和移动业务进行深度融合，满足不同家庭人群需要，并以互联网深度赋能为依托，围绕客户感知，强化服务能力，实施“网速快、服务好、慢必赔”宽带服务体系。依托自身技术和专业化人才，以方案解决为核心，中标吉林市公安局雪亮工程、桦甸市政务大厅综合信息化项目等多个项目，促进地区信息化建设。根据客户不同线上业务需求，制定不同线上小程序满足商家互联网化需求。在教育、医疗、安全等多个领域开展创新化服务，AI技术在城市治理领域的广泛应用使传统视频监控项目进入迭代升级期，释放云业务发展医院信息化成本及运维压力，智慧景区、“旅游＋文化”信息化、旅游智享平台等服务为全省旅游管理机构和旅游景区提供数据化服务。

（中国联通吉林市分公司）

【中国移动吉林市分公司】 中国移动通信集团吉林有限公司吉林市分公司（简称“中国移动吉林市分公司”）有县（市）分公司5个，城区分公司2个，从业人员1073人。2018年，完成LTE站址规划及扩容4000余个，LTE城区覆盖率97.80%；完成雾凇岛5G基站建设工作。

加强渠道建设，通过定期召开服务质量分析会、投诉处理能力提升会等方式，提升一线人员现场投诉解决能力；通过客服人员参与营销案策划、提高10086热线的投诉处理时效及处理质量，提升品质服务，护航市场发展。

落实新技术、新业务信息安全评估考核、“防范打击通信信息诈骗”考核、两部委网络与信息安全考核；完成春节、“两会”等重要会议活动的保障工作；开展防范打击通信信息诈骗工作，加强号码管理，纵深分析疑似诈骗号码并及时处置。（中国移动吉林市分公司）

【中国电信吉林市分公司】 中国电信集团有限公司吉林市分公司（简称｛“中国电信吉林市分公司”）是中国电信集团有限公司在吉林市设立的分支机构。主要经营国内、国际固定电话、移动通信，数据传输、互联网、宽带接入等综合电信业务。设永吉、桦甸、磐石、蛟河、舒兰5个县（市）级分支机构，5个行政部门，11个经营单元。

2018年，中国电信吉林市分公司宽带端口58.05万个，宽带网络感知优良率99.95%，4G室内覆盖率93.25%。光宽服务能力采取布局式建设攻坚，光衰整治降损耗，强化预检预修；推广装维延伸服务，落实本地故障拦截机制；有序升级、改造，提升双路由占比。

年内，依托自有应用创新平台和开放共赢战略部署，针对百姓出行、支付、生活缴费、购物和文化娱乐等方面需求，以翼支付应用实现理财、缴费、还信用卡、付款、转账、购票、加油、洗车、观影、购物、餐饮等诸多功能。

（中国电信吉林市分公司）

无线电管理

【概况】 2018年，全市无线电管理工作坚持以“管频率、管台站、管秩序，为经济建设服务”为宗旨，维护吉林地区空中电波秩序，保障无线电空中电波安全，重点推进依法监督管理无线电台（站），处理无线电干扰和无线电安全保障等工作，发挥无线电管理在经济建设和社会发展中的作用。

【无线电安全保障】 完成各类大型活动的无线电保障工作。完成“两会”和“春运”期间无线电安全保障工作，开展24小时值班，值班27天、累计648小时；开展2018年吉林市国际马拉松赛事无线电保障任务，对赛事使用的频段开展24小时监测工作，及时发现问题，及时排除干扰，为赛事提供了良好的无线电环境。

组织吉林市各项无线电考试保障工作，严厉打击利用无线电技术手段进行考试作弊行为，为考试提供安全、公平的无线电考试环境。全年保障考试20次，其中重点完成2018年高考保障任务。制定2018年吉林市高考无线电安全保障实施方案，成立以局主要领导为组长的领导小组，组成11个保障小组，2个巡查小组。周密安排、科学部署，完成高考保障任务。

【无线电监管】 有效排查无线电干扰。全年查处无线电干扰案件7起。重点进行欧洲空间局土壤湿度与海水盐度卫星干扰的查找定位工作，吉林市区域内的干扰源为吉化污水处理厂移动发射设备，现已拆除。查处2起民航干扰，均为私自设置“黑广播”产生互调，干扰民航频率，造成通信质量下降，均已排除。

打击违法设台犯罪活动。开展打击“黑广播”违法设台犯罪工作，针对黑广播犯罪活动具有设置流动性强、播出时间随意、使用频点更换频繁等特点，配合公安、广电部门，采取措施，持续开展打击违法设台活动。全年先后出动车次60余次，人员180余人次，监测定位黑广播9起，没收黑广播设备9套，“黑广播”查找定位工作取得新进展，对犯罪活动起到震慑作用。

【无线电台（站）监管】 按照国家统一部署，组织开展卫星地球站无线电台站清理核查和790～960兆赫等四个频段使用率评价工作，推进5G系统商用，避免5G系统频率对同步段或邻频段内依法开展的其他无线电业务产生有害干扰。清理核查吉林辖区内3400～4200兆赫和4500～5000兆赫两个频段卫星地球站等无线电台站，完成吉林四区五县频段核查及结果分析比对，填报相关台站信息。在做好前期准备下，开展路测（先外县，后市内）工作，采集、整理监测数据，上报省无线电管理部门。

【无线电宣传】 根据吉林省工业和信息化厅《关于做好2018年无线电管理宣传月相关工作的通知》要求，在全市开展主题为“珍惜无线电频率资源维护新时代电波秩序”无线电管理宣传月活动，提升社会公众依法用频、设台意识。制定《2018年无线电管理宣传实施方案》；筹划准备无线电管理宣传活动材料；拓宽思路、创新形式，采取多种方式开展宣传活动；加强沟通协作，扩大宣传范围，确保无线电管理宣传工作质量。吉林地区无线电管理宣传工作做到宣传覆盖面积最大、信息知识传播效果最好。全局出动14人，2台无线电技术保障车辆，宣传范围扩大到整个吉林市地区，在各县（市）均开展现场宣传活动；发放宣传资料3000余套，社会公众参与踊跃，技术人员耐心讲解，达到提升社会公众自觉遵守无线电管理法律法规和依法用频、设台意识的效果。（市工信局）

旅游业

TOURISM

综 述

【概况】 吉林市自然资源丰富，产业基础雄厚，人居环境优良。作为东北重要的旅游城市，吉林市旅游资源富集，主要有四大类，即雾凇冰雪、自然山水、休闲养生、历史文化。吉林市所拥有的旅游资源中，雾凇冰雪旅游产品丰富厚重，成为金字招牌，发展潜力巨大，蕴含极大发展空间。吉林市冬季旅游主题和主打产品是“赏雾凇、戏冰雪、泡温泉、享民俗、过大年”。吉林市委、市政府高度重视旅游业和冰雪产业发展，“十三五”吉林市在城市发展的定位上，突出旅游元素，提出打造“旅游文化名城、新型产业基地、生态宜居城市”的奋斗目标，构建“6411”产业发展体系，明确提出旅游先行，为旅游业和冰雪产业的发展创造新的契机。

2018年，吉林市接待游客总人数5946.01万人次，比2017年增长16.97%；旅游收入1004.06亿元，比2017年增长25.33%，旅游业实现千亿级产业目标。作为老工业基地城市，吉林市在国家产业结构调整大的政策背景下，比较快地实现产业结构转型升级。

截至2018年年末，全市有旅行社99家。其中，出境社17家，国内社82家。注册导游员3913名，直接从业人员约12200人。有各类博物馆16个，各类文化遗存2181处。其中，国家级文物保护单位18处，省级文物保护单位55处。市级以上非物质文化遗产187项。其中，国家级3项，省级58项。A级旅游景区（点）29个。其中，国家AAAA级景区9个，AAA级景区7个，AA级以下景区13个。A级乡村旅游经营单位129家。其中，AAAAA级4家，AAAA级16家，AAA级19家，AA级46家。拥有星级饭店13家。其中，四星级2家，三星级10家。各类饭店总床位数为10万余张。

【旅游业发展重点】 吉林市旅游业发展迈入快车道，围绕培育“雾凇之都 滑雪天堂”市场品牌，以建设中国冰雪旅游名市、冰雪体育强市、冰雪产业大市、打造世界级冰雪旅游目的地为目标，重点建设北大壶、万科松花湖度假区等一批国际国内一流滑雪度假综合体，推动“中国雾凇之都”“中国最美冰雪温泉带”等著名冰雪旅游品牌，打造“中国吉林国际雾凇冰雪节”“中国吉林国际冰上龙舟赛”等著名节庆赛事活动，打造“世界冬季城市市长论坛”“中国达沃斯·世界北大壶”等冰雪旅游文化活动，朝着做大滑雪、做强冰球、做优冰雪装备制造、做实冰雪运动基地等目标和方向，把吉林市打造成为世界级冰雪旅游目的地。在发展冰雪产业的同时吉林市提出，以“不与海拔争高下，只凭纬度著清凉”为品牌，全力打造避暑旅游，形成吉林市旅游两季引领、四季繁荣的发展格局，成为国内外著名的四季旅游目的地。

【森林旅游】 以吉林雾凇、蛟河红叶、桦甸白桦、磐石溶洞和朱雀揽胜为主要特色发展森林旅游业。全市森林旅游产业逐步形成规模，经济效益和社会效益逐步显现。全市森林旅游投入资金12亿元。2018年，朱雀山森林公园接待游客18万人次，经营总收入500万元。开展朱雀山森林公园AAAA级景区恢复工作，待省里组织评审。对上营地区森林旅游开发项目进行招商，同吉林市振霖科技有限公司就合作开发项目达成共识并签订合同。开展吉林鹭岛桦林湾省级森林公园项目建设。上营森林局举办首届“鹭岛桦林湾杯”森林康养健身跑活动。国庆期间举办第三届舒兰市“净土稻心”红叶赏秋活动。（市文广旅局）

旅游资源

【概况】 吉林市地处长白山脉向松嫩平原过渡地带，松花江呈反“S”形穿城而过，形成“四面青山三面水，一城山色半城江”的天然美景。吉林市自然环境优雅，人文气息浓厚，是中国北方极具典雅风格、极富浪漫气息旅游城市。拥有自然风光、人文景观、冰雪休闲、温泉养生等6大类旅游资源，并以山、水、冰、雪、雾凇等特色资源著称，有200余处自然和人文旅游主要景观。先后被评为中国历史文化名城、中国优秀旅游城市、国家园林城市、倾国倾城·最值得向世界介绍十大中国名城、中国书法城、中国十大休闲城市、中国最佳避暑旅游目的地城市、最具影响力旅游城市，中国十佳冰雪旅游城市。

【自然景观】 吉林雾凇。吉林雾凇同黄山云海、泰山日出、钱塘潮涌一并誉为中国四大气象奇观。雾凇是大自然对吉林人馈赠，也是吉林市冬季旅游点睛之笔。观赏吉林雾凇有九大观赏带：松江路城市雾凇观赏带、江滨公园雾凇观赏带、阿什哈达郊野雾凇观赏带、雾凇岛（韩屯）雾凇观赏带、雾凇岛（曾通）雾凇观赏带、北大壶山林雾凇观赏带、松花湖滑雪场雾凇观赏带、红石湖水上雾凇观赏带、白山湖雾凇观赏带。

吉林陨石。位于吉林大街100号吉林市陨石博物馆是中国唯一一家陨石博物馆。吉林一号陨石重1770千克，是已知世界上最大单体石陨石。该陨石属石质陨石，蕴藏丰富的宇宙信息，是研究天体演化、元素起源、生命起源、空间技术以及其他多门学科的珍贵实物资料。

朱雀山国家森林公园。位于吉林市近郊东南部，是吉林城四座名山之一。最高山为五家山，海拔871米。毗邻松花湖风景区，距市区8千米，是集地文景观（山石）、水域风光（湖泊）、气候天象（淞雪）、生物景观（森林）、文物古迹（石刻）、宗教文化（寺庙）等自然和人文景观为一体的森林公园。

【冰雪旅游资源】 吉林市被誉为“滑雪天堂”。地处北半球中纬度地带，冬季积雪期长、雪质好、温度适宜，为冰雪运动提供良好自然环境，是全国范围内最适宜建设高级滑雪度假区地区之一。

北大壶滑雪度假区。吉林北大壶滑雪度假区位于吉林市北大壶体育旅游经济开发区内。冬季风小，有时近似静风，气候适宜。北大壶雪质干爽、近乎粉状，被誉为“粉雪度假天堂”。北大壶滑雪度假区有优质雪道26条，雪道总长度约48千米；另有高山滑雪索道6条、拖牵1条、魔毯4条、8人高速吊箱、6人高速吊椅、4人吊椅等设施，满足各种级别滑雪爱好者。

万科松花湖度假区。万科松花湖度假区距离吉林市主城区仅15千米，距长春龙嘉国际机场约86千米。滑雪场拥有34条优质雪道，滑雪面积175公顷。有6条载人索道，其中1条观光载人索道在夏季时可让游客在舒适环境中登顶青山，一览湖光山色。度假区初、中、高级雪道以4∶4∶2比例分布在整座雪场上，拥有国内最长高山初级雪道，全长5.23千米。雪场5条高级雪道通过国际雪联认证，可满足国际大赛高山大回转比赛需求。

北山冰雪大世界。北山冰雪大世界坐落在风景秀丽北山公园内，是吉林市规模较大、以冰雪娱乐为特色冬季旅游景点。雪场设3条滑雪道、2条雪爬犁道、3条索道、雪地摩托、放雪橇、滑冰、冰陀螺、冰滑梯等，设有综合楼、大型停车场、游泳池等设施，以及各种冰雪景观。

鸣山绿洲滑雪场。位于鸣山绿洲生态旅游度假村AAA级旅游景区，是吉林市首家绿色生态理念营造滑雪基地。雪场设有高级道、中级道、初级道、儿童道、雪圈道、多条魔毯和单板公园。雪上项目分为雪板、雪圈、单板、雪地摩托等。鸣山绿洲滑雪场雪道全场1500米，平均宽度80米，极致宽度150米，停车区100米，雪道最大高差700米，积雪厚度0.5米至1.5米，积雪期长达140天。滑雪场拥有现代大型造雪机、压雪机，确保全雪季正常运营。

朱雀山滑雪场。朱雀山滑雪场坐落在吉林市朱雀山脚下，距市区11千米。朱雀山滑雪场长200米、宽50米滑雪道为滑雪爱好者提供优良滑雪场地，并且坡度适宜，适合初学者滑雪娱乐。

五家山滑雪场。位于丰满区，距离市区较近，建有长1200米中级雪道和长400米初级雪道，500米雪圈道，配有两条国内先进雪地魔毯。可容纳2000人同时滑雪。建有雪板大厅400平方米，服务区200平方米，餐厅1000平方米，同时容纳500人就餐。

吉雪滑雪场。位于吉林市船营区大绥河镇小绥河村，长吉南线公路旁，距吉林市10千米，距长春市75千米。吉雪滑雪场与法国MND集团联手打造品牌滑雪场。占地面积40万平方米，设初、中、高级雪道13条，建有单板公园、猫跳场地、儿童娱雪公园、雪圈乐园。雪场引进法国高科技造雪技术、意大利雪道平整车、四人架空缆车2条、自动循环魔毯4条，提供世界顶尖滑雪器材，雪道最大坡度33度，最小坡度6度，雪场综合大厅5000平方米。

吉林磐石莲花山滑雪场。地处长白山余脉莲花山国家森林公园内，总面积11万余平方米，可同时容纳3000余人，滑雪场有9条雪道，包括雪圈道、越野雪地摩托车道、单板U型槽、初级道、中级道和高级雪道。

永吉麒麟山滑雪场。位于永吉县口前镇下达村三社，占地面积2.4万平方米。有2条级别不同雪道：1条中级雪板道全长350米，垂直落差50米，配有拖牵；1条适合初学者初级雪道。雪圈场地有2条雪圈道，同时配有雪地代步机将人运送到山顶，其中“1号雪圈道”惊险刺激又安全；“2号雪圈道”长750米，在丛林中迂回旋转。

【温泉旅游资源】 吉林市拥有万昌—孤店子1500平方千米温泉带，储量丰富，水质优异，被誉为“中国最美冰雪温泉带”。吉林市具有丰富温泉资源，浓厚温泉文化。温泉体验结合生态农业观光、满族文化风情、冬季休闲养生。

神农庄园温泉度假村。吉林市神农庄园有限公司成立于2007年，被农业部、国家旅游局评为国家AAAA级旅游景区、全国休闲农业及乡村旅游五星级企业、全省乡村旅游AAAAA级经营单位。神农庄园服务项目包括：温泉体验、商铺购物、农耕博览、满族风情、健身运动、拓展训练、商旅会议、果蔬采摘、山林珍禽养殖、热带植物观赏、乡村深度休闲游等。

圣德泉亲水度假花园。由圣德泉实业有限责任公司于2006年开始投资兴建，为国家AAAA级旅游景区。是由综合会馆、温泉馆、休闲庭院、池水园林、生态大棚5部分组成温泉主题花园。度假花园占地面积约7万平方米，建筑面积1.5万平方米。有接待大厅、温泉馆、商务客房、庭院式客房和餐饮楼、康乐中心、生态大棚、垂钓池、荷花池、果树园林、休闲广场、篝火广场和拓展广场等。

圣鑫温泉。圣鑫温泉谷总面积约5万平方米，由森林度假酒店、热带雨林植物园（原名网架子）、室内、室外温泉区、室外嬉水乐园、古民居美食街（青懿堂）、儿童游乐区、手工陶艺体验区、多功能水吧、快餐区、特色产品购物区、汗蒸区、茶艺室及古典演艺区（薛家戏台）等十余种业态组成，与葡萄酒庄相结合。

紫御温泉。位于吉林市昌邑区桦皮厂镇乔屯，总占地面积35万平方米。其中，度假村占地面积12万平方米，现代有机休闲农业占地23万平方米，是一个集养生养老、温泉度假疗养、休闲旅游、特色美食、果蔬采摘等功能于一体综合型度假村。

四季祥康温泉会馆。位于吉林省昌邑区桦皮厂镇中心，距吉林市26千米，龙嘉机场50千米，紧邻省道长吉北线，交通十分便利。馆内设福寿全、百草泉、红酒泉、双子泉、亲亲鱼疗池、游泳池、汗蒸房、休息大厅、四泳道标准泳池、红外玉石床等休闲养生设备。

乔屯温泉。位于吉林市桦皮厂镇乔屯村，是集温泉养生戏水、宾馆、餐饮、热带鱼养殖及垂钓、温泉农家院、农产品采摘、温泉养老于一体综合性庄园。总建筑占地面积5.5万平方米，总热带鱼养殖垂钓采摘面积20万平方米。

白桦林·家温泉。位于吉林市桦皮厂镇乔屯村，以温泉和纯粹温泉文化为载体，借鉴城市综合体概念，依托温泉资源，将温泉、餐饮、保健、文化、娱乐、快时尚百货、民俗特色等多种业态高度融合共享，打造中国首家近郊温泉旅游商业购物中心。有生态宜居、特色温泉、小镇休闲、文娱康健、农业观光、绿色养生、悠闲养老等项目。

金达温泉。位于吉林省长春市和吉林市之间，距吉林市24千米，温泉水质优异，拥有庭院式养老住宿区、生态式养生医疗区、休闲式康复健身区、娱乐区、餐饮区及附属配套设施等。

卓远温泉。位于吉林市永吉县一拉溪镇三家子村，以丰富温泉地热资源为基础，以温泉养生度假及智能温室农业为两大主题，是集农业观光、餐饮住宿、会议接待、集温泉养生、休闲娱乐为一体的综合性现代农业示范区。（市文广旅局）

旅游开发建设

【概况】 2018年，吉林市旅游项目新建、续建31个，总投资861亿元，计划投资38.51亿元，2018年全年完成投资38.52亿元。

【北山四季越野滑雪场建设】 至2018年年末，北山四季越野滑雪场投资3.02亿元。2月5日室内专业雪道实现隧道扩建全线贯通，6月6日完成全部洞室底部仰拱施工，9月9日完成标准段隧道及各洞室二次衬砌施工，9月26日运动员出发大厅完工，9月30日室内专业雪道主体工程完工，完成项目室内专业雪道建设。12月27日，项目室内专业雪道完成造雪铺设，市体育局组织队伍进行首次试滑。

【舒兰二合雪乡建设】 舒兰二合雪乡完成投资6000万元，占地450公顷，建设关东民宿、滑雪场、花海种植园、民俗商业街、旅游商品展示中心、栈道、滑雪、滑草、木屋群及游客接待中心等设施，2017年至2018年雪季开始接待游客，全部设施建设完毕。

【北大壶青少年雪上运动训练基地】 北大壶青少年雪上运动训练基地完成投资1.7亿元，建设8条雪道，总长4639米，新建缆车4条，新加造雪系统6839米，造雪面积17公顷，已投入使用。

【白桦林家温泉建设】 白桦林家温泉完成投资11亿元，占地面积28.66万平方米，主要建设温泉酒店、温泉养老、温泉居住、温泉休闲娱乐商业开发及农业观光、采摘等。一期占地19.6万平方米，其中13万平方米为商业用地，主要建设3个温泉汤馆，6.6万平方米为住宅用地，建筑面积6万平方米，投入使用。

【北大壶项目建设】 4个项目完成投资额1.45亿元。其中，冬奥训练基地服务中心全部完工等待验收；营地公寓项目内部装修中；青少年滑雪训练基地二期在做林勘和各类报告编制；北大壶冬奥村各大楼建设基本完工。

【万科松花湖度假区建设】 至2018年年末，万科松花湖度假区完成投资2.5亿元。其中，公寓二期项目全部竣工验收完成；公寓三期主体项目施工中；别墅区项目全部竣工验收；二期主体封顶，屋面在施工中。（市文广旅局）

旅游宣传推介

【概况】 2018年，吉林市旅发委组织参加大型促销活动6次，参加各地各类旅游交易会9次，赴主要客源地城市组织召开专场推介会3场，参加境外促销4次，旅游品牌打造和新媒体建设取得新突破。

【宣传营销活动】 组织赴浙江、南京、深圳、延边、北京等地参加大型促销6次；参加长三角、珠三角、京津冀、西北等地各类旅游交易会9次；赴主要客源地城市组织召开福州市、厦门市、京津冀等专场推介会3场；参加泰国、加拿大、美国、澳大利亚等境外促销4次。借助北京“旅博会”“冬博会”和“冬奥在北京，体验在吉林”等活动契机，统筹谋划、参与，展示吉林市旅游资源，提升知名度和影响力。

【旅游品牌打造】 围绕“避暑旅游城市”

9月20日，2018国际冬季运动博览会奥运城市发展论坛在北京举办。图为吉林市市长刘非（右三）参加高峰对话活动现场（市文广旅局 供图）

八项基本指标，系统梳理全市避暑旅游资源，打造“盛夏不暑，天赐凉都”品牌，推出丰富多彩避暑旅游产品，推动雪场反季旅游产品开发。完善“吉祥行、四季行、吉林市行”四季旅游产品，推出50余条特色旅游线路；打造“东北新三宝”旅游商品品牌。在2018年7月举行第四届中国避暑旅游产业峰会上，吉林市被评为“最具潜力避暑旅游城市”。

【新媒体建设】 完善网络新媒体平台，提高旅游信息服务效果。完善吉林市行微信公众号，扩大信息量，实用性、功能性和使用体验进一步提升。开通吉林市旅发委抖音官方账号，观看量突破110万人次。

【中国·吉林市—俄罗斯远东旅游推介会】 12月27日，中国·吉林市—俄罗斯远东旅游推介会在吉林市召开。推介会由吉林市人民政府主办，吉林市旅游发展委员会、吉林市外事办、中国新闻社吉林分社共同承办。来自俄罗斯滨海边疆区旅游厅的官员、俄罗斯远东地区旅游公司代表和俄罗斯多家媒体，参加推介会。推介会上，吉林市与俄罗斯远东地区的6家旅游机构分别进行旅游线路、旅游合作项目推介。吉林市旅游发展委员会主任费光宇与俄罗斯联邦滨海边疆区旅游厅旅游发展部部长乌多维扬科就旅游合作问题在双方立场上深入交换意见。

【休闲农业十大景区和十佳最美民宿评选】 2018年下半年，按照吉林市政府办公室《关于印发吉林市休闲农业十大景区暨十佳最美民宿评选实施方案的通知》安排，吉林市组织开展吉林市休闲农业十大景区暨十佳最美民宿评选活动。该活动由市政府主办，市农委、市旅发委、江城日报社承办。综合评选出“吉林市休闲农业十大景区”和“吉林市十佳最美民宿”及提名单位。

丰满区圣鑫葡萄酒庄、昌邑区神农温泉度假村、永吉县星星哨旅游风景区、船营区圣德泉亲水度假花园、丰满区乡野人家度假村、船营区东鸽生态园、昌邑区意禾田生态农业观光园、桦甸市名峰度假村、丰满区五家山森林公园、蛟河市富江花海、舒兰市二合雪乡、龙潭区金珠花海入选“吉林市休闲农业十大景区”。

12月27日，中国·吉林市—俄罗斯远东旅游推介会在吉林市召开。图为推介会现场 （市文广旅局 供图）

丰满区富饶农场、舒兰市二合雪乡孙家大院、丰满区山水乡墅休闲民宿、龙潭区胡家大院客栈、龙潭区红源酒庄、永吉县黑屯水库度假村、舒兰市红房子山庄、蛟河市宝安旅游度假村、舒兰市龙凤山庄、永吉县鸿盛山庄入选“吉林市十佳最美民宿”。

磐石市官马莲花山景区、永吉县金家花海红叶谷、龙潭区野香谷休闲农庄、丰满区鹿鸣山游乐园、桦甸市金色农华休闲农业园、龙潭区龙鑫禾月度假山庄、昌邑区春新生态家庭农场、舒兰市吉米稻香有机农场、龙潭区长增家庭农场、永吉县臻榛庄园获得“吉林市休闲农业十大景区”提名。

丰满区药王谷依林山寨、龙潭区雾凇岛摄影基地、蛟河市优品众合农业体验馆、磐石市盛禾家庭农场、龙潭区雾凇岛雾乡影苑客栈、龙潭区雾凇岛百涛客栈获得“吉林市十佳最美民宿”提名。

（市文广旅局）

旅游节庆活动

【第24届中国·吉林国际雾凇冰雪节】 12月28日，第24届中国·吉林国际雾凇冰雪节在吉林市北大壶滑雪度假区开幕。本届雾凇冰雪节以“雾凇之都，滑雪天堂”为活动主题，围绕冰雪旅游、冰雪文化、冰雪体育、冰雪经贸等方面开展15项主体活动，百余项创意活动。

冰雪旅游活动主要包括：第24届中国·吉林国际雾凇冰雪节开幕式，开幕式分为热场表演、开幕仪式、雪上韵律操、雪上足球、威风锣鼓、旅游商品展等特色表演展示；中俄（吉林市）旅游合作对接洽谈会，通过举办中国吉林市—俄罗斯远东旅游推介会，开展对接洽谈、合作考察等，开拓吉林市冰雪旅游市场。第十届吉林市冰雪温泉节，通过温泉体验、温泉养生、美食品鉴等特色活动，展示吉林市丰富冰雪温泉旅游资源，增强吉林冰雪旅游吸引力和知名度；“观雾凇、戏冰雪，冰天雪地闹民俗”——来吉林市过大年系列活动，通过推出戏冰雪、闹民俗等一系列满族风情旅游产品，吸引游客到吉林市过大年，推动吉林乡村旅游发展。

冰雪文化活动主要包括：中国·吉林市国际冰雪摄影大展、冰雪画展、文创产品征集等创意活动。中国·吉林际冰雪摄影大展突出吉林市地域性冰雪文化特色和丰富冰雪旅游资源，邀请国内知名摄影家到吉林市创作，全面征集出冰雪民俗、冰雪风光、冰雪旅游等方面摄影佳作，展示吉林冰雪城市良好形象。

冰雪体育活动主要包括：第24届中国·吉林国际雾凇冰雪节暨国际冬季龙舟邀请赛、北华大学冰雪学院揭牌仪式及系列活动、全国温泉冬泳邀请赛、大型冰雪体育赛事活动、吉林市市直机关干部上冰雪活动等。为贯彻《全民健身

4月25日，第13届吉林市开江鱼美食节在吉林市松花湖风景名胜区开幕。图为开幕式现场 （市文广旅局 供图）

计划（2016—2020年）》，冰雪节期间开展体育赛事，首次举办国际冬季龙舟邀请赛，打造吉林市体育运动品牌，助力冰雪经济发展。

冰雪经贸活动主要包括：2019正和岛（北大壶）新年论坛暨新年家宴、雾凇冰雪嘉年华活动、雾凇冰雪节经贸交流活动、国中基金2019冰雪主题论坛等活动。2019正和岛（北大壶）新年论坛暨新年家宴活动，邀请多位重磅权威专家、数百位企业精英共同展望经济大势，评选并颁布“金之在冶”年度企业家大奖，重新定义新时代精神。“省长开讲”“共话吉林冰雪”等论坛内容，让更多企业家了解发展中的吉林市，深挖产业资源与投资机会。

【第13届吉林市开江鱼美食节】 4月25日，由吉林省旅游发展委员会和吉林市人民政府主办的第13届吉林市开江鱼美食节开幕式在松花湖风景名胜区开幕。开江鱼美食节以“观松花湖美景品开江鱼美食”为主题，相继举办第13届吉林市开江鱼美食节开幕式、“三花一岛”（鳌花鱼、鳊花鱼、季花鱼和岛子鱼）开江鱼品鉴会、“开江鱼大集”活动、2018吉林松花湖增殖放流活动、“泉水炖湖鱼”品鉴大赛、“登山踏青品鱼”乡村游活动、春季赏花品鱼摄影采风创作活动、“春回松花江”垂钓活动、“吉庆有鱼”开江鱼系列中国画作品展等9项系列活动，拉动全市春季旅游市场。

【2018中国·吉林松花湖休闲度假旅游节】 6月30日，2018中国·吉林松花湖休闲度假旅游节在万科松花湖度假区启幕。旅游节活动以深入践行习近平总书记“绿水青山就是金山银山”发展理念、满足人民群众对高品质避暑休闲美好生活需求为宗旨，依托全市丰富夏季旅游资源，开发打造避暑旅游产品，提升吉林市消夏避暑旅游品牌知名度和吸引力。突出“清爽吉林，天赐凉都——22℃松花湖之夏欢迎您！”主题，以中国·吉林帐篷节为起点，开启吉林市避暑消夏系列活动，持续到9月底结束。旅游节期间，开展休闲娱乐、体育康养、绿色生态、时尚艺术4大板块30余项系列活动，体现传统内涵，融入时尚元素，展现吉林市避暑旅游蓬勃发展活力，受到市民和游客欢迎。

【第13届中国·桦甸白桦节】 “白桦之约”第13届中国·桦甸白桦节于8月16日正式启幕。历时4个月时间，主要包括开幕式文艺晚会、“阳光下成长”校园文化展演、金城巨变图片展、“大美桦甸我的家”桦甸市书画优秀作品展、“我要上全运，健康中国人”白桦之约2018吉林省九市州怪车坊汽车联赛（桦甸站）、吉林省体育舞蹈大赛等十大系列活动。

桦甸白桦节有三大创新：在办节方式上，将白桦节开幕式与专题文艺晚会合二为一，将二者有机串联在一起，既有宣传推广，又有文娱助兴；在活动内容上，白桦节期间第一次举办汽车拉力赛；在宣传上，第一次在开幕式集聚上万人放歌中国，也是第一次实现利用各地公交卡对全国190个大中城市宣传覆盖。举办第二届“山水桦甸·五彩金城”全国摄影作品展暨“十省联盟”桦甸风光摄影及农民画精品全国巡回展及招商推介。

【第17届中国·吉林·蛟河长白山红叶旅游节】 9月20日，以“浪漫红叶多彩蛟河”为主题的第17届中国·吉林·蛟河长白山红叶旅游节在蛟河市新区政府广场拉开帷幕。开幕仪式后，开展第三届“最美蛟河人”和第四届“蛟河之星”

6月30日，2018中国·吉林松花湖休闲度假旅游节在万科松花湖度假区开幕。图为休闲活动之一的帐篷节活动现场 （市文广旅局 供图）

表29 **2018年吉林市星级饭店一览表**

序号	星级	饭店名称	隶属关系	评星时间	客房数	床位数	餐厅数	餐位数
1	四	雾凇宾馆	吉化集团公司	1996	225	393	23	510
2	四	圣德泉亲水度假花园	私企	2008	77	236	10	300
3	三	神州大厦	私企	1998	71	137	6	152
4	三	国际大酒店	沈阳铁路局	1998	191	373	11	870
5	三	北都酒店	私企	2006	60	122	3	490
6	三	旅游宾馆	国投	2008	105	211	12	800
7	三	蛟河宾馆	蛟河市政府	2003	85	185	15	1000
8	三	龙兴宾馆	私企	2007	30	64	9	240
9	三	红林宾馆	红石林业局	2010	56	96	10	182
10	三	名度宾馆	私企	2013	80	131	4	800
11	三	紫气东来大酒店	私企	2013	135	236	4	1000
12	三	星星哨水库宾馆	私企	2010	60	200	9	510
13	二	黄河水库旅游宾馆	磐石市水利局	2007	36	150	15	500

（市文广旅局）

表彰颁奖活动。在红叶谷景区举办“相约红叶谷浪漫彩虹跑”红叶旅游节彩虹跑嘉年华活动，倡导旅游与健康、运动相结合。节庆期间，相继开展中国·吉林·蛟河松花湖世界冰酒产区推介会，“浪漫红叶多彩蛟河”自驾车大集结，火山、抖音主播直播红叶节，“浪漫红叶多彩蛟河”吉林拉法山国家森林公园杯秋季风光摄影大赛，群众系列文化活动等多项特色活动。（市文广旅局）

旅游行业管理

【概况】 2018年，吉林市旅游发展委员会（简称“市旅发委”）推进行业标准化、安全生产和精神文明及创建文明城市等工作，通过开展各类专项整治、检查工作，行业管理服务水平得到有效提升，全市旅游业呈现快速、健康、稳定、有序发展。

【旅游市场监管】 推进旅游业标准化建设工作，印发《吉林市旅游标准化文件汇编》，举办旅游行业标准化工作培训，有序开展全市旅游景区、旅游酒店、民俗村以及星级民俗户标准化建设；制定《旅游行业安全生产检查工作方案》，围绕设施安全、食品安全、冰雪安全、环境卫生、门票销售、拉客揽客、服务质量、旅游交通等8个方面开展景区综合大整治和联合执法，有效保障旅游市场平稳运行和规范经营。

【旅游安全生产】 年初，与全市150家旅游企业签订安全生产责任状，落实安全生产责任，明确年度安全生产工作任务。成立旅游安全工作领导小组，保障旅游安全工作顺利开展。建立全市旅游行业安全隐患台账，实时监控、闭环管理旅游企业安全隐患，行业管理安全生产工作得到加强。（市文广旅局）

松花湖风景名胜区

【概况】 2018年，吉林松花湖风景名胜区管理委员会（松花湖管委会）以申报设立省级开发区为契机，推动AAAAA级景区创建工作，攻坚渔业资源整合难题，有序开展景区项目建设。松光、湖光、五虎岛景区接待游客量38万人次，比2017年增长2.6%；门票收入339万元，比2017年增长2.9%。

【AAAAA景区创建】 按照AAAAA景区创建要素标准，编制完成《吉林松花湖国家AAAAA级景区创建提升规划》《吉林松花湖创建国家AAAAA级景区专项设计方案》和核心景区规划，为AAAAA景区创建工作在规划方面提供支撑。

【中央环保督察整改】 中央环保督察及“回头看”期间转办案件71件，其中重点督办案件6件。群众反映强烈、社会关注度高的五虎岛违建、弥勒寺毁林、拦网养殖、水淹地违法耕种、青背大坝违规建设、松花湖周边山庄违规建设违法经营等一系列问题得到有效解决。逐步建立松花湖区域生态环境治理发现问题、解决问题长效机制，明晰相关管理单位和部门职责。落实中央生态环境保护督察组对五虎岛问题提出的具体整改要求，细化保障措施，进行整改推进。

【规划编制和标界立桩】 在松花湖11个景区中，编制完成卧龙潭、凤舞池和双峰岭3个景区详细规划。启动松光景区暨坝东大门主入口游客中心及停车场详细规划编制工作，进入招标阶段。《五虎岛景区详细规划》（生态改造）通过市级专家论证；《湖光景区详细规划》完成初稿。开展景区标界立桩工作，围绕景区外围界线166.3千米，设置605个边界点位和84个标界埋石。

【安全生产】 落实行业监管责任和企业主体责任，做好森林防火工作，连续42年无森林火灾。加大汛期安全管控，突出抓好水上交通和渔业生产等重点领域安全生产，营运船舶保险率100%。在松花湖组织省内规模最大的水上安全生产应急救援实战演练，得到省内专家好评。持续抓好冬季冰上旅游人员密集场所安全生产工作，守住冰上安全。

【生态环境执法监督】 2018年，实施“双随机一公开”环境监管，检查企业12家，组织专项执法检查162人次，未发生环境污染事故和生态破坏案件。湖区禁设排污口，所有大型机动船舶安装油水分离器和接油盒，进行集中收集处置。建造200吨位趸船1艘，可实现机动船舶生活污水集中收集清运。完成8台燃煤锅炉改造任务（6台改电锅炉、2台集中并网），24家餐饮服务场所安装高效油烟净化装置。丰满大坝重建工程安装防尘降噪设施，设置10千米道路隔声屏，骨料场和拌和系统安装防尘降噪设施，噪声污染问题得到有效治理。

（松花湖管委会）

金融业

FINANCE

综 述

【概况】 截至2018年年末，吉林市有银行33家、保险公司29家、证券营业部27家、各类基金及管理公司27家、小额贷款公司115家，金融业增加值85亿元，占服务业和GDP比重比2017年提高。

2018年，银行业金融机构存款余额2550亿元，贷款余额2000亿元。全市保险业保费收入88.3亿元，比2017年下降13.9%。其中，寿险保费收入67.1亿元，比2017年下降19.5%；财险保费收入21.2亿元，比2017年增长10.7%；总赔付25.5亿元，比2017年增长2.6%。其中，寿险赔付14.7亿元，财险赔付10.8亿元。证券交易额2082.7亿元人民币，比2017年下降16.8%，证券交易账户44.59万个，比2017年增长3.2%。小额贷款公司注册资本39.1亿元，发放贷款17.06亿元，贷款余额21.88亿元。基金总规模198.16亿元，实际到位规模75.64亿元。其中，省政府出资4.63亿元，市政府出资44.98亿元，社会资本出资26.03亿元。实现投资39.36亿元，其中域内投资33.44亿元。

2018年，吉林市有上市公司9家，总股本109.25亿股，流通股本88.87亿股。分别是苏宁环球、华微电子、融钰集团、吉林化纤、金鸿控股、中钢国际、成城股份、金浦钛业、北斗嘉药业。挂牌公司12家，总股本11亿股。分别是金洪股份、黑尊生物、城发集塑、正业生物、中核辐照、吉林碳谷、吉林一机、双元环保、添正医药、永丰食品、君旺股份、吉歌传媒。基金管理公司3家，注册（认缴）资本7000万元；基金公司24家，总规模198.16亿元，实现投资39.36亿元，其中域内投资33.44亿元。小额贷款公司115家，从业人员1214人，注册资本金39.1亿元，累计放款 17.06亿元。中小企业担保公司 30户，从业人员401人，注册资本金48.66亿元，累计担保额649.34亿元，新增担保额127.09亿元。

【银行信贷投放】 围绕全市重点项目、重点企业及中小微企业资金需求开展专题调研，通过召开项目发布会、银企对接会、融资洽谈会等形式向各银行推介项目，并及时协调解决信贷投放中遇到的困难和问题，跟踪调度资金投放情况，投放信贷资金1353.1亿元。

【资本市场发展】 加强政策支持。出台《吉林市人民政府办公厅关于印发吉林市产融合作试点实施方案的通知》和《促进民营经济加快发展若干政策措施的通知》。按照全国和吉林省金融工作会议精神，印发《关于推进资本市场深化发展的实施意见》。

加强培育辅导。补充完善拟上市企业资源库，入库企业200家。按照分类指导、重点扶持、梯次培育原则，推荐102家企业进入省级“培育库”和“孵化库”，享受省级后备企业相关政策支持，提升上市信心。

推动上市和挂牌。按照“成熟一户，推动一户”原则，确定科龙公司、西点药业2户企业为市级重点拟上市企业，按照吉林证监局辅导要求完善首发上市申请材料。根据区域性股权交易市场挂牌标准，推动金康制药、仁和正通等10家企业在吉林股权交易所挂牌。

参与区域股权市场组建运营。根据吉林省人民政府组建区域性股权市场运营机构方案及文件精神，按照坚持国有控股地位要求，确定吉林市中小企业信用担保集团为出资主体，认缴出资资金4500万元，首期实缴出资额1500万元。

【产业基金设立】 围绕“6411”产业布局（“6”是指培育旅游、健康、航空、信息、新材料、先进装备制造六大新兴产业；“4”是指改造提升汽车、化工、冶金、农产品加工四大支柱产业；一个“1”是指突出发展现代服务业，另外一个“1”是发展综合效益型现代农业），根据产业整体发展情况，新设立工业振兴发展基金、中新食品区产业基金、军民融合产业发展基金、现化农业发展基金4支基金，总规模50亿元。其中，引导基金出资15亿元，吸引社会资本35亿元。

【农村金融改革】 发挥地方法人金融机构在支农、惠农上应有作用，全市9家农村商业银行存款余额427.47亿元，贷款余额333.88亿元；8家村镇银行存款余额121.02亿元，贷款余额86.98亿元。推进农村物权融资服务体系建设，支持吉林首信物权融资集团有限责任公司加快乡镇、村级服务网点布局，拓展业务范围，规范运作提高服务能力。全年发放土地收益保证贷款4.6亿元。根据吉林省下发的《关于创建农村新型普惠融资服务体系的实施意见》，结合实际起草《吉林市创建农村新型普惠金融服务体系推进落实方案（征求意见稿）》，研究创新农村金融服务平台，完善服务载体，构建农村新型普惠融资服务体系。

【金融风险防范】 建立“统一指挥、协同作战、定期调度、集中会商”工作机制，引入社会管理综合治理考评和绩效考核机制。健全市、县（区）、乡镇（街道）、社区（村屯）“四级”防范打击电信网络新型违法犯罪工作网格，并纳入网格化管理。构建警银一体协作机制，借助各金融机构和公安机关警务平台技术手段，建立起资金异常流动报告和情报搜集网络，实时掌控辖内金融风险动向。依托全市220名信息员和专家组，建立起网格化信息收集反馈和专家会商研判机制，及早发现风险苗头，及时发布预警提示，为防范和处置金融风险赢得主动权。组织开展防范非法集资宣传月和“5·15”集中宣传日活动，加大非法集资举报奖励力度，提高社会公众识别和防范非法集资能力。全年立案查处非法集资案件17起。2018年，针对点对点网络借贷机构、地方法人金融机构、交易场所等六类重点领域开展风险排查工作，对于投资类机构、“挖矿”类企业、打着国家战略旗号开展违法违规金融活动开展专项整治活动，及早发布“善林金融”“维卡币”等疑似非法金融活动预警提示。做好非法集资案件处置化解，推进国家督办、省政府交办“赛诺斯”重大非法集资案件善后处置，基本完成集资参与人核查认定，解决涉案土地房产手续不全等影响拍卖的问题，进入资产拍卖程序。年内，完成君昌投资等2起非法集资案件集资款清退工作，顺利结案。

（市金融办）

人民银行吉林中支

【概况】 中国人民银行吉林市中心支行（简称“人民银行吉林中支”）是中国人民银行总行派出机构，县处级单位，接受中国人民银行总行、沈阳分行和长春中心支行领导和管理，按照上级行授权，依法在吉林市履行中央银行职能。国家外汇管理局吉林市中心支局与其合署办公。业务管辖永吉县、磐石市、桦甸市、蛟河市、舒兰市5个县（市）人民银行分支机构，全辖干部职工261人。2018年，中国人民银行吉林市中心支行获得吉林市级荣誉15项，获得吉林省发行库管库员叉车操作竞赛团体一等奖、吉林省人民银行系统创新成果视频展播评比“创新成果入围奖”等集体荣誉5项、个人荣誉10项。

【落实货币政策】 发挥货币政策工具作用，引导金融机构信贷资金向“三农”（农业、农村、农民）、小微领域倾斜。全年发放支农再贷款10.6亿元，发放支小再贷款1亿元；办理再贴现278笔，金额3.88亿元；为2家地方法人金融机构提供常备借贷便利11.1亿元。落实定向降准和优惠存款准备金率政策，为金融机构释放可用资金6.3亿元。督促同业业务合理有序发展，辖区地方法人机构通过全国银行间市场发行同业存单5亿元。开展金融精准扶贫和包保帮扶工作，全市金融精准扶贫贷款余额8.96亿元。

【外汇管理业务】 检查辖内银行、非金融机构外汇业务合规性，全年立案7起，处罚7笔，处罚金额25万元。探索民营小微企业境外融资有效渠道，支持吉林市铁路投资公司办理吉林市首笔中资企业境外发债业务，总金额2.5亿美元，实际流入金额2.33亿美元，针对该公司形成外债结汇核查报告得到省长及中国人民银行吉林省分行领导签批。探索民营小微企业境外融资有效渠道，支持吉林市凯赢新能源科技开发有限公司、老狼谷生态园等民营企业尝试境外融资。

【金融知识普及】 2018年6月，组织全辖银行业金融机构开展守住“钱袋子”金融知识普及活动。选取吉林市中海国际社区、北华大学、世纪广场迪卡侬地上区域开展3场大型宣传活动，实现金融知识进社区、进校园、进商圈。6月14日，守住“钱袋子”第一场宣传活动在中海国际社区举行。中国人民银行吉林市中心支行组织辖内21家银行业金融机构80余名宣传员走进吉林中海国际社区，以“莫信天上掉馅饼，守住你的‘钱袋子’”为宣传口号开展宣传活动。针对老年人群体，重点宣传如何有效识别非法金融广告，明辨常见线上、线下非法集资方式，了解常见电信诈骗手段、识别方法、防范和补救措施以及注意事项等。告知社区老年人群体对“高额回报”“快速致富”投资项目进行冷静分析，避免上当受骗。6月15日，组织市内21家银行业金融机构走进北华大学东校区，针对大学生群体关注的校园不良网络借贷、助学贷款等相关法规政策作现场讲解，指导大学生了解和掌握合法助学信贷渠道。6月27日，在世纪广场迪卡侬商圈举行宣传活动，重点宣传老百姓关心的存款保险知识。

【“十佳女员工”岗位技能大赛】 8月29日，中国人民银行吉林中支举办吉林市银行系统“十佳女员工”岗位技能大赛。由20家金融机构共同参与，60名选手分四场进行。评选出“十佳女员工”分别是杨柳、董雪冰、李沫潼、姜爽、秦怡、刘明、郑媛、陈丹、陈秋红、周颖。

（中国人民银行吉林中支）

银行业

【概况】 截至2018年年末，吉林市有银行业金融机构33家。其中，政策性银行1家，国有商业银行6家，股份制商业银行7家，地方性银行19家。银行业金融机构存款余额2550亿元，贷款余额2000亿元。

【中国农业发展银行吉林市分行】 中国农业发展银行吉林市分行下辖县（市）分支机构6个：吉林市分行营业部、永吉县支行、磐石市支行、桦甸市支行、蛟河市支行、舒兰市支行。截至2018年年末，各项贷款余额201.3亿元，存款余额13.5亿元。

中国农业发展银行吉林市分行持续支持粮棉油收购和基础设施项目建设，在地区内服务“三农”（农业、农村、农民）贡献度在吉林市综合排名第一，在吉林地区社会影响和声誉度不断上升。全年发放政策性贷款12亿元，支持收购粮食64.3万吨。推行“党建＋攻坚战”法，发展中长期项目，支持中长期发展综合排名在全市名列前茅。创新项目模式，成立项目攻坚党小组，开展棚户区改造项目。全年发放棚户区改造贷款9.9亿元，比2017年增长1.6亿元。帮扶对口包保村和包保户，开展节日送温暖及捐款捐物活动，解决村民生活困难。助力脱贫攻坚，推动产业精准扶贫。截至2018年年末，认定产业精准扶贫贷款余额3.94亿元。

（中国农业发展银行吉林市分行）

【中国工商银行吉林市分行】 中国工商银行吉林市分行下辖13家一级支行。其中，城区支行8家、县域支行5家。有网点64个，从业人员近两千人。2018年，实现净利润3.2亿元，创历史最好水平，各项存款余额286亿元，保持稳定；各项贷款余额184亿元，较年初增长10.3亿元，增幅明显。

在核心业务发展上，拓宽机构存款来源，多措并举推动储蓄存款增长。资产业务稳健持续发展。年末各项贷款日均余额185.3亿元，比2017年增加22.9亿元，增长12%，日均增量排名同业首位。

提升对地方经济服务水平，支持棚户区改造项目和地产项目，营销国电集团旗下热电公司、吉图珲铁路项目和大坝重建项目。贷款年末日均余额97亿元，比2017年增加16亿元，贷款日均、时点增量实现同业“双第一”。成立普惠金融事业部，组建个人贷款业务中心，全年投放个人贷款19.8亿元，日均余额比2017年增加9.9亿元；个人住房贷款占比近40%，继续保持同业首位。

年内，持续推进财政国库集中支付电子化改革进程，推进与中储粮集团代收粮款合作项目。以代发工资为突破口深化全量客户拓展，全年新增个人全量客户超11万户，公司客户数1.08万户，机构新拓户（含同业）58户，实现对辖内股份制银行全覆盖。新增工会类客户30户。

加快线下传统商户、二维码商户及线上POS（销售终端）商户拓户速度，新增B2B（经济组织对经济组织）、B2C（经济组织对消费者）企业38户；推动场景创建推广，营造网络金融生态圈，首发上线“融e联”电子工资单业务签约11户；成功上线银校通业务6户。

建立法人客户准入管理联席审议机制，以集体审议方式发挥对新增融资风险管控作用，2018年新增融资无逾期劣变风险。年末不良贷款额5545万元，不良贷款率0.3%，全年清收转化不良贷款7095万元。信贷资产质量继续保持同业最优水平，潜在风险贷款余额较年初压缩降低2.14亿元。加强内部控制协调和操作风险管控，年内未发生重大操作风险事件和超总行操作风险限额管理要求情况。连续6年在吉林市金融机构反洗钱分类评级工作中被评为A类A级。运行管理实现连续15年无案件和重大差错事故。（中国工商银行吉林市分行）

【中国农业银行吉林市分行】 中国农业银行吉林市分行下辖5个县（市）支行、7个城区支行，129个营业网点，在职员工1840人。截至2018年年末，银行各项存款余额295.43亿元，比2017年增加8.99亿元。各项贷款余额218.23亿元，比2017增加18.48亿元。

11月10日，工商银行吉林市分行举办法律风险防控培训班

（工商银行吉林市分行 供图）

年内，中国农业银行吉林市分行挖掘理财、基金、贵金属等中间业务创效潜力；开展国际业务推介会，为客户打造一站式、综合化服务体验；强化私人银行业务发展，精准把握客户需求，推进“1+1+N”服务链条式管理与维护；深化网点转型，提升网点综合竞争实力。截至2018年年末，中间业务收入实现12230万元（不含委收），实现营业收入77159万元。

2018年，借助“惠农e贷”平台，加大“农担通”“吉农牧贷”“土地收益保证贷款”等政府增信模式和“一县一特色”特色产业模式创新产品投放力度。截至2018年年末，涉农贷款余额67.85亿元，增量2.52亿元。

（中国农业银行吉林市分行）

【中国银行吉林市分行】 中国银行吉林市分行辖36家营业网点，员工人数734人。截至2018年年末，中国银行吉林市分行各项存款时点余额126.07亿元，较年初上升1.31亿元，升幅1.05%；各项贷款余额180.18亿元，较年初下降81.53亿元，降幅31.15%。全年实现拨备前利润7469万元，比2017年减亏40651万元，增幅122.51%；全年实现营业净收入24937万元，比2017年增加39440万元，增幅271.95%。遏制存贷款规模下降趋势，加快推进贷款项目，提升网点竞争能力。推动公司和个金业务协同发展，加大冰雪、代发薪、社保卡等项目攻坚力度，拓展有效客户。（中国银行吉林市分行）

【中国建设银行吉林市分行】 中国建设银行吉林市分行拥有员工1297人，21个部室，14个综合类支行，26个拓展类支行，11个功能性支行。2018年，全口径存款日均余额271.43亿元，各项贷款有序投放。各项贷款余额192.61亿元。抓住“产融合作试点城市”发展契机，推进金融与企业有效对接，将服务实体经济工作“做大、做优、做强”，努力实现金融与实体经济良性互动、协调发展。发挥金融科技优势，协助政府积极探索构建一批系统性、行业性、民生性共享服务平台。以“智慧社保”为代表的民生服务平台既便民利企，又促进政府“放管服”改革。

中国建设银行吉林市分行积极回报社会。在“建设未来成长计划”中，连续7年帮扶吉林市一高中贫困学生230人次，累计资助27万元。为吉林市亚泰小学建立1个音乐教室。与市财政局共同包保蛟河市白石山镇新发村，新发村辖6个社，350户，1140人，从精准扶贫开始到2018年全部脱贫。经过帮扶，新发村集体经济收入达到脱贫标准，贫困户基本实现“两不愁”（不愁吃、不愁穿）、“三保障”（义务教育、基本医疗、住房安全有保障）。2018年，中国建设银行吉林市分行获建设银行总行授予“文明单位”、中国银行业协会授予“文明规范服务示范单位”“总行级企业文化建设示范点”称号。

（中国建设银行吉林市分行）

【交通银行吉林分行】 交通银行吉林分行下辖30家分支机构（含10家普惠支行）、12个内设机构、21个离行自助服务区、36个离行单机服务点。在职员工504人（含派遣3人）。2018年，交通银行吉林分行在交通银行系统内辖属行综合排名第七，保持大型辖属行地位。截至2018年年末，交通银行吉林分行人民币各项存款和贷款平均余额分别为202.71亿元和147.62亿元，时点余额分别为211.91亿元和141.32亿元。存款、贷款同业市场占比分别为16.19%和13.54%。不良贷款余额和占比分别为2.1亿元和1.48%。2018年经营利润和经济利润分别实现2.42亿元和1.13亿元。对私存款时点余额145.36亿元，较年初增加19.95亿元，增幅15.9%；日均余额133.56亿元，较年初增加14.54亿元，增幅12%。储蓄存款市场占比14.81%，较年初提升0.98个百分点，储蓄增量全市排名第三。对私贷款较年初增加1.03亿元，增幅7.41%。小微业务发展步伐加快，超额完成普惠金融“两增”（全年增速和月平均增速）指标、人民银行宏观审慎系（MPA）普惠净增指标和监管定价检测指标。在信用卡“百日会战”营销活动中，新增信用卡活户9325户。2018年获得吉林省交行零售业务发展特别贡献奖、信用卡“百日会战”优胜单位、沃德杯广场舞大赛优秀组织奖，在吉林省交行普惠金融线上业务劳动竞赛中集体排名第一。

实施创新驱动，一汽吉林汽车公司项目落地，为吉林一汽全国销售商提供融资，实现链属企业开户11户，办理银行承兑汇票业务5500万元。发展核心企业供应链金融，围绕核心企业开办“商票快贴”，业务余额4900余万元。为客户推荐融资租赁产品并引荐平安租赁公司帮助企业取得9800万元融资。11月，公积金贴息贷款业务重启，对接开发企业25户，签约受理进件459户17034万元。

启动“网点综合经营能力提升”项目，落实交通银行总行“三增三降”（增有效客户、增核心负债、增转型收入，降风险成本、降资本占用、降营运成本）要求，压缩降低高柜数量6个、营运人员9人。铺设智易通交易终端38台、智易通打印终端30台、手持终端73个，实现网点全覆盖。铺设现金循环机14台。2018年12月末，交通银行吉林分行不良贷款余额2.1亿元，不良占比1.48%，处于较好水平。年内，清收不良贷款2463.65万元，重组不良贷款本金6550万元。开展“全员讲、全线查、全程追”工作，整治金融乱象，开展以贷谋私、大额集中采购、基建装修工程、虚列支出套取费用和员工违规经商办企业“新五大领域”专项治理、“长剑2018”案防特别行动等，内控评级连续7年保持B+级。

（交通银行吉林分行）

【中国邮政储蓄银行吉林市分行】 中国邮政储蓄银行吉林市分行辖内有5个一级支行、19个二级支行、152个代理营业所，三分之二以上分布在农村地区。依托遍布城乡服务网络，为全市170余万人口提供基础金融服务。2018年，推进吉林市全面振兴全方位振兴发展战略，助力乡村振兴、“输血”民营经济、支持重大项目建设，全年信贷余额新增15.45亿元，投入力度为历年之最，年增幅43.57%，位居全市金融机构首位。截至2018年年末，邮储银行吉林市分行信贷规模超过50亿元。

（中国邮储银行吉林市分行）

【中国民生银行吉林分行】 中国民生银行吉林分行是中国民生银行长春分行在吉林省设立的首家二级分行。截至2018年12月末，中国民生银行吉林市分行有营业机构3家，同城支行3家，即吉林分行营业部、三亚路支行、松江支行；社区支行1家，自助银行3家；有员工79人。

中国民生银行吉林分行结合吉林市经济发展实际，向政府平台提供信贷资金，支持城镇化新农村建设，创新“三农”产业链金融，服务民营经济，为吉林市商贸类、服务类等中小企业提供信贷服务。截至2018年年末，中国民生银行吉林分行本外币资产总计157839.62万元，其中各项贷款余额163922.67万元；本外币负债总计172424.12万元，其中各项存款余额163922.67万元。

2018年，面向社区、企业、校园、农村以及边远山区等不同群体，开展反假币、反洗钱、打击非法集资、金融知识进万家等培训、教育、宣讲活动20余次。保持对实体经济和“扶贫环保”领域民生工程项目高度关注。在了解吉林市污水处理厂二期项目建设情况后，主动对接政府、企业，通过增强金融资源倾斜力度，支持项目建设。为吉林市碧水源环保科技有限公司办理2.4亿元固定资产贷款，期限12年，专项用于“吉林市污水处理厂（二期）PPP项目”前期建设。

（民生银行吉林市分行）

【吉林银行吉林分行】 吉林银行吉林分行下辖吉营支行、滨江支行、汇通支行、解放大路支行、北京路支行、江南支行、江北支行、江岸支行、雾凇大路支行、新九支行、四川路支行、永吉支行、桦甸支行13个一级管理支行和94个二级支行（营业网点），在岗员工1982人，分布在吉林市4个城区、经济技术开发区、高新技术产业开发区和永吉县、桦甸市2个县域地区，业务范围实现吉林地区全覆盖，是吉林地区资产规模最大、网点数量最多、机构分布最广银行业机构。截至2018年年末，吉林银行吉林分行各项存款余额549亿元，储蓄存款比年初增长20亿元，各项贷款余额379亿元，在支持地方经济社会发展及各项改革中发挥积极作用。

落实“放管服”和“只跑一次”改革要求，在全市率先办理“无还本续贷”业务，全年投放20.14亿元，客户满意度和获得感得到提升。服务实体经济，推广“吉税贷”、优质客户“接续贷”等一系列贴近实体经济信贷产品，与市总工会联合开发“双创”（创业、创新）扶持小额贴息贷款、创业担保贷款，为地方经济发展和社会建设提供支撑。

根据城市区域规划和市场发展变化，开展特色化金融服务。推进基层网点升级改造和基础设施建设，全年完成机构迁址、改造与扩建工程6处，改善基层经营环境。推广手机银行、网上银行等业务，实施零售业务跨界经营，推动理财、保险、贵金属销售，长白山信用卡业务发展迅速，新增发卡量、特惠商户增量居吉林银行系统前列。平稳推进社会保障卡采集发放工作，采集53万余人，发放47万余张社会保障卡。所辖多个支行和营业网点被评为“中国银行业文明规范服务千佳示范单位”“中国银行文明规范服务五星级营业网点”，滨江支行营业室被评为“2018年度中国银行业文明规范服务千佳示范单位”。

（吉林银行吉林分行）

保险业

【概况】 2018年，吉林市保险行业按照“自律、维权、服务、交流、宣传”基本工作职责，发挥保险监管引导职能，维护保险行业市场秩序，坚持做好经济发展模式转型，促进行业全面发展。截至2018年年末，全地区实现保费收入88.35亿元，比2017年下降13.88%；满期给付及赔款支出25.49亿元，比2017年增长2.57%。

【保险行业管理】 吉林市保险行业协会经省保监局和市民政局批准于2012年12月成立，其前身为吉林省保险行业协会吉林办事处。协会有会员单位29家。其中，财产险公司13家，寿险公司16家。全辖设立营业网点242家。其中，保险法人机构1家，中心支公司28家，支公司105家，营业部及营销服务部105家，保险专业中介法人机构2家。有保险销售从业人员2.35万人。

表30　**2018年吉林地区财产保险公司一览表**

公司名称	地　址
中国人民财产保险股份有限公司吉林市分公司	吉林市昌邑区吉林大街165号
中国平安财产保险股份有限公司吉林中心支公司	吉林市船营区解放中路208-2号昌茂花园东门
中国太平洋财产保险股份有限公司吉林中心支公司	吉林市船营区解放大路11-1号
天安财产保险股份有限公司吉林中心支公司	吉林市船营区解放西路77号
中国大地财产保险股份有限公司吉林市中心支公司	吉林市吉林大街7-32号华强大厦
安华农业保险股份有限公司吉林中心支公司	吉林市昌邑区维昌街28号阳光广场C座
安邦财产保险股份有限公司吉林中心支公司	吉林市船营区珲春街司法大厦
都邦财产保险股份有限公司吉林中心支公司	吉林市船营区北京路91号
阳光财产保险股份有限公司吉林中心支公司	吉林市昌邑区中康路7号
中航安盟保险股份有限公司吉林市营销服务部	吉林市船营区解放大路214-2号
中国人寿财产保险股份有限公司吉林市中心支公司	吉林市高新区紫光秀苑1号楼
中华联合财产保险股份有限公司吉林市中心支公司	吉林市昌邑区解放北路天硕逸景江畔人家10号网点
华泰财产保险有限公司吉林中心支公司	吉林市昌邑区万达广场A2-12号商铺

表31　**2018年吉林地区人寿保险公司一览表**

公司名称	地　址
中国人寿保险股份有限公司吉林市分公司	吉林市昌邑区吉林大街165号
中国平安人寿保险股份有限公司吉林中心支公司	吉林市船营区解放中路126号中凯华庭
新华人寿保险股份有限公司吉林中心支公司	吉林市昌邑区解放东路62-8号
中国太平洋人寿保险股份有限公司吉林中心支公司	吉林市船营区解放大路西11-1号
泰康人寿保险有限责任公司吉林省吉林中心支公司	吉林市昌邑区解放东路139号
中国人民人寿保险股份有限公司吉林市分公司	吉林市昌邑区东昌小区5号楼4楼
富德生命人寿保险股份有限公司吉林中心支公司	吉林市船营区解放西路208号昌茂花园北门东侧
太平人寿保险有限公司吉林中心支公司	吉林市长城大厦5楼
合众人寿保险股份有限公司吉林市中心支公司	吉林市昌邑区维昌街28号阳光广场C号楼
平安养老保险股份有限公司吉林中心支公司	吉林市船营区解放中路126号
英大泰和人寿保险股份有限公司吉林市中心支公司	吉林市丰满区吉林大街67号江山写字楼519室
中国人民健康保险股份有限公司吉林市分公司	吉林市丰满区吉林大街华强大厦15楼
阳光人寿保险股份有限公司吉林市中心支公司	吉林市船营区解放大路（西）144号中凯大厦三楼
百年人寿保险股份有限公司吉林市中心支公司	吉林市船营区北京路99号7楼
安邦人寿保险股份有限公司吉林市中心支公司	吉林市昌邑区解放东路62-11号
天安人寿保险股份有限公司吉林中心支公司	吉林市昌邑区中华名苑A号楼20号网点

表32　**2018年吉林市保险险种统计表**

指　标		收　入			赔　款	
险　别	分　项	累计（万元）	比2017年（%）	占比（%）	累计（万元）	占比（%）
机动车辆险	交强险	44066.51	8.93	20.74%	22131.63	20.57%
	商业险	97780.94	−0.82	46.01%	49021.79	45.55%
	小计	141847.45	2.02	66.75%	71153.42	66.12%
企财险		5898.87	−2.19	2.78%	6118.96	5.69%
家财险		662.65	17.44	0.31%	343.40	0.32%
工程保险		552.92	−50.73	0.26%	699.49	0.65%
责任险		7307.05	13.00	3.44%	4151.24	3.86%
保证保险		24692.68	99.58	11.62%	4676.07	4.35%
货运险		2292.63	63.09	1.08%	810.02	0.75%
农业保险		24419.36	14.91	11.49%	17960.80	16.69%
健康险		1322.61	43.66	0.62%	807.81	0.75%
意外伤害保险		3092.59	47.65	1.46%	815.46	0.76%
其他险种		426.61	−33.27	0.20%	79.57	0.07%
合计		212515.42	10.74	100%	107616.24	100%

（市保险行业协会）

【保险业务经营】 在保费总收入中，财产险业务实现收入21.25亿元，比2017年增长10.74%；赔款支出10.76亿元，比2017年下降3.83%。财产险保费当中，机动车承保数量825069件，实现保费收入14.18亿元，比2017年增长2.02%；车险赔案件数135852件，赔款金额7.12亿元，比2017年下降15.87%。非车险业务承保件数323151件，保费收入7.46亿元，比2017年增长46.28%；非车险业务赔案件数7546件，赔款金额1.85亿元，比2017年增长25.14%。农业保险承保件数4011件，保费收入2.44亿元，比2017年增长14.91%；农业险赔案件数15218件，赔款金额1.79亿元，比2017年下降43.22%。人身险实现保费收入67.10亿元，比2017年下降19.54%；满期给付金额12.01亿元，比2017年下降1.95%；赔款金额2.71亿元，比2017年增长92.61%，退保金额32.48亿元，与2017年同期持平。其中，个险总保费收入47.85亿元，比2017年增长14.26%，满期给付金额6.95亿元，比2017年增长18.64%；赔款金额1.77亿元，比2017年增长139%；退保金额6.32亿元，比2017年增长37.67%。团体险保费收入1.64亿元，比2017年下降28.76%；满期给付金额2513万元，比2017年增长54.93%；赔款金额3625万元，比2017年增长30.07%；退保金额8826万元，比2017年增长35.93%。银邮代理业务保费收入17.05亿元，比2017年下降55.94%；满期给付金额4.79亿元，比2017年下降23.03%；赔款金额624万元，比2017年下降4%；退保金额24.75亿元，比2017年下降8.33%。

【保险维权】 与市中级人民法院沟通，加快推进吉林市“道交一体化”调解工作。加快处理因交通事故引发诉讼案件，减少当事人双方在法院等待开庭时间。2018年，经保险公司参与，通过网络“道交一体化”调解平台开展涉及交通事故赔偿调解案件154起，调解成功150起，赔偿金额453.59万元。其中，蛟河“道交一体化”调解室作为全省试点地区，全年处理交通事故赔偿调解案件51起，调解成功50起，赔偿金额214.3万元，人保财险蛟河公司和平安财险蛟河公司配合当地法院开展“道交一体化”调解工作，获得法院赞许。通过保险消费者权益保护中心和保险合同纠纷调解中心为消费者提供维权服务，全年接待投诉案件128笔，调解成功38笔，成功调解涉及金额15.2万元。

【道路交通简易事故快赔中心运营】 通过协会与吉林市交警支队共同努力，12月19日，吉林市道路交通简易事故快处快赔中心正式启动运营，各财险公司做到对城区道路发生简易交通事故不出现场，由当事双方自行拍照，协商处理。发挥简易交通事故快速处理优势，缓解因轻微交通事故造成道路拥堵。

【农业保险】 经营农险业务的保险公司在研发涉农保险产品同时，通过“保险＋信贷”和政策性农业保险与商业农业保险相结合经营模式，扩大业务范围，从原先单一种植业保险到种、养、林相结合，形成产品多样化、服务多元化，为乡村经济发展提供保险保障。

安华农险在服务“三农”经济建设中，对舒兰特大旱灾进行赔付，先后投入大量人力、物力开展灾后损失保险查勘工作，并运用无人机航拍和卫星遥感测绘等先进技术，为精准定损提供保障，为舒兰受灾农户赔款金额4707万元。与畜牧防疫部门配合，严格履行病死畜禽无害化处理监督流程，全辖区2018年死亡猪82056头，做到无害化处理，有效防范病死畜禽流入百姓餐桌，得到政府和卫生防疫部门认可；通过“保险＋信贷”经营模式，为17323户农民提供贷款保证保险，解决农业生产贷款资金16.59亿元，与“蚂蚁金服”“守信物权”合作，提供农业贷款56笔，担保168万元，解决农民不同领域农业生产资金问题；结合扶贫要求，开办地方特色保险产品，通过在城区开办种植大户温室大棚保险，提供风险保障7000余万元；2018年随着非洲猪瘟疫情爆发，紧急研发非洲猪瘟政府扑杀保险，为广大养殖户提供扑杀风险保障4000余万元。（市保险行业协会）

【人保财险吉林市分公司】 中国人民财产保险股份有限公司吉林市分公司（简称“人保财险吉林市分公司”）隶属中国人民财产保险股份有限公司吉林省分公司，下辖9个县（市）区支公司、1个直属营业部及1个直属营销服务部。2018年，实现保费收入71889万元，支付赔款40488万元，发挥人民保险经济补偿和社会保障作用。经营保险业务主要有机动车辆保险、交强险、企业财产保险、家庭财产保险、货物运输保险、农业保险、各类责任保险等百余个险种。

民生工程建设。按照市委、市政府脱贫攻坚活动部署，推进政府搭台、保险唱戏、联合开发普惠型民生保险，落实与市（县）两级政府合作精准扶贫保险项目，搭建和依托巨灾保险、责任保险和扶贫支农等平台，与吉林市脱贫攻坚领导小组办公室签署保险扶贫合作协议合作实施方案，保障人民群众因自然灾害所致人身伤亡和财产损失。全年为28个乡镇，355个村，2034个屯，57420户提供政策性种植险保险服务；为永吉、磐石、桦甸、蛟河、舒兰、丰满、船营等区域4.8万贫困人口提供家财险及意外险保障，保额1.5亿元。公司与吉林市委、市政府各级部门建立长期、良好合作关系，承保中油吉林石化公司、燃料乙醇、吉林化纤、镍业集团、中心医院、附属医院、水务集团、财富广场、龙华热电、珲乌高速等500余家重要企业保险项目。2018年，承担风险5900亿元，缴纳税金9300万元，赔付40488万元，其中政策性农险赔付率接近80%。

深化产寿健共建合作，宣导考核新政，突出个代营销员“面对面”服务优势，促进交叉业务健康稳定发展。全年实现产代寿442万元，寿代产1486万元，比2017年增长71%。

推进续保团队电商业务专营模式。利用数据合作平台，做好数据比对修复，为续保工作打下基础，提升续保团队人员综合能力，全年实现车险保费6327万元、商非保费75万元。

推进中国人保APP注册、提高使用效率。全渠道开展APP注册、使用考核，通过线上人保俱乐部活动提升客户黏性，提升客户满意度。全年绑定APP42076条，注册率38%。

推进警保联动活动。自2018年9月7日在世纪广场举行“警保联动·服务群众”启动仪式后，公司协助交通事故快处快赔和主干道巡查工作正式常态化开展，并在公司门前九中岗亭、吉林火车站东、西出站口设置带有公司标识的执勤亭，开展服务便民活动；人保财险与交警支队联合开展“警报联动服务群众”工作机制，交警支队为通过培训人保查勘员开通交警系统辅警权限，在工作日早晚高峰期对江城主要街路和桥梁进行巡查，对轻微交通事故进行快速处理；为雾凇冰雪节提供空中救援服务。12月28日，吉林市雾凇冰雪节在北大壶滑雪场开幕，人保财险救援直升机受邀助阵本次冰雪节，为滑雪爱好者提供空中救援保障服务。以服务树品牌，体现“人民保险服务人民”企业宗旨。

实行投诉分级管理和垂直管理。明确各级机构投诉责任人，下发投诉治理专项系列方案，明确投诉处理流程，提高反应速度和处理时效。截至2018年12月末，接到各类投诉案件457件，比2017年减少77件，下降14.42%。

加强合作共享。与吉林市政府、企事业单位开展互动，就政策性业务开办、社会综治保险、“政融保”合作模式、养殖险开办、校园方责任险合作、保险营销、资源共享、客户服务、平台宣传、无人机推广、500强企业强强联合等方面开展互动宣传，得到中油石化吉林物流中心等单位肯定。实现地区养殖险和健康险业务突破，实现保费收入432万元。

拓展外埠业务。至2018年年末，实现货运险保费增长，完成保费收入1925万元，比2017年增长58.78%。独家承保炭素集团航空航天新材料业务，特险保费突破400万元。承保中国石油吉林销售公司团体重大疾病保险业务，为中油销售吉林公司全省人员提供10亿元重大疾病保障，签单保费291.3万元。连续6年与市卫计委独家签订合作协议，开展地区医疗责任险统保，实现地区二级及以上医院承保全覆盖。

商业非车险增长。责任险强化政府渠道拓展，融入社会治理，开发首台套、车延保、诉讼保全等新领域；通过政府行业招标或业务合作拓展安责险、校责险、环污险、建筑工程类保险等。

农险业务提前部署政策性农险收费工作取得实效。实现政策性种植险5115.29万元，增收保费932.65万元，市场份额34%。

突破以奖代补瓶颈。利用省财政厅《关于开展特色农业保险以奖代补试点工作有关事项通知》要求，实现“一县一品”“一县一策”等优惠政策，上报省财政并立项。吉林卓远农业发展有限公司智能温室大棚和室内蔬果，保费80万元。永吉县运禾园种植农民专业合作社200幢大棚和芦笋，保费54万元。（王子旭）

【新华保险吉林中支】 新华人寿保险股份有限公司吉林中心支公司（简称“新华保险吉林中支”）是新华人寿保险股份有限公司下辖机构，接受新华人寿保险股份有限公司总公司、吉林分公司领导和管理，按照上级公司授权，依法在吉林市履行保险公司职能。业务管辖龙潭区、永吉县、磐石市、桦甸市、蛟河市、舒兰市6个区、县（市）支公司。中支本部设总经理室、综合行政部、财务部、个险销售部、教育培训部、吉林本部营销服务部、团体业务部、银行业务部、保费部、客户服务中心等10个科室。有在册内勤员工71人。

截至2018年年末，实现新契约保费10822.81万元。其中，团体业务实现新契约保费660.62万元，银行代理业务实现新契约保费2895.52万元，个人业务实现新契约保费7266.67万元。2018年，新华保险赔付案件给付案件3511笔，赔付金额4479.9万元。（国　嘉）

【都邦保险吉林中支】 都邦财产保险股份有限公司吉林市中心支公司（简称“都邦保险吉林中支”）隶属都邦财产保险股份有限公司吉林分公司。保险业务主要有：机动车辆保险、交强险、企业财产保险、家庭财产保险、诉讼保全保险、各类责任保险等百余个险种。截至2018年年末，公司有员工21人。其中，后线管理人员13人，前线销售人员8人。本科及以上学历8人，大专及以上学历13人。

截至2018年年末，完成保费收入2406万元，比2017年减少0.17%，基本持平。其中，车险保费收入完成2137万元，比2017年增长5.27%，企业财产险保费收入完成230万元，比2017年减少18.73%，短期意健险等其他险种完成39万元，比2017年减少59.38%。支付保险赔款1178万元，比2017年增长51.41%。其中，支付车险赔款986万元，比2017年增长32.88%，支付企业财产险赔款185万元，比2017年增长780%，短期意健险等其他险种赔款7万元，比2017年减少53.33%。（王舒扬）

证券业

【概况】 至2018年年末，吉林市有中国中投证券吉林恒山西路证券营业部、中泰证券吉林市松江西路证券营业部、中信证券股份有限公司吉林市吉林大街证券营业部、东北证券股份有限公司吉林市分公司、广发证券股份有限公司吉林吉林大街证券营业部、国泰君安证券股份有限公司吉林松江路证券营业部等证券营业部27家，期货营业部1家（广发期货有限公司吉林营业部）。

【业务开展】 2018年，吉林市证券交易额2082.7亿元人民币，比2017年下降16.8%，证券交易账户44.59万个，比2017年上升3.2%。（市金融办）

房地产业

REAL ESTATE

综　述

【概况】 2018年，吉林市多部门联动开展整顿和规范房地产市场秩序，启动运行住房租赁信息服务平台，营造住房租赁市场发展环境，形成商品房市场与存量房市场良性互动、共同提升的平稳运行态势。全年改造37个老旧小区；为8555户保障家庭发放租赁补贴1674万元，完成省政府下达的发放租赁补贴7000户指标任务的122%；全年分配公租房475套；推进物业行业信用体系建设，落实行业监管，探索社区主导下公司加公益、业主自行管理、业主大会选聘物业服务企业、社区代管管理模式，落实物业管理方式和管理主体，全市有5个住宅小区通过省示范小区项目验收，完成10个市级优秀住宅小区申报项目考评。加大去库存工作力度，截至2018年年末，全市商品房库存面积370万平方米，其中商品住房库存面积207.6万平方米，比2017年下降6.4%，库存量保持在合理可控范围内。

【房地产市场监管】 出台《吉林市人民政府关于印发〈建立吉林市房地产市场监测预警协调机制工作方案〉的通知》，建立房地产市场监测预警联席会议机制，明确组织机构及各成员单位职责分工，提高精准调控房地产市场能力。市房产局与公安局、工商局、金融办等8部门联合下发《吉林市住房保障和房地产管理局关于开展打击侵害群众利益违法违规行为治理房地产市场乱象专项行动的通知》，多部门联合执法，综合治理投机炒房、哄抬房价、违规预售等3大类21种违法违规行为。制定《关于印发〈2018年房地产市场秩序整治工作方案的通知〉》，确定重点整治内容、时间步骤，整治全市房地产开发企业、房地产经纪机构、房地产估价机构违法违规行为、不当经营行为，检查房地产开发企业134家、项目173个，排查房地产经纪、评估机构及分支机构260家。对检查中问题较为突出的房地产开发项目，建立风险点台账，帮扶整改并上报省住建厅备案。在《江城日报》等媒体发布公告和商品房预售查询二维码，提醒广大购房群体防范风险、依法维权。调整完善《吉林市房地产市场运行情况报告》，使之全面反映市场运行动态。

【住房制度改革】 年内，按照住房制度改革各项政策，促进解决房改历史遗留问题，通过加强调度指导等方式，完成公房出售、集资建房确权、住房货币补贴审核等工作。全年完成房改售房审批2018户、10万平方米，为252名职工核定住房货币补贴450万元，为57户、0.51万平方米集资建房进行确权。

【房地产法规制度建设】 加强房地产相关法规和制度建设，《吉林市城市房地产开发经营管理条例》于2018年7月27日经省人大常委会批准并颁布，2019年1月1日正式实施；《吉林市房地产开发项目资本金管理暂行办法》《吉林市房地产开发企业信用体系建设管理暂行办法》顺利实施。

【房屋安全监管】 坚持“安全第一、预防为主、综合治理”指导方针，按照“属地管理、分级负责”工作原则，建立、完善房屋安全预防和监控体系。在全市组织开展城市老旧房屋安全排查工作，发现D级危房2幢、197户、建筑面积0.98万平方米，由属地政府组织住户搬迁后，列入棚户区改造计划。房屋安全工作实现“控制一般事故，杜绝较大以上事故”的工作目标。（市住建局）

不动产登记管理

【概况】 全年办理不动产登记业务232621件。其中，首次登记39739件，转移登记89931件，更正登记1110件，变更登记5770件，预告登记12935件，查封登记11267件，异议登记24件，注销登记2939件，其他登记（换证、补证）11485件。全年接待查档19000余人次，出具查档证明和复印原始档案31500余份，全年档案整理、归档立卷150200余卷。完成权籍调查维护宗地信息575宗，自然幢信息1345幢，户信息55815户，完成首次登记权籍调查35宗地，预告登记项目7639户，房地产批量件数据维护20842件，提供司法协助6001件。

【“只跑一次”改革】 减少审批要件、

审批环节，压缩审批时限，把不动产登记业务拆分为76个子项，7月18日后实现“只跑一次”。经市政府协调，5月4日实现房产、税务、不动产、国土资产中心在原有基础上深度集成，设立综合二手房屋交易联办受理窗口，新建商品房转移登记联办综合受理窗口，调整工作流程，实现POS机、微信扫码缴费，取消申请材料复印件，一套申请材料内部传递。改革后以二手房转移登记为例，群众只需经一个综合受理窗口完成，房产、税务、不动产、资产、缴费全部在大厅办理业务，办结时限缩短为2小时。不动产抵押注销登记、换证补证登记压缩至1个工作日，异议登记、查封登记即时办结，其他登记业务压缩至5个工作日。在抵押登记业务5个工作日基础上，将涉企抵押登记业务压缩至3个工作日，解决企业生产经营资金周转困难问题。建立网上预约平台，服务对象可选择合适时间办理，减少不必要往返，受到企业好评。

【创新服务举措】 4月23日，开设个人住房公积金贷款直通车，实现跨部门、跨区域联办。在办理公积金审批的同时，委托办理房产合同备案与不动产登记，专人专线审核，贷款审批与不动产登记24小时内办结。6月25日，与省国土厅信息中心联合开发网上受理程序，实现互联网网上受理。8月6日，实现通过微信公众号方式叫号，通过自助终端进行办件进度查询和档案查询。通过互联网站预约受理，开展“互联网+政务服务”，推进与政府其他部门信息数据共享平台建设。9月25日，开展无还本续贷抵押登记业务，有16家银行具备开展无还本续贷业务条件，办理无还本续贷不动产登记270件，总计涉及贷款金额8.3亿元。12月4日，首次开始实行延时服务，每周六正常办理不动产登记业务。

【解决“无籍房”问题】 起草《吉林市解决“无籍房”问题工作方案》，于9月29日经市政府常务会审议通过。10月12日，吉林市解决“无籍房”问题不动产登记办公室组建完成。设立1部全市“无籍房”公开投诉电话，在《江城日报》《江城晚报》宣传报道吉林市“无籍房”工作开展情况。截至2018年年末，市本级完成推进项目58个，涉及5.57万户房屋，完成户数占总量的32%。

（王宇翔　岳思妤）

房地产开发

【概况】 2018年，全市有在建房地产开发项目66个，总开工面积518万平方米，比2017年增长10.3%。其中，新开工项目30个，新开工面积258万平方米，比2017年增长52%。房地产开发完成投资101亿元，比2017年增长10%。年内，办理完成房地产开发企业资质核定（四级、暂定级）行政许可案件119件。其中，房地产开发企业资质核定（四级、暂定级）新办6件、升级3件、延续75件、变更34件、丢失补证1件。按照上级工作要求，为7月31日前开工建设的棚改安置建设项目补办立项审批手续，为要件齐全的项目办理立项手续。

【房地产市场专项整治】 根据省住建厅《关于做好房地产市场秩序专项整治工作的通知》，起草《吉林市房地产市场秩序专项整治工作方案》，5月21日至6月30日检查全市房地产项目5个方面的问题。包括未取得项目建设手续擅自开工建设，将未进行工程质量竣工验收或验收不合格的房屋交付使用，因拖欠工程款等开发企业原因引发群体性上访、造成不良社会影响，涉及非法集资风险排查相关内容及其他不正当经营行为。检查87个项目，涉及64家开发企业，现场查验施工项目前期手续办理情况，查看已办理入住项目单项验收情况。针对检查中发现的问题，约谈企业法人或负责人，下达前期手续督办通知书和责令改正通知书，保护住房消费者合法权益、促进房地产市场规范平稳健康发展。

10月16日至24日，按照《吉林市城乡建设委员会“双随机一公开”工作实施方案》要求，在国家企业信用信息公示系统随机抽取吉林市嘉天地房地产开发有限公司、吉林市建华房地产开发有限公司、吉林市龙辉房地产开发有限责任公司和吉林松花湖置业有限公司四家企业进行实地检查，在国家企业信用信息公示系统公示抽查结果。截至2018年年末，完成实地检查工作，未发现问题。

【商品房交付使用备案】 2018年，完成中央公园一期二期、星光江城A区、龙城帝景、冶建住宅改造项目、香山品格、嘉和雅苑、吉林昌邑万达广场项目A2、金地·红大蓝湾、欢喜景秀园二期等10个项目、84栋商品房、建筑面积93.1万平方米的商品房交付使用备案工作。

【房地产开发金融风险整治】 3月7日至25日、5月21日至7月26日，按照省住建厅和市防范和打击金融诈骗工作领导小组办公室统一部署，组织排查工作组两次对房地产企业金融风险情况进行摸底排查。主要对房地产开发企业金融风险情况进行排查，具体包括非法集资和高利贷等风险隐患。排查取得土地使用权、在建或在售项目房地产开发企业105家，未发现企业有非法集资、高利贷等行为。5月11日至13日，按照《吉林市2018年防范和打击非法集资宣传月活动方案》要求，在2018年吉林市春季房屋展示交易会上开展房地产业防范和打击非法集资专项宣传活动，提高购房者防范意识。

【春季房展会】 5月12日至14日，2018年吉林市春季房屋展示交易会在中东新生活购物乐园举办。该展会由市建委、江城日报社联合主办，市城市开发中心、市房地产开发协会、江城日报传媒有限公司承办，以“‘惠’圆安居梦 乐享宜居城”为主题，参展开发商有恒大地产、昌信地产、中环地产等外埠知名企业，也有隆泰地产、筑石地产、朝阳地产等本土实力企业。参展楼盘包括恒大滨江左岸、恒大华府、万科滨江九里、筑石红三期、亚泰凇山湖、中环滨江世纪、龙城帝景、瀚星·逸水湾、礼享+、钻石名苑、隆泰碧水山城、恒旺名都、泊逸未来公馆、裕丰·金域华府、裕丰景苑、裕丰兴苑、盈胜星光等品牌楼盘。参展房源充足，普通住宅项目占较大比例，有适合刚性需求者的中小户型，也有100平方米以上适合改善性需求者的大户型。部分房源是实景现房，即买即住。.天时间内，各展商有效来访量3000组，销售房源33套，销售金额近3000万元。意向成交房源180余套，意向成交金额8000万元。

【信访案件处理】 继续推进西山遗留问题处理工作，完成遗留拆迁户剩余网点安置工作。通过市建委信访联席会议，明确民事诉讼案件及四海公司法人周某诈骗案件受害人处理意见。成立西山遗留问题核算工作组，开展万众胡同改造项目核算，为该项目落实棚改政策及棚改贷款做好基础工作。年内，承办市长办公室转办信访案件191件，省信访平台转办案件1件，市建委办公室转办督办案件17件，全部按时办结，信访接待率、办结率100%。配合属地政府，协调处理兴田上城、中京城、阳光国际、通潭富苑、臣山雅苑、昌晟名苑等重大信访案件。

（市住建局）

房地产经营

【概况】 2018年，贯彻落实国家及省、市"稳中求进"工作总基调，发挥政府在宏观调控中的指导性作用，引导市场供求关系发生积极变化，保持房地产市场平稳健康发展。市房产局与市银监局、税务局等8家单位联合下发《关于开展打击侵害群众利益违法违规行为治理房地产市场乱象专项行动的通知》，共同整顿和规范房地产市场秩序；与市建委、国土局等7家单位联合下发《吉林市房地产市场监测预警协调机制工作方案》，对房地产市场当前运行状况、未来供给需求趋势进行研判预测，确保因城施策取得实效；启动运行住房租赁信息服务平台，建立和完善住房租赁管理制度，发布吉林市年度住房租赁指导价格，关注政府主导的吉房置业国有平台公司住房租赁试点工作，开展房地产经纪机构备案和从业人员考试工作，营造住房租赁市场发展环境；在吉林市行政区域内全面开展存量房交易资金监管，持续做好与税务、金融机构信息互通共享工作。

2018年，全市商品房销售面积266.9万平方米，比2017年增长15.2%，其中商品住房销售面积238.8万平方米，比2017年增长19.2%。截至2018年年末，全市商品房库存面积363.6万平方米，去库存周期16.4个月，比2017年减少2.4个月；商品住房库存面积196.3万平方米，

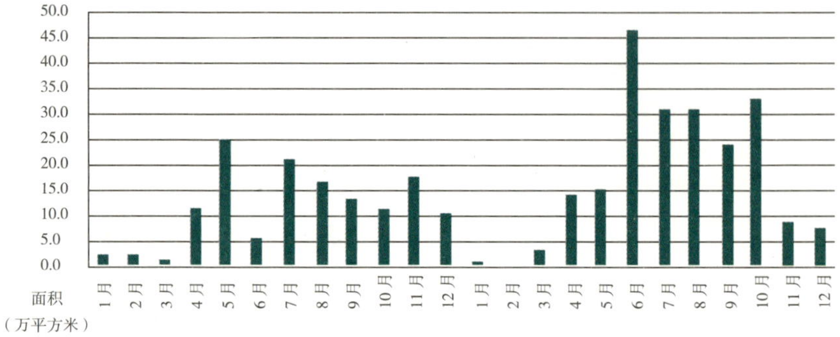

图5 **2017—2018年吉林市商品住房预售面积走势图**

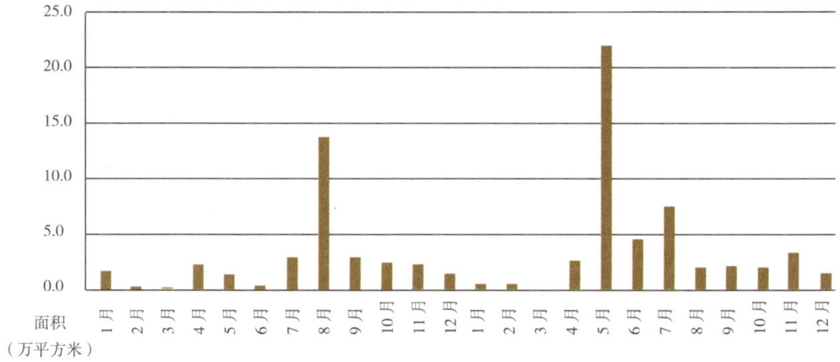

图6 **2017—2018年吉林市新建非住房预售面积走势图**

去库存周期9.9个月，比2017年减少3.1个月；存量房交易面积335.7万平方米，比2017年增长45.6%，其中存量住房交易面积296.5万平方米，比2017年增长36.7%，吉林市房地产市场形成商品房市场与存量房市场良性互动、共同提升的平稳运行态势。

【商品房市场】 *商品房预售*。2018年，全市批准商品房上市面积266.8万平方米，比2017年增长54.3%；上市24285套，比2017年增长44.4%。其中，批准商品住房上市面积217.6万平方米，比2017年增长54.1%；上市21880套，比2017年增长60.9%。批准新建非住房上市面积49.2万平方米，比2017年增长54.9%；上市2405套，比2017年下降25.4%。

商品房销售。2018年，全市商品房销售面积266.9万平方米，比2017年增长15.2%；累计销售26916套，比2017年增长15.7%；销售金额168.2亿元，比2017年上涨27.0%；销售均价每平方米6303元，比2017年上涨10.2%。商品住房销售面积238.8万平方米，比2017年增长19.2%；累计销售23778套，比2017年增长22.5%；销售金额145.2亿元，比2017年增长36.3%；销售均价每平方米6080元，比2017年上涨14.3%。新建非住房销售面积28.1万平方米，比2017年下降10.3%；累计销售3138套，比2017年下降18.7%；销售金额23.0亿元，比2017年下降11.4%；销售均价8191元/平方米，比2017年下降1.3%。

商品房库存。截至2018年12月末，全市商品房库存面积363.6万平方米，去库存周期16.4个月，比2017年同期的18.8个月减少2.4个月；商品住房库存面积196.3万平方米，21708套，去库存周期9.9个月，比2017年同期的13.0个月减少3.1个月；新建非住房167.4万平方米，去库存周期71.4个月，比2017年同期的56.0个月增加15.4个月。

【存量房市场】 2018年，全市存量房交易面积335.7万平方米，比2017年增长45.6%。累计交易38954套，比2017年增长37.3%。均价3668元/平方米（税务局提供），比2017年增长15.4%。其

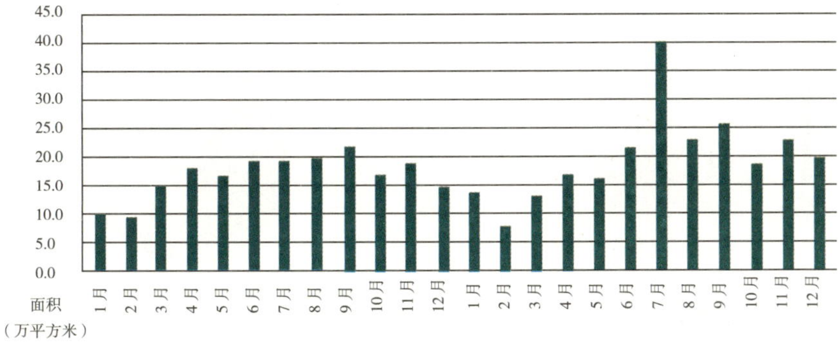

图 7　2017—2018 年吉林市商品住房销售面积走势图

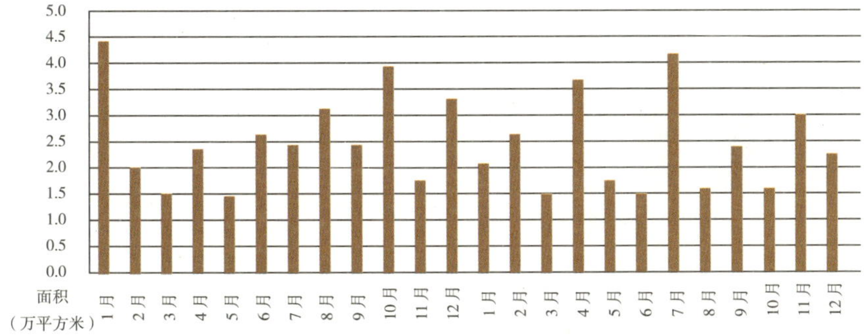

图 8　2017—2018 年吉林市新建非住房销售面积走势图

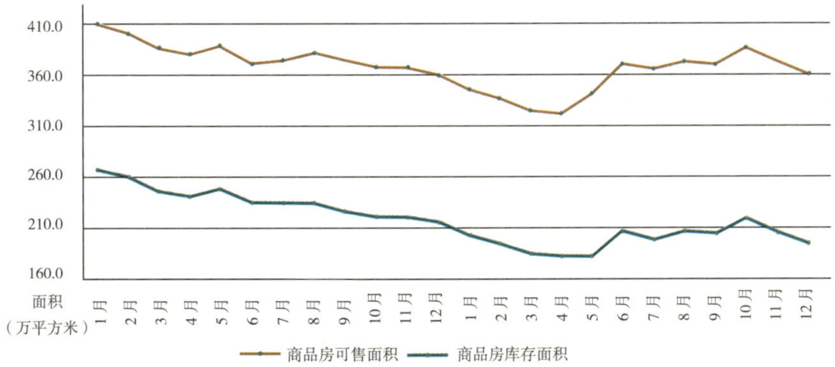

图 9　2017— 2018 年吉林市商品房库存面积走势图

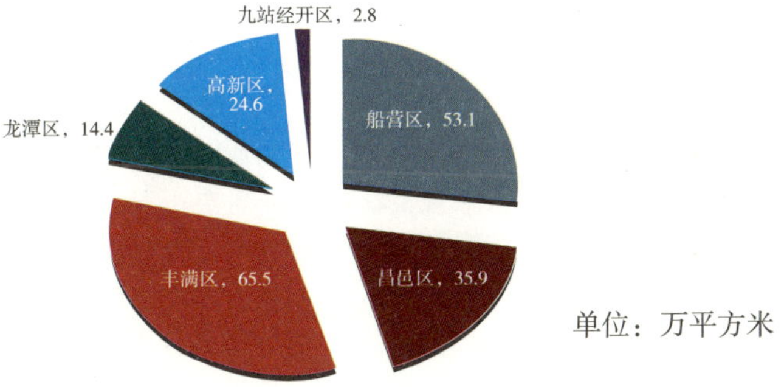

图 10　2018 年吉林市各行政区商品住房库存情况分布图

中，存量住房交易面积 296.5 万平方米，比 2017 年增长 36.7%。累计交易 37391 套，比 2017 年增长 37.0%。均价 3619 元 / 平方米，比 2017 年增长 9.7%。

【商品住房市场】 商品住房销售量各行政区分布。船营区商品住房销售面积 43.0 万平方米，比 2017 年增长 28.5%；昌邑区 58.9 万平方米，比 2017 年增长 37.0%；丰满区 92.0 万平方米，比 2017 年增长 39.5%；龙潭区 9.0 万平方米，比 2017 年增长 18.4%；高新区 35.8 万平方米，比 2017 年增长 16.8%；九站经开区 0.1 万平方米，比 2017 年下降 65.0%。

商品住房库存量各行政区分布。商品住房库存面积按行政区域划分，船营区 53.1 万平方米，占城区库存总量的 27.1%；昌邑区 35.9 万平方米，占城区库存总量的 18.3%；丰满区 65.5 万平方米，占城区库存总量的 33.4%；龙潭区 14.4 万平方米，占城区库存总量的 7.3%；高新区 24.6 万平方米，占城区库存总量的 12.5%；九站经开区 2.8 万平方米，占城区库存总量的 1.4%。

商品住房价格涨幅。吉林市在 2017 年与 2018 年均在售的 203 个商品住房项目中，存在价格上涨的项目 109 个，占上述项目总量的 53.7%；累计销售面积 156.9 万平方米，占全年商品住房销售总量的 65.7%。存在价格下降的项目 92 个，占上述项目总量的 45.3%；累计销售面积 45.3 万平方米，占全年商品住房销售总量的 19.0%。

商品住房价格区间分布。2018 年，在售商品住房中 5000 ~ 6000 元 / 平方米的占总量的 25.6%，6000 ~ 7000 元 / 平方米占总量 22.1%，4000 ~ 5000 元 / 平方米的占总量的 18.1%，7000 ~ 8000 元 / 平方米占总量的 12.5%，4000 元 / 平方米以下和 8000 元 / 平方米以上的分别占总量的 11.9% 和 9.9%。

商品住房购买对象分布。2018 年，在销售的商品住房购买对象中，吉林市城区所占比例为 85.68%。吉林市其他地区所占比例为 6.82%，吉林省其他地区所占比例为 4.85%，外省市所占比例为 2.62%，境外所占比例为 0.03%。

商品住房套型结构分布。2018 年，

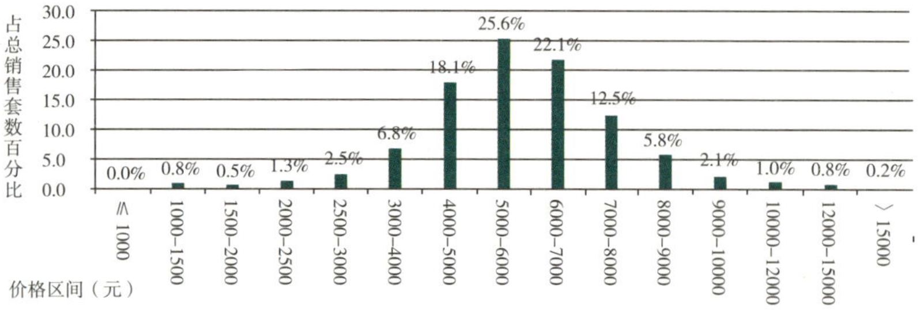

图 11　2018 年吉林市商品住房价格结构图

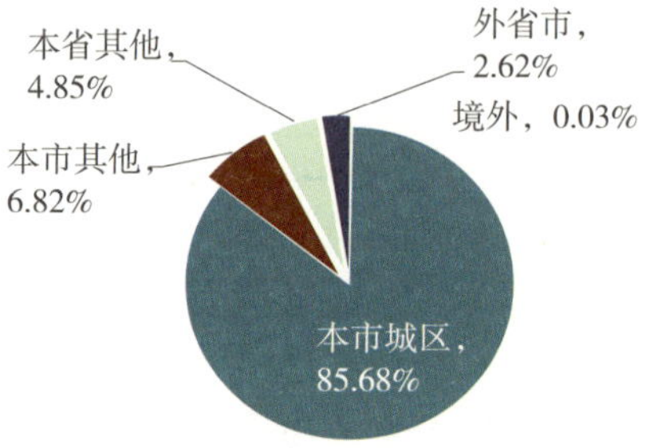

图 14　2018 年吉林市商品房购买对象结构图

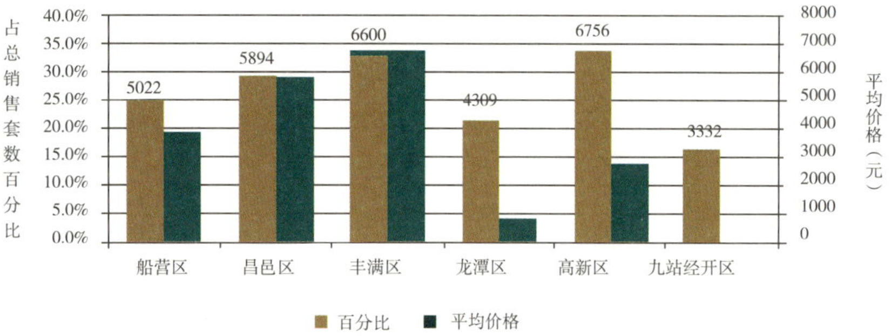

图 12　2018 年吉林市商品房行政区销售结构图

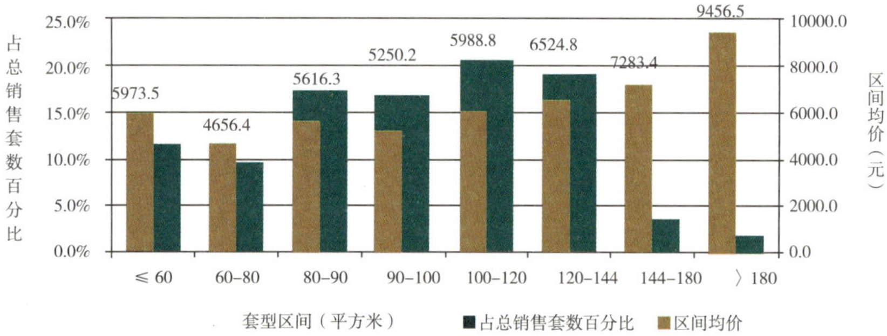

图 13　2018 年吉林市商品房套型结构图

全市商品住房销售 23778 套。其中，90 ~ 144 平方米 13416 套，占销售总量的 56.4%；60 ~ 90 平方米 6354 套，占销售总量的 26.7%；其他套型 4008 套，占销售总量的 16.9%。　（市住建局）

物业管理

【概况】 2018 年，全市已建成住宅小区 862 个，总建筑面积 6108 万平方米。实施综合物业服务的住宅小区 344 个，建筑面积 3312 万平方米，综合物业覆盖率 54.2%。其中，国家级管理示范小区 6 个、省物业管理示范小区 72 个、业主自行管理小区 8 个、社区代管小区 4 个、社区“公司＋公益”形式管理小区 2 个、无综合物业服务小区 518 个。年内，对 37 个小区进行老旧小区宜居综合改造，完成投资约 2.5 亿元；全年商品房维修资金归集 3.22 亿元，房改房维修资金归集 1577 万元；催缴专项维修资金 7059 万元。

【物业行业管理】 2018 年，围绕“建立物业服务价格形成机制，引导和规范物业服务市场”工作目标，强化物业管理。出台规范性文件类 3 个，印发《关于落实前期物业服务收费文件的通知》和《关于进一步规范前期物业管理招投标工作的通知》，编制《2018 年老旧小区宜居综合改造工作方案》。建立服务价格机制，落实前期物业项目招标、投标和专家评标管理，重新完善物业服务合同示范文本，引导服务内容与收费标准相适应，规范物业项目备案审核工作。在全市物业服务行业开展 2018 年文明优质服务竞赛活动，通过竞赛选拔出 30 名选手代表吉林市参加全省第二届物业行业职业技能大赛，获得“优秀组织单位”称号。开展物业行业信用体系建设，起草管理办法和等级评定标准，组织区物业中心及企业代表进行论证。落实“双随机、一公开”行业监管，会同各区物业管理中心检查 10 家物业服务企业的经营行为，对全市实施综合物业服务的封闭住宅小区文明优质服务工作进行专项督导和检查。创新社区管理，探索社区主导下的公司加公益、业主自行管理、业主大会选聘物业服务企业、社区代管 4 种管理模式，指导朝阳花园、铁建丽苑等 11 个弃管、撤管和无物业管理小区落实物业管理方式和管理主体。培训各城区物业工作人员，推动落实属地化管理工作。开展物业达标创优活动，全市有 18 个物业管理项目申报 2018 年吉林省物业管理示范项目和吉林市优秀住宅小区项目，红大蓝湾等 6 个小区通过省建设厅考评验收；江畔花都等 12 个小区获评市优秀物业管理小区。

【物业服务标准化建设】 全市有 5 个住宅小区申报省示范小区项目并全部通过验收，完成 10 个市级优秀住宅小区申报项目的考评。加大宣传力度，通过市经济广播电台“老丛说物业”栏目，与百姓现场互动和解答物业方面问题，全年播出 45 期。　（市住建局）

交通·邮政

TRANSPORTATION & POST

公　路

【公路建设】 2018年，完成交通基础设施投资25.85亿元，比2017年增长108%。吉林至荒岗高速公路通车，舒兰市结束不通高速公路历史。国道珲乌公路机场至吉林改扩建项目完成投资4.2亿元，实现阶段性通车。长春经济圈环线高速九台至双阳段完成PPP招标，项目建设和土地征收工作正式启动。延长高速公路大蒲柴河至烟筒山段前期工作顺利推进。

国道珲乌公路吉林至饮马河段一级路完成投资4511万元，完成年度计划148%。01、02标段桥梁、涵洞、隧道主体工程全部完工，03、04标段通车。长吉北线桦皮厂收费站5月15日正式开机收费。国道绕盖公路白旗松花江大桥项目完成可研批复，进入设计阶段。

【吉林至荒岗高速公路通车】 10月31日11时，吉林至荒岗高速公路（G1211）通车。项目起点位于吉林市龙潭区江北乡，通过吉林北互通与吉林至江密峰高速公路相交并入高速公路网，与黑龙江省五常至荒岗公路相接，全长99.662千米，是《国家高速公路网规划》中珲春至乌兰浩特高速公路吉林至黑河联络线组成部分，是《振兴东北老工业基地公路水路交通发展规划纲要》中“五纵、八横、两环、十联”区域骨架公路网中“纵三”线嘉荫至大连（旅顺）公路中的一段，是《吉林省高速公路网规划》中“五纵、五横、三环、四联络”中“纵二”线，是吉林省出海入关第二大通道，对振兴东北老工业基地具有重要意义，被省政府列为重点公路建设项目。

【“四好农村路”建设】 投资9.8亿元新改建“四好”（建好、管好、护好、运营好）农村路727千米，完成年度计划136%，占全省农村公路总投资额37.4%。改造危桥64座1532米，实施安防工程107.75千米。完成“路田分离”900公顷。自然屯通畅率由68.9%上升到83%。以产业路、资源路、旅游路和扶贫路为重点，完成县道吉桦线、吉天线、九红线提升改造。

率先在全省探索建立县、乡、村三级路长制体系。完成123条农村公路、259块路长制公示牌设置工作。各级路长、路管员、社会公众通过使用“吉路通”客户端实现互通互联和闭环管理。

全省“四好农村路”督导考评，吉林市排名居全省前列，磐石市被评为省级示范县。交通运输部督导组到吉林市调研，赞扬吉林市“路田分离”工作走在全国前列，解决了交通部多年来想要解决而未取得进展的问题。

【公路养护】 维修改造国省干线公路68.66千米，县级公路149.94千米，危桥64座，完成公路养护工程1.21亿元，公路技术状况率下降趋势得到有效控制。清理占路市场和违章建筑15处，违章牌匾141处，路政结案77起。破案率、结案率、路产恢复率100%全覆盖。

实施黑大线红旗至口前等5项公路安保工程，完成工程量1250万元。完成19处公路事故多发段防护警示设备安装。监督检查市本级管理1个国省干线项目、3个养护大中修工程、178千米农村公路及152个桥涵，监督覆盖率和问题整改率实现100%。

【危险化学品运输管理】 打造全省首例危化品道路运输监管服务平台，动态监管、实时监测全市危化品运输车辆。打造公安、交通、安监部门信息共享、数据整合、联合执法和在线监测一体化作战新模式，危货车辆违规率比2017年下降93.6%。吉林省交通厅明确要求将吉林市危化品运输监管模式作为典型经验在全省推广。

【超限治理】 依托金珠等3个超限检测站和13个超限检测点，加大超载超限治理力度。全年检查车辆16.47万台，查处车辆127辆，卸货转运1904.35吨。确定吉林市城区内2家重点货运源头单位，并在市政府网站进行公示。

【收费管理】 落实鲜活农产品运输“绿色通道”和节假日小型车辆通行费优惠政策，全年减免通行费534.89万元。为减轻周边农民车辆通行负担，在桦皮厂收费站试行差异化收费优惠政策。

【防范化解风险】 制发《吉林市交通运输局防范化解债务风险应急处置预案》，建立健全债务风险应急处置机制。还本付息4.82亿元，超额完成年度还贷计划6500万元。经过近十年跟进努力，催要绕城公路结算资金2.67亿元，偿还该项目全部贷款，守住不发生系统性金融风险底线。

【公路交通信息化建设】 加快推进农村公路系统、公共交通系统、交通诱导系统三大数据平台，融合出租、公交、客运系统，整合省交通厅“两客一危”（从事旅游的包车、三类以上班线客车和运输危险化学品、烟花爆竹、民用爆炸物品的道路专用车辆）全球定位系统、南陵客运系统、“互联网+道路”运政系统等，大数据体系形成雏形。完成出租车管理办公室2部对外服务热线与12328热线整合。12328呼叫中心全年受理电话7520个，比2017年增长729%。案件办理满意率96%。全省12328考评通报中吉林市4项指标排名第一，2项排名第二，运行服务质量稳步攀升。话务班长获得交通运输部“年度百佳工作者”称号。

【农村物流网络建设】 磐石市引进唯品九州电商平台，建成以吉高物流有限公司为核心、覆盖市乡村的三级物流网络。依托磐石客运总站设立物流信息平台，覆盖客运站点。桦甸市建成桦甸市开犁网，打造客货并举、运邮联合服务模式。提升“山货进城、城货下乡”效率。（于昆鹏）

铁　路

【概况】 吉林车务段营业里程639.010千米，管辖46个车站、2个线路所。其中，二等站7个，三等站5个，四等站36个。其区间包括：长珲城际线，九台南—吉林站高速场70.951千米；长图线，卡伦—拉法189.039千米；沈吉线，取柴河—吉林站普速场83.650千米；西哈线，哈达湾—西山线路所5.938千米；吉舒线，吉林北—东富83.539千米；拉滨线，杜家—新站134.278千米；龙丰线，龙潭山—大丰满22.840千米；九江线，新九站—江密峰25.632千米；九棋线，九站—新九站202号道岔基前1.095千米；小新线，208线路所—新站3.579千米；棋盘联络线898米。有客运办理站11个，其中高铁站3个。吉林车务段固定资产总值9872万元。

【棋盘编组站综合自动化正式开通】 12月17日，中国铁建中铁十五局集团电气化公司吉珲项目棋盘站CIPS软件插入试验调试成功，标志着棋盘编组站综合自动化正式开通。棋盘站综合自动化工程首创并建立数字化指挥体系，提高编组站作业自动化水平和作业过程安全程度，对提高编组站管理现代化水平有重要意义。

【教育培训】 2018年，组织春运、汛期、调图、规章修改、防错办、劳动安全等各类适应性培训8次，培训6989人次。发挥职工培训基地作用，每月利用接发车仿真教学设备组织普速6个站、高铁3个站车站值班员、信号员、助理值班员到江北基地进行接发车应急处置实作演练培训。截至12月末，考核99个车站。其中，普速66个、高铁33站次。其中，优秀达标车站5个、达标车站53个、未达标车站15个。为解决管内点多线长培训难度大、工学矛盾突出问题，组织远程在线互动培训。

【铁路项目建设征地拆迁】 吉珲铁路吉林枢纽西环线工程为省部共建项目，吉林市主要负责项目建设用地征收资金统筹并组织征收工作。从吉林市丰满区前二道乡马相村至龙潭区江北乡哈达村，全长64.232千米，沿线经吉林市丰满区、船营区、高新区、经开区、龙潭区及6个乡镇、街道和16个村，需征收土地204.5万平方米。2018年，吉林市铁路项目建设领导小组办公室（简称“市铁建办”）按照省、市相关要求以及建设单位用地需求，在征收资金极度紧张情况下，协调各征收主体提供施工用地。协调省、市相关部门筹措征收所需资金。协调驻军部队推进军事用地置换工作。截至2018年年末，交付施工用地占需征收土地面积64%，支付征收资金6.5亿元。

【公铁平交道口改造】 截至2018年年末，吉林市有公铁平交道口94处。其中，国省干线道口1处，城市道路道口25处，县级公路道口10处，乡村级公路道口58处，应改造道口66处（龙丰线20处道口、沈吉线8处道口涉及城市规划暂不改造）。2018年，铁道办按《省政府办公厅关于加快推进全省公路与铁路平交道口改造工作的通知》要求，与沈阳铁路局吉林工务段对接，推进改造工作。向省发改委及时上报改造进展情况及改造计划。协调市建委、市城建集团、市铁投公司加快推进城市道路道口改造工作。

【吉林铁路枢纽总图规划编制】 年内，市铁建办继续配合铁路部门推进吉林铁路枢纽总图规划编制工作。针对规划中重新修改动车运用所选址先后召开两次会议，征求市发改委、市规划局、市国土局、市环保局、市林业局、经开区管委会意见，邀请铁路设计单位赴吉林市进行详细方案对接。与省发改委赴国家铁路总公司，向铁路总公司发展改革部详细汇报吉林市修改意见，在利用闲置铁路开行市郊列车方案上达成基本共识，铁路总公司同意在方案中去掉利用闲置铁路开行市郊列车表述。向市政府主管

12月17日，吉珲项目棋盘编组站综合自动化正式开通　　（韩 俏 供图）

12月14日，吉林铁路枢纽西环线工程施工中。图为太平岭隧道施工现场

（市铁建办 供图）

领导、主要领导汇报规划意见，履行沈阳局集团、省发改委、吉林市政府三方联合会签向国家铁路总公司报送吉林铁路枢纽总图规划文件程序。

【应急工程建设】 推进改建铁路沈吉线西阳至口前至马相屯段水害整治应急工程前期工作。为解决洪灾造成全市通往沈阳方向重要铁路通道沈吉铁路被冲毁、中断及发生客车停运、乘客被困等问题，沈阳铁路局上报国家铁路总公司，启动沈吉线水害整治工程，迁改部分线路，优化线型，杜绝可预见洪灾不利影响。项目启动后，市政府责成铁建办协助开展相关工作，协调市相关部门、沿线县区政府，配合建设单位勘察现场，推进项目可研编制工作。召开专题会议，协调丰满区、永吉县政府召开会议研究设计方案。涉及改建铁路需新建立交桥方案，协调丰满区住建局、永吉县发改局与沈阳铁路局吉林工程建设指挥部加快对接方案，并签订立交协议。深入现场调查了解收集征收用地基本情况，测算征收所需资金，协调省发改委帮助解决征收用地所需征收资金问题。

（吉林车务段 市铁建办）

水 路

【水上交通安全管理】 落实监管责任，明确安全生产监管权力和责任清单。加强运输船舶安全监管，开展水上交通安全检查，制定检查计划并严格执行，高风险水域检查达到全覆盖，确保全市辖区水上交通安全形势持续稳定。举办2018年度东部片区渡船船员安全培训班，提高船员安全责任意识。开展应急搜救演练，提高应急处置能力。加强安全宣传教育，营造良好舆论氛围。开展“安全生产月”宣传活动、典型事故案例进水运企业和渡口活动、水上交通安全知识进校园活动。开展“打非治违”“安全生产治理年”“中小型船舶安全管理专项整治”“平安交通百日行动”“水上交通安全隐患排查治理”以及“水上交通安全网格化监管责任落实”等专项活动，细致排查整治，解决和处理安全监管工作中出现风险问题。

【船舶污染防治】 执行船舶污染物接收转运处置联单制度。与环保、市政等部门开展2次联合执法行动，重点检查辖区船舶污染物接收转运处置工作，保护辖区水域清洁，提高防污染联合监管力度。协调推进落实防止船舶污染水域环境应急能力建设规划实施。协调推进落实《港口（码头）污染物接收转运处置装置建设方案》内容要求，完成年度工作任务。

【水路监管】 在2018年7月泰国普吉岛沉船事故后，就安全生产情况约谈市直管4家水运企业，指导全市水运企业汲取事故教训，采取应对措施。加强企业现场监督检查，确保市场秩序平安稳定，通过检查主体责任落实情况、制度执行情况、人员资质管理情况、设备运转维护情况、应急储备和演练情况以及船舶管理情况、自查自检情况和隐患登记整改情况，促进企业提高安全生产工作质量。通过现场检查、分类指导和立行立改，建立员工岗位风险提示卡、风险等级分布图和严格风险评估、隐患排查治理制度，帮助企业建立完善风险防控和隐患排查双重预防工作机制。

【船舶检验】 完成营运检验船舶137艘，建造检验船舶7艘，其中包括首次建造完成污水收集趸船“环保清水号”船舶，积累污水收集类船建造检验经验。做好船舶建造检验技术指导，指导两家企业质检人员、档案管理人员等工作人员开展工作，确保船检流程规范化、标准化，有效提高船检质量。 （于昆鹏）

邮政管理

【概况】 至2018年年末，全市有邮政普遍服务营业场所143个。其中，城市网点38个，农村网点105个；自办网点119个，代办网点24个。有邮件处理场所108个，主题邮局2处，邮筒（箱）283个，报刊亭13个，从业人员1181人，邮政专用标志车辆166台，邮路47条，邮乐购站点2343处，邮乐小店36267个，“邮政+农民”专业合作社378个。截至2018年年末，普遍服务法定业务开办率、普服网点乡镇覆盖率、建制村直接通邮率、市县两级党政机关党报当日见报率等均为100%。

2018年，邮政行业实现业务收入（不包括邮政储蓄银行直接营业收入）9.55亿元，比2017年增长11.01%；业务总量9.36亿元，比2017年增长13.35%。其中，快递服务企业业务量2486.53万件，比2017年增长10.50%；业务收入4.20亿元，比2017年增长15.81%。

全市完成邮政函件业务45.44万件，比2017年下降1.26%；包裹业务2.53万件，比2017年下降62.96%；报纸业务4545.93万份，比2017年下降0.13%；杂志业务167.67万份，比2017年下降

表 33　**2018 年吉林市邮政行业发展情况统计表**

指标名称	单 位	2018 年 12 月		比 2017 年同期增长（%）	
		累计	当月	累计	当月
一、邮政行业业务收入	亿元	9.55	0.84	11.01	20.16
1. 邮正寄递服务	亿元	0.53	0.04	4.35	−2.31
2. 快递业务	亿元	4.20	0.46	15.81	36.89
二、邮政行业业务总量	亿元	9.36	0.85	13.35	18.73
1. 邮正寄递服务	万件	5031.47	434.24	0.23	−1.80
其中：函件	万件	45.44	4.91	−1.26	16.08
包裹	万件	2.53	0.19	−62.96	−68.33
订销报纸累计数	万份	4545.93	396.90	−0.13	0.76
订销杂志累计数	万份	167.67	13.86	−4.13	−2.87
汇兑	万笔	7.26	0.59	−20.83	−22.37
2. 快递业务	万件	2486.53	255.46	10.50	35.31
其中：同城	万件	498.62	44.69	85.41	51.92
异地	万件	1984.07	210.43	0.33	32.31
国际／港澳台	万件	3.83	0.34	−0.34	1.38

说明：邮政行业业务收入中未包括邮政储蓄银行直接营业收入　（市邮政管理局）

4.13%；汇兑业务 7.26 万笔，比 2017 年下降 20.83%。

年内，吉林市邮政管理系统有 1 人被国家邮政局评为“优秀市（地）管理局局长”，市邮政管理局被评为全省“扫黄打非”先进单位和全省邮政管理系统新闻宣传工作“突出贡献奖”。

【邮政业政策引导】 市委办公厅、市政府办公厅印发《关于实施乡村振兴战略意见的任务分工方案》，提出“推进‘快递下乡’工程，构建适应乡村特点商品集散平台和物流配送体系”。邮政业发展纳入《吉林市深入实施乡村振兴战略“三新”行动计划（2018—2020 年）》，“邮政、快递 + 现代农业”逐渐实现高质量发展。《吉林市商业网点规划（2016—2020）》提出构建三级物流体系，快递物流园区建设步伐加快，综合服务能力大幅提升。吉林市提出 2018 年六大商务民生工程，其中农村电子商务 2.0 版等三项都与邮政业直接关联。与工商局等 21 部门联合印发《吉林市消费者权益保护部门联席会议制度的通知》，邮政业消费者权益保护获得多部门支持。市邮政管理局联合商务局起草《吉林市推进电子商务与快递物流协同发展实施方案》，由市政府印发实施。

6 月 21 日，首届吉林地区邮政普遍服务法律法规竞赛在吉林市举办

（市邮政管理局　供图）

完成“十三五”规划中期评估。推动市政府办公厅印发《吉林市快递服务及城市共同配送车辆便捷通行管理办法》，联合市公安局印发《关于邮政快递专用电动三轮车规范管理实施意见》，在全省率先解决电动三轮车通行难题。联合交管部门连续 4 年制发邮政（快递）专用机动车便捷通行标识，机动车市区通行、停靠持续畅通。

【邮政新闻宣传】 印发《2018 年新闻宣传工作量化考核管理办法》，开展宣传工作。全年，向吉林省邮政管理局报送稿件 238 篇，《中国邮政快递报》、《快递》杂志、国家邮政局官方网站刊登稿件 104 篇，联合地方媒体宣传报道 6 次，获得全省邮政管理系统新闻宣传工作“突出贡献奖”，被中国邮政快递报社等表彰 2 人次。加强网站管理，及时更新和发布信息，新增信息 252 条，定期自查整改，高分通过 4 次网站普查。

【邮政业安全监管】 坚持日常检查与专项检查相结合、专项整治和部门联动相结合，出重拳、用重典，保持地区安全生产监管高压态势。2018 年，检查网点 449 处次，下达整改 73 份，整改问题 73 个，行政处罚 12 起，处罚金 3.3 万元。

落实寄递渠道安全管理成员单位联席会议制度，联合综治、公安、国安、交通、工商、海关、铁路公安等部门召开 2018 年联席会议，编制会议纪要信息，实现信息互通、执法互助、优势互补。

制定《吉林市邮政业安全生产领域改革发展工作实施措施》，成立领导小组，印发安全生产领域改革发展工作计划。召开季度市场监管会议 4 次，分析行业安全形势，通报案例案情，部署重点工作。把行业从业人员安全生产教育培训作为重要内容，开展交通、消防等安全培训 14 次，培训 2268 人次。印发《禁止寄递物品管理规定》，督促企业严格执行收寄验视制度。在中通分拣中心实地开展安检机使用培训，提升企业安检设备操作能力。拉网排查主要品牌快递企业分拣中心，确保出港快件有效过机安检。指导未配备安检机县级法人企业全部签订委托协议，进行第三方安检。采取每日提醒、每日通报、每日监督、现场培训、实地督导、重点警告、限期整改等措施，推进实名收寄信息系统应用。

完成春节、“两会”、“上合”峰会、主汛期、中非合作论坛、进博会期间地区寄递渠道安保工作。推进“双11”等旺季服务保障工作，印发工作方案，召开动员部署会，组织企业签订承诺书。全面开展隐患自查，建立问题排查整改台账。联合公安、安全等部门开展联合检查12处次，指导整改安全隐患4个，关键节点未发生积压滚存和安全事故。

与市公安局联合印发《吉林市寄递渠道涉枪涉爆隐患集中整治专项行动工作方案》，召开动员会、部署会、调度会3次，检查99个营业网点，下达整改18个，解决安全隐患18个。开展无证（超范围）经营专项整治，约谈3家第三方派送企业。开展邮件、快件“三不”（不着地、不抛件、不摆地摊）专项整治，杜绝抛件、摆地摊现象，企业营业场所新增托盘近3000组，配合原有笼车、货架等离地设施，“不着地”要求落实到位。

【邮政业应急管理】 *应急预案。*联合市应急办成立考察组到西安、成都调研学习，修订《吉林市邮政业突发事件应急预案》，探索地区安全中心建设。督导企业完善总体应急预案、专项应急预案和重点岗位、重点部位现场应急处置方案，备案管理企业预案124份。

*应急演练。*创新邮政业突发事件应急演练，通过“1+5”方式（指在市区和5个外县分别组织一次应急演练），扩大参演培训覆盖面，提升地区应急管理水平。市区及五个县级城市突发事件应急演练中市、县级法人企业全部参加，实训从业人员360人次。

*风险防控。*建立舆情分析研判和回应机制，在门户网站发布消费提示4条。组织企业座谈2次，协助开展“共青团与人大代表、政协委员面对面”活动，引导企业加大员工工资、福利待遇、人文关怀等投入，及时排查化解隐患，保证稳定运营。

【邮政监督管理】 *许可管理。*许可变更按时完成率98%，初审时间严格控制在3天以内。开展末端网点备案，系统备案数量占登记数量比例为98%。

*申诉处理。*截至2018年年末，受理申诉3433件，有效申诉171件，挽回经济损失15.9万元，群众满意率100%。

*专项检查。*全年检查快递企业172处次，下达整改通知书33份，行政处罚12起；检查邮政企业网点50处次，下达整改通知书14份；录入执法信息281条，公开执法信息59条。开展建制村直接通邮抽查，1384个行政村直接通邮率保持100%。市区及县级城市党报当日见报率保持100%，6个乡镇党政机关党报实现当日见。开展城区内平常信函时限测试，完成“十三五”建设项目核查。开展邮政普遍服务质量满意度调查，满意度为86.23分，较2017年提高2.2分。

*“扫黄打非”工作。*检查邮政局所、报刊亭、快递网点53处次，与市“扫黄打非”办联合检查1次，有效遏制非法出版物通过寄递渠道销售。

【邮票发行监管】 纪特邮票销售秩序良好，出检102人次，检查纪特邮票发售26套次，检查纪特邮票销售网点29处次，查获在售未经批准仿印邮票3类12套，下发责令改正通知书1份。

【邮政行业难题破解】 *破解电动三轮车通行难题。*市政府印发《吉林市快递服务及城市共同配送车辆便捷通行管理办法》，联合市公安局印发《关于邮政快递专用电动三轮车规范管理实施意见》。1519名电动三轮车驾驶员分三批次进行交通法规培训。联合交管部门制发“专用电动三轮车准行证”和“驾驶员信息卡”，完成1232辆电动三轮车标识喷涂，统一为1168辆电动三轮车购买保险。

*破解办事难题。*在全市首批完成“只跑一次”改革。邮政普遍服务许可审批和邮政公共服务备案实现“只跑一次”，完成备案276项。创新“四个一”举措（一个系统、一份标准、一次办结、一单送达），快递许可审批实现“零跑动”，完成审批148项。

*破解基础设施薄弱难题。*全市首个滑雪主题邮局——北大壶滑雪主题邮局落户永吉县。一网全城电商物流园二期建成使用，申通、中通合作共建智能物流园区，投资1.5亿元。建设快递社区综合服务站25个，建成乡镇快递超市14个，布设智能快件箱188组，高校快递综合服务站和规范投递率100%。

*破解末端经营难题。*磐石吉高陆港物流有限公司“电商+快递+客运”试点成功，建设覆盖磐石县乡村三级“电商+快件收派”综合站点64个，利用乡村客车剩余载能运输快件，日均服务用户4000人次。

*破解末端安全隐患突出难题。*开展清理整顿专项行动，梳理解决营业场所停业未注销等问题282个，消除监管盲区。开展乡镇末端网点安全专项整治，覆盖5个县级城市，解决安全隐患98个，立案处理6起。

*破解监管力量不足难题。*快递企业网格化监管全覆盖，制发网格化公示牌1272个，423名社区、公安等部门人员成

1月5日，吉林市开展戊戌年特种邮票销售网点专项检查。图为检查现场

（市邮政管理局 供图）

5月31日，吉林市“邮政+快递”融合发展签约仪式在吉林市邮政管理局举行

（市邮政管理局 供图）

为邮政业安全监管重要力量。参与“雪亮工程”示范城市建设，品牌快递企业分拨中心视频监控系统纳入该平台建设范围。

【邮政服务领域拓展】 “邮政+快递”。召开“邮政+快递”融合发展座谈会，举行“快邮合作”签约仪式，市邮政分公司与中通、圆通等8家快递企业开展末端投递合作。引导企业开放“补白”局所平台，推广“快邮”合作模式，江北乡代办所“快递乡镇示范站”实现稳定运营。

“邮政+大米”。借助舒兰平安、永吉万昌、昌邑大荒地优质大米产地优势，组织企业召开现场会，扩大“一市一品”项目成果。鼓励企业做大“三河站”自主品牌，开发推广“吉林贡米”品牌，通过“线上+线下”互动模式，带动大米等产品外销。

“邮政+农产品”。新建邮乐购站点399处，累计2312处，拓宽农产品销售渠道。

“邮政+X”。引导企业拓展业务范围，打造便捷式、嵌入式服务。支持电子化支局开办代收电费、代订飞机票、代收手机话费、代开税务发票、代收交通罚没款等业务，8个网点开办代售火车票业务，47个网点开办代收中石油款和中石化款业务。

“邮政+特色产业”。指导邮政企业采用“公司+合作社+农户”方式，成立农民专业合作社，通过包种子、包技术、包销售，拓展服务领域，拉动寄递业务。组织邮政企业深入25个省级贫困村调研，挖掘出草编工艺品、蓝莓等“邮政+特色产业”项目13个。 （温馨琮）

邮政运营

【概况】 2018年，吉林市邮政分公司有从业人员2391人。其中，A类929人、B类376人、劳务用工396人、外包603人、保留关系46人、劳务承揽人员41人。下辖永吉、舒兰、蛟河、桦甸、磐石等5个县（市）邮政分公司，4个城区分公司，1个直属单位。吉林市分公司本部12个部门。其中，综合职能部门5个，市场经营部门2个，经营支撑部门5个。

2018年，吉林市邮政分公司实现业务收入5.39亿元，增幅7.4%，高于全省平均2.77个百分点，列全省第4位。完成预算100.32%，高于全省平均2.65个百分点，列全省第4位。实现账面净利润5578万元，超额完成“双保”（确保稳定的服务品质、确保良好的客户体验）目标。劳动生产率为30.5万元/人，增幅2.27%，超全省平均5.8万元/人。

市本级实现业务收入2.12亿元，增幅7.94%，列全省第4位。完成预算98.48%，列全省第5位；五县（市）分公司实现业务收入3.27亿元，增幅7.05%，完成预算101.56%，高于全省平均1.6个百分点。

代理金融实现收入3.78亿元，完成预算101.01%，列全省第4位；增幅5.22%，列全省第4位。地区总资产244.04亿元，新增29.55亿元，列全省第1位。其中，储蓄余额新增－0.29亿元；理财保有量新增9.41亿元，连续3年全省第1位；新单保费20.42亿元，规模连续5年全省第1位；新增手机银行用户13.44万户，列全省第2位；跨赛一阶段新增余额13.33亿元，列全省第1位。

2018年，吉林市邮政分公司船营支局被评为全国交通运输行业文明单位文明示范窗口；吉林市邮政分公司被评为全省邮政普遍服务先进单位，保持全国精神文明单位称号；磐石市分公司被评为省级企业文化示范点；5县（市）分公司继续保持省级精神文明单位称号；松江东路营业所、松江营业所被评为2017—2018年度吉林省青年文明号；李凤举被评为全国邮政网路运行“达标争先”劳动竞赛活动先进个人；李树山被评为吉林省优秀志愿者标兵；宋志强被评为全省邮政系统先进个人。

【包裹快递业务】 2018年，开发大型电商客户103户，出口各类电商农特产品邮件117万件，实现收入767万元。与中国移动等8家企业开展区域内同城配送合作，日均出口量300余件，实现收入100万元。推进生鲜寄递、开学季包裹、中秋季礼品寄递等项目，实现收入87万元。全年实现包裹快递收入3759万元，比2017年增长8.23%；出口市场占有率14.96%，比2017年提高1.24个百分点；快包收入2360万元，规模列全省第1位；热敏单使用率提升至85%以上。寄递翼改革由初步整合向深度融合加速推进。

【农村电商业务】 农村电商影响更广泛，开通邮乐小店36331个，上线商品70余个；拓展邮掌柜会员15.6万人，实现代购订单14.28万笔；开展掌柜节、919电商购物节及订货会等系列活动，实现批销额5456万元，完成计划119%；开通金融积分兑换功能网点152个。2018年，实现电商分销收入5786万元，完成预算的124%，比2017年增长41.64%。

【邮政文化创新】 以“线上聊十次+线下见一次”新建集邮群47个，吸纳客户6310人，举办厅堂品鉴会49场，实现产品类销售463万元；与全区30家大型政

表 34 **2018 年吉林市规模以上快递企业发展情况统计表**

指标名称	单位	2018 年 12 月		比 2017 年同期增长（%）		占全部比例（%）	
		累计	当月	累计	当月	累计	当月
快递业务量	万件	2486.53	255.46	10.50	35.31	100.00	100.00
同城	万件	498.62	44.69	85.41	51.92	20.05	17.49
异地	万件	1984.07	210.43	0.33	32.31	79.79	82.38
国际及港澳台	万件	3.83	0.34	−0.34	1.38	0.15	0.13
快递业务收入	亿元	4.20	0.46	15.81	36.89	100.00	100.00
同城	亿元	0.36	0.04	69.38	94.01	8.62	8.43
异地	亿元	2.59	0.28	5.23	25.66	61.62	60.81
国际及港澳台	亿元	0.07	0.01	−8.68	15.77	1.74	1.74
其他	亿元	1.18	0.13	34.72	54.30	28.02	29.02
快递业务投递量	万件	8924.46	955.20	36.59	44.71	100.00	100.00

（市邮政管理局）

企客户合作并成功开发一汽吉林电影卡、森雅 R7 新媒体、国际马拉松等多个项目，实现项目收入 1082 万元；策划 2018 最强王者营销竞赛，实现收入 351.74 万元。2018 年，实现集邮函件收入 3878 万元，完成预算 95.05%。发行推进订阅加图书销售新举措，实现收入 1847 万元，完成预算的 98.23%。

【市场营销体系建设】 强化战略合作开发，与税务、交警、移动、铁塔、银联、中石化等 6 家单位签订合作协议；启动 44 个重点营销项目，实现收入 3374 万元；地区专职销售人员 102 名，总业绩 3876.05 万元；投入使用新型绿色包装箱 30880 个。全区 1269 人提出有效“金点子”，活跃率 85.17%，列全省第 1 位，其中“2+10”经营年度管理模式获集团公司“金点子”奖。

【邮政业务新增长点】 “一黑一白”（木耳和大米）产品种类 31 种，线上线下销往全国 31 个省（市）及自治区。2018 年，销售产品 2277 吨，实现销售额 1361 万元；造包 2 万件，形成包裹收入 8.36 万元；税邮合作项目办税 3.15 万笔，形成收入 140.08 万元；“云闪付”项目拓展客户端用户 7.71 万户，占全省 21%，列全省第 2 位；“警邮合作”项目建立 20 个警邮便民服务站，开通办理“补领号牌”等 15 项业务；实现中邮保费 1740.68 万元，列全省第 1 位；“邮企贷”发放贷款 1631.49 万元，列全省第 1 位；代办简易险收入 29.51 万元，列全省第 1 位。中邮证券偏股型基金扣款金额 2512 万元，基金定投新增户数 9886 户，均列全省第 1 位。

【基础设施建设】 工程项目建设。全年完成原址装修、迁址改造、购建和扩建项目 14 项，实现工程项目投资 868 万元，完成技改投资 925 万元。在全区范围内实现金融押运项目外包移交，企业基础能力逐步提升。

平台运营服务。建设主题邮局 3 处、邮乐购店 2343 处，永吉县分公司电商特产直营店正式运营；建立农村合作社 378 个、助农取款站 406 处、包裹代收点 702 处；平台业务种类 30 余种，实现农资收入 3138 万元，列全省第 1 位；实现代办车险收入 175.77 万元，列全省第 1 位。

信息平台支撑。通过 CRM 系统采集商务客户信息 1.5 万户，开发商务客户 3350 户；通过 C.S.A. 系统采集个人客户信息 114 万户，群发客户引流短信 112.6 万条；磐石市分公司创新开发“黄金指”客户拜访系统，采集客户信息 5.5 万户。

效率成本管控。全年邮件增幅 20% 前提下实现内部处理“零”延误。加强油料管理，全国油价上涨 20% 情况下节油近 2.2 万升，节资近 17 万元。实行维修保养工作规程，增车 6 台情况下维修费比 2017 年下降 15%，节省维修费近 6 万元。（冀 红）

快递业

【概况】 至 2018 年年末，吉林地区有快递企业 63 家，其中具有独立法人资格快递企业 51 家。分支机构 367 家，末端网点 326 家，有场地面积 4 万余平方米，从业人员 4100 余人，机动车 587 辆，电动三轮车 1719 辆。全市 76 个乡镇实现快递网点全覆盖。年内，快递业务量完成 2486.53 万件，比 2017 年增长 10.50%；业务收入完成 4.20 亿元，比 2017 年增长 15.81%。其中，同城业务量完成 498.62 万件，比 2017 年增长 85.41%；异地业务量完成 1984.07 万件，比 2017 年增长 0.33%；国际及港澳台业务量完成 3.83 万件，比 2017 年下降 0.34%。业务投递量完成 8924.46 万件，比 2017 年增长 36.59%。

【投递环境优化】 建设快递社区综合服务站 25 个，较全年目标任务翻 1.5 倍。其中，桦甸市圆通、中通、申通、百世汇通联合引入全国最大第三方平台——熊猫快收，设立社区综合服务站 12 个，覆盖县域主要社区，日服务用户 3000 余人次。统一高校快递综合服务站装修形象和服务标准，稳定运营 12 个，覆盖率保持 100%。铺设智能快件箱 188 组，格口数 21526 个，注册快递员 6695 人，箱递率 6%。逐渐形成住宅投递、综合服务站投递、智能快件箱投递互补服务格局。

【标准化建设】 市区标准化网点 190 个，其中旗舰店 10 个，标准化率 100%；县城及以下地区标准化网点 171 个，标准化率 90%。推进“快递下乡”示范点建设，建成乡镇快递超市 14 个，提升偏远乡镇快递服务水平。开展“绿色快递、人人有为”宣传周活动，通过电视台等媒体进行政策解读。推进电子面单使用，主要品牌企业使用率 98%。企业购置甩挂车辆 6 辆，替代普通厢货 12 台。鼓励市邮政分公司、顺丰速递、高校快递综合服务站在包装纸箱、文件封套、填充材料等方面实现绿色化、可循环化。（市邮政管理局）

经贸合作

ECONOMIC AND TRADE COOPERATION

综 述

【概况】 2018年，吉林市构建开放型经济新体制，建设外贸可持续发展新机制，加快实施“走出去”战略、融入“一带一路”建设，拓展国际经济合作新空间，推进吉林市开放合作。

吉林市全年实现外贸进出口总额80亿元，比2017年增长21.6%，增速连续21个月在全省名列前茅。其中，出口实现58.5亿元，比2017年增长30.8%；进口实现21.5亿元，比2017年增长2.0%。

截至2018年年末，全市有对外贸易经营者备案登记企业1428家，其中有进出口实绩企业198家（指已开展进出口业务、统计数据在吉林市的企业），较“十二五”期末，净增加378家。全市外贸进出口行业主要有化工、纺织、冶金、机械电子、农产品和木制品，与五大洲100余个国家及地区有贸易往来，美国、韩国、日本是前三大贸易伙伴；贸易品种760余种，其中进出口亿元以上15种，包括炉用碳电极、长丝、木浆、苯胺等。

【国内区域合作】 实施“长吉一体化协同发展”战略，制定出台《吉林市创建长吉国家电子商务示范城市工作方案》，推进电子商务协调发展，增强吉林市在长吉经济区中主体地位和作用。推进与浙江省温州市对口合作，举办2018年第二届吉林市名特优产品温州对口合作展洽会，吉林市32家名特优厂商达成采购意向4200万元，累计意向性采购1.15亿元，打开温州及江浙沪市场。

【优化营商环境】 贯彻落实“只跑一次”要求，简化服务事项，提高办事效率。根据国家相关规定，将外商投资审批职权改为备案制，由原来5项行政职权调整为2项，同时细化为17个子项，做到办理事项拆分到位。制定办事指南及行政事项目录，从源头上解决“事项办理要件仍有选择性，需要申请人从中挑选”问题。

起草吉林市利用外资政策措施。按照现行《外资投资产业指导目录》和国家颁布执行的外商投资政策，研究出台《吉林市关于进一步加强利用外资工作的实施意见》，为吉林市利用外资工作提供机制保障。

优化外商投资备案流程，新设外资企业增幅较大。2018年1月至10月，受理外商投资咨询470余人次，办结备案事项50项，其中新设企业8项，比2017年有大幅增长。

加大备案服务力度，延长初审备案服务链条，外商投资项目从洽谈、签约、立项到取得行政许可的全过程，全程参与跟踪服务，为企业制作相关资料，协调省市相关部门为企业排忧解难，受到企业好评。

完善外商投资管理制度。实施外商投资准入前国民待遇加负面清单管理模式，简化外商投资项目管理程序和外商投资企业设立、变更管理程序，完善事中事后监管工作。建立完善外商投资管理信息平台和外商投资信息报告制度。在全市推行负面清单以外领域外商投资企业外资备案与工商登记“一口办理”。年内，吉林市有98家外商投资企业上报联合年报，参检率96%。

（市商务局　市政府合作交流办公室）

对外贸易

【概况】 吉林市坚持全面发展，鼓励出口和增加进口并进，外经贸振荡上升，交往国家不断增多。2018年，吉林市实现外贸进出口总额80亿元，比2017年增长21.6%，增速连续21个月在全省名列前茅。其中，出口58.5亿元，增长30.8%；进口21.5亿元，增长2.0%。对外承包工程营业额实现1.9亿美元，与2017年持平。截至2018年年末，全市有对外贸易经营者备案登记企业1428家，其中有进出口实绩企业198家（指已开展进出口业务、统计数据在吉林市的企业），较“十二五”期末净增加378家。全市外贸进出口行业主要有化工、纺织、冶金、机械电子、农产品和木制品，与98个国家及地区有经贸往来，美国、韩国、日本是前三大贸易伙伴；进出口贸易品种761种，其中进出口亿元以上15种，包括炉用碳电极、长丝、木浆、苯胺等。服务贸易快速增长，外贸结构持续优化。

【进口贸易】 扩大进口贸易，促进消费升级。4月1日至8日，吉林省进口商品展销活动暨首届吉林市进口商品展洽会在欧亚综合体举办，8天吸引消费者逾

4 月 28 日，吉林市商务局与大韩民国制造业联合会、仁川广域市食品制造联合会举行推进加工贸易项目合作签约仪式 。图为签约仪式现场　　（市商务局　供图）

100 万人次，总销售额超过 820 万元，吸引域外消费回流。

【出口贸易】　分析研判中美贸易摩擦影响，力保外贸稳增长。深入吉林市华微电子、北沙制药等 6 家外贸企业开展中美贸易摩擦影响调查，为省政府研判全省经贸发展趋势、制定有针对性工作措施提供依据。在扶持 30 家出口大户基础上，将韩国大昌汽车引进吉林市，与一汽吉林公司合作新能源汽车项目，吉林小型乘用、商务车首次出口韩国；吉林保税物流中心通关货值 10 亿元，位列全国同期批复 15 家保税物流中心第 4 位，推动吉林市对外经济贸易高质量发展。

【对外贸易平台建设】　打造口岸贸易、跨境电商贸易平台。2018 年，全省首个 B 型保税物流中心——吉林保税物流中心受理报关单 317 票，监管货重 1.32 万吨，监管货值 2.5 亿元人民币。进出口商品种类涵盖 10 大类 40 项商品，保税中心内部跨境电商运营中心项目投入运营后，创新吉林市对外贸易业态。

【优化外贸结构】　吉林市服务贸易呈现增长态势，2018 年服务贸易额实现 420 万美元，业务涉及日本、韩国、美国、比利时、瑞士等国家和中国香港等地区。主要服务外包企业有大全数码、中讯创新、创惠科技、智明创发等。成功引进斯帝芬尼信息科技有限公司、中讯软件有限公司等国际知名企业，全市离岸外包资质企业发展到 15 家。第一届吉林市（大连）服务外包产业峰会在大连举行，软件服务外包产业快速发展，2018 年吉林市商务局获得第十六届中国国际软件和信息服务交易会优秀组织奖。创新“互联网 +”战略发展模式，对外贸易平台建设取得实质性突破。　　（市商务局）

招商引资

【概况】　2018 年，全市新签约 3000 万元以上招商引资项目 84 个，新开工 3000 万元以上招商引资项目 85 个。根据大数据管理服务平台显示，全市开展招商活动 200 余批次，洽谈推进项目 140 余个。促进京东智慧物流园区等一批大项目好项目落户吉林市。做好“招商季”行动经验总结工作，为启动并实施好新一轮“招商季”行动打牢基础。

全年实际利用外资 6.145 亿美元，其中外商直接投资全年完成 1.5 亿美元。按计划开展“只跑一次”改革，制定外资法规实施意见，实现外资备案与工商登记“一口办理”，营造良好营商环境，利用外资及港澳台资工作取得积极进展。

【“招商季”行动】　按照“6411”产业体系所涉及产业开展产业调研，绘制符合吉林市实际的产业树和招商地图。科学做好项目包装工作，按照突出实效性、可操作性原则，征集整理包装项目 500 个，将其中 150 个精选项目作为 2018 年度对外重点推介项目，在此基础上额外征集包装项目 100 个，以满足吉林市战略发展方向需要。挑选发展基础较好的 9 个产业，对应搭建 9 个产业招商组，每个组由 1 名或多名市级领导牵头，并从全市抽调一批熟悉相关产业且招商经验丰富的优秀干部参与其中，搭建产业招商队伍，开展专项攻关。选派精干力量作为各产业招商组联络员，及时了解招商组工作情况，汇总招商信息，协调解决困难和问题。发挥投资项目大数据管理服务平台的调度管理功能。及时上传招商季行动项目信息，实现项目“可视化、可监督、可评价”。2018 年，组织参加省、市两级重点活动 19 项，接触企业 400 余家，达成合作意向并推进项目 200 余个。国家电网新源蛟河抽水蓄能电站、国药健康食品保健品系列加工、中国科学院苏州医工所吉林市生物制品工程技术研究院等 19 个项目在活动中签约。

【外商投资管理】　实施外商投资准入前国民待遇加负面清单管理模式，简化外商投资项目管理程序和外商投资企业设立、变更管理程序，完善事中事后监管工作。建立完善外商投资管理信息平台和外商投资信息报告制度。在全市推行负面清单以外领域外商投资企业外资备案与工商登记“一口办理”。进一步推进简政放权、放管结合、优化服务改革，简化流程、明确时限、提高效率，全面优化外商投资及生产经营环境。

按照《外资投资产业指导目录》和国家颁布执行的外商投资政策，研究出台《吉林市关于进一步加强利用外资工作的实施意见》，为吉林市利用外资及港澳台资工作提供机制保障。

【外商投资服务】　通过管理提升服务水平，为外商到吉林市投资创业提供良好发展环境，实现“信息多跑路、企业少跑腿”。外商投资企业联合年检制度改为联合年报制度，由原来企业提交纸制资料到指定地点现场审核改为网上提交相关资料、网上审核。实现一个窗口对外，为企业提供一站式服务。在市政务大厅设置外网电脑，方便外资企业现场操作，并派专人进行辅导，受到企业好评。2018年，吉林市外商投资企业联合年报上报98家，参检率96%。

截至2018年年末，受理外商投资咨询470余人次，办结备案事项50项，其中新设企业8项，比2017年有大幅增长。本着高效、便捷、规范的原则开展备案工作，简化初审备案程序，提高初审备案效率，做到让企业满意。在备案过程中加大服务力度，延长初审备案服务链条，全程参与外商投资项目从洽谈、签约、立项到取得行政许可全过程，进行跟踪服务，为企业制作相关资料，协调省市相关部门为企业排忧解难，受到企业好评。6月30日，市经合局与工商局正式启动外资企业商务备案与工商登记“一口办理”，全面实行“单一窗口、单一表格”受理模式。

贯彻落实“只跑一次”要求，简化服务事项，提高办事效率。根据国家相关规定，将原来外商投资审批职权改为备案制，由原来5项行政职权调整为2项，进一步细化为17个子项，做到办理事项拆分到位，并制定办事指南及行政事项目录，从源头上解决“事项办理要件仍有选择性，需要申请人从中挑选”的问题。

（市政府合作交流办公室）

对外经贸合作

【经贸交流活动】 2018年，围绕优势产业及重点平台加强对外合作，组织赴欧洲、日本开展经贸交流活动，接待境外客商团组9个。

围绕优先发展冰雪产业，赴欧洲开展经贸交流活动。在2018国际山地冰雪装备博览会上，分别与意大利迪马克造雪系统工程公司、普瑞诺特压雪车制造公司，法国MND集团、天冰集团、波马集团、金鸡集团等十余家全球领先的冰雪装备制造企业负责人举行会谈。

围绕发展重点产业链，赴日本开展经贸交流活动。参加第17届中日经济合作会议并开展系列经贸交流活动，推进日本三协制作所碳纤维制品项目，围绕冰雪装备、汽车零部件等众多碳纤维下游制品与区内重点企业开展合作。推进三菱化学集团电子级化工助剂等高附加值精细化学品项目。拜访日本NTT集团，洽谈“互联网+医疗”项目。

【境外投资合作】 贯彻国家“走出去”战略，指导帮助吉化北建、融钰集团、北纬星公司、全厚泰商贸公司、蛟河鼎盛矿业公司等6家企业办理境外投资工作，涉及化工和投资管理等领域。推进俄罗斯境外经贸合作区工作，指导双湖公司完成FSC森林认证证书办理，鼓励园区加大设备投入力度，推动园区多渠道与省内外木材加工及木材销售企业进行商洽，山东省富士木业有限公司和潍坊森鑫家居木业有限公司进驻园区。

【接待境外客商考察团组】 围绕重点招商平台，接待法国波马集团、意大利天冰集团，洽谈在经开区冰雪装备产业园设立新公司及投资设厂事宜；接待芬兰驻华大使肃海岚考察北山四季越野滑雪场等项目，洽谈对接2019年“中芬冬季运动年”吉林市相关活动事宜；接待澳大利亚天然食品公司洽谈在中新食品区设立食品加工公司事宜，新公司在注册中；接待马来西亚中国总商会登嘉楼州分会代表团、澳大利亚商务代表团、中国香港铜锣湾集团、印度丝路发展有限公司、台湾旺旺集团等团组，对接食品加工、游学、商业地产和旅游地产等项目。

【外派劳务】 扩大外派劳务企业队伍规模，吉林市外派劳务企业增至2家。推动外派劳务企业进驻服务基地，完成900人外派劳务人力资源储备，录入吉林省网平台。2018年，全市境外投资总额8亿美元，对外承包工程劳务合作营业额5.4亿美元，外派劳务人员8225人。

（市商务局　市政府合作交流办公室）

经贸促进

【对外经贸交往】 接待印度丝路贸易与工业发展公司到吉林市首次访问考察，陪同参观淘宝·特色中国吉林市馆，介绍吉林市的优势产业、资源和近800余种特色产品，交流中印供需状况，建立工作联系，为吉林市与印度企业间的经贸交流与务实合作开辟新渠道。借大连贸促会到吉林市推介机会，开展交流接触，建立工作联系。

【组织参加展会】 结合企业对外开拓市场和宣传推介产品需求，向企业发布域内外展会信息，发动吉林市企业参展国内品牌展会。协调省贸促会争取企业参展名额和减免展位费优惠政策，减轻企业参展负担；为企业布展、参展和在展会期间开展宣传推介提供服务。先后组织吉林市12家地产品企业参加第七届中国广州国际食品食材展览会、2018年中国（青岛）国际食品博览会、第五届北京国际优质农产品展示交易会等3个国内知名展会，销售产品11万元，达成合作意向40个。组织吉林市中医药协会10

11月25日，吉林市人民政府与香港正道集团有限公司在吉林市举办座谈交流会

（市政府合作交流办公室　供图）

家企业参加吉林省贸促会举办的2018中国（吉林）东北亚中医药暨康养产业博览会，开展交流对接。配合吉林市商务局动员全市企业观展首届中国国际进口博览会，协助做好报名等相关工作。

【服务外贸企业】 探索全新信息服务模式，以国家贸促会提供的优质经贸信息源为依托，利用贸促会自身和市商务局的网络工作群等现代化工作媒介，向吉林市外贸企业提供全球经贸动态、企业走出去、经贸预警、商机提示、精选展会等方面各类信息近300条。服务企业参加经贸活动，开展洽谈对接，组织6家地产品企业赴长春参加2018（第三十二届）大连进出口商品交易会招商推介会；组织4家企业参加吉林省贸促会举办的“助力我省企业开拓美洲市场”座谈会，了解进入美国市场有关事项。协助吉林市24家内外贸企业加入中国国际商会吉林省商会并成为正式会员。对“第十一届中国—东北亚博览会”的吉林市参展企业开展摸底调查，了解企业在会上与外方签订各项协议及合作意向的推进情况，以及参加省内外展会的想法和意向，明确组织参展工作的重点和方向。

【对外贸易认证服务】 对在窗口工作的新入职人员进行上岗、纪律、服务等各方面培训，派其参加全国贸促系统出证认证手签员培训班提升工作技能，加强作风建设，强化检查督导，确保出证认证服务质量和水平。全年签发一般原产地证801份，代办国际商事证明67份，代办领事认证55份，办理对外贸易单据认证488份；贸促会EDI网上签证系统新注册企业6家，注册企业总数67家。

（市贸促会）

长吉图区域合作

【概况】 吉林市围绕《长吉图开发开放先导区战略实施2018年工作要点》，促进吉林保税物流中心稳定运行，提升吉林（中国—新加坡）食品区开放水平，加快区域铁路项目建设，推动机场项目建设，促进跨境电商产业加快发展。

【保税物流中心运行】 2018年，吉林保税物流中心全年填写报关单317票，申报数量1.32万吨，申报金额2.5亿人民币，税收收入351万元人民币。新增北沙制药、康乃尔化工等单位先后在保税物流中心办理业务，进出口申报企业27家。跨境电子商务运营中心分拣线、跨境电商查验区域等硬件设施完工，与长春兴隆综合保税区对接跨境电商统一版系统。

【吉林（中国—新加坡）食品区开放合作】 编制完成食品安全保障体系（IFSS）建设标准和操作规范，推进保障体系在企业应用工作。完成大厦项目主体工程、实验室装修及其部分配套工程检验检测。《关于在吉林（中国—新加坡）食品区建设中国食品安全国际合作试验区的总体方案》上报稿得到农业部国际合作司反馈意见。国家农业对外开放合作试验区（中新吉林食品区）东北亚安全农产品（食品）交易博览中心及综合配套项目可研包装基本完成并完成评审，初步形成实施方案。

【区域铁路项目建设】 协调推进吉林铁路西环线工程土地征收工作，完成征收任务总量的64%。继续协调各征收主体开展六方确认等项工作。与驻军部队开展军事用地置换工作，达成采用丰满区国有储备地进行置换的初步意向。

（市发改委）

长吉一体化

【概况】 2018年，贯彻落实省委、省政府提出的“一主六双”战略部署，加快推进长吉一体化协同发展，由吉林市发改委牵头编制《吉林市长吉一体化协同发展实施方案（讨论稿）》，确保吉林市实施意见能够与省规划实现有效对接，使吉林市发展思路和内容同步纳入省规划。

【一体化调查研究】 学习、梳理长株潭、沈抚、成渝、武汉城市圈、珠三角、长三角等各地一体化有益做法。赴吉林化工学院经管学院、省经研所、省长吉图办等长吉图一体化协调发展规划编制部门进行调研，吸纳有益意见和建议。

【长吉一体化专题会议】 召开全市贯彻落实省委、省政府关于进一步优化区域协调发展空间布局的意见专题会议，启动吉林市“长吉一体化协调发展”和“双廊”“双线”等相关工作，明确责任分工，部署下步工作，提出明确要求。

【长吉一体化实施方案起草】 市发改委组建《吉林市长吉一体化协调发展实施方案》起草小组，在征集各单位上报材料基础上，经过梳理统筹汇总，起草形成《吉林市长吉一体化协调发展实施方案（讨论稿）》。起草过程中，与省长吉图办、省经研所等省规划起草单位保持密切联系，确保吉林市实施意见与省规划实现有效对接，使吉林市发展思路和内容同步纳入省规划。

（市发改委）

链接 >>

“一主六双”战略部署

“一主”即《长春经济圈规划》；“六双”：一是“双廊”，即《环长春四辽吉松工业走廊发展规划》和《长辽梅通白敦医药健康产业走廊发展规划》；二是“双带”，即《沿图们江鸭绿江开发开放经济带发展规划》和《沿中蒙俄开发开放经济带发展规划》；三是“双线”，即《长通白延吉长避暑冰雪生态旅游大环线发展规划》和《长松大白通长河湖草原湿地旅游大环线发展规划》；四是“双通道”，即《长白通（丹）大通道发展规划》和《长吉珲大通道发展规划》；五是“双基地”，即《长春国家级创新创业基地专项规划》和《白城国家级高载能高技术基地建设规划》；六是“双协同”，即《长春吉林一体化协同发展规划》和《长春—公主岭同城化协同发展规划》。

对口合作

【概况】 2018年，吉林市按照国务院关于对口合作“一年打基础、两年见成效、三年大发展”总体目标，开展吉林市与温州市对口合作工作。成立吉林温州商会，填补温州没有吉林商会空白。吉林市河南街与温州市午马街建立“姊妹街”合作关系，吉林化纤与森马集团、奥康集团建立原材料和产品贸易合作研发关系，恒盛毛纺与报喜鸟、乔治白等企业合作后，实现销售额3000万元以上。吉林大米、吉林木耳等特色农产品在温州市场打出品牌，签订7000余万元产品购销合同。2018年11月，举办吉林市粳稻贡米进温州系列宣传营销推介活动，提高吉林市粳稻贡米在浙江、温州地区中高端市场品牌影响力、竞争力和市场占有率，推动吉温两市粮食对口合作向纵深发展。2018年12月，举办“第二届吉林市名特优产品温州对口合作展洽会”，两市达成地产品购销合作意向协议120余项，达成合作意向协议金额1.15亿元。

【对口合作机制建设】 *市级层面决策机制*。吉浙两省建立对口合作关系后，吉温两市在第一个签订对口合作框架协议基础上，从市级层面谋划对口合作领域和范围，签订《吉林市与温州市对口合作备忘录》和《温州市吉林市深入推进对口合作实施方案》，明确体制机制对接、优势产业对接、创新创业对接、重点平台对接和干部人才对接5个方面25项对口合作具体任务。任命两地对口合作总协调员，两地干部密切配合、协同合作，成效更明显。

高层互访推动机制。2018年5月，温州市委书记周江勇率温州党政经贸团赴吉林市考察洽谈。10月，吉林市委书记王庭凯回访温州，初步形成两地主要领导半年一回访机制，并带动两市党政领导班子和部门每月一互访工作机制，推进两地对口合作工作全面开展。

体制机制创新。两市先后开展监察体制改革、河长制、人才引进、“只跑一次”改革、国有投资平台运营、干部教育管理、宣传思想文化、产业平台建设、工业新模式、区域营商环境提升等考察调研、对接洽谈100余次，1500余人参与，推进结对城市之间重点工作互动交流。特别是对标“温州最多跑一次”完成吉林市“只跑一次”事项清单、政务大厅窗口改造，借鉴温州市“企业投资项目审批模式”，推进吉林市企业投资项目审批流程再造，改善吉林市营商环境。

【对口合作交流】 *扩大对口合作范围*。形成市级层面总协调负责、部门点对点合作、园区开发区专题专项合作、县区块状合作和商会跨领域跨行业合作“五位一体”模式。两市宣传部、商务局、招商局（经合局）、金融办、卫计委、科技局、旅游局等部门开展各自领域的对口合作工作，温州市龙湾区与吉林市龙潭区等10余对县（市）区、开发区建立友好合作关系。

开展文化交流。2018年3月温州国际时尚文博会期间，吉林市作为东北地区唯一参展城市，收获“最佳人气奖”等众多奖项，多家企业现场签约或达成意向性签约。7月，两市市委宣传部确定两市城市主题宣传日，开展人文、文化、旅游等宣传活动。9月，温州文化部门到吉林市开展两市文化周宣传活动，组织“松瓯墨韵——温州吉林书画展”，推进两地文化融合发展。

干部交流合作。4月至8月，吉林市选派20名优秀乡镇党委书记、10名国企高管、6名优秀街道党工委书记分5批次到温州市短期挂职锻炼，学习温州市先进经营理念和管理经验。

推介旅游产品。吉林市在温州市举办“吉祥天佑林碧水秀”吉林市（温州市）旅游推介会，温州市增设吉林6日游干部疗养线路和相应旅游产品，一大批浙江游客包机到吉林市旅游，带动吉林市旅游经济发展。

合作共建科技创新。8月，“吉浙两省跨区域科技创新合作大会”在吉林市召开，面向吉浙两省征集各类科技成果项目1100余项、企业技术需求项目124项，吉温两市签订“吉林市温州市对口城市科技合作协议”。吉林市亿邦科技有限公司与杭州沃土教育科技股份有限公司合作，共建完成吉林市就业创业服务云平台并投入运营。

职业教育交流合作。温州源大集团到吉林市实地考察吉林市鼎基公司、北华大学、骧腾公司，有意在吉林市成立源大创业学院吉林分院，吉林市人社局和温州源大集团签订《战略合作协议》。市教育局与宁波市教育局举行“吉林市宁波市职业教育携手发展现代职业学校暨吉甬两市对口合作友好学校”签约仪式，签订《友好学校合作协议》。

金融领域对接。8月，温州市金融办率金融机构及企业到吉林市考察，开启两市金融领域合作通道，伟明环保、维度投资等知名温州企业与吉林市相关企业达成初步合作意向。

【对口合作项目建设】 两市合作围绕重点领域和行业，加快谋划包装推进一大批项目。百业国际五金汽配城、兰天国际商贸中心等项目投入运营；北大壶国际冰雪运动温泉小镇、龙山万超汽车天窗、温州源大创业学院吉林分院等7个开工签约项目在加快建设；浙江新亚电子20万吨废铅酸蓄电池回收及再生、吉林筑石集团生命健康小镇等5个项目在签约推进中；中国乐斯农药中间体、温州现代服务业投资集团吉林农批市场投资合作等14个项目在对接洽谈中，双方实现优势互补和资源共享，在项目合作共建上取得新突破。

【吉林浙江跨区域科技创新合作大会】 8月9日，吉林省浙江省跨区域科技创新合作大会在吉林市召开，吉林省与浙江省全面深化科技创新对口合作。大会由吉林省科技厅、浙江省科技厅、吉林市人民政府主办，以“创新、合作、发展、共赢”为主题，来自吉林省和浙江省科技管理部门、高等院校、科研院所、科研团队和科技企业负责人200余人参加会议，其中浙江省参会人数127人。大会由开幕式、医药健康与人工智能产业高端论坛、吉林省高校院所与宁波市科技企业科技项目合作洽谈会、项目路演与对接、实地参观考察5部分组成。开幕式上签署吉浙两省科技厅科技创新合作协议、吉林市与温州市科技局对口合作协议，以及浙江华云清洁能源有限公司与东北电力大学、吉林筑石集团与浙江大学等重点项目合作协议。在医药健康和人工智能产业高端论坛上，院士李兰娟作智慧医疗和健康产业发展报告，千人特聘专家张立华作人工智能发展、应用与展望报告。会议期间举办吉林省高校院所与宁波市科技企业项目合作洽谈会。在重点科技成果项目路演与推介会上，吉浙两省40余项重点科技成果项目进行路演。会议期间发布各类科技成果项目1100余项，企业技术需求项目124项。 （市发改委）

开发园区

DEVELOPMENT ZONES

综 述

【概况】 2018年开发区改革之后，吉林市有17个开发区。其中，国家级开发区2个：吉林高新技术产业开发区（托管吉林市汽车工业园区）重点发展汽车与零部件、装备制造、电子信息、生物医药、新材料、高端服务业；吉林经济技术开发区重点发展精细化工、新材料、医药、现代服务业。市管省级开发区9个：吉林北大壶体育旅游经济开发区重点发展体育、旅游产业；吉林（中国—新加坡）食品区重点发展一、二、三产业融合，一产发展现代农业，二产发展食品、保健品、中药颗粒、生物技术，三产发展与一、二产业相关服务业；吉林市化学工业循环经济示范园区与吉林龙潭经济开发区整合后，重点发展石油化工、生物化工、化工新材料和精细化工；吉林蛟河经济开发区和吉林蛟河天岗石材产业园区整合后，重点发展医药健康、新能源新材料（石材加工）、长白山特产品加工；吉林磐石经济开发区与吉林明城经济开发区整合后，重点发展医药健康产业、金属冶炼加工业、新材料产业；吉林哈达湾经济开发区与吉林东市商贸经济示范区整合后，重点发展商贸服务业、金融、文创、物流等现代服务业及都市工业；吉林市通用航空产业示范区重点发展航空器制造维修及配套、通航运营、航空物流；吉林金珠工业园区重点发展冶金、装备制造、化工；吉林松花湖文化旅游区重点发展旅游产业；其他省级开发区6个：吉林市汽车工业园区（由高新区托管）重点发展整车生产、汽车零部件产业；吉林船营经济开发区重点发展商贸、装备制造业、现代服务业；吉林丰满经济开发区重点发展旅游、商贸、健康养老产业；吉林永吉经济开发区重点发展汽车零部件、装备制造、新材料产业；吉林舒兰经济开发区重点发展农副食品加工、专用设备制造、医药；吉林桦甸经济开发区重点发展医药食品、新材料、新能源、机械加工。

【开发区改革创新】 年内，围绕市委、市政府制定“优化整合龙潭等8个经济开发区，推动松花湖、航空产业园等申报设立省级开发区，构建‘13+3’发展框架”工作目标，多次召开专题会议。各开发区围绕土地扩区、人员编制、一级财政设立等方面与省级对口部门开展有效沟通，形成全市总体方案、各部门政策配套文件和各开发区实施方案政策体系。将《吉林市开发区管理条例》等长效性文件纳入立法程序，对开发区进行整合优化，推进开发区建设和运营模式创新，下放事权，增强发展动力。

制定实施方案。向全市35个部门多轮征求意见，经市委常委会和市政府常务会讨论通过《吉林市开发区改革和创新发展实施方案》。各开发区制定具体方案，分三个层次组织推进。将磐石、蛟河、昌邑、龙潭等一个县区存在2个开发区情况进行整合，汽车园区由高新区托管；将比较成熟的舒兰工业集中区晋升为省级开发区，结合吉林市产业重点发展方向，提请新设立通用航空产业示范区和金珠工业区为省级开发区；其他8个开发区进行创新优化。组织市编办、市财政、市国土、市规划、市人社等部门逐个现场审查所有开发区实施方案，并提出修改意见。

明确改革内容。在优化整合方面，原有18个省级以上开发区，撤销4个，托管1个；新晋升1个；新申请设立2个省级开发区。改革后，全市省级以上开发区总数为16个，削减2个。在产业布局方面，逐一明确各开发区主导产业，错位发展，避免同质竞争。在体制机制改革方面，全面深化干部、人事及工资制度改革，科学合理设置内设机构。在营商环境优化方面，以“只跑一次”改革为契机，加大简政放权力度。

梳理存在问题。组成改革工作推进组，组织全市各县（市）区、开发区近160余名领导干部召开近20次座谈会。征集各类问题156条，从中梳理出十大类问题。2018年6月29日，全省开发区改革创新发展推进大会召开，吉林市作为全域改革试点地区进行介绍经验。

出台相关文件。为贯彻落实省政府实施意见，制定《吉林市关于推进开发区改革和创新发展工作的意见》（讨论稿）《吉林市开发区管理条例（草案）》。组织协调市直相关部门起草《吉林市开发区领导干部管理办法》《吉林市开发区聘任工作人员档案封存管理办法》《吉林市开发区薪酬制度改革指导意见》《吉林市开发区综合发展水平考核评价办法》《关于开发区扩区、调区工作的实施意见》等配套文件。（市政府合作交流办公室）

表 35

2018 年吉林市开发区基本情况一览表

序号	开发区名称	级别	批准时间	批准机关	批准面积（平方千米）	主导产业
1	吉林高新技术产业开发区	国家级开发区	1992 年 11 月 9 日	国务院	4.36	汽车与零部件、装备制造、电子信息、生物医药、新材料、高端服务业
2	吉林经济技术开发区	国家级开发区	2010 年 4 月 25 日	国务院	20.4	精细化工、新材料、医药、通用航空、现代服务业
3	吉林市汽车工业园区	省级开发区	2009 年 6 月 26 日	省政府	45.24	汽车与零部件、装备制造、电子信息、生物医药、新材料、高端服务业
4	吉林市化学工业循环经济示范园区	省级开发区	2008 年 10 月 29 日	省政府	59.8	石油化工、生物化工、化工新材料和精细化工
5	吉林龙潭经济开发区	省级开发区	1998 年 12 月 9 日	省政府	9.68	石油化工、生物化工、化工新材料和精细化工
6	吉林北大壶体育旅游经济开发区	省级开发区	2003 年 4 月 3 日	省政府	126	体育、旅游产业
7	吉林（中国—新加坡）食品区	省级开发区	2002 年 11 月 29 日（2010 年 6 月 29 日改为现名）	省政府	226	食品、保健品加工业
8	吉林东市商贸经济示范区	省级开发区	2001 年 9 月 2 日	省政府	0.72	现代服务业
9	吉林哈达湾经济开发区	省级开发区	2012 年 1 月 22 日	省政府	14.9	金融、文创、电子电器
10	吉林船营经济开发区	省级开发区	2002 年 11 月 29 日	省政府	7.51	商贸、物流、现代服务业
11	吉林丰满经济开发区	省级开发区	2003 年 6 月 30 日	省政府	11.8	旅游、商贸业
12	吉林永吉经济开发区	省级开发区	1998 年 12 月 31 日	省政府	5.5	汽车零部件、装备制造、新材料
13	吉林磐石经济开发区	省级开发区	2002 年 11 月 29 日	省政府	11.75	医药健康产业、机械加工、食品、现代服务业
14	吉林明城经济开发区	省级开发区	2012 年 1 月 20 日	省政府	12.9	钢压延加工、汽车零部件、非金属矿物制品业
15	吉林蛟河天岗石材产业园区	省级开发区	2003 年 6 月 30 日	省政府	12.77	石材产业
16	吉林蛟河经济开发区	省级开发区	2012 年 1 月 20 日	省政府	9	医药健康、机械装备制造、新能源
17	吉林桦甸经济开发区	省级开发区	2002 年 11 月 29 日	省政府	3.74	医药食品、新材料、机械加工业
18	吉林舒兰经济开发区	省级工业集中区	2005 年 9 月 24 日	省政府	28.85	农业机械装备制造、农副产品加工、医药保健品加工

（市政府合作交流办公室）

表 36

2018 年吉林市开发区主要经济指标完成情况统计表

序号	开发区名称	地区生产总值（亿元）			工业增加值（亿元）			规模以上工业总产值（亿元）			规模以上工业增加值（亿元）			税收（亿元）			地方级财政收入（亿元）			全社会固定资产投资（亿元）		
		2018 年	2017 年	同比增减	2018 年	2017 年	同比增减	2018 年	2017 年	同比增减	2018 年	2017 年	同比增减	2018 年	2017 年	同比增减	2018 年	2017 年	同比增减	2018 年	2017 年	同比增减
	汇总	1018.84	1014.31	0.45%	531.05	627.35	−15.35%	1862.93	2030.01	−8.23%	488.57	559.54	−12.68%	190.27	211.03	−9.84%	49.79	54.20	−8.14%	254.26	583.15	−56.38%
1	高新区（全口径）	239.70	257.30	−6.84%	155.00	289.00	−46.37%	716.00	827.00	−13.42%	138.00	246.00	−43.90%	18.50	21.00	−11.90%	6.40	7.10	−9.86%	66.86	99.80	−33.01%
	汽车园区	106.00	108.20	−2.03%	38.00	54.52	−30.30%	125.50	141.60	−11.37%	28.90	29.90	−3.34%	18.50	21.00	−11.90%	6.40	7.10	−9.86%	66.86	99.80	−33.01%
2	经开区	76.90	72.27	6.40%	52.20	48.65	7.30%	207.60	171.85	20.80%	48.40	45.02	7.50%	6.03	9.53	−36.70%	3.85	4.62	−16.60%	55.90	48.02	16.40%
3	化工园区	406.32	346.76	17.20%	231.83	166.60	39.20%	683.34	700.63	−2.50%	232.10	166.80	39.10%	130.00	133.70	−3.70%	23.6	22.4	5.40%	45.60	262.50	−82.60%
4	北大壶开发区	—	—	—	—	—	—	—	—	—	—	—	—	1.74	2.10	−17.30%	0.66	0.83	−21.30%	8.62	8.03	7.20%
5	中新食品区	23.97	22.83	4.97%	1.66	1.51	9.93%	2.35	2.26	4.30%	0.66	0.61	8.20%	0.98	0.61	60.66%	0.57	0.34	65.98%	6.65	5.46	12.10%
6	东市开发区	60.86	58.80	3.50%	—	—	—	—	—	—	—	—	—	0.42	3.37	−87.50%	0.13	0.98	−86.70%	0.19	2.04	−90.60%
7	哈达湾开发区	23.56	21.72	8.47%	12.08	9.56	26.36%	47.80	31.41	52.18%	10.83	8.23	31.59%	0.95	1.05	−9.52%	0.38	0.49	−22.45%	7.69	45.33	−83.03%
8	船营开发区	53.40	54.20	−1.48%	6.46	8.20	−21.22%	7.87	10.45	−24.69%	4.50	5.80	−22.41%	10.12	12.36	−18.12%	3.56	4.33	−17.48%	15.15	4.80	215.63%
9	丰满开发区	5.74	51.22	−88.00%	0.96	31.94	−97.00%	2.59	74.62	−96.00%	0.77	24.62	−97.00%	0.99	7.69	−87.00%	0.48	1.28	−63.00%	5.80	19.64	−70.00%
10	永吉开发区	19.20	17.90	7.3%	7.52	6.85	9.80%	18.36	16.79	9.4%	5.41	4.94	9.5%	3.24	2.57	26.00%	1.40	1.36	2.94%	7.22	7.01	3.00%
11	舒兰开发区	3.83	3.67	4.36%	3.83	3.67	4.36%	15.79	15.44	2.27%	3.73	3.63	2.70%	0.52	0.58	−10.90%	0.52	0.58	−10.90%	7.24	5.60	29.28%
12	磐石开发区	40.00	37.00	8.11%	10.71	9.75	9.85%	18.05	18.00	0.28%	6.17	6.16	0.16%	5.01	4.03	24.32%	3.30	2.51	31.47%	7.10	6.67	6.45%
13	明城开发区	25.31	21.81	16.05%	25.23	21.81	16.05%	95.99	68.23	40.69%	24.55	20.73	18.43%	3.92	2.92	34.25%	1.68	1.64	2.44%	7.18	6.84	4.97%
14	天岗开发区	23.63	32.97	−28.32%	9.23	15.96	−45.16%	1.20	48.89	−97.54%	0.62	14.60	−95.75%	0.50	0.47	6.00%	0.14	0.24	−41.67%	1.50	38.30	−96.08%
15	蛟河开发区	9.81	9.49	3.37%	8.39	8.12	3.32%	25.17	24.36	3.33%	7.55	7.31	3.28%	4.53	5.44	−16.73%	2.13	3.52	−39.49%	5.92	3.07	92.83%
16	桦甸开发区	6.61	6.37	3.77%	5.95	5.73	3.84%	20.82	20.08	3.69%	5.28	5.09	3.74%	2.83	3.61	−27.57%	1.00	1.98	−98.00%	5.64	20.04	−255.32%

（市政府合作交流办公室）

吉林高新技术产业开发区

【概况】 吉林高新技术产业开发区（简称“吉林高新区”）是国家级开发区，全区域管辖面积130平方千米。其中，南区22平方千米，北区108平方千米。

高新南区作为建成区，重点发展汽车及零部件、装备制造、电力电子、生物医药、新材料、高端服务业六大产业，发展战略性新兴产业和高新技术企业。区内有一汽吉林汽车整车生产企业及30余家规模以上汽车零部件生产企业。高新北区作为新建区，供水、供热、通信管线形成环网，地下综合管廊工程稳步推进。2018年，北区核心区基本形成较完善基础设施体系。

2018年，高新区以创新驱动为引领，以“南区优化、北区提升”为目标，推进一批企业逐步向北区转移，优化产业布局，完善服务体系，全区整体经济保持平稳健康发展。全年高新区完成生产总值106亿元，规模工业总产值125.5亿元，规模工业增加值28.9亿元，全口径财政收入19.4亿元，地方级财政收入6.4亿元，固定资产投资66.86亿元，社会消费品零售总额80亿元。

【项目建设】 全区开工5000万元以上项目46项，新建15项，续建31项。其中，亿元以上项目34项，10亿元以上项目9项。列入“三早”（早开工、早见效、早落实）重点项目总投资12亿元的吉尔吉医药健康产业园建成投产，市中等职业教育园区项目81栋建筑完成主体工程，开学投入使用。长吉图综合物流园二期主体封闭。总投资1.3亿元吉福新材料年产5万套高铁动车组高压组合电器、总投资0.5亿元中核辐照电子加速器辐照装置2项重点项目推进较快，万丰工业园二期、一汽吉林森雅系列整车生产、龙山底盘整车生产等项目竣工投产。

【招商引资】 坚持务实招商、精准招商，围绕南北两区功能定位，利用“吉浙对口合作”等战略机遇，开展“走出去，请进来”系列招商活动。成功签约落地康乃尔生物医药产业园、富奥紧固件、奇亚仓储物流、全兴塑业汽车零部件工业园等一批优质项目。围绕重点招商项目，逐项成立招商项目攻坚指挥部，建立分管领导、责任部门、部门负责人和具体联系人“四位一体”领导包保责任制，有效推进项目落地和前期手续办理。

【基础设施建设】 调整完善北区31.5平方千米总体规划和控制性详细规划，统筹推进北区基础设施建设，完成纬六路部分道路桥梁工程，完成新北污水处理厂低水量运行改造工程，完成职教园区配套供水工程，敷设供水管线7.7千米，建设完成北区供水加压泵站，日供水能力达到1万立方米。按照“保重点项目”原则要求，围绕职教园、中核辐照新厂项目，完成相关供电工程和电力线路排迁工程，围绕康乃尔医药产业园和富奥紧固件项目，实施场地平整工程，总计土方量近100万立方米。

【校城融合发展】 3月15日，吉林高新区管委会与吉林工业职业技术学院举行战略合作签约仪式。市政协副主席、吉林高新区管委会主任孙洪彬，吉林工业职业技术学院院长林琨智等出席签约仪式。林琨智与高新区纪工委书记刘学臣分别代表学院、高新区签署《合作框架协议书》。双方以“优势互补、资源共享、合作共赢”为原则，在高新区创业园共同建设数控加工技术研究所、压力容器制造研究所等智能制造科技研发公共服务平台，向社会开放，实现科技研发资源共享，促进产、学、研紧密结合，促进科技成果转化和创新创业。建立健全智能制造行业“双创”人才和技能型实用人才培养机制，提升企业智能制造水平，为吉林市“6411”（“6”是指培育旅游、健康、航空、信息、新材料、先进装备制造六大新兴产业，“4”是指改造提升汽车、化工、冶金、农产品加工四大支柱产业，一个“1”是指突出发展现代服务业，另外一个“1”是发展综合效益型现代农业）产业体系高质量发展提供新动能。 （吉林高新区）

吉林经济技术开发区

【概况】 2018年，吉林经济技术开发区（简称“吉林经开区”）实现全口径财政收入6.63亿元，比2017年下降32.9%（主要原因是燃料乙醇玉米价格补贴政策取消所得税减少短收1.8亿元，20余家工业企业退税1.2亿元）；地方级财政收入实现3.85亿元，比2017年下降16.6%。纳税超百万元企业80家（超千万元12家），实现地区生产总值76亿元；规模工业总产值207.6亿元；完成固定资产投资近56亿元。主要经济指标增速排名全市前列，工业经济总量位居全市第二。

【总体产业发展】 截至2018年年末，驻区企业1057家，规模工业企业86家（产值超亿元20家），其中化工企业43家（精细化工、生物化工、新材料、医药化工），产值占规模工业产值比重83%（其中精细化工占62%，生物化工占17%，医药化工占4%，新材料占1%）；纳税超百万元企业80家（超1000万元企业12家，其中化工企业8家，缴税总额占超千万企业总额75.2%）；上市企业7家、外资企业17家。

【精细化工产业】 规模以上企业29家，形成以苯胺、环氧乙烷、醇醚系列产品为代表的精细化工产业体系，产品覆盖78大类200余个品种，综合产能300万吨，经济体量占到全区50%以上，成为东北第二大精细化工产业基地。康乃尔化学工业产能36万吨，为世界最大苯胺供应商。

【新材料产业】 吉林经开区为国内首家国家级碳纤维高新技术产业化基地，规模以上企业3家，碳纤维原丝现有产能1.6万吨（产能和市场占有率国内第一），碳化能力2850吨，形成“碳纤维原丝—碳丝—碳纤维制品”国内最完整产业链。聚酰亚胺纤维形成“单体—树脂—纤维—造纸及复合材料”全路线规模化生产，产能1000吨，产品成功应用于航天、民用等领域。

【生物产业】 形成“生物乙醇—环氧乙烷—醇醚”产业链条，规模以上企业6家，玉米综合加工能力335万吨，乙醇产能115万吨（燃料乙醇产量现居亚洲第一），环氧乙烷产能18万吨，醇醚产能15万吨。吉林燃料乙醇公司是国内最大燃料乙醇

表 37　**2018 年吉林经开区经济社会发展主要指标一览表**

项 目	单 位	实 绩	比 2017 年增减（+/-%）
开发区生产总值	万元	768751	6.4
第一产业增加值	万元	5596	1.8
第二产业增加值	万元	559750	6.9
工业增加值	万元	522034	7.3
第三产业增加值	万元	203405	4.0
社会消费品零售总额	万元	90835	5.0
全社会固定资产投资总额	万元	559981	16.4
引进到位外资总额（实际到位外容）	万美元	6300	-48.36
外贸出口总额	亿元	23.18	16.5
地方财政收入	万元	38503	-16.6
一般公共预算收入	万元	23188	-11.5
一般公共支出收入	万元	36517	0.0
科学技术支出	万元	3989	52.9
文化体育传媒支出	万元	15	66.7
教育支出	万元	6359	-2.4
中小学校数	家	5	0
中小学在校学生数	人	2644	16.9
医疗卫生支出数	万元	4622	19.9
卫生机构数	家	54	0
卫生机构床位数	张	325	0
卫生技术人员	人	328	0

（吉林经开区）

生产基地；众鑫化工拥有全球最大 12 万吨生物法环氧乙烷和世界第 3 套、国内首套 5000 吨异戊烯醇装置，羟乙基磺酸钠精制提纯等 7 项专利技术居国内行业领先地位。

【医药产业】 规模以上企业 5 家，涵盖原料药、医药中间体、中西药制剂等 200 余个品种，医药中间体产能 3 万吨，吉林北沙制药公司维生素 E 产能 1 万吨，位居世界第 5 位。

【招商引资】 发挥产业基础、功能配套、区域环评等综合优势，借助“央企进吉林”“百户上市公司进吉林”“北京国企吉林行”“吉林省赴苏粤交流”“吉商大会”等活动，综合运用驻点招商、以商招商、专项招商等方式，开展“走出去”“请进来”活动 120 余次，促进年产 10 万吨乙氧基化系列产品等项目 60 余项，年产 5 万吨醇醚及醇醚酯、2 万吨醇醚酯改扩建等 25 个项目落地实施。实际利用外资 0.63 亿美元。

【科技创新】 推行“互联网＋科技服务”模式，北沙制药“维生素 E 新工艺”等 23 个项目获得 3572.4 万元专项资金支持。汇康制药等 24 家企业列入高新技术企业培育库，永林化工等 3 家企业通过省科技“小巨人”企业认定。促成吉林化纤集团与吉林化工学院联合成立秸秆综合利用技术研究院、吉林碳谷公司与山东大学合作实施“干喷湿纺法 T800 碳纤维技术开发”等 20 个产学研合作项目。引进吉林大学李耀先博导碳纤维原丝油剂成果转化团队等 3 个高水平创新团队。吉林经开区碳纤维公共应用研发服务平台获批为中国科协海智计划吉林工作基地。

【新区开发】 完成北区 14.3 平方千米规划调整、区域环评、175 公顷用地指标调整及 11 项北区基础设施专项规划调整。完成九溪路道路及微管廊、九东路道路、昆仑街北段道路等工程项目初步设计、可研编制、施工图设计方案及可研初审工作。完成北区两条规划次干道路径、双吉污水改造项目拟征收路径以及电力管廊用地征收工作。

【资本运营】 全年实现新增融资 6.028 亿元，为新三板企业发放奖励资金 80 万元，城发公司 10 亿元企业债券项目、浦发银行 18.4 亿元融资租赁项目、经开总公司 2.5 亿元中小企业增信集合债项目等进展良好。

【园区建设】 全年清运积雪 6 万立方米，高标准完成 13 场次清雪任务，获得市考核奖补资金 20 万元。栽植乔木 2979 株、灌木 1634 株、花卉 3.8 万平方米、草坪 6.1 万平方米。九江大路西段、经开大街北段、康泰路等 19 条道路和 2 条地下综合管廊全部开工，推进顺利。完成铁东、铁西、生物等 3 个小区宜居改造工程及 60 户棚户区居民环境改造工程。持续开展主次街路、广场绿地、住宅小区环境综合整治，拆违 429 处，面积 5273 平方米；查处违规运输车辆 428 车次，在全市市容评比中名列第一。

5 月 18 日，吉林经开区举办“健康生活 悦动经开”迷你马拉松赛暨千人健步走活动。图为开赛现场　（陈艾洋　摄）

【社会事业】 加强劳动就业，健全社会保障，全年开发就业岗位3778个，转移农村劳动力1245人，安置失业人员509人，城镇零就业家庭援助率和城镇居民医疗保险参保率100%，城乡居民社保参保率99.5%。教学质量稳步提升，教学条件大为改善，重点高中录取率54%，吉林经开区教育局获教育部第二届全国青少年学生法治知识网络大赛“优秀组织奖”。经开区双吉中学获“吉林省教育科研先进单位”称号。推进公立医院综合改革，经开区医养综合项目一期工程进展顺利，新农合参合率95.36%，基本公共卫生服务实现城乡全覆盖，社会基本保障能力得到提升。举办群众文化展演和迷你马拉松及千人健步走活动，为2个社区、5个村安装7套健身路径，文化惠民工程持续开展。 （吉林经开区）

12月15日，2018—2019中国青少年滑雪大奖赛第一站在吉林北大壶滑雪度假区举办 （北大壶开发区 供图）

吉林北大壶体育旅游经济开发区

【概况】 2018年，吉林北大壶体育旅游经济开发区（简称“北大壶开发区”）实现地方级财政收入6556万元（不含土地清算）；招商引资实际到位资金7.2亿元，比2017年增长20%；固定资产投资8.62亿元，比2017年增长7.7%；旅游人数达到56.3万人次，比2017年增长87%，旅游收入1.72亿元，比2017年增长85%。

【区域规划编制】 修编《北大壶开发区总体规划》，启动实施“多规合一”试点工作。完成二道沟项目规划设计及三道沟、白马虎山地形图测绘和户外运动区控制性详细规划，启动泛北大壶区域雪道规划编制工作。

【招商引资】 年内，包装招商项目5个，参加招商活动18次，与58家企业对接洽谈、建立联系。7月1日，投资500亿元的吉林中瑞联创滑雪小镇项目签约，北大壶开发区招商引资实现历史性突破。

【项目建设】 2018年，开工项目15个，总投资31.63亿元，当年实际完成投资8.62亿元。达成产业项目5个，总投资28.8亿元，完成投资6.05亿元。

【旅游产品】 持续打造“森林避暑、步道健身、索道观光、花海养生、山地运动”五位一体生态健身休闲体系，开发7大项50余小项户外拓展体验产品，接待拓展团队50余个、4765人。“十一”黄金周期间，游客突破5万人次，比2017年增长60%。

6月30日，2018北大壶“舍得杯”东北三省山地越野精英赛在北大壶开发区举行 （北大壶开发区 供图）

【赛事活动】 年内，承办2018—2019中国青少年滑雪大奖赛、中国大众滑雪技术大奖赛、国际高山定点滑雪公开赛、全国青少年跳台滑雪锦标赛和全国青少年北欧两项锦标赛、中华人民共和国第二届青年运动会北欧两项比赛等6项国家级赛事，参赛人数787人。自主举办北大壶滑雪度假区首届青少年趣味挑战赛、奥迪公园开园趣味挑战赛、奥迪公园复古过杆挑战赛、奥迪公园果酱赛、登山越野挑战赛等5项群众性赛事。国家水上运动中心，国家残联、北京残联、浙江省残联雪上训练队，北京朝阳区训练队等169名运动员到北大壶进行训练。举办2018北大壶“舍得杯”东北三省山地越野精英赛。 （北大壶开发区）

吉林（中国—新加坡）食品区

【概况】 2018年，吉林（中国—新加坡）

食品区（简称“吉林中新食品区”）完成全口径财政收入9856万元，比2017年增加3275万元，增幅49.76%；地方级财政收入5733万元，比2017年增加2279万元，增幅65.98%；地区生产总值17.6亿元，比2017年增长5.4%；全社会固定资产投资6.5亿元，比2017年增长18.9%；规模工业增加值0.5亿元，比2017年增长4.69%；规模工业总产值2.2亿元，比2017年增长0.13%；社会消费品零售总额12.9亿元，比2017年增长11%。

【招商引资】 重点针对省内食品、药品、保健品及农产品深加工企业开展招商引资工作，搭建对外招商平台开展招商。借助吉林省驻外机构、域内外商协会、工商联和等各种平台，拓宽食品区招商引资信息和渠道，为食品区招商引资服务。以“点对点”招商为主，开展“走出去、请进来”，并搭建新招商引资平台。2018年，外出招商200余次，对接洽谈企业200余家，签约实体项目4个。其中，2个项目落地建厂，2个项目入驻创业园。参加国家相关部委、省市及驻外机构举办招商推介活动。

【重点项目建设】 做好新建和续建项目服务工作：海王健康产业生产制造基地项目、广泽集团妙可蓝多奶酪项目、杞参集团调味品项目、嘉美公司紫苏深加工产业化项目投产；广泽集团奶酪小镇项目、众兴菌业金针菇工厂化生产项目和通用标准化厂房二期项目在推进中。协调推进中新正大生猪项目，研究推进中新正大生猪项目选址、土地流转和养殖场通平等系列工作。推进现代农业产业园建设，授权华兴公司以“紫苏”为核心产业，通过成立合作社方式，先行先试进行现代农业产业园建设。

【食品安全保障】 推进食品安全保障体系在企业应用工作，年内与域外17家企业签约。加快推进出口新加坡食品基地备案申报工作，相关文本递交至新加坡农粮局。有序开展食安体系专利申报工作，通过与专业部门沟通和有序申报，食品安全保障体系（IFSS）和综合监管平台经国家版权局登记，获得作品登记证书和计算机软件著作权登记证书。保障体系专利申请工作在推进中。

【监管平台建设】 做好平台三期调研与数据收集工作，参与北药交易平台前期调研与数据对接工作，通过与左家镇政府、药王谷数据对接为北药交易平台建立数据基础。加强监管平台推广使用，根据企业需求完善食品安全保障体系综合监管平台功能，开展综合监管平台使用培训35批次。实现预包装食品二维码查询功能，通过手机微信扫描二维码可追溯食品安全信息。（韩宛桐）

吉林市化学工业循环经济示范园区

【概况】 2018年，吉林市化学工业循环经济示范园区（简称“吉林化工园区”）规模以上工业企业发展到67家，经济体量不断壮大，全年实现工业总产值701.73亿元，比2017年增长6.04%。其中，规模以上化工企业（45家）实现总产值664.41亿元，比2017年增长4.31%。规模以上化工产值占龙潭区规模以上工业总产值77.28%，占全市化工行业工业总产值91.4%。在全省开发区考核中连续3年位列省级开发区第二位。

【产业体系】 吉林化工园区形成包括石油化工、合成材料、精细化工等在内较为完整化工产业体系，主要化工产品包括基础有机化工原料、合成材料、精细化工产品、生物化工产品等，其中生产规模较大、在国内外市场占有一定份额的产品60余种。中油吉林石化公司每年原油加工能力1000万吨、乙烯生产能力85万吨，丙烯腈、甲基丙烯酸甲酯等多套装置生产能力位居全国前列，园区基础原料优势、产业配套优势和专业技术优势明显，项目集聚、产业衍生能力强大。

【循环经济发展】 吉林化工园区是东北地区第一家化学工业循环经济示范园区，在循环经济发展方面取得成效。淘汰落后产能，陆续关停近百套能耗高、污染重、技术落后老旧装置，区域内新建项目环评率100%。形成废弃物回收利用体系，引进20余项专利技术，回收再利用工业“三废”（工业生产过程中排出的废气、废水、废渣），年回收废弃化工产品50余万吨，创造产值15亿元。实施产业链设计、公用工程、物流传输、环境保护、管理服务5个“一体化”，构建企业自身、园区内部及园区周边3个循环圈，“十二五”期间单位GDP能耗降幅34.9%，重点污染物化学需氧量及二氧化硫均实现“增产不增污”。

【跨国合作】 2018年，吉林化工园区促成德国赢创、林德等国际化工领军企业与中油吉化、吉林神华合作，共同建设30万吨环氧丙烷产业链项目，开创区域内一次性引进国际化全产业链项目先河。

【招商引资】 吉林化工园区发挥域内产业优势，采取以商招商、人脉招商、驻点招商等手段，抓住长三角、珠三角、京津冀地区产业转移有利契机，全年组织“走出去”招商活动120余次，“请进来”上海中环集团、南京金科、金隅集团等近百家企业。跟进化工产业精细化发展方向，推动产业转型升级，年内招商引资到位资金21.55亿元，完成博大东方11.8亿元可降解塑料、瑞吉1.5亿元6万吨/年乙氧基特殊化学品等新开工项目19项；推进北京东方园林7亿元25万吨/年工业废物综合利用、神雾科技5亿元生物质热电炭多联产、扬州中集集团5亿元化学专用罐车等重点签约项目。

【土地征收】 通过开展收储国有土地、征收集体土地、清理闲置土地等工作途径拓展域内空间，为入驻企业、项目建设用地预留空间。2018年，完成征收集体土地16.2公顷，有效保障吉林神源、盛达筑路、精心康复医院等项目用地需求。收储吉化公司低效利用土地30公顷，为上海三瑞、大宇化工等5个项目提供用地。制定《闲置及低效利用土地清理工作实施方案》，盘活双停产企业5家。

【基础保障】 加强区域基础设施配套建设，投资2200万元，重点推进上海三瑞外接公用工程及物料管线、瀚禹化工项目66千伏供电外线以及思壮北路、色酚北路等道路建设。在实施园区基础设施配套同时，加强域内化工企业安全生产和环境保护工作，截至2018年年末，组织专家现场检查安全生产800余家次，环保检查超百家次。（吉林化工园区）

民营经济

PRIVATE ECONOMY

综　述

【概况】 吉林市贯彻落实中央和省关于加快民营经济发展的战略部署，细化政策措施、改善营商环境、提升服务水平，促进民营经济实现较快发展，民营经济成为吉林市经济发展中最具活力的增长点。2018年，全市民营经济实现主营业务收入5472.9亿元，比2017年增长6.5%；民营经济增加值占GDP比重47.6%。

民营企业4.8万家，比2017年增长15.9%；工商注册登记个体工商户20.5万户，比2017年增长7.7%；民营经济从业人员113.4万人，比2017年下降1.8%。民营“三上企业”（规模以上工业企业、限额以上批发零售住宿餐饮企业、资质以内的建筑业企业和房地产开发企业）2900余家。

【民营企业市场开拓】 4月，组织25家长白山特色食品企业参加江苏春季食品交易会。6月，组织15家高新技术企业参加第10届亚太经济合作组织(APEC)中小企业技术交流展览会，展会期间与域外客商签订合作协议7项。6月，组织10家食品企业参加第13届东亚国际食品交易博览会。7月，组织13家长白山特色食品企业参加第16届广西食品交易会，展会期间与域外客商签订订单512万元。8月，组织12家长白山特色食品企业参加中国（宁夏）全国特色商品博览交易会。8月，组织8家长白山特色食品企业参加第29届香港美食博览会。9月，组织34家化工企业参加第17届中国国际化工展览会。9月，组织12家农副产品企业参加四川农博会。10月，组织4家数字化企业参加第15届中国国际中小企业博览会，展会期间与域外客商签订合作协议4项。12月，组织20家农副产品企业分别参加第27届中国食品博览会和第18届全国生态农产品（上海）采购交易会。

【梯次培育】 重点扶持行业龙头企业做大做强。制定《市政府领导联系重点企业工作方案》，明确市、县两级政府领导联系重点企业机制，确定康乃尔集团、龙山集团、华微电子等行业龙头企业作为联系对象，帮助企业解决生产经营中存在的困难问题，扶持企业发展壮大。

重点培育“专精特新”民营企业，增强民营企业发展后劲。制定实施《市培育“专精特新”民营企业实施方案》，建立124家“专精特新”民营企业数据库。2018年，为18家“专精特新”企业争取省贷款贴息专项补助，为36个“专精特新”企业改造升级项目争取省专项资金支持。

推进民营企业“升级晋档”。制定《吉林市培育工业企业“入规升级”实施方案》，择优选出51家成长良好的民营企业纳入培育规模以下工业企业“入规升级”数据库。建立月调度机制，推动工业民营小企业升级晋档。

【“双创”培育】 打造多层次双创支撑平台。打造以经开碳纤维产业孵化基地及应用研发中心、大仝金谷软件产业孵化基地及百度创新中心为代表的科技研发与孵化功能板块；打造以创新科技城双创基地和吉林职业教育产业园为代表的科技文化与教育功能板块；打造以中新食品区创业孵化基地和吉林化纤大企业双创平台为代表的产业加速与示范功能板块；打造以云耕智慧农业和筑石健康产业双创基地为代表的智慧服务与生活功能板块。至2018年年末，吉林市有各种双创载体49个，孵化企业1100余家，入驻服务机构100余家，解决就业9600人。

培育双创服务新生态。全市搭建创业就业服务云平台、亿邦智慧社区服务平台、东杰科技全国矿山产业协同创新平台、云耕农业“一二三产”融合大数据服务平台、鼎基电力职业技能人才实训平台等各类平台13个，整合域内外服务机构超过200家，汇聚创业项目1000余项，组织开展各类双创活动近519场次，在线服务中小企业和创客数1万以上，发布各类服务信息1.6万余条。　（市工信局）

民营经济发展环境

【概况】 2018年，加强对国家、省支持民营经济发展法律法规及政策的宣传和贯彻落实，利用中小企业信息网等网络媒体宣传贯彻《中华人民共和国中小企业促进法》《吉林省中小企业促进条例》及吉林省35条政策等法律法规。围绕国家、省各项政策借鉴先进地区的经验，制定并下发针对性强、含金量高的《吉林市促进民营经济发展的政策措施》等文件，推进“只跑一次”改革，优化民营企业营商环境。

【政策环境】 吉林市先后出台《吉林市加快推进小微企业健康发展的实施方案》《吉林市科技“小巨人”企业（2015—2017年）培育计划》《吉林市促进民营经济人才发展18条政策》《吉林市促进民营经济加快发展若干政策措施》《吉林市关于支持个体工商户转型升级为企业的实施方案》等政策措施。5月10日至6月10日，在全市集中开展为期一个月民营经济发展调研推进月活动，走访企业130余户，发放《中华人民共和国中小企业促进法》《吉林省促进中小企业条例》等民营经济政策600余册。组织2期参加人员300人的《中小企业促进法》及《吉林省促进中小企业条例》等政策宣传贯彻培训班。印发国家、省、市促进民营经济发展政策宣传手册2万册，通过县（市）区和政府部门窗口单位、协会商会等各种渠道发放到企业手中，让更多企业了解政策、享受政策红利。

【服务环境】 推进“只跑一次”改革，梳理公布“马上办、网上办、就近办、一次办”审批服务事项清单，推动“进一扇门办多件事”，推行关联业务集中式办理，努力在集成服务方面实现突破。实施项目审批时限承诺，符合规定、手续齐备的项目，审批时限不超过45天；实施企业开办时间承诺，对符合法定条件的新引进企业开办3个工作日办结。

【市场环境】 实行非禁即入、非禁即准原则，鼓励民间资本进入交通运输、市政工程、生态环保、水利设施、能源建设、文化和旅游、医疗养老等领域。加快推进成立全市市场监管综合执法队伍，整合工商、质检、食药、知识产权执法等，实现一支队伍管市场，提高综合执法效能和效率，减轻企业负担。

【法制环境】 践行“良法善治”法治建设要求，树立对民营经济“平等保护”司法理念，综合运用打击、预防、监督、教育、保护等职能手段，对民营企业依法予以平等保护。加大对全市行政执法单位“双随机，一公开”工作监管力度，严肃处理乱检查、乱收费、乱摊派、乱罚款等严重影响企业正常生产经营的单位与个人，减轻企业负担。

【金融服务】 筛选109个“红名单”企业，鼓励差异化信贷，提高金融服务效率。整合政府部门和金融机构资源，打造金融服务大厅，力争实现企业寻求金融服务“只进一扇门”。激励担保机构提升担保能力、降低为企融资成本。审批设立注册资本金20亿元的吉林市投融资担保有限公司。协调邮储银行吉林市分行在吉林市设立石化行业新材料特色支行。

（市工信局）

民营企业发展

【民营骨干企业发展】 2018年，吉林市制定“5640”民营骨干企业培育计划，即培育吉林建龙等百亿级企业5家，康乃尔化工等50亿级企业6家，华微电子、英联生物制药等10亿级企业40家，在市场、资金、要素等方面给予重点扶持，推进民营骨干企业快速发展。

2018年，紫瑞新材料二乙基蒽醌、吉林瑞吉乙氧基特殊化学品、华明60万吨制管等一批优质项目开工建设，吉林建龙80万吨冷轧板、长白山中药配方颗粒项目完成主体施工，康乃尔药业圣业原料药建设项目竣工试生产，吉尔吉医药健康产业园、吉林汇康年产150吨医药原料药项目全面投产，吉神聚醚多元醇、嘉路喜再生油加氢及润滑油调和等高附加值项目投产见效。通过有方向、有侧重的精准扶持，吉林市民营骨干企业更加壮大，并带动一批围绕主干做配套的小微企业，形成以强带弱，以大聚小的良好发展局面。

吉林康乃尔药业有限公司主要产品为小牛血去蛋白提取物注射液、丹蒌片、大输液等，其中丹蒌片为独家品种，也是国家中药保护品种。年内，在大输液方面开发软袋和软瓶产品，引进德国先进装备，产品质量和附加值不断提升，占领东三省市场。从源头上保障小牛血去蛋白提取物注射液质量，年销售收入过亿元。2018年，康乃尔药业完成产值5.3亿元，比2017年增长55.9%。

【中小微企业发展】 至2018年年末，吉林市有中小微企业近3000家。吉林市民营中小微企业呈现出“56789”的特点：“5”即总量不断扩大，占GDP比重接近50%；“6”即创新活力不断迸发，创造60%以上的科技创新成果；“7”即社会

吉林康乃尔化学工业有限公司甲醇制烯烃全景（2018年2月） （吉林康乃尔化学工业有限公司 供图）

吉林康乃尔药业有限公司厂区（2018 年 2 月）

（吉林康乃尔药业有限公司 供图）

效益不断提升，吸纳就业人员占全市城镇就业总数的 76%，实缴税金占全市地方级财政收入的 73%；“8”即投资强度不断加大，占全市固定资产投资总额的 83%；“9”即整体规模不断扩大，民营企业户数占全市企业户数的 90% 以上。

【小微企业商会】 吉林市小微企业商会成立于 2014 年 10 月，至 2018 年年末拥有会员企业 350 余家，涉及 19 个行业。2018 年，被全国工商联评为“四好”商会典型。

党建引领。小微企业商会成立之初同步成立党支部，选优配强商会党支部班子，重点围绕商会建设和小微企业发展开展活动。把握商会正确方向，培养商会骨干力量，设计活动载体，灵活开展党员学习日、党员承诺践诺、党员包联等活动，发挥先锋模范作用。在商会组织开展的社会公益活动中，党员多次捐款捐物对吉林市红霞托老所、昌邑区沿江街道 20 余名老人及困难学生进行慰问。每逢有自然灾害发生，每遇到需要帮扶的弱势群体，党员们都自发捐款捐物，至 2018 年捐款总价值超过百万元。

承接政府职能。针对会员企业工作繁忙以及对政策理解有误区等因素错失分享政策红利机会问题，小微企业商会与市政府相关部门对接，将国家针对小微企业出台好的扶持政策与商会职能有机结合，为会员提供服务，帮助解决实际困难。主动承接吉林市人力资源和社会保障局“小额担保贴息贷款”部分初审职能，会员企业申请贷款不用去申办窗口，直接由商会代办，提高贷款申报和发放效率，得到会员好评。至 2018 年，在小微企业商会的帮助下，会员企业享受到近 200 余万元贴息贷款。

搭建交流平台。2018 年，小微企业商会与吉林医药学院组织开办 4 期大学生双创实训班，通过“以在学中做，做中学”实训模式，培养学生创业意识，提高其创业所需的基本素质与能力，增强学生创业技能与社会实践能力。小微企业商会承担吉林市工信局“双万工程”项目中部分培训工作，与吉林市科协合作成立校企合作平台，为会员搭建学习交流平台，培训会员 900 余人。

服务小微企业。小微企业商会成立小微企业服务中心，为会员企业提供政策咨询、信息服务、市场开拓、融资信贷、法律援助、人力资源等公共服务。至 2018 年，为企业服务 90 余次，受益会员及企业员工 2000 余人次。

履行社会责任。协助政府开展招商引资推介活动，先后协助市政府在杭州、南京等地召开招商推介会，帮助联系企业 600 余家，为推介吉林奠定基础。参与吉林市“百企帮百村”扶贫攻坚光彩行动和统一战线助力百村振兴行动，对吉林市龙潭区江密峰镇夹信子村困难户刘善荣等进行帮扶救助，捐款 2.5 万元解决燃眉之急；助力丰满区前二道乡二道村，开展项目进村，帮助二道村与会员企业吉林市金太阳食品厂成功对接，达成桔梗种植收购项目，年可为村集体增加收入 6 万余元。

参政议政。开展调查研究，通过实地走访、电话咨询、问卷调查 3 种方式，对 2600 家小微企业展开调查，收到有效问卷 1958 份，撰写《吉林市小微企业发展状况》《吉林市小型微型企业基本情况》《吉林市小微企业融资问题》等调研报告，为市委、市政府决策提供依据。

探索以商养会模式。由商会主导、会员企业合作创办的吉林德润烧烤专供基地项目发展成为东北最大的集烧烤原材料、技术培训、生产加工、连锁加盟企业，项目收益按比例捐助给商会。2018 年，商会通过招商促成会员企业金锁安防公司与宏伟商贸易公司合作项目，商会、会员企业、吉林市宏日新能源有限公司三方合作引进 10 万吨的生物质燃料加工项目完成可行性研究。

（市工信局　市小微企业商会）

个体私营经济发展

【概况】 2018 年，吉林市推进“证照分离”和“多证合一”改革，实现证照“一窗受理、一网办理、一照一码”办理模式，解决企业“多部门申报、入市程序繁杂”等问题，破解市场主体“办照容易办证难”“准入不准营”等突出问题，促进个体私营经济快速发展。截至 2018 年年末，吉林市实有个体工商户 205355 户，其中新增 38629 户。

【个体私营经济发展特点】 数量增长迅速。改革开放后，吉林市个体经济保持持续快速发展态势。个体工商户数量从 2000 年前 2550 户增长到 2018 年 205355 户，年均增长 36.5%。

行业分布广泛。吉林市个体工商户涉及的行业领域涵盖国民经济 18 个行业门类。其中，位列前五大行业的分别是：批发和零售业占全市个体工商户的 57.04%，住宿和餐饮业占 13.67%，居民服务、修理和其他服务业占 12.24%，制造业占 4.94%，农、林、牧、渔业占 4.74%。五大行业总户数占全市个体工商户总数 90% 以上。

（市工信局）

城乡建设

URBAN AND RURAL CONSTRUCTION

城乡规划

【规划编制】 完成《吉林市城市总体规划（2011—2020）》评估工作。3月28日向市委、市政府主要领导汇报，5月上报省住建厅。聘请国家级先进规划编制单位，完成《吉林市城市总体规划（2018—2035年）编制工作方案》，确定规划编制内容及工作计划安排，保证新一轮城市总体规划符合吉林市经济社会发展的新要求。以市委、市政府名义下发《吉林市空间规划编制工作方案》，进行“多规合一”（指将国民经济和社会发展规划、城乡规划、土地利用规划、生态环境保护规划等多个规划融合到一个区域上，实现一个市县一本规划、一张蓝图，解决现有各类规划自成体系、内容冲突、缺乏衔接等问题）资料收集整理和前期调研，为开展空间规划做好准备。对全市城市开发边界进行研究，向市政府相关领导汇报后，上报省住建厅。为“多规合一”提供基础数据保障。自2018年7月起，启用2000国家大地坐标系统，完成对历史数据的整合转换，实现全市坐标系统统一。

【城市总体用地布局调整】 完成高新北区、经开区、金珠工业区建设用地布局优化，经吉林市政府同意，两次从其他区域调整180公顷用地至高新北区，调整175公顷用地至经开区，调整218.6公顷用地至金珠工业区，调整21公顷为冰雪旅游园区用地，调整40公顷为物流用地。调整方案以市政府名义上报省住建厅备案。

【城市边界划定】 重点解决高新北区、经开区、航空产业园及昌邑开发区的四至范围重叠问题，并对船营、昌邑、丰满、高新、航空产业园等9个开发区改革和创新发展实施方案提出规划意见。推动落实化工循环经济示范园区14.3平方千米规划范围问题，为碳纤维产业基地及重点化工项目的发展预留空间。

【控制性详细规划】 完成双吉、青山、丰满小镇片区控规编制工作。其中，青山片区规划用地面积2.16平方千米，丰满街片区规划用地面积2.36平方千米，双吉片区规划用地面积2.53平方千米。中心城区建设用地控制性详细规划覆盖率100%。

【城市设计】 在征求相关部门意见基础上，向社会公开城市重点片区南部新城城市设计工作征求意见，经多次调整，形成正式方案，向市委、市政府汇报。完成《吉林市城市设计研究》《吉林市城市双修研究》成果，确定城市设计重点控制区域范围，建立城市修补和生态修复建设项目库。

【专项规划编制】 完成全市加油加气站专项规划，按照“综合配置、高效集约、安全便捷”的原则，对市区153座现状加油站、加气站、加油加气合建站进行梳理，提出现状站点整治和规划布局要求；完成全市地下空间开发利用专项规划，调查全市地下空间，深入研究地下空间资源评估、规模预测、空间结构、专项设施，对全市未来地下空间开发利用提出规划要求，对重点区域提出发展指引。完成《吉林市电动汽车充电基础设施专项规划》《吉林市城市绿地系统专项规划（2018—2035年）》《吉林市核心区静态停车整治规划》等8项专项规划和《东部快速路环山街道路规划》《金珠片区道路规划》等39项道路交通规划，完成《船营区欢喜乡总体规划（2017—2030）》等2个乡镇的总体规划及《左家镇前娘娘庙村村庄规划》等5个村屯规划，为城市建设发展提供科学依据和可行性指导。

【历史文化名城保护规划编制】 编制完成《吉林市历史文化名城保护规划》。2018年6月，征求27家单位意见，调整完善《吉林市历史文化名城保护规划》，形成正式规划成果。在市规委会专家委员中增设13名历史文化名城保护方面专家。

完成历史建筑确定、普查登记、资料整理和志愿者征集工作。报请市政府批复历史建筑44处，上报省政府备案。其中，乌拉街22处、哈达湾5处、城区17处。完成44处历史建筑的建筑位置、面积、建筑价值、建筑年代、结构和质量等30余项信息普查、采集、录入和建档。

【规划审核】 完成“吉林省2015—2018年棚户区改造一、二、三期建设项目——吉林市”规划意向性审核。会同国土局召开全市9个地块土地推介会，出具房地产项目建设用地规划条件，核发房地

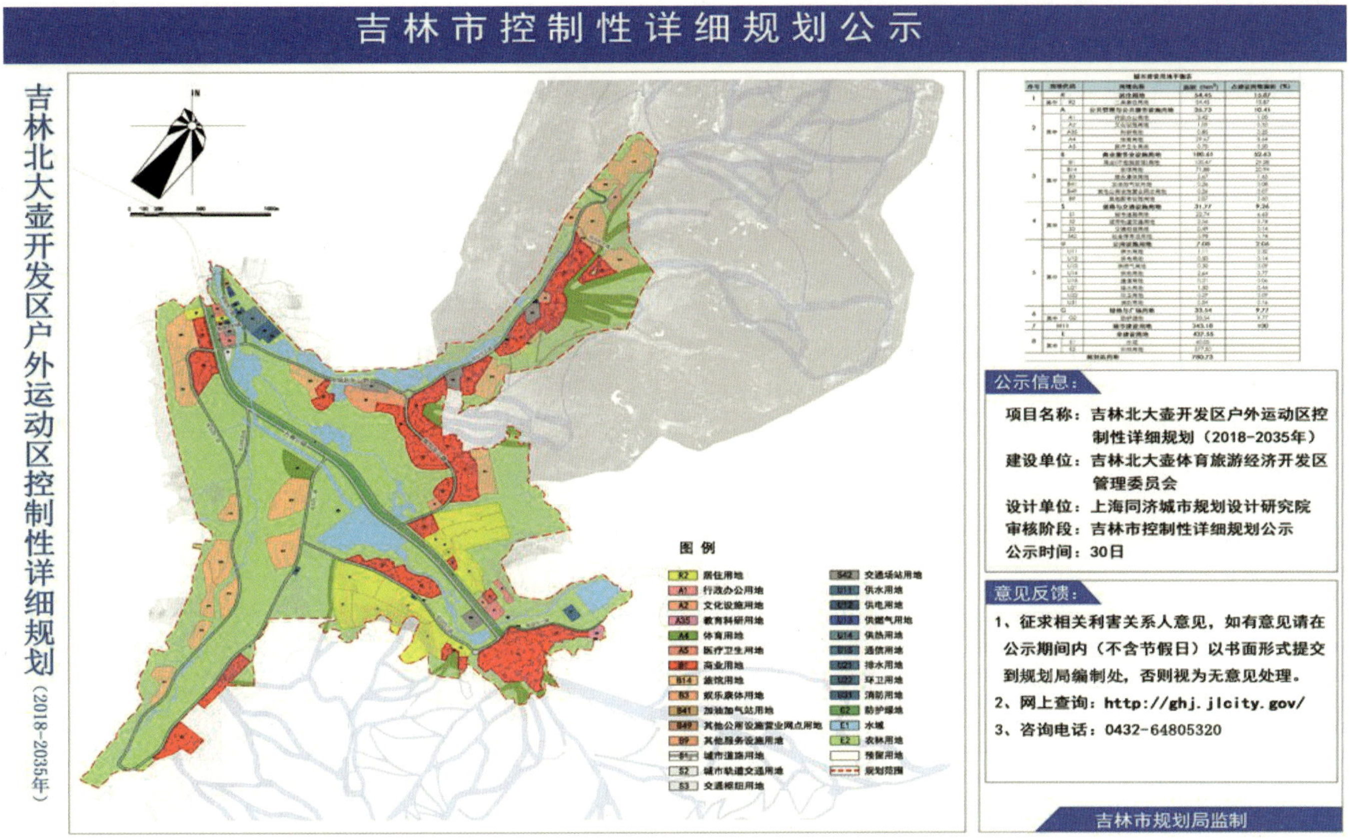

吉林北大壶开发区户外运动区控制性详细规划（2018—2035） （市规划和自然资源局 供图）

产项目规划许可 25 件，对全市 47 个房地产开发项目进行设计方案审查。

【基础地理信息数据库建设】 完成《吉林市时空信息平台项目（基础地理信息数据）》建议书、《吉林市中心城区 200 平方千米地名地址调查项目》《吉林市中心城区 400 平方千米基础地形图及数据库更新项目》工作方案，完成中心城区范围内的基础地理信息成果资料及规划数据向 CGCS2000 坐标系迁移转换工作，完成全市测量标志普查、更新和维护以及 CORS 站网的维护管理。

【行政审批改革】 落实“只跑一次”行政审批改革工作。在全市率先完成“两集中、两到位”，实现“一窗办”。自 2018 年 4 月下旬起，审批办 7 名人员、全局 22 个行政审批事项全部集中到位。定期组织窗口工作人员进行业务交叉学习培训，开展统一受理，集成服务。自 5 月初开始，在市政务大厅召开规划审批专题会议 31 次，审批建设项目 358 项。将涉及“跑改”22 个行政审批事项，细化拆分为 64 个子项，分三批次全部对外公布。编制“一件事”“只跑一次”事项服务指南。在市政务服务平台提供数据网络支撑前提下，64 项“只跑一次”事项均可实现“在线咨询、网上申请、快递送达”办理。测绘地理信息项目登记备案等 4 个事项实现“零跑”，全年办结“零跑”事项 249 项。

“只跑一次”全部事项都可以传送到平台办理，及时准确提供城乡规划政务服务数据。全年完成 2 个地块控规信息公开、250 项建设项目批前公示、101 项建设项目批后公告，为政府网站提供规划政务公开信息 487 件；制定政务外网接入方案，全面排查地理信息数据，修改错误、异常数据近千条，推进全市政务云平台建设。

加强全市重点项目规划审批服务力度。围绕“6411”产业体系制定精准服务预案，开展与各类重点建设项目对接。2018 年，出具建设用地规划条件 62 件，核发建设项目选址意见书 80 件，建设用地规划许可证 122 件，建设工程规划许可证 181 件，竣工规划核实 55 件，受理办结各类指界（范围）133 件，保障全市 4 月份新开工项目、“三早”（早落地、早开工、早见效）、第四季度新开工项目等重点建设项目审批进度，受理的审批事项全部在承诺时限内办结。

2018 年，在全市政务服务系统“实干担当典型选树”活动中，吉林市规划局审批办被评为“实干担当典型窗口”，1 人被评为“实干担当典型”。《中国建设报》刊登吉林市规划局“只跑一次”改革做法，行政审批制度改革经验连续 2 年被《中国建设报》推广。

【市政规划管理】 完成秀水街全线规划设计及审批任务。吉林市城市快速路全长 60 千米，含秀水街、新城大路、环山街及龙江路。规划设计审批 20 余项雨、污分流改造工程及雨水改造工程，总长度 18 千米。完成全市人行过街天桥布点规划。在吉林大街、越山路、龙潭山公园等交通量大、人车冲突严重区域，规划 9 处过街天桥，实现人车分流、改善交通拥挤状况。完成玄天岭文化公园及配套工程项目设计审查，指导项目按规划建设，打造“市民活动、文化展示、旅游观光、城市提升”的城市文化公园。

做好市政重点项目前期研究工作，

对秀水街（西部快速路）、昆仑街公铁立交和远期环山大桥等城市快速路和桥梁规划方案进行研究；对深圳东路、石井沟街、铁西路、杏林路等主次干路规划方案提出建议；配合相关部门谋划雨、污排管线改造工程及雨污分流工程；利用城市支路及胡同，打造城市微循环系统，全方位提升市民幸福感指数。

【基础测绘】 组织实施2018年度吉林市地理国情监测，完成市辖区建成区和建设用地边界监测、城市建设用地监测、基本公共服务设施监测、综合交通网络设施监测等四项监测报告，形成监测数据集。完成国防信息潜力资源普查，形成包含全地区以及全市卫星导航定位站网的普查数据。采用新技术辅助规划应用，完成1∶1000地形图修测工作，利用GIS技术分析地形地势、辅助总规修编等规划设计。发布卫星图、地形图等10余项地图数据，实现CAD与GIS数据交互融合。利用三维仿真建模完成新城大路上跨、下穿两个方案和绿地集团四期论证方案等项目。8月23日至24日，组织召开全省《房产面积计算规则》工作培训会议，邀请全省测绘地理信息企事业单位技术人员300余人参加学习，培训反响热烈，为全省房产测量标准提升提供有力保障。

【重点课题研究】 组织市决策咨询委员会城市规划建设管理专家组相关委员开展重点课题研究。完成《关于创新特色城市区域发展建设研究》《吉林市市域空间规划（多规合一）编制指引研究》《吉林市冰雪产业体系研究》等6个课题。吉林市规划和自然资源局承担《关于优化城市设计，提升吉林市特色风貌的研究》和《关于吉林市"生态修复、城市修补"的研究》两个课题分别被评为A类第一名和第三名，《关于提升吉林市物业管理工作水平的研究》被评为B类第一名。

【规划监察执法】 组织开展规划法规的宣传培训工作，利用"日常巡检""专项行动"以及宪法宣传月等时机，向开发企业和群众宣传规划法律法规知识，发放宣传单500余份，解答法律咨询50余人次，组织2次全体机关干部宪法法律知识专题学习。

做好规范性文件合法性审查工作，保留规范性文件11件，严格按照程序进行法制机构审查、按时到市法制办备案、严格归档管理，在门户网站公布规范性文件草案。做好行政处罚的综合协调指导工作，制作规划监察执法工作流程，行政执法人员全部实现持证上岗。

加强规划监管，全年监管在建项目102项，开展超期临时建筑整治，打击违法建设。

开展图斑核查工作，按照住建部办公厅《关于核查处理遥感监测图斑的通知》和省住建厅《关于协助做好遥感监测图斑核查工作的通知》要求，牵头组织开展对全市55个项目图斑具体核查工作。经过梳理，55个图斑全部符合城市总体规划要求，不存在违法建设行为。

（市规划和自然资源局）

城市建设

【城建重点工程】 2018年，以环保整改、民生改善和完善城市功能项目为重点，全年开工城建重点工程45项，完成投资约51亿元，江城广场周边建筑立面改造、主次街路热再生等12项工程竣工投入使用，对吉林大街等7条主次街路进行维护，改造城区雨污管线1600米，整治小街小巷微循环29万平方米，对全市37个老旧小区进行改造，西部快速路、白山大桥等重大项目进展顺利。中央环保督察组反馈的城市建成区黑臭水体、市生活垃圾处理中心积存渗滤液、危化品通行过江桥梁缺少应急设施等问题全部按时完成整改任务。

一类项目开工33项。其中，建委开工11项（秀水街、玄天岭人民艺术中心和桃源山、白山大桥、长春路外环公路至秀水街、江城广场周边建筑立面改造、特色商业街区提升改造、松江南路附属设施配套工程、船营区欢喜乡中心小学校新建项目、金珠大桥桥面排水系统整改工程、秀水大桥桥面排水系统整改工程、榆树沟回迁区场地平整工程），棚改办开工1项（棚户区改造项目），公用局开工10项（慢行系统及景观工程、黑臭水体整治工程、热再生、六水厂、城市主次干路公园广场景观提升项目、马拉松沿线及城市景观路绿化提升工程、2018年集中供热老旧管网改造工程、各城区微循环小街小巷维修、雨污水改造及雨污分流工程、北山四季越野滑雪场周边内环境及相关道路整治项目），城建集团开工1项（远大河、小牤牛河黑臭水体整治清淤），铁投公司开工2项（双吉火车站综合交通枢纽中心、综合保障大厦），管廊开工3项（九江大路地下综合管廊工程、经开大街北段地下综合管廊、哈达湾南北干线地下管廊工程），交通局开工1项（珲乌公路吉林至饮马河大桥段开工），文投公司开工1项（吉林北山四季越野滑雪场），房产局开工1项（2018年吉林市老旧小区宜居综合改造工程），丰满区开工1项（吉林医养创新健康小镇），人防办开工1项（市直机关抢险抢修专业队和人员掩避工程）。

竣工项目12项。其中，建管公司5项（江城广场周边建筑立面改造工程、特色商业街区提升改造工程、榆树沟回迁区场地平整工程、金珠大桥桥面排水系统整改工程、秀水大桥桥面排水系统整改工程），文投公司1项（北山四季越野滑雪场），公用局6项（热再生、城市主次干路公园广场景观提升项目、马拉松沿线及城市景观路绿化提升工程、集中供热老旧管网改造工程、各城区微循环小街小巷维修、北山四季越野滑雪场周边内环境及相关道路整治项目）。

【房屋和土地征收】 面对征收资金紧张不利局面，重点推进棚户区改造、城市基础设施建设等民生改善项目房屋和土地征收，落实属地政府征收主体责任，合理拟订征收补偿方案，推行协议征收、先建后征、征建结合模式，坚持征收工作领导小组例会议事制度，征收进度基本满足项目建设要求。2018年，完成房屋和土地征收170万平方米，完成回迁安置3000户。

【公共服务保障】 重点推进江北电厂热源、"一城一网"、燃气备用气源建设进程，完成第六供水厂生产调度中心等厂区主体工程建设，实现安全应急备用水源通水运行；改造老旧供热管网84.7千米，新建燃气管线14.5千米，新建水洗公厕69座，完成市垃圾处理中心改扩建二期工程等一批民生基础设施项目建设。提升生态宜居城市建设质量，建设松花江百里生态长廊慢行系统810米，实施北山广场、临江游园等4个公园改造建设；提升既有城市公园街路的绿化标准，全年栽植乔灌木2.7万株、花卉200余万株，建植草坪20万平方米。（市住建局）

道路桥梁

【概况】 截至2018年年末，全市有市政道路686条，总长度696.7千米，面积1370.4万平方米。按道路等级分类，城市主干路199.2千米，625.0万平方米；次干路116.千米，259.3万平方米；支路258.8千米，399.1万平方米；胡同121.9千米，86.9万平方米。按管理层级分类，全市道路分市区两级管理，其中市管道路92条，长286.7千米，面积815.5万平方米，市管道路面积所占比例为59.5%；四个城区、高新区、经开区管辖道路长409.9千米，面积554.9万平方米，区管道路面积所占比例为40.5%。

全市有市管市政桥梁81座，总长度27.0千米，面积62.0万平方米。大型桥梁31座（含江城大桥、临江门大桥、吉林大桥、江湾大桥、雾凇大桥、龙潭大桥、清源桥、松江大桥、哈龙桥、秀水桥、金珠大桥等11座跨江桥梁）、中型桥梁38座、小型桥梁12座。

【道路桥梁维修养护】 吉林市市政道路维修工程根据道路破损情况和道路维修年限立项，相关管理人员全面普查并初步提出维修计划，经研究讨论后报市政府批准立项。在春季集中一个月左右时间，对于没有列入维修计划的道路进行补坑灌缝养护，其他时间段由道路具体管理单位采用随坏随修方式维护。桥梁维修工程立项主要依据桥梁检测报告进行。2018年，投资约1639万元，完成吉林市北山四季越野滑雪场周边道路整治；投资596万元，完成临江门大桥北地下通道挡墙应急抢险工程和雾凇高架桥增设隔音板工程桥梁维修改造。

【城市道路挖掘管理】 按照相关规定进行审批和管理挖掘现场。禁止擅自挖掘城市道路，对于地下管线新建项目必须持有许可证并且是必须建设的项目方可进行审批挖掘。严格控制道路重复挖掘，对于列入维修改造的道路在开工前召集各地下管线产权单位开会通报维修改造情况，将相同区域维修建设内容合并同步施工，减少道路挖掘对市民交通的影响，节约建设资金。对于道路挖掘现场采取定人定现场的管理模式，挖掘现场采用全封闭围档，残土不落地，回填混江沙，大项目工程采用跟进恢复的方式，边挖掘施工边跟进恢复，尽可能减少裸露地面的时间，减少对交通影响。

2018年，组织相关道路挖掘工作部署会1次，组织各地下管线单位协调会2次。对各单位上报道路挖掘计划122项进行现场踏查、初步审查和统计汇总，经请示市政府同意挖掘道路施工83项，挖掘沥青路面29808平方米，方砖565平方米，边石4662米。

【松花江城区段慢行系统建设项目】 2018年，完成松花江城区段慢行系统吉林大桥南北连接段工程。投资452万元，完成吉林大桥南端连接段木栈道330米及北端连接段木栈道385米。

【热再生工程】 完成东昌街、四川街、江湾路、长春路、解放中路、德胜路、吉林大街南段7项热再生预防性养护工程，完成热再生预防性养护31.43万平方米，铣刨罩面等维修5.57万平方米，维护井类设施1425座。完成雾凇高架桥匝道沥再生，完成沥再生面积3万平方米，完成投资3500万元。（市住建局）

城市公共交通

【公共交通管理】 2018年，吉林市新开公交线路6条，调整线路6条，实现票款收入1.73亿元，运营里程4774万千米，客运量2.5亿人次。截至2018年年末，全市有公交线路100条、公交运营车辆1070台，平均万人拥有公交车辆9.2标台，城市建成区公交站点500米覆盖率为98.6%。公交集团拥有综合停车场10个，占地面积10.6公顷；保养场1个，占地面积2.3公顷；在册车辆1321台。车辆进场率52%，进库率19%。2018年，事故频次降为0.059起/万千米，全年无重特大事故。

2018年，吉林市公交集团被交通运输部、公安部、国管局、中华全国总工会评为2018年绿色出行宣传月和公交出行宣传周活动成绩突出集体，被中国质量协会评为全国市场质量信用A等用户满意服务（AA级）。市公交集团司机李德军获2018年度全省“最美交通人”称号。

【出租汽车管理】 吉林市出租汽车分为巡游出租汽车和网络预约出租汽车两大类：有巡游出租车公司经营许可41家，在籍巡游出租汽车运营许可5099个，在籍巡游车驾驶员从业资格许可35313个，在线驾驶员1.2万余人；网约平台公司经营许可12家，在籍车辆123台，在籍网约车驾驶员从业资格许可442个，在线驾驶员146人。

全年受理行政许可和非行政许可事项11356件次，满意率100%；处理各类投诉案件3065件，市长电话室转办件380件，办结率100%。处理12345平台转办件及线路车电话投诉件39件，满意率99%；成立出租车协会失物招领服务中心，接待来电来访1177件，收到遗失物品60件。

年度审验全市5099台出租车、38台兴平公交车；按照诚信服务考核标准，加分奖励76名拾金不昧、助人为乐驾驶员，有4名违规服务驾驶员予以扣分处罚。考核巡游车及网约车64场，2726名人员，2127人取得从业资格证，合格率78%。公交集团、兴平公交公司从业人员进行道路运输资格证考试8次，参考人员400人，合格率95%。

【公共交通基础服务】 配合吉林市职教园区搬迁、榆树沟搬迁等工程，跟进式调整线网，完善城市公共交通基础服务配套建设。扩大线网覆盖范围，满足金珠乡和大红土村百姓出行需求，加快城郊公交一体化进程。推出省内首家公交免费车载无线连接网络（Wi-Fi），开通乘车扫码支付，为市民提供全新出行体验。创新推出劳模主题文化车厢，完善《驾驶员服务规范手册》，全年服务社会满意度在95%以上。落实残疾人免费乘车政策，推动老年卡“只跑一次改革”，设置“爱心卡”“老人好”等提示音，把关爱融入服务细节。做好吉

马赛赛事保障，抽调150台服务车辆，为赛事人员提供运输保障服务，受到社会各界好评。（于昆鹏）

城市供热

【概况】 截至2018年年末，全市有电厂5家、供热企业25家，城区供热管网2550.0千米，在网供热面积8540.0万平方米，其中，热电联产集中供热面积8212.5万平方米，热电联产供热比例96.2%；生物质、燃气等其他方式供热面积60.0万平方米。

【供热服务】 2018年，根据吉林市天气情况及上级要求，吉林市提前5天开栓供热，各热源单位于10月20日开栓，各热源单位、供热企业按要求做好供热前期准备工作并按时开栓供热，10月20日晚正常热用户开栓面积达98%以上，供热当天全市受热面积5909万余平方米，达全市供热面积的94.6%。同时响应国家环保要求，科学安排启炉时间，采用错峰启炉方式，减少大气污染。2018年，要求全市供热企业在18摄氏度供热标准上提高2摄氏度供热，并定为考核标准。吉林市总体供热质量明显提高，居民室温合格率99%以上。

年内，市供热办组织全市供热行业开展“访民问暖”活动，深入社区和居民家中了解掌握供热区域内供热存在问题，把供热问题解决在基层。活动中接待居民供热投诉22起，走访89个小区、进户976户。在检查中发现管线老化、过滤网堵塞、室内采暖系统不合理等87个问题都及时处理或提出整改意见，推进全市供热服务工作。

【供热行业监管】 实行供热社区包保责任制、供热日调度会、供热企业综合信用评价等制度。加强供热行业监管，监督供热企业按规定的参数运行；服务热线昼夜畅通，每起供热投诉都能得到及时处理；供热期供热投诉办结率100%，满意率97%以上。

建立监管信息平台，供热管理办公室设立居民固定测温点，对热源企业出口温度、供热企业供热参数和居民室内温度进行监测，对没有达标的进行督促整改。设立投诉热线，接待和处理供热、燃气问题，并对问题的处理情况进行反馈，督促相关企业做好服务工作。定期召开相关调度会，全面掌握供热、供气存在问题解决情况，及时调度供热运行。加强考核工作，对全市22家供热企业，全市33家燃气企业安全生产、供热供气质量、服务质量3个方面进行行业规范化考评工作，确定相应等级做为奖惩依据。加强市区两级管理体制，管理重心下移。增加区级管理部门及社区工作职责，将质量监督、投诉处理下放到区级政府和街道，做到信访问题快速反映和解决，保障居民合法权益。（市住建局）

城市供气

【概况】 吉林市燃气气源有天然气和液化石油气两种。截至2018年年末，有燃气企业37家。其中，管道燃气经营企业3家，瓶组供气企业1家，液化石油气储配站18家，总储气能力8170立方米；燃气汽车加气企业15家，下设液化气加气站7座（合建2座），天然气加气站23座。

截至2018年年末，全市燃气管线总长度1142.86千米。其中，高压管道20.39千米，中低压管道1122.47千米。居民用户49.18万户。管道燃气可气化用户气化率超过80%，燃气普及率99.2%。天然气年销售总量5.78亿立方米。

【供气管理】 吉林市供气气源来自2条长输管道：中石化长输管道由新吉美管道天然气有限责任公司管理，全长208.67千米，建有接收门站1座，年设计最大供气能力1.1亿立方米；中国石油建设的“长—吉”天然气长输管道全长221千米，设计年输气能力23亿立方米。市区建有2座接收门站：昆仑公司的吉林中油门站母站一体站，门站年设计供气能力2.5亿立方米，母站设计供应能力10万立/日；港华公司门站母站一体站，门站年设计供气能力3.5亿立方米，母站设计供应能力10万立/日。2018年，吉林市燃气公司从燃气管理中心中剥离，正式独立，所有资质及账目转接等工作全部完成。（市住建局）

供水排水

【概况】 2018年，全市有水厂5座，有公称直径75毫米（DN75）以上管网876.3千米，日供水总能力50.5万立方米，最高日供水量42.8万立方米。排水管线总长度1094千米。其中，污水管线454.2千米，雨水管线626.4千米，合流管线13.4千米。明沟暗渠26.0千米。全市建有雨污排水泵站41座。其中，雨水泵站18座、污水泵站23座。

【城市供水】 2018年，供水总量为11275万吨，日均供水量30.9万吨，出厂水水质合格率100%。加强各水厂设备养护、保证巡检频次等内部管理措施，及时消除各类故障隐患，确保供水安全稳定。按照上级要求在市水务集团网站定期发布水质公告，提高水质信息透明度，使吉林市群众用水更加放心、安心。8月28日，吉林市安全应急备用水源管线工程取水系统建设调试完毕，具备通水条件。10月底通水运行，关闭第二、三、四水厂取水口，实现水源地向上迁移。

【城市排水】 2018年，完成清掏雨水井24083座，检查井11018座；疏通雨排管线89742米、污排管线19730米，更换检查井盖576套，调整翻修排水井775座，砌筑排水井5座；完成抢修工程72项，疏通管线1130米，清掏雨水井46座，清掏检查井6座，清冰面积356平方米，翻修检查井5座，新砌排水井12座，井墙抹面3平方米，恢复沥青路面160平方米，恢复方砖路面21.6平方米，更换盖板2块，清淤120立方米，改造内径200～500毫米波纹管14.5米，堵漏20处；更换防沉降井盖685套；清掏沉砂池14座，清淤456立方米。完成黄旗路和沿河路雨排水改造工程，改造排水管线1.7千米；完成珠江胡同、江湾路、哈达湾街、东昌街、恒山东路污水截流改造，改造内径300～1000毫米排水管线1200米。

【城区防汛】 吉林市建成区面积166平方千米，多年平均降雨量677.7毫米。截至2018年年末，吉林市各类排水管线总

4月20日，吉林省市防汛抗旱指挥部组成联合检查组到永吉县开展汛前检查。图为永吉县水利局汇报汛前准备情况（市水利局 供图）

长度1094千米，有雨水窨井4万余个，各类明沟20余条，各类暗渠13条，雨污排水泵站41座，湖区2个，沉砂池15座。

2018年汛期，吉林市相继出现5起强降雨台风天气，城区防汛办与气象、水文、水利部门沟通，及时掌握雨情、水情、汛情变化，在强降雨来临前调集各级各类应急抢险队1400余人、车辆设备180余台套，物资及资金210万余元，根据预案，指定专人对重点部位做好排查工作，组织人员监控易积水部位，发现立交桥下和道路积水超过20厘米时立即启动响应，利用安全路锥、警戒带和安全标语提示牌等方式封闭积水路段交通，保障过往车辆及行人安全。汛期接收和传达上级领导、市防指和气象部门的预警预报127件；咨询雨情、水情42次，发布预警信息26条、调度命令12条，检查值班情况27处。汛期结束后，城区防汛办协调各区城防指和相关单位，清掏、疏通各类排水管线，清除路面、草坪的淤泥，确保城区道路、桥梁、涵洞等各项市政设施运行正常。（市住建局）

城市水利

【城市防洪规划编制审批】 永吉县城市防洪规划审批。2018年，推进《永吉县城市防洪规划》编制，三次参加水利部水利规划设计总院召开的永吉县城防规划评审论证会，水利部水利规划设计总院出具评审意见。7月6日，永吉县人民政府根据水利部的评审意见经研究对《永吉县城防洪规划报告》进行批复，同时启动项目可研等前期工作。

《吉林市城市防洪规划》编制。完善吉林市的城市防洪体系，提高城市防洪减灾能力，组织编制《吉林市城市防洪规划》。由于温德河位于吉林市上游，永吉县城防洪规划编制对吉林市防洪规划有很大影响。2018年8月，永吉县城防规划批复后，市水利局组织设计部门对《吉林市城市防洪规划报告》进行修改。对温德河城区段的治理方案、主要工程措施、防洪治涝预案、工程投资等方面进行相应调整。规划报告修改完成后，征求相关城区及市直部门21家单位意见。

【城市防汛应急】 2018年，汛期降水640.8毫米，比常年多27.1%，甚至比2017年还多12.7%，发生15次强降水过程、3次台风过程，降水频次和降水量都属于较多年份，防汛形势异常严峻。市委、市政府高度重视，关键时期市委书记王庭凯、市长刘非、副市长陈东先后20次到市水利局指挥防汛。吉林市把确保人民群众生命安全作为防汛工作出发点和落脚点，针对险情提早启动应急响应9次，果断转移群众6318人，实现人员零伤亡。市水利局与气象、水文等部门密切会商研判，昼夜值守、科学调度，在保障安全度汛前提下合理拦蓄洪水2亿立方米，为抗春旱保春灌提供水源保障。严密排查隐患，完成140处安全度汛隐患整改，落实防汛市级领导包保责任制，修订方案预案，落实物资队伍，做足防大汛各项准备，为安全度汛奠定基础。市长刘非在市防汛指挥部2018年防汛抗旱工作报告上作出批示，对市水利局相关工作给予肯定。

完善防汛应急物资储备制度，建立部门沟通联络和应急联动机制，实现区域防汛应急物资共享。汛前编制修订《吉林市防汛物资队伍调度手册》《吉林市防汛办防汛抗旱物资及设备管理制度》，与各防指成员单位建立应急联络方式，为实现区域防汛应急物资共享提供保障。

建立预防水旱灾害部门联动机制，严防水旱灾害引发事故。编制《防汛应急响应工作手册》，编制完善水系水利工程图、流域水库分布图、防汛基础信息手册等10余部基础信息图册，修订吉林市防汛应急预案、吉林市抗旱预案、吉林市城市防洪预案等10大类预案、方案，针对2017年发生大洪水的4座中型水库制定超标准洪水应对措施，全市组建8万人应急抢险队伍和150人防汛专家队伍，储备1000万元防汛物资，保证应急救援、技术指导工作顺利开展。

【汛前准备】 加强防汛工作领导，完善18名市级领导联系县（市）区、开发区防汛工作机制；落实防洪城市、主要江河防汛行政责任人，乡、村、社三级山洪防御责任人，水库安全度汛行政、抢险技术、值守巡查责任人，总计2800余人，并进行上岗培训，媒体公示。

重新编制《吉林市防汛应急预案》，创新编制《防汛应急响应工作手册》，修改完善水系水利工程图、流域水库分布图、防汛基础信息手册等10余部基础信息图册和2800余部各类预案，组织各地开展应急抢险和山洪灾害避险演练，夯实防汛工作基础。

针对发生超设计标准洪水的4座中型水库，重新制定汛期水库调度运用计划，合理降低汛限水位，制定超标准洪水应对措施，保证水库防洪安全。

针对防汛工作薄弱环节主动开展工作，先后与永吉县、丰满区、船营区、市城区防办，重点中型水库管理单位，吉林供电公司、市通信管理办公室和市江城日报社“吉林乌拉圈”等防汛成员单位召开5次座谈会，就大洪水期间重点区域防范、水库应急通信保障、电力应急保障和宣传报道、舆情舆论引导商讨制定解决方案。

在山洪灾害防治区内设立宣传栏252个，发放宣传手册及明白卡6.7万份，通过电视台、吉林乌拉圈等网络新闻客户端免费播放山洪防御、应急避险等公益宣传片扩大宣传范围，增强群众防灾避险意识。

组建8万人应急抢险队伍和150人防汛专家队伍，储备1000万元防汛物资，保证应急救援、技术指导工作顺利开展。

【隐患排查整改】 4月至9月，组织开展5轮隐患排查和防汛安全检查，全市排查安全隐患140处，督导责任单位落实相应工程措施或应急处置措施，保证度汛安全。

【小型水库安全度汛】 采取编制3个预案方案、落实3个责任人、标画3条特征水位线，安装责任人标志牌，严格控制汛限水位等措施，做好安全度汛工作。2018年汛期，所有小型水库没有发生垮坝、拉沟、泄洪设施损坏现象，确保小型水库安全度汛。

【防范强降雨】 2018年汛期，气象形势非常复杂，主汛期历时较长，台风"摩羯""温比亚""苏力"相继影响吉林市，全市出现明显降雨过程15次，致灾3次，造成蛟河市、桦甸市18个乡（镇）街、6920人受灾，直接经济损失3836万元。

强化工作部署。防汛办第一时间完成防汛信息上传下达的传递任务，无一遗漏。先后组织召开省市防汛视频会议、视频调度会议、防汛会商会议以及工作部署会议18次；下发专门文件35个，安排责任落实、水库调度、风险区群众转移、重点部位防范、景区防汛安全等工作；编写防汛抗旱简报13期，及时向全市通报防汛工作开展情况。

适时预报预警。防汛办严格执行24小时值班制度，严密监测雨水情，与有关部门密切会商研判，及时发布预报预警信息，发布气象预警信息87次、山洪灾害预警短信7009条，通过"吉林乌拉圈"网络平台发布安全提示及预警信息20余条，为科学防范和人员转移避险争取宝贵时间。全市启动防汛应急响应9次，各地结合降雨趋势和本地区实际，有针对性的落实防范措施，及时转移人口17559人，避免伤亡人数12913人。

合理调度水库。结合天气预报精算水账、科学调度，下达调度命令38个，保证水库安全，发挥水库防洪减灾作用，防洪减灾效益2158万元。2018年汛期，黄河水库一次降雨过程最大拦蓄洪量886万立方米；红星水库水库蓄水接近正常水位情况下，考虑下游河道泄流能力低，百姓利益容易受损，通过派驻专门人员连续盯守水库48小时，精细调度，始终保持小流量泄流，保障水库下游群众利益；指导各地合理蓄水，仅舒兰市5座中型水库就在前期蓄水偏少情况下，抓住汛末有利时机，蓄水增加近3000万立方米，为来年春灌储备必要水源。（市水利局）

园林绿化

【概况】 截至2018年年末，全市有公园12个，广场12座，游园39个，小型绿地110个，防护绿地17个，风景山16座，生产绿地6个。建成区绿地面积6301.1公顷，绿地覆盖面积7079.6公顷，绿地率33.3%，绿化覆盖率37.5%，人均公园绿地面积12.1平方米。

【园林绿化重点工程】 2018年，完成园林绿化重点工程3项：马拉松沿线及城市景观路绿化提升工程5月4日开工，6月10日竣工，对马拉松沿线清水绿带进行景观恢复，铺植草坪35公顷，总计投资1000万元；城市主次干路、公园、广场景观提升项目工程5月4日开工，12月20日竣工，对松江东路带状公园、松江东路"七米带"、松江南路、珠江路（哈龙桥至汉阳街段）、哈龙桥北引桥、江北公园、龙潭山、图书馆门前广场、北京路以及临江门大桥、吉林大桥、临江门大桥下穿隧道等处进行绿化改造提升、新增五色草植物造型5组，总投资1800万元；龙潭山公园正门改造及江南公园配电设施改造工程8月28日开工，10月20日竣工，新建江南公园10千伏变电所及10千伏线路；对龙潭山大门进行粉刷，并将龙潭山遗址公园更名为龙潭山公园。

【乔灌木栽植】 2018年，栽植樟子松、云杉、柳树、梓树、桃叶卫茅、金银忍冬等乔灌木3.5万株。植树工作中，遵循适地适树、快慢结合、突出季相原则，优化城市树种，提升城市园林绿化品位和质量。

【花卉种植】 年内，种植美人蕉（扇）、串红、郁金香、报春花、鸡冠花、凤仙、四季海棠、大丽花、石竹、千日红、天竺葵等花卉40余个品种、300余万株。

【草坪种植】 栽植冷季型早熟禾草坪26公顷，通过种植草坪，消灭城市裸露地面，绿化、美化、保护和改善城市环境。

【立体绿化】 设置大型五色草立体景观造型11组，摆放花球、花柱63组，摆放仿生石花船、花钵12组，美化原有花球花柱等小品257个，完成花摆1134平米，完成"爱奔跑·心接力"插花板7块。

【花展活动】 5月上旬，市政公用局组织吉林北山风景区管理中心、市园林管理中心、市绿化管理中心在人民广场、江南公园、松江路举办郁金香花展，人民广场有4个花系、27个品种、90万株郁金香陆续绽放。2月10日至3月4日，举办迎春花展。3月17日至4月7日，举办杜鹃花展。11月，举办菊花展。丰富人民群众物质文化生活，提高城市文化品位。（市住建局）

环境卫生

【概况】 截至2018年年末，全市安装路灯道路长度527.5千米，有灯杆2.4万基，光源4.3万盏，城市照明装灯总功率7490.0千瓦。有环卫工人5940人，日保洁面积3556.4万平方米，清雪面积3168.0万平方米。城区有1座生活垃圾焚烧发电厂和2座生活垃圾卫生填埋场，日处理能力2500吨。2018年，全市生活垃圾无害化处理率94.06%。

【生活垃圾处理】 吉林市生活垃圾处置有焚烧发电和卫生填埋两种方式。截至2018年年末，吉林市城区处理生活垃圾43.8万吨。其中，双嘉电厂焚烧处理41.2万吨，龙潭区垃圾场填埋2.6万吨（6月15日后封场停用）。无害化处理率94.06%，填埋处理飞灰5.75万吨。采取二分法（干湿分类）方式，选取船营区西大一区、二区31栋楼开展生活垃圾分类收集试点工作，投放生活垃圾分类收集桶180个。

吉林市生活垃圾处理中心于2018年7月完成整体工程竣工验收，9月完成环保验收，9月17日通过省无害化等级评定，评定结果为Ⅰ级，比限定时限提前15个月完成任务。

【环境综合整治】 组织开展春秋两季环境综合整治，结合网格化、常态化、精细化作业管理要求，按照环境卫生检查评分标准和以奖代补实施方案，对各作业单位环卫清扫保洁、环卫设施管理维护等作业情况进行检查量化考核，对吉林市269条满足条件街路开展机械化洗扫和洒水降尘作业，机扫率90%，主要街路机扫率100%。编制完成《吉林市城区环境卫生专项规划》，并通过专家评审。（市住建局）

5月，吉林市在全省率先建成智慧化城市管理指挥平台。图为摄于5月15日的吉林市城市管理指挥中心（市城管执法局 供图）

城市管理

【概况】 2018年，全市各级城市管理执法人员履行静态交通管理、餐饮油烟治理等新增职责，完成违法建筑拆除、露天市场改革等重点工作任务，开展扫黑除恶专项斗争和干部作风大整顿活动，通过中央环保督察和市委政治巡察。年内，拆除各类违法建筑3663处，代履行清洗被污染路面2.5万平方米，追呼野广告电话190部，督导1772户餐饮商家安装油烟净化设施，利用城市管理指挥平台受理案件14.1万件，结案率99.4%。

【城管执法体制改革】 4月11日，根据住建部指示精神及吉林市城管执法体制改革方案要求，举行新式制服换装仪式，完成全市城管执法人员换装及标识统一工作。加强法制建设，完善《规范性文件制发流程图》和权责清单，制定《执法全过程记录制度》，严格规范行政处罚自由裁量基准。为尽快实现城市管理机构综合设置和职能划转，多次与住建部专家沟通，探讨城管执法体制改革问题，配合省住建厅及市编办做好各项调研、统计、汇报等工作，为推进下阶段改革提供保障。

5月，吉林市城市管理行政执法局规范审批流程，提高窗口服务水平。图为5月3日窗口服务现场（市城管执法局 供图）

【城管法治建设】 5月14日，组织“局长接待日”活动，现场接待来访群众32人，解决解答问题10件，对信访案件、督办案件和提议案进行全面梳理，逐一落实反馈。按照职能调整要求，起草《吉林市停车场管理办法》《吉林市城市露天市场管理办法》修订稿，呈报市法制办履行立法程序。提高执法效能，探索建立城警联动机制，协同交警、城管治安警察支队开展渣土车辆整治、违停车辆查处、夜间市容巡查以及集中拆违行动，提高执法安全保障，实现互联、互通、互助。开展“宪法宣传日”主题活动，通过新闻媒体宣传露天早市改革等阶段性重点工作，在《中国建设报》《江城日报》等纸媒刊发新闻178篇，电视台播发43篇，吉林市城市管理行政执法局官方网站、微博、微信公众号发布2375篇，营造良好的社会舆论氛围。

【网格化管理】 利用智慧化城市管理指挥平台研发“江城集市”管理、静态交通管理及巡检抽查等多项专业子系统，启动内部周检考核与外部公众参与相结合的双轨制考核机制。受理城市管理各类问题14.1万件，结案率99.4%，有效落实网格管理任务，考核结果作为各城区排名依据，促进城市管理工作均衡发展。优化“爱吉林”市民客户端（APP），突破单一安卓手机系统使用局限，受理并转办群众上报各类城市管理问题3045件，结案率97.7%。

【静态交通管理】 市城管执法局会同市城乡规划研究院、市公安局交管支队完成以中心医院为核心的区域性停车规划编制，通过道路改造和施划停车泊位，在中心医院周边及松北一区新增停车泊位321个。配合公安交管部门，在市25条主要街路开展静态交通秩序整治活动，加大马路边石以上机动车违停查处力度，查处各类违停车辆7384台次，教育驾驶员580余人次，提升重点街路及区域机动车停放秩序。

【餐饮油烟治理】 露天烧烤整治方面，建立商家业户诚信管理档案，重点治理信访案件、易发区域及重难点业户，对难于清理的业户下达法律程序，集中清理654处露天烧烤、日间摆放串炉、日间搭建棚架行为。油烟治理方面，落实网格管理责任，开展入户宣传，强化教育引导，督促1772户餐饮商家安装油烟净化设施，市直管100条主街路229户大中型餐饮业户全部完成安装，综合治理比例88.1%，超额完成指标。

【违章建筑拆除】 按照年度拆违任务安排，组织市、区城管执法单位加大拆违进度，对建成区内重点工程、街路两侧、住宅小区、城区出入口等重点部位开展违章建筑拆除工作，拆除各类违章建筑3663处，拆违面积10.7万平方米。为实现长效管理，严控新增违章建筑，市城管执法局将违章建筑整治纳入网格化管理，推进违章建筑普查录制工作，配合各区政府及相关部门完成长吉南线、西南环线征收建设拆违任务，集中拆除养老机构和占压燃气管线的违法建筑25处，配合市国土资源局依法拆除松花湖五虎岛上违章建筑设施。

【渣土治理】 加强源头治理，开展宣传教育活动，向建筑开发企业、散流体运输单位及个体业主发放公开信，引导车主采取加装自动化密闭装置或平厢装载配合帆布绿网苫盖等方式实现密闭化运输。建立诚信黑名单制度，对违章运输车辆进行登记备案，超过3次以上直接记入黑名单，告知开发单位禁止其进入工地从事运输行为。日常监管方面，开展夜间散流体运输专项整治行动，查处违法车辆273台次，对2.5万平方米被污染路面进行代履行清洗，及时消除不良影响。

【露天市场管理】 按照扫黑除恶专项斗争要求，修订《露天市场精细化管理考评办法》，科学设定退出机制，限定准入门槛，严厉抵制欺行霸市、寻衅滋事等违法违纪行为，约谈企业法人及市场负责人76人次，纠正市场从业人员着装不规范等不文明行为31人。加大收费监管力度，主动监督市场公益区设置及优惠政策执行情况，综合调研和评估经营管理企业及业户收益状况，根据不同区域、不同市场、不同经营种类和季节变化等因素，制定差异化收费指导价格，抵制经营管理企业暴利收益现象，维护和保障业户权益。

4月27日，吉林市城市管理行政执法局开展露天市场检查。图为工作人员检查露天市场消防安全设施（市城管执法局 供图）

【市容管理】 占道管理。重新设计和制作全市45处冷饮亭，在亭身材质和外观效果上进行全面升级，与经营业主签订诚信责任书，每周检查3次，对超面积、超范围经营以及卫生环境脏乱的业户执行退出机制。清理各类违规流动经营4.1万人次、占道堆放摆卖5.86万处、建筑垃圾3320处、停车位障碍物10439个。

“野广告”治理。依法对190部违章电话进行追呼，清理各类“野广告”58.43万处，动员电力、通信等产权单位高标准做好所属产权设施日常清理保洁工作，收效明显。

校园周边市容环境优化。结合学校作息时间，采取专项清理、人定车巡、延时执法、定点看守方法保证校园周边及高考、公务员考试期间正常秩序，加强与校方协调配合，最大限度争取家长与商家的理解与支持。

重要活动期间市容保障。克服人员少、天气炎热等不利条件，加大节假日及北山庙会、吉马赛等重要活动期间市容保障力度，高标准完成大型迎检任务82次，打造整洁文明城市形象。

【牌匾广告管理】 按照年初制定的整治方案部署，集中整治未经审批违规设置的各类牌匾广告，拆除独立柱广告3处、大型楼顶广告2处、灯杆广告1611处、落地刀旗102处、LED（二级发光管）广告1467块以及其他各类广告89处。吉马赛期间，整改户外广告12处，增设公益广告456处，粉饰沿线19处独立柱广告柱体。提升设置标准，完成德胜路、越山路340处牌匾整治任务，聘请专业设计公司，协调吉林市书法家协会采取名人书法方式，设计越山路中段牌匾样式，展现地域文化特点，形成独具特色的吉林文化牌匾。（陈 光）

舒兰市白旗镇岗子村开展农村人居环境整治后村容村貌（2018 年 6 月）

（江城日报社　供图）

美丽乡村建设

【农村人居环境整治】 巩固和提升全市“六清”（清垃圾、清粪便、清水沟、清柴堆、清路障、清院落）农村人居环境整治成果。全年清垃圾 29 万吨，清柴草 1 万余堆，清粪堆 8.5 立方米，清院落 33.1 万处，清沟渠 1.7 千米，清死角 3.5 万个。新挑边沟 3214 千米，培挖植树台 2712 千米，修整路肩 2862 千米。在全市启动乡镇政府所在地“三线下地”（电力线、通信线、有线电视线进入地下）工程，加大力度治理电力线、通信线、有线电视线等线路布设混乱问题，彻底改善镇区环境。26 个乡镇稳步推进“三线下地”工程。桦甸市八道河子镇和蛟河市松江镇、新站镇、庆岭镇、天北镇完工。9 月，召开全市实施乡村振兴战略暨“六清”和“四好农村路”建设及县域经济振兴发展现场推进会议。

【垃圾收集转运处置】 健全垃圾收集转运处置体系，建立村庄和道路清扫保洁长效机制，鼓励实行城乡环卫一体化和县域生活垃圾统一处理。各地区因地制宜选择“村收集直接转运县处理”“村收集乡转运县处理”“村收集就地处理”等模式。截至 2018 年年末，全市有 1273 个地埋式环保桶，65 台密闭压缩式转运车，覆盖 400 个重点村屯。磐石市创新形成垃圾收集转运处置新模式，针对运距在 50 千米以上村屯，采取“就地收集、就地处理”分散式处理模式，通过小型磁脉冲矿化生活垃圾处理器进行无害化处理，效果较为明显，实现全覆盖。

表 39　**2018 年吉林市高标准新农村片区一览表**

序号	县区	片区名称
1	永吉	永吉县口前—西阳示范片区
2	舒兰	舒兰市北部示范带
3	磐石	磐石市景区特色村屯建设
4	蛟河	蛟河市 302 国道片区
5	桦甸	桦甸市吉桦片区
6	船营	船营区搜登站镇片区
7	昌邑	昌邑区桦皮厂温泉养生旅游片区
8		昌邑区孤店子镇现代农业精品片区
9	丰满	丰满区二道小环片区

（市农业农村局）

【新农村建设工程】 2018 年，组织 52 个省级新农村重点村申报路边排水沟、休闲文化广场等建设项目 59 个，投资 2404 万元，其中省级专项资金 2166 万元。开展绿美乡村建设行动，全市农村植树 1080 万株，栽花 3625 万株，绿美庭院 3.3 万户，绿美村屯 527 个，绿美河岸 383 千米，绿美公路 1481 千米，有 306 个村开展认养管护试点行动。打造桦甸市吉桦片区、昌邑区桦皮厂温泉养生旅游片区等 9 个高标准新农村片区。创建丰满区江南乡孟家村、桦甸市桦郊乡先锋村等 11 个省级美丽乡村，创建“美丽庭院”近 4000 个，“干净人家”1.6 万户。

【村镇建设】 2018 年，全市计划改造农村危房 1505 户，年底前完成 1319 户危房改造任务，其他贫困户危房改造在进行中。改造农村厕所 26050 户。完成永吉县北大壶镇和龙潭区江密峰镇南沙村风貌提升设计试点工作。在丰满区前二道乡苏相村投入资金 281 万元实施 277 户农村“暖房子”改造试点工作。起草印发《吉林市农村人居环境整治三年行动方案》，磐石市率先实现乡（镇）、村屯农村生活垃圾收集、转运、处理全覆盖，其他各县（市）区通过建立中转站、市场化购买服务等方式逐步完善农村生活垃圾治理收运体系。乌拉街满族镇、平安镇、明城镇、夹皮沟镇等 10 个重点镇、7 个流域镇稳步推进污水处理设施建设，提前启动位于生态环境敏感区域的上营镇、吉舒镇、小城镇、大口钦镇、旺起镇等污水处理设施建设。　（市农业农村局　市住建局）

表 38　**2018 年吉林市省级美丽乡村一览表**

序号	县区	园区	级别
1	永吉县	万昌镇现代农业产业园	省级创建单位
2		卓远现代农业产业园	市级
3	舒兰市	霍伦河现代农业产业园	省级创建单位
4		天德现代农业产业园	县级
5	磐石市	现代农业科技产业园	市级
6		驿马河田园综合体现代产业园	县级
7		取柴河食用菌现代农业产业园	市级
8	蛟河市	木耳现代农业产业园	省级创建单位
9		黏玉米现代农业产业园	县级
10	桦甸市	红石林蛙	县级
11		二道甸子人参现代农业产业园	县级
12		八道河子镇现代农业产业园	市级
13		常山镇甜黏玉米现代农业产业园	市级
14	昌邑区	昌邑区现代农业产业园	省级创建单位
15	丰满区	丰满区果蔬现代农业产业园	省级创建单位
16	中新食品区	中新食品区现代农业产业园	省级创建单位

（市农业农村局）

生态建设

ECOLOGICAL CONSTRUCTION

环境质量

【城市环境空气质量】 2018年，吉林市大气主要污染物细颗粒物平均浓度37微克/立方米，比2017年52微克/立方米下降29%。空气质量优良天数304天，比2017年259天多45天，环境空气质量得到大幅度改善。全市良以上出现污染的天数中，以细颗粒物为首要污染物天数占比为41.2%，以臭氧为首要污染物占比为39.1%，以可吸入颗粒物为首要污染物占比为21.8%，以二氧化氮为首要污染物占比为0.4%。

【城市降水酸碱度】 2018年，全年降水少于往年，特别是秋冬季降水明显偏少。降水年均酸碱度（pH）为6.4，未出现碱性降水。仅丰满点位出现一次酸性降水，酸雨频次少于往年，酸碱度（pH）年均值与往年基本持平。

【水环境质量】 吉林市13个国控断面符合考核要求比例为84%，达到考核要求。松花江吉林市江段水质总体保持在三类以上水体标准，兰旗大桥、清源桥、哨口、溪浪口、白旗5个断面水质均为三类。松花湖各断面水质均符合水质功能区目标要求，饮用水源江段水质符合集中式生活饮用水地表水源地标准要求。

【松花江吉林江段水环境质量】 2018年，松花江吉林江段各断面中Ⅰ—Ⅲ类水质类别断面占总断面数比例为100%，水质状况为优。兰旗大桥断面水质类别为Ⅱ类水体，水质状况为优；墙缝、清源桥、哨口、溪浪口、白旗断面水质类别均为Ⅲ类水体，水质状况良好；除墙缝断面未满足水质功能区类别要求外，其余断面均满足水质功能区类别要求，各项污染指标均在Ⅲ类标准限值范围内波动。在水质综合污染指数计算时，最高的前三项是化学需氧量、高锰酸盐指数、溶解氧。兰旗大桥断面水质状况分级为优，其余断面水质状况分级均为良好。吉林江段有机污染物选取苯、甲苯、二甲苯、乙苯、硝基苯苯胺、苯乙烯、异丙苯监测结果均符合《地表水环境质量标准》(GB3838—2002)中标准要求。与2017年相比，松花江吉林江段高锰酸盐指数、总磷分别下降10.96%、0.08%，氨氮、化学需氧量分别上升20.71%、7.73%。兰旗大桥断面水质类别由Ⅲ类上升到Ⅱ类水体，水质有所好转，其余断面水质无变化。

表40　2018年吉林市城市环境空气质量监测情况一览表

项目	细颗粒物	可吸入颗粒物	二氧化硫	二氧化氮	一氧化碳	臭氧	降尘
单位	ug/m³	ug/m³	mg/m³	mg/m³	mg/m³	mg/m³	（t/km²·月
年均浓度	37	63	15	27	—	—	9.2
超标倍数	0.06	未超标	未超标	未超标	—	—	未超标
年均二级标准	35	70	60	40	—	—	14.5
24小时平均第n百分数浓度	92	135	40	51	1.5	149	—
超标倍数	0.23	未超标	未超标	未超标	未超标	未超标	—
日均二级标准	75	150	150	80	4.0	160	—

（市生态环境局）

表41　2018年松花江吉林江段各断面水质综合评价结果一览表

断面名称	控制目标	现状水体类别	影响因子	水质状况
墙缝	Ⅱ类	Ⅲ类	高锰酸盐指数	良好
兰旗大桥	Ⅱ类	Ⅱ类	无	优
清源桥	Ⅲ类	Ⅲ类	无	良好
哨口	Ⅲ类	Ⅲ类	无	良好
溪浪口	Ⅲ类	Ⅲ类	无	良好
白旗	Ⅲ类	Ⅲ类	无	良好

（市生态环境局）

【松花湖水环境质量】 2018年，松花湖沙石浒断面水质类别为Ⅲ类水体，水质状况良好；桦树林、小荒地、大丰满断面水质类别均为Ⅳ类水体，水质状况为轻度污染，主要影响因子为总磷，各断面均未满足水质功能区类别要求。各断面营养均为轻度富营养。

与2017年相比，松花湖湖区高锰酸盐指数、氨氮分别下降9.13%、25.22%，化学需氧量、总磷分别上升29.24%、21.84%。沙石浒断面水质类别由Ⅳ类上升到Ⅲ类水体，水质有所好转；桦树林、大丰满断面水质类别由Ⅲ类下降到Ⅳ类水体，水质有所下降；小荒地断面水质无显著变化。

【其他主要江河水环境质量】 细鳞河、饮马河、岔路河水质类别均为Ⅲ类水体，水质状况均为良好。氨氮冬季易出现超标现象，体现出季节性特征。细鳞河肖家船口断面在1月至3月水质类别均未达到Ⅲ类水体，超标因子为氨氮，3月氨

表 42　2018 年吉林市水源江段供水情况统计表

水厂名称	取水位置	供水量（万吨）
一水厂	温德河入江口下游 300 米	2072
二水厂	清源桥上游 200 米	3021
三水厂	团山子铁桥上游 100 米	5128
四水厂	兰旗大桥下游 1000 米	1142
合　计		11363

（市生态环境局）

氮超标最大 1.95 倍；饮马河烟筒山断面在 4 月、6 月、7 月、11 月水质类别均未达到Ⅲ类水体，超标因子为氨氮、总磷，7 月氨氮超标最大 0.30 倍，6 月总磷超标最大 0.45 倍；岔路河官厅桥断面在 1 月至 6 月和 8 月水质类别均未达到Ⅲ类水体，超标因子为氨氮、化学需氧量、生化需氧量，3 月氨氮超标最大 1.65 倍，5 月化学需氧量超标最大 0.5 倍，4 月生化需氧量超标最大 0.18 倍。

【饮用水水源地】 吉林市饮用水水源江段的 4 座水厂达标率分别为 99.6%、99.2%、99.2% 和 99.2%。一水厂年均值水质类别为Ⅱ类水体，符合集中式饮用水水源地二级保护区标准要求。二、三、四水厂年均值除铁超过集中式生活饮用水地表水源地补充项目标准限值外，其余监测指标年均值均符合集中式饮用水水源地二级保护区标准要求。

【声环境质量】 2018 年，吉林市城市区域环境噪声质量均处于较好水平，总体上保持稳定。平均等效声级 53.3 分贝，达到国家声环境质量 1 类区昼间要求标准。属于好的占 5.1%，较好占 855%，轻度污染占 4.3%，重度污染占 5.1%。影响城市声环境质量的主要声源是社会生活噪声，所占比例为 70.9%，其余依次为工业噪声、交通噪声和施工噪声，工业噪声、交通噪声和施工噪声的声源强度对全市区域声环境质量影响较大。

各功能区昼间噪声等效声级均值均符合环境噪声限值要求，夜间 2 类、3 类和 4b 类能够达到国家标准，1 类和 4a 类超过国家标准。城市功能区噪声质量昼间超标率较低，夜间超标率依然较高。夜间超标率 1 类占 58.8%，2 类占 33.6%，4a 类占 100%，4b 类占 50%；昼间除 4b 类超标率占 16.4% 外，其他类昼间均不超标。全市各类功能区昼间声环境质量明显优于夜间，环境噪声平均等效声级表现出与城市日常生产、生活和作息规律相似的变化特征。

2018 年，城区道路交通噪声质量没有明显变化，保持较好水平。全市城市道路交通噪声平均等效声级为69.6分贝，属于好的占道路总长度 20.9%，较好占 39.1%，轻度污染占 30%，中度污染占 10%，没有重度污染路段。

表 43　2018 年吉林市松花江流域底栖动物监测结果统计表

断面名称	丰满	沙石浒	桦树林	溪浪口
种类数	5	5	11	6
密度（个 / 笼）	55	22	17	22
优势种	环棱螺属	环棱螺属	摇蚊科	短沟蜷
优势种占总数（%）	99.0	81.8	88.2	54.5

（市生态环境局）

【生态环境质量】 松花江溪浪口断面底栖动物种类比较匮乏，优势种为轻－中度污染指示种，溪浪口断面水质为 β－中污染状态，其中包含采样笼频繁遭到人为破坏导致数据量不足、溪浪口采样点挖沙影响底栖动物生长等因素。

松花湖各断面的底栖动物和浮游植物种类相对丰富，丰满和沙石浒断面底栖动物优势种为中度污染指示种。由于松花湖地理条件特殊，部分采样笼无法取回，底栖鉴定结果仅供参考。综合结果表明丰满和沙石浒断面水质为轻污染状态；桦树林断面底栖动物优势种为中－重度污染的指示种，综合结果表明桦树林断面为 β－中污染状态。（市生态环境局）

生态保护

【营林造林】 2018 年，全市更新造林 1533 公顷，清收还林造林 1.04 万公顷。中央财政补贴试点造林 1.9 万公顷，中央财政补贴试点森林抚育 4333 公顷，珍贵树种培育 53 公顷。

【城乡绿化】 2018 年，全市完成义务植树 393 万株；建立义务植树基地 19 个，面积 48 公顷；绿化乡村道路 1511 公里；绿化美化村屯 316 个；江河绿化 117 公里；市、县两级新增绿地面积 67 公顷；完成省级“绿美示范村屯”建设任务 6 个。

【“三条红线”考核】 3 月 16 日和 3 月 21 日，市水利局会同市发改委、公用局、环保局、工信局、财政局、农委、统计局、国土局组成考核工作组，对各县（市）实行最严格水资源管理制度情况考核，落实水资源“三条红线”（水资源开发利用控制红线、用水效率控制红线、水功能区限制纳污红线）指标，吉林市在全省考核中连续 4 年排名第一。

松花江百里生态长廊。图为摄于 2018 年 6 月的江畔慢行系统（江城日报社 供图）

【水生态项目申报审批】 2018 年，长白

3月5日，吉林省实行最严格水资源管理制度考核工作组考核吉林市落实情况。图为考核现场（市水利局 供图）

岛水生态修复工程作为环保项目被列入国家山水林田湖修复项目。吉林市按照环保项目要求修改完善长白岛项目设计内容，协调市发改委审批《长白岛水生态修复工程的初步设计》。全年，向省水利厅和市发改委申请审批温德河水毁修复、鳌龙河中小河流治理、长白岛水生态工程等市本级及城区各类水利工程项目6项，完成《吉林市城区水源地保护区防护工程维修养护方案》审批工作。

【河道管理】 落实属地管理责任，组织巡查、检查河道862次，下达相关督办文件45份。清理非法采砂179次，清理非法砂场76家，清理各类涉砂船舶54艘、各类砂石料7.6万立方米、大小简易房15处、各类机械设备60余台，依法查处违法采砂人员74人，行政处罚约42万元，没收非法所得砂石料约2.3万立方米，向公安机关移交涉嫌刑事犯罪案件5起。加强清水绿带管护，完成哈龙桥至通溪河口段沿江两岸31.36千米101万平方米辖区养护管理工作任务。落实2018年吉林市国际马拉松绿化工作任务，完成重点段滩地草坪修剪、树木造型、白色垃圾清捡、管护段除草等工作任务。

【饮用水水源地保护】 4月，启动实施城市水源地迁移工作。2018年年底，建成城区安全引水管线工程和取水系统，实现二、三、四水厂水源地上移至永庆水库取水。开展水源地保护专项行动，完成市级水源地所有问题整改，制定《吉林市饮用水水源地突发环境事件应急预案》，全年未发生水源地环境污染事件。根据《2018年吉林市水源地专项检查工作方案》，抽查各县（市）区、开发区“千吨万人”以上供水规模饮用水水源地排查整改情况，完成一、二、三、四水厂饮用水水源一级保护区防护网工程水毁后维修养护。编制完成《吉林市重要饮用水水源地达标建设规划》，通过市政府批复。7月，松辽水利委员会对松辽流域全国重要饮用水水源地安全达标保障建设进行评估，吉林市被评为优秀。

【农村饮水安全】 2018年，吉林市计划巩固提升1万农村人口饮水安全保障能力，实际完成农村饮水安全工程投资2009.88万元，巩固提升2.136万农村人口（含5199贫困人口）饮水安全保障能力。

【水资源实时监测】 组织完成全市330个地下水位、水质动态监测工作，建立数据库，全面掌握地下水动态变化情况。完成松花江水源地水质在线监测工作。2018年，温德河水质监测站设备、站房被洪水冲走。经与财政部门协调，落实水毁恢复资金95万元，实施重建。

【取水许可审批】 严格执行《吉林省取水许可管理办法》及局审批办审批程序，全年新发、延续、更名取水许可5个，审批排污口1个。根据吉林市“只跑一次”改革相关要求，梳理许可审批流程，制定许可办理指南。

【节水工作】 组织编制《吉林市市区节水型社会达标建设工作实施方案》，由政府办公厅印发。组织开展节水型企业、社区、机关创建工作，年内上报节水型企业4个，节水型社区62个，节水型机关60个。

【水土保持】 全年开展水土保持监督执法检查28次，下达限期编报水土保持方案通知单20份，审查生产建设项目水土保持方案28个，批复生产建设项目水土保持方案24个。在城区房地产建设项目专项检查中，检查房地产项目12个，编制水土保持方案7个。下达限期缴纳水土保持补偿费通知单24份，征收水土保持补偿费89.6万元。

【农业生态环境建设】 吉林市加快农业生态环境建设，全面推进秸秆肥料化利用、化肥减量增效、农药减量增效工作。制定《吉林市关于2018—2020年秸秆肥料化的实施方案》，通过秸秆肥料化实现秸秆还田70万吨。其中，玉米秸秆留茬还田面积50万公顷，秸秆还田50万吨；机械化粉碎覆盖还田面积6.9万公顷，实现粉碎覆盖还田19万吨；堆沤还田实施面积1650公顷，秸秆利用量1万吨。4月19日，在磐石市宝山镇召开秸秆全覆盖还田免耕播种技术现场会，推广秸秆还田工作。全市化肥施用总量控制在30.93万吨以内，首次实现“零增长”；全市农药总用量控制在2510吨以内，比2017年减少50吨，保持减量增效的良好态势；全市完成秸秆肥料化利用70万吨。全市列出财政专项资金444万元，用于开展农药包装废弃物收集和回收工作，收购、收集农药包装废弃物164.54吨，处理完成161.14吨。

【山水林田湖草生态保护修复】 吉林市按照国家、省专项资金支持方向和重点，围绕“一江三湖”水污染防治和水生态保护工作进行项目前期统筹和谋划，并对项目库进行3轮优化，确定吉林地区实施项目21个，总投资23亿元，申请补助资金13亿元。截至2018年年末，申报项目全部纳入省级实施方案，并报省政府、财政部审核完毕。全年完成项目4个，在建项目13个，完成投资5.46亿元，占计划总投资23%。

2018年，全市范围内实施山水林田湖草修复项目21个。其中，市本级15个，各县（市）6个。市本级项目包括北大沟、龙潭川等黑臭水体治理工程7个，松花湖良好水体保护项目2个（含松花湖环湖3个乡镇环境综合整治、湖滨带阶梯式湿地3个），龙潭区垃圾场、雾凇中路垃圾场点源治理项目2个，长白岛、青椴河、二道乡环境治理项目3个，饮用水源地保护工程项目1个；外县承担高标准农田土地整理项目3个，流域治理项目3个。落实山水林田湖草生态保护修复工程基础性奖补资金3.2元。其中，中央补助资金1.6亿元，省奖补资金1.6亿元。

【松花江三湖保护】 吉林松花江三湖国家级自然保护区面积11.5万公顷。2018年，在做好湖面区、近湖区生态环境保护的同时，开展大量巡护工作。投入大量人力、物力用于有害生物调查和防治工作，杜绝森林病虫害发生。针对全省实施禁猎要求，加大对野生动植物保护力度，举办爱鸟周活动，宣传鸟类保护知识。加强行政执法力度，采取有效措施对保护区进行严格管护，打击破坏辖区生态环境行为。通过系列监督检查与执法活动，有效制止保护区内挖沙、采石、采金、盗伐林木等违法行为，严厉打击不法分子，盗伐林木、非法挖沙、乱捕滥猎等违法活动明显减少，水土流失现象得到有效遏制，生物多样性继续恢复。

【松花江百里生态长廊长白岛段湿地水生态修复工程】 该项目以水生态环境提升为核心，围绕生态驳岸改造、湿地修复、湖体连通等工程，兼顾鸟类生存环境保护，提升区域内整体水质和湿地生态品质。项目修复范围上自清源桥，下至松江大桥，整治长度为1.33千米。工程概算总投资9120.83万元，主要建设内容包括人工湿地工程、生态护岸工程、飞鸣湖生态护岸工程、岛屿防护工程、生态连通工程、维护管理道路工程、左岸马道以下生态提升、生态观赏平台、标识系统及生态保护设施等。

【松花江水生生物增殖放流活动】 6月6日，吉林市水利局承办主题为“增殖水生生物，共建美丽吉林”的2018年吉林省松花江水生生物增殖放流活动，现场放流鲢鱼、草鱼鱼种30万尾，取得较好生态效益。 （市林业局 市水利局 市生态环境局 松花江三湖保护区管理局）

节能减排

【能源消费】 2018年，吉林市全社会综合能源消费量为1996.2万吨标准煤，单位GDP能耗降低率4.5%。其中，规模工业综合能源消费量1330.5万吨标准煤，单位工业增加值能耗降低率7.1%。全社会用电量153.8亿千瓦时，比2017年增长3.9%。其中，工业用电量113.2亿千瓦时，比2017年增长3.2%。

【“绿色智能”汽车产业发展】 一汽吉林公司调整产能布局，推进“绿色智能”新基地建设。提升制造水平，完成二工厂焊装线数字化改造，涂装车间采用“绿色”水性漆工艺，总装车间实现“柔性化”生产。年内，完成R7EV400、V80EV等型号新能源车开发与生产。

【交通节能】 制发《吉林市“十三五”交通运输发展规划》《吉林市重污染天气城市公共交通应急运输保障方案》等文件，指导行业节能减排工作。完成370台出租车油改气任务，基本实现吉林市出租车清洁能源化。完成蓝旗大桥、饮马河大桥、岔路河大桥桥面径流收集及应急集水池建设任务。设立危险化学品车辆禁行标志牌，建立应急预案和巡察制度。

【工业固体废物污染防治】 2018年，吉林市工业固体废物产生量2039.15万吨，比2017年上升11.25%。全市工业固体废物综合利用量654.71万吨，综合利用率32.11%，比2017年提升0.83个百分点；处置量70.30万吨；贮存量1314.15万吨。

一般工业固体废物。吉林市产生一般工业固体废物的主要行业是采矿业、电力、热力的生产和供应业。2018年，吉林市一般工业固体废物产生量1893.21万吨，综合利用量580.72万吨，处置量28.67万吨，贮存量1283.83万吨。一般工业固体废物中尾矿数量最大，为1325.38万吨。除尾矿外，产生量排序前五位分别是粉煤灰、冶炼废渣、炉渣、其他废物和脱硫石膏。矿产企业产生的固体废物按产生量排序，前5位分别是通化钢铁集团桦甸矿业有限责任公司、吉林大黑山钼业有限公司、舒兰吉辉矿业有限责任公司、磐石市广丰矿业有限公司、桦甸市华夏矿业有限公司。除矿产企业外，按产生量排序，前5位分别是吉林建龙钢铁有限责任公司、吉林恒联精密铸造科技有限公司、吉林松花江热电有限公司、国电吉林龙华吉林热电厂、吉林奇峰化纤股份有限公司。

工业危险废物。2018年，全市工业

表44 2018年吉林市一般工业固体废物种类排名前五位情况统计表（除尾矿外）

序号	类别	产生量（万吨）	占总量比例（%）	综合利用量（万吨）	综合利用率（%）
1	粉煤灰	239.70	12.66	224.23	93.55
2	冶炼废渣	207.26	10.95	207.01	99.88
3	炉渣	91.50	4.83	70.40	76.94
4	其他废物	13.31	0.70	8.79	66.04
5	脱硫石膏	13.13	0.69	12.97	98.78
合计		564.90	29.84	523.40	92.65

（市生态环境局）

表45 2018年吉林市主要工业危险废物统计表

序号	指标	产生量（万吨）	占总量比例（%）	利用量（万吨）	处置量（万吨）	贮存量（万吨）
1	有机氰化物废物	55.19	37.82	22.59	32.60	0
2	废酸	37.15	25.46	12.04	25.11	0
3	无机氰化物废物	30.27	20.74	0	0	30.27
4	精（蒸）馏残渣	8.12	5.56	8.02	0.08	0.02
5	焚烧处置残渣	5.59	3.83	0	5.59	0
合计		136.32	93.41	42.65	63.38	30.29

（市生态环境局）

8 月 11 日，吉林市环保局进行环境监测。图为工作人员监测企业污染物排放情况
（张瀚心 摄）

危险废物产生量为 145.94 万吨。其中，综合利用 73.99 万吨，处置量 41.63 万吨，贮存量 30.32 万吨。产生量排在前 5 位的工业危险废物种类及数量分别为有机氰化物废物 55.19 万吨、废酸 37.15 万吨、无机氰化物废物 30.27 万吨、精（蒸）馏残渣 8.12 万吨、焚烧处置残渣 5.59 万吨。产生工业危险废物最多的企业是中国石油吉林石化分公司丙烯腈厂，年产生量 91.44 万吨，占全市总量的 62.66%。

危险废物经营许可证颁布情况。2018 年，吉林市有 33 家企业持有危险废物经营许可证，其中综合利用企业 29 家，主要从事有机氰化废物、废矿物油、废有机溶剂、精（蒸）馏残渣、有机树脂类废物综合利用，核准规模 161 万吨 / 年；废桶清洗企业 2 家，规模为清洗废弃包装物 8 万只 / 年；水泥窑协同处置企业 1 家，核准规模为 6 万吨 / 年；综合性处置企业 1 家，核准规模为物化处置规模 8000 吨 / 年，焚烧处置规模为 1 万吨 / 年，填埋处置规模 11 万吨 / 年。

【工业污染监督管理】 推进《工业污染源全面达标排放计划》，加强与排污许可制改革的衔接，摸清行业底数，建立达标排放污染源信息清单，实施分类管理，加强信息公开，强化督查问责，实现排污许可证“核发一个行业、清理一个行业、达标一个行业、规范一个行业”。

通过污染源在线监控设备安装联网工作，加强对各类污染物达标排放管理。全年对辖区内国控重点源企业自动监控设备开展现场检查 300 余次。在线数据传输有效率 97.63%，国控企业自行监测数据发布率 95.83%，为全省前列。截至 2018 年年末，吉林市 87 家重点污染源 1226 个因子全部完成安装联网工作。加强移动执法系统现场填报，全年生成有效执法清单 3193 条，占全省近 20%。

开展各类环境执法专项行动，强化各类污染治理及达标排放工作。涉水专项行动中有饮用水水源地环境违法行为查处、整改工作，全市入河排污口专项排查，全市污水厂运行情况排查，黑臭水体企业专项检查，因断面水质下降开展的沿江、沿河大排查，汛期环境安全隐患排查等项工作；固体废物专项检查中有危险废物排放企业的专项检查，尾矿库安全隐患大排查，沿江、沿河危险化学品排放企业排查，垃圾焚烧企业专项排查，全市煤矿企业环境违法违规行为排查，火力发电行业、大专院校、科研院所、监测机构涉危险废物专项排查；通过开展煤炭质量专项检查行动推进清洁煤炭使用。

2018 年，实施 20 吨以上非电燃煤锅炉整改，全市 127 台非电燃煤锅炉在年底前全部完成除尘、脱硫及在线设备安装等各项整改工作。开展全市挥发性有机物排放企业专项排查，明确吉林市 VOC 企业名录。开展涉土壤污染排查专项行动，排查全市污染土壤重点行业企业。开展涉镉等重金属排放企业排查。春秋两季开展为期半年的秸秆禁烧巡查。

落实“双随机一公开”工作，全年抽查企业 151 家，出动监察人员 302 人次，监督企业加强各类污染治理。

【燃煤小锅炉整治】 针对中央环保督察反馈问题，市质量技术监督局成立环保督察反馈问题整改工作领导小组，制定《2018 年度燃煤小锅炉整治工作方案》等文件，召开环保督察反馈问题调度会，对燃煤小锅炉整治工作落实措施、推进进度和实际困难等方面进行研究，明确辖区内未整改的燃煤小锅炉整改措施、整改方式、整改时限，确保整改工作落到实处。从 7 月起分两批公示注销 128 台燃煤锅炉使用登记证。

8 月 15 日，吉林市环保局进行环境监测。图为工作人员实时监测企业烟尘排放情况
（张瀚心 摄）

【污水处理】 推进城镇和开发区污水集中处理设施建设，提高污水收集率和处理率。截至2018年年末，县级以上城市污水处理厂均达到一级A排放标准，污水总处理能力73.5万吨/日；16个省级以上开发区、1个省级以下开发区，全部完成污水集中处理设施建设及在线监控设施安装。2018年，市本级污水处理率98.15%，污泥实现100%无害化处置。同时，推进实施5个重点乡镇污水处理设施建设。

监督吉林市七家子污水处理有限公司和吉林市碧水源环保科技有限公司生产及排放情况，检查生活污泥无害化处置情况，确保安全生产、出水达到一级A标准排放、污泥100%无害化处理。年内，处理污水13812.3万立方米，处理污泥10.87万吨，实现COD（化学需氧量）减排量60632吨。

【医疗废物污染防治】 吉林市各医疗机构产生的医疗废物由吉林省固体废物处理有限责任公司集中收集处置。2018年，全市产生医疗废物2372.08吨，处置2372.08吨，处置率100%。

【污泥处置利用】 2018年，吉林市城镇污水处理产生的10.07吨污泥全部进行处置或利用。其中，焚烧处置7.43吨，水泥窑协同处置1.25吨，填埋0.74吨，利用0.65吨。

【危险废物处置】 吉林市有1处危险废物处置设施（包括医疗废物集中处置），由吉林省固体废物处理有限责任公司运营。年内，吉林市跨省移出危险废物965吨，外省移入吉林省处置利用1.8万吨。

（市生态环境局 市质监局 市发改委）

污染防治

【吉林市第二次污染源普查】 2018年1月，市环保局组建吉林市第二次污染源普查工作办公室（简称“市普查办”）正式启动吉林市第二次污染源普查工作。1月5日，市普查办转发《吉林省第二次污染源普查工作办公室关于组织开展入河排污口等调查工作的通知》等文件，

3月29日，水利部督导检查组到吉林市督导检查河长制工作 （市水利局 供图）

推动各县（市）区污普办协调辖区相关部门开展工作，上报相关信息资料，做好工业源、工业园区、生活源锅炉初步调查准备工作。至2018年12月，吉林市按照时间节点完成数据上报工作。

【蓝天工程】 2018年，吉林市印发《吉林市落实打赢蓝天保卫战三年行动计划实施方案》，提出调整优化产业结构、加快调整能源结构、实施重大专项行动等重点整治措施和47项具体工作任务，改善环境空气质量。深化工业污染防治，电力、钢铁、化工等重点行业全部建设高效污染防治设施，20万千瓦以上燃煤机组全部实现超低排放，国电吉林热电厂2台12.5万千瓦机组超低排放改造建成投入运行。强化煤烟型污染防治，全面加强禁燃区管理；持续推进燃煤锅炉整治，各县（市）建成区149台10吨以下燃煤小锅炉中86台完成淘汰整治，全市127台20蒸吨及以上非电燃煤锅炉全部完成改造。启动“散乱污”企业排查整治，建立综合整治清单，分类整治162家“散乱污”企业。至2018年年末，关停80家，停业整顿41家。落实秸秆禁烧工作方案和量化责任追究办法，加大执法检查力度。完善机动车环保检验机构监督管理制度，确保机动车尾气达标排放，全年审核检验合格机动车辆33.49万台。

【碧水工程】 制定《吉林市落实饮用水水源地保护三年攻坚战实施方案》和《吉林市重要饮用水水源地安全保障达标规划》，推进实施《细鳞河水体达标方案》《挡石河水体达标方案》《吉林市重点流域水环境改善整改方案》以及《吉林市黑臭水体整治三年攻坚作战方案》，改善水环境质量。全面落实河长制，562条河流设各级河长2563名，市县乡村河长巡河10万余次，河长治河实现常态化长效化。完成入河排污口整治81处，推进水质达标专项整治，推进完成22个重点工程，完善配套管网。吉林市城区污水处理率97.46%，县市主要城镇污水处理率80%。16个省级以上工业集聚区全部建成污水集中处理设施并安装在线监控装置。开展饮用水水源地专项整治、黑臭水体专项检查等12个专项行动，10个黑臭水体治理完成80%整治工程。禁养区内69家规模养殖场全部关闭搬迁。实施水源地保护专项行动，地市级水源地环境问题全部整治完毕，县级水源地环境问题完成整治50%。建成舒兰平安镇等3个乡镇污水处理试点工程。在国家考核断面建设14个水质自动观测站。通过推进重点环保工程建设、加强工业集聚区污水治理、开展黑臭水体整治、实施水体达标等一系列有效措施，吉林市突出水环境问题得到有效解决。

【沃土工程】 2018年，吉林市实施沃土工程，加强生态环境和土壤污染防治。持续开展“绿盾2018”自然保护区监督检查专项行动，严厉查处自然保护区违法违规问题；农用地土壤污染调查结果

录入用地管理系统；推进土壤污染治理修复项目进度，加大重点行业污染防控力度；加强涉重金属行业污染防控，在全市范围内开展涉镉等重金属重点行业企业排查整治；完善吉林市生态保护红线划定方案，上报国家待批。松花江湖国家级自然保护区完成整改任务52项，威虎岭省级自然保护区完成整改任务1项，左家省级自然保护区完成整改任务5项。确定全市土壤污染重点监管企业38家，对外进行公开企业名单。开展“清废行动”，严厉打击固体废物非法转移倾倒违法犯罪行为，排查一般固废企业、危废企业、医疗机构302家。

【水环境协调机制建设】 实行水环境质量和重点任务定期通报制度，运行水污染预警机制和领导约谈机制。建立辉发河、饮马河沿线河长联席会议制度，召开3次辉发河河长联席会议、2次饮马河河长联席会议，协调解决水污染联防联控问题。加强水资源保护、河湖水域岸线管理保护、水污染防治、水环境治理、水生态修复、执法监管，实施河长主治、源头管治、工程整治、依法严治、群防联治“五策治水”。

【入河排污口调查整治】 根据《吉林省河长制办公室关于印发吉林省入河排污口调查摸底和规范整治专项行动实施方案的通知》文件精神，市水政水资源管理中心会同船营区、丰满区、昌邑区、龙潭区、经开区、高新区及中新食品区等部门，研究制定市级河流入河排污口调查工作方案，组成4个调查小组（每组5人），利用两个多月时间，对城区市级河流开展入河排污口调查。发现入河排污口110处。其中，工业排污口2处，企业排污口9处，生活排污口57处，畜禽养殖13处，雨污混排29处。调查结束后，研究制定入河排污口整治方案，细化责任分工，并通过河长制办公室把整治任务分别落实到责任部门。

【水污染防治】 2018年，集中开展船舶、码头污染防治专项工作，建设完善环境基础设施，规范船舶和码头污水、垃圾、废油回收处理和环境应急工作。严格控制地下水超采行为，加快实施加油站地下油罐防渗改造，完成227座加油站防渗改造，完成率76%。7月6日，吉林市河长制办公室决定在《江城日报》、吉林市广播电视台、松花江网、吉林乌拉圈APP、吉林雾凇台APP客户端等市级新闻媒体开设问题曝光类栏目，重点监督河湖面貌与保洁、河湖水域状态、河道采砂、河湖取排水、河湖水域岸线管理、河湖设施管护等问题，深入落实河长制，持续提升水环境质量。

【水环境整治】 出台《吉林市落实水污染防治行动计划实施方案》《吉林市清洁水体行动计划》以及河长制、黑臭水体整治、水源地保护、重点流域水体治理专项工作方案，市政府与各县（市）区政府签订水污染防治目标责任书，出台《吉林市生态环境保护职责规定（试行）》《吉林市全面加强生态环境保护坚决打好污染防治攻坚战的实施意见》，明确各级政府对辖区水环境质量负主体责任，水污染防治工作被纳入政府目标绩效考核。

全面建立和实行河长制。推行市、县、乡、村四级河长制，各级河长制方案全部出台，建立以党政主要负责人负总责的河长制组织体系，562条河流设各级河长2563名，落实巡查员1849名，保洁员2395名，境内所有河流“一河一策”全部编制完成，设立1456座河长制公示牌，明确联系部门和责任主体，建立各项制度。高质量完成松花江、辉发河、饮马河等6条河流管理范围划定任务。市县乡村四级河长巡河检查6.6万余次，建立饮马河、辉发河、拉林河沿线河长联席会议机制，落实“一河一策”，及时解决一大批河流治理问题。在全市范围内组织开展清河行动、水质达标专项整治行动、江河绿化暨绿岸行动等专项整治行动，整治问题河流167条，完成江河绿化233千米，清理河道垃圾13万立方米。创新工作方式，在全省率先开展媒体曝光台、无人机巡河、第三方巡河、河道警长制工作，加大问题整改力度，收到较好效果。全年接受群众举报98起，在市级媒体对59个问题及177名河长予以曝光。无人机巡河发现问题436处，第三方巡河发现问题307处。通过一年努力，全市河道水环境得到极大改善，河长制工作考核在全省排前三名。

贯彻执行水环境质量标准及水污染物排放标准，新、改、扩建项目实施主要污染物总量确认，落实国家排污许可制度。制发《吉林市“十三五”节能减排综合工作方案》，明确主要水污染物总量控制计划目标。年内，对4家未按期完成集中污水处理设施建设的工业集

实施“碧水工程”后松花湖水质得到进一步净化（2018年5月） （市委宣传部 供图）

聚区实施区域限批，磐石明城开发区、蛟河天岗石材产业园区、中新食品区解除限批。

制定和实施水体限期达标规划，以项目为支撑，推进流域水污染防治。2018年，实施建成区黑臭水体整治攻坚战，开展重点流域水环境治理。推进实施40余个重点水污染防治项目，建成23个项目，在建7个项目。

【黑臭水体整治】 按照吉林市政府黑臭水体整治工作要求，各相关部门围绕全年黑臭水体整治目标推进整治工程，制定三年攻坚作战方案，“九河一湖”（腰屯河、石井沟河、鸡冠山河、远大河、小牤牛河、嘎呀子河、小沙河、天太河、北大沟9条河流和跃马湖）项目全部开工，开展整治专项行动。截至2018年年末，实现8条河流不黑不臭整治目标。

【晨鸣纸业污染场地修复】 原吉林市晨鸣纸业污染场地修复项目由吉林市国元投资控股集团有限公司承担，总投资6979万元。建设规模及内容包括：污染土壤修复工程，处理污染土壤13.7526万立方米；污染地下水修复工程，处理污染水量54万至73万立方米。截至2018年年末，完成污染土壤修复4.38万平方米，修复土方量15.06万立方米，地下水修复89万立方米。完成计量值5250万元。

【国家农用地土壤污染状况详查监测】 2018年，吉林市全面开展国家农用地土壤污染状况详查监测工作。与吉林省环保厅签订土壤详查工作任务书，吉林市环境监测站承担表层土壤样品1000个pH（酸碱度）和1000个镉、汞、铅、砷、铬、铜、锌、镍及247个多环芳烃样品的检测任务。从4月中旬开始接收样品，至8月末前完成1998个表层土壤样品的pH（酸碱度）、镉、汞、铅、砷、铬、铜、锌、镍以及247个多环芳烃的化验分析任务，10月完成样品复测任务。在规定的时间内，按照国家土壤详查小组的技术要求，完成土壤表层1998个样品的pH（酸碱度）、镉、汞、砷、铅、铬、铜、锌和镍及247个多环芳烃的分析任务，以及8包多环芳烃样品、1包铜铬和1包pH（酸碱度）样品复测任务。

【秸秆综合利用】 2018年，吉林市秸秆“五化”（能源化、肥料化、饲料化、原料化、基料化）利用量为278万吨，“五化”利用率58%。其中，能源化利用98万吨，占20.4%；肥料化利用87万吨，占18.1%；饲料化利用77万吨，占16.1%；原料化利用13万吨，占2.7%；基料化利用3万吨，占0.6%。

建成一批生物质发电、供热大项目。蛟河凯迪电厂、桦甸凯迪电厂、磐石开发区生物质热电联产一期、高新北区职教园区120万平方米生物质供热和丰满小白山30万平方米秸秆集中供热项目、北大壶秸秆集中供热项目一期工程陆续竣工投产。磐石开发区生物质热电联产二期工程等项目在建设中。丰满区、龙潭区生物质热电联产项目等10个项目列入全省生物质发电规划，开展前期工作。

推广一批乡镇秸秆供热项目。丰满旺起镇灾后重建小区秸秆供热改造、左家镇秸秆供热改造、桦皮厂镇秸秆供热改造、舒兰文体中心秸秆供热改造、蛟河天岗开发区秸秆供热改造等一批乡镇秸秆能源化项目相继投产运营。全市生物质锅炉70台（463蒸吨），年消耗秸秆能力22万吨。

实施一批秸秆成型燃料加工项目。建成舒兰天众合、舒兰聚烽、蛟河守庆、昌邑祺丰、永吉晟成、磐石利宇、舒兰浩业等15个秸秆成型燃料加工项目，年加工能力60万吨。

吉林市重点推进村级秸秆收储加工点建设。组织成立市县秸秆综合利用平台公司，承担秸秆收储加工点投资建设。市环投公司建设城区秸秆收储加工体系，各县（市）新能源公司负责辖区的秸秆收储加工体系，在农村组建秸秆收储专业合作社。2018年，完成34个秸秆压块点和58个秸秆收储站点，新注册成立秸秆收储合作社32户。

【农业面源污染治理】 启动化肥农药减量增效行动，化肥使用量实现零增长，农药使用量比2017年减少50吨，回收农药包装物164吨。2018年，全地区年畜禽粪污产生量951.65万吨，粪污年综合利用量710.35万吨，综合利用率74.64%，规模养殖场粪污处理设施装备配套率75.47%。畜禽禁养区内69家规模化养殖场全部完成关闭或搬迁。

（市生态环境局　市水利局　市住建局）

环保监管

【概况】 2018年，吉林市加强生态环境监管，严厉打击环境违法行为。年内，环境行政处罚案件立案423件，下达行政处罚决定书346件，向社会公开行政处罚326件，结案164件，申请法院强制执行60件，组织听证22次，罚款总额2596.34万元。受理环境信访案件1223件，办结1199件，立案率100%，结案率98%。吉林市涉及四个配套办法行政处罚案件81起。其中，按日计罚1起，罚款416万元；移送行政拘留案件27起，移送刑事拘留案件2起；查封扣押案件32起；限产停产案件19起。吉林市本级涉及四个配套办法行政处罚案件6起。年内，加强工业企业搬迁场地修复和固体废物管理，开展饮用水源地专项整治、入河排污口专项排查、黑臭水体专项检查等12个专项行动。完成“九河一湖”黑臭水体年度整治目标，松花江干流水质稳定保持在三类良好以上。

【环境监测管理】 开展环境质量监测和污染源监督性监测，加强监测质量管理，提升监测数据准确性，为环境管理、环境执法和环境服务提供科学依据。组织修订《吉林市突发环境事件应急预案》和《吉林市危险化学品道路运输突发环境事件应急预案》，制定《吉林市重污染天气应急管控工作方案》。年内，启动1次重污染天气应急响应，有效提高应对和处置突发事件能力。

【专项检查】 全年开展饮用水源地专项整治、入河排污口专项排查、黑臭水体专项检查等专项行动12个。

汛期环境安全隐患排查专项执法检查。逐项排查10家重点涉水单位主体资质、经营范围、环境管理制度和环境应急管理情况，抽查企业重点生产单元及污染防治设施单元，确保企业进行一次全覆盖、无缝隙、无死角的安全隐患排查，构建安全生产长效机制，预防和杜绝环境应急事故发生。

垃圾焚烧发电企业专项执法检查。垃圾焚烧发电企业（吉林市双嘉环保能源利用有限公司）污染防治设施建设运行正常，大气污染物、渗滤液、噪声、恶臭气体和飞灰螯合物排放和处置等均符合标准要求。

昌邑区小沙河沿线黑臭水体专项排查。现场检查小沙河沿线吉林铁合金股份有限公司污水排放情况，企业各项污染防治设施运行正常，污染物全部达标排放。

入河排污口专项排查。现场核实排查17家涉水排污企业的27个入河排污口，对个别超标企业环境违法行为实施行政处罚，实现入河污染物达标排放。

消耗臭氧层物质专项检查。贯彻落实《消耗臭氧层物质管理条例》，依据《吉林省环境监察总队关于开展消耗臭氧层物质专项执法检查的通知》文件要求，全面调查核实辖区内企业消耗臭氧层物质情况。吉林市范围内没有CFC-11（一氯三氟甲烷）及其下游产品组合聚醚和聚氨酯泡沫生产企业。

危险废物专项排查。现场核实吉林市7家企业危险废物环保手续、产生情况、危险废物去向，危险废物处理均符合国家的相关规定，未发现有环境违法行为。

排污许可证核发工作专项检查。落实全省范围内开展的排污许可证专项检查工作，结合排污许可证发放工作实际情况，以实地监察、网络抽查及台账审查相结合方式，对涉证企业进行检查。

涉土壤污染排查。吉林市有2家涉重金属企业，企业各项污染物排放符合国家相关规定，未出现环境违法行为。

沿江沿河危化品企业专项排查。重点排查吉林市沿江、沿河有危险化学品生产和储存的企业，危险化学品的储存场所、储存量及应急事故处理预案及处置设施等情况，确保在发生应急事故中危险化学品不会造成二次环境污染。

“散乱污”企业专项整治。按照《吉林市环境保护局关于开展“散乱污”企业整治专项行动方案》要求，排查各类“散乱污”企业，全地区查出“散乱污”企业184家，关停110家，取缔7家，移交1家，发放整改通知单7家，补办手续2家，查封扣押5家。

【环保行政审批】 2018年，市环保局受理各类环保行政审批382件，审批办结率为100%。其中，建设项目环评审批114件，放射性同位素转让审批14件，辐射安全许可证审批67件，固体（含危险）废物转移跨省审批42件，建设项目噪声和固体废物污染防治设施竣工环境保护验收74件，排污许可证审批71件。

【环保督察】 截至2018年年末，省级生态环境保护督察转办吉林市案件979件，办结918件，办结率94%；反馈45项问题，完成27项整改，完成率60%；中央生态环保督察“回头看”转办吉林市案件654件，办结426件，办结率65%。

2018年省环保督察期间，市水利局接到案件9件（协办件6件、主办件3件）。其中，涉水案件5件、噪声案件1件、侵占河道案件1件、大气污染案件1件、私自钓鱼、捕鱼案件1件，所有案件全部办结，案件材料全部按时报送省环保督察工作小组，按时向吉林市环保督察整改小组报送中央环保督察期间未办结案件进展周报表、月报表、“回头看”报表、“三本账”等报表。根据2018年度水污染防治水利工作任务，组织完成《吉林市细鳞河、岔路河生态流量研究实施方案》编制、报批、资金落实、招标等工作，并组织实施。

【土地资源执法监管】 6月14日，市政府常务会审议通过《关于建立健全国土资源执法监管共同责任机制的意见》，7月16日印发实施。强化属地县、区级政府查处整改主体责任，明确各级国土、发改、财政、公安、规划、建委、安监、林业、电力等部门职责分工，发挥农村基层组织作用，建立执法共同责任机制，遏制违法违规用地行为蔓延势头，提高吉林市生态文明建设水平。年内，按照省国土厅《关于推进重点区域国土资源领域破坏生态环境问题整改的工作通知》要求，完成省国土厅抽查组对吉林市国土资源局有关国土资源领域破坏生态环境问题整改情况检查汇报工作。

【水资源费征收】 2018年，吉林市财政下达的年度全市水资源费征收任务是4000万元，实际完成5515万元。

【放射性物质管理】 按照全国第二次污染源普查工作总体要求，配合吉林省辐射环境监督站在全市范围内开展伴生放射性矿普查工作，完成第二阶段60家伴生矿初测工作。按照《吉林省环境保护厅关于开展国控大气辐射环境自动监测站补充选址的通知》要求，完成吉林市国控大气辐射环境自动监测站选址工作，配合生态环境部建设自动站。

（市生态环境局　市规划和自然资源局）

环境法治

【概况】 2018年，吉林市加强生态环境法治建设，修订《吉林市环境空气污染防治办法》，开展环境保护联动执法，加大生态环境司法保护力度，创造性开展“松花江普法行”活动，进行生态环境普法宣传，实施环境治理和生态修复，开展生态文明法律服务，唤起公众对生态环境建设的高度关注，推进以绿色经济为底色的振兴发展之路。

【生态环境司法保护】 吉林市推动全市政法机关加大生态环境司法保护力度，全市审判机关依法审结环境污染类案件26件，市中级人民法院在全国法院会议上介绍环境资源案件审判经验。全市检察机关督促恢复林地湿地525公顷、整治环境污染企业230家。全市公安机关破获破坏生态环境违法犯罪案件73起，获得全省综治考评第一名。

【环境保护联动执法】 出台《吉林市环境保护联动执法联席会议制度（试行）》《吉林市公安机关管辖的涉嫌环境违法犯罪案件移送办法（试行）》《吉林市环境污染紧急案件联合调查办法（试行）》和《关于在生态环境保护工作中加强协作配合的若干意见》4项制度。各县（市）区政府召开专题会议，落实市政府协调会精神，部署辖区内环境保护行政执法与司法衔接工作。永吉县出台《永吉县环境行政执法与司法衔接联席会议制度》《永吉县环境行政执法与司法衔接联络员制度》，磐石市出台《磐石市生态环境行政执法与司法衔接联席会议制度》，桦甸市出台《关于印发〈桦甸市环境保护联动执法联席会议制度（试行）〉的通知》，全市环境行政执法与司法衔接机制初步形成并得到完善。

8月24日，召开由市中级人民法院、市人民检察院、市公安局和市环保局参加的环境保护联动执法联席会议，审议全市环境行政执法与司法衔接工作开展情况报告，通报全市中央环保督察反馈问题整改工作及转办案件办结情况，对全市环境行政执法与司法衔接工作中需要解决的问题进行讨论，形成指导性意见，对成员单位开展环境行政执法与司法衔接工作提出明确要求。

全市公安机关和环保部门联合开展保护生态环境打击环境污染违法犯罪专项行动，对繁荣村村民举报环境问题、吉林市乾力化工有限公司违法处置危险废物、吉林万华精细化工有限公司涉嫌利用暗管排放污染物3个案件启动环境污染紧急案件联合调查机制，并在日常执法工作中保持密切协作关系。年内，市环保部门向公安部门移送适用行政拘留环境违法案件27件，移送涉嫌环境犯罪案件2件。

检察机关和环保部门联动执法，开展长白山区域生态环境和资源保护检察监督专项行动。至2018年7月，全市两级检察机关在环保部门配合下办理环境保护领域公益诉讼案件69件，提起行政公益诉讼案件1件，其他行政公益诉讼案件在诉前程序中得到有效解决。市环保局向市检察院通报中央环保督察反馈问题整改工作任务清单和转办案件清单后，吉林市两级检察院对35个需要整改的问题下达检察建议，开展行政监督，推动问题整改。

【水利法治建设】 加强立法修订工作。完成《吉林市河道管理条例》《吉林市水资源管理条例》《吉林市水土保持条例》和《吉林市松花江市区段河道环境管理办法》等3个条例和1个政府规章论证等基础工作，按时向市政府法制办报送立法项目可行性报告，并向市人大法工委进行汇报。《吉林市河道管理条例（修订稿）》上报市人大。

加强规范性文件和合同审查备案、清理，开展法治宣传和学法培训考核工作。严格规范性文件审查把关，全年审查文件252件。利用“世界水日”“中国水周”开展集中法治宣传活动。编制《吉林市水利局“七五”普法规划》和《吉林市水利局2018年法治宣传教育工作要点》，明确目标、分解任务、落实责任。加强水行政执法检查，严肃查处违法行为。开展2次行政执法检查和督导工作，对检查过程中发现的问题及时提出整改意见。制定《吉林市水利局河湖执法工作实施方案（2018—2020年）》和《关于加强生态环境和资源保护专项行动实施方案》，打击侵占河湖水域、违法设障、非法采砂、非法取水、非法捕捞等破坏生态环境违法行为，立案5起，结案3起。

【生态环境普法宣传】 2018年，吉林市创造性开展“松花江普法行”活动，围绕保护松花江母亲河，组织全市13个普法讲师团、520个基层普法小分队、5500名志愿者，深入松花江两岸流域社区（村屯），通过专题讲座、法条解答等形式开展专题宣讲，重点宣传《中华人民共和国环境保护法》《中华人民共和国水污染防治法》《中华人民共和国大气污染防治法》《中华人民共和国土地管理管理法》等20余部法律法规，普及率85%，为打赢防治污染攻坚战营造良好法治环境。在市、县两级电视台开办《法治江城》《法律在心中》等6个法治专栏，重点围绕环境保护、污染防治、保护生态等专题，通过情景再现、主持人点评、律师专家学者评析等方式以案释法，增强群众环保法治观念。运用“吉林普法”“吉林市水利在线”“江城环境”等微信公众号打造普法联盟，采取新闻通报会直播、案例警示展播等形式，全方位开展松花江普法行宣传活动，共同宣传环境保护、土地管理、大气污染防治等相关法律法规。协调三大通信运营商开通“手机短信普法”，围绕森林防火、水污染防治、生态保护等专题，面向全社会发送普法短信。利用普法宣传车，深入乡村、社区开展“松花江普法行”系列宣传活动，提高全社会知晓率和参与度。全国道德模范、市普法志愿者协会会长修保自费出资20万元在媒体开设《普法周刊》专栏，全国法治宣传教育先进个人陈忠革退休后义务普法十余载。吉林市有5500名普法志愿者，成为生态环境普法宣传工作重要力量。

【生态文明法律服务】 市司法局组建律师生态文明法律服务团，宣讲环保类法律知识，通过协调参与环境影响法治评估、为依法治理环境提供证据保全、参与涉及环保信访等形式，提供环保类民生工程法律服务。服务团成员律师李全胜在为“松花湖水资源治理项目”提供法律服务过程中，仔细研究拦网征收方案和实施细则，提出组织召开专家论证会的建议。被采纳后，随同松花湖管委会到吉林市所辖各个水域开展拦网征收工作，签订解除承包合同数十份，抢在松花湖封冻前完成松花湖主江及部分水域拦网征收工作。市律师生态文明法律服务团围绕全市温德河流域生态治理及综合开发、松花江百里生态长廊、一江三湖旅游开发和冰雪旅游合心圈等环境保护建设项目，参与论证会14次，提供可行性指导意见21个，审查专业法律合同56份，代写法律文书85份。

【《吉林市环境空气污染防治办法》修订】 《吉林市环境空气污染防治办法》被列为《吉林市2018年政府立法工作计划》规章重点立法项目，吉林市环保局组织修改或删除与上位法及规范性文件相违背条款，提出上位法有关规定在吉林市的细化要求，明确市各部门大气污染防治工作责任，将吉林市在大气污染防治工作中经实践检验行之有效的管理要求和措施规范化，提出新形势下吉林市大气污染防治需要采取的措施要求。

【生态文明宣传教育】 年内，结合省级环保督察和中央环保督察“回头看”迎检等项工作，完成各类新闻报道618篇，在各类网站发布文稿786篇，在官方微博微信平台发布3922篇。将生态文明建设纳入市委党校培训内容，对市直机关公务员进行生态环境保护专题培训，提高各级领导干部环保意识。4月15日，在吉林市世纪广场开展“全民国家安全教育日”宣传活动，为百姓解读《中华人民共和国核安全法》等法律法规。6月5日，吉林市环保协会在化学工程学院举办第一届环保手工艺大赛，参赛者借助生活中废品做出剪纸、拼贴画、纸雕等艺术品和生活实用品，在“加快生态文明体制改革建设美丽中国”条幅上签字。

（市司法局 市生态环境局 市水利局）

教 育

EDUCATION

综 述

【概况】 截至2018年8月底，吉林市有各级各类学校1560所（含幼儿园），教职工47162人，专任教师36114人，在校生423081人。

吉林地区有普通高中39所，教职工总数6543人（其中专任教师5386人），在校生57102人；初中学校146所，教职工总数11836人（其中专任教师9853人），在校生90393人；小学553所、教职工总数15330人（其中专任教师13549人），在校生169977人；幼儿园778所，教职工总数9710人（其中专任教师4313人），在园幼儿78794人；中等职业学校24所，教职工总数3374人（其中专任教师2686人），在校生25741人；特殊教育学校10所，教职工总数369人（其中专任教师327人），在校生1074人。

市直属高中17所，教职工总数3031人（其中专任教师2323人），在校生22322人；初中学校16所，教职工总数1717人（其中专任教师1346人），在校生15938人；小学10所，教职工总数1083人（其中专任教师977人），在校生16037人；幼儿园3所，教职工总数131人（其中专任教师99人），在园幼儿3585人；中等职业学校17所，教职工总数2252人（其中专任教师1737人），在校生19269人；特殊教育学校1所，教职工总数103人（其中专任教师94人），在校生222人。

【教师队伍建设】 完善教师招录交流机制，实施教师准入制度，召开免费师范生招聘“双选会”，签约免费师范生17人。完成特岗教师招聘工作，4个县（市）招录特岗教师251人，留任安置服务期满的特岗教师323人。推进义务教育学校教师交流工作，采取大学区教师交流、富余教师交流、“双选”交流等形式，交流教师390人。

构建专家型教科研队伍，召开吉林市2018年教育科研工作会议，完成146项吉林省年度规划课题组织申报工作和255项市级规划课题申报与立项评审工作，评选出第四批吉林市教育科研型名校长和教育科研型名教师106人。

教师业务素质持续提高，吉林市263名教师被认定为省级中小学幼儿园骨干教师，1名教师被确定为中小学名师领航工程培养对象。继续开展“名优教师培养建设工程”和教师教育教学技能“大练兵、大比武”活动暨星级教师评选活动，评选出三星级教师305人、四星级教师72人、五星级教师55人、功勋教师20人，在全市第34个教师节表彰大会上给予表彰奖励。完成“教书育人楷模”评选工作，评选出“吉林市2018年度教书育人楷模”25人，“吉林市2018年度师德标兵”50人，“吉林市2018年度师德先进个人”138人。

【基础设施建设】 2018年，吉林市教育实现“互联网+教育”深化融合，全市796所中小学互联网接入率100%，多媒体教室比例提高到86%，完成校园无线网络覆盖学校308所，新建16个创客教室、26个智慧教室。创办线上线下同步授课教学的吉林市互联网学校，开设小、初、高全年段全学科课程，免费向全市中小学生提供在线学习资源。吉林市互联网学校代表吉林省参加全国基础教育信息化应用典型展示活动，受到国务院副总理孙春兰和教育部领导高度评价，被评选为教育部2018年度基础教育信息化应用典型案件，并入选《教育部2018年中国互联网学习白皮书》。

2018年，投入资金1亿余元，用于市直属学校改善办学条件，新建、改造、校舍维修等建设项目102个。争取国家和省专项资金1.37亿元，新建、改扩建农村义务教育薄弱学校37所。投入装备资金1000万元，用于市直属学校建设电子图书阅读设备和实验室、学科教室建设。推进城区教育资源布局调整，利用入驻职教园区的10所职业学校原校园校舍，支持亚桥教育集团发展民办教育。

【教育安全管理】 落实教育安全管理责任，组织召开5次全市学校安全工作会议，开展两轮全地区校园安全大检查，排查出隐患348项，完成整改321项，将27项未完成整改隐患列入2019年校园校舍维修计划。推进校车规范化管理，组织全市730台专用校车和189台接送幼儿车辆进行技术检测，确保车辆符合技术标准。投入637万元，检修维护标准化考点，升级考试安防设备，实现16万余人次平安考试预期目标。做好教育信访维稳工作，有效防范和稳控越级信访行为发生，信件办理办结率、群众满意率100%。

【教育治理督导】 完善以目标责任制为主要形式的教育治理体系建设，制定《2018年度教育重点工作目标管理责任制》和《2018年局直属学校目标管理责任制评估指标体系》。推进学校责任督学挂牌工作，组织责任督学每月一次入校督导。高标准完成教育部和省督导评估组对永吉县政府履行教育职责情况、丰满区责任督学挂牌创新县情况、蛟河市、舒兰市和磐石市专项督导评估。师德师风建设成效明显。加强师德典型培树，评选出“教书育人楷模”25人，“师德标兵”50人，“师德先进个人”138人。加大在职教师有偿补课等违规行为的查处力度，开展监督检查教师办班补课行动27次，处理违规教师55人，诫勉谈话35人，下发警示单17份，追究负有领导责任人员8人，师德师风明确好转。

【教育科学研究】 完成146项吉林省年度规划课题组织申报工作和255项市级规划课题申报与立项评审工作。市教育局现代学徒制试点和丰满区教科所、吉林工贸学校3个教育科研成果入选《改革开放四十周年吉林省教育研究优秀成果汇编》。评选出第四批吉林市教育科研型名校长和教育科研型名教师106名。

【教育法治建设】 推进教育系统“七五”普法，指导学校接受省人大“七五”普法中期专项检查。贯彻落实《青少年法治教育大纲》，在中小学普遍设立法治课。开展“法律进学校”活动，各校举办各类法治讲座、报告会200余场次，受教育学生30万余人次。发挥市教育局法律顾问在制定重大教育决策、推进依法治教中作用，审核各类涉法事务并出具法律意见书8件。 （市教育局）

教育体制改革

【中小学课后服务】 2018年春季学期，吉林市中小学启动课后服务工作。城区小学和市直公办高中三年级的课后服务经费3000万元由市财政保障，并列入《吉林市政府工作报告》。全市558所中小学开展课后服务工作，为家长接送和监管孩子提供便利，减轻家长送孩子到托管机构的经济负担，31万名中小学生受益。

【中考改革】 2018年，吉林市首次实施初中毕业生升学体育考试，全市2.03万名初中毕业生参考，无一人对考试成绩提出异议。制定吉林市中考改革实施方案，并经省教育厅同意，从2018年初中起始年级开始实施。应对中、高考改革，推行正确的教育质量观和教育评价观，召开义务教育学生综合素质评价会议，启动中小学生综合素质评价工作。

【中小学校园冰雪运动】 为完成“10万名中小学生上冰雪”任务，推进全市冰雪产业发展，市教育局组织举办全市中小学生冰雪冬令营活动、第三届中小学体育教师冰雪项目培训班、全市中小学生速度滑冰和冰球比赛。争取省财政资金204万元，为37所省级冰雪运动特色学校配备冰雪运动教学设备。市财政投资600万元，为城区4所中小学校配建室内滑雪模拟机。

【大学区管理改革】 按照“城区＋农村”“优质＋薄弱”大学区组合形式，初步建立覆盖全市城区的大学区34个。各大学区相继开展“初二数学同课异构”“养文明之气育和谐人才”等教育教学交流展示活动，促进“大学区”内学校优势互补、共同提高。在船营区召开“深化大学区管理促进学校均衡发展推动城乡一体化”为主题的大学区现场推进会，推进义务教育大学区深入开展。

【教育信息化建设】 完成全市769所学校内网建设，城区和乡镇150所学校实现校园无线网覆盖，新建16个创客教室、26个智慧教室，开展示范性应用活动。全市智慧教育“大平台”功能不断拓展，创办线上线下同步授课教学的新型实体学校——吉林市互联网学校，正式开课，播出2480节，点击量100余万次。317所学校4689名教师参与“一师一优课，一课一名师”活动，网上晒课3430节。 （王春峰）

学前教育

【概况】 截至2018年8月底，吉林市有幼儿园778所（含校带园），教职工9710人，其中专任教师4313人。在园幼儿78794人，年内入园33441人，离园38360人。

【“学前教育工作县区行”活动】 2018年，吉林市教育局全面贯彻《幼儿园教育指导纲要（试行）》和《3—6岁儿童学习与发展指南》等文件精神，策划开展“学前教育工作县区行”活动，挖掘基层县（市）区学前教育工作好做法和好经验，推动学前教育工作向科学化、规范化、特色化方向发展。5月24日，举行“吉林市学前教育工作县区行——桦甸专场”特色工作展示活动。6月20日，龙潭区、永吉县开展特色工作展示活动，涵盖公办、民办幼儿园，并同台演出，共

10月18日，吉林市开展普通小学教育管理主题展示交流活动。图为满族中学直播授课现场 （市教育局 供图）

表 46　　2018 年吉林市义务教育阶段基本情况统计表

分类	学校数（所）	教职工数（人）	专任教师数（人）	在校生数（人）	招生数（人）	毕业生数（人）
小学	553	15330	13549	169977	28880	30392
初中	146	11836	9853	90393	30126	25484
合计	699	27166	23402	260370	59006	55876

（市教育局）

展风采。9 月 19 日至 20 日，舒兰市和昌邑区在“学前教育县区行”活动中展示“陶泥”特色和民办幼儿园教师技能技巧，获得高度赞誉。通过“学前教育工作县区行”展示活动向各层次幼儿园提供优秀经验与做法，促进提升全市办园质量。

【教研展示活动】 4 月 25 日，“吉林市校带幼儿园集体教研备课模式现场会”在吉化第二小学校带幼儿园召开，城区各校带园选派园长、教学园长及部分教师 150 余人参加活动，到幼儿园观摩以中班年段为代表的教师集体教研备课模式研讨展示活动。为幼儿园提供展示平台，助力在园幼儿教师专业技能发展与成长，推动校带幼儿园学前教育向专业化方向发展。市教育局组织开展“我是幼儿园教师”主题演讲大赛，6 月 14 日在吉林市第二实验小学举行决赛，评选出一等奖 3 名，二等奖 5 名，三等奖 14 名。（李成库）

义务教育

【概况】 截至 2018 年 8 月底，吉林市义务阶段有学校 699 所，教职工 27166 人，在校学生 260370 人。

【义务教育学校免试就近入学】 吉林市教育局印发《关于吉林市城区义务教育招生入学工作的实施意见》。依法保障每一名适龄儿童、少年接受义务教育，促进教育公平，巩固吉林市“阳光入学”工作改革成果，城区义务教育学校继续实施免试就近入学工作。4 月 24 日，市教育局召开 2018 年吉林市中小学校招生入学工作会议。5 月 7 日，在吉林市智慧教育云平台发布各区招生工作具体实施方案。

【大学区改革】 按照《吉林市教育局关于对大学区管理改革开展绩效考评的通知》文件精神，以“城区 + 农村”“优质 + 薄弱”大学区组合形式，构建由“优质学校”牵头，区域内同类型学校共同参与的“大学区”网络，利用和发挥优质学校、特色学校等优质教育资源引领和辐射作用。11 月 6 日，在船营区召开以“深化大学区管理，促进学校均衡发展，推动城乡一体化”为主题的吉林市大学区现场推进会。全市城区学校通过“大学区”管理平台，实现校际间共享教育资源、共享教师人力资源、共享学校管理资源，促进“大学区”内学校优势互补、互帮互助、激活潜质、共同提高，逐步缩小义务教育在城乡之间、区域之间、校际之间的差距，实现义务教育高水平、高层次的均衡发展。

【优秀教学成果推广】 在全市中小学继续开展“教育教学管理主题交流日活动”。4 月 26 日，吉林市朝鲜族中学“小班化”生本课堂教学模式交流活动暨吉林市普通中学教学管理主题交流日在吉林市朝鲜族中学举行。通过互评共促，发挥示范校导向作用，提升全市基础教育整体水平。10 月 18 日，在龙潭区乌拉街满族镇中心小学开展吉林市普通小学教学管理主题展示交流活动，以“信息技术与教育教学的多角度融合”为主题，向全地区教育同仁展示学校多年来在信息技术和教育教学融合方面所取得的办学成果，促进区域间和校际间交流。

【综合素质评价】 3 月 23 日，市教育局召开义务教育学校学生综合素质评价启动会议，落实国家教育部和省教育厅有关学生综合素质评价的工作精神，对《吉林市初中学生综合素质实施方案（试行）》进行解读，具体从综合素质评价工作的指导思想、基本原则、评价理念、评价内容、评价活动、评价程序等方面进行详细解读，并对学生综合素质平台使用进行培训。

【素质教育】 在全市构建家校合作育人新机制，印发《吉林市中小学、幼儿园家庭教育三年发展规划（2018—2020 年）》，推选 4 名最美孝心少年参加全国评选。评选市级三好学生 674 名、优秀学生干部 149 名。组织开展校园爱国主义读书、经典诵读系列活动，吉林市第一实验小学和市五中获首届中华优秀传统文化经典诵读大赛吉林省总决赛一等奖。举办纪念改革开放 40 周年“崇德向尚·礼在江城”校园原创作品展演活动，

3 月 23 日，吉林市教育局召开义务教育学校学生综合素质评价启动会议

（市教育局　供图）

1月6日，2018吉林市第三届城区中小学生冰雪冬令营活动在五家山滑雪场举办。图为教练员教营员练习技术动作　　（市教育局　供图）

全市中小学近百部作品参展。

推进学生阳光体育活动，开展阳光体育“大课间”展示评比活动，组织中小学生篮球、排球、足球系列阳光体育赛事，9所学校被教育部评为国家级足球特色学校。举办2018年全市首届“足协杯”中小学生校园足球比赛，来自11个县（市）区55所学校61支队伍参赛，参赛学生超过1000人。

开展校园冰雪运动，举办全市中小学生冰雪冬令营，组织200名中小学体育教师参加冰雪项目培训，开展全市中小学生速度滑冰和冰球比赛，争取省财政资金204万元，为37所省级冰雪运动特色学校配备冰雪运动设备，参加全省青少年旱地轮滑比赛，获得5个项目冠军。

举办吉林市第十二届中小学艺术节，优选出文艺表演节目162个、书法绘画作品2000余幅，举办县（市）区专场演出11场、专题画展10次。成立吉林市教育界文学艺术联合会，吸纳教育界书法、美术、音乐、舞蹈等专业会员800余人。　（李成库）

高中教育

【概况】 吉林市有普通高级中学39所，教职工6543人，其中专任教师5386人。有在校生57102人，2018年高中招生18006人，毕业生19786人。2018年，吉林市中考报名总人数23719人，设置20个考点，797个考场。2018年，吉林市重点高中录取最低控制分数线为420分，一般高中录取最低控制分数线为315分。中高等职业教育衔接试点招生录取最低控制分数线为150分，中职普通专业录取不设最低录取控制分数线。

【教育教学管理】 通过深入调研、质量分析、学生入学起点与过程及高考成绩的跟踪对比分析，为各县（市）教育局和学校总结经验、找准学校定位、调整管理思路提供科学依据。2018年，上半年召开全市高中高三工作调度会，交流备考工作经验，对高三工作提出明确要求。下发《关于做好高三年级艺术和体育考生统计工作的通知》，将艺术和体育考生纳入高三总结评价范畴，推动高中学校特色发展。下半年召开全市高考工作总结会议，表彰先进、交流分享优质高中管理经验，深入吉林市第一中学校、吉林毓文中学、吉化第一中学校、磐石市第一中学校、桦甸市第四中学校等重点高中学校督导教学工作。提升高中阶段教育普惠程度，“指标生”占统招生比例提高到80%，录取分数下调50分，优质化教育水平得到提高。

【招生制度改革】 9月，吉林市教育局

表47　2018年吉林市城区高中录取分数线一览表

学校	类别	分数线
吉林一中	统招	608
	中新班	591.5
吉林毓文中学	统招	592
	中澳班	541.75
吉林二中	统招	493.35
	民航班	390.8
吉林四中	统招	511.35
吉林十二中	统招	567.5
	中美班	—
吉林十八中	统招	449
田家炳中学	统招	556
实验中学	统招	521
吉化一中	统招	584.5
	中澳班	456
松花江中学	统招	512
江城中学	统招	466
	自费	—
吉林朝中	由学校在吉林地区招生	
吉林三中	统招	334.275
吉林十三中	统招	422.65
	中韩班	—
吉林五十五中	统招	391.63
吉化三中	统招	393.8
江机中学	统招	354.625
万信中学	自费	—
亚桥中学	自费	—

说明：2018年，吉林市高考参加考试人数16409人，设置19个考点，568个考场。

（市教育局）

表48　2018年吉林省普通高考本科录取最低控制分数线一览表

类别		文科	理科
前三批分数线	重点本科（第一批）	542	533
	普通本科（第二批）	432	405
	独立学院和民办本科（第三批）	316	283
体育类分数线	本科	332	304
	独立学院和民办本科	308	280
艺术类分数线	本科	280	263
	独立学院和民办本科	205	183

（市教育局）

4月21日，吉林市教育局召开2018年招生入学工作会议　（市教育局　供图）

印发《关于进一步推进高中阶段学校考试招生制度改革的实施方案（试行）》，按照省教育厅要求开展新中考改革试点。从秋季入学新生开始执行，实施初中学业水平考试，深化学生综合素质评价改革，改革学业水平等级评价和高中录取计分办法，根据文理兼顾、负担适度的原则，科学确定录取计分科目，防止群体性偏科和加重学生负担，采取“4+4+2”录取计分科目模式（第一个“4”指语文、数学、外语、体育与健康学科；第二个“4”指物理、化学、道德与法治、历史学科，“2”指地理、生物学科）。2018年12月，开展新中考改革模式下的自主招生试点工作，吉林市第一中学被批准为首批试点学校。

【科技创新教育】 吉林市教育局推进STEAM（集科学、技术、工程、艺术、数学多学科融合的综合教育）项目落实，实地调研吉林市第一中学校、吉林市第五中学校等17所科技创新STEAM项目示范校开展情况，召开吉林市中小学STEAM项目推进会，促进教育观念的转变和创新教育全面提升。携手科学技术协会，开展机器人大赛、航模、车模、船模比赛等形式多样的青少年科技创新活动，探索多元化青少年科技创新人才培养策略。

【吉林市第一中学校】 创建于1907年，1959年定为现名。学校为独立高中，2018年有教学班95个，学生4579人，教职工411人，建设面积15万平方米，占地面积28万平方米。1978年国家恢复高考制度以后，学校高考成绩连年居全省前列，诞生11名吉林省高考状元。每年都有20余名学生考取北大、清华、港大。连续8年千人突破重点分数线，升学率99%。在全国奥林匹克竞赛中，吉林一中取得过2枚国际金牌，2枚亚洲金牌，22枚国家级金牌，近百枚国家级金、银、铜牌。与国内外学校合作，在韩国华山中学建立孔子课堂，与加拿大、美国、法国、韩国、日本、澳大利亚合作举办国际高中班，还与新西兰、英国等国家开展交流与合作。被评为“全国文明单位”“全国教育系统先进集体”“全国学校艺术教育先进单位”“全国青少年科普及活动及研究示范基地”“全国美育课题研究先锋校”。

2018年，吉林一中高考成绩连续8年重点大学录取人数突破千人大关。学校考生人数仅占全省考生总人数的1%，但600分以上人数占全省的10%，其中理科600分以上610人，占全省10.09%；文科600分以上24人，占全省4.3%。理科重点率80%；文科重点率64.10%。继续获得吉林市普通高中优秀教学成果奖；17名教师获得吉林市普通高中提高教学质量培育优秀人才突出贡献奖；7名教师获得吉林市普通高中优秀教学成果奖；5名教师获得吉林市普通高中教学质量提高奖。加拿大高中班毕业生连续9年全部考入海外名牌大学。

科学设置课程，开发特色课程，自主开发66门校本选修课程。继续在高一年级开设研究性学习课程，上学期开发68个研究性学习课题，下学期开发35个研究性学习课题。推进语文和文综教学改革，实施文综阅读课、文昭讲堂、整本书阅读等，改变原来满堂灌教学方式，提高学生参与度。加强青年教师培养，完善青年教师成长档案记录，建立健全青年教师评价制度，组织青年教师基本功大赛、青年教师汇报课等活动。

突出学科特长发展，2018年五大学科竞赛均获国家奖牌。其中，金牌1枚，银牌1枚，铜牌3枚。51人获省一等奖，名列全国百强中学第48位，跻身全国50强。青少年创新大赛和机器人大赛等项

11月6日，吉林市召开吉林市高三工作总结交流会议　（市教育局　供图）

目也分获国家、省级奖励。吉林一中和球队在“2018年全国中学生和球锦标赛”中取得全国第二名；雾凇合唱团八声部合唱《嘎拉哈新唱》《美丽的草原我的家》在教育部全国中小学生艺术展演活动中获一等奖；雾凇铜管乐队参加省教育厅展演；2018年组建冰雪队，作为吉林市唯一一所招收冰雪特长生的高中，受到北大、清华等名校关注。

2018年，吉林一中被评为首届全国文明校园。5月26日，《中国教育报》刊载《培养学生相伴一生的好习惯——吉林市第一中学体育艺术教育纪实》。12月19日，《吉林日报》刊载《吉林一中贯彻教育新理念——为每个学生终身发展奠基》和《走上教育交流的通衢大道——记吉林一中对外开放之路》。

【吉林毓文中学】 始建于1917年，由南开校长张伯苓选址办学，是吉林省首批办好的重点中学，吉林省首批示范性高中，也是近代省内少有百年未曾迁址的中学，曾被誉为“东北小南开”。1964年恢复吉林毓文中学校名。学校具有光荣的革命传统，是吉林省最早宣传马克思主义的主阵地，也是东北第一个共产党员的工作、活动地。1927年至1930年，朝鲜民主主义人民共和国原国家主席金日成在毓文中学读书并从事革命活动。老一辈革命家和著名学者马骏、尚钺、楚图南、郭沫若等也曾在学校任教。

毓文中学占地面积20100平方米，建筑面积34275平方米。2018年，招生746人，毕业889人，在校生2547人。开设54个教学班。教工编制284名，实有教职工315人。其中，国家级领军人才1人，省、市名优教师157人，博士后1人，在读博士1人，研究生66人。

特殊贡献。2018年，随着中朝两国领导人的多次会晤，中朝友谊上升到新的历史高度，也使毓文中学成为促进中朝友谊特别重要的活动基地和外交平台。全年接待朝鲜团组27个，接待朝鲜客人6000余人次，为党和国家中朝事业发展作出突出贡献。

达材计划。启动“六大工程”（优质工程、名师工程、创新工程、文化工程、平安工程、幸福工程），实施精细化管理。建立具有毓文中学特色的组织管理体系和教育教学新常态；进行年级制改革，提升学校管理效率；主推名师工程，表彰“大师”“名师”，创建“青蓝杯”教学品牌，成立名师工作室及名班主任工作室，牵头成立吉林地区中学生职业生涯规划联盟，采用多层次、多领域和多元化发展举措来进行教师培养。

特色发展。学校创编的特色课间操深受学生喜欢，网上点击量达千万次，也使毓文中学成为网红学校。机器人竞赛团队在第十六届、十七届全国青少年机器人竞赛中分别获得银牌及铜牌的好成绩，陈彦伯入围吉林省中学生英才计划，关凯铭获得全国青少年信息学奥林匹克联赛一等奖并被团中央评为全国“最美中学生”。坚持“探美强体”办学特色，尤为重视学生综合素质的培养。毓文中学是省内唯一一所清华美院生源基地校，学校成立美术特长班，与专业美术办学机构徐枫美术学校合作，形成美术教育特色高端品牌，培养大批美术人才，电影《战狼2》3D效果制作总监杨丰旭就毕业于毓文清华美院美术基地班。

生涯规划。毓文中学成立集科研和生涯规划为一体的专门处室，任命博士后教师为主任，省十佳优秀班主任为副主任，并选拔成立一支优秀的生涯教育讲师队伍。全校有41人通过全国生涯规划师认证，155人次参加生涯规划培训，参与国家、省市级课题4项，省首批生涯规划教育成果2项，省首批生涯规划教育种子教师2人，学校成为吉林省首批生涯规划教育种子学校。

2018年，毓文中学文理科一本率、普本率均大幅提升，连续2年获得吉林市“教学质量提高奖”“优秀教学成果奖”双奖。科研课题《学校文化力构建视域下学生核心素养课程开发的研究与实践》获得吉林省政府基础教育教学成果一等奖、吉林市基础教育教学成果特等奖。连续2年被评为“市教育局业绩突出领导班子”“全市重点目标责任管理优秀单位”。（李成库　朱　强　修海霞）

4月20日，吉林毓文中学获评吉林省首批生涯规划教育种子学校　（王旭　摄）

职业教育

【概况】 截至2018年年末，全市有中等职业学校24所。其中，教育局主办19所，卫计委主办1所，体育部门主办1所，民办2所，驻吉人社厅办学校1所。24所学校中有普通中专8所，职业高中16所。其中，5所为国家改革发展示范校，5所为省级示范校；10所为国家级重点校。有教职工3374人，其中专任教师2686人。有在校生25741人，招生人数6025人，毕业人数8481人。2018年，全市中等职业学校学生文化课平均合格率为89.35%，专业技能平均合格率93.72%；年度应毕业学生毕业率100%，均比2017年度有所提升。2018年，全市中等职业教育经费总投入93397.93万元，其中国家财政性教育经费投入90004.26万元。

【职教园区完成入驻】 市教育局克服多种困难，组织10所入驻学校于8月31日前完成整体搬迁，教师于9月11日上班，7300名学生于9月17日陆续开课。各校教育教学工作有序开展，园区整体平稳运行，10个公共实训基地初具规模，初步实现吉林市职业教育的整体升级。

【现代学徒制试点】 2018年秋季学期，吉林市17所试点学校招收学徒规模超过1000人，开发现代学徒制校本教材近90部，现代学徒制、双元培育人才模式和管理体系基本建立。7月，国家教育部组成现代学徒制工作专家委员会到吉林市开展首批试点项目验收，验收专家组对吉林市试点工作给予高度评价，吉林市成为省内唯一通过验收的试点地区，并作为优秀试点案例向教育部推荐。

【职业技能竞赛】 组织吉林市职业学校承办、参加各级各类职业技能竞赛，带动学生参加技能训练热情，营造社会舆论氛围。继续承办全国职业院校技能大赛中职组通信与控制系统（高铁）集成与维护赛项比赛，来自全国87支代表队近1000人参赛，吉林信息工程学校获得第一名。年内，有7所中职学校承办全省职业学校技能大赛12项比赛。

2018年，吉林市职业学校在全国职业院校职业技能大赛上获得全国技能大赛金牌1项、银牌3项和铜牌11项，其中信息工程学校闫涛团队获得“通信与控制系统（高铁）集成与维护”赛项第一名，创造吉林省参加国赛历史最好成绩记录。获得省级技能大赛金牌14项、银牌36项、铜牌48项，竞赛成绩位居全省前列。

在各类行业举办的技能大赛中成绩优异，吉林经贸学校学生马英博获得全国文秘速录技能竞赛金奖，并代表国家参加2019年意大利第52届世界速录大赛。

2018年，吉林市政府继续主办“技兴江城”职业技能竞赛，设20个赛项。其中，专设6个学生组赛项，由全市职业院校（含驻吉高职学校）学生报名参加；设14个成人开放组赛项，由企业职工、社会各界人士报名参加。学生组赛项分别由吉林市吉林女子学校、吉林机电工程学校、吉林工贸学校、吉林信息工程学校、吉林石化工程学校和吉林工业工程学校承办。竞赛中，吉林市中职学校代表队包揽全部学生组赛项冠军。

11月1日，吉林市举办第二届邮政行业职业技能大赛。图为比赛现场
（市邮政管理局　供图）

【最佳五星中职生评选】 2018年，吉林市在职业学校开展评选“最佳五星中职生”活动，评选采用校内班级民主推荐、全校公示评议、推荐结果公开、校外报纸公开宣传、微信投票方式进行，全市有174名品学兼优的中职学生分别获得“最佳五星中职生”称号。其中，技能之星58名，美德之星29名，励志之星29名，勤学之星29名，才艺之星29名。为学生树立身边榜样，宣传职业教育办学成果。

【校企对口合作】 按照吉林市中小企业座谈会精神，组织召开校企合作对接会，11所市直中职学校与40余家本地民营企业签署合作协议，吸收100余家企业加入职教集团。2018年，向本地企业提供中职毕业生近4000名，毕业生本地就业率72.2%。组织11所中职学校业务校长到北大壶滑雪场开展冰雪产业对接，初步达成人才就业、技术支持等多项共识。

2018年，有8所中职学校召开职教集团年会。吉林女子学校与京东集团签约，在校内建成京东体验馆，协作开展电商人才培养；吉林工业经济学校引进吉林市十方动漫设计有限公司等企业在学校设立工作室，透过产教融合模式联合开展动漫专业人才培养；吉林工贸学校联合吉林省天翔科技孵化器有限责任公司合作，创立吉林工贸学校创新创业孵化园，该孵化园有吉林市永吉环保产业创业基地等14家成员单位；吉林机械工业学校在与德国奥吉通泵业有限公司合作引进德国AHK培训认证体系并完成首次认证工作，认证学徒（学生）被境内德资企业争相录用。

吉林宁波职业学校对口合作全面展开，吉林市11所中职学校与宁波9所中职学校签订友好学校合作协议，启动具体合作事项21项。

【优化专业布局】 完善吉林市中职教育专业动态调整机制，加深各中职学校专业建设与产业及社会发展的融合度。根据吉林市重点产业发展规划和民生保障规划，全市完成新一轮专业布局优化。吉林女子学校和吉林工业经济学校拓展旅游服务与管理专业的冰雪旅游方向；吉林机械工业学校和吉林工贸学校加强工业机器人及其他先进装备制造领域相关专业建设；吉林卫生学校和舒兰市职教中心开设养老服务专业；吉林机电工程学校在汽车新能源领域加快专业布局；吉林财经学校和吉林经贸学校先后设立家政服务和社区管理专业并完成首批招生；吉林特殊教育学校开发工艺美术等一年制实用专业，拓展面向高中后残疾学生职业教育和技能培训；吉林信息工程学校承接市人社局退伍军人培训工作，首批招收100余名学员正式开课。

【学生实习】 2018年，吉林市职业学校安排4771人次学生实习。其中，认知实习969人次，跟岗实习1432人次，顶岗实习 2370 人次；参加各类实习合作企业 341 家。学生在实习期间取得合理报酬，平均实习薪资 2152 元左右。各学校按照规定支付学生实习保险费 21.85 万元。

【就业安置】 2018 年，全市中职学校毕业生中，除 2387 人升入高职院校和本科院校外，需安置就业 6094 人，各类渠道安置就业 5912 人，就业率 97%，对口就业率 87.8%，初次就业平均收入 2341 元，近 40 名毕业生选择自主创业。全市中职学校落实市委、市政府服务地方经济发展、支持民营中小企业发展的战略，将毕业生就业重点向本地倾斜，向中小企业倾斜，满足中小企业对技术技能人才需求，2018 年本地就业率继续保持在 70% 以上，直接就业毕业生中小企业就业率 87.6%。

2018 年，在总体经济环境不景气、企业用人趋于谨慎大背景下，全市中职学校毕业生就业率和对口就业率仍然保持小幅提升。由于服务业和建筑业整体效益下滑，在相关领域从业的毕业生收入有所下降，造成 2018 年毕业生整体初次起薪出现小幅下降。

【发展】 职业教育体系不够健全。吉林市人才流失比较严重，域外高校吉林籍大学生毕业生返乡就业热情不高，驻吉高校毕业生本地就业比例持续低迷，市属职业学校毕业生成为填补本地企业技术技能岗位空缺的主要力量。但是长期以来吉林市职业教育结构过于单一，市属职业学校全部为中等职业学校，只能培养初、中级技术技能人才，培养高级技术技能人才能力严重不足，无法满足行业企业的多层次需求。吉林市作为全省唯一的通用航空产业综合示范区，需要大量高级技术技能人才，依靠中职教育无法对通用航空产业形成有效支撑。

产教融合深度广度不够。吉林市在推进产教融合方面还有许多政策壁垒需要突破，包括在允许公办职业学校兴办非营利性校办企业、建立自身产教融合教学平台方面政策还不够明晰；在职业教育如何纳入产业规划并享受产业发展相关优惠政策方面的机制还没有形成；在激发行业组织活力协调产教有效对接方面还有待探索。

教学质量管理水平有待提升。教学指标设计还需要进一步科学化，全面反映职业教育特点，把学生的职业道德、职业素养、技术技能水平、就业质量和创业能力作为质量管理重要指标；外部质量管理手段需要现代化，采用信息化手段，以低成本取得高信度、高效度、高效率的监控成果，进而提高管理效果；内部质量管理体系需要进一步健全，利用教学工作诊断与改进建立科学、全面的内部质量管理体系。（李成库 张丹丹）

高等教育

【北华大学】 是吉林省省属规模最大的重点综合性大学，有东、南、北 3 个校区和 1 所附属医院。占地面积 268 万平方米（含教学实验基地），建筑面积 75 万平方米。教学科研仪器设备总值 4.5 亿元，馆藏图书 352.5 万册。设有 24 个学院，1 个工程训练中心。有各类全日制在校生 26526 人。其中，硕士研究生 1742 人，本科生 23962 人，来华留学生 713 人。继续教育在籍学生 7166 人。有本科专业 82 个，涵盖 11 个学科门类；一级学科硕士学位授权点 16 个，二级学科硕士学位授权点 7 个，涵盖 10 个学科门类；11 个硕士专业学位类别，涉及 36 个专业领域；形成由 8 个省部级重点学科、6 个国家特色专业、13 个省级特色专业、9 个省品牌专业为引领的学科专业体系。学校拥有 49 个国家和省级科研平台，1 个院士工作站，15 个省级创新团队。

师资队伍。有教职工 2560 人。其中，专任教师 1606 人，具有高级职称人员 849 人，具有博士学位人员 439 人；共享 4 名两院院士，153 位校外高级专家作为兼职或客座教授；拥有国务院政府特殊津贴获得者 31 人，“万人计划”百千万工程领军人才 1 人，新世纪百千万人才工程国家级人选（一层次）1 人，国家高层次人才特殊支持计划领军人才 1 人，教育部新世纪优秀人才 3 人，教育部高等学校教学指导委员会委员 5 人。

教育教学。年内，召开第六次教学工作会议，完成新一轮人才培养修订工作，开展本科教育思想大讨论活动。开展第三方专业诊断工作，优化招生专业至 74 个。成立冰雪学院，举办冰雪教育论坛暨产学合作签约仪式。获吉林省特色高水平专业 11 个、省级精品在线开放课程 3 门、省级教学成果奖 16 项（一等奖 4 项、二等奖 3 项、三等奖 9 项）、省级示范性虚拟仿真实验教学项目 2 项、省级名师工作室 3 个。加强医学教育，成立医学管理委员会，制定医管委章程并开展工作。开展创新创业教育，获国家大创项目 60 项、创新创业教育改革试点专业 3 个、创新创业教育改革示范课程 3 门、创新创业教育改革示范基地 1 个、创新创业教育改革教研课题 1 项。学生参加各类竞赛项目 44 项，获省级以上奖项 769 项（国家级奖项 312 项）。在 2018 年全国大学生智能互联竞赛、“西门子杯”中国智能制造挑战赛、2018 中国工程机器人大赛暨国际公开赛上，均获国家一等奖。龙舟队在俄罗斯滨海边疆州国际龙舟赛中获金牌 2 枚，桨板队在第二届全国大学生桨板竞速挑战赛上获 1 枚金牌、3 枚银牌、1 枚铜牌，参加吉林省第十八届运动会并获 5 枚金牌。学校获吉林省“十三五”特色高水平学科 11 个。护理、艺术、交通运输工程 3 个专业学位硕士授权点通过专项评估，完成 21 个学位授权点自我评估，调整 3 个二级学科硕士点为 1 个一级学科硕士点和 2 个二级学科硕士点。获研究生数学建模竞赛国家级二等奖 1 项、三等奖 2 项，6 人获得优秀指导教师奖。获第四届全国高校全日制教育硕士教学技能大赛二等奖 1 项、三等奖 3 项、优秀教学设计奖 2 项；美术专业研究生有 11 人次先后获得国家级、省级、市级大赛一、二、三等奖；获评全国教育硕士优秀教师 3 人、教育硕士优秀教学管理工作者 1 人，获评吉林省优秀硕士论文 7 篇。召开第二次国际教育工作会议，完成 4 个 ISEC 项目，完成教育部来华留学生医学教育专项评估工作。继续教育与培训学院发展态势良好，被中国成人教育协会评为“优秀成人继续教育院校（培训机构）”。学校图书馆获评“全国全民阅读示范基地”称号。

科学研究。学校获批国家重点研发计划课题 1 项、国家自然科学基金项目 3 项、国家社科基金项目 4 项，获得吉林省科学技术奖 16 项、吉林省社会科学优秀成果奖 14 项（一等奖 4 项）、吉林省青年科技贡献奖 1 人，新增国家林业局重点实验室1个、吉林省科技厅科技创新中心1个、吉林省发改委工程研究中心1个、吉林省中医药管理局研究室3个、吉林省科学技术协会科技智库基地1个和吉林省中青年科技创新领军人才及团队1个，申报并获批蒋剑春院士工作站。获授权发明专利24项，全年投入经费3000余万元，与江苏大学签署科研与研究生教育合作协议。学报学术影响力明显提升，自科版获“2018年度中国高校优秀科技期刊”奖、连续8年入选“中国科技核心期刊”名录，社科版入选中国社会科学评价研究院“2018年度中国人文社会科学期刊AMI综合评价”A刊扩展版。

学生管理。推进“阳光心理·青春健康”工程建设，开展“青春健康高校行”特色项目建设。成立川渝校友会，举办校友体育嘉年华活动。加强学生考风考纪和诚信教育，开展学生安全隐患排查，强化学生日常管理。年内，被教育部认定为2018“国防教育特色学校”；获评“2015—2018年度全国大学生心理健康教育先进集体”，获批中国计生协和吉林省计生协两级青春健康高校行项目并获支持经费25万元；在全国第五届“助学·筑梦·铸人”主题宣传活动中获优秀组织奖（吉林省属唯一获奖高校），在吉林省第六届辅导员职业能力大赛中获优秀组织奖。

招生就业。举办吉林省第十五届全国高校招生宣传咨询会，在全省22所重点高中开展校园招生咨询活动，建立战略合作校16所。2018年，招生录取6661人，其中重点线上考生由2014年83人增加至432人。为学生提供就业岗位9万余个，就业率85.3%。通过创客空间孵化，协助学生注册公司13个。学校获吉林省人力资源和社会保障厅举办的“返乡创业，脱贫攻坚”主题社会实践活动优秀组织奖，3支团队获得二等奖，9支团队获得优秀奖。（李 劲）

【东北电力大学】 是吉林省重点大学，中华人民共和国成立后建立的第一所电力工科学校。有14个学院，46个本科专业，涵盖工、理、管、文、法、经、教育、艺术8个学科门类。是博士学位授权单位，有电气工程、动力工程及工程热物理、控制科学与工程3个博士学位授权一级学科，1个博士后流动站。具有硕士研究生推免权，有14个硕士学位授权一级学科，涵盖58个硕士学位授权二级学科，有9个硕士专业学位授权类别。拥有吉林省特色高水平学科9个。其中，一流学科4个，优势特色学科4个，新兴交叉学科1个。有全日制在校生2万余人。

有国家级特色专业5个，国家级精品课程4门，国家级实验教学示范中心2个，国家级虚拟仿真实验教学中心1个，吉林省实验教学示范中心10个。是国家大学生文化素质教育基地、全国社会体育人才培训和科研基地、首批国家级工程实践教育中心建设单位、“卓越工程师教育培养计划”试点高校和国家级专业技术人员继续教育基地。

有国家地方联合工程实验室2个，国家大学科技园1个，教育部重点实验室（工程研究中心）2个，吉林省重大需求协同创新中心4个，吉林省院士工作站1个，省级重点实验室、研究中心、文科基地等26个。学校承担包括国家科技部重点研发计划、国家973计划项目、863计划项目、国家科技支撑计划项目、国家科技重大专项、国家重大科学仪器设备开发专项、国家自然科学基金重点项目等各级各类科研课题1800余项，获国家科技进步二等奖3项，省部级及以上科研成果奖143项。

师资队伍。学校有教职工1400余人，拥有高级职称人员500余人。其中，中国工程院院士3人（双聘），国家万人计划第一批人选2人，全国杰出专业技术人才2人，国家级有突出贡献的中青年专家3人，国家杰出青年科学基金获得者1人，百千万人才工程国家级人选5人，国务院政府特殊津贴获得者36人，国家级教学名师1人。拥有“教育部长江学者和创新团队发展计划”创新团队2个，国家级教学团队2个，首批“全国高校黄大年式教师教学团队”1个。

教育教学。持续深化教学改革与建设，学校获省教学成果奖11项。其中，一等奖2项、二等奖3项、三等奖6项。获批省级教改项目47项，其中重点课题11项。学校12个专业入选吉林省特色高水平专业。其中，10个专业入选A类建设项目，2个专业入选B类建设项目。申报财务管理、思想政治教育、金融工程和机器人工程4个新专业。持续推进在线开放课程建设，《运筹学》被认定为省本科高校精品在线开放B类课程。《大学语文》获评省课程思政教学改革“学科育人示范课程”。学校获批省创新创业教育改革试点专业1个、示范课程2门、教改项目1项、大学生创新创业基地1个。获批大学生创新创业训练计划国家级项目50项，省级项目124项。学校学生在各类学科竞赛中获省级及以上奖384项。学校龙舟队在国际国内各项赛事中获冠军17次，亚军20次，其中代表国家征战“2018第十三届亚洲龙舟锦标赛”，获3枚金牌、3枚银牌。

学科建设。2018年，新增博士学位授权一级学科1个，硕士学位授权一级学科3个，硕士专业学位授权类别1个。获批省“十三五”特色高水平学科9个，其中一流学科A类1个，一流学科B类3个，优势特色学科A类1个，优势特色学科B类3个，新兴交叉学科1个。结合学科发展实际，调整部分学科专业，优化学科专业结构。开展学科建设规划编制工作，明确各学科建设目标和建设内容。

科研工作。教授穆钢获得2018年度省科学技术特殊贡献奖。学校获得吉林省科学技术奖13项。其中，一等奖1项，二等奖6项，三等奖6项。东电科技开发总部获得2018年度省科技成果转化贡献奖（单位奖）。李国庆科研团队有7篇学术论文入选基本科学指标数据库（ESI）高被引论文（1%）。获批国家级科研项目28项。其中，国家自然科学基金项目17项，国家社会科学基金3项。作为参加单位承担2018年度国家重点研发计划项目课题6项、智能电网联合基金集成项目1项、国家自然科学基金重点项目1项，学校全年科研经费合同总额大幅增长。推进科研平台、团队建设，“现代电力系统仿真控制与绿色电能新技术”教育部重点实验室、“油页岩综合利用”教育部工程研究中心通过验收。获批立项建设省工程实验室1个、省科技创新中心1个、省高校重点实验室2个。大型仪器设备共享系统进入试运行阶段。“电力系统安全运行与节能技术”“可再生能源联网安全分析与控制”2支科研团队获评吉林省“黄大年式科研团队”，“综合能源系统创新团队”入选省中青年科技创新团队。学校科技园被认定为省第二批大众创业万众创新示范基地，成功加入中国大学科技园联盟。

招生就业。2018年，学校录取硕士研究生811人，博士研究生22人。制定出台《硕士研究生招生初试自命题工作管理规定》《研究生学位论文评审管理办法》，为保证硕士研究生入学质量、提升研究生学位授予质量奠定基础。新增博士研究生指导教师3人、硕士研究生指导教师48人。录取本专科生4600人，本科第一批次录取省份增至21个。制定《东北电力大学大类招生培养改革工作方案》，推动大类招生试点工作。全年邀请用人单位700余家，举办校园专场招聘会392场，发布招聘信息1065条，2018届毕业生就业率在90%以上。与国家电网信通公司北京分公司、辽宁省鞍山市人才办、泰康保险公司等达成合作协议，稳步推进校企合作。学校入选吉林省首批高校大学生就业创业指导服务站。

开放合作。国际合作日益活跃。响应国家“中芬冬季运动交流年”号召，与芬兰凯萨卡里奥体育学院合作成立中芬冰雪体育器械研发中心、中芬体育职业培训中心。获批开设国家留学基金委本科学术互认课程（ISEC），为提高学校教育国际化水平奠定基础。学校28名教师获国家公派项目资助出国研修；派出出国（境）学习交流学生86人；与美国北阿拉巴马大学等国外4所高校签订合作交流协议；获批吉林省引进国外智力项目3项。邀请两院院士、国内外知名专家到校举办学术讲座43场。承办学术会议4场，其中国际学术会议2场。举办“三省一区一校”电力系统科技交流年会。 （胡倚石）

【吉林化工学院】 成立于1958年，被誉为“共和国化工人才的摇篮”。有吉林省特色高水平一级学科5个。有全日制在校学生1.65万人，专业设置涵盖理、工、经、管、文、医6个学科门类，开设48个本科专业、5个卓越计划专业、1个中外合作办学专业、13个高职专业，硕士学位授权一级学科4个，专业硕士授权点1个，形成硕士、本科和高职多层次办学格局。化学、动力工程及工程热物理、材料科学与工程、控制科学与工程、环境科学与工程等优势学科在省内具有重要的影响力。是国家“卓越工程师教育培养计划”高校，有教育部综合改革试点专业1个，国家级特色专业2个，吉林省品牌专业、特色专业、转型改革试点专业18个，吉林省特色高水平专业6个，吉林省创新创业教育改革试点专业1个，国家级校外实践教育中心1个，省级校外实践教育中心2个，省级实验教学示范中心6个，省级大学生创新实践示范基地1个，省级人才培养模式创新实验区5个。2018年获国家级教学成果一等奖1项、省级教学成果奖7项。

坚持特色发展，有吉林省特色高水平学科5个，省级科研平台16个，省级大学科技园1个，省级产学研合作示范基地1个，省级协同创新中心1个。实施科研提升工程，在化工过程的模拟与分析、换热网络优化与节能等研究领域填补省内空白，在国内具有广泛影响；在精细化学品开发、无损检测、流体密封、水污染控制新技术、航空维修等研究方向具有明显优势。

实施人才强校战略，拥有国务院政府津贴获得者1人，教育部新世纪优秀人才支持计划入选学者1人，吉林省第三批“长白山学者”特聘教授1人，吉林省“长白山技能名师”1人，吉林省普通本科高等学校教学指导委员会委员7人，吉林省有突出贡献的中青年专家、拔尖创新人才、教学名师等22人次。1名教师获得“吉林好人·最美教师暨黄大年式好老师”。

教育教学。2018年，5个一级学科获批省“十三五”特色高水平学科，材料科学与工程学科获批硕士学位授权点。完成教育部控制工程领域专业学位授权点专项评估。在化学工程与技术一级学科下增设化工经济贸易、化工企业管理两个二级学科方向，通过教育部备案。年内，获国家级教学成果一等奖1项、省级教学成果奖7项。获批省级教育教学改革项目18项。获评省特色高水平专业6个、创新创业教育改革试点专业1个。国际经济与贸易等4个专业参加省专业综合评价，取得1个A类和3个B类成绩。制药工程专业通过教育部工程认证，获有效期6年。过程装备与控制工程专业申报工程教育认证获得受理。加强课程和团队建设，获评省本科高校精品在线课程2门、省创新创业教育示范课程3门。教师参加省微课教学大赛及学校授课大赛，提高教学能力。石油化工工程应用创新训练中心获批吉林省高等院校工程创新训练中心。学生在“互联网+”等创新创业大赛中获省级奖22项，优秀组织奖2项。在各级各类学科竞赛中获奖180项。其中，国家级奖10项，省级奖170项。

科学研究。2018年，获批国家自然科学基金项目5项、省部级项目13项、市厅级项目45项，获得省科技进步二等奖2项、三等奖3项，申请专利公开77件、授权38件，全年科研经费到款额1290万元。实施科研项目支持提升计划。遴选学校科研项目38项进行重点培育，学校投入科研发展基金272万元，支持国家级省级重点研发项目开展。吉林省精细化工重点实验室通过考核评估，依托学校成立吉林省社会科学院老工业基地转型升级研究基地。年内获科研平台类专项支持298万元。与中国石油吉林石化公司等5家单位签署科技合作协议。举办全国化工高校党委书记校长高峰论坛等25场次大型学术活动。

招生就业。2018年，录取本专科学生4447人。优化就业工作体系，拓宽就业渠道，举办吉林省优势特色产业人才供需洽谈会，毕业生一次就业率89.49%，位居省内高校前列。 （鲁 美）

【吉林医药学院】 1952年建校，前身为中国人民解放军第四军医大学吉林军医学院。2004年8月，学校由军队整体移交吉林省，成为省属公办高等学校，是吉林省唯一独立设置的西医本科院校，也是吉林省硕士学位授权单位立项建设A类高校。学校位于吉林市吉林大街5号，占地面积52.73万平方米，建筑面积27.42万平方米，固定资产10.51亿元，教学、科研仪器设备总值2.14亿元。馆藏纸质图书91.73万册，中外文数据库25个。开设20个本科专业，6个专科专业，分布于医、理、工、管4个学科门类。有全日制在校生9923人，其中临床医学专业留学生345人。毕业生初次就业率保持在85%以上。有国家级特色专业1个，吉林省高水平特色专业A类2个，省级特色专业4个，省级品牌专业建设点2个，省级人才培养模式创新实验区3个，省级黄大年式教师团队1个，省级优秀教学团队9个，首批国家虚拟仿真实验教学项目1个，省级实验教学示范中心4个（建设单位2个），国家精品资源共享课1门，国家级精品课程1门、国家精品在线开放课程1门，省级精品课程16门，省级精品在线开放课程6门；获吉林省教学成果奖一等奖2项。学校是全国科普教育基地、首批中医类别实践技能考试11个国家基地之一、国家执业医师考试吉林省基地。

师资队伍。校本部有教职工681人，专任教师455人（含聘用制）。其中，兼职博士研究生导师2人，硕士研究生导师45人，硕士及以上学位教师302人，高级职称200人。拥有新世纪百千万人才工程国家级人选1人、全国优秀科技工作者1人、享受国务院政府特殊津贴专家1人、教育部新世纪优秀人才支持计划人选1人、教育部高等学校教学指导委员会委员1人。

教育教学。年内，出台《课程思政教学改革试点工作方案》，立项省级学科育人示范课程2个。制定《"学习筑梦"思想政治理论课选修课实施方案》，印发《产学合作育人课程（项目）管理办法（试行）》，获批教育部产学合作协同育人项目1项。立项教研课题53项、结项33项。获批国家级虚拟仿真实验教学项目建设项目1项，获得吉林省高等教育教学成果一等奖1项，实现历史性突破。修订人才培养方案和教学大纲（2018版），组织申报儿科学专业，获批医学信息工程专业。加强校企合作、推进协同育人，与美康生物科技公司共同培养检验专业人才；与青软实训教育科技公司开展医学信息工程专业人才培养。获批省高等学校工程创新训练中心1个、校企合作开发立项建设课程1门。获批省级精品在线开放课程A类4门、B类2门，基础护理学本科课程入选国家级精品在线开放课程。临床医学与药学专业获批为省级特色高水平专业A类建设项目。主编、副主编省部级规划教材14部。增设教学医院2家，增开异地小班教学点2个，召开临床教学工作会，举办"巨成杯"技能竞赛。附属医院获批国家临床实践教学示范中心，学校获全国高等医学院校大学生临床技能竞赛东北华北赛区一等奖和国赛三等奖。创新创业教育成果丰硕。建成大学生创新创业综合实训基地，获评吉林省高校创新创业教育改革试点专业3个、示范课程2个。获批"大学生创新创业训练计划项目"国家级30项、省级20项。获"互联网+"大学生创新创业大赛省级金奖1项、银奖3项、铜奖12项。开展创新创业活动月、科技月和吉医求知创业讲堂等活动40余场。

科学研究。临床医学学科、药学学科被直接认定为吉林省特色高水平学科优势特色学科A类、优势特色学科B类。修订《吉林医药学院新增硕士学位授予单位立项建设规划（2017—2020年）》，成立硕士学位点确认工作领导小组，统筹推进"临床医学、药学、预防医学"三个一级学科硕士学位授权点的确认准备工作。完善研究生培养管理体系，与延边大学等联合招收硕士研究生15人，毕业4人，其中1人获延边大学优秀硕士毕业生，在读人数增至57人。高质量完成研究生毕业论文开题和答辩工作。立项纵向科研项目80项。其中，国家自然科学基金重大项目1项、教育部人文社会科学项目1项，实现历史性突破；立项项目数比2017年增长11.1%，科研经费376.5万元。发表科研论文662篇。其中，SCI收录检索论文24篇、EI论文1篇、重要及核心期刊论文124篇。获授权发明专利4项、实用新型专利30项。获吉林省科学技术奖三等奖2项、吉林市第八届自然科学学术成果奖一等奖3项。"抗体工程科技协同创新中心"获批吉林省科技创新中心，上拨经费50万元；获批吉林省中医药管理局实验室11个，其中重点研究室5个；立项建设校级科研平台12个，逐步构建起省、校科研平台分层建设体系。

附属医院。学校附属四六五医院占地面积4.43万平方米，资产总额3亿元，医院编制床位数500张，大中型医疗设备800余台（件），是首批国家临床教学培训示范中心、国家住院医师规范化培训基地、吉林市区域医疗中心和多地定点医疗单位。2018年，落实公立医院改革要求，推进全员绩效考核管理，制定医院章程，修订医疗质量安全制度18项。诊疗能力和经济效益显著提升，年门急诊31.78万人次，比2017年增长8.42%，住院总人数2.2万人次，比2017年增长4.2%；全年总收入3.01亿元，比2017年增长19.84%，创历史新高。通过省三级医院综合执法监督检查、医疗机构评价考核和大型医院巡查等多项考核，获批首批国家临床实践教学示范中心，吉林省仅有两家；获国家呼吸与危重症医学科规范化建设单位、全省优质护理服务优秀医院，服务质量、社会效益、经济效益全面提升。（孙国庆）

【吉林农业科技学院】 是吉林省省属公办全日制普通本科高校，建有九站和左家2个校区。学校是教育部专业综合改革试点院校、国家级卓越农林人才教育培养计划改革试点院校、吉林省首批整体转型试点院校。占地面积198万平方米，建筑面积34.9万平方米，教学科研仪器设备总值达1.51亿元，学校资产总值近10亿元。图书馆中外文纸质藏书101万册，电子图书总量达60.2万册，中外文数据库19个。学校有11个教学院（部），42个本科专业，15个专科专业。建有省级重点学科3个，省级高水平学科2个、省级高水平新兴交叉学科1个、国家级特色专业1个、国家级专业综合改革试验点专业1个、国家级卓越农林人才教育培养计划改革试点专业1个、吉林省创新创业教育改革试点专业1个、省级卓越工程师教育培养计划专业2个、省级品牌专业2个、省级特色专业5个、省级高水平专业4个、吉林省本科高校应用型专业（群）校企合作综合改革专业2；吉林省高等教育研究基地1个、省级人文社科研究基地1个、省级人才培养模式创新实验区4个、吉林省大学生校外实践教育基地2个、吉林省首批大学生创新创业示范基地1个。2018年，学校被确立为全国科普教育基地和国家级食物与营养教育示范基地。有全日制在校生近12000人，成人学历教育函授生1000余人。2018年，学校先后与澳大利亚西悉尼大学等5所海外院校建立合作关系，选派13名教师赴英美等国家访问学习，组织完成7批48名学生赴国（境）外学习选拔派出工作，新录取留学生21名。

师资队伍。学校有教职工827人，教授73人、副教授217人，博士135（含在读）人、硕士542人。"双师型"教师241人，国家第三批"万人计划"科技创新领军人才1人，黄炎培职业教育杰出教师1人，吉林省拔尖创新人才3人，省级教学名师6人、吉林省有突出贡献中青年专业技术人才2人、吉林省"双百人才”3 人，省级科技创新团队 1 个、优秀教学团队 6 个。

教育教学。2018 年，学校召开第五次教学工作会议，制定转型发展评价标准，9 个学院均成立校企合作人才培养理事会。制定《吉林农业科技学院建设特色高水平应用型本科教育行动计划》，提出建设特色高水平应用型大学的发展目标。完成 98 门课程的课堂教学改革立项工作，2 门课程被评为省级创新创业教育示范课。立项全国教育科学规划课题 2 项，立项省高教学会等省级教研课题 100 项。承办“第十四届 ERP 沙盘模拟”吉林省选拔赛，举办第十四届全国大学生“新道杯”沙盘模拟经营大赛吉林省赛区总决赛；学科竞赛获得国家级奖项 74 项、省级奖项 202 项，其中在第九届全国高等院校企业竞争模拟大赛获得特等奖，在吉林省第四届“互联网 +”大赛中实现金奖零的突破。学校动物医学、中药资源与开发 2 个专业被评选为吉林省 A 类“十三五”特色高水平专业建设项目；野生动物与自然保护区管理、园艺 2 个专业被评选为吉林省 B 类“十三五”特色高水平专业建设项目；财务管理专业被评为省级创新创业教育改革试点专业；兽医学、作物学被评为省级优势特色重点学科（B 类），数字农业被评为省级新型交叉学科。

科研工作。年内，学校完成校级重点学科 10 个培育项目验收和校级第四轮校级重点学科、科研平台及科技创新团队遴选工作，作物遗传育种工程研究中心获得省发改委立项批准。学校获批国家自然基金、教育部、省科技厅等项目 122 项，首次立项农业部粮丰工程项目 1 项，首次立项哲学社会科学规划基金重点课题 1 项，首次单项科研经费突破 100 万元，首次横向课题经费突破 200 万元，首次科研经费突破 1000 万元。发表核心以上论文 140 篇，获得实用新型专利 35 项，软件著作权 11 项。获得吉林省科学技术奖 6 项。其中，自然科学奖三等奖 1 项，科技进步奖二等奖 3 项，科技进步奖三等奖 2 项。

社会服务。制定《吉林农业科技学院乡村振兴战略行动计划》，成立吉林省农民商学院等 5 个研究院（中心），召开助力乡村振兴工作推进会；21 名教师获聘 12582 三农综合信息服务平台专家；成人函授教育在学规模突破 1000 人；承担吉林省 1200 名村级干部培训任务，完成中小学校食堂营养配餐员、农药经营管理、农机管理与服务、农业职业经理人、农业技术推广等各类培训 65 期，培训学员 6000 余名。

学生管理。制定《吉林农业科技学院关于深入推进“一导二师三保障”育人模式指导意见》等文件，全校聘任专业导师和思政导师 326 人。率先在省内高校出台《第二课堂学分认定管理办法》，58 名同学参加西部计划，居全省高校之首。获得全国第四届志愿服务项目大赛国赛银奖 1 项，获得第九届中国高等农业院校大学生田径运动会男女团体总分第七名，获吉林省第五届大学生艺术展演一等奖，获吉林省第六届辅导员职业能力大赛三等奖 1 项，获吉林省“青年大学习”知识竞赛二等奖 1 项。承办 2018 年“吉人生根工程”全省政校企人才交流对接会首场会议，召开助力乡村振兴“3+1”人才校企对接会，2018 届学生就业率为 90.97%；获第五届吉林省“吉人梦想杯”创业就业大赛一等奖 1 项、二等奖 1 项、三等奖 2 项，获吉林省“创青春”大学生创业大赛铜奖 5 项。

（王合峰　丁雨函）

【吉林电子信息职业技术学院】 是国家教育部备案、吉林省教育厅直属的高职学院，吉林省示范性高职学院。有 2 个校区，总建筑面积近 16 万平方米。教职工 485 人。其中，教授 37 人，副教授等副高级职称的教师 109 人，享有国务院特殊津贴人员 2 人，长白山技能名师 10 人，宝钢教育奖优秀教师 2 人，吉林省黄炎培职业教育奖杰出教师 1 人，省级教学名师 2 人，吉林省优秀教师 1 人，吉林省职业教育先进个人 2 人，“双师型”教师 158 人，省级优秀教学团队 6 个。学院设有财经学院、电气工程学院、机械工程学院、建筑工程学院、汽车工程学院、现代服务学院、信息技术学院，思想政治理论课教学部、体育部、创新创业与素质教育中心和冶金研究所，共 7 个二级院、2 个教学部、1 个中心、1 个研究所、11 个教学单位，在校生近万人。

教育教学。新增城市轨道交通机电技术、无人机应用技术、黑色冶金技术 3 个专业。开设汽车检测与维修技术、汽车营销与服务等 2 个中外合作办学专业。学院被确定为教育部第三批现代学徒制试点单位。学院第四轮人才培养方案修订工作正式启动。牵头成立吉林省移动通信行业教育教学指导委员会、吉林省电子商务行业教学指导委员会。新建校企协同育人会计综合实训基地、焊接实训基地等 16 个实训场所。在吉林省高等院校应用型教育微课教学大赛中，获得一等奖 2 项、三等奖 5 项，3 名教师获得优秀评委奖，学院获得优秀组织奖。智慧树 MOOC 在教学管理、学情分析、成绩核定等方面得到广泛应用，学生参与课程学习达 1.8 万人次。12 门课程实施课程思政教学改革试点建设，其中 2 门课程被省教育厅确立为省级“学科育人示范课程”立项建设项目。获得省级教学成果奖一等奖 1 项、三等奖 2 项。承办 2018 年全国职业院校技能大赛高职组计算机网络应用赛项和吉林省职业院校技能大赛 11 个赛项。获得全国职业院校技能大赛奖项 6 项，其中一等奖 1 项、二等奖 3 项、三等奖 2 项，特别是计算机网络应用赛项为一等奖第一名；获得吉林省职业院校技能大赛奖项 62 项，其中一等奖 12 项、二等奖 23 项、三等奖 27 项，获奖总数位列全省第二名。61 名 2018 届毕业生通过“统招专升本”考试走进本科院校，实现学历提升。2018 届毕业生平均薪资在 4000 元以上，教学培养和就业现状满意度较高。全年确定省级教科研立项 34 项，市级、院级立项 50 项，参与立项 200 人次。获批省科技厅 2019 年科技计划项目 1 项，取得项目经费资助 30 万元。完成省级项目结题 24 项，市级、院级项目结题 8 项。组织申报吉林市社会科学优秀成果奖、第十五届高教科研成果奖、吉林省自然科学学术成果奖等教科研成果评选活动，获得奖项 8 项。

招生就业。全年单招、秋招、转段、对口等形式，新招学生 3166 人，报到率 96%，全额完成省内招生计划，招生规模保持稳定。与中国一汽、中车长客、建龙钢铁等单位就业合作关系保持稳定，开拓新增三一重工、唐山机车、中国铁路总公司“首长专列”等就业单位 50 余家，为学生提供就业岗位 2 万个，2018 届毕业生签约就业率 83.93%。

学生管理。加强辅导员和班主任队

伍建设，完善奖助贷工作体系，超额完成征兵工作任务。学生日常管理和公寓管理得到加强，心理健康教育工作呈现亮点，学院获得中国心理卫生协会大学生心理咨询专业委员会2015—2018年度大学生心理健康教育工作先进集体。社团文化节、校园文化节、“三走”课外体育锻炼等丰富多彩的品牌特色活动蓬勃开展。成功承办中央音乐学院交响乐团“高雅艺术进校园”专场演出。团委微信公众号关注量8600余人，阅读量近18万人次。（杨　爽）

【吉林铁道职业技术学院】 是省属公办全日制高等职业院校，也是吉林省唯一以铁道类专业为主的高等职业院校。占地面积87公顷，建筑面积24.18万平方米，资产总值12.5亿元。学院设有铁道运输、铁道信号、铁道工程、铁道机车、铁道车辆、城市轨道交通、电气工程、机械工程、管理和东北亚高铁学院10个分院，以及马克思主义学院、基础部、体育部等教学单位，并设立培训、继续教育、国际交流3个中心。有以铁道类、城市轨道交通类专业为主、社会通用专业为辅的40个专业。2018年，铁道信号分院铁道信号教工党支部被评为首批全国党建工作样板支部，是全省唯一入选的高职院校，实现党建工作获得国家级荣誉零的突破。征兵工作全省第一。学院团委获省、市“五四红旗团委”称号。

教育教学。推进教学诊改和数字化校园建设，加快教学改革和信息化平台建设，启用校园OA服务系统。获得吉林省教学成果奖特等奖一项、二等奖一项、三等奖三项。获得全国“第六届黄炎培职业教育奖”优秀学校奖，当选为中国职业技术教育学会理事单位，是吉林省唯一入选高职院校。入选教育部第三批现代学徒制试点。启动吉林省现代职业教育示范校建设，全国职业院校交通运输大类2个示范专业点、教育部和省现代学徒制3个试点专业、省高水平6个专业（群）的建设。在中国职业教育创新创业大赛首次入围国赛并获得铜奖。在团中央挑战杯创新创业大赛中获得二等奖，吉林省“互联网+”大学生创新创业大赛中获得三等奖。首次承办全国职业院校技能大赛，并取得一等奖第一名的成绩。成功承办吉林省职业院校技能大赛。

校企合作。创办“李万君大国工匠班”，组建杭州地铁订单班。共建吉铁—友道产教融合实训基地，实现有企业资金投入的校企深度合作。学院有40个专业与企业建立深度合作关系。吉林铁道职业教育集团被评为吉林省现代职业教育示范性职教集团。

国际合作交流。与俄罗斯交通大学合作创办的中外合作办学机构——东北亚高铁学院获得省政府批复。召开全校提升中外合作办学质量大会。首次举办“国际工匠夏令营”。举行东北亚高铁学院揭牌仪式暨2018级新生开学典礼，中外合作办学学生规模超过2000人。继续与北京交通大学开展国际人才联合培养项目，培养来自肯尼亚等12个国家的留学生63名。

招生就业。2018年，学院单独招生全省报名人数最多，高考招生省内上线率300%，首次超过1万人，实现零的突破。积极开拓毕业生就业市场，就业工作保持向好。全年组织专场招聘会60场次，提供工作岗位4200余个，2018届毕业生就业率93.97%。（柳　阳）

【吉林工业职业技术学院】 是国家公办、教育部备案、隶属吉林省教育厅管辖的吉林省普通高等学校。有教职工317人，专任教师282人，教授26人，副高级专业技术职务人员84人，具有硕博学位教师220人，有140名教师获得吉林省职业院校“双师型”教师职业资格证书，被吉林省教育厅认定为“双师型”教师。长期聘用“能工巧匠”14人，长白山技能名师2人，省优秀教学团队7个，行业教学名师6人，全国化工高职教指委成员13人。在校生4900人。开设有装备制造大类、生物与化工大类等11个专业大类27个专业类50个专业。其中，国家示范专业4个，省示范专业2个，省特色专业7个，省品牌专业群3个，省高水平立项建设专业12个；国家级现代学徒制试点专业1个，省级现代学徒制试点专业2个；建有国家级精品课2门，省精品课13门，省优秀课23门，教育部高职高专教指委精品课2门。制定国家级专业教学标准1个。参与国家专业教学资源库建设3个。获国家级教学成果奖1项，省级教学成果奖8项。

2018年，吉林化工职业教育集团获批建设吉林省2018年度职业教育示范性职业教育集团，学院智能制造创新应用训练中心被评为吉林省高等职业院校工程创新训练中心，学院获得“中国石油和化学工业院校文化建设先进单位”称号，“以素质教育为核心的高职课程改革实践探索”项目获吉林省教学成果奖一等奖，学院获得吉林省首届黄炎培职业教育奖优秀学校奖。开发建设吉林市职工职业技能培训基地，获批建设教育部第三批现代学徒制试点校。在第四届吉林省“互联网+”大学生创新创业大赛中，竞赛总成绩位居高职院校第一名。学院在2018年全国高职校联会议上发布的《满意度调查报告》中，教育质量指数、教育公平指数、教育环境指数均居全国20强。

教学科研。新建8个专业，推进8个吉林省普通高等学校高水平专业（群）建设计划A类专业（群）和4个B类专业（群）建设。有校内实训基地（实训室）152个，学院智能制造创新应用训练中心获批立项建设“吉林省高等职业院校工程创新训练中心”。成功申报全国第三批现代学徒制试点专业。全年获吉林省教学成果奖一等奖1项、二等奖1项、三等奖3项。科研项目立项10项、获批专利9项、获得各级各类科研奖项9项。

招生就业。2018年，与24家大型企业持续推动“订单培养”合作。邀请用人单位300余家，组织专场招聘会265场，2018届毕业生就业率93.96%，位居省内前列。面向2019届毕业生，邀请用人单位200余家，组织专场招聘会150场，毕业生签约率69.70%。2018年，报考学院人数2226人，比2017年增长42.05%。

社会服务。落实协同育人机制，开展校企合作、中高职衔接合作、行业合作，开办冠名班、定制班、订单班19个，与社会力量共建深度合作校外实训基地83个，举办中高职衔接暨产教融合助力吉林振兴研讨会，承办吉林省化工学会年会，吉林化工职业教育集团获批立项建设“吉林省2018年度职业教育示范性职业教育集团”。获得化工行业协会批准，和吉化共同建设国家开放大学；获批省安监局“特种行业作业人员上岗操作考试中心”。面向社会企业提供技术技能培训和技能鉴定考试服务，面向本科高校提供实习基地共享培训。

技能竞赛。承办全国石油和化工高职院校化学制药技术技能大赛、吉林省职业院校技能大赛和吉林市职工职业技能大赛。学生在各类大赛中获得国家级一等奖1项、二等奖7项、三等奖5项，省级一等奖9项、二等奖32项、三等奖25项。（张 墨）

民族教育

【概况】 至2018年年末，全市有民族中小学校10所。其中，朝鲜族完全中学5所、朝鲜族小学5所。有在校学生2009人，教职工810人。有3所独立的朝鲜族幼儿园和3所校带幼儿园，朝鲜族幼儿1096人。

【学生生涯规划】 2018年，吉林市民族教育高中学校加大生涯规划力度，普遍通过心理健康教育课培养学生健全人格，开发学生潜能，奠定学生终身发展心理基础。通过具体实践活动方式，如研学旅行、组织社团活动，培养学生适应社会和积极的自我信念。学校也求通过安排相关教师出外培训、会后交流等方式提高学生生涯规划指导师职业素养。

【“小班化”教学】 通过培训提升“小班化”教学师资水平，组织吉林市民族中小学教学管理干部和骨干教师赴南京市开展“小班化”教育研培活动。举办全市朝鲜族中小学“三语”基本功竞赛指导教师培训会，交流吉林市双语教育教学成果和民族教育品牌建设成就。通过开展活动促进“小班化”教学质量提升。承办全省小学朝鲜语文发展核心素养阅读教学研讨会。在吉林市朝鲜族中学举行吉林市朝鲜族中学“小班化”教学生本课堂教学模式展示和推广主题交流日活动，吉林市朝鲜族中学自主创新学习、小组交流合作、教师精讲点拨等教学环节上成果得到展现。举办吉林市第六届朝鲜族幼儿“双语”讲故事表演大赛。

【吉林市朝鲜族中学】 校园占地面积27803平方米，建筑面积15791平方米，运动场地11084平方米。学校有18个教学班。其中，高中教学班9个、初中教学班8个以及1个留学生班。在校学生472名。其中，高中241名、初中231名。学校有121名教职工。其中，正高级教师1名，高级教师44名，获省级以上荣誉者32人次名，获市级荣誉者112人次，星级教师7名，每年度获市级以专业、德育、综合类奖励20人次以上。

课堂教学。学校推行“小班化”教育教学课堂改革，打造生本课堂。以发展学生思维能力为核心，通过“精讲点拨、自主学习、交流提升、当堂检测”四阶段教学为依托的教学方式进行课堂教学模式改革，把传统“老师教的课堂”变为“学生学的课堂”，提升学生自学能力，提高教育教学质量。2018年，高考重点率、普本率分别达到48%和90%以上，三本率100%，真正实现“低进高出、高进优出”办学目标。2016年，宋琴香以总分712分获吉林省高考理科第一名，2017年，裴海彤以679分获吉林省高考文科第一名，2018年，金春兰以648分获得吉林市文科第一名。

教学活动。2018年，搭建培训平台，参加国家级培训3人次、省级培训20人次，市级培训200余人次，组织近50名学校领导、骨干教师、班主任赴安徽毛坦厂中学、河北衡水中学进行学习。教学工作中注重课改细节化管理，2018年民族教育名优教师示范引领研训活动暨星级教师展示课中，通过着重落实规范教学行为、提倡有效利用课前两分钟，推进新一轮教学改革，培养学生良好学习习惯养成工作计划；通过校内教学展示课和组内汇报课，使每位教师对学校教学模式、教学案规范精细化书写有深层次认识。在民族教育名优教师示范引领研训活动暨星级教师展示课中，朝鲜族中学新一轮教学改革中课前两分钟有效应用与高中教学注重自主学习与精讲点拨相结合的教学模式得到一致认可。

德育工作。深化全员育人导师制，每位教师包保若干名学生，实行不间断亲情（友情）跟踪。挑选17位年青教师担任副班主任，在班主任培训或生病时及时补位，确保班级管理连贯性。通过主题教育月活动对学生进行重点教育，按学校实际工作确定8个月主题，涵盖学生素质教育全部内容，利用班会落实主题，通过走廊展示栏展现主题。开展多种形式主题综合教育实践活动，通过以重大节日为节点的感恩教育、利用优质家乡资源的家国情怀教育、以军事消防训练为内容的意志品质教育等30余个主题，有效提升思想素质教育的灵活性、实效性。

科研工作。围绕新时期教育工作精神和新课程改革精神，立项审批省级规划课题1项，省学会课题2项，国家级小课题6项，完成1项省级规划课题、吉林市校本五期科研课题结题工作，在课题研究过程中解决学校教育教学中存在的实际问题，服务课堂教学改革。

特色活动。舞蹈社团的经典舞蹈《刀之韵》获评吉林市非物质文化遗产并在吉林市中小学生艺术节活动中获一等奖，受邀作为全省唯一一个朝鲜族学校参加吉林省第二届少数民族文艺会演，获专业组优秀奖；校足球社团球员代表学校参加吉林市足协杯足球赛，初中组获得冠军，高中组获得第五名；读书社团学生参加市级征文比赛和演讲比赛，均获得优异成绩。结合教育教学进度开展学科竞赛，初中学生参与学科竞赛覆盖率100%，高中学生80%

（李成库 王 茜 贾 巍）

特殊教育

【概况】 至2018年年末，吉林市有特殊教育学校10所，教职工369人，其中专任教师327人。在校生1074人，2018年招生230人，毕业生120人。

【教学管理】 开展县（市）区特殊教育学校视导，对教学计划、教学常规落实情况进行检查。通过教师“大练兵大比武”活动，提升教师教学能力。吉林市教育局下发《吉林市教育局关于开展第28次“全国助残日”活动的通知》，开展助残活动。5月17日，吉林市教育局在吉林特殊教育实验学校举办“庆祝第28次全国助残日”主题活动，得到政府和社会各界爱心人士高度关注。为不能到校就读的重度残疾儿童少年提供送教上门或远程教育服务，并纳入学籍管理。年内，通过送教上门使279名学生接受到在校同等优质教育。（李成库）

6月29日，吉林市第六届朝鲜族幼儿双语讲故事表演大赛在舒兰市朝鲜族实验小学附属幼儿园举行。图为比赛现场（市教育局 供图）

社会教育

【终身教育体系建设】 吉林市职业教育开设现代农艺技术、汽车维修、焊接技术、机械加工、农机修理、家政服务、计算机技术、电子商务、法律知识9个服务农村新生劳动力转移就业、扶贫富民的特色专业，开展对农村贫困劳动力和富余人员技能培训5630人次，接收来自吉林省15个贫困县及吉林地区家庭经济困难学生377名，招收青年农民151人，招收退役士兵206人。

2018年，吉林市被中国成人教育协会评为“成人教育活动周”先进单位；桦甸市被教育部评为全国第五批“农村职业教育与成人教育示范县试点单位”；龙潭区被评为“全国数字化学习先行区”；丰满区幸福里“‘善德’文化学堂”被评为国家级成人教育学习品牌，受到全民终身学习活动周工作小组全国通报表彰；桦甸市“爱华讲堂”等4个学习项目被评为省级成人教育学习品牌；吉林广播电视大学等10个单位被评为省级“成人教育活动周”先进单位；另外9人被评为省级成人教育“学习之星”，10人被评为“成人教育活动周”先进个人。

【民办教育管理】 贯彻落实国家关于鼓励扶持民办教育新政策要求，牵头起草《吉林市鼓励社会力量兴办教育促进民办教育健康发展的实施意见》。加大监督管理与服务指导工作力度，营造民办教育健康发展环境，鼓励社会力量兴办教育。简化审批程序，提高审批时效，将民办学校3个月审批时限承诺为45个工作日，取消民办学校行政审批事项中涉及资产审计报告中介服务、民办学校招生简章和广告备案核准、食堂餐饮服务许可等前置审批事项，提高行政审批工作效率。依法创造条件，引导民间资金进入民办教育领域，壮大民办教育办学规模。年内，吸纳民间资金近5亿元进入民办教育领域，扩大吉林市优质民办教育资源。全年新审批成立4所民办学历教育学校，审批筹设1所民办九年制学校，各县（市）区审批成立民办培训学校和民办幼儿园50所，满足百姓多样化、优质化选择性教育需求。按照《吉林省普惠性民办幼儿园认定及管理办法（试行）》规定，指导各县（市）区教育局按程序做好2018年普惠性民办幼儿园认定及管理工作。全市新认定普惠性民办幼儿园25所，全市普惠性民办幼儿园增至107所，占民办幼儿园总数17.7%。2018年，全市有14所民办幼儿园享受省普惠性奖励补助，落实奖补资金254万元，持续改善吉林市普惠性民办幼儿园办园条件和办园环境。

【校外培训机构治理】 2018年，按照教育部等四部门开展校外培训机构专项治理工作要求，对全市校外培训机构实施专项治理行动，清理整顿481所无证无照、119所有照无证、82所超前超纲教学、5所存在安全隐患的校外培训机构，关停取缔95所。

4月，依据《中华人民共和国民办教育促进法》和国务院《关于规范校外培训机构发展的意见》，按照教育部办公厅等4部门《关于切实减轻中小学生课外负担开展校外培训机构专项治理行动的通知》要求，吉林市教育局与相关部门联合印发方案，启动全市校外培训机构专项治理行动。督促指导各县（市）区成立联合执法组，排查校外培训机构1287所，其中有问题机构613所。

市教育局会同工商局、民政局和公安消防部门的相关业务处室工作人员组成联合检查组对各县（市）区专项治理工作进度实施督查和指导，深入校外培训机构开展调研，掌握专项治理工作开展情况，了解治理工作的实际困难和问题，推进校外培训机构专项治理工作有序开展，率先在全省完成专项治理整改任务。5所存在安全隐患的校外培训机构消除安全隐患；488所无证无照校外培训机构，符合办学条件的按要求整改，并履行行政审批程序，依法取得办学许可，关停不符合办学条件的培训机构；123所有照无证校外培训机构完成整改；48所校外培训机构开展学科类培训（主要指语文、数学等）超纲教学、提前教学、强化应试等行为完成整改。12月，结合吉林市实际情况和“只跑一次”改革精神，制定出台《吉林市校外培训机构设置标准实施细则（试行）》，明确校外培训机构设置标准，降低准入门槛，全年有120家校外培训机构在新政策下纳入依法规范管理。

对校外培训机构日常办学行为、安全工作落实、学费收取和使用、财务管理等情况实施日常监督管理，加大对校外培训机构办学风险预警和防控工作的力度，指导校外培训机构依法诚信办学，消除各种隐患于萌芽中，维护师生利益和社会稳定。

完成全市770所民办培训机构年度检查工作。对40余所不符合办学条件的培训机构下达整改通知；对10所“僵尸”学校下达履行终止办学通知；针对181所审批时间较早的培训机构没有进行法人单位注册登记的情况实施督促整改；指导全市民办培训机构完善财务管理制度，落实安全管理工作。（市教育局）

科学技术

SCIENCE AND TECHNOLOGY

综　述

【概况】 2018年，吉林市科技创新发展计划立项306项，立项资金5398.8万元。认定技术合同337份，技术合同成交总金额43477.81万元。全市专利申请量2693件，专利授权量1237件，有效发明专利量1149件，万人有效发明专利拥有量为2.7件。省级科技小巨人企业50家。认定省级星创天地1家，国家级星创天地5家。建立7个院士工作站，引进院士7人、院士专家团队7个、专家50余人。获得省级科技奖励项目54项。省科学技术奖49项。其中，特殊贡献奖1项、自然科学奖5项、科技进步奖43项。获省科技成果转化贡献奖5项。其中，单位奖2项，个人奖3项。获批国家知识产权优势企业13家。坚持“内部整合，外部联盟，重点引进”产学研协同创新原则，围绕产业链部署创新链，依托创新链完善人才和金融要素支撑，初步形成“一体两翼”科技创新创业生态体系，“创新吉林”建设步伐加快，获批开展国家创新型城市建设。市科技局于秀敏获全国科技管理系统先进工作者。

【科技成果转移转化】 加强黄金矿业、清洁能源等垂直行业科技成果转移转化平台建设，东杰公司创立东杰学院，建立智慧矿山产业离岸孵化器，实现22项新技术转化推广应用，创造直接经济效益5000余万元。

【科技扶贫】 推进扶贫产业发展，组织

表49　**2018年吉林市获吉林省科学技术奖励项目一览表**

奖项	序号	项目名称	主要完成人	主要完成单位
特殊贡献奖	1	大规模风电联网规划与运行	穆钢	东北电力大学
自然科学奖三等奖	1	长白山野生桦褐孔菌活性成分制备及其药理作用研究	钟秀宏、杨宁江、孙艳美、赵丽微、钟越	吉林医药学院
	2	东北道地药材龙胆和五味子保肝作用物质基础及其制剂研究	冯波、朱鹤云、张秀荣、关皎、崔佰吉	吉林医药学院
	3	高通量测序技术研究布鲁菌胞内生存机制	刘倩宏、刘星宇、闫峰、何玉华	吉林农业科技学院
	4	基于纳米催化材料的改性膜在直接甲醇燃料电池中应用研究	田爱华、申东辉、史晋宜、侯哲生、孙晓锋	吉林化工学院
	5	锂离子电池新型正极材料设计与性质研究	陈红、张森、姜一平、张志国、周晓明	北华大学
科技进步奖一等奖	1	高压输电线路设计关键技术研究与工程应用	鞠彦忠、刘春城、陈榕、祝贺、贯玉琢、郝冬雪、王德弘、白俊峰、孙斌、张晓磊、曾聪、张文心、李洪伟、邢明、黄育平	东北电力大学、中国电力工程顾问集团东北电力设计院有限公司、吉林省送变电工程有限公司、佛山电力设计院有限公司、广东省输变电工程有限公司
科技进步奖二等奖	1	汽轮机冷端系统清洁度在线优化管理技术及应用	徐志明、张艾萍、姜铁骝、刘坐东、王健、富学斌、李兴灿、王景涛、杜利梅、郭容赫、刘洋、杨善让、韩志敏	东北电力大学、国网黑龙江省电力有限公司电力科学研究院、华电电力科学研究院有限公司、中交二公局第三工程有限公司
	2	雌激素对骨质疏松症作用机理研究	冷冰、薛昊罡、刘志刚、何巍、马恩元、辛建海、王丹、单光宇、崔双	北华大学
	3	流程企业设备故障分析和生产线健康度评估网络能源优化系统	白晶、牛国成、邢吉生、宋艳霞、张玉欣、邢砾云、王恩昌、张威、王钢、邹青宇、杜艳丽、胡冬梅、刘岩	北华大学
	4	缩短实木板材干燥时间和提高干燥质量的技术研究与应用	孙耀星、庞久寅、杨庚、蔡汉忠、温明宇、齐华春、马桂兰、赵洪刚、王增华、杨胜丽、赵艳、赵学峰、闫文涛	北华大学、东北电力大学、长春兴家地板有限公司

续表49

奖项	序号	项目名称	主要完成人	主要完成单位
	5	面向交互式操作化工过程控制系统仿真关键技术研究与应用	高兴泉、孟亚男、郭爽、陈玲玲、付秀伟、金红娇、李佳怡、王子硕、赵强、祝强、姜昊	吉林化工学院、吉林市科技信息研究所
科技进步奖二等奖	6	高效聚硅酸盐复合絮凝剂制备关键技术及应用	娄大伟、祝波、张浩、连丽丽、王希越、任红、曹雪玲、王润楠、高文秀、韩雪、孙俊峰、马捷	吉林化工学院、吉林市明瀚化工有限公司
	7	基于国家级基因库蜜蜂资源高效利用技术研究	牛庆生、王志、陈东海、刘玉玲、王晓波、王永胜、王东印、李志勇、郭媛、兰凤明、庄明亮、苑嫦艳、刘福广	吉林省养蜂科学研究所
	8	柞蚕蛹综合利用技术研究与产品开发	刘隽彦、李森、薛强、孙继红、孙秀荣、张海东、陈丹、张洋、李金志、杨淑芳、韩建华、任连富、王茹	吉林省蚕业科学研究院
	9	栗山天牛种群监测及防治技术研究	孟庆繁、李燕、陈玉宝、刘生冬、牟智慧、冯立超、赵红蕊、宗翔、 郭彦林、刘玉新、隋继红、刘音、 韩云鹤	北华大学、吉林市林业科学研究院、吉林市森林病虫防治检疫站、吉林农业科技学院
	10	特种铁合金系列标准样品研制及应用	郭军、张俊哲、刘冰、吴丽玉、郑海东、梁静波、肖丽君、张宇帅、李会兰、张晓红、王洪涛、张英杰、刘志杰	吉林铁合金股份有限公司、北华大学、吉林市质量管理协会
	11	电力变压器状态智能监测与节能降耗关键技术研究及应用	潘超、蔡国伟、刘春明、孔令国、宋云东、王燕涛、陈铁、杨冬锋、罗远翔、孙正龙、王雨薇、刘铖、雷宇航	东北电力大学、华北电力大学、国网辽宁省电力有限公司电力科学研究院、国网黑龙江省电力有限公司哈尔滨供电公司、国网吉林省电力有限公司吉林供电公司
	12	基于云平台电网安全事件应急响应关键技术研究与应用	王蕾、吴云、李扬、娄建楼、蔡东赟、薄小永、胡可为、曲楠、颜佳、刘耀伟、李春、吕洪波、董运昌	东北电力大学、北京奇安信科技有限公司、国网吉林省电力有限公司
	13	SF6高压开关运行状态综合监控与诊断关键技术及工程应用	辛业春、姜涛、李国庆、王利猛、王朝斌、宋晓喆、王振浩、谭金、赵雪松、王保军、孙银锋、朱景明、于温方	东北电力大学、国网吉林省电力有限公司、国网吉林省电力有限公司检修公司、国网黑龙江省电力有限公司佳木斯供电公司、国网吉林省电力有限公司松原供电公司
	14	中置柜智能化监控系统研究与应用	崔金栋、张静、关山、刘理峰、田洪亮、李题印、胡翔、高俊青、孙亮、姚海燕、王福旺	东北电力大学、浙江群力电气有限公司、国网浙江余杭供电公司
	15	变电站防雷和接地关键技术研究与工程应用	鲁志伟、于建立、潘龙雨、列剑平、王春莹、张万友、范霞、王成、王远东、张玉财、蔡新景、牛湘智、曹永东	东北电力大学、国网吉林省电力有限公司电力科学研究院、吉林市能兴电力设备有限公司、国网吉林省电力有限公司吉林供电公司、国网内蒙古东部电力有限公司检修分公司
	16	白细胞介素-17介导存活素在实体恶性肿瘤发病机制的基础研究	刘艳波、沈维高、杨丽娟、王雷、 佟双喜、王振江、芦丽莉、葛贺、 张雷、张晓刚	北华大学、吉林医药学院附属医院
	17	健康老龄化视角下社区老年人慢性病管理与应用	高玲、赵春善、李春国、林芹兰、许敏、陈雪岩、梅春丽、曹建琴、 齐丽、韩侨	北华大学、吉林市中心医院
	18	濒危珍稀木本花卉天女木兰保育及应用技术研究	杜凤国、鞠志新、王瑞俭、王欢、高红兵、常凯、孙广仁、王金玲、孙曙光、刘春强、于建国、杨春波、张淑媛	北华大学、吉林农业科技学院
科技进步奖三等奖	1	基于肠道菌群beta葡萄糖醛酸酶基因条形码的肠癌诊断技术	李明成、李钰、马琳琳、李春辉、李季、丑莉莉、陈佳玉、段思琪	北华大学
	2	优质高产新品种“松玉419”选育及配套栽培技术研究	李秋祝、张本斗、杨粉团、曹庆军、王洪预、韩明霞、唐心龙、崔正果	吉林市松花江种业有限责任公司、吉林大学、吉林省农业科学院
	3	基于量子神经网络的电力负荷预测研究与应用	朱伟华、宋宇、田磊、马莹莹、常虹、滕志军、王中宝、刘志宝	吉林电子信息职业技术学院
	4	不同种属动物尿浓缩功能的差异性研究	刘立峰、宋文刚、赵臣、张若文、刘岩峰、杨宝学、刘永超、刘畅	北华大学
	5	双能量CT成像评价多发病灶同源性的研究	马隽、毛骞、王艳、杨云龙、牟晓梅、张雪薇、王野、谷雪松	北华大学
	6	大型风电场功率超短期高精度预测关键技术及应用	杨茂、李军徽、严干贵	东北电力大学
	7	具有经济性分析功能的多等级大型火电机组仿真系统	文孝强、王建国、刘长良、李静、刘彦臣、辛红伟、王涛、梁爽	东北电力大学、华北电力大学、国网冀北电力有限公司唐山供电公司、保定市博宏高科控制技术有限公司
	8	细菌纤维素复合纳米吸附材料的制备及其应用研究	鲁敏、徐小惠、石月丹、王磊、杨迎军、关晓辉、杨柳、于金山	东北电力大学、国网天津市电力公司电力科学研究院
	9	北方寒区白羽半番鸭高效生产技术研究与应用	孙淑霞、薛会明、张连江、赵桂英、杨月春	吉林农业科技学院
	10	基于传感器技术的玉米收割机及其传动部件抗疲劳性能研究与应用	明哲、吕尤、修文翠、张淑华、辛志遐、张秀芳、杨亮	吉林农业科技学院

续表 49

奖项	序号	项目名称	主要完成人	主要完成单位
科技进步奖三等奖	11	风电杆塔倾斜沉降及机组振动远程监测预警技术研究与应用	邬春明、王艳娇、王青竹、杨继红、宫皓泉、董文革、李蕾	东北电力大学
	12	血睾屏障相关蛋白对精子发生调节作用的研究	李环、张晶、孙维琦、靳曙光、王洪艳、胡志宏、李志君、张冰	北华大学
	13	基于无线传感器网络的变电站开关柜状态监测关键技术研究及应用	李建坡、张秋实、赵立权、王继红、宋人杰、姜淼、周我鹏、陈玥	东北电力大学、国网黑龙江省电力有限公司佳木斯供电公司、吉林化工学院、国网吉林省电力有限公司电力科学研究院
	14	基于大数据分析的变电站风险评估关键技术研究与应用	杨杰明、孟凡奇、刘志颖、姜万昌、王敬东、曹杰、辛东光、孙福利	东北电力大学、国网黑龙江电力有限公司佳木斯供电公司
	15	颈动脉超声造影技术在缺血性脑卒中预防中的应用	李威、丁希艳、李彦冬、姜立刚、李海平、孟繁华、王一帆	北华大学
	16	壳聚糖/甘油磷酸钠栓塞猪脑动静脉畸形模型的材料制备及应用	宁显宾、赵长福、张爱荣、逄锦峰、丁照义、史忠新、王雪鹏、王贺	北华大学
	17	中枢核团在血管性痴呆学习记忆障碍中的作用研究	曲娴、李春颖、王凯宇、赵清石、王鹏、魏永慧、骆晓峰、华晶	北华大学
	18	纺织品专用氮磷复合阻燃剂中试技术开发与应用	蒋巍、姚珊珊、陈杰、全范龙、张吉波、蒋迪、侣庆波、李梓源	吉林化工学院
	19	苯乙烯阻聚剂研究与应用	刘宇、李江利、霍其雷、韩小平、贾洪义、刘长清、王万军、田月	中国石油天然气股份有限公司吉林石化分公司研究院、中国石油天然气股份有限公司吉林石化分公司化肥厂、中国石油天然气股份有限公司吉林石化分公司精细化学品厂
	20	红松结实性状优良育种资源选择及保存技术	王有菊、陈晓波、王继志、刘笑平、初艳、戴维、王江	吉林市林业科学研究院
	21	吉林花猪遗传资源收集与选育提高的研究	董万福、王志军、付延军、王发、李仁、张喜才、张丽萍、金汉帅	吉林市农业科学院
	22	荧光原位杂交检测乳腺癌中Her-2基因状态与P53等表达及临床应用	陈萍、巩雷、刘威、韩影、程薇、刘宪军、叶青、谢江	吉林市中心医院
	23	高效养蜂技术远程示范与推广	常志光、薛运波、刘楠楠、高洪学、李杰銮、于殿华、吴迪	吉林省养蜂科学研究所
	24	胃幽门螺杆菌感染筛查及个体化治疗	关晓辉、黄维莉、徐洪军、杨志平、贾宝洋、刘春雷、崔涛、马瑛泽	北华大学

（市科技局）

开展“吉林地区大棚绿芦笋早期间套复种栽培模式研究”项目，推广150栋芦笋大棚，主要套种花卉和西红柿等，获得经济效益75万元，培训农民50余人次。研究制定《市科技局打赢脱贫攻坚战三年行动方案》《吉林市贫困村科技致富带头人培训实施方案》，完成双孢菇基地建设项目审计及验收，实施鲜食玉米、蜜蜂养殖等2个产业扶贫项目，通过市科技创新发展计划给予资金扶持，推动产业发展。征集扶贫产业技术需求，组织专家赴5个贫困村通过集中培训、现场指导等形式，解决扶贫产业技术难题。做好迎接中央扶贫巡视组检查、科技特派员选派、桦甸组扶贫智囊团等工作。

【科技金融】 加大科技金融支持力度，完善科技金融服务体系，探索“科技+金融”服务模式，实施科技贷款贴息资助，利用科贷通、天使投资、科技创业投资基金搭建科技金融链式服务体系。通过设立科技金融平台扶持专项，组织企业申报科贷通和天使投资专项，将专家评审后的项目推荐给市产投公司。征集企业资金需求，组织金融机构到维尔特、固和泰、吉隆科技等企业进行现场对接，主动对接吉林省科技基金投资公司到吉

9月12日，吉林省食用菌废弃菌糠生物利用技术现场会在吉林省蚕业科学研究院永吉基地召开。图为蚕业研究院研究员刘志文（右五）作现场讲解　（市科技局 供图）

林市投资科技型企业。研究起草《争创全省科技金融示范基地工作方案》，与省科技厅联系沟通争创全省科技金融示范基地。（市科技局）

科技创新

【重点领域科技创新】 推进中科院苏州医工所吉林市工程技术研究院等新型科研机构建设。苏州医工所吉林市研究院完成事业法人登记，重点开展医疗器械、免疫检测试剂等产品研发和成果转化。加快推动吉林大学吉林市研究院建设，吉林大学吉林市研究院完成事业法人登记，重点建设塑料光纤、无人地面车等创新中心，研发农用无人机等20余个项目。推动化工学院和吉林化纤等单位合作，联合成立生物质炼制研究院，开展年产500吨玉米秸秆粘胶纤维生物炼制中试开发，为玉米秸秆利用开辟新途径。推进特种纤维及复合材料研究院建设，制定《2018年吉林市特种纤维及复合材料产业科技创新专项指南》，组织开展大丝束碳纤维碳化等8个项目研发，与中国化纤协会、吉林化纤公司联合举办全国碳纤维科技创新创意设计大赛，征集参赛项目23项。沟通争取，推进中科院应用化学所在吉林经开区建设中试基地，吸引应化所人工合成天然橡胶等项目团队在吉林市建立研究院，应化所的锂电池材料项目在吉林经开区孵化器完成中试，促进吉林市在天然橡胶领域实现突破。

表50 2018年吉林市省级以上科技企业孵化器（众创空间）一览表

序号	名称	类型	等级
1	吉林高新区创业中心	孵化器	国家
2	精细化工科技企业孵化器	孵化器	国家
3	吉林高新区“创客空间”创新创业平台	众创空间	国家
4	东北电力大学科技园	孵化器	省级
5	新材料科技产业信息公共服务平台	孵化器	省级
6	吉林省高新技术纤维科技企业孵化器	孵化器	省级
7	蚁神创业孵化基地	孵化器	省级
8	吉林市创客家园	众创空间	省级
9	吉林吉智众创空间创新创业平台	众创空家	国家
10	吉林省电力服务科技企业孵化器	孵化器	省级
11	吉林碳纤维复合新材料创业孵化基地	孵化器	省级
12	吉林市亿邦众创空间	众创空家	省级
13	吉林市 We+ 创客空间	众创空间	省级
14	云耕众创空间	众创空间	省级

（市科技局）

【创新型城市建设】 4月2日，《科技部、国家发改委关于印发支持新一批城市开展创新型城市建设的函》，吉林市名列其中。7月4日，吉林市科技信息研究所分别与吉林大学管理学院、吉林市委党校签订合作协议，共同承担科技部创新司国家级软科学研究项目《吉林市创新型城市建设发展战略及对策研究》。

【众创空间和双创基地建设】 发挥市场配置资源作用，打造优质众创空间、孵化器、加速器、产业园区、星创天地有机结合的创新创业孵化体系。培育丰满区赫基等4家众创空间，推荐筑石产业园、吉林云耕农业等4家企业申报省级众创空间和孵化器。吉蜂、长白山大果榛业、黄松甸食用菌市场等3个星创天地被认定为省级星创天地，并申报国家级星创天地。设立吉林市重大创新创业基地规划设计研究专项经费，给予六大基地分别扶持资金50万元。组织召开专题工作会议，推进吉林市重大创新创业基地建设与发展。

7月4日，科技型中小企业评价专题培训班在吉林科创中心举办（市科技局 供图）

【创新型企业培育】 组织开展国家高新技术企业、科技型中小企业、省科技小巨人企业、知识产权示范企业培育工作，加大市科技小巨人企业培育力度。推荐域内30余家企业申报国家高新技术企业，组织全市31家企业申报省科技“小巨人”企业，争取省科技“小巨人”企业获得研发投入补贴740万元。联合市统计局、国税局举办高新技术企业和科技小巨人企业培训会、科技创新驱动政策培训会、科技型中小企业政策解读会，组织企业参加军工资质认证、打造学习型组织培训班，组织企业参加吉浙跨区域科技成果对接、2018车用高分子材料产业链技术交流会等系列活动，组织东方宏业网络公司等近20家企业开展贯彻企业知识产权管理规范与培训工作，有13家企业获得“国家知识产权优势企业”称号。新认定吉林省科技企业13家。开展研发投入专题调研，提升企业科技创新能力与市场竞争力。

【人工智能产业发展】 启动“吉林市新一代人工智能普及应用城市”建设。集聚创新资源，在高新北区建立吉林大学

5月4日，吉林市人工智能与机器人产业应用技术研究院与长春理工大学人工智能研究院在吉林科创中心签署战略合作协议。图为签约仪式现场　（市科技局 供图）

牵头与吉林市5所大学共建的联合大学科技园人工智能创新基地，组织开展人工智能产业路线图研究，编制《吉林市促进新一代人工智能产业发展实施意见》《吉林市新一代人工智能产业发展三年行动方案》，明确发展目标、重点任务和保障措施，开展人工智能应用示范与普及推广。加快百度（吉林）创新中心建设，举办中国服务雾凇峰会、“百度校园万里行”“百度技术沙龙（一期）”等相关活动12场，入驻入孵24家，签订百度人工智能推广协议4家。利用吉林东杰垂直行业大数据平台建设的“万维工程”成为重要创业孵化平台，300余人由东杰学院培养并进入矿山用户社群创业。与40余家科研院所和生产厂家的科研团队一起参与智能矿山新产品、新技术、新材料和新工艺的创新活动。

【科创云大数据平台】 完善“科创云”大数据平台功能，陆续开放科技创新积分管理、技术合同登记、高新技术企业培育认定、众创空间管理等业务板块，大型仪器共享服务平台通过验收。修订《吉林市大型科研仪器和科研基础设施共享管理办法》，完善管理制度和操作流程，完善大数据平台使用功能，组织相关单位与用户实际操作，着力推动仪器设备开放共享。2018年，市科技创新发展计划立项306项，拨付资金5398.8万元；认定技术合同211份，技术合同成交总额14467.53万元。

【科创中心建设】 发挥“吉林市科创中心”功能和作用，中心设有科技成果转化、科技金融、科技中介等八大功能服务区，引进专利、咨询、投资、财务、法律等方面服务机构15家，举办大小活动100场，接待来访人数5000余人次，为驻吉高校、科研院所、企业等技术创新活动提供服务支撑。　（市科技局）

科技合作

【校城融合发展】 组织召开吉林市校城融合发展论坛，邀请杭州原市委书记王国平、中国美术学院国家大学科技（创意）园管委会副主任胡沂佳到吉林市作校城融合主旨演讲。学习浙江新型城镇化2.0、城市美学·杭州案例经验。促成浙江大学创新医药研究院与吉林医药学院签订全面科研合作协议，浙江大学等高校院所10位教授推介科研成果，驻吉高校16项科研成果与吉林市企业实现对接。

【对口合作】 8月8日至9日，2018吉林省浙江省科技创新合作暨跨区域科技成果转发布、展示与对接大会在吉林市召开，邀请中国工程院院士李兰娟、浙江省科技厅厅长高鹰忠等浙江省各地市科技管理部门及科技型企业负责人300余人参会。院士李兰娟作主旨报告，千人特聘专家张立华作人工智能发展、应用与展望的报告。召开吉浙科技成果对接会、吉林省高校院所与宁波市科技企业项目合作洽谈会，路演项目40余项，发布各类科技成果1100余项，企业技术需求124项。促成温州市科技局与吉林市科技局、吉林医药学院与温州医科大学、筑石集团与浙江大学创新技术研究院医养结合研究中心签订6项科技合作协议。组织吉林医药学院及部分企业赴浙江大学及创新药物研发平台考察对接。

【国际科技合作】 推动吉林农业科技学院与俄罗斯药用和香料植物研究院签订

9月19日，中俄药用和香料植物种子资源保护与示范基地建设合作协议在白俄罗斯国家技术转移中心签订。图为吉林市科技局局长王德林（左）与白俄罗斯国家科学院主任在签约仪式现场　（市科技局 供图）

表 51　**2018 年吉林市与吉林大学合作专项项目立项情况一览表**

专项类别	专项名称	项目名称	承担单位	负责人
吉林大学科技合作专项	吉林大学教师与吉林市企业合作开展科技研发及产业化项目	用于农业灾害监测无人机系统研究与开发	吉林省山河艮盛科技有限公司	郜峰利
吉林大学科技合作专项	吉林大学教师在吉林市注册成立企业所开展科技研发及产业化项目	碳纤维含硅油剂生产装置建设	吉林吉碳科技有限公司	杨清彪
吉林大学科技合作专项	吉林大学吉林市研究院下设专业创新中心科研平台、条件建设项目	塑料光纤全光网信息化平台	吉林市大明光电科技有限公司	王　菲
吉林大学科技合作专项	吉林大学吉林市研究院下设专业创新中心科研平台、条件建设项目	基于人工智能全地形无人地面车平台	空间科技（吉林）股份有限公司	李　颖

（市科技局）

中俄药用和香料植物种子资源保护与示范基地建设合作协议，吉林市科技局与白俄罗斯国家科学院签订吉林市中白技术转移中心合作协议，白俄罗斯国家技术转移中心在吉林市设立技术转移中心，组织墨西哥科技经贸代表团与吉林市相关单位合作对接，促进国际间科技合作。

【农业科技合作】 对接中科院东北地理与农业生态研究所与舒兰市建立木本经济植物园、市东福米业公司与延边州科技局、上海创博生态工程公司围绕“水稻秸秆机械化全量还田配套栽培技术”项目与吉林农业科技学院、丰满区润田美农公司建立科研教学示范基地、北华大学食品学院与吉林省大森原食品公司蔬菜腌制项目技术合作等 4 项，促进农业科技创新。

【校地合作】 围绕“冰雪 + 科技”，推进与北京体育大学校地合作交流，重点推进冰雪产学研合作、人才联合培养、科研基地与学科共建等领域的合作，促进吉林市冰雪产业发展壮大。2018 年，市科技局代市政府起草吉林市政府与北京体育大学校地合作协议，征求各涉事部门意见，履行审核程序。（市科技局）

科研机构

【细分行业应用技术研究院成立】 2018 年，吉林市鼓励支持各相关企业发起成立其所在细分行业的产业应用技术研究院，促进企业、院校和科研院所建立深度合作，推动 24 个细分行业应用技术研究院建设，通过设立软科学研究专项，支持 11 个研究院编制技术路线图，依据路线图制定专项计划指南，明确吉林市产业发展重点和突破口，促进科技创新能力提升。推进生物质炼制研究院注册的吉林中科秸秆应用技术研究院有限公司实体化运作成立新型科研机构。

【吉林市人工智能与机器人产业应用技术研究院成立】 5 月 4 日，吉林市人工智能与机器人产业应用技术研究院在吉林科创中心成立。该研究院由北华大学、东北电力大学、吉林创新科技城等 20 家科研单位、企业联合申请成立，成立大会通过《吉林市人工智能与机器人产业应用技术研究院章程，选举产生研究院第一届理事会成员，并与长春理工大学人工智能研究院签订战略合作协议。研究院汇集吉林市人工智能领域 130 余名专家学者和企业家，围绕人工智能与机器人领域软件开发、人工智能算法应用、机器人结构设计及控制技术研究与应用方面需求，以协同创新团队形式开展实用技术研究。重点支持新一代人工智能智慧冰雪、智能家居、集成应用展示平台项目、虚拟现实与增强现实研究。优先支持企业与本地高校、科研院所校城融合开展项目，与中科院、吉林市域外高校开展产学研合作项目，项目申报不受细分行业研究院项目指标限制。研究院的成立，为吉林市人工智能产业的产学研合作搭建新平台。（市科技局）

科技活动

【吉林市科技工作者创新创业大赛】 6 月 27 日，市科技局组织吉林市科技工作者创新创业大赛，驻吉高校科研院所科技工作者、大学生成功申报创新创业大赛项目 25 个。经技术网评和投资专家二轮评审，评出一等奖 5 个，二等奖 10 个，三等奖 10 个，扶持资金 100 万元，同时签订任务书。

【跨区域科技创新合作大会】 8 月 8 日至 9 日，由吉林省科技厅、浙江省科技厅、吉林市人民政府主办，吉林市科技局承办的吉林省、浙江省跨区域科技创新合作大会在吉林世贸万锦大酒店举行。邀请中国工程院院士李兰娟，浙江省科技厅厅长高鹰忠及浙江省各地市科技管理部门负责人，浙江大学工研院副院长翁宇、技术转移中心主任陈中平等专家学者参加会议。吉林省科技厅与浙江省科技厅、吉林市科技局与温州市科技局签订对口合作协议，浙江华云清洁能源有限公司与东北电力大学、吉林省筑石控股集团有限公司与浙江大学创新技术研究院医养结合研究中心、中国石油天然气股份有限公司吉林石化分公司与浙江大学化学工程联合国家重点实验室、吉林牧神机械有限责任公司与浙江大学舟山海洋研究中心分别签订项目合作协议。中国工程院院士李兰娟作主旨报告。

（市科技局）

科技人才

【人才引进】 2018 年，吉林市引进高端领军人才 17 人、创新团队 17 个，新建院士工作站 7 个。依托吉林光大分析技术公司、吉林光亚聚合物公司等 7 家单位，分别建立陈冀胜、蒋剑春、汪尔康、刘维民、李兆申、罗平亚和林学钰等 7 个院士工作站，引进院士 7 人、院士专家团队 7 个、专家 50 余人。浙江大学教授冯连芳作为柔性人才被引进到吉林化工学院，浙江大学食品学院教授叶兴乾被引进吉林农业科技学院。以吉林大学吉林市研究院为载体，引进王菲、李颖、杨清彪、郜峰利等4位专家及其团队。依托苏州医工所吉林市研究院引进4个创新团队。

【人才培养】 通过设立吉林籍科技人员返乡创业项目，重点支持吉林籍“三高”（高学历、高工作经历、高技术经历）人才回乡创业项目。设立杰出青年培育计划专项，重点支持40名博士生开展科技创新。 （市科技局）

科学普及

【科普教育宣传】 与市电视台联合举办《科普大讲堂》26场，邀请知名医学专家宣讲健康知识，直接参与群众3000人，间接受众超过30万人次。与经济广播电台联合推出《江城科普之声》《科普汇》，邀请全市农村产业科技致富产业大王、能手讲解农业科学技术，传播科普信息192条，25万人次浏览。与松花江网合作开辟“科普专栏”“吉林市科技工作者”微信号，发布信息78期239条。至2018年年末，《科普中国》APP吉林市注册科普信息员突破9万人，全省排名第一，在全国地级城市排名第一，在全省介绍经验。

实施电子科普视频终端换代升级计划，借助社会资源提升科普宣传效果，与分众传媒公司深化合作，免费换代升级社区科普视频终端机全部实现，价值超过200万元，更换近150台机器。扩大科普宣传阵地，利用分众传媒公司近400块广告机，长年免费播放科普信息。

与市群众艺术馆共建文化科技共享中心；与丰满区江南街道老年大学联合建立吉林市科普艺术团，并举办专场科普文化演出；举办流动科技馆巡展、科协成立60周年图片展、医学专家健康义诊咨询等活动。开展第二批省农民专业技术职称评定工作，有48人获得中级职称。

【青少年科普教育】 流动科技馆建设。在全市4个城区和1个永吉县举办中国流动科技馆巡展活动，组织全市青少年参观10余万人次。与中国科技馆合作，举办地震科普体验、公共安全与避险逃生、绿色环保低碳出行展览，参观人数突破30万人次。争取中国科技馆2套原值400余万元的流动科技馆装备（球幕影院1个，展品94件）永久落地吉林市展出活动。以此为基础，联合城区建立2个青少年活动中心、3个青少年社区科学驿站，总面积近1000平方米。

配合国家、省组织开展青少年科技创新大赛、艺术大赛等22项系列活动，吉林市参赛选手取得优异成绩。争取省财政专项支持，购买青少年科学设备，如航模、船模、车模、机器人、3D打印、少儿机床、科学实验箱等，走进校园开展“小创客”科学教育活动。

推进科技馆项目建设。协调吉林航空维修公司、一汽吉林汽车公司分别同意捐赠歼七飞机1架、城市越野车和拆解汽车各1辆。协调建设单位推进科技馆项目建设，完成科技馆手机客户端（APP）和电子科普地图科好玩基本框架制作。

【青少年科技创新成果竞赛】 在第33届吉林省青少年科技创新大赛中，吉林市青少年取得优异成绩。吉林市申报青少年科技创新成果竞赛类项目72项，展示类项目科技辅导员科技教育创新成果10项，青少年科技创意29项，少年儿童科学幻想画50幅。经过大赛专家组评审，竞赛类小学一等奖9个，二等奖6个，三等奖10个；初中组二等奖1个，三等奖6个；高中组一等奖4个，二等奖8个，三等奖10个；展示类青少年科技创意一等奖5个，二等奖6个，三等奖6个；

表52 **2018年吉林市科普教育基地一览表**

级别	序号	基地名称	评定时间	批次
国家级科普教育基地	1	吉林市博物馆	2009年	—
	2	吉林农业科技学院		
	3	吉林丰满发电厂		
	1	吉林市博物馆	2010—2014年	
	1	吉林市消防科普教育馆	2015—2019年	
	2	吉林市博物馆		
	3	吉林农业科技学院		
	4	吉林省蚁神动漫文化传播有限责任公司		
省级科普教育基地	1	吉林医药学院	2005年	第一批
	2	吉林丰满发电厂		
	3	吉林化纤集团有限责任公司		
	4	中国航空公司5704厂		
	1	吉林省蛟河红叶谷风景区	2009年	第二批
	2	吉林市江南公园		
	3	吉林市陨石博物馆		
	4	吉林市农业科学院		
	5	吉林农业科技学院生态农业示范园		
	6	磐石市官马溶洞		
	1	吉林市青年计算机学校	2011年	第三批
	2	北华大学教育科学学院心理咨询与健康教育研究中心		
	3	吉林市龙潭区青少年活动中心		
	4	桦甸市综合实践教育总校		
	5	蛟河林业局实验区管理局		
	6	吉林市疾病预防控制中心		
	1	吉林市消防科普教育馆	2014年	第四批
	2	吉林市船营区第一小学校		
	3	吉林市健康管理中心		
	1	吉林化纤集团有限责任公司	2017年	第五批
	2	吉林市双瑞农业开发有限公司		
	3	吉林市船营区搜登站镇中心小学校		
	4	吉林市农业科学院		
	5	蛟河市黄松甸镇黑木耳园区		
	6	吉林市永吉县青少年宫		

（市科技局）

表 53

2017—2018 年吉林地区专利授权统计表

单位：项

年份	年累计	有效专利万人拥有量	发明	实用新型	外观设计	比 2017 年增长（%）	大专院校	科研院所	工矿企业	机关团体	个人
2017	1155	1013	217	806	132	−1.2	389	2	335	51	378
2018	1237	1149	235	827	175	7.1	296	8	439	22	472

（市科技局）

表 54

2017—2018 年吉林地区专利申请统计表

单位：项

月份	年累计	比 2017 年增长（%）	发明	实用新型	外观设计	大专院校	科研院所	工矿企业	机关团体	个人
2017	2124	−12.7	669	1243	212	549	25	494	63	993
2018	2693	26.8	832	1663	198	666	12	607	31	1377

（市科技局）

少年儿童科学幻想画一等奖 6 个，二等奖 10 个，三等奖 5 个，鼓励奖 2 个；科技辅导员科技教育创新成果二等奖 2 个，三等奖 1 个。（韩 莹）

专利管理

【专利保护】 年内，研究制定《2018 年吉林市专利行政执法工作方案》，下发到各县（市）区，指导开展专利执法工作，推进知识产权执法维权“护航”、电子商务领域“闪电”、重点领域专利执法维权“雷霆”等专项行动。开展网上假冒专利检查，落实电子商务领域“闪电”专项行动，针对全市电商经营网站，分别于 3 至 4 月及 9 至 11 月开展二次网上专利执法检查。4 月 14 至 15 日，市场监督管理局专利处进驻吉林市第二届新型农资苗木交易会，现场开展知识产权维权援助和专利保护宣传，并进行专利执法检查，发放宣传材料 200 余份。结合全市产业实际，针对重点领域开展专利执法维权“雷霆”专项行动，全年对船营区、桦甸市、磐石市农资市场内 1000 余种农业机械、生产资料进行 4 次农机市场专项检查，采取执法检查与专利维权和知识普及宣传相结合方式，宣传知识产权维权援助电话“12330”和维权方式及途径。2018 年，立案查处假冒专利案件 8 件，全部结案。

【知识产权管理】 2018 年，在全市推进中小学知识产权教育试点学校工作，与市教育局在吉林科创中心联合召开全市中小学知识产权教育试点学校经验座谈会，32 所学校参加会议，舒兰市第三十一中学介绍开展知识产权教育情况和申报试点学校经验，为 11 所中小学免费订阅 2018 全年《中国知识产权报》。组织全地区中小学 73 个项目申报吉林省 2018 年青少年发明创造大赛，有 20 个项目项进入决赛，获金奖 4 项，银奖 10 项，铜奖 6 项，获评优秀指导教师 4 名，4 所学校获得优秀组织奖。指导推荐 9 家企业专利质押贷款，吉林经开区城发集塑管业有限公司质押 13 项专利，贷款 300 万元，是吉林市首家单独以专利无形资产质押实现贷款的企业。年内，组织服务机构深入企业开展贯标辅导，13 家企业成功申报并获得“国家知识产权优势企业”称号。征集 2017 年度专利后补助项目，审核发明专利补贴 152 项，后补助 60.8 万元；专利强企项目 13 项，后补助 130 万元；企业贯标项目 12 项。推荐吉林市企业 2 人获得“2017 年度全国企业知识产权工作先进个人”称号。征集推荐吉林炭素有限公司的石墨电极材料制造方法、维尔特隧道装备有限公司的滚刀材料及生产工艺等 5 项专利项目参加第二十届国家专利奖评选。指导推荐磐石市和昌邑区申报省知识产权强县（区）试点单位。推荐申报省科技计划专利转化与推进项目 4 项，审核推荐 2017—2018 年度省发明专利补贴项目 42 项，获得补贴 9.6 万元。组织全市 7 家企业 10 项专利参加省专利执行保险，保费补贴 3.04 万元。以吉林科创中心为平台，引进科技、知识产权、法律服务等服务机构 13 家，为知识产权服务业免费提供办公服务场地及业务支持。

【知识产权宣传】 开展“4・26”知识产权宣传周活动，采取广播电台录制知识产权维权专题节目、播放主题公益宣传广告、利用主流媒体专版宣传知识产权、各区设立多个宣传周活动主会场、召开企业座谈会等多种形式开展专利维权及专利保护宣传活动。（张晓东）

气象业务

【概况】 2018 年，吉林市雨量偏多、气温偏高、日照略少。吉林地区 2018 年降水量 892.1 毫米，比常年 701.8 毫米偏多 190.3 毫米，比 2017 年 771.7 毫米偏多 120.4 毫米，排历史第六位；平均气温为 5.7 摄氏度，比常年 5 摄氏度偏高 0.7 摄氏度，比 2017 年 5.5 摄氏度偏高 0.2 摄氏度，日最高气温 37.2 摄氏度（排历史第二位），日最低气温零下 38.3 摄氏度；日照时数 2072.9 小时，比常年 2284.5 小时偏少 211.6 小时，比 2017 年 2143.9 小时偏少 71 小时。

【防灾减灾】 做好抗旱、防汛、农业、森林防火等气象服务和雾凇冰雪节、国际马拉松赛等重大活动精细化预报服务，发布决策服务材料 967 期、农业服务材料 372 期、预警信息 826 次；启动暴雨（暴雪）应急响应 4 次；开展田间调查 25 次；举行应急演练 3 次。首次开展城市热岛效应强度分析。开展人工影响天气防雹作业 371 次，耗弹 4349 发，火箭弹 180 枚。将防雷安全管理工作纳入地方政府安全评价指标体系。与市财政协调制定吉林市气象局关于“政府购买服务”实施方案，将防雷技术服务委托费用纳入财政预算。

【部门合作】 与环保局开展 72 小时空

表 55

2018 年吉林市气象统计表

地区	平均气温			降水量			日照时数		
	年平均气温（摄氏度）	常年平均气温（摄氏度）	偏高偏低（摄氏度）	年降水量（毫米）	常年降水量（毫米）	偏多偏少（毫米）	年日照时数（小时）	常年日照时数（小时）	偏多偏少（小时）
吉林市	6.8	5.4	1.4	786.2	644.6	141.6	1934.3	2186.0	−251.7
永吉县	6.2	5.6	0.6	934.8	687.7	247.1	2039.0	2358.1	−319.1
舒兰市	5.4	5.8	−0.4	741.9	696.2	45.7	1958.6	2394.3	−435.7
蛟河市	4.7	4.4	0.3	943.9	691.0	252.9	2204.8	2265.1	−60.3
磐石市	5.2	5.0	0.2	1008.3	711.8	296.5	2211.6	2349.1	−137.5
桦甸市	5.6	4.9	0.7	937.6	779.2	158.4	2089.1	2154.4	−65.3

（市气象局）

气质量等级预报、环境气象服务和重污染天气预警；与防汛办、城防办共享雨情信息；与国土局联合发布地质灾害气象风险预警；与民政部门共享灾情信息。完成丰满大坝重建气象服务和清雪、化工、电力系统专业专项服务，拓展航空领域专业专项服务，发布专业专项服务材料 524 份。完成气候可行性论证项目 4 个。

【气象科技应用】 市政府与吉林省气象局签订加强气象科技应用战略合作框架协议，建立气象科技转化应用平台。推进新一代天气雷达建设，政府批复建设资金 4000 万元，办理项目施工许可证，推进雷达吊装。稳妥推进突发事件预警信息发布系统建设。谋划气象科技园建设，制定《众创平台建设方案》《综合减灾实训基地建设方案》《吉林雾凇机理研究联合开放实验室建设方案》《北方暴雨研究联合开放实验室建设方案》。推进吉林雾凇国家气象公园建设，政府召开专题论证会议，向国家气象公园申报建设提出要求，编制《关于推进吉林雾凇国家气象公园建设的实施方案》，开展松花江边小气候观测实验。

【气象科技创新】 全年完成吉林省气象局科研课题立项 3 项、验收课题 6 项，完成吉林市气象局预研究课题 23 项，公开发表文章 11 篇。向国家、区域、省级交流会投稿 10 篇，其中 1 篇获吉辽技术交流会三等奖。（宋　旸）

防震减灾

【地震观测台站建设】 在吉林市辖区内有丰满和磐石 2 个省管综合观测地震台，蛟河、舒兰和桦甸 3 个县管台站，桦甸红石、舒兰开原、龙潭缸窑、蛟河白石山、桦甸桦郊、昌邑左家共 6 个遥测台（红石台为省管，其余为吉林市管），全地区有 105 个地震宏观测报点。截至 2018 年年末，吉林市形成 1 个台网中心、7 个测震观测项目和 8 种微观前兆观测项目、11 个观测点测震和前兆监测网络，地震监测能力达到 2.0 级。

【地震监测台网建设】 2018 年，投入约 8 万元新建和加固蛟河白石山遥测台护坡和挡土墙；投入 7.9 万元升级改造昌邑区左家台，新增地下水观测设备，投入试运行。加强信息、资料传输系统建设及维护工作，分别在龙潭缸窑台、蛟河白石山台、桦甸桦郊台安装 3 套测震设备，在昌邑左家台和桦甸桦郊台安装 2 套地下水观测设备。

【地震观测体系建设】 根据地震观测需要调整地震宏观观测网点，调整后宏观观测网点 105 个。举办“三网一员”（“三网”指地震宏观测报网、地震灾情速报网、地震知识宣传网；“一员”指防震减灾助理员）培训班，提高“三网一员”人员业务素质，各县（市）区科技局，高新区、经济技术开发区科技局主管地震工作业务人员及乡（镇）防震减灾助理员 100 余人参加会议。

【地震会商和震情跟踪】 坚持震情会商制度，提高地震会商质量。组织召开市本级和各县（市）区参加 2018 年度全市地震工作会，为基层搭建学术交流、异常研判平台，提高地震会商质量。根据吉林省地震局《2018 年吉林省震情跟踪工作方案》要求，各县（市）区制定本单位震情跟踪工作方案，严格执行吉林省地震异常信息零报告制度，做好 2018 年吉林市震情跟踪工作。加强震情值班，确保不漏岗、不误岗。截至 2018 年年末，核实地震异常 1 起。

【震害防御】 开展吉林市重点建设项目抗震设防要求管理与服务工作，为吉林经开区 220 千伏输变电工程、北大壶经济开发区、军队军事设施选址等项目提供抗震设防方面服务。开展防震减灾工作基础调查，调查汇总所辖县（市）区机构基本情况、安全社区创建情况、民居安全、科普基地、科普示范校、应急避难场所、防震减灾志愿者队伍、台站建设、宏观观测点与防震减灾助理员情况，开展地震灾害损失调研工作，预评估伊—舒断裂带北段地震灾害，调研地震峰值加速度并形成调研报告，提出应急防范注意事项和应急处置建议。

【防震减灾知识宣传】 开展防震减灾知识宣传“六进”（进农村、进企业、进学校、进机关、进家庭、进社区）活动，通过报刊、网络、广场宣传等渠道宣传防震减灾知识。在吉林市干部学习园地人文修养中开设地震科普宣传专题。加强农村民居抗震设防宣传，提高农民自建房屋抗震性能。组织吉林辖区各县（市）区开展防灾减灾日主题宣传活动。

【地震应急建设】 地震应急预案体系建设。编制吉林市地震应急总体预案 1 个，专项地震工作方案 1 个，县（市）区人民政府预案 14 个，乡（镇）人民政府应急预案144个；市本级人民政府部门地震应急预案37个，县级人民政府部门地震应急预案137个，企事业单位预案332个，学校应急预案429个，医院应急预案294个，其他人员密集场所应急预案38个。

*地震应急现场工作队能力建设。*购置笔记本电脑、应急工作队队服等应急工作物资，维护保养各种地震应急装备物资。系统整理汇总县（市）区流动监测装备、震害调查装备、应急通信装备、应急保障装备、协助搜救装备、特殊环境装备等信息。

*地震应急演练。*5月24日至25日，在磐石组织吉林市地震系统地震应急演练，全面提升地震系统地震应急快速反应能力和相互协调配合能力，为实战积累经验。参加东北协作区2018年地震应急工作交流会；参加东北片区和省市县地震系统桌面推演和16个市县地震部门联动演习；参加东北地区地震活动监测应急演练。

*地震应急救援志愿者队伍和应急避难场所建设。*结合安全示范社区创建工作，在社区开展地震救援志愿者招募工作。在华业社区、幸福里社区等多个社区组建百余名居民参加地震应急救援志愿者队伍。规划设立地震应急避难场所35处，定期维护、检查现有避难场所。

*地震应急指挥技术系统或指挥中心建设。*在原有地震应急指挥中心基础上，继续完善视频监控系统，配有应急决策反应系统，该系统可以在破坏性地震发生后，以最短时间为政府提供应急救援、抢险救灾、灾害评估、震后重建等决策所需相关信息。（高　超）

水文水资源监测

【概况】 吉林省水文水资源局吉林分局（简称“吉林水文分局”）隶属于吉林省水文水资源局，行使吉林地区水文行业管理职能，下辖吉林、桦甸、舒兰、蛟河、永吉、磐石6处水文巡测基地。吉林水文分局监测区域内有13处基本水文站（吉林站和五道沟站属于国家级重点水文站）、2处小河站、18处中小河流水文站、17处水位站、2处土壤墒情人工监测站、6处土壤墒情自动监测站、307处自动雨量站、75个水质监测断面，141眼地下水观测井，形成降水、水位、流量、蒸发、泥沙、水温、冰凌、水质、地下水和区域水资源监测、调查、评价等监测项目比较齐全、布局比较合理水文水资源监测站网。

2018年，吉林水文分局完成全市33处水文站、17处水位站、25处水库及307处雨量站测报汛任务。全年接收和转发水文信息超过103万条，模拟预报56站次，实时预报13余站次，为防汛部门提供水情信息近万余站次，及时向上级及地方防汛部门提供第一手雨水情信息。全年上报土壤墒情人工常规监测信息60站次，加测人工墒情信息2站次，向省中心传送遥测墒情信息35198条，为春季抗旱决策提供科学依据。在贯彻落实最严格水资源管理制度工作中，开展地表水功能区水质监测、入河排污口水质监测和地下水水质监测。

【水文资料整编】 2018年，吉林市水文局2次集中审查和1次表检15个水文站及68个雨量站2017年度水文资料，修正部分站推流方法、水位流量关系曲线、数据加工和录入等方面问题或错误，提高水文资料精度。在吉林省水文局组织复审工作中，吉林市水文局2017年度测验整编工作获第1名。完成全市2017年度地下水动态监测资料整编工作，在全省地下水资料会审中成绩优秀，获得“吉林省水资源及地下水动态监测管理先进单位”称号。水环境监测资料质量得到提高，取得全年监测资料无差错成绩。

【汛前准备】 4月，吉林水文分局召开水文工作会议，提出防汛工作具体要求，批复各水文巡测基地汛前设备维修计划。组织全局全体职工进行应急测洪演练与洪水预报演练，提高汛期快速应急反应能力。结合各测站实际及各条江河水力因素变化、测验方式变化情况，重新修订各站《测洪方案》《应急预案》《测站任务书》《各测站特征值表》《仪器管理制度》等，规范水文测验工作，做到目标任务明确、岗位职责明晰，确保测报准确、及时。

【汛期测报】 加强水文情报预报服务，提升水文信息服务水平，开展滚动实时作业预报和模拟预报，主动提供预警服务，实时预报13余站次，为防汛部门提供水情信息近万余站次。在迎战台风“摩羯”“苏力”“西马仑”过程中，吉林市水文局为防汛部门提供水情信息400余站次，水库水情分析65站次，为当地政府和有关部门抢险救灾决策提供优质服务。

【水资源监测】 开展吉林市水功能区水质监测、入河排污口监测和地下水水质监测工作，为落实最严格水资源管理制度提供技术支撑和科学依据。全年完成监测地表水、水功能区、入河排污口和地下水等1100个水质样品采集和检测工作，获取监测数据3万余个，完成72个重点入河排污口水质监测与评价工作。

做好第三次水资源调查评价工作。2018年3月起，克服时间紧、任务重、人员严重不足等困难，部署和安排第三次水资源调查评价工作。按照上级要求，以吉林地区各行政区以及水资源四级、五级分区为单位，完成地表水资源调查、水资源开发利用、水生态研究和水环境评价等4个分项资料收集、统计、计算、分析任务，完成60余张汇总表填报和校核工作。

编制水资源公报、水势水质通报、地下水动态简报等，向各级政府部门和社会公众提供水文信息和分析评价成果，为“三条红线”考核工作提供依据。

【水文基本建设】 加强基础设施改造和建设力度。加固63处水位自计桩爬梯并安装警示牌；新建官地等4处基本雨量站围栏、观测道路等设施；为星星哨、五道沟、民立、磐石、蛟河等5处水文站制作并安装水文标识牌；升级改造测流车设备6套。

国家地下水监测工程投入运行。完成地下水观测检查维护、对比测量，工程所建48眼观测井全部投入运行，通过国家地下水监测工程验收。

结合水文基础设施建设和改造，及时更新设备。推进水文测验方式改革，水文缆道、电波流速仪等新设备陆续投入使用；提高测验、水情和地下水水文数据实时监测、自动采集和传输水平，增强水环境监测能力。（吉林水文分局）

文 化

CULTURE

公共文化

【概况】 截至2018年年末，吉林地区有公共图书馆10个，总藏量369.6万册（包括数字图书）；博物馆16个，全年博物馆参观人数163.4万人次；文化馆（艺术馆）11个，乡镇综合文化站76个，农村文化大院1347个，社区文化活动中心66个，农村文化小广场97个。

建成数字博物馆、数字图书馆、数字文化馆、数字美术馆等10余个数字资源库。市级公共文化服务机构的数字服务平台容量400TB。9月，吉林市顺利通过创建国家公共文化服务体系示范区验收。

全年开展“三节”（端午节、中秋节、春节）系列文化活动、朝鲜族民俗文化节、市（农）民文化节等大型文化活动10余项，举办广场文化活动周、广场舞大赛、广场周末休闲舞会等广场文化活动120余场，完成松花江文化讲坛等各类公益讲座150场、城乡公益电影放映5272场、送演出下基层190场、公演儿童剧60场。

【现代公共文化服务体系建设】 年内，加强国家公共文化服务体系示范区创建，全面完成8类32项示范区创建指标。完成数字博物馆、数字图书馆、数字文化馆等21个数字资源库建设及数字资源录入工作；在市县两级公共图书馆、文化馆增设非物质文化遗产传习所、公共电子阅览室、文化体验中心等公共服务设施并免费开放。9月，吉林市公共文化服务体系示范区创建工作通过国家验收。

【公共文化服务体系示范区创建】 做好创建国家公共文化服务体系示范区工作，完成全地区8大类32项创建指标，先后经过国家组织课题答辩、实地检查、集中评议，以较好成绩通过国家验收。开展县级图书馆、文化馆总馆、分馆建设工作。加快推进基层公共文化服务设施建设，实现“乡（镇）文化站、村（社区）基层综合文化服务中心”建有率100%目标，为推动公共文化均等化建设、保障基层群众基本文化权益奠定基础。

【群众文化活动】 开展“百花迎春”喜连成社京剧演唱会、“印象乌拉街”水彩画创作展、吉林市文化志愿者送春联进屯活动等“三节”系列活动11项，举办松花江之夏和金秋广场文化活动周、老歌新曲大家唱、周末休闲舞会、朝鲜族民俗文化节等品牌文化活动40余场，推出“松花江文化讲坛”等公益讲座47场。

【吉林市第十七届朝鲜族民俗文化节】 6月17日至18日，吉林市人民政府主办，市文广新局、市民族事务委员会承办，市朝鲜族群众艺术馆组织开展的“吉林市第十七届朝鲜族民俗文化节”在市人民广场举行。作为集展演、展示、竞技、比赛、观赏、娱乐、美食于一体的群众性节庆民俗文化盛会，吉林市朝鲜族民俗文化节被中国节庆文化年会评为最具民俗价值、最具传承意义的民俗文化节庆活动之一，成为吉林市重点广场文化活动，同时也是中国朝鲜族最具影响力的文化活动之一。文化节期间，举办大

6月17日，吉林市第十七届朝鲜族民俗文化节在吉林市人民广场举行

（市文广旅局 供图）

型朝鲜族广场集体舞、中国朝鲜族“非遗”展演，各类文体比赛以及朝鲜族民俗风情展示等活动。来自吉林地区的朝鲜族中小学校、幼儿园、朝鲜族老年协会、朝鲜族妇女协会，市朝鲜族体育运动协会、市朝鲜族排球协会等单位及社会团体，及大连市朝鲜族文化艺术馆、延边群众艺术馆、哈尔滨市朝鲜民族艺术馆、抚顺市朝鲜族文化馆、鞍山市朝鲜族文化艺术馆、梅河口市民族文化馆、长春市朝鲜族群众艺术馆、牡丹江市朝鲜民族文化馆、沈阳市朝鲜族文化艺术馆及韩国友人带来具有当地特色的艺术作品在文化节开幕式上展演，70个代表队3000余名演员和运动员参加活动。

【吉林市图书馆】 位于解放东路63号，占地面积1.5公顷，建筑面积1.5万平方米，免费开放。2018年，完成年度图书采购及3.4万册图书加工任务。在馆藏150种古籍中甄选出130种，参加第六批国家珍贵古籍申报工作。为23个单位办理152个团体借阅证，外借图书1.1万册。开展图书流动服务，为读者送去图书5.2千册。全年组织开展各类公益性文化活动200余场（次）。其中，举办松花江文化讲坛讲座46场，举办“百姓来讲”讲座36讲，播放少儿电影46场，开展第七届“魅力江城杯”少儿书画大赛和大赛优秀作品展，利用双休日创新开展绘本阅读、手工体验等少儿亲子活动42场，举办“书香江城”阅读季启动仪式及“换书大集”活动，组织开展“好书推荐”、“氤氲书香”朗诵大赛、“小小朗读者”等系列活动11场次，开展春联大馈赠、猜灯谜等节庆文化活动2场次，开办各类展览活动17场次。

【吉林市博物馆】 坐落于世纪广场南侧，属国家二级博物馆，建筑面积2.6万平方米，展厅面积1.6万平方米。有吉林陨石雨陈列、吉林市城市发展史展览、吉林牛子厚与京剧艺术展览、吉林三杰陈列馆、金意庵艺术馆、刘廼中艺术馆、松花湖浪木艺术馆、由守义艺术馆8个基本陈列。2018年，吉林市博物馆微信扫码自动语音播报功能正式上线。年内，举办“砥砺奋进的五年大型成就展”“印象乌拉街——水彩的萨满情结”“世界陨石精品联展”“中国梦 我的梦 我与城市四十年”等10个展览。引进中国文字博物馆汉字巡展等馆际交流展览6项。组织“满族绣品展”赴外省市地区博物馆展出，与青海德令哈天文科普馆合作举办陨石展览外出交流展览等6次。与市辖学校、社区等多家基层单位联合共建，开展“送展览下基层 爱心永传递”文化惠民工作，全年组织展览下基层活动30场。开展“博育”系列教育活动，新增“青铜剑文化”“天外来客·吉林陨石”“印章”等新课程，全年授课86期，受众10200人。开展陨石科普研学旅行活动53期，参学人员7000人。开展少儿活动52期，参与人数1500余人。全年接待青少年研学活动1万余人。（市文广旅局）

文艺事业

【概况】 截至2018年年末，吉林地区有国有改制文艺表演团体8个，其中市直3个。市区有艺术演出场所4个。其中，国有1个、民营3个。有艺术研究机构1个。年内，原创吉剧《黄大年》、儿童剧《靰鞡草的故事》2个项目获国家艺术基金资助；市歌舞团第21次参加中央电视台春节联欢晚会，赴韩国参加平昌冬奥会文艺演出；全年市直院团完成商业演出200场，公益演出180场。中国评剧院、北京京剧院、上海歌剧院等全国知名文艺院团到吉林市演出200余场。

【文艺创作】 2018年，围绕庆祝改革开放40周年等重要节庆活动，推动艺术精品创作生产。与国家大剧院联合创作大型舞剧《天路》在国家大剧院首演。修改完善吉剧《黄大年》，在中央电视台戏曲频道、国家大剧院、北京梅兰芳大剧院播出（演出）。吉剧《黄大年》、儿童剧《靰鞡草的故事》获2018年国家艺术基金资助；拉场戏《在劫难逃》、二人转《夜半惊梦》分获中国田汉戏剧文学奖银奖和全国第五届包公杯曲艺大赛作品一等奖。创作完成音乐剧《炎黄》并对外公演。市直文艺院团参加央视春晚、韩国平昌冬奥会文艺演出、全国基层院团戏曲会演等大型演出活动及赴各地商业演出200场，公益演出180场。以人民大剧院为平台举办各类演出、活动300余场，包括邀请中国评剧院、北京京剧院、上海歌剧院等全国著名艺术院团到吉林市演出评剧《花为媒》、京剧《红灯记》、黄梅戏《女驸马》、音乐剧《国之当歌》等经典剧目200余场，满足广大群众高雅艺术需求。

【大型原创音乐剧《炎黄》在市人民大剧院上演】 7月24日，由市演艺集团组织市歌舞团历经两年多时间创作完成的大型原创音乐剧《炎黄》在市人民大剧院上演。市委书记王庭凯、副市长盖东平观看演出。音乐剧《炎黄》共6幕，时长95分钟。全剧以中华民族的人文始祖为核心人物，讲述黄帝、炎帝从和到战、再从战到和的动人故事，深刻揭示出引

5月1日，吉林市歌舞团参加中央电视台五一国际劳动节文艺晚会演出。图为演出现场
（市文广旅局 供图）

7月3日，吉林市引进剧目——舞剧《粉墨春秋》在市人民大剧院演出

（市文广旅局 供图）

领中华民族不断前行的真正力量——深植中国人内心的正义、真诚与善良，歌颂了中华民族自古以来就具有的包容气概和伟大胸怀。作品主题厚重、结构严谨、舞美宏大、表演精湛，配以优美动听的音乐和富于诗意的唱词，为观众呈现出一部史诗级艺术巨制。

【艺术演出】 市歌舞团第21次登上中央电视台春节联欢晚会，参加央视元宵晚会、五一晚会、韩国平昌冬奥会期间文艺演出等国内外大型文艺演出70余场。市歌舞团、市话剧团、市戏曲剧团赴北京、深圳、上海等地商业演出112场，开展“送演出下基层”、童话剧免费公演、吉剧进社区等公益演出252场。以市人民大剧院为平台，举办各类演出150余场，引进北京京剧院《红灯记》、中国杂技团《天地宝藏》、上海歌剧院《国之当歌》、中国评剧院《花为媒》、安徽省黄梅戏剧院《女驸马》、山西艺术职业学院华晋艺术团舞剧《粉墨春秋》等演出。

【吉林市歌舞团】 作为具有国家级演出水平的地方文艺院团，市歌舞团被誉为“吉林市流动的城市名片”。年内，市歌舞团第21次参加中央电视台春节晚会，赴韩国参加平昌冬奥会期间文艺演出，还参加中央电视台元宵晚会、三八国际妇女节晚会、五一国际劳动节晚会及五四青年节京剧演唱会、七夕特别节目、国庆晚会等国家级演出，开展各类商业演出70场，完成省级文化惠民送戏下乡演出30场。创排音乐剧《炎黄》，7月20日在吉林市人民大剧院首演，9月27日中央电视台派转播车赴吉林市专场录制。与国家大剧院联合推出舞剧《天路》，承担除部分主演外的全部演出任务，完成7场公演。完成吉剧《黄大年》修改完善工作，对外公演70余场。组织有关人员策划创作舞剧《红旗》。（市文广旅局）

文化遗产保护

【概况】 截至2018年年末，吉林市有各类文化遗存2181处（国家级文物保护单位18处、省级文物保护单位55处，市级文物保护单位59处）；有市级以上非物质文化遗产187项（国家级3项，省级54项）；博物馆馆藏文物33133件（国家一级文物21件）。吉林市陨石博物馆陈列“吉林1号”陨石重1770千克，是世界级陨石资源，为世界上已知最大单体石陨石。

年内，落实《吉林省关于进一步加强文物安全工作的实施意见》等文件精神，印发《关于进一步加强文物工作的实施意见》《吉林市2018年度文物安全承诺书》，对全地区190处国家和省市县四级文物保护范围进行重新核定，明确各级政府及行政主管部门文物保护主体责任。

举办吉林市首届国际陨石博览会、中国文字博物馆汉字巡展、中华民族节俗文化展等大型展览展示活动。完成吉林文庙、吉林市天主教堂及西团山遗址等4处重点文物修缮工作。组织开展吉林文庙祭孔大典、成人礼以及“行走的博物馆——送展览下基层”、白山书院系列讲座、少儿国学讲堂等系列优秀文化传承活动近20项200余场。

【文物保护】 开展文化遗产保护传承和开发利用，全年获国家文物局批复项目5项。组织实施天主教堂、乌拉街清代建筑群、西团山遗址3处安防工程及吉林大学教学楼旧址防雷工程、阿什哈达摩崖石刻防渗透治理工程，推进重点文保单位保护项目工作，实施吉林文庙院落降土与排水保护利用设施建设工程。

8月7日，中国文字博物馆汉字巡展开幕式在吉林市博物馆举行。图为中国文字博物馆“吉林体验基地”授牌仪式

（市文广旅局 供图）

5月7日，中国·吉林国际陨石博览会在吉林市博物馆举办。图为国际陨石研讨高峰论坛现场
（市文广旅局 供图）

【非物质文化遗产传承】 举办吉林市非物质文化遗产新春大集、2018文化和自然遗产日·吉林市非物质文化遗产宣传展示等特色文化传承活动。乌拉陈汉军旗单鼓舞代表性传承人张洪年成功申报国家级代表性传承人，吉林面人胡代表性传承人胡连才、吉林缸窑烧造技艺传承人刘秀利申报为第四批省级代表性传承人，满族珍珠球传习所、满族旗袍制作技艺传习所等成功申报省级传习所。

【中国文字博物馆汉字巡展】 8月7日，由中国文字博物馆、吉林市文广新局主办，吉林市博物馆、吉林市书法家协会承办的汉字巡展暨中国文字博物馆“吉林体验基地”授牌仪式在吉林市博物馆举行。同时，中国文字博物馆将司母戊大方鼎青铜复制品赠送给吉林市博物馆。汉字巡展配套活动包括传统书法艺术、古诗词活字印刷互动体验活动、剪纸表演、经典诵读等。

【中国·吉林国际陨石博览会】 5月7日至8日，“吉星会友、星耀江城——中国·吉林国际陨石博览会”在吉林市博物馆举办。博览会由吉林市人民政府、国际陨石学会、中国科学院紫金山天文台联合主办，吉林市文广新局、辽宁省鞍山市岫岩满族自治县政府承办，吉林市博物馆、吉林市陨石博物馆等单位协办。包括世界陨石精品展以及国际陨石研讨高峰论坛等内容。展览分为目击陨石、“世界之最”陨石、有故事精品陨石三个展区和一个自由展示交流展区，向观众展示国内外各类精品陨石以及陨石背后故事，部分陨石首次在国内展出。国际陨石研讨高峰论坛上，来自国际陨石学会、中科院紫金山天文台、中科院广州地球化学研究所等单位陨石研究专家作专题报告，探讨促进科研成果交流和陨石知识普及，推动陨石事业健康发展。博览会期间，与会代表考察吉林省目击陨石陨落地和辽宁岫岩陨石坑。主办方举办中国首届专业场馆工作人员陨石鉴定培训班，提升专业人员对陨石相关知识认知和鉴定技能。（市文广旅局）

广播影视

【概况】 截至2018年年末，全市有地市级广播电视台1座，县（市）级广播电视台5座；中、短波转播发射台2座，调频、电视转播发射台6座。广播电视综合人口覆盖率分别为98.31%和96.92%。

【宣传报道】 深化习近平新时代中国特色社会主义思想和中共十九大精神宣传，巩固全市人民共同奋斗思想政治基础。开设《新时代、新气象、新作为》《新时代传习所》《主播为你读报告》等专栏，报道在习近平新时代中国特色社会主义思想指引下，各行各业伟大实践、创新业绩，营造学习十九大、贯彻十九大、实践十九大浓厚舆论氛围。《松江潮声》策划全民诵读十九大报告活动，在线收听11万人次。组织全地区广播电视播出机构开展“奋斗——让生活更美好”精品主题新闻作品展播。

策划庆祝改革开放40周年宣传，描绘吉林市新时代新画卷。先后推出《壮阔东方潮、奋进新时代》《庆祝改革开放40年》《致敬40年》《我与改革开放》《盛放·40年家国》等专栏，全媒体、多角度、全景式，讲好江城改革开放故事。《丝路无处不飞歌》《一坝双坝 松花湖再添新美景》《三分钟看江城巨变》等报道和宣传片成为精品和爆款，点击量几十万人次。

围绕“两会”“吉马赛”“雾凇冰雪节”“三大攻坚战”“旅游文化名城、生态宜居城市、新兴产业基地”和“6411”产业集中宣传报道，开设《环保督察进行时》《悦马江城、怀抱山水》《只跑一次改革》《扫黑除恶进行时》《干部作风大整顿进行时》等50余个专栏专题，鼓舞士气、振奋精神。全年播发新闻6600余条，上传中央台、省台各类新闻500余条。省台发稿量在市州排名中名列前茅，央视发稿数量再创历史新高，特别是吉林市雾凇冰雪报道，频繁在央视《第一时间》《共同关注》《新闻直播间》《朝闻天下》等栏目中亮相。

做好“创城”（创建全国文明城市）宣传报道，开设《创城进行时》《创城大家谈》等全民参与性栏目，开展“竖起大拇哥、你我安全过”“文明出行、春风行动”等活动，扩大市民对“创城”知晓率、参与度和支持率，迅速营造浓厚“创城”氛围。开设“创城曝光台”，对不文明、不作为现象进行曝光；倾听百姓声音，关注民生热点难点，理顺情绪，化解矛盾，传递温暖。

【广播电视作品评选】 多次组织开展广播电视节目（作品）评选活动，推荐参评中国新闻奖、中国广播影视大奖、吉林新闻奖和省广播电视新闻奖、省广播电视播音主持奖、省广播文艺奖等作品227件，其中吉林市广播电视台广播现场直播作品《江城总动员，急寻“熊猫血”》获得第二十八届中国新闻奖二等奖，为提升全市广播电视媒体公信力、宣传力、影响力起到推动作用。

【广电节目创新改版】 2018年，根据节目定位和受众反馈意见，新闻综合频道增加午间新闻，晚间黄金时段增设联办节目，将《恭喜发财》并入《江城名片》，重点打造《江城名片》；公共频道将《幸福来敲门》纳入《大城小事》，《老板疯了》更名为《品位家居》，《江城房地产》开通地产企业分销渠道新模式；科教频道《黄金体育》《民政零距离》《走进乡村》增加体验式采访等内容，拓展频道对外联络和发展空间。

综合广播《城市私家车》《教育面对面》两档节目注重与新媒体融合，实现线上线下互动，节目质量不断提升。大众生活广播《超级大管家》加强与社区横向联络，《97鹊桥会》加大征婚信息播放频次；《天天话健康》与吉林市各大医院合作，实现资源共享。交通广播转频改版后增加文化和新闻类节目，凸显服务交通功能定位，并新增《车友爱生活》《读书笔记》《异口同声》3档节目。音乐广播开播后定位清晰，早高峰以“新”为关键词，晚高峰以“回家”为主题，午间节目以汽车资讯、本地出行资讯为侧重方向。经济广播强化“应急”“应需”“有用”频率特色，打造《嘀嘀叭叭早上好》《舌尖情报站》《倾听》《车生活》等新节目品牌。

《江城新闻》优化采编工作流程，实现当天新闻当天报、重大新闻不漏报，改版后令人耳目一新。《吉广新闻》新设“新闻地图、全媒体扫描、生活资讯、声音日历”板块。《直播江城》在节目包装、演播室改造、板块划分、主持形式等方面都有提升，改版后板块更清晰，内容更好看。《江城党建》《文化江城》《法治江城》等联办节目主动进行节目调整，得到合作方好评。

【广电传媒融合发展】 2018年，成功申办FM93.9频点，交通台获得播出许可，解决交通台呼号和审批许可不一致历史问题。交通台转频，雾凇台、音乐台相继上线开播，开启广电融合发展新时代，形成广电传媒融合发展新矩阵。

整合全台公众号，将拳头产品《江城早新闻》植入雾凇台；加强采编队伍融合，培养全能型人才，打造融媒体采编队伍；打破壁垒，在重大主题策划和大型活动中实现平台之间互动、联动。雾凇台上线以来，策划大型直播40余场，播发图解、H5、动漫、短视频等新闻1.2万余条，点击量超过170万人次。

【广播艺术创作】 先后制作推出长篇配乐广播小说《大关东》、采访纪实《习近平的七年知青岁月》、广播剧《风雨中的旗帜》《谁是党员第二部》等10余部精品力作，均获得省级奖项。

【电视宣传片制作】 先后制作推出《美丽的吉林市》系列宣传短片、雾凇冰雪宣传片、“吉马”宣传片等，全年制作宣传片、专题片50余个。其中，《雾凇之都 滑雪天堂——北国江城吉林市欢迎你》连续在央视一套综合频道黄金时段播出，1分钟冰雪宣传片在纽约时代广场播出，为宣传吉林市冰雪旅游资源、推介冰雪旅游名片作出贡献。吉林雾凇冰雪惊艳世界，引来大量游客赏雾凇戏冰雪泡温泉。2018年冬季，雾凇岛、滑雪场、温泉等景点游客猛增。

【纪录片获奖】 电影纪录片《乌叔》入选金熊猫电视节“中国故事·国际传播”优秀作品海外传播活动，先后获得印度加尔各答国际电影节女性导演杰出成就奖、温哥华国际华语电影节最佳纪录片红枫叶奖亚军，入围芬兰瓦萨自然电影节、拉萨国际绿色电影周、广州国际纪录片节“金红棉”评优单元，又一次填补省内空白。《乌叔》在电影、电视、纪录片领域获得6个国内国际奖项。纪录片《雪遇吉林》获亚洲旅游影视艺术周好纪录片奖；《你不知道的吉林故事》获第11届中国旅游电视周好作品奖；电视剧《女人的天空》获第29届中国电视金鹰奖提名奖。

【承办大型活动】 全年为机关企事业单位承办大型活动30余场。采取向上争取资金扶持、向社会寻求赞助、广告资源招商等多种形式举办百姓春晚、老年春晚、的士欢乐节、年货大集活动。创新形式内容，增加活动黏性，让老品牌成为金品牌。

【民生公益活动】 先后策划“橙色关爱温暖江城”“相约财富新春送福”“全民阅读进校园进社区”“大手牵小手”“爱心红丝带”等20余场为民服务活动，传递社会温暖。围绕民生问题进行监督，做好服务。开设《声音》《直播江城》栏目和交通台接听民生诉求1.2万余件，及时进行反馈。为处理突发事件，交通台和经广台中断直播17次，通过特别节目，回应百姓需求。播发紧急求助信息、寻人寻物启事2000余条。

（市文广旅局 市广播电视台）

新闻出版

【概况】 2018年，吉林市有印刷企业140家，连续性内部资料出版单位60家，期刊报纸公开出版单位19家，正式出版物25种，打字复印社268家，图书批发和图书零售企业116家，音像制品零售和电子出版物零售企业18家。

【全民阅读】 4月22日，由吉林市文广新局主办、市图书馆承办吉林市2018年“书香江城”阅读季启动仪式在吉林市图书馆举行。启动仪式当天，市图书馆开展换书大集、民生读本发放、馆藏好书推荐、青少年原创作品比赛、少年儿童绘画书法大赛、少儿读书等十余项老百姓喜闻乐见、精彩纷呈的阅读活动。

“全民阅读进校园”活动。吉林市2018全民阅读进校园暨丰满一实验小学第五届校园读书节表彰活动在丰满一实验小学举办，集中表彰读书节优秀小导师以及“一本书的力量”读书活动中获奖学生，为学校低保学生赠送惠民购书卡，鼓励学生养成好的读书习惯，多读书、读好书。

开展“全民阅读进社区”活动。吉林市文广新局与丰满街道河南社区联合开展“全民阅读进社区——书香满丰街，我与好书行”主题活动。活动中，吉林市文广新局为社区发放图书1000余册，充实社区图书室图书数量，为居民免费发放图书。

组织实施共享阅读工程。在吉林市船营区二十五小学启动吉林市共享阅读工程。北京出版集团分别为船营区、桦甸市捐赠10万元图书并建立阅读基地，为江城市民提供阅读资源。

保障低收入群体阅读权益。做好民生工作，向全市低收入群体发放民生读本约8万册，阅读卡1000张，保证低收入群体阅读基本权益。

【农家书屋建设】 完成统计上报地区农家书屋建设情况。全市行政村农家书屋建设全覆盖，图书更新资金按时、足额到位，完成农家书屋图书更新，统计结果及时上报。向上级争取2018年农家书屋更新资金，制定《关于吉林市农家书屋和社区阅读空间更新配备出版物选取办法》，做好农家书屋更新有关材料的准备工作；依托农家书屋开展读书活动，开展读书征文活动，激发农民读书兴趣，培养经常阅读习惯。

【新闻出版行业年度核验】 审核完成46种一次性内部资料出版物，发放准印手续。完成全市机关、企事业及社会团体内部资料性连续出版物年度审验上报工作。完成吉林市170家印刷企业年度核验工作。完成出版物发行单位年度核验工作，核验出版物发行单位110家。其中，书刊零售发行单位95家，音像零售发行单位15家。完成4家驻吉记者站年度审验工作。

【版权工作】 完成全市99家机关单位正版软件工作负责人软件正版化业务知识培训；为市直机关99家单位采购并安装正版软件1000套，与软件公司协商获得场地授权，实现全市机关单位正版软件全覆盖；抽查市直机关单位正版软件安装使用情况，督导各县（市）区机关正版软件使用情况。在"4·26"世界版权日期间开展形式多样宣传活动及专项执法检查活动。为吉林市金剪工艺品商店申报版权示范单位。

【江城日报社】 2018年，江城日报社获"改革开放40年·报业经营管理先进单位""2017—2018年度中国报业新媒体项目优秀奖""2018中国报业重大主题报道+服务年度双十佳案例奖"等称号，松花江网被评为"金长城传媒奖·中国年度创新力传媒网站"，吉林市发布（吉林乌拉圈）获"中国融合创新年度贡献传媒"称号，入选"中国报业十大最具影响力创新平台"。

新闻宣传。落实意识形态责任制，巩固提高党报的引导力。及时传达中央、省、市关于做好意识形态工作的相关指示精神，出台具体办法，完善"三级责任制"，严格落实口径通知，规范采编操作流程。遇到重大突发事件、敏感问题，及时召开紧急会议，分析原因，做好事前预防，保证舆论宣传安全。突出"四个意识"（政治意识、大局意识、核心意识、看齐意识），做好国家省市"两会"报道和市委部署开展"庆祝改革开放四十周年""干部作风大整顿""解放思想大讨论""创建文明城市"等专题报道，扩大党报公信力。围绕"庆祝改革开放四十周年"主线报道，《江城日报》及各子报网端自6月开设"壮阔东方潮""我与改革开放四十周年""改革开放四十周年看变化"等专栏、专版、专题，特别是12月18日《江城日报》推出集文字、声音、视频为一体的融媒体产品——"在改革开放的旗帜下"庆祝特刊，以报端互动形式，全面展现吉林市经济社会发展、三农、基层党建等各行业40年巨大变化和发展成就。配合推动"干部作风大整顿活动""解放思想大讨论活动""创建文明城市活动"，开设《读者来信》《记者来信》《解放思想大讨论·建言献策》《域外乡音》等专栏，满足读者诉求、反映市民建议。

版面版式创新。推进版式创新，增强党报的时代感，扩大党报影响力。借鉴南方发达地区党报版式，经过试验调整，《江城日报》新版于2018年6月正式发行，改版后各版整体联动，全新推出"新经济""政闻·民生""县域·三农"等新版面，策划城市品牌、脱贫攻坚、退休干部普法宣传等大批配合中心工作选题，体现新闻专业主义精神，呼应全市新一轮振兴发展实际和百姓对美好生活新期待，体现党报权威主流特色；新版兼顾展示晚报校园记者板块、吉林乌拉圈阵地建设情况，体现党报所属各媒体融合互动发展特色。《江城晚报》落实正面导向基调，强化提升服务性，做优深度阅读版块，做好《教育周刊》《老年周刊》，针对中小学生拓展城区和外五县（市）校园小记者队伍规模，策划"我为家乡添绿荫""社区行"等活动新闻和互动新闻，满足不同层次读者新闻诉求。《都市新报》采编定位中老年人群，深度解读透析国际、国内重大新闻事件和社会热点，并通过打造"乐学少年""全国语文朗读大赛""高考报考辅导讲座"等活动，提升服务、休闲功能。《家庭主妇报》继续压缩版面，突出家庭、婚姻、情感三大领域的专一性、专业性，开展非报活动，推出老年产品及国学经典营销活动，举办首届吉林市农民丰收节交易会，促进都市类报纸稳步发展、转型发展。

媒体融合发展。3月，"吉林市发布"（吉林乌拉圈）正式上线，采编部门全员稳定供稿，新闻服务内容更加丰富，成为全市继报纸、广播、电视之后重要媒体。6月，参与吉林省记者协会"红色之旅"报道活动，是全省9个地市州中唯一具备直播能力并现场直播的新闻客户端，直播全市驻村第一书记农展会、"2018吉马赛"，点击量分别突破10万、70万。开展对外合作，逐步扩大辐射范围。与重庆华龙网、《贵州日报》一起发起成立全国党媒视听内容融合发展矩阵；12月，直播丰满大坝旧坝爆破拆除的信息，点击量突破135万，新华社、央视移动网、《南方日报》、澎湃新闻等均使用吉林市发布（吉林乌拉圈）视频流进行直播。融媒体展示形式更为丰富，H5、AR、AI均有展现。年内，多次自主推出春夏赏花图、工作报告手绘版、"用手跑一次马拉松""歪果人"的国庆都在干点啥、改革开放四十年巨变、解放思想群里有动静等报道，每次推出均融入较为前沿开发技术：配合吉林市解放思想大讨论、创建文明城市，吉林乌拉圈推出AI智能脸融合产品——"我为吉林市创城代言"，点击量超10万次；在2018吉马赛、丰满大坝旧坝爆破拆除、万科滑雪场夜场开板、《江城日报》庆祝改革开放四十周年特刊等重大策划中，推出报端互动产品——AR看报，开启东北三省报端互动先河。松花江网依托报社自办新闻，扩大托管管网站、微博微信公众号业务范围，发挥主流媒体引领作用。党报阵地内各平面媒体、网站、客户端一体化运营、互连互通、立体发声，形成党报阵地舆论引导合力。

经营转型。巩固"四位一体"（项目、展会、活动、政务服务）多元化经营格局，发展增量项目。策划开展雾松岛之夏、贡梨文化节、国学培训、健康老人、首届医师节、休闲农业十大景区暨十佳最美民宿展示评选、首届吉林乌拉圈“寻找江城锦鲤”圈粉节、《江城日报》第二届读者节等活动。筹划开展首届医师节表彰、休闲农业十大景区暨十佳最美民宿展示评选活动，得到市政府及相关职能部门支持。采取合作或协办等模式，由域内向域外拓展，在中东购物新生活、人民广场、世纪广场及北京、唐山等地举办车展、房展、服装展、旗袍秀、农产品交易展（农民丰收节）、瓷器艺术展、春秋房展等展会，促进形成品牌效应。与市委组织部联合组织驻村第一书记农展会，紧扣“脱贫攻坚”主题，覆盖全市109个贫困村，展出17大类400余种农产品，签约额270余万元。策划出版驻村第一书记代言行特刊，转发吉林乌拉圈直播信息，形成立体宣传强势，扩大驻村第一书记农展会影响力，助力市委组织部获得全国网络扶贫优秀案例奖。

（市文广旅局　江城日报社）

文化产业

【概况】 截至2018年年末，吉林市有城市电影院27家，其中吉林市区16家。有文化产业示范基地（园区）11家。其中，国家级2家、省级9家。年内，吉林市推动国家文化消费试点城市创建，引导全市文化企业转型升级，促进文化产业快速发展，组织开展文化产品展销会、非物质文化遗产新春大集以及舞台演出季等活动20余项。

【文化消费试点城市创建】 高标准完成扩大国家文化消费试点城市创建工作，全年举办文化产品展销会、非物质文化遗产新春大集以及舞台演出等各种活动20余项。8月，举办“悦享文化·惠动江城”特色文化产品大型展销会，参展商户70余家，发放电子优惠券近17万元，展会成交额100余万元。

【文化产业升级】 2018年，吉林市一力乌拉草制品有限公司、蚁神动漫、松花江大剧院等7家文化企业获批省文化产业园区和文化产业示范基地，对推动全市文化产业发展具有重要意义。成立吉林市文化企业联盟，组织开展文化企业联盟单位发展研讨会、经验交流会等活动，促进吉林市文化产业加速升级。

（市文广旅局）

文化市场

【概况】 2018年，吉林市有各类文化经营场所799家，其中吉林市区526家。文化市场综合执法支队6支，其中吉林市区1支。

【文化市场综合执法改革】 重新组建完成吉林市文化市场综合执法支队，按照“同城一支队伍”要求，4个城区文化市场执法人员全部上划到市文化市场综合执法支队。建立健全文化市场综合执法机制、制度，为促进文化市场健康发展奠定基础。

【广播影视行业管理】 持续开展“黑广播”集中打击治理行动和广告监听监看专项活动，全年监听监看各类广告500余条（次），查处违规广告3起，监听甄别并向工信部门通报非法电台信息30余起，协助相关部门查处拆除非法电台9个，推进净化声屏荧屏。

【专项检查】 完成春节、“两会”期间专项检查工作，检查全市出版物市场，发现问题，责令进行整改。开展印刷复制物和出版物市场清查整治专项检查工作。开展新闻出版行业安全生产检查工作，检查印刷企业75家，书店50家，对发现的问题提出整改意见。

【专项整治】 组织开展扫黄打非专项行动、“三节”文化市场集中整治行动、寒暑假网吧专项整治行动等专项行动13次，对36家违法违规经营场所作出行政处罚。

2018年，吉林市“扫黄打非”工作领导小组办公室开展“清源”“净网”“护苗”“秋风”“固边”五大专项行动，每个专项行动开展6次市场检查。完成1件国家督导核查出境人员信息案件，维护吉林市文化安全和意识形态安全。

“扫黄打非”进基层工作。2018年前三季度，开展“扫黄打非”进基层示范点创建工作，推荐市第二实验小学、永吉县兴隆村、桦甸市中通快递公司参评国家、省“扫黄打非”进基层示范点评选工作。

“扫黄打非”宣传月活动。4月25日至5月25日，在全市范围内开展“扫黄打非”工作宣传活动，张贴宣传材料300张，发放绿色读物1000余本、宣传单5000张、绿书签2000张，播放绿书签网络安全课200余次，集中开展专项检查40余次。

专项检查全地区图书馆行动。6月上旬开始，集中检查全地区图书馆，查缴各类侵权盗版图书4574册，清理非法出版物和有害信息，确保全市文化意识形态安全。

“扫黄打非”日常监管。做好“扫黄打非”群众来访和电话举报工作，根据举报线索查处2起案件，移送公安机关查处；做好案件查处工作，查处案件7起，罚没款68121元；做好非法出版物集中销毁工作，指导舒兰市集中销毁盗版及非法图书1400余册、盗版及非法音像制品1000余张。

（市文广旅局）

社会科学

【概况】 吉林市社会科学界联合会（简称“市社科联”）所属社会组织21家：国际公共关系协会、礼仪文化协会、写作学会、人才学会、建筑装饰文化研究会、校本研究会、老年心理保健研究会、婚庆协会、诚信文化促进会、易学文化研究会、民营经济发展研究会、小记者协会、五行性理学研究会、未成年人教育协会、传统文化促进会、速记协会、儿童科学发展研究会、青少年艺术协会、老子学会、孔子学会、人力资源管理协会。

2018年，完成2017年省社科联、市社科联立项课题结题、评奖和2018年省市课题立项申报、评审。完成市社科联首次组织的课题申请国家哲学社会科学基金工作，举办社科理论界座谈会，完成吉林市首批智库专家、学者评选，举办“吉林市首届社科研究成果咨政论坛”主论坛和分论坛，与北华大学科普基地共同筹备建设吉林市老照片展廊，完成《江城论坛》出版发行。

【哲学社会科学研究】 经过省哲学社会科学基金办公室评审通过，完成市社科联首次组织的“关于完颜希尹等根文化促进乡村振兴发展国家战略问题研究”课题申请国家哲学社会科学基金工作。参与“吉林省‘十三五’智库规划基金委托招标项目”并中标。参与哈长城市群建设，在吉林化工学院经济管理学院成立吉林省社会科学院吉林分院化工经济与管理研究基地和吉林市社科院哈长城市群助力吉林市发展研究基地。举办吉林市首届社科研究成果咨政论坛（主论坛）及“关于老工业基地转型升级咨政建议”“关于旅游文化名城发展咨政建议”“关于历史文化名城发展咨政建议”等分论坛。落实《吉林市实施中华优秀传统文化传承发展工程方案》，作出“立足职能开展吉林市历史文化专题研究”“发动社科界开展吉林市名人研究”等任务安排。组织吉林市社科联、中共船营区委宣传部、长春路街道繁荣社区共建“新时代传习所”，召开工作研讨会。举办社科理论界“习近平新时代中国特色社会主义思想”座谈会和“贯彻落实十九大精神 献策吉林市老工业基地振兴”座谈会。

【社科立项评奖】 2018年，完成2017年省社科联、市社科联立项课题的结题、评奖，评出一等奖9项、二等奖11项、三等奖18项。完成2018年省市课题立项申报、评审。完成市第八次社会科学优秀成果奖评选活动，评出135项获奖成果。其中，论文类90项，著作类33项，咨询类12项。完成吉林市首批智库专家、学者申报、评审及评选，评出智库专家21人、智库学者16人。

【学会管理】 与各学会签订市社科联学会意识形态工作责任书，制定2018年学会工作计划及量化表。督促所属学会开展年检工作，指导学会成立支部，参加学会支部活动。

【社科宣传】 2018年，市社科联与市文庙博物馆共同开展长白山讲坛社科版，邀请吉林省政协原副主席赵家治到白山书院进行题为《阅读〈论语〉经典，弘扬孔子思想》的讲学。与北华大学科普基地共同筹备建设吉林市老照片展廊，“历史的记忆”——吉林市老照片展。开展2次长白山讲坛京剧文化校园行活动。年内，编印《江城论坛》刊物6期。

【科研基地调研】 根据《中共吉林市委宣传部关于印发〈吉林市宣传文化系统大调研方案〉通知》要求，开展吉林市社会科学科研基地调研，完成市社科联《关于吉林市社科科研基地建设存在的问题》大调研阶段性成果，形成《关于吉林市社科科研基地建设存在的问题与对策研究》调研报告。 （张　锐）

表56　**吉林市第八次社会科学优秀成果获奖情况一览表**

序号	姓　名	成果名称	等级
论文类（90项）			
01	孟凡君	《国外神经美学发展述要》	一等奖
02	宫炳成	控制与建设：南京国民政府社团与民众政策的双重取向	一等奖
03	姜　威	农业如何成为东北全面振兴的战略性产业	一等奖
04	曹　影	董仲舒的四大历史贡献	一等奖
05	谭远宏	从动机到机会——犯罪地理学的兴起	一等奖
06	刘立波	环境身份理论视域下的青年群体环境行为研究	一等奖
07	林永柏	经济学视域下的高等教育质量几个基本问题论析	一等奖
08	于胜刚	自发性组织与制度性组织：中国大学学术共同体的两种样态	一等奖
09	刘　翔	文献检索翻转课堂教学模式及支撑平台研究	一等奖
10	詹丽萍	将创新创业教育贯穿学团工作体系	一等奖
11	张添翼	神学人格的逻辑解构——重思黑格尔到马克思的宗教批判线索	二等奖
12	郭　伟	学术期刊CIO的角色需求与职责规划	二等奖
13	李开拓	中国语言生活状况报告成果再开发利用的思考	二等奖
14	李晓丹	镂—罗杰斯远征：美国“炮舰外交”的失败	二等奖
15	赵文铎	美国媒体视域下的国民政府抗战形象——以《纽约时报》为中心	二等奖
16	汲昌霖	制度环境与企业成长：基于政治关联抑或能力建设的策略选择	二等奖
17	张　瑀	我国装备制造企业服务模式转型探析	二等奖
18	岳　强	民主革命时期马克思主义中国化主体生成与演进研究	二等奖
19	张丽红	高校立德树人工作的路径及内容论析	二等奖
20	刘春怡	后金融危机背景下俄罗斯的贫困人口	二等奖

续表56

序号	姓 名	成果名称	等级
21	朱哲民	数学探究教学SIRA评价标准建立的尝试	二等奖
22	褚 丹	职业院校教师信息化专业知识结构模型构建研究	二等奖
23	李 娜	高校“课程＋研究型社团”教学模式的构建与实践——以太极拳课程为例	二等奖
24	彭诗言	平台经济视域下制造业转型升级机制研究	二等奖
25	徐 艳	基于信息素养视角的碎片化阅读行为实证研究——以图书馆微信平台为例	二等奖
26	葛 岩	信息生态视角下社会网络伦理规约模型构建研究	二等奖
27	刘甜甜	马克思主义意识形态在习近平新时代中国特色社会主义思想中的作用	三等奖
28	李海涛	“诺布效应”的逻辑与超越	三等奖
29	冯 巍	论根植于祖国传统医学道德的现代医院管理模式	三等奖
30	刘晓林	草原文化中活性特质之“酒神精神”	三等奖
31	苗亚男	理工类院校英语本科与翻译硕士（MTI）课程设置比较研究	三等奖
32	刘嘉任	新时期神秘小说中的时间存在形式	三等奖
33	张 伟	浅析英国浪漫主义诗歌的自然美学	三等奖
34	李春梅	信仰欺骗选择——信仰的卫士的文学伦理学解读	三等奖
35	于 萌	提升影视剧跨文化传播力的有效途径	三等奖
36	沙莉莉	电视新闻播音中的习惯性误读问题及思考	三等奖
37	曹友竹	吉林市历史文化遗存保护利用刍议	三等奖
38	马旭瞳	老树新花俏争春——吉林化纤集团升级转型、创新发展的情况调查	三等奖
39	王艳春	推进农村一二三产业融合发展的对策建议	三等奖
40	沈 月	新马克思主义城市理论的发展脉络与逻辑演进	三等奖
41	陈梦圆	教育对象视角下大学生思想政治教育方法创新	三等奖
42	陶 焘	农村纠纷及其多元化解决机制	三等奖
43	李 伟	关于吉林市文化产业升级工程建设情况的调研报告	三等奖
44	何松博	应对体育休闲：新西兰休闲体育政策及其启示	三等奖
45	董 玥	《中国历代演义》的价值与体例探讨	三等奖
46	王艳春	高知女性延迟退休的问题与策略	三等奖
47	詹 军	韩国老年人长期护理保险制度述要——兼谈对中国建立养老服务新体系启示	三等奖
48	卢 玲	高职数控实践教学体系开发研究应该遵循的原则	三等奖
49	刘康声	孔子“双师型”教师资格认定研究	三等奖
50	朱伟华	高职院校辅导员职业能力提升研究	三等奖
51	张琳琳	基于“三多”学习模式的英语教学数字故事创新实践研究	三等奖
52	李 鹏	论专业学位研究生培养质量保障体系构建	三等奖
53	王硕鹏	基于大数据分析的高校困难群体毕业生近年就业情况研究	三等奖
54	高竞男	中国传统文化融入大学生思想政治教育探析	三等奖
55	赵明炬	大数据背景下的高校网络传播阵地建设研究	三等奖
56	唐 君	跨文化教材出版的国际化与本土化矛盾融合研究	三等奖
57	秦 莉	现代视域下的大学后继续教育路径探析	三等奖
58	苏显春	公选课“中国杰出教人物选讲”教学探微	三等奖
59	李 妍	基于创新型医学人才培养的生物化学实验教学改革	三等奖
60	任玲玲	大学教师文化素质的内容构建及提升途径探析	三等奖

续表 56

序号	姓　名	成果名称	等级
61	姜凤萍	劳动教育对小学生心理健康影响的调查	三等奖
62	李　冉	大学生就业指导课程建设的有效性分析	三等奖
63	冯　茹	职前教师教育模块化实践课程体系的动态构建	三等奖
64	丁婷婷	高校播音专业部校台协同培养模式	三等奖
65	刘家良	省属本科高校教材建设探讨	三等奖
66	金　兰	高等学校学前教育专业的招生选拔：现状与优化建议——基于吉林省六所高校学前教育专业的调查	三等奖
67	沙显杰	20 世纪 80 年代以来美国科学教育发展之探究	三等奖
68	于春梅	慕课视野下互联网 + 外语混合式教学模式构建	三等奖
69	曲　枫	“互联网 +”时代下我国成人教育发展体系创新	三等奖
70	金海瑛	师范院校学前教育专业英语师资培养的策略研究	三等奖
71	王晓林	师范专科院校学生英语课外阅读的现状与对策	三等奖
72	金连海	医学生人文素质教育模式研究	三等奖
73	郑　平	吉林市简政放权之路	三等奖
74	姜　新	乡村护理人员道德困境与职业倦怠现状及分析	三等奖
75	侯建成	医学院校科研实验室科学管理与创新探索	三等奖
76	王柏谊	“互联网 +”背景下企业供应链模式研究式创新	三等奖
77	王毅军	网络舆情的二律背反解析	三等奖
78	徐　艳	高校图书馆移动阅读社会化服务的扎根研究	三等奖
79	齐海晶	“互联网 +”背景下高校信息检索课程信息化教学平台建设研究	三等奖
80	李　欣	大数据环境下的危机信息整合模型研究	三等奖
81	康　英	教育生态学视域下高校图书馆发展对策研究	三等奖
82	王圣镔	阅读推广几点问题的研究——以北华大学图书馆 2016 年工作为例	三等奖
83	张明宇	关于提升“百姓来讲”影响力问题研究	三等奖
84	姜忠刚	预防职务犯罪心理问题研究	三等奖
85	赵建华	精准治理：中国场景下的政府治理范式转换	三等奖
86	杨　静	医疗文书档案管理现状与管理创新分析	三等奖
87	胡建华	刍议住房公积金现状及发展方向	三等奖
88	贾春梅	论威廉戈尔丁《蝇王》中的象征内涵	三等奖
89	皮福生	吉林文化的圣地——北山	三等奖
90	刘力源	ESP 教学理念与应用型农业院校英语教学改革探究	三等奖
著作类（33 项）			
01	任树民	艺术特质视域下的中国抒情传统研究——以两汉诗学接受为中心	一等奖
02	王雪梅	清代打牲乌拉总管衙门研究	一等奖
03	宋春华	抗战时期国共两党民族主义思想研究	一等奖
04	李清雁	困惑与选择——基于身份认同的教师德性养成论	一等奖
05	张　妍	中国民族民间舞蹈艺术纲要	二等奖
06	刘卫东	东北装备制造业竞争力研究	二等奖
07	林菲菲	中国法律原则的司法适用问题研究	二等奖
08	喻冰洁	伦理视域下的教师评价制度：解构与重建	二等奖
09	孙庆峰	物流园区协同发展问题研究	二等奖

续表 56

序号	姓 名	成果名称	等级
10	朱 姝	基于梅洛庞蒂具身现象学的儿童心理发生研究	二等奖
11	杨 圆	日韩古典文学经典研究	三等奖
12	肖 潇	中韩汉字词汇发展史对比研究	三等奖
13	孟祥娟	虞世南与北唐书钞研究	三等奖
14	李德龙	先秦时期“德”观念源流考论	三等奖
15	张多强	《三希堂法帖》研究	三等奖
16	江汉力	康熙乾隆东巡吉林乌拉	三等奖
17	张立巍	财政学	三等奖
18	赵志峰	毛泽东民主思想研究	三等奖
19	刘国敏	艺术设计的方法与分类设计实践	三等奖
20	车 坤	《钢铁是怎样炼成的》精解速读	三等奖
21	薛 静	美国后现代幻想小说历史与发展研究	三等奖
22	王硕鹏	精准扶贫与职业规划——对高校困难群体的帮扶	三等奖
23	王晓伟	立德树人视角下大学生社会主义核心价值观教育创新研究	三等奖
24	张凌彦	新媒体与思想政治工作	三等奖
25	张春博	声乐演唱艺术理论与舞台表演实践探索	三等奖
26	徐 泽	国际视野下的高校创业教育课程研究	三等奖
27	焦 艳	声乐演唱与情感表达	三等奖
28	关 雷	高校图书馆的人力资源培训与开发	三等奖
29	刘景瑜	近代日本政军体制研究	三等奖
30	朱环宇	图书馆知识管理范式理论与实践	三等奖
31	陈 虹	国际贸易理论与专题	三等奖
32	王明辉	吉林市年鉴 2017	三等奖
33	杨伟刚	中国共产党吉林市执政实录 2015 卷	三等奖
咨询类（12 项）			
01	肖 艳	关于合力打造吉林长白山特产品牌大省的建议	一等奖
02	何 冰	对我省治霾和新能源玉米秸秆成型燃料产业发展的思考与探索	二等奖
03	王丽英	吉林市农业大数据服务平台建设及应用	二等奖
04	李方玉	吉林市发展农村电子商务研究	二等奖
05	周云波	关于完颜希尹家族墓地与吉林市旅游文化名城建设问题研究报告	三等奖
06	刘玉波	朱雀山植物园建设方案	三等奖
07	常 乐	基于空间句法的吉林市轨道交通 1、2 号线站点空间落位分析	三等奖
08	孙立宏	吉林市海绵城市专项规划	三等奖
09	李海璎	吉林市地下综合管廊工程规划（2015-2030 年）	三等奖
10	路安华	吉林市消防规划及小型消防站布局方法研究	三等奖
11	潘 慧	松花江百里生态长廊暨“一江四山”慢行系统规划设计	三等奖
12	刘立娟	韩国现代汉诗创作与传播研究	三等奖

（市社科联）

卫生健康

HYGIENE AND HEALTH

综　述

【概况】 2018年，全市有各级各类医疗卫生机构3840所。其中，医院172所、疗养院2所、卫生院97所、门诊部230所、急救中心1所、采供血机构2所、专科疾病防治院（所、站）10所、妇幼保健机构11所、疾病预防控制中心12所、卫生监督机构1所、医学科学研究机构2所、诊所1314所、卫生所（医务室）316所、社区卫生服务中心（站）112所、村卫生室1657所、护理站27所、计划生育技术服务机构10所。全市卫生技术人员33108人，执业医师及执业助理医师13368人，注册护士14950人，全市有编制医疗床位27784张。

2018年，全市医疗卫生机构总诊疗量1788.8万人次。其中，门诊、急诊量1678.5万人次，总住院人数70.3万人次，家庭卫生服务5.4万人次。健康检查69.6万人，预约诊疗154.4万人次，上级医院向下转诊224人次，向上级医院转诊1618人次。

全市医疗卫生机构总收入103.45亿元（市直属医疗单位收入为32.96亿元）。其中，公立医疗卫生机构总收入92.17亿元，占比89.1%，非公立医疗机构总收入11.28亿元，占比10.9%。

全年全市社区卫生服务人口覆盖率100%；有175.1万人参加新农合，参合率99.2%，年度筹资总额12.8亿元，有148.9万人次受益。

2018年，市卫生计生委以97.84高分连续4年在全省卫生健康重点工作目标管理责任制考核中排名第一，实现在各市州排名“四连冠”；吉林市成功创建2016—2018周期市级全国基层中医药工作先进单位；中医药管理工作连续2年以第一名成绩被省中医药管理局评为全省中医药管理工作先进单位；创建省级卫生乡镇8个、省级卫生村41个。

【健康扶贫工程】 完善大病兜底保障机制，提高贫困人口医疗费用实际报销比例，采取“一事一议”方式解决特殊贫困患者支付困难问题，全年为5638名贫困患者减免医疗费用156.96万元，全市建档立卡贫困人口救治率100%。落实省级贫困患者“新农合”政策，为44211名贫困患者补偿1066.28万元。推出在市属三甲医院住院治疗费自付部分再减免20%和大型设备检查费减免70%的优惠政策，为335名贫困人口减免医疗费用53.30万元。9种大病及白内障集中救治实现贫困人口全覆盖，大病专项救治病种增至15个，“万名医师健康扶贫巡回医疗”活动诊治患者62793人次。省委《吉林信息》以《吉林市健康扶贫贯通“三千米”》为题专刊介绍吉林市健康扶贫工作经验，市扶贫办组织省市媒体对吉林市健康扶贫工作情况进行专访。

【医疗健康信息化】 印发《吉林市全民健康信息化十三五规划》，启动全地区全民健康信息平台建设项目。启动实施“健康吉林—医疗影像云”惠民服务平台建设项目。　（孙伟慈）

医药卫生体制改革

【公立医院改革】 完善公立医院运行新机制，在全省公立医院综合改革落实情况第三方评估工作中，患者满意度和医务人员满意度排名全省第一。永吉县、桦甸市在全省县级公立医院综合改革考核评价中成绩优异，被省医改办表彰为2017年度公立医院综合改革工作先进县（市）。现代医院管理制度建设取得阶段性成效。市县两级城市公立医院管理委员会组建完成，出台《吉林市建立现代医院管理制度实施方案》。新农合人均缴费标准提高到730元，参合率99.18%。市中心医院、市人民医院、吉林中西医结合医院实现跨省异地就医联网即时结算。

【分级诊疗制度建设】 分级诊疗病种数增至10个以上，各类医联体增至30个，覆盖辖区全部二级以上公立医院、全部一级公立医疗机构以及部分民营医疗机构。出台《吉林市推进多层次医疗联合体建设实施方案》，医疗联合体建设规范推进，二级以上医院下转患者比2017年增长230.66%。

【家庭医生签约服务】 多举措推动家庭医生签约服务，服务质量效果和居民满意度得到有效提升，贫困人口签约覆盖率100%，重点人群签约率76%。

【药品供应保障】 巩固完善基本药物制

度，减轻群众用药负担3.65亿元。全市各级公立医院全部严格执行“两票制”，药品和高值医用耗材集中采购机制规范运行，药品监测预警机制初步建立。

【综合监管】 市县两级卫生健康部门建立随机抽查机制，开展卫生健康重要法律法规监督检查8项，查处案件943件。市传染病医院、疾控中心、中心血站、卫生监督所代表全省迎接全国人大常委会传染病防治法贯彻实施情况执法检查，受到检查组好评。 （孙伟慈）

疾病预防控制

【疾病防控体系建设】 市县两级均建立防治重大疾病工作联席会议制度，搭建完成政府主导的重大疾病防治协作平台。启动实施预防接种安全保障提升工程，市县两级财政全部将预防接种工作经费纳入财政预算，市县两级疾控机构全部配备自动控温装置冷藏车，标准化冷库建设进展顺利，疫苗供应与储运安全得到保障。作为全国3个先行试点地区之一，结核病信息系统升级改造初见成效，顺利通过国家级数据交换测试，系统一致率等指标位居全国首位。

【重大疾病防控】 传染病整体疫情形势平稳，布鲁菌病、流行性出血热发病率继续保持在全省低发病水平。率先于全省完成国家艾滋病综合防治示范区项目，艾滋病防治工作在全省名列前茅。吉林市严重精神障碍治疗管理工作经验在全省推广，市脑卒中高危筛查与干预项目办被国家项目办评为先进集体。

【传染病防控】 传染病整体疫情形势平稳，布鲁菌病、流行性出血热发病率继续保持在全省低发病水平。吉林市艾滋病防治整体工作在全省名列前茅，是吉林省唯一全部完成国家艾滋病综合防治示范区项目工作任务的市州，提前两年完成《吉林市艾滋病防治“十三五”规划》工作目标。中国卫生部—盖茨基金会结核病防治项目工作在经历低谷后取得突破性进展，市卫健委会同市人社局、财政局出台《吉林市结核病诊疗筹资与支付方式改革实施方案》，将结核病纳入门诊特殊疾病管理并将结核病基本诊疗项目全部纳入门诊报销目录，大幅度提高结核病诊治保障水平；项目核心指标提升明显，吉林市新型结核病信息系统研发试点工作经验在国家中盖结核病项目会议上做经验交流。

【精神疾病防治】 2018年，吉林市在全省率先制发《严重精神障碍患者管理治疗风险防控指南》，组织开展风险排查。年内，全市严重精神障碍患者登记报告率4.48‰、规范管理率92.75%、规律服药率39.88%，位居全省领先水平。提高县级精神卫生防治服务能力，以县（市）区为单位精神卫生医疗机构实现全覆盖，严重精神障碍患者登记报告率在4‰以上。巩固精神卫生综合治理机制，组织开展第十轮疑似严重精神障碍患者排查及诊断评估，与公安部门建立起高风险严重精神障碍患者信息通报机制。依托以市神经精神病总院为龙头的精神疾病医疗联合体，增强精神卫生医疗机构对基层医疗卫生机构点对点技术支持。吉林市严重精神障碍治疗管理工作经验在全省推广。

【疫苗接种】 落实国家免疫规划政策，以乡镇为单位免疫规划疫苗接种率保持在90%以上，肝炎类疫苗全程接种率在95%以上。妥善处置长春长生疫苗事件，主动回应社会和公众关切，设置临床观察定点医疗机构12家，确定接种单位咨询服务点109个，落实疫苗接种补种工作，开展接种者跟踪观察和咨询服务工作，全市疫苗接种工作保持平稳有序态势。完成预防接种单位审核和基本信息公示，通过开展全市预防接种安全隐患大排查大整改，有效提高预防接种工作规范性。吉林市在全省率先启动预防接种安全保障工程，县（市）区疾病预防控制机构均配备疫苗运输专用冷藏车、完成冷库升级改造，全市实施预防接种安全保障工程工作经验受到省卫健委高度评价，在2019年全省疾病预防控制工作会议上作大会发言。 （孙伟慈）

公共卫生

【重大公共卫生服务】 扩大脑卒中、心血管病高危筛查和干预项目及儿童口腔疾病综合干预等项目覆盖范围，为1.2万名城乡居民免费开展脑卒中和心血管疾病筛查与干预服务；肿瘤登记、死因登记工作覆盖全市；全年规范管理高血压患者22.96万人、糖尿病患者7.01万人；为5000余名适龄儿童免费开展口腔窝沟封闭，为2000名儿童局部涂氟保护牙齿。市脑卒中高危筛查与干预项目办被国家项目办评为先进集体。

【健康危险因素监测】 落实饮用水水质卫生监测工作任务，以乡镇为单位，饮用水水质卫生监测实现全覆盖，市县两级均按季度公示饮用水水质卫生监测信息，完成省、市河长制和水污染防治行动计划年度目标考核工作任务，启动丰满大坝拆除期间饮用水水质卫生应急监测，配合市环保局妥善处置国家环保督察组转办经开区部分企业排污污染饮用水投诉案件。逐步完善县乡村一体化食品安全工作体系，永吉县“食源性疾病县乡村三级网络防控”试点工作取得积极成效，在全国基层食品安全工作交流会上作经验介绍。吉林市卫健委会同市教育局、蛟河市卫健局组织开展吉林市儿童青少年近视调查，完成调查任务。坚持防治结合，慢性病防治工作取得新成效。基本公共卫生服务高血压、糖尿病健康管理项目工作质量稳步提升，高血压、糖尿病病人规范化管理率超过省级考核指标。

【健康吉林大课堂】 8月1日，吉林市疾病预防控制中心在吉林市经济技术开发区管委会二楼会议室举办以“合理用药”为主题“健康吉林大课堂”活动，邀请吉林市丰满区疾病预防控制中心副主任李艳宏主讲，向居民传播合理用药有关知识，增强居民健康素养知识，提升吉林市居民用药安全。 （孙伟慈）

妇幼卫生保健

【母婴安全】 实施妇幼健康服务能力提升计划，保障母婴安全。市中心医院、市妇产医院为市级孕产妇救治中心，以市中心医院、市儿童医院为市级新生儿救治中心，各县（市）医院为孕产妇和新生儿救治中心，全市孕产妇和新生儿急危重症救治网络基本建成。实施母婴安全行动计划和健康儿童行动计划，推广使用《母子健康手册》，加强生育全程基本医疗保健服务，开展孕产妇妊娠风险评估与分级管理，完善母婴安全保障工作模式。2018年，孕产妇死亡率为15.17/10万，婴儿死亡率3.23‰，均控制在《中国妇女发展纲要（2011－2020年）》和《中国儿童发展纲要（2011－2020年）》指标内。

【妇幼健康公共卫生服务】 2018年，孕产妇系统管理率和3岁以下儿童系统管理率均为90%以上，提供免费避孕药具服务471947人次。开展农村妇女“两癌”（宫颈癌和乳腺癌）免费筛查项目，筛查宫颈癌20301例，乳腺癌1500例。做好省政府民生实事，为7岁以下儿童免费视力筛查，筛查儿童12571名。

【出生缺陷综合防治】 在一级预防方面，实施免费婚前医学检查、孕前优生健康检查和增补叶酸预防神经管缺陷项目；二级预防方面，加强产前筛查和诊断，市妇产医院产前筛查与诊断、市中心医院产前筛查资质通过省级验收，服务可及性明显提高；三级预防方面，新生儿疾病筛查率和新生儿听力筛查率均在98%以上。实施国家出生缺陷（遗传代谢病）救助项目和先天性结构畸形救助项目。（孙伟慈）

医疗健康服务

【概况】 加大医疗卫生领域资金投入力度，全年完成投资8亿元。其中，项目建设5亿元、医疗设备3亿元。夯实医疗健康产业发展基础。

2018年，全市居民平均期望寿命78.4岁；婴儿死亡率3.23‰，5岁以下儿童死亡率3.8‰，孕产妇死亡率15.17/10万；每千常住人口执业医师数3.01人，每千常住人口注册护士数3.37人，每千常住人口公共卫生人员数1.30人（城区每千常住人口公共卫生人员数0.91人），每千常住人口医疗卫生机构床位数5.9张；传染病报告总发病率201.14/10万，报告死亡率0.61/10万，全市严重精神疾病患者发现率4.48‰。

【吉林市“健康吉林—医疗影像云”惠民服务平台项目正式启动】 9月28日，“健康吉林—医疗影像云”惠民服务平台项目合作签约仪式在西关宾馆举行，吉林市卫生计生委与杭州联众医疗科技股份有限公司、吉林省医影界经贸有限公司签署《健康吉林医疗影像云惠民服务平台框架合作协议》。“健康吉林—医疗影像云”惠民服务平台项目是通过建设医疗影像云服务集成平台，打破时间和空间的限制，实现影像共享调阅、健康管理指导、远程移动医疗及科教等应用，能够有效缓解基层医疗卫生资源分布不均衡、提高基层医疗服务可及性和服务水平、推动分级诊疗制度落实、促进优质医疗资源下沉，实现创新服务模式、降低诊查费用、减轻人民群众医疗负担的惠民目标。“健康吉林—医疗影像云”惠民服务平台建设项目的正式启动，标志着吉林市医疗健康信息化引领医疗卫生事业向高质量发展。

【医养融合】 吉林市创新运行医养并行、整体照料、联合运行、家庭医生签约、中医药养老5种模式，开展医养整合工作。立足实际，提出构建“9073”养老服务格局，即90%的老年人享受居家养老服务、7%的老年人享受社区养老服务、3%的老年人享受机构养老服务，到2020年基本建成以居家为基础、社区为依托、机构为支撑的养老服务体系。截至2018年4月，吉林市60周岁及以上老年人98.4万人，占全市总人口的23.71%，其中65岁以上老年人64.9万人，占总人口的15.64%。至2018年年末，全市有行政许可的各类养老机构270家，其中17家医养结合机构，205家养老机构签订医疗服务合作协议。

受养老扶持政策引领与带动，民办养老机构快速发展，机构养老床位能够满足现阶段吉林市老年人对养老床位需求。吉林市政府印发《关于开展长期护理保险制度试点的实施意见》，为顺利开展长期护理保险试点奠定基础。吉林市长期护理保险制度以社会化照护服务为主，解决参加城镇基本医疗保险失能人员日常照料和医疗护理问题。

“家庭医生签约”模式在吉林市全面实施。“家庭医生签约”是以基层医疗卫生机构为单位，由社区卫生服务中心、乡镇卫生院调配全科医生，对居家养老人员，建立家庭医疗契约服务关系，由家庭医生服务团队分片包户，为老年人提供日常护理、慢病管理、康复、健康教育咨询、中医保健等服务，为长期卧床、高龄和独居、行动不便老年人提供上门服务。截至2018年7月，吉林市运行40家社区卫生服务中心，97家乡镇卫生院，全部开展家庭医生签约服务工作，组建家庭医生服务团队961个，贫困人口、计划生育特殊家庭签约覆盖率100%，服务160.2万人次。

【社会办医】 出台《吉林市支持社会

9月28日，“健康吉林—医疗影像云”惠民服务平台项目合作签约仪式在西关宾馆举行。图为签约仪式现场（市卫健委 供图）

力量提供多层次多样化医疗服务实施方案》，鼓励社会资本创办医疗机构。全市新增民营医疗机构151家，非公立医疗机构占比突破60%。

【医疗健康宣传】 年内，全市举办健康教育巡讲256场，发放宣传资料1.45万份。96696医疗健康公共服务平台举办专家值守活动4次、“科普大讲堂”活动26期，在《江城日报》刊登专版42期。丰满区创建全国健康促进示范区工作顺利通过国家评估验收。加大深化医改、健康扶贫等重大主题宣传力度，在国家级媒体刊发稿件10篇，省级主流媒体刊发稿件138篇。在中央文明办、国家卫健委主办的“中国好医生、中国好护士”评选活动中，磐石市取柴河镇卫生院副院长程凤兰获评“中国好医生”。（孙伟慈）

卫生应急能力建设

【卫生应急联动机制】 推进卫生应急联动机制建设，组织修订《吉林市汛期卫生应急预案》等专项卫生应急预案18项，组建卫生应急队伍5支，卫生应急体系日益完备。

【急救中心公众开放日】 1月20日，吉林市急救中心举行120公众开放日活动，增强市民急救意识。高新区高新街道长江社区部分居民、辖区派出所民警、轻型车厂部分职工以及媒体记者等40余人参加活动。活动介绍急救中心基本情况，观摩救护车及随车设备；参观急救中心荣誉室，讲解吉林市急救中心的发展历程以及所取得的荣誉；参观调度指挥中心，了解呼救派车整个流程，掌握正确拨打120的方法和呼救后需采取的正确做法等；开展“急救在您身边”主题讲座。

【卫生应急拉练】 5月15日，市卫生计生委应急办组织全市卫生应急拉练活动。市中心医院、市人民医院、吉林中西医结合医院、市急救中心、市疾控中心、市卫生监督所、市职业病防治院7支市级卫生应急队伍约120名队员参加拉练。拉练队伍现场进行项目操作，检验性演练、卫生应急装备展示，进一步检验各支卫生应急队伍的专业技能和团队协作能力。

【应急技能竞赛】 2月28日，在吉林市“技兴江城”卫生应急急救技能竞赛决赛中，吉林市中心医院获得团体一等奖，吉林省吉林中西医结合医院、北华大学附属医院获得团体二等奖，舒兰市卫生计生局、丰满区卫生计生局、吉林市人民医院获得团体三等奖，刘播等18名优秀选手获得表彰。（孙伟慈）

医疗质量建设

【概况】 2018年，全市县域内总体就诊率96.14%，三级综合医院平均住院日8.98天，二级综合医院平均住院日6.95天。截至2018年年末，批准备案医联体35个，组建完成各类医联体30个，覆盖辖区全部一级及以上公立医疗机构以及部分民营医疗机构。其中，市级综合医联体6个，市级专科医联体6个，县区级医联体、医共体18个。

全市县级综合医院全部启动胸痛中心、卒中中心和创伤中心建设，三级综合医院全部启动“五大中心”（在全省县级及以上综合医院，建立以胸痛、卒中、创伤、危重孕产妇、危重儿童和新生儿救治中心为核心的新型医疗急救体系）建设。辖区内公立医院100%开展临床路径应用，三级公立医院开展病种数全部超过200种，二级公立医院全部超过120种，三级医院入组率高于90.3%，入组后完成率高于81%。全市参与同级医学影像结果互认二级、三级公立医院占比均为100%，参与全省临床检验结果互认医疗机构23家。设立省、市级质控中心39个。

【医疗服务】 启动实施新一轮改善医疗服务行动计划，全市6家三甲医院全部开展日间手术工作，率先于全省推进预约诊疗服务，全部三级公立医院、大多数市直二级公立医院开通预约诊疗服务。吉林卫视以《吉林市推进预约诊疗服务方便百姓就医》为题采访报道吉林市全面推行预约诊疗情况。加强医德医风和廉政风险防控体系建设，聘请社会义务监督员171人，加大行风监管力度，全系统行风持续好转。组建成立吉林市胸痛中心联盟，国家卫生健康委脑卒中防治工程委员会授予市中心医院“示范高级卒中中心”和“五星高级卒中中心”称号，吉林省中医药管理局授予吉林中西医结合医院“吉林省中医医疗机构评价考核先进单位”称号。

【国家级胸痛中心成立】 3月22日，在苏州召开第十六届中国介入心脏病学大会上，经中国胸痛中心认证工作执行委员会投票表决，吉林省吉林中西医结合医院胸痛中心通过中国胸痛中心认证，

11月10日，吉林市胸痛中心联盟启动仪式在吉林世贸万锦大酒店举行。图为启动仪式现场 （市卫健委 供图）

成为吉林地区首家、吉林省内中医系统唯一一家国家级胸痛中心，标志着吉林中西医结合医院胸痛中心对急性胸痛患者的综合救治能力达到国家级标准和水平。吉林省吉林中西医结合医院胸痛中心对胸痛患者所有医疗处置，均能在中国胸痛中心认证标准规定时间内完成，ACS（急性冠脉综合症）患者救治效率指标和预后指标均满足中国胸痛中心要求。

【吉林市胸痛中心联盟成立】 11月10日，由吉林市中心医院承办的首届吉林地区基层心血管病预防与康复会议、吉林市胸痛中心联盟成立大会、2018吉林市冠心病与心律失常质控会议在世贸万锦大酒店召开，吉林市胸痛中心联盟正式启动。该联盟是由吉林市中心医院牵头，携手21家吉林市二级以上综合医院组建，是吉林省唯一经国家胸痛中心总部和市卫生计生委联合批复的胸痛中心联盟，对吉林地区建立科学急性心血管区域协作医疗救治体系、提升急性心血管疾病救治能力和救治水平起到规范、推进作用。

【医疗安全】 加强与综治办、公安、保险机构等部门间协作，推进并完善“三调解一保险”（构建完善人民调解、院内调解、司法调解，医疗风险分担机制有机结合，相互衔接的医疗纠纷预防和处置体系）医疗纠纷协调化解运行机制建设，成立1家地市级医疗纠纷人民调解委员会、5家县医疗纠纷人民调解委员会，实现医疗纠纷人民调解工作县级以上行政区域全覆盖。全年，各医疗机构转入医疗纠纷人民调解程序的案件普遍在70%以上，案件调解成功率在85%以上。2018年，市医患纠纷人民调解委员会受理医疗纠纷96例，调解处理完结81例，调解成功67例，调解成功率92.3%。市医学会立案25例，完成11例，退案14例，医疗事故率66.6%。加强与保险公司合作，全市有156家医疗机构参加医疗责任保险，二级以上公立医院全部参险，基层医疗机构参险比例大于50%，有效分担医疗纠纷风险。2018年，国家卫生健康委通报表扬2013—2017年度全国创建“平安医院”活动表现突出地区和突出个人，吉林市被评为活动表现突出地区，市卫健委副主任王晓娟被评为活动表现突出个人。

推进血液安全工作，全市自愿无偿献血率100%，合格血液发放率100%，临床输血安全率100%。2018年，国家卫生健康委和省卫生健康委分别授予吉林市“无偿献血先进城市”称号。市红十字中心血站采血八组获得“全国表现突出采血班组”称号。

【医师资格考试】 医师资格考试工作得到国家和省卫生健康委肯定，代表吉林考区在国家医师资格考试工作会上交流经验。在国家医师资格考试基地评估中，临床和中医类别排名全省第一，口腔类别排名全省第二。（孙伟慈）

医学科技教育

【概况】 2018年，吉林市实施“名医、名科、名院”战略，全市卫生健康系统首家院士工作站——中国工程院李兆申院士吉林省工作站落户市人民医院。与温州医科大学合作开展眼视光医院等3个项目实现签约，全省首家运动医学中心北京大学·吉林运动医学中心成立并落户市人民医院。年内，与北华大学、吉林医药学院签订协议启动校地联合培养模式，开展医学康养培训2期和心肺复苏国际标准化培训3期。医学康养培训依托北华大学，培训145人；心肺复苏国际标准化培训依托吉林医药学院，培训36人，考核合格率100%。举办医学高峰论坛6场、国家级继续医学教育项目16项、省级继续医学教育项目124项，组织送教下乡巡讲35场次。

9月29日，中国工程院李兆申院士吉林省工作站在吉林市人民医院举行揭牌仪式。图为李兆申（左）与吉林市委书记王庭凯共同为工作站揭牌　（市卫健委　供图）

【中国工程院李兆申院士吉林省工作站落户市人民医院】 9月29日，中国工程院李兆申院士吉林省工作站揭牌仪式在吉林市人民医院举行。李兆申是中国工程院院士、中国著名消化病学、消化内镜学和胰腺病学专家，其消化内镜创新团队在消化病学方面处于国际先进和国内领先水平，团队所在专科是国家消化病临床医学研究中心、国家重点学科、国家临床重点专科。该工作站是吉林省医疗卫生系统首家消化院士工作站，为吉林市消化内科提供创新发展平台。

【北京大学第三医院·吉林运动医学中心成立】 12月27日，吉林市卫生计生委与北京大学第三医院就吉林运动医学中心战略合作在吉林市举行签约仪式，“北京大学第三医院·吉林运动医学中心”正式成立，挂靠于吉林市人民医院并指定为吉林市运动损伤定点医院。吉林市政府相关领导、吉林市二级以上综合医院骨科及运动医学科负责人、国家（省、市）教练员和运动员团队等380人参加签约仪式。吉林市人民医院是吉林市体育局冰雪项目定点保障单位、省市级运动员指定就医单位，签约合作标志北京大学第三医院正式成为吉林市人民医院

12 月 27 日，吉林市卫生计生委与北京大学第三医院在吉林市签约成立吉林运动医学中心。图为吉林运动医学中心战略合作签约仪式现场　　（市卫健委　供图）

专科建设支持单位。

【松花江骨科论坛】 7 月 7 日，第四届（中国）松花江骨科论坛暨 2018 年松花江脊柱脊髓高峰论坛在吉林市中心医院召开。该论坛由吉林市卫生计生委组织，吉林市医学会、吉林市中心医院联合承办，中国研究型医学会脊柱脊髓专业委员会联合支持。会议围绕颈椎翻修手术基本策略、腰椎退变合并骨质疏松的治疗、显微镜下的微创脊柱手术、脊髓脊柱肿瘤的手术治疗策略等专题进行讲座。首都医科大学宣武医院教授吴浩和吉林市中心医院教授于崇龙借助互联网现场直播演示 2 台颈椎腰椎手术，参会 210 名骨干医生同步观摩，近距离学习相关手术操作技术，并与手术室里专家进行双向互动交流。该学术论坛展示骨科新技术，传播国际先进诊疗经验，使全市临床医生对先进骨科诊疗技术和策略有了全面认识。论坛以互动直播技术为载体，为参会人员提供接触医学新进展、新技术、新信息的机会，促进全市骨科专业医学技术更规范、更健康发展，推进全市医疗水平逐渐与国际水平接轨。

（孙伟慈）

中医药管理

【概况】 2018 年，吉林市基层医疗卫生机构新建中医馆 25 家，省中医药服务“健康城市”项目，市中医院中医药特色健康管理服务试点项目有序推进。开展为期 7 天的中医药服务百姓健康行动大型义诊活动，受到群众一致好评。吉林市在第三届“北药杯”中药知识技能大赛中取得优异成绩，被吉林省中医药管理局、辽宁省中医药管理局授予团体三等奖。蛟河市、舒兰市开展全国基层中医药工作先进单位创建工作，顺利通过国家中医药管理局复审。

【参加中医药技能竞赛】 7 月 13 日，“天江杯”吉林省中医药系统首届青年医师急救技能竞赛在长春市中医院举行。吉林中西医结合医院选派金永旭、姜明贺和冯菲菲 3 名青年医生组成参赛队伍，强化训练竞赛考核内容。竞赛活动分为适应性训练、理论考试、急救技能操作竞赛三个环节，急救技能操作主要考核了单人心肺复苏术、外伤止血与包扎固定和急症针刺 3 个项目。吉林中西医结合医院在比赛中夺得团体一等奖。

【中医药服务百姓义诊活动】 5 月 20 日，市卫生计生委在人民广场举行“2018 年中医药服务百姓健康行动大型义诊活动”启动仪式。市卫生计生委举办大型广场义诊，参加义诊活动有吉林市中医院、宋氏儿科、张艳平儿科、侯氏中医、姜氏中医、李贺中医、尚善堂、裴医堂、神草堂、中山医院、鹿士春中医等众多名医名院，涉及中医外科、内科、妇科、儿科、肿瘤科、风湿科、皮肤科、肛肠科和康复科等。义诊现场安排护理人员为群众提供免费测量血压、血糖、耳穴、按摩等服务。11 家中医医疗机构参加义诊活动，义诊患者 1140 余人次，发放中医药健康知识宣传资料 4370 余份，设诊台 24 张，24 名专家参加义诊，设政策咨询台 1 张，市卫生计生委对前来咨询的中医爱好者 40 余人就备案制中医诊所、传统医学师承、确有专长资格认定等中医药政策法规进行讲解。

【中医药质量宣传】 6 月 15 日，在吉林国安药业举办以“提升中药质量保障健康吉林”为主题中医药质量宣传周暨吉林国安药业中药材种植（养殖）基地和中医药文化展览馆开放日活动。邀请市民走进中药材种植（养殖）基地、中医药健康旅游基地（中药花海）、中医药展览物馆等场所参观，近距离了解中医药起源及中药材种植、饮片加工、中药调剂、煎煮等环节，在全市营造全民关注中药质量、学习中药知识、普及中医药文化氛围。吉林市 30 家中医医院和 18 家社区卫生服务中心、乡镇卫生院及 27 家中医药协会成员单位参加开放日活动，接待市民 200 余人，发放中医药健康知识宣传资料 300 份。（孙伟慈）

计划生育

【二孩政策实施】 稳妥实施全面二孩政策，全市出生人口中二孩占比 34.94%。在东北地区人口形势和生育状况研讨会上作经验交流。联合 7 部门下发《关于加强母婴设施建设和规范管理的实施意见》，全市母婴设施建设工作进展顺利。开展人口信息核查工作，提高全员人口信息平台数据质量。

【计划生育服务】 有序推进家庭发展工作，“两项制度”（农村部分计划生育家庭奖励扶助制度、计划生育家庭特别扶助制度）奖励扶助人数 70173 人，扶助资金 1.23 亿元。奖励退休后城镇独生子女父母 4994 人，奖励资金 613.1 万元。省计生协、省教育厅、省政协青春健康教育调研组对吉林市青春健康工作给予高度评价，市计划生育协会被评为全省先进单位。

【流动人口服务管理】 强化数据信息审核，高质量完成流动人口卫生计生动态监测调查。昌邑区被评为全国流动人口动态监测调查优秀单位。流动人口健康促进示范场所和健康家庭创建工作走在全省前列，2 家企业、1 所学校分别获评国家卫生健康委流动人口健康促进示范企业、示范学校。（孙伟慈）

老龄事业

1 月 23 日，吉林市举办老年春节联欢晚会（市民政局 供图）

【概况】 截至 2018 年年末，吉林市有 60 周岁及以上老年人 97.1 万人，占全市总人口的 23.5%，其中 65 岁及以上老年人 70.5 万人，占总人口的 17.1%。

【老年文体活动】 2018 年，吉林市投入经费 28.4 万余元用于开展各类老年活动，丰富老年人精神文化生活。春节前夕，与市文广新局及广播电视台携手，在人民大剧院举办“我们的生活充满阳光”2018 吉林市老年春节联欢晚会，参与演出人员 700 余人，演出 19 个精彩节目，为江城人民奉上新春文化盛宴。6 月上旬，与市老年书画研究会和市书法协会携手，在市艺术中心举办“纪念中国书画城命名 6 周年老年书画展”暨“希望的田野”第二届吉林五县（市）书法作品联展，参展作品 400 余幅，300 余名书画爱好者参加展览，展示当代老年人老有所为、老有所乐的精神风貌。7 月上旬，与老摄影家协会携手，在北山公园举办“中国梦夕阳情”养老孝老敬老摄影作品展，300 余位老摄影家提供近 400 幅摄影作品参展，展示出改革开放四十周年发生的巨大变化，反映老年人幸福的晚年生活。8 月下旬，与市广播电视台携手，在市文庙广场举办 2018 年吉林市老年健身舞大赛，来自各县（市）区的 50 余支老年健身舞团队。近 3000 人参加大赛。9 月中旬，与市老年书画研究会携手，在市艺术中心举办吉林市第九届老年书画展，展出基层书画组织选送的 400 余幅书画作品。敬老月前夕，市老龄办按照省老龄办部署，选拔推荐优秀老年文艺团体参加省老龄办、省电视台联合举办的《唱响新时代 喜庆四十年》的大型文艺会演，整场演出 17 个节目，其中 8 个节目由吉林市选拔的团队进行表演，受到省老龄办、省电视台《人间晚晴》栏目编导好评。

【老龄工作宣传】 依托市广播电台办好老年广播，为老年人提供交流服务平台；依托市电视台《民政零距离》节目，为老年人提供政策服务和生活服务；依托《江城晚报》创办《老友周刊》（发行 40 期），及时登载老年人健康向上的生活故事，为老年人解答热点疑点等问题。办好老龄网期刊《江城老龄工作通信》，刊登各地信息及工作经验，促进老龄工作，全年出版 12 期，刊登稿件 201 篇。截至 2018 年年末，向各级刊物投稿 78 篇，刊载 63 篇。其中，《中国老年报》刊载 12 篇，省《吉林老龄》刊载 33 篇，省《东方老年》报刊载 1 篇，吉林日报彩练新闻网刊载 1 篇，吉林老龄网刊载 15 篇，全国老龄网刊载 1 篇，继续保持全省领先位置。

【老龄基础数据统计】 根据吉林省老龄综合管理信息系统部署实施工作会议精神和《省民政厅、省老龄办印发〈吉林省老龄综合管理信息系统实施方案〉的通知》要求，开展老龄基础数据统计工作。建立健全老年人口和涉老工作大数据，完成老龄数据录入和校对工作，全面推进老龄信息系统应用，实现数据采集、汇总、分析于一体的综合性功能。在老龄机构、老年协会、老年人口、高龄津贴、老年大学、养老机构、老年优待、老年宣传等方面，指导各县（市）区开展详实的数据统计、核查工作，为老龄信息系统建立提供最准确的资料，在全省范围内提前完成数据录入任务，并保证数据的及时性、有效性。

【基层老年协会规范化建设】 将基层老年协会建设列为市重点工作，实地检查基层老年协会建设工作。市老龄办制定《吉林市基层老年协会规范化建设 2018 年推进计划》，推进全市基层老年协会规范化建设。组成检查小组，对各县（市）区基层老年协会进行实地检查走访，督查基层老年协会在民政和老龄办的注册备案情况、基层老年协会规范化建设专项资金和设备的使用情况以及规范化建设情况。截至 10 月末，完成 57 个基层老年协会规范化工作。

【老年人权益维护】 市老龄办与市法律援助中心加强联系，解决老年人涉法问题。日常工作中，受理老年人来信来访 30 余人次，解决老年人来信来访实际问题 10 余人次。（王跃术）

体 育

SPORTS

冰雪运动

【概况】 2018年，吉林市响应“三亿人参与冰雪运动”号召，开展全民上冰雪活动，从全民普及、青少年培养和专业赛事三个层面扩大冰雪运动辐射面和影响力，让更多人通过参与冰雪运动项目受益，尤其是让青少年群体通过冰雪运动得到更全面发展。截至2018年年末，全市建室外公益冰场114块，参与滑冰人数136万人次。通过举办“玩冰踏雪·多彩冬日”等全民上冰雪活动，开展各类冰雪活动近百项次，全市参与冰雪运动达230余万人次。

12月18日，吉林市第二实验小学学生在吉林北大壶滑雪场参与冰雪运动

（许 畅 摄）

【全民上冰雪活动】 1月1日，吉林省“百万青少年上冰雪”吉林市分会场活动启动仪式在吉林市吉雪滑雪场举办，拉开2018“全民冰雪活动季”帷幕。1月27日，2018年吉林省“全民健身杯”大众冰球赛（吉林市站）在吉林体育馆举办，全省8支冰球强队，170余名运动员参赛。1月至3月，举办吉林市第三届冬季运动会，设置越野滑雪、高山滑雪、单板滑雪、短道速滑、速度滑冰等5个大项49个小项比赛，来自全市各学校、冰雪俱乐部、冰雪传统校近600名青少年运动员参赛。7月8日，举办“2018全国大众欢乐冰雪周（吉林市站）”免费滑雪体验培训活动，600余名中小学生学习国家体育总局冬季运动管理中心提供的《全民冰雪公开课》课件。11月30日，“强身心、健体魄、凝心聚力促发展”——市直机关干部畅享滑雪启动仪式在万科松花湖度假区举行，吉林市82家机关单位、3400余人参与其中。12月4日，在吉林市竞技体育后备人才培养基地——吉雪滑雪场开展单板滑雪、越野滑雪、高山滑雪3个项目集中培训，启动青少年户外冰雪体育训练营活动。

深化“冬奥在北京、体验在吉林”活动，承担冰雪城市责任，与北京、上海、浙江、江苏、广东等省份合作，开展运动员交流培训、冰雪冬令营等活动。与北京延庆区签订战略合作协议，加大对延庆在运动员和教练员培训、雪场建设等方面支持合作力度。

【校园冰雪运动】 以冰雪运动进课堂等方式促进青少年冰雪运动普及发展。吉林市在全省创编冰雪教材，冰雪体育开课率在90%以上。2018年雪季，投入资金1000余万元，实施“筑梦冰雪，相约冬奥”吉林市中小学生冰雪运动普及工程，开展实践教学、体验教学，指派专业滑雪教练员参与授课。市教育局组织开展全市中小学生冰雪冬令营活动，举办第三届中小学体育教师冰雪项目培训班、全市中小学生速度滑冰和冰球比赛活动。2018年雪季，吉林市7.5万名学生实现雪场上雪课，上冰雪80万人次，冰雪授课教师623名，省级冰雪特色校75所。通过“雪假”、冬令营、中小学冬运会等形式，吸引更多青少年参与冰雪运动。

【免费滑雪体验培训活动】 7月8日，举办“2018全国大众欢乐冰雪周（吉林市站）”免费滑雪体验培训活动，活动为期一个月，聘请具有滑雪教练资质滑雪指导员进行授课，600余名中小学生学习由国家体育总局冬季运动管理中心提供《全民冰雪公开课》课件，还和家长一同完成“快乐暑假冰雪作业”，并为孩子们颁发“结业证书”，推动学生和家长们对滑雪运动的喜爱。

【冰球运动普及推广】 组建吉林市职业冰球队，参加“丝路杯”俄罗斯超级冰球联赛，两个赛季都闯进季后赛。吉林市以冰球运动为切入点，参与到国家“一带一路”倡议中，宣传城市形象，加快冰球运动普及和推广。吉林市组建中小

11 月 24 日，吉林市五家山滑雪场与市体育运动学校建立校企合作联盟并举行实习实训基地授挂牌仪式　　（市政府办公室　供图）

学冰球队 15 支，青少年冰球俱乐部 8 家，冰球运动人数 1000 余人。

【吉林市五家山滑雪场与市体育运动学校建立校企合作联盟】 11 月 24 日，吉林市五家山滑雪场与吉林市体育运动学校建立校企合作联盟并举行挂牌仪式，并签署合作共建框架协议。五家山滑雪场探索冰雪教育新模式，创办青少年国际冰雪交流中心，成为吉林市中小学生课外研学基地，聘请国家级滑雪运动员讲解滑雪知识。　（市体育局）

群众体育

【概况】 至 2018 年年末，吉林市建成现代化高标准万人体育馆 1 座，冰上训练馆 1 个，四季越野滑雪场 1 座，滑雪场 11 座，漂流场所 24 家，游泳场所 25 个，全市羽毛球、乒乓球、篮球、足球、台球、保龄球以及跆拳道、拳击、健身馆等各类健身场所近千个，体育器材、体育服装、户外运动等销售产业应运而生。初步形成以体育健身为主的健身娱乐市场、以体育彩票为主的体育彩票销售市场、以滑雪为主的冬季旅游市场、以体育装备为主的体育用品销售市场、以观赏大型比赛为主的体育竞赛表演市场。2018 年，吉林市举办各类群众体育赛事活动 122 项次，参与人数近 100 万人（次），覆盖全市各类人群。市体育局举办“新时代全民健身动起来”“健康生活・悦动吉林”、2018 年“全民健身日”吉林市健身项目展示暨交通银行“沃德杯”广场舞大赛。各级体育行政部门和体育组织因地制宜，组织开展形式多样、具有地方特色全民健身活动。年内，培训滑雪体育指导员 45 人，培训游泳救生员 74 人。吉林市体育局被吉林省体育局授予“2018 年度吉林省群众体育工作先进单位”称号。

【全民健身活动】 2018 年，吉林市各区举办形式多样的群众体育活动。船营区举办职工健身运动会、登山比赛、羽毛球大赛和广场舞大赛；昌邑区组织开展趣味运动会、健身舞展示、毽子跳绳比赛、篮球赛、门球赛等各种群众体育活动；龙潭区举办腾讯微全民健身舞大赛、机关乒乓球、登山等比赛；丰满区开展健身舞大赛、乒乓球、门球、五人制足球等赛事活动；经开区开展 2018 迷你马拉松及千人健步走活动、职工乒乓球比赛；高新区组织开展高新街道 2018 年全民健身运动会，包括田径、花样跳绳、立定跳远等 20 余项体育项目；北大壶开发区开展“舍得杯”东北三省山地越野赛、登山、大众滑雪等赛事。

【基层健身设施建设】 2018 年，吉林市投入资金 120 万元，为街道社区、乡镇村屯配置健身器材 60 处，特别为 25 个贫困村配置健身器材；全年投入 30 万元，维护、维修吉林市健身路径（器材）284 件；投入 80 万元浇制公益冰场百余片。

【广场舞大赛】 7 月 30 日，在吉林市中心吉林体育馆举办广场舞大赛。主要内容包括室内广场舞、花样跳绳、健骨操、朝鲜族长鼓象帽舞、杨氏太极刀、手拍鼓展示，来自吉林市各健身指导站近 50 支队伍，2000 余人参加比赛。（市体育局）

体育赛事

【概况】 2018 年，吉林市依托吉林体育

6 月 30 日，“舍得杯”东北三省山地越野精英赛在北大壶开发区举办　　（市体育局　供图）

馆、万科松花湖滑雪场、北大壶滑雪场、吉雪滑雪场等优势资源，相继举办、承办全国高山滑雪锦标赛、全国单板大跳台及坡面障碍锦标赛、吉林省第十八届运动会雪上项目比赛、吉林省首届“富奥汽车零件杯”乒乓球超级联赛和省青少年武术散打锦标赛、2018 全国耐克杯三对三吉林赛区篮球比赛、吉林市第三届冬季运动会、吉林市第二届中小学生冰雪比赛等各类体育赛事 59 项次。

【第三届吉林市国际马拉松赛】 6 月 10 日，2018 康乃尔·吉林市国际马拉松暨全国马拉松锦标赛（吉林市站）在人民广场开赛，中央电视台体育频道对赛事进行 2 小时 40 分钟现场直播。来自国内外的 3 万余名运动员参赛，1.3 万名表演人员沿途进行健身舞、武术、舞龙舞狮、轮滑以及在松花江上进行水上空中飞人、尾波板、摩托艇、龙舟赛、动力滑翔伞、三角翼飞行表演等表演，数十万群众驻足观看。经过角逐，钱鼎彬以 2 小时 24 分 54 秒的成绩获得 2018 康乃尔·吉林市国际马拉松赛男子组冠军，代光臣和卢志毅分获亚军、季军；张新以 2 小时 59 分 35 秒的成绩获得 2018 康乃尔·吉林市国际马拉松赛女子组冠军，柏亮芬、李秀艳分获亚军、季军。包毕力格以 2 小时 21 分 13 秒的成绩获得 2018 全国马拉松锦标赛（吉林市站）男子组第一名，孙家辉和王军分获第二名、第三名；马玉贵以 2 小时 34 分 25 秒的成绩获得 2018 全国马拉松锦标赛（吉林市站）女子组第一名，冯超杰、路颖分获第二名、第三名。

7 月 22 日，中国国家男子篮球队与斯洛文尼亚男篮在吉林体育馆举行对抗赛。图为比赛现场　　（市体育局　供图）

【中斯国际男篮对抗赛】 7 月 22 日，中国国家男子篮球队与斯洛文尼亚男篮在吉林体育馆行对抗赛。比赛由吉林市人民政府主办，吉林市体育局、吉林市冰上运动中心承办。赴吉国家队由杜峰带队，队员有易建联、周鹏、郭艾伦、韩德君、崔晋铭（吉林队）、顾全、李慕豪、李根等。对抗赛进行 3 场，中国队最终以 79 ∶ 66 胜斯洛文尼亚队。

【2018 第十六届中国·吉林体育舞蹈公开赛】 7 月 19 日至 21 日，2018 第十六届中国·吉林体育舞蹈公开赛在吉林体育馆举办。来自北京、上海、天津等 17 个省市地区的 80 支队伍 2400 余名选手参赛。来自德国和意大利的该赛项世界冠军在开幕式上进行表演。赛事由中国体育舞蹈联合会、吉林市人民政府主办，是吉林市承办规格最高、规模最大全国性体育舞蹈赛事。截至 2018 年年末，吉林市先后举办 15 届赛事，该届比赛在规模、灯光、舞美等方面均创下历史最好纪录。

【全国保龄球冠军赛】 12 月 10 日至 13 日，2018 年全国保龄球精英赛在吉林市松花江保龄球馆举行。赛事由国家体育总局小球运动管理中心、中国保龄球协会、吉林市人民政府、吉林省体育局主办，吉林省社会体育管理中心、吉林市体育局承办，吉林市松花江体育健身文化服务有限公司协办。该赛事是保龄球年度品牌赛事之一，代表全国保龄球最高水平。来自全国 18 个省市的 42 名优秀保龄球运动员报名参赛，经过两天角逐，吉林市运动员祁万康在男子个人赛中夺

6 月 10 日，2018 康乃尔·吉林市国际马拉松暨全国马拉松锦标赛（吉林市站）在人民广场鸣枪开赛　　（市体育局　供图）

2月22日，吉林市运动员武大靖在2018平昌冬奥会短道速滑男子500米决赛中获得冠军。图为武大靖夺冠瞬间 （史家民 摄）

得亚军，为吉林市赢得1枚银牌。

【首届“富奥汽车零部件杯”乒乓球超级联赛】 7月25日，2018年吉林省首届“富奥汽车零部件杯”乒乓球超级联赛吉林市分区赛比赛在吉林市举行。比赛由吉林省体育局主办、吉林市体育局承办、吉林市夏季运动管理中心协办。吉林市分赛区比赛计3天，有343人参加。年龄最小8岁，最大73岁，分青少年组、青年组、成年组三大竞赛组别，男、女有24个小项比赛。联赛打破传统比赛模式，采用群众组和竞技组两种竞赛方法，将竞技比赛与群众体育活动充分整合，在吉林省尚属首次。

【首届菁英杯足球邀请赛】 7月31日，2018吉林市菁英计划青少年足球训练营暨首届菁英杯足球邀请赛在吉林市体育运动学校举行开营（赛）仪式。吉林地区U8、U10、U12三个梯队11支队伍的110名男女运动员参加比赛。活动受中国足球发展基金会资助，通过赛会重点选拔U10—U12年龄段球员，为2019年足球菁英人才资助计划选拔人才，最终入选菁英球员享受中国足球发展基金会给予服装、营养补贴、赛事活动培训等多项资助政策。 （市体育局）

竞技体育

【概况】 2017—2018赛季，吉林市运动员参加国际级、国家级冰雪体育赛事41项次，获金牌37枚、银牌25枚、铜牌42枚。2018—2019赛季，吉林市运动员参加国际级、国家级冰雪体育赛事17项次，获金牌23枚，银牌17枚，铜牌8枚。年内，吉林市体育局被国家体育总局授予全国体育事业突出贡献单位（集体奖），被吉林省体育局授予“2018年度吉林省竞技体育工作突出贡献单位”称号。

【参加第23届冬奥会比赛】 在第23届平昌冬奥会上，吉林市有4名运动员参赛。其中，吉林市籍短道速滑运动员武大靖在500米比赛中以39秒584打破该项目世界纪录和奥运会纪录，获短道速滑男子500米金牌，成为中国代表团在第23届冬奥会上收获的第一枚金牌，实现中国在该项目上男子奥运金牌零的突破；短道速滑运动员韩雨桐与队友团结协作，获得女子3000米接力第七名；雪上项目作为中国短板项目，吴梦、臧汝心突破重围跻身冬奥会，分别在自由式滑雪U型场地和单板滑雪平行回转项目上获得第二十名、第二十二名，实现中国在2个雪上项目的历史突破。吉林市籍运动员武大靖先后夺得世锦赛、世界杯、冬奥会500米短道速滑冠军，实现该项目大满贯。

【参加吉林省第十八届运动会比赛】 9月11日至15日，吉林省第十八届运动会在长春举行，吉林市运动员获得69枚金牌、76枚银牌、81枚铜牌，金牌、奖牌、团体总分均位列全省第2名，被组委会评为“体育道德风尚奖”。 （市体育局）

体育产业

【概况】 2018年，吉林市以制定《关于加快发展体育产业促进体育消费的实施意见》为依托，以体育彩票、体育竞赛表演、健身娱乐为主体，培育体育市场，创新体育产业发展思路，促进体育消费。

【体育彩票销售】 2018年，吉林市体彩销售取得历史性突破，销售总量7.13亿元，比2017年增长55.12%，增量全省第一，筹集公益金1.7亿元，安排就业1200人。

【体育竞赛表演】 发挥吉林体育馆综合功能，全年承办体育赛事和其他活动20余项。举办2018年全国职业院校技能大赛，来自全国各职业院校近千名选手参加比赛；第十六届中国·吉林体育舞蹈全国公开大赛为期3天，2000余名运动员参赛；2018年中国·吉林中体倍力杯象棋争霸赛吸引全国象棋高手400余人参赛；承办28场“VHL——丝路杯高级冰球联赛”，近3万名观众观赛；2018中斯国际男篮对抗赛吸引7000余名观众观赛，门票销售80万元。

【高危体育项目监管】 举办经营高危险性体育项目安全管理培训，50多家漂流、滑雪、游泳企业递交安全承诺书，对体育健身俱乐部、民办非企俱乐部、各个协会以及体育健身场所均进行安全生产大检查，全市体育经营场所未发生重大安全事故。培训滑雪社会体育指导员45人，游泳救生员74人。7月3日，吉林市体育局向吉林万科松花湖国际旅游度假区颁发滑翔伞、热气球高危体育项目经营许可，在国内尚属首次，健身娱乐项目得到拓展。

【吉林省首家航空飞行营地揭牌】 7月5日，由万科松花湖度假区与杭州亚联飞行体育发展有限公司联手打造的吉林省首家航空飞行营地在吉林万科松花湖度假区内揭牌，为航空爱好者提供轮式动力滑翔伞、无动力滑翔伞、热气球、动力三角翼等多种飞行器，开展飞行培训、航空营地教育、飞行+活动等项目活动。 （市体育局）

社会生活

SOCIAL LIFE

人口家庭

【人口与生育】 至2018年年末，全市户籍总人口413.5万人。其中，男性人口207.3万人，女性人口206.2万人；城镇人口218.9万人，乡村人口194.6万人。18岁以下53.34万人，占12.8%；18岁至34岁79.54万人，占19.12%；35岁至59岁183.60万人，占44.30%；60岁及以上97.02万人，占23.48%。2018年，出生人口2.4万人，死亡人口1.7万人，人口出生率5.86‰，死亡率4.22‰，人口自然增长率1.7‰。符合政策生育率98.9%，下降0.1个百分点；一胎率61.8%，下降1.4个百分点。新出生人口中，二孩占比34.94%。

【婚姻家庭】 2018年，全年全市登记结婚28463对，离婚19941对。城区办理结婚登记13694对，离婚9685对。

【收入消费】 2018年，吉林地区城镇常住居民人均可支配收入28538元，比2017年增长5.0%；农村常住居民人均可支配收入13895元，比2017年增长6.1%，继续保持与经济发展同步。

2018年，吉林市居民消费价格指数（CPI）为102.4，处于温和上涨状态。其中，服务价格上涨3.7%；食品价格上涨1.8%；工业品价格上涨1.6%。全年居民消费价格总水平上涨2.4%。其中，医疗保健类价格上涨8.6%，教育文化和娱乐类价格上涨6.0%，生活用品及服务类价格上涨2.0%，食品烟酒类价格上涨1.5%，居住类价格上涨1.1%，衣着类价格上涨0.7%，其他用品和服务类价格上涨0.6%，交通和通信类价格上涨0.4%，商品零售价格指数上涨1.8%。全年工业生产者出厂价格上涨5.1%。其中，生产资料出厂价格上涨7.4%；生活资料出厂价格下降1.8%。生产资料三大构成中，原料类价格上涨8.4%；加工类价格上涨6.6%；采掘类价格上涨4.5%。（市统计局　市公安局）

劳动就业

【概况】 2018年，吉林市城镇新增就业7.71万人，完成省计划7.6万人的101.4%；城镇登记失业率3.46%，低于省计划4.5%的1.04个百分点，“零就业”家庭保持动态为零；农村劳动力转移就业62.54万人，完成省计划60万人的104.2%。开展农村劳动力技能培训1.7万人，完成省计划1.7万人的100%。培训城镇失业人员9134人，新增高技能人才1633人。开展创业培训1.02万人，完成省计划1万人的102.5%。发放创业担保贷款2.3亿元，扶持1269名创业者，带动就业6169人。

【创业管理】 延伸创业就业服务云平台功能，在微信和网站上同步推送信息，使平台更加便民利民。创业服务云平台登记注册1万人，浏览量达10万人次，建设微创乡镇（社区）225个。提升创业者创业能力，制定网络培训各项管理制度，培训网络创业教师35名，培训网创学员1500人，返乡创业致富带头人110人，贫困村致富带头人80人。实施农民工等人员返乡创业工程，创建市级农民工返乡创业基地6个。举办中国创翼、吉林省摆渡杯创业创新大赛吉林地区选拔赛等创业系列活动。实现创业担保贷款和脱贫贷款优势互补，通过简化工作程序、增加经办银行数量、创新担保模式，发挥创业担保贷款扶持创业助推器功能，解决创业者融资难题。截至2018年年末，全地区创业担保贷款扶持创业者1900人，吸纳和带动就业5109人。发放扶贫贷款2830万元，带动贫困户570户。

【就业管理】 劳务合作促动转移就业。与江苏昆山和安徽滁州等地进行劳务输入基地考察，建立劳务合作关系，组织贫困人员和城乡失业人员到域外发达地区就业。采取市、县（市）区、乡三级联动的方式组织开展146场扶贫劳务合作专场招聘会，提供岗位信息6852个，469名建档立卡贫困人员和农村富余劳动力与用人单位签订就业协议。

劳务品牌助推转移就业。精心打造“江城育婴师”“江城护工师”“舒兰含蕾月嫂”和“蛟河菌类园艺工”劳务品牌。抢抓上海养老护理员出现缺口的有利契机，向上海输出养老护理人员280人，吉林市“江城育婴师”被省厅确定为全省优秀劳务品牌向人社部推荐。

能力提升拉动转移就业。对农村建档立卡贫困人员中有就业能力人员和富余劳动力，建立一对一帮扶台账。根据农民工技能需求，开展订单培训、定向培训、送岗下乡培训和农民工市民化培训。截至2018年年末，开展农民工向农技工转型培训3698人，农民工市民化培训632人。

“双创建”服务转移就业。在行政村或工业园区等集散地建设农村半小时服务圈1126个，超额完成省人社厅创建率70%的标准。新建农村就业创业信息超市60个，全市总量316个。遴选15个行政村创建省级高质量行政村，培育劳务经纪人1040人。

开发公益性扶贫专岗兜底安置就业。针对全市1709名无法离乡、无业可扶、无力脱贫的“三无”建档立卡贫困人员，开发非全日制扶贫专岗托底安置就业。

就业扶贫车间创建。在全省率先开展就业扶贫车间创建工作，建成5个就业扶贫车间，达到五县就业扶贫车间全覆盖。蛟河市永江商贸有限公司在四个镇（村）建立木制品雕刻“就业扶贫车间”，安置8名建档立卡贫困劳动力就业。工作经验被省就业局在全省推广。

【互联网就业服务】 注重“互联网+”服务，打造线上线下一体化公共就业服务平台，做好监测调查和数据导入。开展城镇劳动力就业失业、农村劳动力转移就业、企业用工和人力资源市场供求信息4项监测，对22个社区的13.8万名城镇劳动力开展就业失业动态监测，对82个村的8.65万名农村劳动力开展转移就业监测，对全市17个行业290家企业进行用工监测，及时掌握企业用工、裁员等情况，为政府决策和供需对接提供参考依据。组织各县（市）区做好数据导入工作，完成县（市）区29万人社保补贴数据导入，公益性岗位数据3.5万条，为全省信息系统上线运行奠定基础。

线上线下同步开展公共就业服务。通过网站、微信公众号、二维扫码和各级就业服务平台线上线下同步发布就业岗位9.45万个。截至2018年年末，网站注册企业688家，注册个人1757人，公众微信平台关注用户8.2万人。针对不同类别群体组织女工就业专场招聘会、退役士兵专场招聘会、民营企业招聘会等各类专场招聘会、对接会和网络招聘会459场次，为11.22万余名求职者和7815家企业搭建双向对接平台。

对就业困难人员实施有就业援助。走访就业困难人员和零就业家庭2247户，帮助1094名就业困难人员就业创业，市就业援助中心受理援助申请80人，援助成功68人。

【稳岗补贴】 开展稳岗补贴发放工作，市本级为8万名企业职工发放补贴3123万元，促进企业稳定就业岗位，助力改革发展。

【和谐劳动关系构建】 加强专业性劳动争议调解，推动基层人社平台劳动争议调解中心建设，吉化北方建设集团组织和丰满区江南街道调解中心纳入全国示范单位，人社部和省人力社保厅领导在吉林市调研时，给予高度评价。推动劳动争议案件裁审衔接，发布《吉林市人事劳动争议诉讼衔接机制建设实施办法》，提高劳动人事争议处理效能，增强仲裁和诉讼公信力，全年立案1755件，结案1628件，结案率92.7%。开展劳动用工备案新系统上线前准备工作，全市规模以上备案企业劳动合同签订率在95%以上，对357家企业，18个行业开展企业薪酬调查，数据于6月末报省厅。对23家企业12个行业进行人工成本监测，人工成本数据每季度上报省人社厅，为省政府出台政策提供依据。推进国有企业负责人薪酬制度改革，对企业负责人2017年度薪酬进行测算，并指导县（市）区开展这项工作。2018年，开展拖欠农民工治欠保资治理工作，市本级为620名农民工讨回被拖欠工资2950万元。

（市人社局　市统计局）

社会保险

【概况】 至2018年年末，全市城镇基本养老保险覆盖总人数为75.1万人，比2017年末增加0.9万人，增长1.2%。吉林市城镇职工养老保险参保人数41.3万人，失业保险参保人数25.4万人，城乡居民养老保险参保人数26.02万人。全年征缴城镇职工养老保费55.5亿元，超出任务48%；征缴城乡居民养老保费2477万元；全年为33.8万企业退休人员发放养老金100.3亿元；为失业人员发放失业金和缴纳医疗保险4811万元；为11.88万人享受城乡居民养老保险待遇人员发放养老金1.41亿元。以上各项指标均达历史最高，确保足额及时发放。

至2018年年末，全市基本医疗保险参保人数223.2万人；工伤保险参保人数81.8万人；生育保险参保人数56.0万人。年内，调整城镇职工大额补充医疗保险最高支付限额，由21万元提高到30万元。落实异地就医报销政策，吉林市社会医疗保险待遇逐步提高。与32个省市地区1.06万家异地联网定点医院实行跨省异地即时结算业务。

【养老保险】 城镇职工养老保险。2018年，吉林市城镇职工养老保险参保人数41.3万人，覆盖人数75.1万人，年内新增断保人员续保缴费3.9万人；退休职工人数33.8万人。征缴保费55.5亿元，其中清收养老保险欠费2.11亿元。全年发放养老保险待遇100.3亿元。

城乡居民养老保险。2018年，吉林市城乡居民养老保险参保人数为26.02万人，领取养老保险待遇人数11.88万人；全年保费征缴收入2477万元，全年支出养老保险待遇14145万元。

机关事业单位养老保险。推动机关事业养老保险准备期业务经办系统上线，1347家机关事业单位纳入首批业务经办范围，涉及在职人员50812人，退休人员34405人。完成362家单位的增减员业务。

提高养老保险待遇标准。2018年，落实调整养老保险待遇政策，提高养老待遇水平，完成连续第14次企业退休人员调待工作，为32.3万名企业退休（职）人员增加养老金，人均月养老金提高128.92元，增幅5.5%，调整后全市企业退休（职）人员月平均基本养老金2478元，全年因调待增加基金支出5亿元。

调整最低居民养老保险金最低标准。由每人每月80元调整为每人每月103元。将中华人民共和国中国成立初期参军的企业退休老兵生活补助上调10%，调整后每人每月658.85元。

【失业保险】 2018年，吉林市失业保险参保人数25.4万人，领取失业保险待遇人数2182人。全年保费征缴收入1.3亿元，支出失业保险金4093万元。

【保险补贴】 年内，全市参保单位失业保险率继续保持1%，惠及4524家参保单位、25.4万名参保职工，全年减轻缴费负担1.4亿元；为112家符合条件的参保单位发放补贴 2061 万元，惠及 3.37 万名参保职工。为 768 名符合领取技能提升人员发放补贴 100.7 万元。

动用市长专项基金，以阶段性补贴的方式，对年内足额缴费的个体人员发放缴费补贴，带动个体缴费群体接续缴费，促进保费增收，最高日缴费 4000 余万元，超收保费 17.98 亿元，创历史最好水平。开创市州级社保局发放助保补贴拉动断保续保缴费先河。

【“智慧社保”】 利用大数据信息平台，开通线上缴费功能，掌上社保 APP、手机银行、支付宝等多渠道线上缴费功能，全天 24 小时缴费，简化参保人员缴费流程，不受时间、地域限制，为税务征收开创缴费新模式。年内，有 4174 人次使用不同渠道线上缴费功能，缴纳社会保险费 3500 余万元。开通微信叫号业务，实现随时随地利用手机端进行排队取号，解决群众办事等候时间长问题，引导办事群众合理安排时间。全年有 6101 名群众足不出户，享受到微信叫号服务功能带来的便捷。

【全民参保】 推进全民参保计划，科学利用前期入户调查底数数据，将没有参保人员纳入到医疗保障体系当中。2018 年初，开展全民参保登记主题宣传活动，发放宣传单 4 万余份，张贴海报标语 100 余张。市医保局牵头制发《吉林市全面实施全民参保计划医疗保险扩面工作实施方案》，组织各县（市）区和公安等市直部门召开全市推进全民参保计划医疗保险扩面工作会议，签订工作目标责任书。指派专人定期进行督导调度，建立周报告制度和数据动态更新管理机制，确保全地区按时完成参保率达到 90% 以上的工作目标。至 2018 年年末，根据系统内参保数据和《吉林市统计年鉴》城镇人口数，全地区参保率 92.22%，超额完成任务。

贯彻落实铁路、公路、水运、水利、能源、机场工程建设项目参加工伤保险工作。市医保局印发《关于进一步明确吉林市铁路、公路、水运、水利、能源、机场工程项目参加工伤保险经办流程的通知》，要求相关建设项目可以以工程建设项目为单位优先参加工伤保险，明确相关缴费标准、申报材料，利用报纸、电视等媒体进行宣传。全年，吉林市新增参保单位 811 家，其中按项目参保 63 家，新增参保人员 39450 人。

市医保局健全规范基数核定机制，创新建立内部联动机制，多部门配合重新研究确定基数核定标准，印发基数核定文件，组织参保单位开展基数核定专题培训，明确基数核定操作程序及报送材料，减少参保单位漏报行为发生。全年完成 2866 家参保单位基数核定，核增缴费基数 9.26 亿元，增加医疗保险费 7023 万元、工伤保险费 1210 万元、生育保险费 422 万元。

依法加大征缴稽核力度。全年稽核参保单位 106 家，国投、城投、燃料乙醇等 23 家参保单独补缴统筹基金基数 1185 万余元，“三险”补缴统筹基金 92.5 万元。91 家实地稽核单位均不同程度较申报数核增了缴费基数，最大限度实现应收尽收。

做好基金征收业务移交税务工作。按照国家、省市有关要求，与税务局密切配合，梳理现行征缴政策、经办规程，配合税务部门组织政策和业务培训，做好职责划转前期工作。梳理出缴费政策 23 条，修改 2400 余家参保单位基础信息，修改个人信息 800 余条，参加 3 场税务干部医保政策培训会并讲解吉林市医保政策。

【医保基金管理】 开展全地区基金运行分析工作，健全完善基金风险预警系统。市医保局开展基金运行监测和风险评估工作，建立基金运行监测机制，运用基金基础数据和监测、预警指标，深度开展基金运行综合分析和风险评估，起草上报医保基金运行情况报告。科学预测基金收支余变化趋势，预警基金运行风险，确保基金安全。完善基金运营办法，推动基金保值增值。结合吉林市医保基金运行实际细化管理，协调财政、银行等部门，重点研究基金保值增值工作的措施和办法，全年新增定期存款 13.6 亿元。其中，职工保险新增定期存款 8.1 亿元，工伤保险新增定期存款 2 亿元，生育保险新增定期存款 1.5 亿元。

【医保监管体系建设】 健全完善医保网络监控平台建设。2018 年，重点规范基金结算基础数据上传工作，畅通网络监控数据上传机制，将定点医院门诊诊断通过结算系统上传至医保监控平台，实现监控医院用药、检查与诊断相符。全年，新增事前提醒监控规则 1 条、事中监控规则 5 条。全面实行定点零售药店药品“进销存”管理制度，在年初开展集中检查，对全市所有定点零售药店药品实际销售数据与系统上传数据进行比对审核，对存在实际销售药品与上传数据不相符的单位进行统一处理。年度内通过网络监控筛查数据，拒付违规定点零售药店 303 家，拒付金额 11.7 万元；拒付定点医院 65 家，拒付金额 62.3 万元，对 625 位医保医师进行扣分处理，规范定点医药单位就医售药行为。

打击欺诈骗保行为。2018 年，将反欺诈工作列为重点工作，在全市范围内先后 3 次开展医保定点医药机构系列检查行动，采取数据筛查和现场检查等方式，对存在重复用药、过度诊疗、串换药品等问题的医药机构进行查处，重点开展定点零售药店和社区门诊销售摆放生活用品专项治理行动。特别是从 10 月起对全市定点医药机构集中组织开展专项检查工作，配合国家、省保障局督导组集中查处一批违规定点医药机构。截至 2018 年年末，全年处理定点医药机构 246 家。其中，定点医疗机构 79 家、定点零售药店 167 家。拒付违规费用 302.8 万元（不含民生和偏瘫）。14 家定点药店暂停医保服务 3 个月，8 家药店终止医保服务协议，4 家定点医院暂停医保服务，1 家定点医院终止服务协议。处理医保医师 225 名。

修改完善服务协议。根据《中华人民共和国社会保险法》《吉林省医疗保险服务监督管理办法》《吉林省基本医疗保险定点医药机构协议管理经办规程》等法律法规和有关规定及省里协议范本，修改完善 2018 年协议内容。至 2018 年年末，吉林市有医保定点医药机构 1476 家。其中，定点医疗机构 292 家，定点零售药店 1184 家。

【医保付费管理】 全面实现异地就医结算。成立跨省异地就医推进领导小组，完成国务院督察组对吉林市跨省异地就医督导检查的迎检工作，实地排查测试吉林市 34 家跨省异地就医定点医院，发现问题及时解决，确保全地区跨省异地就医定点医院网络畅通。利用电视、报纸、微信、网站等主流媒体，在全市范围内开展宣传活动，提升群众知晓度。截至2018年年末，开通32个省市地区、15233家异地联网定点医院实行跨省异地即时结算。有23765人异地信息备案至国家平台，3626人次实现跨省异地住院费用即时结算，结算医保基金5615万元；19689人次实现省内异地就医即时结算，结算医保基金9413万元。

完成2018年医疗、工伤保险总控指标落实和特殊药品管理服务工作。通过分析基本医疗保险、工伤保险数据，在分解预算支出指标基础上按照定点医院实际支出及定额拨付等指标，综合论证，确定各定点医院总控指标，通过签订协议方式将总控指标下发到各定点医院。按照《关于做好17种抗癌谈判药品医保经办管理服务的通知》要求，调度全市10家定点特药零售药店和8家特药定点医疗机构供应情况，保障参保人员用药需求。至2018年年末，吉林市能够保障参保人使用17种特药和之前41种特药。全年备案享受特药待遇1330人次。

启动病种付费试点工作。按照市人社局工作部署，把市第五人民医院列为全市首家病种付费试点医院，将该院全部病种纳入病种付费，扩大病种付费范围。重点完成病种分类工作，归纳为18个病种。

推进DRG（应用区块链技术均分布式专业服务平台）付费方式进程，向国家医保局申请将吉林市列为DRG首批试点城市。开展职工保险及居民保险的门诊慢性病、重大疾病及特殊疾病专题分析，分险种按疾病病种对门诊总支出及人均支出进行详细分析。

【“只跑一次”改革】 开展医保业务梳理工作。按照跑改办要求，在参保登记和缴费、就医管理备案与待遇支付、定点医药机构监督管理三大项目下，逐级进行拆分，梳理业务经办事项134项。至2018年年末，实现“零跑路”和“只跑一次”事项124项。其中，“零跑动”事项30项，即来即办61项，窗口受理快递送达33项。达到全部事项的为92.5%，在政府网站向社会公布。

创新经办模式，实行医保综合柜员制。制定《局本级实施窗口综合柜员制工作方案》，本着“统一受理、集成服务、市区全城通办”“前台综合受理、后台分类审批、统一窗口出件”原则，在医保大厅设置综合柜员窗口。打造“一窗多能”，即一个窗口可办参保、结算、异地就医等多项业务；实行“人性化服务”，将个人业务全部下移至一楼窗口办理；实现“全城通办”，参保群众可任选局本级和4个城区经办中心窗口就近办理各项医保业务；达到即来即办，网站公开的124项业务不用预约，只要手续完整，均可实现“只跑一次”。

改进窗口设置，方便群众办事。增设专门人员，新设置咨询员、引导员、和协助查询员。开辟咨询台、引导台，大厅设置叫号机、自助查询一体机、复印机、轮椅、饮水机、医药箱等各种便民设施。市医保本级经办窗口11个。引入商保合署办公，大病也可即时结算，实行一站式服务。

医保经办事项网上运行，让群众“零跑路”。转诊转院、特药和慢重病审批实行网上经办服务，患者“零跑路”，同时扩大外转诊医院范围；参保居民续保缴费可就近在吉林银行网点直接缴费；建立并完善医保微信公众平台、手机客户端（APP）和网上业务大厅；实现报销结算单和单位医保缴费对账单等业务免费邮寄。（市社保局　市医保局）

社会救助

【最低生活保障】 截至2018年年末，吉林市有城乡低保对象9.65万户（城区36198户）、14.2万人（城区50005人）。其中，城镇有7.7万人享受最低生活保障，农村有6.5万人享受最低生活保障。全年发放最低生活保障资金6.8亿元。其中，城镇最低生活保障资金4.8亿元（城区3.1亿元），农村最低生活保障资金2.0亿元（城区5252万元）。2018年，吉林市城区城市低保标准由每人每月516元提高到545元，农村低保标准由每人每年3685元提高到3804元，比2017年分别提高5.6%和3.2%。

推进低保政策与扶贫开发政策的衔接机制建设，推动市政府出台《吉林市特困供养实施办法》《吉林市脱贫攻坚低保兜底“四个一批”专项行动方案》《吉林市农村低保专项治理工作方案》《关于在脱贫攻坚三年行动中切实做好社会救助兜底保障工作的实施方案》等文件。会同市扶贫部门开展新一轮建档立卡贫困人口再核查工作。至2018年年末，城区1462名建档立卡贫困人口中，纳入低保保障665人，占比46%。

【特困救助供养】 吉林市全年有11196人（城区2002人）享受特困救助供养。其中，有837人享受城镇特困人员救助供养，有10359人享受到农村特困人员救助供养。特困人员救助供养资金支出7876.0万元。其中，城镇特困人员救助供养资金支出756.0万元，农村特困人员救助供养资金支出7120.0万元。年内，救助流浪乞讨人员2520人次。

依据省政府民生实事目标任务，城乡特困人员基本生活标准不低于当地上年度城乡低保标准的1.3倍，经报请市政府同意并经省民政厅、财政厅核准，吉林市城市特困供养标准为每人每月671元，农村特困供养标准为每人每月399元。护理费依据具备生活自理能力、部分丧失生活自理能力和完全丧失生活自理能力分档定制，按当地上年度最低工资标准10%、25%、40%比例确定，并随最低工资标准同步调整。印发《关于调整60年代精简退职职工生活待遇标准的通知》，吉林市城区20世纪60年代精简退职职工生活待遇标准由每人每月630元提高到每人每月675元，丧葬费补贴由3450元提高到3685元。

【医疗救助】 加强医疗救助与基本医疗保险、大病保险、慈善救助的有效衔接，在全市61家定点医疗机构实行医疗救助一站式即时结算服务。重点救助对象重特大医疗救助实现全覆盖，重点救助对象住院发生的政策范围内自付费用大病保险起付线以上部分补助比例不低于70%，尿毒症救助对象实现免费血液透析，特困人员执行“先诊疗、后付费”政策。落实全市“大病救治”医疗保障制度，加大建档立卡贫困人口医疗救助力度，为贫困人口筑牢民政救助防线。截至2018年年末，全年医疗救助24.87万人次（城区10.6万人次），支出资金1.06

亿元（城区 3668.7 万元）。

【临时救助】 突出临时救助“托底线、救急难”作用，建立健全主动发现机制，救助审批权逐步延伸到乡镇、街道，及时有效缓解遭遇突发性、临时性、紧迫性生活困难居民家庭的急难事项。截至2018年年末，城区城乡临时救助2794人次，支出资金422.2万元。启动实施社会救助和保障标准与物价上涨挂钩联动机制，为符合条件的困难对象第一时间发放补贴资金，吉林市为18.58万余人发放价格临时补贴近465万元。其中，包括城乡低保对象近15.18万人，特困人员1.18万人。

【防灾减灾救灾】 市委、市政府出台《关于推进防灾减灾救灾体制机制改革的实施意见》和《吉林市综合防灾减灾规划（2016—2020年）》；以市减灾委员会名义印发《吉林市2018年自然灾害救助应急预案》。健全完善救灾物资储备库管理制度，清点救灾应急物资储备，完成年度救灾物资专项采购任务。运用电视、广播、报纸传统媒体以及网络、微信公众号等新媒体，组织各区、开发区和市级社会福利机构集中开展“行动起来，减轻身边灾害风险”防灾减灾主题宣传周活动，社会群众防灾减灾意识得到增强。围绕查灾核灾报灾业务，组织开展乡镇、街道基层灾害信息员培训，有效提升核灾报灾能力建设。

【救助机构开放日活动】 6月18日，举办“6·19”救助机构开放日活动。通过活动让公众零距离了解吉林市救助管理机构现状及发展方向，增进群众对救助管理机构的了解与支持，主动接受群众的监督，促进救助管理机构提升服务水平，营造有利于全市救助管理事业健康发展的舆论环境和社会氛围。邀请人大代表、政协委员、群众代表，江城晚报、市电视台民政零距离栏目组等新闻媒体记者参加开放日活动。 （市民政局）

社会福利

【概况】 全市社会福利事业持续发展，各类收养性社会福利事业单位85个，城镇社区服务设施723个。

【生活补贴发放】 依托“残疾人综合服务信息系统”基础数据库，加强残疾人两项补贴发放规范化管理。2018年，城区享受困难残疾人生活补贴13946人，重度残疾人护理补贴17268人，发放补贴资金2940万元。做好孤儿基本生活最低养育标准提标工作，从2018年起，集中供养孤儿生活费标准从每人每月1100元提高到1300元，社会散居孤儿从每人每月700元提高到900元，全年发放110万元。全年为90周岁以上3700余名老人发放高龄津贴458万元。

【高龄津贴发放】 在元旦、春节、“老年节”期间，从老龄事业专项经费中支出15万元，走访慰问百岁老人、高龄特困老年人、基层老年协会、养老机构。及时做好百岁以上老人高龄津贴发放工作，城区发放百岁高龄津贴22.74万元。

【关爱帮扶留守儿童】 在全市开展“牵手明天、守护希望”关爱帮扶留守儿童、困境儿童活动。5月26日，与《江城晚报》联合举办关爱留守儿童城乡手拉手活动，邀请司法、卫生心理方面专家为孩子们讲授儿童心理健康知识和儿童安全守法知识，为留守儿童捐赠图书400余本和篮球等体育用品。通过招募关爱留守儿童志愿者活动，船营区47名留守儿童全部实现与志愿者结对。

【为全市特殊困难老人购买意外伤害保险】 调查吉林市地区涉老年人保险情况详细，按照民政、卫计委数据测算，全市符合参保条件的各类特殊困难老年人21831人，按每份保险产品50元估算，需资金110万元。向民政局呈报《关于使用福彩公益金为全市特殊困难老年人购买意外伤害保险的请示》，获得通过。至2018年年末，为21477名特殊困难老人购买意外伤害保险，总价96.6万元。

【“爱心圆梦”精神障碍康复服务进社区活动】 5月24日，脑康医院医护人员到龙潭区新吉林街道新北社区为新吉林街道精神患者监护人近70人进行“爱心圆梦”精神障碍康复服务，医护专家讲解患者急救、心理辅导、患病特征、家庭护理等医护知识。

【福利彩票销售】 全市福利彩票站699个，中福在线销售大厅7个，销售社会福利彩票4.8亿元，接受社会捐赠511.5万元。 （市民政局）

住房保障

【概况】 2018年，住房保障工作围绕年度目标任务，坚持实物保障与租赁补贴并举保障原则，统筹安排、稳步推进，为城镇中等偏下收入家庭（含进城落户农民家庭）、新就业职工、稳定就业的外来务工人员等住房困难群体创造居住条件。全年有8555户（其中新增1148户）城镇低收入家庭享受到住房租赁补贴1674万元，423户中低收入家庭享受到公租房实物配租；完成37个小区、542栋住宅楼、274万平方米的老旧小区宜居改造。

【保障性安居工程】 2018年，按照国家新一轮三年棚改攻坚计划总体部署，吉林省下达吉林市棚户区改造任务4007套。吉林市组织各区与市政府签订责任状，分解任务、落实责任，召开专题会议，进行现场办公，推进棚改项目建设，全年开工南昌路北、经开西区等棚改项目15个、房屋4010套，超额完成吉林省下达的目标任务。印发《吉林市解决城市棚户区改造逾期未安置问题工作方案》，解决逾期未安置项目9个、2605户，完成总任务30%以上。与相关部门沟通协调，多渠道筹措棚改资金，争取棚改专项债券5亿元，向上争取棚户区改造专项补助资金8792万元，保证棚改项目资金需要。

【住房公积金管理】 截至2018年年末，吉林市当年归集公积金45.98亿元，累计归集公积金395.60亿元，归集余额156.99亿元；当年提取公积金39.44亿元，累计提取公积金238.61亿元，占归集总额的60.32%；当年发放个人贷款33.75亿元，累计为12.05万户职工家庭发放公积金贷款243.39亿元，支持住房消费面积1096.35万平方米，个人贷款余额155.10亿元；累计发放保障性住房建设项目贷款2.19亿元，支持保障房建设

11月5日，吉林市召开2018年公租房（含原廉租房）摇号配租大会。图为摇号现场
（市住建局　供图）

面积15.2万平方米（2300套）；当年为缴存职工年度计息2.15亿元，累计为职工计息19.95亿元，累计上缴城市廉租住房建设补充资金6.5亿元。当年实现增值收益2.44亿元。吉林市公积金个人贷款率98.80%，运用率98.87%，资金安全率100%。

落实住建部《2018年住房公积金监管工作要点》及省住建厅《关于推进住房公积金分支机构调整工作的通知》要求，完成东电管理部撤并划归工作，推动住房公积金管理向深层次发展。落实《国务院办公厅关于进一步激发民间有效投资活力促进经济持续健康发展的指导意见》要求，为14家困难企业、178名职工降低缴存比例，企业降低年度经营成本50万元。增强服务企业实效，促进吉林市营商环境改善和优化。1月23日，吉林市住房公积金“双贯标”工作通过住建部和省住建厅专家联合验收组验收，达到国家行业标准规范，为内部数据共享和外部业务联动奠定基础。

制度扩面。开展“面对面，听实情”大走访活动，深入重点领域、重点行业、重点单位宣传政策，加大基数和比例规范工作宣传和检查监督力度。全年走访1029家单位，走访促开户253家单位，新开户人数8658人，增加月缴额442.93万元；规范缴存单位758家，增加开户人数10429人，增加月缴额837.98万元；提高缴存比例单位53家，增加月缴额104.62万元，全年补缴公积金1.31亿元。

新市民调研。通过工作专班负责，实地走访、问卷调查及定向座谈等调研方式，对吉林市船营区域内1.6万名新市民，抽取451份有效样本，科学统计分析，形成高质量调研报告，为加快推进住房公积金制度改革提供决策参考。

风险管控。实施资金流动性风险预警管理，采取公转商贴息贷款机制，实行贷款轮候发放制度控制资金流速，增加授信贷款业务调节资金流动不均衡，有效缓解资金阶段性紧张矛盾。加大审计稽核力度，接受上级审计部门对中心2017年度经费项目支出情况和东电管理部接收工作专项审计。查找涉及廉政类、业务办理类、管理类风险点136个，制定防范措施187条，完善事前预警机制。集中开展防范打击骗提套取住房公积金行为专项治理活动，联合印发《关于防范治理违规提取住房公积金行为的联合通告》，严防不法机构和个人通过伪造证明材料、虚构住房消费行为等手段违规提取住房公积金。

（市住建局　市住房公积金管理中心）

优抚安置

【概况】 2018年，制定《关于提高一至四级残疾人员护理费标准的通知》，吉林市城区一至四级残疾人员护理费标准平均上调15%；审批认定各类优抚对象300余人。春节和“八一”期间，走访重点优抚对象、复员干部、企业下岗志愿兵和老红军遗属；清明节和烈士纪念日期间，走访烈士遗属。启动退役军人和其他优抚对象信息采集工作，投入资金采购信息采集设备。完成全市区级以上烈士陵园绿化提升工作，栽植云杉690株。“烈士公祭日”组织开展包括市委、市政府主要领导在内的党政军民600余人的“2018年吉林市向烈士敬献花篮仪式。

【优抚类民生实事】 为市城区60周岁以上残疾军人发放特别生活补助，减免城市无工作单位优抚对象2018年度供热费。完成2017年冬季退役士兵和2018年春季转业士官接收及报到工作。制定《关于解决部分军队退役人员生活困难问题的建议》，为企业下岗志愿兵开发专项公益岗位进行就业帮扶，为符合条件的企业下岗志愿兵办理自谋职业，为符合条件的企业下岗志愿兵补交医保；组织开展退役士兵职业技能培训工作和退役士兵专场招聘会。与吉林省技工学院、吉林市人社局（就业局）等单位联合开展两场退役士兵专场招聘会，组织128家企业单位提供就业岗位，促进退役士兵就业。（市民政局）

养老服务

【养老基础设施建设】 2018年，市政府颁布实施《吉林市养老服务设施建设专项规划》。指导船营区完成大绥河小甸子村等6个农村养老服务大院建设工作。开展居家养老服务中心试点，扶持昌邑区华业社区和龙潭区新北社区创建设施完善、网络健全、服务专业快捷的综合性养老服务示范社区，正式投入使用。落实各项养老扶持政策和放管服政策，吸引社会资本投资养老服务。2018年，全市新增养老机构9个，增加床位887张，每千名老人拥有床位为35.5张，超额完成全省每千名老人拥有床位34张的目标。

【养老机构服务管理】 完成全国养老机

构业务管理系统信息录入。开展养老院服务质量建设专项行动，印发《关于开展养老机构规范化建设活动的通知》。组织养老护理员培训，开展养老院服务质量检查活动，提升全市养老机构服务质量。鼓励和扶持兼具医疗卫生和养老服务资质能力的医养结合型养老机构发展，“医养结合型”养老机构持续增加。

【养老护理员免费培训】 吉林市维斯顿职业培训学校邀请请北华大学、市中心医院、市附属医院等单位专家，分两期免费培训全市养老护理员210人。培训内容包括老人生活照料、基础护理、康复知识、消毒隔离及感染控制、实践技能及相关法律法规基础知识。（成馨异）

基层治理

【社区建设】 “幸福社区工程”建设。印发《2018年全市开展“温暖家庭幸福和谐社区”创建工作实施方案》，组织各城区开展创建活动。10月，吉林市在全省“幸福社区工程”推进会作题为《扎实开展“幸福社区工程”建设，共育社区治理新动力》的经验介绍。

社区社会工作建设。下发《农村社区建设规范》及《2018年市政府重点工作目标责任制》。按照1个行政村作为1个社区的农村社区建设模式进行农村社区设置，年内建成69个农村社区。至2018年年末，全市建成农村社区284个，占城区行政村总数的80%。创新开展全市社区公共服务综合信息平台建设，基础框架和相关功能搭建设计完毕，进行3次升级，利用两周时间对全市社区网格划分业务培训，向市政网办申报社区综合信息服务平台项目。

【社会组织管理】 推进社会组织登记审批制度改革，精简优化社会组织登记事项和环节，登记申请材料由145项缩减为100项。年内，有15家社会团体办理成立登记，4家完成筹备工作待登记，46家作变更登记，12家作注销登记；23家民办非企业单位办理成立登记，38家作变更登记，6家作注销登记。截至2018年年末，在市民政局登记注册的社会组织有567家。其中，社会团体351家，民办非企业单位216家。

理顺社会组织管理层级，将54家社会组织下放到区级民政部门管理。指导各业务主管单位对所主管的行业协会商会进行摸底调查、展开脱钩工作。至2018年年末，71家行业协会商会完成脱钩。印发《吉林市民政局关于对不规范社会组织名称进行整改的通知》，对21家名称不规范的市级社会组织进行集中整改。制定《吉林市市级社会组织异常名录和严重违法失信名单管理暂行办法》，加强社会组织信用管理。梳理国家、省、市涉及社会组织10个方面119项社会组织管理法律法规，编制社会组织法律制度汇编。（市民政局）

民族事务

【概况】 2018年，吉林市总人口中以汉族为主，有365.30万人，占88%；有满族、朝鲜族、回族、蒙古族、锡伯族、土家族、壮族、苗族等46个少数民族，人口48.22万人，占总人口12%。超过千人的少数民族有满族、朝鲜族、回族、蒙古族，其中满族占少数民族总人口的57.49%。

吉林市有6个少数民族乡（镇）。其中，满族乡（镇）4个，朝鲜族乡1个，满族朝鲜族乡1个。全市有少数民族村109个。其中，8个满族村，2个满族朝鲜族村，1个回族村，98个朝鲜族村。

【少数民族特色村镇建设】 年内，完成2018年度少数民族发展资金项目审批、备案。昌邑区土城子满族朝鲜族乡曾通满族民俗村展馆项目，总投资140万元，占地面积1200平方米，建筑面积500平方米，11月竣工。龙潭区大口钦满族镇富屯村道路维修项目，总投资80万元，总长1.63千米，总面积9202平方米，8月底竣工。完成2017年少数民族乡村救灾项目后续施工任务。其中，丰满区前二道乡金丰朝鲜族村金丰二社排水沟项目总投资12.6万元，5月20日竣工；土城子满族朝鲜族乡油坊村水毁桥涵项目投资5.1万元，7月竣工。

【少数民族发展资金监管】 年内，印发《关于开展少数民族发展资金专项检查的通知》，检查县（市）区2016—2017年少数民族发展资金项目完成情况。落实民族乡补助经费25万元，拨付给龙潭区和昌邑区财政局。

【民族特需商品定点生产企业发展】 完成民族特需商品定点生产企业申报，落实民族特需商品定点生产企业政策。完成吉林地区“十三五”期间全国民族特需商品定点生产企业名单申报。分别确认并申报吉林康乃尔药业有限公司、大森林食品有限公司、吉林福源馆食品集团有限责任公司、吉林省博大玖升农业开发有限公司、桦甸市金牛牧业有限公司、吉林天一昊宇食品科技有限公司、蛟河市森华木业有限责任公司7家企业为“十三五”期间全国民族特需商品定点生产企业。完成2017年少数民族特需商品贷款贴息申报，为吉林市5家民品企业申请民族特需商品贷款贴息1413.5万元。

【民族团结进步创建活动】 邀请国家、省和部分市级民族团结进步创建示范单位负责人交流创建活动经验。指导市级创建示范单位开展创建工作，督查创建经费使用情况，履行监管职责。为部分省、市级创建示范单位拨付年度专项经费，开展民族团结进步创建活动。做好“吉林好人（江城好人）·最美民族团结之星”参评、发布工作。在民族宗教界迎新春联欢会上，市领导为2017年度评定的10位“江城好人·最美民族团结之星”颁发荣誉证书。组织开展县（市）区民宗局开展以“深化民族团结进步教育，铸牢中华民族共同体意识”为主题的民族团结进步宣传月活动。9月17日，在《江城日报》头版刊发《共同团结奋斗共同繁荣发展——我市民族工作创新发展综述》。

【承办吉林省第二届少数民族文艺会演】 9月16日至21日，吉林省第二届少数民族文艺会演在吉林市举办。来自全省9个市州、长白山管委会及梅河口市、公主岭市12个代表团、约1500人参加会演。6天内27辆车运载人员2.6万余人次，安全有序。参演节目展现少数民族经典文化，展示出吉林市各族群众团结奋进、

9月17日，吉林省第二届少数民族文艺会演在吉林市举办　（市民委 供图）

昂扬向上的精神风貌。吉林市代表团派出6个参赛节目。其中，舞剧《梦回乌拉》获得一等奖和最佳创作奖，女生独唱《为爱》获得声乐类一等奖，女生独唱《思念离别的人》和歌伴舞《满珠穆坤爱满乡》获得声乐类二等奖，朝鲜族婚俗展《义德华章》获得舞蹈类三等奖，舞蹈《刀之韵》获得舞蹈类优秀奖。

【少数民族文化建设】 年内，组织全市民族宗教界迎新春联欢会文艺演出、朝鲜族正月十五掷柶戏大赛、全市蒙古族室外那达慕大会、龙潭区满族中学举办莫勒真大会、展示珍珠球等满族传统体育项目，联合市文广新局举办吉林市第十七届朝鲜族民俗文化节、第九届阿拉底农民文化节以及市满族联谊会庆祝颁金节383周年活动等。

加强少数民族传统文化体育项目保护传承。完成吉林市7个省级少数民族文体基地建档工作。联合市文联及市摄影家协会举办纪念改革开放40周年全市少数民族摄影大赛。东北电力大学珍珠球队代表吉林省参加2018年“民体杯”全国珍珠球比赛获得三等奖。

推进民族教育。配合市教育局，继续在全市中小学开设民族团结进步教育课程并加强对中小学民族团结教育工作的指导。推进“双语”教育体系教育，与市教育局联合举办第七届朝鲜族幼儿“双语”讲故事表演大赛。　（市民委）

宗教事务

【概况】 吉林市有佛教、道教、伊斯兰教、天主教、基督教五大宗教。至2018年年末，有宗教活动场所（含处所）505处。全市有信教群众35.55万人。市级宗教爱国团体5个：市佛教协会、市道教协会、市伊斯兰教协会、市天主教爱国会（市天主教教务委员会）、市基督教“三自”爱国运动委员会（市基督教教务委员会）。

【宗教事务管理】 根据吉林市宗教工作领导小组工作要求，对照新修订的《宗教事务条例》，制定《吉林市贯彻落实〈吉林省委、吉林省人民政府关于加强和改进新形势下宗教工作的实施意见〉重要举措分工方案》，推进落实工作目标。对全市各宗教场所进行赋码，组织各县（市）区陆续发放新场所登记证。落实省宗教局要求，上报全市各地农村宗教活动场所基础信息。协调下拨宗教场所维修费，保障宗教活动安全有序。加强新修订《宗教事务条例》学习宣传，采取重点培训、专题教育、座谈研讨等多种方式，分批分层次培训宗教教职人员700余人。向宗教团体、活动场所及教职人员发放《宗教事务条例》汉文、朝文单行本和条例口袋本及释义读本2万余册，教育引导信教群众正确认识和处理国法与教规的关系，自觉维护宪法和法律权威。

【宗教团体建设】 指导吉林市道协开展“玄门讲经”“海峡两岸座谈会”等系列活动。倡导宗教场所悬挂国旗，国庆期间举行升国旗仪式，引导宗教界在促进中国化方面进行有益探索。组织全市伊斯兰教教职人员参加省伊协在吉林市举办“颐康杯”新卧尔兹演讲赛会。申报北清真寺马骏纪念馆为爱国主义教育基地。

组织开展学习培训活动。4月，与市委统战部共同组织举办2018年吉林市宗教界人士党的十九大精神和宗教理论培训班，推进以学习为主题的和谐寺观教堂创建工作，市县区宗教团体负责人和部分工作人员、部分教职人员及省天主教神哲学院修生132人参加培训。年内，市委统战部、宗教局组织培训、授课21场，培训人数3000余人次。

【宗教活动场所安全】 对城区重点宗教活动场所定期不定期进行消防安全大检查大整改。坚持场所安全员日查、负责人周查、宗教部门月查制度。强化干部值班值宿，确保节假日以及平时安全。会同相关部门做好国家和省、市“两会”期间以及北山新春庙会、传统庙会和开斋节、圣诞节、圣母圣诞日等大型活动期间的安全防卫。指导县（市）区举办传统民俗庙会、“澳门道乐团到吉林市交流演出”“陈崇真升玄帝观方丈”等跨省、市大型宗教活动，保证宗教活动安全正规有序。　（市宗教局）

精神文明建设

【选树宣传好人典型】 加强公民道德建设，培育和践行社会主义核心价值观，下发《吉林市第五届道德模范评选活动的通知》《开展“江城好人”评选活动的通知》。通过广泛挖掘，严格评审，确定吉林市第五届道德模范及提名24人。

按照“好人四好”标准，落实好人礼遇政策，联系部分爱心企业，开展“好人引领风尚，我为好人送健康”活动，组织走访慰问部分道德模范、身边好人，发放困难补助及慰问金4万余元；开展“我送好人好心情”活动，为江城好人发放电影票550余张；组织吉林市区江城好人及道德模范40人、各县（市）100余名好人在吉林市中心医院免费体检，在爱尔眼科医院为入选江城好人以上荣誉的典型作专科检查，建立2个江城好人礼遇基地。

开展“吉林好人走进校园”系列活动，举办“道德模范事迹进万家”百场宣讲启动仪式。利用网络、微信公众号专题宣传道德模范事迹和2018年江城好人事迹。在《江城日报》上开设道德模范、好人宣传专栏。

完善好人库相关资料，做好“吉林好人”荣誉奖金、“吉林好人”事迹图书发放工作。组织吉林籍获奖模范参加“第七届吉林省道德模范暨吉林好人2018年度人物”发布活动。联合交管支队、吉林市部分高校、吉林市广播电视台等单位开展文明交通“春风行动”和“寻找大拇指”活动。

【公益广告宣传】 年内，完善公益广告题材库，搜集整理公益广告作品，包括平面类通稿，手机类、围挡类、展板类、遵德守礼提示类等类别，涉及培育和践行社会主义核心价值观、创建全国文明城市、未成年人思想道德建设、志愿服务活动及本市原创公益广告获奖作品等内容，在吉林市文明网首页醒目位置开设专栏设置链接。调度督导创城公益广告设置及宣传落实，排查已设立的公益广告，及时维修更替破损陈旧版面。

【群众性精神文明创建活动】 创建全国文明城市。开展创城测评督查，发现汇总问题200余个，通知相关点位限时整改。各城区、各部门调查摸底创城达标情况，发现汇总问题3200余条。对创城摸底情况“回头看”。开展“文明城市离我们有多远”专题工作调研，组织人员赴遵义、遂宁、宁波、温州等地学习创城经验，对吉林市创城工作存在差距和不足深入分析，形成《吉林市距离全国文明城市有多远》专题调查报告。完善创城基础性材料，制定《2018—2020年吉林市创建全国文明城市工作规划》《2018年吉林市创建全国文明城市十项重点工作》《创建全国文明城市实地考察点位测评标准》《吉林市创城责任分工》等一系列指导性文件。谋划开展全市创城包保等专项行动，筹备开展“市级领导包保街道、党员干部包保楼道”的“倾城行动”。

创建文明单位。下发通知指导吉林市文明单位、文明村镇开展宣传教育活动，提高单位职工的荣誉感、责任感。重新修订吉林市文明单位评选表彰办法。下发省级文明单位申报推荐工作通知。编写文明单位测评操作手册和评分表，指导各申报单位组织省级文明单位申报前期准备。

窗口行业文明优质服务竞赛活动。起草完成2018年在全市窗口行业开展文明优质服务竞赛方案。设计2018年窗口行业文明优质服务竞赛标识。制作、下发2017年全市窗口行业文明优质服务竞赛优胜窗口牌匾和荣誉证书。

【未成年人思想道德建设】 *传统文化进校园活动*。开展“我们的节日——春节”寒假主题教育实践活动、“我们的节日书香伴我”小学生读书征文及“我们的节日文明随行”中小学生主题实践活动。开展“创文明城知我家乡爱我吉林”朗读大赛和“童画新时代共创文明城”吉林市中小学生社会主义核心价值观主题书画作品征集活动。开展全市优秀传统文化进校园活动调研。

主题教育实践活动。举行2018吉林市中小学生“清明祭英烈共圆中国梦”活动启动仪式，近千名师生代表参加活动。召开全市“传承红色基因争做美德少年”活动启动仪式。开展优秀童谣征集评选和推广传唱活动。下发《关于开展“创建文明城市展新时代风采”2018年度吉林市优秀童谣征集评选和推广传唱活动的通知》，征集优秀童谣作品220篇，20余篇获奖。

未成年人心理健康教育。组织开展“2017温暖回家2018幸福启航”主题活动。针对当前全市未成年人心理健康教育工作情况调研。开展“阳光心语大讲堂”进社区进学校公益讲座活动，宣传普及心理健康常识。联合《都市新报》举办“三五家教法家长团训指导师”培训班。组织全市5个学校9个心理辅导站负责人参与中央、省文明办对未成年人心理健康教育情况调研活动。全年在《文明吉林》刊发辅导中心宣传稿28篇，接待电话咨询、预约面询60余人。

乡村学校少年宫建设。协调督导全市97家乡村学校少年宫2017年度资金拨付及使用情况。指导各乡村学校少年宫开展德育、艺术、体育、科技制作类等特色活动，完善全地区111所乡村学校少年宫数据库建设。

【志愿服务】 *《志愿服务条例》宣传活动*。市精神文明办公室与市民政局联合印发《关于在全市开展学习宣传贯彻〈志愿服务条例〉活动的通知》。为各县（市）区、各志愿服务组织发放《志愿服务条例》近万册。协调吉林市广播电视台播出《爱心传递》《依法志愿》等志愿服务公益宣传片，新闻综合频道、科教频道每天播发1次，公共频道每天播发2次，在全市营造浓厚舆论氛围。利用网络、微信公众号解读条例，各级各类公众号刊发30余次。通过集中学习、座谈交流、文艺演出等不同方式进行条例宣传。组织《吉林省志愿服务条例》网上答题活动，吉林市15253人参与活动，居全省第一。

学雷锋志愿服务活动。3月上旬，全市有200余支志愿服务队伍，1万余名志愿者走进社区、村屯、养老院，开展春节走访慰问学雷锋志愿服务活动。组织全市各级文明单位志愿服务团队进社区、进村屯“双进”活动。配合市民政局开展庆六一关爱留守儿童活动。

志愿服务队伍。截至12月底，全市新增实名注册志愿者164675人，新增注册志愿服务组织840个，发布志愿服务项目273个。

表彰先进培树志愿服务典型。完成第六届全省志愿服务评比表彰推荐，开展第七届全省志愿服务评比表彰申报。授予杨凤艳等10人“吉林市优秀志愿者标兵”称号；授予吉林市信访法律事务服务中心等10个组织“吉林市优秀志愿服务组织标兵”等称号。

志愿服务调研。组织各县（市）区围绕“建立完善志愿服务褒奖激励机制”和“推进农村志愿服务工作”开展调研，形成调研报告上报省文明办。通过全国志愿服务信息群与兄弟城市学习交流，完成大调研《关于推进志愿服务规范化常态化长效化建设的调研报告》。

志愿江城“十百千”项目。推进标准化社区学雷锋志愿服务站点建设。完成首批志愿服务专业技能培训师招募。聘请李治刚等10人为吉林市首批志愿服

务专业技能培训师，面向广大志愿者讲授紧急救护、消防安全、关爱留守儿童、志愿服务信息管理系统使用等六大类别课程。（市文明办）

关心下一代

【“传承红色基因争做时代新人”主题教育】 2018年，吉林市关心下一代工作委员会（简称“市关工委”）在全市青少年中开展“传承红色基因争做时代新人”主题教育活动。4月27日，在毓文中学举办吉林市“传承红色基因争做时代新人”主题教育活动启动仪式。市教育局关工委在省爱国主义教育基地——磐石市红光中学开展专题教育活动，讲述抗联英雄李红光事迹。桦甸市关工委在烈士陵园开展“学习英雄事迹继承先烈遗志”教育活动。5月末，9个县（市）区、2个系统关工委都举行“传承红色基因争做时代新人”主题教育活动启动仪式。

市关工委直属“三团”（爱国主义教育报告团、法治关爱团、安全宣讲团）联手开展“传承红色基因争做时代新人”主题宣讲活动，宣讲46场（次）。桦甸市关工委教育报告团深入学校、社区宣讲。船营区为吉林市首批“红色故事讲解员”颁发聘书，在多所学校进行流动宣讲。《传承红色基因讲好中国故事》在吉林市广播电视台《直播江城》栏目中播出。昌邑区8个街道、3个乡镇组织与辖区学校联动，开展活动。丰满区关工委组织专题报告会，请资深军队老干部作“光辉历程，不忘初心，牢记使命”报告。市第一实验小学开展红歌演唱、红色电影播放、开展红色故事会等活动。延安路小学特别邀请天安门国旗班首任班长董立敢讲述国旗故事，现场传递和抚摸天安门特制国旗，与会青少年深受教育。

磐石市关工委收集大量文史资料，编印《烽火磐石悲壮史诗》《红色遗址碑集》《李红光和他的战友们》发放给学校，组织青少年到红石砬子抗联根据地接受现场教育；永吉县关工委在西阳镇、双河镇学校举办“讲抗战故事，做永吉时代新人”主题报告会，组织编写《中共领导下的永吉抗日斗争》等宣讲材料；舒兰市关工委组织五老编写《走向光明》《从战火中走来》《抗日烽火》等舒兰英模人物传记，作为宣讲材料。

【社会主义核心价值观教育】 开展“党史、国史进校园”活动。2018年党史、国史教育以“传承红色基因争做时代新人”为主要内容，把宣传“长征精神”、讲“长征故事”作为党史、国史教育重点，帮助青少年树立“知党史、学英雄”的爱国主义情怀。昌邑区通江街道通过“五彩课堂”“微讲堂”讲毛主席长征诗词和《向草地进军》《半碗青稞面》《九个炊事员》等长征英雄故事。船营区关工委邀请老战士、老党员到学校、社区为青少年讲“长征故事”。蛟河市关工委驻会主任深入学校带头宣讲“两史”（党史、国史）。吉林市军休三所发挥“爱国主义教育基地”作用，利用“荣誉室”面向青少年开展党史、国史宣讲。

继续开展“优秀传统文化伴我成长”主题教育活动。船营区开展“传承孝道·感恩父母”道德讲堂活动；昌邑区常年坚持开办“国学微讲堂”，讲授国学98场课，编印《微讲堂百讲汇编》；蛟河市发动社会爱心人士创建“国学教育”基地，组织青少年到基地学习。市关工委同市教育局、市文广新局联合开展“国学伴我行”吉林市中小学作文大赛，入选作品116篇，获奖48篇。市文广新局关工委开展“优秀传统文化伴我成长”少儿原创歌曲创作征集工作，征集原创歌词100篇、歌曲60首。

【关爱帮扶困难青少年】 在全市开展“十百千万”（在全国选树10个关心下一代帮扶品牌，100个全国优秀儿童之家，在贫困地区培养1000名带头致富、带领群众共同致富的农村青年人才，帮助10000名困境青少年解决实际困难）、科技扶志扶智活动。围绕“两学一创”（学理论、学科技、搞创业），与市科协、市老年科协联合开展“科技扶智创业致富”活动，举办科技种植、栽培讲座34场（次）。蛟河市关工委在黄松甸镇抓示范点，挂牌创建关工委青年农民木耳、灵芝创业培训基地。建立关工委青年创业培训学校，培训青年农民。丰满区关工委在小白山乡试点发展药食同源作物、果树栽植。

动员社会力量捐助青少年。协调市文广新局捐赠总价值1万余元图书，市军休三所7名“五老”（老干部、老战士、老专家、老教授、老模范）军人捐赠1万元购买图书。市文化局关工委联系著名画家袁武创立奖励基金，每年出资10万元，捐赠奖励市教育局考评推荐的20名品学兼优、家庭困难学生。永吉县关工委协调永安房地产公司每年捐资20万元。昌邑区关工委协调人大代表，两年集资24万元。

发挥“心语小屋”“温馨家园”“留守儿童之家”“关爱书屋”等儿童之家作用，从精神上帮助特殊困境儿童。社区“五老”有针对性做好有特殊困难儿童心理疏导、情感抚慰等方面工作，接待有困难青少年50余人。船营区关工委开办家庭教育课堂，举办“做最好家长”“教在学校、育在家庭”等系列讲座，有3000余名家长参加。昌邑区关工委开办四点半学校，教育内容丰富，为放学后的孩子提供良好环境。教育关工委开展“好家风、好孩子”家风家教活动。

市关工委法治报告团开展法治宣讲315场（次），听众1.57万余人。抓好“护航青春”志愿者服务活动，配合船营区未检办开展涉罪不诉青少年帮教工作，其中有6名学生考上大学。市关工委深入船营、桦甸调研，形成《关于对未成年人犯罪附条件不起诉的调研报告》，并呈报省关工委。

加大网吧监督力度。召开“五老”网吧年度工作会议，组织“五老”网吧义务监督员对全市经营性网吧进行监督，巡查750家（次）。9月26日，联合市文化综合执法综合执法支队在昌邑区第三小学开展“远离网瘾 健康上网 做阳光少年”教育活动。昌邑区民主街道社区关工委副主任魏昌曾是雷锋的战友，他发扬雷锋精神，三年时间帮助187名网瘾生戒除网瘾。（王 帆）

区县（市）概览

OVERVIEW OF DISTRICTS AND COUNTIES

综　述

【概况】 2018年，县域发展各具特色。磐石市入选全国最具投资潜力百强县并位列全省第一，永吉县被列为全国农村一二三产业融合发展先导区创建单位，舒兰市被命名为“中国生态稻米之乡”，蛟河市被评为“全国中药先进县”，桦甸市获评“全国首批国民休闲旅游胜地”。

【县域项目建设】 2018年，全市围绕冶金、汽车零部件制造、建材、医药化工、能源、农产品加工、电子通信、商贸旅游等八大主导产业推进县域143个5000万元以上重点项目，完成投资105.73亿元。其中，新建项目64个，完成项目投资46.28亿元；续建项目79个，完成项目投资58.23亿元；亿元以上重点项目88个，完成投资80.76亿元。

【县域工业集中（开发）区建设】 按照“企业集中、要素集聚、产业集群、土地集约”原则，推进县域工业集中（开发）区建设，9个工业集中区建成区新增面积0.18平方千米，总面积51.19平方千米，区内摆放项目988个，达产达效项目501个，完成区内工业增加值50.08亿元，实现税收17.03亿元。

【新型城镇化建设】 大荒地稻香温泉小镇入选国家首批典型经验小镇，明城、烟筒山入选全国千强镇，万昌、平安被评为国家农业产业强镇示范镇，庆岭冰酒小镇等13个小镇列入省级特色产业小镇。

（市统计局　市农业农村局）

船营区

【概况】 船营区位于吉林市中西部，面积612.64平方千米。辖1乡3镇、59个行政村；11个街道、53个社区；1个省级经济开发区。全区总人口46万人。

2018年，全年实现地区生产总值277.1亿元，比2017年增长0.1%；全口径财政收入19.76亿元，比2017年增长21.3%；地方级财政收入7.76亿元，比2017年增长22.9%；规模工业总产值18.3亿元，比2017年下降6.8%；规模工业增加值比2017年增长4.3%；固定资产投资45.2亿元，比2017年增长18.9%；社会消费品零售总额247亿元，比2017年增长5%；农村和城镇常住居民人均可支配收入分别为13947元和28946元。

【农业】 推进农业供给侧结构性改革，调减籽粒玉米种植面积400公顷，新增绿色有机水稻150公顷、棚膜蔬菜12.7公顷，划定粮食生产功能区、重要农产品生产保护区17473公顷，粮食安全基础更加稳固。超大玫瑰园等旅游景点实现精准营销，休闲农业服务在线化水平得到提升。完成农村土地承包经营权确权登记颁证1.78万册。发展壮大新型农业经营主体，各类农民专业合作社245个，家庭农场、规模化养殖场分别为95家和57家。

【工业】 规模工业企业快速向智能化迈进，日新恒通智能化大功率断路器监测系统开发等项目加快建设，瀚丰电气智慧电力物联平台被评为国家服务型制造示范项目。民营经济市场主体总量突破3.5万家，新增国家高新技术企业、省级科技“小巨人”企业各1家。国家级知识产权强县工程试点工作高标准通过验收。

【第三产业】 以数字吉林建设为引领，全链条改造传统产业，推进产业数字化，加快新旧动能转换。现代服务业发展势头良好，实现三产增加值248.8亿元。东北亚农产品批发市场三期、华联商厦购物广场等项目正式投入运营，河南街升级改造项目基本竣工。众安居、百业国际五金汽配城等专业批发市场业户开展线上线下互动试点，引领传统服务业转型升级。北京社区半径、乐易吉林等智慧社区项目取得进展，全市首家以物换物的电子商务平台——聚仁易货汇落地，电商发展实现新突破。年内，新增限上商贸业企业9家、规模以上服务业企业4家，省级现代服务业集聚区2个。

【招商引资】 年内，开展“招商季”等系列活动，提升招商专业化、精细化水平。“走出去”招商推介23次，洽谈万达商业综合体、月星环球港等45个项目。“请进来”考察对接30余批次，邀请深圳君豪置业集团、上海月星集团等企业考察推介义乌小商品城、河南街商业中心等项目。杭州通策存济口腔医院及东北医疗总部项目签约落地，渝满实业等3家

9月27日，船营区举办2018年职工健身运动会。图为运动会开幕式现场

（船营区政府办　供图）

项目基本完成。加大教育惠民力度，开展中小学校课后看护服务，家长“接送愁”“管护难”问题得到解决。推进冰雪进校园工程，5所学校被评为省级冰雪特色校。深化医药卫生体制改革，落实基本药物和新农合保障制度。全省妇幼健康联合联动试点现场会在船营区召开，家庭医生签约服务代表吉林省迎接国家督导检查获得好评。完成创建国家公共文化服务体系示范区工作。区图书馆被评为国家三级图书馆，公共文化服务功能不断增强。成功举办职工健身运动会。打造全民旅游季，举办第三届冰雪旅游节。竞技体育成绩优异，在吉林省第十八届全运会上获4枚金牌、3枚银牌和3枚铜牌。

企业落户总部大厦。与温州市瓯海区签订友好城区框架协议，搭建起两地合作交流平台。招商引资到位资金37.5亿元。

【项目建设】 2018年，筹集到位资金6.9亿元，对珲乌高速公路吉林至机场段改扩建等19个重点项目实施征收拆迁攻坚，西山街、长春路（外环公路—秀水街）拓宽等5个项目完成征收。全年开复工重点项目29个，当年完成投资35.3亿元。威高医疗器械药品物流交易中心、恒大城等9个新建项目陆续开工，华润医疗中心、关东酱醋文化园等20个续建项目相继复工。北山四季越野滑雪场、东北电力大学科技园项目代表吉林市接受上级巡检。

【城乡建设】 开展污染防治攻坚战，优化区域生态环境。整治建成区94家105台燃煤小锅炉，督促179家餐饮业经营者新装油烟净化装置。结合第二次全国污染源普查，清查所有排污口，实时监测河流污染情况；完成“三河一湖”黑臭水体整治任务；落实河长制，编制“一河一策”治理方案9个，各级河长巡河2300余次，排查清理河道垃圾13700立方米，完成河道清淤82千米。推进灾后重建工程，24座桥梁、10条村路全部竣工。开展社区内涵品质提升工程，清理流动经营1400余人次、野广告2万余处，拆除违章建筑2400余处，打造内涵品质提升示范社区3个，社区人居环境逐步改善。维护市政设施，维修支路胡同14条，清掏排水井7500余口。老旧小区宜居综合改造工程完成施工，惠及10个小区、1.9万户居民。启动农村人居环境整治三年行动，累计清理农村垃圾4870吨、沟渠265千米，改造农村危房48户、农村厕所1150户，打造100户“美丽庭院”、300户“干净人家”。巩固绿化成果，全民义务植树25万株，绿化乡村路6.1千米，清收还林84.3公顷。

【社会民生】 2018年，船营区投入资金4.3亿元，基本完成10个方面44件民生实事。搭建就业平台，城镇新增就业1.22万人，转移农村富余劳动力2.89万人次，发放社保补贴325.8万元。加快养老服务设施建设，每千名老人拥有床位34张，养老机构医养结合率为100%。逐步完善社会保障体系，发放城市低保金6930万元、农村低保金1481.4万元，优抚金1322万元，城乡居民低保基本实现应保尽保。完善医疗救助制度，发放救助金619万元，实现“应救尽救”。岭前社区工作法被民政部评为“100个优秀社区工作法”，繁荣社区获评首批全省幸福社区建设示范社区。解决特定群体住房困难问题，发放廉租住房补贴590万元，分配廉租住房63套，为残疾人解决廉租公寓10套，被评为全省保障性安居工程先进集体。改善办学条件，越北中心校、二十一中新校舍投入使用，欢喜中心校异地重建、新立小学灾后重建

【综合治理】 聚焦食品药品安全风险等六大方面查摆隐患、建立机制、堵塞漏洞。年内，未发生一般以上生产安全事故，实现零事故、零死亡。突出隐患排查整治，全年排查企业21866家（次），整改隐患858项。坚持区级领导接访下访、律师坐班接访，依法化解上级交办的38件信访积案，化解率80.9%，被评为“全市信访积案化解先进单位”。扫黑除恶专项斗争取得阶段性成果，侦破涉黑涉恶案件43起，抓获涉案人员114人，打掉涉黑犯罪团伙2个、涉恶犯罪团伙4个。推进社区矫正、戒毒康复、安置帮教，开展民族团结进步创建活动，巩固和谐稳定局面。（杨宏宇）

昌邑区

【概况】 昌邑区位于吉林市西北部，城区三面环江，一面靠山，面积770平方千米（城区34平方千米）。辖5个乡镇（85个村），12个街道（66个社区），4个省级发展载体（东市商贸经济示范区、哈达湾经济开发区、长吉产业创新发展示范区孤店子现代农业先导区、吉林昌邑金融集聚区）。户籍人口54.8万人，其中户籍城镇人口43.46万人。

昌邑区有较丰富的文化和自然资源。全国四大孔庙之一的吉林文庙、市图书馆、吉林乌拉演绎广场等均坐落域内；土城子乡曾通岛是雾凇观赏的胜地；桦

皮厂镇和孤店子镇分别是一号、二号陨石降落地，拥有丰富优质的地热温泉资源，可用于健康养生及旅游业开发。

作为省级现代农业产业园创建单位，昌邑区农业产业化基础较好。全区粮食种植面积30876公顷，粮食产量26万吨。拥有林地18069.74公顷，森林覆盖率19.7%。大荒地绿色优质水稻、左家特色种植养殖在省内占有重要地位，形成以东福集团为龙头的8个生产基地，农业产业化龙头企业发展到24家，有规模以上生产及加工企业74家。全区有新农村建设各类试点村镇29个。

昌邑区具有东北老工业基地典型特征。国家“一五”期间建设的156个项目在昌邑就有4个（铁合金、炭素、造纸、新中国制糖厂）。国家发改委将该区域纳入全国城区老工业区搬迁改造试点，吉林市将哈达湾区域定位为全市服务业聚集区，通过培育引进金融、文化创意、研发设计、商务会展等高端服务业，推进以制造业为依托和根基的生产性服务业建设，带动辐射周边20余平方千米区域功能同步升级。

昌邑区是吉林市的交通枢纽和商业中心区。吉林火车站、公路客运站和城际铁路换乘中心坐落域内。国贸、大商、欧亚、财富和大润发等构成全市第一商圈。随着全市产业布局调整，现代服务业在全区经济发展中逐渐占据重要位置，成为主导产业。全区社会消费品零售总额接近全市总量的三分之一。

2018年，全区实现地区生产总值347亿元，增长3.5%；地方级财政收入9.9亿元，剔除一次性收入因素，按可比口径增长13.5%；固定资产投资44.7亿元，增长13.2%；规模工业总产值62亿元，增长32%；社会消费品零售总额411.5亿元，增长6.5%；达兴铝业二期、龙峰商贸现代化药业物流园区等48个重点项目开复工建设，神农温泉健康百岁村、虹园汽配搬迁改造等19个项目年内竣工，经济社会发展质量持续向好。

【农业】 推进农业供给侧结构性改革和现代农业产业园区建设，完成土地流转10500公顷，水稻绿色防控技术推广面积6666.67公顷，主要农作物生产全程机械化率82%，实现粮食产量26万吨，农村新型农业经济主体发展到1131家，东福米业获评市长质量奖。

【工业】 2018年，昌邑区民营规模工业实现产值54.5亿元，比2017年增长34.5%，占规模工业比重88%。全年帮助中小企业协调信贷支持8.5亿元，上争省级发展引导资金466.5万元。战略性新兴产业比重提高5.1个百分点，天宇科技等5家企业进入全市培育“专精特新”企业名单，泷鑫电气等3家企业获批省级科技小巨人企业。

【第三产业】 启动实施智慧东市项目，加快建设金融集聚区，初步形成以万达广场为引领的城市滨水休闲商业区，优辆车服、正大国际医院等重点项目投入运营。上海景域投资有限公司与吉林市金达温泉开发有限公司签订旅游度假区投资运营合作协议，特色旅游品牌效应逐步释放，实现旅游收入90亿元，比2017年增长20.1%。吉林乌拉电子产业园平台总交易额突破5000万元，大荒地村被授予“中国淘宝村”称号。

8月16日，上海景域投资有限公司与吉林市金达温泉开发有限公司在昌邑区政府会议室举行金达温泉旅游度假区投资运营合作协议签约仪式。图为签约仪式现场

（昌邑区政府办　供图）

【深化改革】 2018年，昌邑区统筹推进各项改革。加大财政体制改革力度，提高资金管理绩效水平，完善公共财政体系和国有资产管理体制机制。深化医药卫生体制改革，加强城乡医联体建设，提升基础医疗和公共卫生服务保障水平。推进农业农村改革，集体产权清产核资、成员确认、折股量化工作全部完成，土地确权归户率100%。探索实行路长制，设置各级路长97人，加强农村公路管护工作。社会管理实现创新突破，社区社会工作服务站建设全面启动，居家养老服务模式试点单位增至8个。持续优化营商环境，纵深推进“放管服”改革，实施“双随机一公开”监管，抽查各类市场主体1336家，事中事后监管成效显著。推动“只跑一次”改革，创新实践“一窗受理、集成服务”模式，面向社会公开643项可实现“只跑一次”事项，占比94%，审批时限压缩47%，审批服务实现一站式办理。加快推行商事制度改革，“多证合一”“证照分离”等多项工作有序开展，全年新登记注册企业1078家、个体工商户7135家，分别增长11.7%和17.2%。对外开放步伐逐步加快，围绕“432”产业导向开展招商引资攻坚和“招商季”行动，结合文化创意、休闲旅游、现代物流等重点领域包装5000万元以上项目50个，军民融合多式物流联运、全国青少年综合实践教育基地等5个亿元以上项目实现签约，招商引资实际到位资金21.26亿元。抢抓吉林浙江对口合作重要机遇，与温州鹿城区缔结友好城区，深化区域协同发展，实现互利共赢。

【科技创新】 2018年，智慧城市综合治理平台启动试点运行，吉林市互联网众创空间、亿邦众创空间等双创平台在孵企业发展到182家，国投创智等4家企业通过国家级高新技术企业认定，老爷岭农业、骅坊节能获批国家级知识产权优势企业，昌邑区入选全省知识产权强县工程试点区。

昌邑区利用国家、省、市各种优惠政策和科技奖项为企业做好指导性服务，帮助企业知晓政策、用好政策，激发企业申报高新技术企业、科技小巨人企业主动性。在申报过程中，对企业进行一对一指导，严格把关、动态跟踪，确保申报成功率。为泷鑫电气设备有限公司、天宇科技有限公司、永鹏农副产品开发有限公司3家企业申报省级科技小巨人企业。为泷鑫电气设备有限公司、天宇科技有限公司2家企业申报贷款贴息，通过省科技厅“吉林省知识产权强县工程试点区”答辩评审，获得15万元资金补助。

【社会民生】 2018年，昌邑区实现“大学区”管理全覆盖，中考重点率比2017年提升3.35%。全年完成校园校舍改造19.55万平方米，文化馆、图书馆、逸文中学体育场、虹园学校竣工并投入使用。推进区医院建设，完成结核病防治所迁址工作。获得“全国流动人口动态监测调查优秀县（市）区”“全省中医药改革试点县（市）区”“市年度教育重点工作目标责任制优秀县（市）区”“全市重点卫生计生目标管理先进县（市）区”等称号。

在深化绿地·筑石红“三方联动”社区管理模式基础上，通过社企合作打造“贴心站”亮点品牌，提升社区综合服务和管理水平。落实《地方党政领导干部安全生产责任制规定》，开展生产、消防、交通、食品等重点领域专项整治，有效处置安全隐患1193处。贯彻落实依法治访总体要求，强化信访积案化解，中、省、市联席办交办的46件信访积案全部办结。开展扫黑除恶专项斗争，打掉恶势力犯罪集团1个、恶势力团伙8个，破获涉恶“九类”犯罪案件50起，打处197人，维护全区社会和谐稳定。

2018年，昌邑区投入各类民生资金15.2亿元，占财政总支出的88.5%，全部完成年初确定十方面60件民生实事。开发城镇就业岗位1.19万个，新增就业1.35万人，转移农村劳动力3.01万人次。统筹发放救助金1.3亿元，城乡低保标准分别提高到545元/月和3804元/年。加强城乡建管，加大棚改项目推进力度，争取棚改资金，破解回迁安置难问题，120户逾期回迁居民得到妥善安置。投入4500余万元，建设完成松花江沿江左岸慢行系统，维修改造支路、巷路22条，拆除违建1384处。投入2000余万元，新建改建桥梁6座，改造农村危房118户、厕所1350户，绿化河岸52千米、公路25千米。正式启动高标准“四好农村路”建设，推进“大棚房”整治工作。

【三大攻坚战】 防范化解重大风险。成立防范和化解债务风险工作领导小组，强化风险监测预警和应急处置，严格执行政府债务限额管理，妥善处置政府存量债务，争取地方债券10741万元。开展涉嫌非法集资风险专项排查活动，对域内270余家金融机构进行专项风险排查，约谈疑似潜在风险机构11家，守住不发生系统性风险底线。

脱贫攻坚。全年投入财政扶贫专项和帮扶资金536万元，以整乡推进方式新建光伏发电等扶贫产业项目6个。整合涉农资金6000余万元，启动实施田间作业路等基础设施项目20个。开展“健康扶贫年”“教育扶贫年”等系列行动，落实行业扶贫政策。省级贫困村马虎头村实现脱贫出列，建档立卡贫困人口39户83人脱贫退出。

污染防治攻坚。做好环保督察反馈问题整改，办结中央、省环保督察转办案件207件，妥善解决餐饮油烟、畜禽养殖污染等一批群众反映强烈的重难点问题。严格落实河长制，加强水资源管理和水生态保护，全面完成行政村地下水水源地保护区划分工作。推进环境综合治理，投入资金790余万元，完成垃圾治理、河道清淤等一批生态环境修复项目。强化环境执法监管，集中开展燃煤锅炉、污水直排、秸秆焚烧等专项整治，全年立案处罚34起，关停环境违法企业2家。推进第二次全国污染源普查，制定完善七项生态环境保护长效机制，夯实生态文明建设基础。

【昌邑区大荒地村入选全国特色村庄】 9月13日，在首届中国农民丰收节新闻发布会上，吉林市昌邑区孤店子镇大荒地村入选全国100个特色村庄名单。作为吉林大米产业化发展代表之一的东福集团以“大农业、大旅游、大健康”为经营理念精心打造田园综合体，挖掘农耕文化、民俗文化、温泉文化、冰雪文化，发展温泉休闲、果蔬花卉采摘产业，从单纯的大米加工业向种植和旅游产业双向延展，通过促进一二三产业融合发展，不仅解决大荒地村农民就业问题，吸引周边村镇农民返乡就业，实现“农业强、农民富、农村美”，为乡村振兴提供可借鉴的创新模式。（李晓密）

龙潭区

【概况】 龙潭区位于吉林市东北部，面积1208.9平方千米，下辖1乡5镇、13个街道、两个省级开发区（吉林化工循环经济示范园区、龙潭经济开发区）。2018年，全区总人口51.7万人，农业人口18.9万人。实现地区生产总值406.32亿元，比2017年增长3.9%。完成全口径财政收入134.4亿元，比2017年下降2.4%；地方级财政收入23.6亿元，比2017年增长5.3%。

【农业】 2018年，调整种植结构413公顷，新建简易棚53公顷、标准化棚室2.2公顷。省市级农业产业化龙头企业25家，农民专业合作社386户，规模农业经营户528户，“云平台”备案规模养殖户60户。设立现代农业产业园区专项引导资金，双瑞、棋盘现代农业产业园纳入全省农业项目储备库。初步建成棋盘、云耕2个大数据现代农业科技平台，可视农业基地达28个。农业机械化水平不断提升，新增农机398台（辆），全区农机总动力20.5万千瓦，农业综合机械化水平78%。实施“互联网+现代农业”战略，棋盘网上商城成功运营，搭建大军元黄牛肉、普康黑猪肉等名优农产品外销电子商务平台，年销售额2000余万元。培育农产品品牌，满祖乌拉、乌拉街小米入选市农产品十大区域公用品牌，天泽生态农业脑黄金鸡蛋获省第二届农村创业创新项目创意大赛三等奖。第一产业增加值实现17.5亿元，比2017年增长5.5%。

【工业】 推进化工产业补链强链，围绕聚氨酯、环氧乙烷、丙烯腈等原料深加工，保障吉神化工丙二醇甲醚及丙二醇回收、大地化工60万吨/年硫酸等4个投产项目平稳运行，加快推进瀚禹化工3.6万吨/年H酸、嘉路喜润滑油10万吨/年再生油加氢及4.4万吨/年润滑油调和等7个项目建设。打造冶金产业集群，重点加快建龙钢铁80万吨冷轧项目建设，推动杭氧气体、钰翎珑钢构、晟源冶金渣等配套企业平稳运行。精深发展碳纤维产业，围绕碳纤维孵化基地，推动圣赢碳纤维、联科碳纤维提档升规。加快推进非金属材料产业，筹建非金属材料产业园区，建设陶瓷体验馆、50万平方米/年绿色建材等项目5个。推进银企对接，为瀚禹化工、思壮化工等企业融资5亿元，有效解决企业融资难题。加大帮扶力度，星云化工等14家企业获批“专精特新”企业，吉林光亚等3家企业产品获“省级名牌产品”称号。麒馨饲料、绿洲环保设备等3家企业实现入规。2018年，全区规模工业增加值实现176亿元，比2017年增长5.5%。

【第三产业】 加快旅游景区建设，推进雾凇岛、金珠花海景区景观设施建设，投入1000余万元建设乌拉街韩屯、安山梨园等景区道路，投入200余万元美化亮化各景区沿途环境，提升景区整体形象。深挖旅游产业资源，以冰雪旅游带动冰雪产业发展，打造世界级冰雪旅游目的地，韩屯村被中国旅游总评榜评为省内唯一“年度美丽乡村”，雾凇岛成为中国“岛屿雾凇”最佳观赏区和东北冰雪旅游“黄金三角地”之一。丰富旅游活动载体，举办“乌拉满族过大年”“玫瑰音乐节”“安山梨花节”等系列主题活动。全年接待游客100万人次，实现旅游营业收入1.2亿元，增长30%。旅游产业对区域经济拉动作用逐年放大。东北地区最大的区域性电商及物流交易平台“一网全城”二期建设完成。发挥蚁神电子商务创业孵化基地作用，吸引73家企业入驻，电子商务企业不断集聚。九天储运、万森燃气等危化品物流集聚区建设扎实推进，智能化数字化平台化管理逐步完善，物流业信息化、智能化发展成果明显。助推商贸企业晋档升级，新增东风本田4s店、鼎盛宾馆等限上企业4家。第三产业增加值实现139.5亿元，比2017年增长5%。

【招商引资】 年内，开展各类招商活动120余次，拜访、接待北京建龙集团、中国化工联合会等企业及协会80余家。围绕投资程度高、市场前景好的产业精准包装17万吨/年聚碳酸酯、2000吨/年聚醚醚酮等项目100个。洽谈双象光学8万吨/年甲甲酯苯乙烯共聚物、宇兴化工6000吨二苯胺及4800吨化工助剂等亿元以上项目20个，达成投资意向12个。签约落地中集通华1000台液罐半挂车制造、北京汇恩兰德原料药生产等3000万元以上项目10个，项目总投资43.8亿元。开工建设紫瑞新材料1万吨/年2-乙基蒽醌及10.8万吨/年废酸焚烧制酸联合装置、上海三瑞6万吨乙氧基特殊化学品等3000万元以上项目9个。

【项目建设】 推进大地化工硫酸铵、联科碳纤维复合材料等10个项目，提升生产负荷，激活释放产能。开复工5000万元以上重点项目30个。其中，新开工建龙钢铁80万吨冷轧、吉化汽油国Ⅵ质量升级等项目12个；续建博大东方可降解塑料、“一网全城”电商物流快递园区等项目18个。推进固定资产投资项目入库，固定资产投资实现44.6亿元，增长13.8%。推动项目前期手续办理，9个历史遗留项目手续全部办结。

【城乡建设】 实施遵义西路北、绥化路东棚户区改造项目，回迁安置居民869户。实施榆树街道秀山社区88栋楼、大砬子三社等搬迁改造项目6个，回迁安置居民528户。推进化工学院黄房地块改造项目，惠及居民131户。对新北家园、滨江秀苑等6个住宅小区实施老旧小区宜居改造，改造面积25万平方米，惠及居民8500户。维修改造大同路、临安胡同等支路胡同14条。继续实施遵义路、湘潭街精品路提升改造。启动江北公园绿化、美化和设施提升改造工程。新增城区绿地10公顷，栽植树木735株、花卉18万株。加强扬尘污染防治，44条街路实现全机械化清扫洒水。采用新型环保融雪剂开展冬季清雪作业，冬季城区环境质量得到有效改观。推进城市网格化管理，开展集中拆违行动22次，拆除违法建筑980处，清理建筑渣土1.4万立方米。新施划停车位193个，清理“僵尸”车431辆。推进农村人居环境整治，设立美丽宜居乡村建设专项引导资金3000万元，打造“美丽庭院、干净人家”300户，改造农村厕所1500户，重点打造韩屯村、西杨木村等一批各具特色、各美其美的美丽乡村。在全市“六清”巡检中被评为城区一类。实行“村集、镇运、区处理”农村卫生保洁管理模式，清运生活垃圾7500余吨，有效改善农村卫生面貌。提升农村绿化水平，完成江密峰镇至天北交界、歪石村至毛家沟等15.5千米乡村道路绿化工作。重点绿化大口钦镇，绿化双桠村、鞍山村等25个村屯，桦树村、富屯村等18个村屯完成补栽补植。清收还林77.07公顷，完成年度计划154%。深入贯彻落实河长制，清理河道垃圾2.4万吨，整治入河排污口19个，绿化河岸9千米。建设农村公路134.2千米、桥涵29座（道），建设里程创历史新高。

【社会民生】 推进校园标准化建设，新建杨木实验学校综合楼，完成中考运动场塑胶铺设工作。推进第三期学前教育行动计划项目建设，改善江密峰镇、缸窑镇中心幼儿园等6所幼儿园办园条件。加快教育信息化步伐，获评“首批全省信息技术应用示范区”，代表吉林省参加“第三届全国教育信息化工作展示交流活动”。组织开展中国流动科技馆龙潭区巡展活动。成立全市首家区级青少年科技馆，设立青少年创客课堂及社区科普驿站，接待参观群众10万人次。国家公共文化服务示范区创建工作通过验收。完善镇村文化馆站建设，新建文化小广场4个。成功举办龙潭区第五届市民文化节、全民阅读等30余场系列文化活动，群众业余生活更加丰富多彩。开展群众文化活动，打造龙潭之子和龙潭大讲坛等文化品牌，在中国工艺美术博物馆举办“龙潭之子、吉林钦瓷、魅力江城”全瓷化作品展。以“健康龙潭”为主题，举办广场舞、健身操等比赛，掀起全民健身新热潮。龙潭区体育健儿在省十八届全运会柔道、田径、速滑项目中获得1枚金牌、1枚银牌、4枚铜牌。推进公立医院综合改革，分级诊疗和医联体工作取得初步成效。疾病预防控制成效明显，疫苗采购、储运程序更加严格规范。

建立产业脱贫项目库，投资452.7万元，实施夹信子村通和水稻种植合作社扩建、黑顶子村兴瑞牧业有限公司扩建等脱贫项目5个。全区困难家庭和低保家庭中小学生全部纳入助学范围。采取民政兜底保障脱贫措施，全年低保兜底保障脱贫153人。实施大病兜底保障政策，贫困人口全部参保城乡居民基本医疗保险、重大疾病保险和人身意外险，定点医疗机构实现“先诊疗后付费”，解决贫困户看病贵问题。实施“助力百村”振兴行动，建设茶棚村、齐心村农业生态园等项目4个。在全市率先开展“百企帮百村”活动，带动贫困户就业增收。启动“社会扶贫网”上线工作，实现贫困户注册全覆盖。探索“政策+资源+公司”的前窑扶贫模式，成立前窑矿业有限公司；创新“公司+金融+贫困村”的棋盘扶贫模式，打破区域界限，与磐石市永丰村合作成立永丰惠民有限公司，壮大村集体经济，进一步拓宽贫困户增收渠道。“前窑、棋盘扶贫模式”在全市推广。全年实现脱贫97户、191人，省级贫困村夹信子村退出序列，建档立卡贫困人口脱贫率位列城区第一。

【综合治理】 高标准、高质量完成中央环保督察“回头看”转办环境信访案件33批、100件（牵头办理69件）。全力抓好中央环保督察、省级环保督察转办案件办理和反馈问题整改工作，重点解决毁林盗伐、畜禽粪污、水环境污染等突出问题。有效实施龙潭区生活垃圾无害化处理场地下水污染防控治理、戴氏化工厂污染场地治理等工程。重拳治理大气、水、土壤污染。加快推进工业企业大气污染治理，开展散煤、道路、工地、散乱污企业专项整治，全区28家重点污染源实现达标排放。全面推进秸秆禁烧工作，实行秸秆禁烧区、限烧区“两区”管理，完善秸秆离田机制。加大生活污染源治理，取缔露天烧烤270家。加强水污染防治工作，推进金珠镇、大口钦镇农村环境综合整治，受益人口近3万人。省控团山子河小郑村断面、牤牛河八家子村断面水质保持Ⅲ类水体标准以上。畜禽养殖粪污资源化利用率达73%，设施配套率达70%。开展土壤污染状况详查点位核实工作，有效夯实土壤环境基础数据。切实抓牢安全生产监管，持续加大危险化学品、冶金工贸等重点行业领域综合整治力度，检查企业3110家次，整改各类隐患2110处。指导督促企业加强落实主体责任和全员安全生产责任制工作，深化责任落实和综合监管。果断应对长春长生疫苗事件，第一时间开展预防接种专项检查，保证疫苗冷链完整可靠。做好非洲猪瘟疫情防控，全年无重大动物疫情发生，无疫区平稳运行。全面做好森林防火工作，连续27年无重大森林火灾发生。加强养老机构安全监管，检查171家次，整改安全隐患248处。加强退役军人服务保障。推进社区建设，新建龙湾、兴陶2个社区。抓好食品安全监督管理，开展食品专项整治30项，确保人民群众“舌尖上的安全”，提升预防和处置各类突发事件能力。

【吉林钦瓷艺术展】 5月11日，龙潭区在河北省唐山市举办龙潭区非金属材料产业发展推介会，5月12日，在北京市工艺美术博物馆举办龙潭之子·吉林钦瓷艺术展，参会企业近120余家，签约合作项目10个。12月29日，在龙潭区乌拉街雾凇岛举办龙潭区首届钦窑陶瓷旅游纪念品推介活动，现场推介具有北方文化特色的陶瓷旅游纪念品，活动期间举办吉林龙潭投资开发有限公司与3家吉林市知名旅行社签约仪式，开拓创意文旅产品市场。

【第二届中国吉林（安山）贡梨文化节】 5月3日，中华诗词论坛·关东诗阵“梨花颂”专场鉴赏暨第二届中国吉林（安山）贡梨文化节开幕式在龙潭区江密峰镇安山贡梨园举行。贡梨文化节以“赏百年梨园、寻古镇逸风”为主题，从4月28日至5月13日，免费向市民开放，接待游客4.3万人次。

【“乌拉满族过大年”民俗体验活动】 2月1日，第二届“乌拉满族过大年”启动仪式在乌拉街满族镇韩屯村举行。该活动由龙潭区人民政府主办，龙潭区科技局、乌拉街满族镇人民政府承办。通过“乌拉满族过大年”体验活动，展示乌拉满族民俗文化，推介雾凇冰雪旅游资源，助力第二届国际冰雪旅游产业博览会暨第二十三届国际雾凇冰雪节”。

【龙潭之子艺术作品展】 3月30日，“龙潭之子”——著名书法家沙非个人书法作品展在龙潭区文化艺术中心举办。展览由吉林市文联和龙潭区教育文化体育局主办，吉林市书法家协会、“龙潭之子”文化传播促进会、龙潭区老年书画研究会、龙潭区文化馆和龙潭区图书馆承办。至2018年，龙潭区连续5年举办“龙潭之子”艺术作品展，并结集出版“龙潭之子”系列文化丛书，“龙潭之子”文化品牌在国内颇具知名度和影响力，在龙潭区打造旅游文化名区、创建国家公共文化服务体系示范区过程中发挥重要作用。（董　超）

丰满区

【概况】 丰满区位于吉林市城区南部，总面积10.62万公顷。其中，农业用地15335公顷，林业用地58079公顷，水域面积13335公顷，城市及其他用地19721公顷。辖3乡1镇、6街、1个省级经济开发区，有1个少数民族村。总人口206815人（户籍人口）。

2018年，实现地区生产总值114亿元，增长5%（可比价增速，下同）；固定资产投资52亿元，增长14.5%；全口径财政收入13.8亿元，增长16.9%；地方级财政收入5.8亿元，增长2.7%；规模工业总产值35亿元，增长9%；社会消费品零售总额115亿元，增长4.4%；招商引资利用省外资金35亿元。

【农业】 加快种植业结构调整步伐，完成粮食生产功能区、重要农产品生产保护区划定工作。设施农业快速发展，新建、扩建500万元以上规模生产基地6个，规模化果蔬生产基地15个，获“省级现代农业产业园”称号。做好“非洲猪瘟”防控工作，营造群防群控良好局面。全区规模化养殖场粪污资源化利用率为76%。集中开展“大棚房”问题专项清理整治行动，遏制农地非农化现象。开展清收还林等资源保护专项行动，获“省级国有林场改革优秀县区”称号，连续38年无重大森林火灾。

【工业】 年内，船营区加大服务力度，帮助国安药业等15家企业融资8300万

11月2日，丰满大坝重建工程主体施工中。图为施工现场　（丰满区政府办　供图）

元，扶持长久汽车等7家企业上争资金500万元，助推企业快速发展。国电江南热电、昊宇电气等5家全市百户重点企业完成产值24亿元，增长10.9%，亨昌碳素、欧泰电气等重点企业良性运营，珑铁机械晋级规模以上企业。召开民营企业家座谈会，制定出台《丰满区促进民营经济加快发展的若干政策措施》，编制完成《丰满区企业家名录》，企业发展环境进一步优化，全区民营经济主营业务收入增长9.5%。

【第三产业】 制定出台《丰满区加快服务业发展的若干意见》，助推服务业高质量发展，企业获得各级各类扶持资金1850万元。朱雀山植物园等重点旅游项目进展顺利，万科松花湖度假区被评为“2018年度中国最佳滑雪场”。松花湖、朱雀山、青山区域旅游开发快速推进，冰雪休闲、生态观光、休闲采摘等特色旅游业迅猛发展。全年接待国内外游客950万人次，实现旅游综合收入70亿元，比2017年增长27%。江南核心区、南部新城、东山区域三大板块消费市场持续活跃，欧亚城市综合体实现销售额9.8亿元，大商新玛特、世纪大饭店等重点企业稳定运营。总部经济健康发展，新引进总部性企业190家。中海央墅、万丰玫瑰园等34个房地产项目销售面积突破100万平方米。东杰科技矿山产业大数据、克莱内斯特智慧社区管理和综合治税3大数字平台研发应用快速推进，重庆猪八戒网服务众包平台落户丰满区，数字产业对区域经济发展的放大倍增作用日渐突显。

【招商引资】 借助北京国企进吉林、深交所上市公司吉林行等大型招商活动平台，赴北京、浙江等地务实开展招商活动，邀请厦门当代集团、上海新城控股、珠海怡华通投等客商到吉林市洽谈。珠海瀚星集团航空旅游农业田园综合体、筑石吉林医养创新小镇实现签约，圣亚海洋公园、万达商业综合体等15个重点项目深入推进。

【项目建设】 2018年，开工重点项目48个。其中，亿元以上项目34个，10亿元以上项目6个。中海环宇天地商业中心等20个新建项目顺利开工，吉林市第六水厂等28个续建项目全部复工，吉林红事会酒店等13个项目实现竣工，丰满水电站重建工程、万科松花湖度假区等重点项目进展顺利。

【城乡建设】 完成蓝旗街、建华街等7个项目土地征收任务。启动红旗回迁区二期、东山龙丰铁路回迁区等棚改项目6个，建设安置住房1876套。完成华山小区、交行花园等老旧小区宜居综合改造工程7个，维修巷路胡同36条。开展市容环境攻坚行动，整治无物业管理小区48个、街巷110条，清运生活垃圾、建筑残土1710吨，拆除城区各类违章建筑240处。探索建立无物业小区“行业代管”模式，伊利花园等弃管小区人居环境得到有效改善。

推进绿美乡村建设，持续开展农村环境整治，连续3年在全市专项评比中名列前茅。投资2200万元实施马相村亮化、苏相村美化等新农村建设项目18个，建设农村垃圾中转站5座，改造农村厕所1000户。推进河长制，腰屯河、石井沟河黑臭水体整治工程全面竣工，箭杆河、杨家河等36条河流“一河一策”编制完成，投资1560万元治理河道80千米、改造渠系4千米。落实路长制，构建形成区乡村三级路长组织体系，投资1.7亿元，修建四摩线、丰杨线等“四好农村路”108千米，桥涵29座。编制完成“三乡一镇”总体规划方案。

【社会民生】 完善社会保障体系。2018年，新开发城镇就业岗位5500个，实现城镇新增就业4880人，农村劳动力转移就业2.6万人次，城镇登记失业率控制在4.5%以内，零就业家庭比率保持动态为零。落实社会最低生活保障政策，发放低保金2921万元、医疗救助金281.5万元、临时救助金40.5万元、残疾人“两项补贴”（困难残疾人生活补贴和重度残疾人护理补贴）246万元。推进“双拥”（拥军优属、拥政爱民）工作，发放各类优抚资金1547万元。全区城乡居民养老保险参保4.9万人，发放个人养老金1471万元。

发展民生事业。开展创建省级文明城区活动，获”2016—2018省级文明城区“称号。加大教育投入，投资2200万元实施中小学校园校舍维修改造项目21个，有效提升教育标准化水平。推进健康丰满建设，通过国家健康促进区验收。完成前二道乡卫生院灾后重建及小白山乡卫生院维修改造，村卫生室农合报销系统实现全覆盖。公共文化设施日趋完善，投资175万元实施农村文化广场、社区书屋、户外健身设施等文体建设项目21个，民生档案在全市率先实现数字化管理和利用。采取政府购买服务方式，妥善安置5所农村社会福利服务中心集中供养人员124名。高质量完成第二次全国污染源普查数据采集、汇总和质量核查。

稳定社会环境。实施安全生产治理活动，开展生产、消防、交通、食品药品等领域专项整治行动9轮次，检查企业4584家次，排查处理隐患883处，安全生产形势持续稳定。按照“事要解决”总体要求，开展信访积案化解，一批重点信访积案得到妥善处理。投资700万元实施一体化指挥平台建设，深化以审判为中心的刑事诉讼制度改革试点工作。开展人民调解，调解矛盾纠纷1030件，成功率98%以上。强化应急管理，完善预案体系，妥善处置一般以下突发公共事件32件。开展扫黑除恶专项斗争，打掉涉黑犯罪组织1个，恶势力犯罪集团2个，恶势力犯罪团伙9个，破获涉黑涉恶违法犯罪案件30起，打处黑恶势力“保护伞”1个，社会治安秩序持续稳定。

【三大攻坚战】 防范金融风险。严格落实政府债务防控措施，开展政府债务核查清理工作，隐性债务底数得以全面摸清，政府金融风险处于可控状态。加强政府投资项目监管，严格落实举债事前评审论证制度，制止随意举债、违规担保等行为，新增债务得到有效遏制。实施非法集资、小贷公司整治等专项行动，严厉打击集资诈骗、高利放贷等违法违规行为，清理排查投资类企业和小贷公司161家，有效防范金融风险。

脱贫攻坚。重点实施铁西村文化广场、四方村村路等基础设施建设工程4项，有效改善贫困村、贫困户生产生活条件。突出产业项目带动，投资885万元实施铁西村光伏发电、二道沟村中草药种植等扶贫项目8个，带动384户贫困家庭实现增收。细化行业扶贫举措，出台《丰满区健康扶贫大病兜底保障“一事一议”实施办法》，对全区建档立卡贫困人口实施大病兜底。聚焦“两不愁、三保障”目标，深度落实“一户一策”政策措施，51户106名贫困人口顺利脱贫，省级贫困村铁西村具备脱贫出列条件。

污染防治。以环保督察反馈问题整改为契机，以大气、水、土壤等综合治理为重点，开展系列整改攻坚行动，关闭石材开采及加工企业51家，拆除松花湖沿湖区域违章建构筑物316处，关闭或搬迁禁养区养殖场11户，清理松花湖滩涂地违规耕种作物229.5公顷，拆除松花湖旺起镇青背等违建大坝4座，有效解决一批生态环境重点难点问题。

【重庆猪八戒网落户丰满区】 2018年，重庆花果山企业管理有限公司与吉林市赫基双创科技产业园达成合作意向。12月11日，猪八戒电子商务平台正式落户吉林市，共同建设吉林市赫基“互联网+”型创新创业综合示范园区。该项目依托猪八戒网人才共享大数据平台资源，为吉林市内企业建设专属云端服务平台，并与猪八戒网主站数据打通，解决区域经济发展中人才贵、人才远、人才少问题，为当地企业发展、产业发展、区域经济发展提供顶层设计和产业升级解决方案，推动当地产业和区域经济发展。（于镇源）

永吉县

【概况】 永吉县地处吉林省中东部，东、北靠吉林市，西连长春市双阳区，南接磐石市、桦甸市，全境纳入“长吉图开发开放先导区”核心腹地，是长吉图开发开放节点县。面积2625平方千米，辖7镇、2乡（其中岔路河镇委托中新食品区管理）和1个省级经济开发区（永吉经济开发区），有14个社区、140个行政村（其中岔路河镇15个村、1个社区及一拉溪镇2个村委托中新食品区管理），吉林市属的北大壶体育旅游经济开发区、中新（中国—新加坡）吉林食品区坐落境内。总人口42万人，主要有汉族、朝鲜族、满族、回族等28个民族。矿产资源丰富，已探明钼等矿产22种，其中钼金属储量109万吨，居亚洲第二；地热资源蕴藏量巨大，水温60摄氏度至75摄氏度，日出水量500立方米；冰雪资源得天独厚，雪期长、雪质优，北大壶体育旅游经济开发区雪场达到冬奥会标准。

永吉县是国家现代农业示范区和无规定动物疫病区，先后被评为国家粮食生产先进县、“中国好粮油”行动示范县。主要农产品有水稻、玉米、大豆等，其中“万昌大米”获得第十一届中国国际农产品交易会和第十三届中国国际粮油交易会金奖。农业特色产业蓬勃发展，芦笋、紫苏等特色农产品远销新加坡、韩国，柞蚕种源基地在全国占有重要地位。2018年，被评为全国农村一二三产业融合发展先导区、省级农业可持续发展试验示范区创建单位。

【农业】 率先打造万昌先导区田园综合体，建设高标准农田2000公顷，建成木瓜产业园及速冻冷藏加工项目，宇丰温泉度假酒店完成主体施工。万昌镇获评全国首批农业产业强镇示范镇。无规定动物疫病区代表国家、省接受世界动物卫生组织检查。调减籽粒玉米种植面积1000公顷，园艺特产业产值增长10%。“互联网+精准农业”广泛应用。推广农业新技术10项，农机综合作业率86%。大果榛子、蓝靛果等林业经济蓬勃发展。流转土地2.5万公顷，新发展农民专业合作社54个、家庭农场151个。培育新型职业农民165人次。新增“三品一标”农产品11个。农产品质量安全县通过省级验收。国有林场改革在省级考核中获得满分。供销社综合改革创新模式在全省推广。

【工业】 2018年，对全县66家规模工业企业进行动态监测，对大黑山钼业等14家重点企业开展精准帮扶。冶金产业产值实现4.2亿元，增长12.7%。装备制造和新材料产业产值分别实现6亿元和1.35亿元，分别增长15%和9.8%。金隅冀东环保科技生物质综合利用、宇丰米业生物质锅炉改造及稻壳资源综合利用等32个省级转型升级项目有序推进。为企业向上争取各类专项及奖补资金1578万元。利用“转贷金池”和“助保金池”帮助企业周转资金3亿元。盘活闲置企业5家。永吉经济开发区改革创新工作稳步推进，全口径财政收入、规模工业产值分别占全县44.3%和54.4%，在全省开发区综合发展水平考核中位列地区前列。

【第三产业】 星星哨风景区被评定为国家AAA级旅游区。卓远温泉晋升为省级五星级休闲旅游农业企业。旅游业收入增长28.1%。举办首届北大壶观光采摘节、永吉县第一届电商节，全县网购网销金额实现850万元，增长18%。

【项目建设】 实行县级领导包保和重大项目服务秘书制度，开工建设500万元以上重点项目26个，完成投资占总投资的63.4%。联科石墨碳纤维复合导流筒等7个项目达产见效。突出精准招商，借助央企进吉林、吉浙对口合作等经贸活

永吉县县城口前镇全景（2018年6月） （永吉县政府办 供图）

动，签约落地国药中草药种植及深加工等3000万元以上项目13个。

【改革创新】 深化“放管服”和“只跑一次”改革，行政审批“两集中、两到位”全部落实，统一受理、集成服务全面实施，流程进一步优化，时限进一步缩减，审批服务效率和质量大幅提升，2321项事项实现“只跑一次”，企业注册登记全程电子化，群众和企业办事更加高效便捷。

推进15个技术创新工程。金洪汽车建成数字化车间，被认定为国家级智能制造试点示范项目。恒涛锅炉被认定为国家级服务型制造示范企业。15家企业与中南大学、吉林大学等20余所高校和科研院所建立长期稳定的合作关系。天三奇公司获批陈冀胜院士工作站。维尔特公司获评省级科技创新中心。培育认定国家级高新技术企业3家、科技型中小企业5家，省级科技“小巨人”企业3家。新增专利授权量51件。

【城乡建设】 实施中心城区改造提升工程，完成辽宁街续建和吉桦路、连山路等主街路绿化美化工程。园林街完成主体施工。持续开展市容环境综合整治，加大建成区违法建设查处力度。推行路长制，改建三家子至官厅等农村公路9.5千米。完成6个特色小镇规划设计。建设7个新农村重点村。继续开展农村人居环境整治，启动农村生活垃圾处理项目，改造农村厕所3000户。实施乡村绿化美化工程，美化道路275.5千米。创建“美丽庭院”550个、“干净人家”4000个。

【恢复重建】 2018年，编制完成《永吉县县城防洪规划》。建设水毁县乡村道路27.12千米、桥梁60座、涵洞57道，城乡路网功能有效恢复。完成4座水库永久溢洪道、26座水库和3个灌区水毁修复、310处河流险工险段治理等工程。清淤疏浚河道500余千米，积极应对汛期强降雨和台风等极端天气影响。县城基础设施全面恢复，永吉大街附属工程全部竣工，连山桥实现通车，供水泵站投入使用。

【生态环保】 落实清洁水体行动计划，开展岔路河、鳌龙河流域水质保护行动，实施石头口门水库水源地保护和专项治理。全面落实河长制，构建县乡村三级河长组织体系，开展清理整治专项行动，绿化饮马河、岔路河等堤岸11.4千米，河流生态有效改善。清理规范入河排污口，县城实现雨污分流。有效推进企业节能减排，淘汰县城建成区10蒸吨及以下燃煤锅炉14台，升级改造20蒸吨及以上燃煤锅炉14台。淘汰黄标车368辆。实施秸秆离田、还田，全面禁止露天焚烧秸秆。空气质量好于二级以上天数达305天。清收还林成果持续巩固，还林3100公顷。治理水土流失面积76平方千米。开展“大棚房”清理整治工作。完成畜禽养殖禁养区划定，实施测土配方施肥4万公顷，开展农药废弃包装物回收处理，治理农业面源污染。严厉打击山庄、养殖场等侵占林地违法行为。

【社会民生】 高质量通过省政府履行教育职责和加快教育发展督导评估，连续7年在市教育目标责任制考核中获第一名。14类55项基本公共卫生服务工作连年位居地区首位。保持全国“计生优质服务先进单位”称号，获评“省年度公立医院综合改革工作先进县”。农村文化广场实现全覆盖。广播电视节目水平进一步提升，获“全国百佳县级广播电视台”称号。全民健身活动广泛开展，竞技体育在全省取得优异成绩。

2018年，完成10个方面95件民生实事。改造棚户区2001户、农村危房53户。转移农村劳动力7.81万人次，零就业家庭就业援助率100%。城乡低保连年提标。城镇基本医疗、工伤保险、生育保险参保率均达97%以上。推进“平安永吉”建设和扫黑除恶专项斗争，化解信访积案42件。强化食品药品安全监管和非洲猪瘟疫情防控。开展“安全生产治理年”活动，未发生较大以上安全生产事故。完成减贫计划1475人，9个贫困村如期出列。

【万昌镇获评全国农业产业强镇】 2018年，万昌镇结合产业特点和发展需求，放大自身优势，紧扣优质稻米、休闲农业等发展定位，以产业强镇、农民增收、企业增效、生态优美的目标，重点实施稻梦天地农业休闲公园、民宿旅游、“反租倒包”模式实验基地、水稻成品低温库、10万吨稻谷全自动智能生产线、机器人智能真空包装等项目，推动农业主导产业提档升级，加速三产融合进程，被评为“全国第一批农业产业强镇示范镇”。

（杨　震　孙大权）

舒兰市

【概况】 舒兰市位于吉林省中北部，地处两省三市交会处。南接风景秀丽的吉林市，北联黑龙江省哈尔滨市，西隔松花江与长春市相望，周边分别与蛟河市、九台市、榆树市以及黑龙江省五常市接壤。总面积4560平方千米，辖10镇、5乡、5街、1个经济开发区。总人口60.8万人，其中农村人口43.9万人。粮食播种面积13.4万公顷。森林覆盖率42%，木材蓄积量1288万立方米。境内有集水面积20平方千米以上河流65条，各类蓄水工程434座，大小水库111座。主要矿藏有褐煤、钼矿石、黏土、硅石、泥炭、玄武岩及红、白花岗岩等。是国家首批农业可持续发展试验示范区暨农业绿色发展试点先行区，全国绿色食品原料（水稻）标准化生产基地。

2018年，地区生产总值实现176.3亿元，地方级财政收入实现4.8亿元，社会固定资产投资实现35.4亿元，规模工业总产值实现41亿元，社会消费品零售总额实现47.3亿元，城镇居民人均可支配收入、农村居民人均可支配收入分别为22808元和13980元。

【农业】 《农业绿色发展先行先试三年工作方案》通过国家评审。霍伦河现代农业产业园晋升为省级现代农业产业园。新建全国绿色食品原料（水稻）标准化生产基地1.8万公顷。建设高标准农田5933.3公顷。完成农田水利工程8类28项。平安永丰生态水田示范区、溪河吉米现代有机农场示范引领作用进一步增强。平安镇被评为全国一村一品示范村镇、国家农业产业强镇示范镇。新建全自动标准化养殖基地3个，县级综合屠宰场、病死畜禽无害化处理中心建成运行。新认证“三品一标”农产品品牌6个。舒兰大米检测中心投入使用。舒兰市被评为“全省第一批农产品质量安全县”。成功举办北京国际摄影周“白山松水稻花香、吉林舒兰好风光”专题展，首届“舒兰大米”插秧节和农民丰收节。舒兰市被授予“中国生态稻米之乡”美誉。

【工业】 启动吉林高端钼产业园区规划建设。天池钼业日处理2.5万吨钼矿石等25个5000万元以上项目开工建设，瑞丰重工现代农机装备产业园完成设备调试，宏源煤矸石热电联产项目竣工投运，万邦橡塑保温材料生产、恒洁塑胶管道生产等项目建成投产，华辰碳纤维发热膜生产等13个项目签约落地。全年，招商引资到位资金23亿元。搭建政银企保对接平台，帮助企业争取专项扶持资金600余万元，破解发展难题30余项。新培育省级高新技术企业2家。实施华鑫菌业食用菌酵素生产等技改和新产品开发项目5项，富通机电设备、圣泰新墙体材料等5家企业实现盘活。

【第三产业】 欧亚购物中心建设进展顺利，农特产品商业街建设有序推进，全年新增限上商贸企业5家。电商产业创新创业中心启动建设。“中国特产·舒兰馆”在京东商城上线运营。青松森林旅游项目启动实施，南阳俄罗斯风情民俗村景区功能持续完善，下营关东民俗风情园投入运营。二合雪乡建设步伐加快，建成一批关东特色旅游景点，与省电视台合作推出《冰雪大冲关》大型冰雪互动节目，雪乡文化内涵更加丰厚，被评为“吉林市休闲农业十大景区”。新安水库获评“国家级水利风景区”。南阳啤酒美食节、前江湾沙滩文化节等民间节庆旅游活动蓬勃发展。

【城乡建设】 吉荒高速公路全线通车，迎宾大道、高速连接线、公铁立交桥等13项城市路桥工程竣工，百姓出行更加方便快捷。实施党校棚户区等6个区域棚户区改造，征收房屋756户4.6万平方米。新铺供热管网27千米，主城区80%以上区域实现24小时集中供热。蓝鹏污水处理厂完成提标改造，宏兴污水处理厂投入运行。完成10个小区供水管线改造。实施庙景山公园续建、文化广场扩建和城区绿化亮化工程，新增绿地8万平方米。持续加大卫生保洁和环境治理力度，新建水冲公厕2座、垃圾转运站3座，拆除违章建筑270处，改造老旧小区单体楼32栋，街面“僵尸车”基本清除。

完成5个乡镇总体规划和34个行政村村庄规划编制。实施北部美丽乡村示范带建设，沿线镇村环境明显提升。新建改建农村公路159千米、危桥34座。绿化美化农村公路389千米、河岸20千米、村屯72个。改造农村厕所4000户、

舒兰市鹭岛桦林湾森林公园（2018年8月）　（舒兰市政府办　供图）

危房663户。新安、上营、小城、平安等4个乡镇生活污水处理工程竣工。新增乡村两级保洁员1400人，农村环卫保洁实现全覆盖。上营镇马鞍岭村被评为“2018年中国美丽休闲乡村”。

【生态建设】 完成建成区内10蒸吨及以下燃煤小锅炉撤并改造。成立市秸能生物质能源公司，推行秸秆综合利用新模式，机收打捆面积2.53万公顷。全面落实河长制，加快推进沙河水库、响水水库水源地综合治理，水质稳定达到三类饮用水标准。完成11个关闭矿山环境恢复治理。回收农药包装废弃物27吨。吉林地区畜禽粪污资源化利用现场会在舒兰市召开。

【社会民生】 新建市职业高中、第三中学等14所学校校舍5.7万平方米。开展中小学生课后服务，解决家长“接送愁”和“管护难”问题。市医院异地新建项目开工建设，市中医院、政务服务中心等新建工程实施内部装修。市图书馆、博物馆、档案馆全面启建。第四次全国经济普查工作全面启动，试点经验在地区推广。深化“放管服”和“只跑一次”改革。工商登记实现全程电子化，企业开办时间压缩至3个工作日内。梳理公布“只跑一次”事项2843项。全面建立“局长服务日”工作制度。推行“统一受理、集成服务”工作模式。率先实行企业职工退休和车驾管业务“一站式”办结。“只跑一次”改革实现地区领跑、省内领先。

落实农业特色产业脱贫项目4大类195项，惠及贫困人口5399户10225人。新建村级光伏电站159个，扶贫保障能力进一步增强。医疗救助、教育资助、保障兜底等普惠政策全面落实。建设省级贫困村硬化路11千米，实施农村饮水安全工程16处，改造贫困户危房192户。开展“携手扶贫”系列活动，满足贫困户“爱心需求”1463个，对接成功率居全省首位。全年，10个省级贫困村摘帽出列，1887名贫困人口脱贫，贫困发生率下降到0.21%。新增城镇就业8300人，城镇登记失业率控制在3.38%。城镇职工基本养老保险新增扩面2370人，城乡居民养老保险缴费率80%。新建农村幸福大院8所，市乡9个社会福利服务中心完成改造。

9月19日，舒兰市首届农民丰收节暨2018舒兰金秋稻米文化节在平安镇举行。图为开幕式现场 （舒兰市政府办 供图）

【中国生态稻米之乡】 舒兰市地处北纬44度黄金水稻种植带，全市有水稻种植面积5.4万公顷，年产量45万吨以上。建有全国绿色食品原料（水稻）标准化生产基地3.8万公顷，有机水稻1066.67公顷。有水稻加工企业62家，其中舒兰大米协会会员企业13家，年销售量80万吨以上。舒兰市农耕文化丰富，有着悠久的水稻种植历史和厚重的稻米文化，舒兰大米具有空气好、土壤好、水源好、气候好、耕种好、口感营养好的“六好”优势。以“润、糯、香、甜”为特点的“舒兰大米”先后获得原产地证明商标和农产品地理标志认证，入选“中国驰名商标”“中国粮油行业十大影响力品牌”，位列吉林市农产品十大区域公用品牌首位，广告连续3年春节期间登陆央视黄金时段，成为南方航空公司高端大米供应品牌。2018年，舒兰市被中国粮食行业协会命名为“中国生态稻米之乡”。

【首届“舒兰大米”插秧节】 5月25日，2018首届“舒兰大米”插秧节、吉林省旅游形象代言人暨“舒兰大米”形象代言人插秧选拔大赛在舒兰市溪河镇双印通村三莲有机水稻种植基地举行。活动以“播种希望、共建小康”为主题，现场进行由吉林省旅游发展委员会和吉林电视·7频道共同举办的吉林省旅游形象代言人选拔大赛决赛，并设有参观舒兰特产展区、投放稻田蟹和鱼苗以及现场体验水稻插秧等环节。舒兰市委书记李鹏飞、香港绿洲农业产业发展有限公司总经理陈万胜分别致辞。

【舒兰市首届农民丰收节暨2018金秋稻米文化节】 9月19日，舒兰市首届农民丰收节暨2018金秋稻米文化节在平安镇举行。活动以“庆祝丰收、弘扬文化，品牌强农、振兴乡村”为主题，现场进行“中国生态稻米之乡——舒兰”授牌仪式，“中国特产·舒兰馆”启动仪式，以及特色农产品和大米企业新品展示。市政府分别与京东集团、有色西勘设计研究院签订战略合作协议，并为种植合作社发放无人机。舒兰市委书记李鹏飞致辞。

【平安镇被评为全国一村一品示范村镇和国家农业产业强镇示范镇】 舒兰市平安镇位于吉林省舒兰市东北部，全镇耕地面积8100公顷，其中水田6000公顷。地理位置优越、交通便捷，地处“两省三市”交通要冲，是周边7个乡镇的商业贸易中心和物资集散地。先后被评为国家级绿稻生产基地、全国文明村镇，省级卫生城镇、十强镇和百镇建设工程首批试点镇。2018年7月，平安镇被农业农村部评为“全国一村一品示范村镇”；8月，被农业农村部、财政部批准开展农业产业强镇示范建设。

【上营镇马鞍岭村被评为“2018年中国美丽休闲乡村”】 3月30日，在中国农村杂志社联合中央主要新闻单位举办的“金龙鱼杯·第二届中国美丽乡村百佳范例”推选中，舒兰市上营镇马鞍岭村被评为“2018年中国美丽休闲乡村”。10月24日，农业农村部公布中国美丽休闲乡村名单，上营镇马鞍岭村入选其中。上营镇马鞍岭村是二合雪乡所在地。舒兰市在打造“吉林雪乡·舒兰二合”冰雪项目和旅游品牌过程中，开发出雪域王国、生态休闲、养生度假、乡村旅游、农业采摘等特色旅游产品。景区有娱乐互动及参观体验景点15个、农家乐46家、关东作坊7个，日均接待能力5000人次，一次性就餐接待能力2000人次。

（曲 博 张郅昭）

磐石市

【概况】 磐石市位于吉林省中南部、吉林市南部，地处松辽平原向长白山脉过渡地带，属丘陵半山区。总面积3960平方千米，辖1乡13镇、4个街道、2个省级经济开发区，268个行政村，962个自然屯，总人口54万人。

历史文化悠久。青铜器时代磐石地区就有人类繁衍生息。清光绪十三年（1887年）设立磨盘山分防州，光绪二十八年（1902年）改设磐石县，取“安如磐石”之意。红色文化底蕴深厚。作为革命老区，磐石市是东北抗联第一军的发祥地，1932年杨靖宇、李红光在磐石建立中国共产党在南满的第一个抗日根据地——红石砬子抗日根据地。1945年11月建立磐石民主政府，1947年5月31日磐石解放，1995年10月撤县设市。地理区位优越，位于长吉侧翼，处于长吉1小时经济圈、沈哈3小时经济圈中心地带。202国道、沈吉铁路、沈吉和长抚高速公路纵贯全境，客货物流发达。矿产资源丰富，已发现各类矿产资源61种，镍矿石、硅灰石和隐晶质石墨储量居全省之首，是全国最大的镍盐生产基地、第二大镍金属生产基地和三大石墨产地之一。农副产品资源富饶，是全国商品粮基地县，有耕地面积12.2万公顷，粮食年产量保持在90万吨。水资源充沛，境内有大小河流145条，各类蓄水工程794座，其中中型水库4座，总库容2.3亿立方米。森林资源富足，林地面积15.6万公顷，森林覆盖率40.4%，森林活立木蓄积量1365万立方米。旅游资源独特，域内有国家级旅游景区莲花山原始森林公园和全省最大的地表熔岩洞官马溶洞。连续保持全国科技进步示范县（市）、文化先进县（市）、绿化模范县（市）及全省文明城、卫生城、双拥模范城等荣誉。连续8年进入全国中小城市投资潜力百强县市行列，2018年位列56名，全省排名第1。明城镇、烟筒山镇获评“2018年度全国综合实力千强镇”。

【农业】 全年调减玉米种植面积1.6万公顷，粮食产量稳定在90万吨阶段水平。实施农业龙头企业示范引领带动工程，扶持农业龙头企业26家，发展中草药材973公顷、绿色稻米1500公顷、果树3467公顷、蔬菜5333公顷、食用菌6000万袋，创建省级标准化养殖示范场1个，初步形成药、菌、果蔬、稻米、畜禽“五大特色产业经济带”，特色产业产值实现40亿元。

【工业】 2018年，磐石市规模工业总产值实现140亿元，增长17%；生产性电力消费实现8亿千瓦时，增长6.6%；金属冶炼、非金属加工、医药健康、新材料四大主导产业支撑能力进一步增强，产值、税收分别实现136亿元和10.1亿元，分别增长17.3%和34.5%。金属冶炼产业逆势上扬，吉林恒联大幅增盈，京华制管持续扩张，华信、华明2家产值超20亿元钢管企业建成投产，东北最大的钢管产业基地已形成。医药健康产业势头强劲，标普生物等4个项目建成投产，企业34家，税收增长36%。技改扩能项目进展顺利，12个项目建成投产，10个项目实现达产达效。对企服务能力显著增强，为28家企业争取专项资金4700万元，协调解决流动资金贷款9.3亿元。兴企信用担保公司增资扩股顺利完成。新增规模工业企业4家，新建成省市级企业技术中心3个。

【第三产业】 2018年，官马莲花山国家森林公园、鹭鸶湖景区入选全国第四批森林康养基地，东山公园东北抗联教育基地建成投入使用，成功举办第三届冰雪文化节，特色游、红色游、冰雪游氛围日益浓厚。电商规模不断壮大，取柴河镇王家村被授予“中国淘宝村”称号，松山镇、红旗岭镇都力河村分别被评为省级电商镇和电商村，全市电商交易额突破2亿元。推进特色小镇建设，中医药特色小镇、新型金属材料小镇被列为“全省第一批特色产业小镇”。

【项目建设】 年内，25个重点项目签约落地。与浙江乐清成功签署合作协议，为深化合作打下基础。积极盘活存量资产，对接盘活“双停”（停产、停工）企业5家。规划建设石墨新材料产业园，青岛领军等5家企业入驻园区，为形成经济新增长极奠定基础。全年开工重点项目52个。其中，新建项目22个，8个项目参加吉林省“三早”（早落地、早开工、早见效）行动，卓轶健康食品、华明方管等21个工业服务业项目竣工投产或投入运营。农村饮水安全工程等9个项目进入国家PPP（公共私营合作制）项目库。开发区改革创新工作稳步推进，收储开发土地136公顷，两区工业污水处理厂建成投入使用，宏日新能源热电联产项目快速推进，明城开发区天然气集中供应项目签约落地，配套功能更加完善。园区规模工业总产值和税收占全市比重60%以上。

【乡村振兴】 借助吉高陆港物流优势，打造乡村振兴综合服务平台，建设市、乡、村三级综合服务中心7个。推进美丽乡村建设，建成省级美丽乡村2个、重点村9个，明城镇古城村被评为“中国美丽休闲乡村”，打造美丽庭院1000个、干净人家5000户。实施“收运处”一体化和村集中处理两种农村生活垃圾处理模式，建成小型磁脉冲垃圾处理示范点40个，投放环保垃圾桶300个。河长制全面落实，河流生态环境得到明显改善。新建通屯水泥路51千米，完成“路田分离”588千米，连续3年被评为省级“四好农村路”示范县。完成还林2667公顷，实现连续39年无重大森林火灾。

【城市建设】 城市控详规启动实施，慢行系统等6个专项规划编制完成。打通振兴大街北延、东外环北延等3条断头路，完成人民路、福安路北段立体改造和挡石河截流、城区河道清淤等10项工程，实施高速引线亮化和15项绿化工程，新增绿地5.2万平方米。规范开发建设行为，解决8个小区产权证办理问题。推进城管执法体制改革和智慧城市管理项目建设，启用城区智慧交警管理体系，强化市容环境综合治理，城市面貌焕然一新。

【脱贫攻坚】 发挥行业扶贫及龙头企业带动扶贫作用，开展携手扶贫，发展光伏发电、桑蚕养殖、辣椒种植等产业扶贫项目418个，贫困户年均增收2400元。创新实施“党群联建扶贫田”项目，打造扶贫田750公顷，带动55个村集体增收500万元。投资4159万元，完成贫困村安全饮水、水泥路建设和贫困户危房改造工程127项。实现8个省级贫困村和1900人脱贫出列，实现16个省级贫困村出列、11031人脱贫。

【社会民生】 中高考成绩连续14年保持地区首位，国家开放大学磐石学院进入全国城乡社区教育特色学校行列。红旗岭三小幼儿园投入使用。完成人民广场、少儿体校运动场改造，配建健身路径40处、村级文化广场39个。改造城市老旧小区25个、棚户区621户、农村危房90户，完成4座城区标准化厕所建设和7000座农村厕所改造。建成农村饮水安全巩固提升工程34处。市社会养老服务示范中心建成运营，养老机构实现医养结合全覆盖。建设返乡创业基地17个，发放创业担保贷款2620万元。

推进公立医院改革，县域外转诊率保持在8%左右，被评为全国基层中医药工作先进单位。成功创建国家第三批公共文化服务体系示范区，被评为省知识产权强县工程试点县市。鼎丰图书馆被列为全省文化示范典型。举办全民田径运动会、金秋丰收节等活动。社会保障和救助体系不断完善，为8750名困难群体代缴城乡居民基本养老保险费，发放城乡低保金、特困人员供养和医疗救助金7100万元。配合做好中央环保督察“回头看”和省环保督察，解决群众关注的环保问题27件。开展“安全生产治理年”活动，实现连续14年无重大安全生产事故。标准化法律服务中心投入使用，办结法律援助案件157件。开展矛盾纠纷排查化解，推进扫黑除恶专项斗争，维护和谐稳定发展局面。

12月24日，磐石市举行第二届医药健康产业论坛暨东北亚中医药特色小镇揭牌仪式
（磐石市政府办　供图）

【磐石市被命名为“东北亚中医药特色小镇”】 磐石市借助国家推进新型特色小镇建设政策导向，以医药健康产业园区为基础，启动建设以“医”“养”“休闲”为一体，以中医药健康为主题的“三生 融合”特色小镇。2018年，被中国城镇化促进会“千企千镇”办公室命名为全省唯一的“东北亚中医药特色小镇”，同时被省发改委确定为吉林省特色小镇示范单位。2018年12月24日，磐石市举行第二届医药健康产业论坛暨东北亚中医药特色小镇揭牌仪式，相关省市领导、专家学者、磐石市领导、部门负责人和域内医药健康企业负责人参加揭牌仪式和论坛活动，聘请国家中医药管理局原副局长李大宁等9名专家学者为磐石市特邀经济顾问，为打造产城融合新典范，开创医药健康产业发展新局面奠定基础。

【磐石市古城村获评2018年中国美丽休闲乡村】 10月24日，农业农村部公布中国美丽休闲乡村名单，经地方推荐、专家审核和网上公示等程序，推介全国150个村为“2018年中国美丽休闲乡村”，磐石市古城村入选其中。

（董　鹏　张春雷）

蛟河市

【概况】 蛟河市位于吉林省东部、吉林市东南，地处长白山西麓、松花湖畔、长吉图开发开放先导区中间节点，面积6429平方千米，辖8镇、2乡（含1个朝鲜族乡）、6街、2个省级开发区和1个县级开发区，总人口47万人，是中国优秀旅游城市、全国食用菌优秀基地十强市、全国重点产粮大县、全国生猪调出大县、全国休闲农业和乡村旅游示范市、全国食用菌产业化示范市、首批国家电子商务进农村综合示范市。

2018年，地区生产总值比2017年增长2.2%；规模工业总产值比2017年增长3.3%；地方级财政收入实现4.07亿元，比2017年增长2.3%；城镇和农村常住居民人均可支配收入分别为22552元、14435元，比2017年分别增长3%、8%。

【农业】 农业产业结构深入调整，调减籽粒玉米5953.3公顷，落实土地轮作3333.3公顷，粮食产量85万吨。农业特色产业不断壮大，蛟河市发展黑木耳9亿袋、黏玉米8000公顷、晒烟1620公顷、生猪30万头、黄牛15万头。成功创建省级黑木耳现代农业产业园、特色农产品优势区，"黄松甸灵芝"获批中国地理标志证明商标，"华兰德"牌长白山葡萄酒获国家生态原产地产品保护认证。蛟河市晋升吉林市级农业产业化龙头企业3家，规模以上农产品加工业实现销售收入20亿元。农业特色产业实现增加值15.9亿元，比2017年增长5.6%。

【工业】 规模工业分类施策精准开展，金融专家库正式建立，金融联席会议制度规范实施。松江管道等5家企业开展定制化服务，守庆新能源等3家企业实施技术改造，天肽生物、长吉图能源建成吉林市级技术中心，开普科立辉被科技部认定为高新技术企业。长白山木业等3个项目成功盘活，松花湖管业等8家企业实现减亏，黑尊食品等5家企业实现增盈。添正医药实现产值6800万元，比2017年增长58.5%；得利斯食品实现产值3.9亿元，是2017年的2.6倍。2018年，工业用电量2.4亿千瓦时，比2017年增长10%；万元规模工业增加值能耗下降9.6%。

【第三产业】 完善拉法山、红叶岭、白石山国家森林公园旅游服务功能，投资1.5亿元的北国之村生态园开工建设，富江村被评为全国"年度人气美丽乡村"，举办红叶节、梨花节、蓝莓节、冬捕节等四季旅游活动。2018年，接待游客76.6万人次，全口径旅游收入实现3.4亿元，比2017年分别增长8.6%、10.2%。开展各类电商培训1712人次，电商产业园入驻企业57家，蛟河市电商交易额实现5亿元，比2017年增长19%。新增

9月27日，第十七届中国·吉林·蛟河长白山红叶旅游节开幕

（蛟河市政府办 供图）

限上商贸企业2家，黄松甸食用菌大市场交易额突破25亿元，蛟河市商贸经营业户13023家，比2017年增长18.3%。2018年，铁路乘降旅客368万人次，公路、铁路货运量1260万吨。

【项目建设】 固定资产投资奖励扶持办法修订实施，与浙江苍南对口合作协议正式签订。年产10万吨肥料等20个项目签约落地，金亿食品冷链基地等60个项目开工建设，活性蛋白肽冻干粉系列产品等29个项目建成投产，蛟河市引进建设超亿元项目14个。总投资70亿元的蛟河抽水蓄能电站项目提前两年完成核准，具备开工条件。

【城乡建设】 2018年，完成城市燃气、海绵城市等专项规划编制，开展编制40个村庄规划。新城区煤矿搬迁区232栋楼小区改造全面竣工，天津街等8条城区道路、滨河东路6000平方米河堤路面和清源路、工农路6400平方米城市出口道路改造全面完成，河南棚户区改造配套基础设施工程开工建设。敷设供水管网5千米，改造供热管网30.4千米，新建天然气管网3千米。市区栽植花卉40万株、树木2500棵，高速引线安装华彩红叶灯189基。拆除违建212处7000余平方米，新改建水冲式公厕12座。完成2.4千米贫困村水泥路、农村水毁17千米道路、34座桥梁、29道涵洞和5个乡镇政府所在地6422米主街路建设改造，改善城乡面貌。

【社会民生】 精准实施6项扶贫产业项目，建成运行4个"扶贫车间"，全面解决1164户、2322名插花村贫困人口饮水安全问题，蛟河市8个贫困村实现摘帽、1944名贫困人口实现脱贫。33所校舍完成改造，21个名师工作室挂牌运行，新补充教师225名。肿瘤化疗中心等医疗专科开设运营，新招聘医护人员92名，蛟河市被评为"国家中医药先进县"。吉林省文明城市创建成功。5处市区多功能健身广场、48个农村文化服务中心和40个农村文化广场全部建成。《中国影像方志·蛟河篇》在央视播出，蛟河广播电视台被评为改革开放40年"全国百佳县级广播电视台"。开发城镇就业岗位8564个，转移农村劳动力8.87万人，为178名创业者发放担保贷款1793万元，城镇登记失业率2.65%。机关事业单位养老保险制度改革初步完成，为16.9万人发放基本养老金12.75亿元；基本医疗保险缴费基数由3万元增加到5万元；城镇职工大额医疗保险年度最高支付限额由21万元提高到30万元。为2.6万余人次发放社会救助金9020万元，为7085名残疾人发放"两项补贴"695万元，为7060名计生奖励扶助对象发放奖扶资金1135.4万元。完成棚户区改造926户，发放公租房租赁补贴194万元，实物配租167套。完成农村危房改造74户、农村改厕4050户。

【蛟河市劳动模范表彰大会】 4月27日，蛟河市劳动模范表彰大会在市工人文化

宫召开。表彰2015年至2017年为蛟河市经济建设和社会进步作出突出贡献的100名劳动模范、40个模范集体和13名首届“蛟河工匠”。会议由市委副书记张彦主持，市委书记王荣新讲话。

8月17日，蛟河市漂河镇举办富江花海河灯节。图为村民放河灯　（程英铁　摄）

【《中国影像方志·蛟河篇》在央视播出】 8月23日，《中国影像方志·蛟河篇》在央视CCTV10科教频道播出。大型纪录片《中国影像方志》从中华文明的角度解读地方志、从地方志的角度彰显中华文明，借鉴地方志的体例来构建节目，分成引言、地名记、地理记、人物记、风俗记、手工记、后记等多个版块，讲述一个县独有的、最具特色的风土人情，地域特点，风俗习惯，建筑美食，展现当地的传统文化在当代的传承与发展，以局部展示整体、以地方表达中国，从而为时代讴歌，为人民立传。作为《中国影像方志》第100集，《中国影像方志·蛟河篇》全面宣传蛟河厚重的历史文化，展示蛟河的秀美景色，介绍蛟河经济社会的发展成就，传承抗战革命精神，展现蛟河人民奋进形象，体现蛟河干部担当精神，对推动蛟河全域旅游发展，经济社会转型升级，不断扩大对外的知名度和影响力起到重大推动作用。

【中国·吉林·蛟河长白山红叶旅游节】 9月27日，由吉林省旅游局、吉林市人民政府主办，吉林市旅游局、蛟河市人民政府承办的第十七届中国·吉林·蛟河长白山红叶旅游节在蛟河市新区政府广场开幕，蛟河市群众文艺团体和文化爱好者表演精彩文艺节目，开展第三届“最美蛟河人”和第四届“蛟河之星”表彰颁奖活动。在红叶谷景区举办“相约红叶谷 浪漫彩虹跑”红叶旅游节彩虹跑嘉年华活动，倡导旅游与健康与运动相结合。红叶旅游节以“浪漫红叶 多彩蛟河”为主题，时间为9月20日至10月20日。节庆期间，蛟河市相继开展中国·吉林·蛟河松花湖世界冰酒产区推介会，“浪漫红叶 多彩蛟河”自驾车大集结，火山、抖音主播直播红叶节，“浪漫红叶 多彩蛟河”吉林拉法山国家森林公园杯秋季风光摄影大赛及群众系列文化活动等多项特色活动。

9月8日，中国·吉林·蛟河松花湖世界冰酒产区推介会在吉林华兰德酒庄举行。图为推介会现场　（蛟河市政府办　供图）

【富江村被评为全国“年度人气美丽乡村”】 7月7日，中国旅游总评榜颁奖典礼在延吉市举行，蛟河市漂河镇富江村被评为“年度人气美丽乡村”。中国旅游总评榜由中国城市第一媒体旅游联盟联合全国24家最具影响力的主流都市媒体共同倡议发起，已举办10届，成为全国极具权威和影响力的旅游品牌评价体系。蛟河市依托资源优势，推进森林文化旅游开发，打造拉法山、红叶谷、老爷岭、庆岭等一批旅游精品景点，构建插树岭农家乐、富江最美村落、华兰德酒庄等民俗风情旅游项目，旅游经济效益持续攀升。加大富江村旅游公路、村屯环境、花海旅游区基础设施、关东民俗博物馆等项目建设力度，游客可以参观关东民俗博物馆，可以赏花、游湖、放河灯。富江村获得中国旅游总评榜“年度人气美丽乡村”奖项，对富江村及蛟河市旅游产业发展起到促进作用。

【“黄松甸灵芝”获批中国地理标志证明商标】 2018年4月，“黄松甸灵芝”通过国家工商行政管理总局商标局审定，被批准为“中国地理标志证明商标”，成为蛟河市继2014年“黄松甸黑木耳”成功申报中国地理标志证明商标后又一个产业品牌认证。黄松甸镇地处蛟河市东部高寒山区，林业资源丰富，森林覆盖率91%，发展灵芝产业具有得天独厚的自然条件。黄松甸灵芝菌种通过不断改良和技术革新，逐渐形成菌种盖厚、菌管黄、形似肾、畸形少四大特点，各项理化指标优于同类产品。“黄松甸灵芝”地理标志证明商标的成功申报，可以有效保护镇内优质特色农产品，维护灵芝生产者和消费者合法权益，也可以通过发挥商标品牌效应，打造“吉字号”特色农业品牌，推动本地特色产业发展。“黄松甸灵芝”与“黄松甸黑木耳”形成双轮驱动，品牌效应为乡村振兴注入产业力量。

【“华兰德”牌长白山葡萄酒获国家生态原产地产品保护认证】 1月15日，国家质量监督检验总局公布获得生态原产地保护产品名单，吉林华兰德酒庄有限公司的“华兰德”牌长白山葡萄酒获得国家生态原产地保护认证。其生产的冰葡萄酒在德国柏林举行的世界葡萄酒大奖赛冬季赛上获得特别金奖。华兰德酒庄也成为柏林世界葡萄酒大奖赛冬季开赛以来（共20届）中国区唯一获得特别金奖的葡萄酒庄。华兰德酒庄位于吉林省蛟河市庆岭镇联江村，该镇地处长白山脉北纬43度，毗邻松花湖，是蛟河市5个临湖乡镇之一，镇内松花湖岸线长290千米，水域面积87.5平方千米。冰葡萄最佳生长带在北纬43度到44度之间，对温度和空气湿度要求极高甚至极为严苛，松花湖畔庆岭镇是世界上具有得天独厚优势、不可多得的冰葡萄生长黄金地带。（张　健）

桦甸市

【概况】 桦甸市位于吉林省东南部，松花江上游，面积6522平方千米。辖3个乡、6个镇、5个街道办事处、1个省级经济开发区、156个行政村、19个社区，户籍人口43.4万人，户籍人口城镇化率51%。“中国黄金第一矿”夹皮沟金矿坐落境内，素有“北国金城”之美誉，是“中国·长白山林蛙之都”和“国家野山参标准化示范区”，被国家旅游局评为“中国优秀旅游城市”。全市森林覆盖率65.4%，被评为“省级森林城市”和“省级绿化标准县”。作为文化部命名的“全国民间文化艺术之乡”，桦甸农民画是其文化名片。

2018年，全市实现地区生产总值175.39亿元，规模工业总产值实现38亿元，固定资产投资完成32.7亿元，社会消费品零售总额实现100亿元，一般公共预算收入实现47.96亿元，城镇和农村居民人均可支配收入分别实现27676元和14269元。

年内，桦甸市被新华网评选为“首批国民休闲旅游胜地”，入选中国旅游总评榜吉林分榜“年度最受欢迎自驾游线路”，被中国摄影报和上海市等5省市摄影家协会列为“摄影创作基地”，获“全省软环境建设标兵单位”“吉林省保障性安居工程先进集体”“省级文明城市”“地区‘六清’农村人居环境整治一类县”“吉林市教育重点工作目标管理责任制优秀县（区）”称号。

【农业】 2018年，桦甸市粮经种植比例调整到3∶1，特产业对一产增加值贡献率为37.8%，获得吉林市特色农产品优势区认定。新增省级龙头企业3家、吉林市级4家。“三品一标”产品24个。农产品加工业实现销售收入92亿元，增长7%，被列入“中国好粮油”示范县行动计划。投资1.1亿元，城乡一体化垃圾收运处理实现自然屯全覆盖。创新推行农药包装废弃物有偿回收，先进经验在全省推广。推进乡村绿美行动，打造绿美庭院600户，修建绿美公路435.2千米、绿美河岸3.5千米，建成绿美村屯42个，创建省级绿美示范乡镇1个。深入推进农业农村改革，成功承办吉林市农场改革发展现场会。实施移民后扶和“一事一议”项目96个，创建省级美丽移民示范村2个。全面落实惠农政策，开展新型农民和职业技能培训3990人次，发放农机具购置补贴、粮食生产者补贴等政策资金1.66亿元，兑现特产业发展引导资金117万元。农村居民人均可支配收入比2017年增长8%，收入水平列地区首位、全省县市第四位。

【工业】 2018年，桦甸市田谷食品、胡庆余堂药业、汇金钙业、半焦热电联产等项目投产达产，吉元土产、出彩农业、坤合食品、金牛牧业等龙头企业产销两旺，白云生态食品、东辰药业、修正健康产业园、三聚秸秆生物质综合利用等项目加快建设。创新办理“无还本续贷”3.75亿元，节省企业融资成本700余万元。推动丰泰热电成功并购吉林成大弘晟，油母页岩全产业链开发加快重启。医药健康、绿色食品、新能源、新材料4个新兴产业产值占规模工业总产值比重为58%。盛元矿业、华丰矿业等5家“双停”企业成功盘活，建龙矿业、通钢桦矿等企业持续增盈，铁精粉、黄金产量分别增长38%和6%。圆方机械顺利承接一汽（集团）4条商用车半轴精加工生产线，成为一汽解放汽车系列半轴终端产品唯一生产供应企业。金属矿产、机械制造、林木加工3个传统产业企业开工率持续保持高位，全年税收增长10.2%。

【第三产业】 2018年，桦甸市游客服务中心、特产展销中心、朝鲜族民俗博物馆建成运营，修建重点景区道路78.5千米，发展标准化乡村民宿50家。不断加大旅游品牌宣传力度，央视多个频道多次推介桦甸特色旅游资源。2018年，全年接待游客106.5万人次、实现旅游收入6.35亿元，比2017年分别增长16%和16.6%。百姓城市广场、百货一商店大型商超正式营业，众汇、宝奇等物流企业投入运营。10个乡（镇）级电商创业孵化中心全部建成投用，全市电商网络零售额突破6亿元，比2017年增长31.8%。

【招商引资】 2018年，桦甸市新签约项目10个，总签约投资额35.3亿元。围绕“431”产业新体系重点推进亿元以上项目40个，总投资324.28亿元。由党政领导挂帅带队，先后组织40余批次大规模“走出去”。参加省市组织招商活动120余次，签约项目3个。吉林地区有重大活动签约项目18个，桦甸占3个，推进项目12个。制定落实产业发展引导扶持政策，谋划包装3000万元以上项目100个。平均每周“走出去”1次、接待外商考察洽谈1次。开展产业链招商，秸秆综合利用、钙产业园等一批投资亿元以上项目签约落地，招商引资综合排名居吉林市各县（市）首位。

【项目建设】 全年开（复）工投资500万元以上项目53个，亿元以上项目20个。项目总投资75.01亿元，2018年计划投资 24.7 亿元。其中，新开工项目 37 个，续建项目 16 个，开工率 100%。加快推进项目建设，强化“项目秘书”全程跟踪包保服务。推动年产 60 亿片复方丹参片、白云生态食品等 23 个投资 5000 万元以上质量好、转型能力强的项目开复工建设。推进半焦热电联产、大豆精深加工及乳酸菌饮料等 33 个重点项目顺利竣工。

【生态环保】 2018 年，桦甸市顺利通过中央环保督察“回头看”、国家“绿盾行动”和省环保督察，完成反馈问题整改 12 项，办结中央、省交办环保案件 106 件，整改国家级自然保护区点位 17 处，拆除违建 1 万平方米。全市 20 蒸吨以上非电燃煤锅炉全部完成脱硫除尘改造，中型以上餐饮单位全部安装油烟净化设施，秸秆禁烧全年实现“零通报”，全年空气质量优良天数占比 99%。常态化开展河道清理整治行动，水污染防治及河道治理工程开工 17 项、竣工 16 项，完成投资 3.2 亿元。完成 484 个农村水源地保护范围划定工作。农用地和重点行业企业用地土壤污染详查全面开展。

【城乡建设】 2018 年，桦甸市完成地下综合管廊、海绵城市等专项规划编制。加快城区集中供热、电网扩容建设，更新改造供热管网 27.5 千米，丰泰热电正式供热。万两河水利枢纽供水管线工程及净水厂建设接近尾声，完成农村饮水安全工程 40 处。实施 8 个乡镇镇区街路整治、管网改造、镇容提升工程。整合各类资金 2.7 亿元，高标准打造五桦线、桦辉线美丽乡村精品片区，新建围墙 4.6 万米，修建边沟 3 万米，铺设巷路 2 万米，改造“四好农村路”104 千米。垃圾处理厂筛上物裂解气化工程和病死畜禽无害化处理项目竣工投运，垃圾填埋场渗滤液处理工程全面完工。开展市容综合整治百日攻坚行动，拆除违法建筑 4450 平方米，清理露天烧烤 65 家。实施人行道新建及方砖改造 5.5 万平方米，新增城市绿化面积 4500 平方米，主次街路机械化清扫率在 90% 以上。

【文体事业】 2018 年，桦甸市完成苏密城城垣保护和环境整治工程，寿山仙人洞遗址保护规划获国家批复，中华汉字体验馆开工建设，“吉林印记”兴隆村博物馆建成开放。举办全国摄影作品展，被中国摄影报和上海市等 5 省市授予“全国摄影创作基地”。承办全省体育舞蹈公开赛、东北汽车拉力赛等多项大型赛事活动。《文化桦甸》《岁月流香话金城》编辑出版。《夺金》《石破天惊》等大型影视剧在桦甸取景拍摄。建成民间绘画馆、书法艺术馆，完成体育场改造。新建基层文化服务中心 78 个、农村文化广场 20 个、健身路径 20 条、笼式足球场 1 片、农民文体活动中心 1 个。举办首届全民球类运动会、市民文化节、百姓春晚等系列群众文体活动。无线地面数字电视工程和“户户通”建设有序推进。成立农民画协会，策划完成农民画精品集、主题歌曲和系列衍生品，绘制美丽乡村农民画主题文化墙 3200 平方米。举办湘吉两省“春雨工程”桦甸专场活动，开展文化进藏交流，继续擦亮“全国民间文化艺术之乡”文化品牌。

【社会民生】 2018 年，桦甸市完成延长高速桦甸段可研编制。修复国道嘉临公路沥青罩面 46 千米，新建安保工程 14.5 千米。房地产去库存 20 万平方米，建成棚改回迁安置楼 5.8 万平方米，货币化安置棚改住房 1186 套。启动金鼎路南延、人民路北延道路建设，改造新安大街、大兴街等 5 条人行道路。五中新校区、八中新建教学楼建成投用，站前小学教学楼主体完工。市人民医院综合楼完成主体建设，3 所专科医院建成运营。市民服务中心即将投用。神州健康养老中心项目主体完工。完成水毁灾后恢复和应急设施建设 166 项，新救灾物资储备库加快建设。城乡 4G 网络覆盖面在 98% 以上。全面完成村小及教学点电取暖改造，全市公办中小学及幼儿园教学班网络监控系统实现全覆盖。顺利通过省级卫生城复检。省级文明城市综合考评位列全省 10 个文明城市（县城）之首。

2018 年，桦甸市全年为群众开展义诊 1.36 万人次。新增城镇就业 6800 人，农村劳动力转移就业 7.4 万人次。资助困难学生 1006 万元、1.42 万人次。对符合条件的就业困难人员发放社保补贴 1695 万元。免费发放残疾人辅助器具 5000 余件，提供精准康复服务 2104 人。为 3000 户农村居民新建水冲厕所。为特困人员、低保对象发放救助资金 7384 万元，为退役军人发放各类补助 2830 万元。新增公交停靠站点 57 处。成立市公共法律服务中心，化解民事纠纷 195 件，办理法律援助案件 430 件。城镇和农村居民人均可支配收入分别实现 27676 元和 14269 元。

【精准扶贫】 2018 年，桦甸市建立贫困户“专人包保七项联保”“大病兜底”等系列机制，开发精准扶贫执行管理系统和手机客户端（APP），开展“暖心行动”等扶贫活动，组织全市扶贫干部业务培训 5700 人次，提升扶贫精准性和

8 月 16 日，“白桦之约”第 13 届中国·桦甸白桦节在桦甸市体育场开幕。图为开幕式现场 （桦甸市政府办 供图）

贫困户满意度。重视推进扶贫档案规范化建设，制定出台《桦甸市扶贫档案规范化建设实施办法》，培训扶贫档案管理业务骨干30余人，安排专业人员现场指导乡镇（村）扶贫档案规范化建设。9月4日，桦甸市扶贫档案规范化建设经验做法在吉林地区扶贫工作会议上推广交流。发展整市整乡推进扶贫产业项目，产业扶贫项目64个，实现全市贫困人口年人均分红700元。整合各领域扶贫资金2.23亿元，实施扶贫基础设施项目140个，彻底解决贫困户饮水安全、住房安全问题。市财政全额出资为全市贫困人口购买商业保险，为符合条件的贫困人口代缴养老保险。实现4个贫困村出列、810名贫困人口脱贫，贫困发生率下降到0.6%。

【“白桦之约”白桦节】 8月16日，“白桦之约”第13届中国·桦甸白桦节在桦甸市体育场启幕。白桦节由吉林市旅游发展委员会、中共桦甸市委、桦甸市人民政府主办，吉林卫视《放歌中国》栏目组、北京洲扬影视文化传播有限公司、桦甸市旅游产业发展中心、桦甸市文化广电新闻出版局、桦甸农商银行及白桦节各成员单位承办。全国各地应邀嘉宾、媒体记者及桦甸各界群众1万余人参加开幕式。白桦节历时近4个月，开展白桦节开幕式文艺晚会、“魅力桦甸·商机无限”招商推介活动、“阳光下成长”校园文化展演、“金城巨变”图片展、“美丽乡村·白桦之约”全国农民画展暨高峰论坛、“休闲旅游·美丽桦甸”高峰论坛、“大美桦甸我的家”桦甸市书画优秀作品展、“我要上全运，健康中国人”白桦之约2018吉林省九市州怪车坊汽车联赛（桦甸站）、第二届“山水桦甸·五彩金城”全国摄影作品展暨“十省联盟”桦甸风光摄影及农民画精品全国巡回展、吉林省体育舞蹈大赛10大系列活动。开幕式上，桦甸市所获新华网“首批国民休闲旅游胜地”，中国旅游总评榜“年度最受欢迎自驾游线路”，湖北省、山西省、湖南省“摄影家协会桦甸摄影创作基地”等多项荣誉——揭匾。

桦甸农民画作品《任乡情流淌》 （卢凤霞 绘）

【桦甸农民画】 11月22日，“大美吉林”吉林市桦甸农民画作品展在长沙举办。该展览是国家文化和旅游部“春雨工程”重要 活动之一。展出102幅农民画作品和一系列文化衍生品。桦甸农民画融合鲜明的时代主题和农耕生活文化、民间传统艺术，吸收剪纸、刺绣、玻璃画、木刻、泥塑等传统手工艺术，借鉴版画、国画等文化元素，具有强烈的生活气息和艺术表现力，是桦甸市重要的文化名片，先后有5000余件作品参加国家和省、市各级美展，1200余件作品获得国家级奖项，35件作品获得全国一等奖（金奖），186件作品在联合国总部和加拿大等多个国家或国际交流活动中展出，350余件作品被中国美术馆、中国民间博物馆等多个机构收藏。2018年，桦甸市农民画艺术家以“中国梦白桦情”为主题，对200面村墙进行文化创作，绘制美丽乡村农民画主题文化墙3200平方米。绘画内容以党建、自然风光、民风民俗、特色产业发展为主，运用大胆、夸张的线条和绚丽多彩的色块反映地方特色和社会主义核心价值观，生动展现新时代农村振兴的新变化，体现出农民的淳朴情感和对国家惠民政策的喜悦，丰富农民文化生活，助力美丽乡村建设。

【桦甸被5省市摄影家协会授牌为“摄影创作基地”】 1月17日，上海市摄影家协会、吉林省摄影家协会、吉林省女摄影家协会授牌桦甸为“摄影创作基地”；5月21日，中国摄影报社授牌桦甸为“全国摄影创作基地”；8月16日，湖南、湖北、山西三省摄影家协会授牌桦甸为“摄影创作基地”。

【承办吉林市乡村振兴现场会】 9月12日，吉林市实施乡村振兴战略暨“六清”和“四好农村路”建设及县域经济振兴发展会议现场参观部分设定在桦甸市，与会人员参观桦甸市八道河子镇、游客服务中心等3个重点项目和桦郊乡天平村等5个美丽乡村示范点。 （刘 群）

人 物

FIGURES

奥运冠军武大靖

武大靖，1994 年 7 月 24 日出生于黑龙江省佳木斯市，是吉林市籍中国男子短道速滑队运动员，短道速滑男子 500 米世界纪录保持者、奥运会纪录保持者，2018 年韩国平昌冬奥会短道速滑男子 500 米冠军，中国男子短道速滑奥运金牌第一人。

2003 年，武大靖开始从事短道速滑运动。2004 年，入选佳木斯市短道速滑业余队。2007 年，进入江苏省短道速滑队。2009 年，因为江苏省短道速滑队解散，成为吉林市冬季运动管理中心的运动员，代表吉林市参加国内外重要赛事。2009 年，被选入国家青年队。2010 年，在温哥华冬季奥运会上代表吉林省参赛。2010 年 11 月，入选国家短道速滑队。2014 年，获得索契冬奥会短道速滑男子 500 米亚军和短道速滑男子 5000 米接力季军。2014 年至 2015 年，连续获得短道速滑世锦赛男子 500 米冠军。2017 年，获得亚洲冬季运动会短道速滑男子 5000 米接力冠军和男子 500 米冠军。同年，又获得短道速滑世界杯上海站男子 500 米冠军和男子 1000 米冠军。2018 年 2 月 22 日，在韩国平昌冬奥会短道速滑男子 500 米决赛中，武大靖以 39 秒 584 的成绩打破世界纪录强势夺冠，为中国赢得韩国平昌冬奥会首枚金牌。2018 年 2 月 25 日，武大靖担任平昌冬奥会闭幕式中国体育代表团旗手。2018 年 5 月，武大靖被授予第二十二届“中国青年五四奖章”。2018 年 11 月 4 日，获得在加拿大卡尔加里举行的 2018—2019 赛季短道速滑世界杯首站比赛中获得男子 500 米金牌。11 月 11 日，在短道速滑世界杯美国盐湖城站男子 500 米 A 组决赛中获得冠军并打破世界纪录，实现赛季三连冠。12 月 26 日，被评为 2018 年中国十佳运动员。（市体育局）

中国好人

刘凤英

刘凤英，女，汉族，1950 年 6 月出生于吉林市，是吉林市红十字会爱心家园园长、吉林市昌邑区志愿者联合会副会长，2017 年获第六届全国道德模范提名奖，2018 年入选“中国好人榜”和第十六届感动吉林年度人物。

作为吉林市爱心家园创始人的刘凤英是一个癌症患者，曾经做过 5 次大手术。她感恩曾经帮助过她的人，积极回报社会，组建拥有 69 个分站和 5000 人的救助团体。20 多年来，刘凤英和她的团队救助 3 万多人，募集发放救助款 4000 余万元。她成立儿童救助站，资助贫困山村小学 65 所，抚养贫困孩子 55 名，资助贫困学生 5000 余名。她每年到大中院校、机关、社区、监狱、拘留所、看守所、强制戒毒所等单位作报告 40 余次，向听众讲述亲身事例和感受。

1985 年，刘凤英身患癌症，同年爱人也因胰头癌去世。绝望中的刘凤英带着两个年幼的孩子艰难地生活着，在社会上好心人的关怀和帮助下，她奇迹般地活了下来。从此，她抱定一个信念，用自己的生命、爱心回报社会，感恩每一位志愿者，救助每一位需要帮助的人。1996 年，大病初愈的刘凤英，怀着一颗感恩的心，去了孤儿院，开始做爱心妈妈，踏上了扶贫助孤的第一站。从此，她和她的志愿者们，坚持救助周边的 13 个敬老院，近 2000 多位孤寡老人；救助

6个贫困村的近百名特困户，总救助款近百万元。道德感召他人，人格凝聚人气。慢慢地，聚集在刘凤英身边献爱心的人越来越多。于是，大家商量决定成立“爱心家园”志愿者服务队，并一致推举刘凤英当园长。从1996年到2007年，“爱心家园”的队伍扩大到800多人。2007年4月，刘凤英和她的“爱心家园”团队正式加入吉林市红十字会，更名为吉林市红十字会爱心救助家园，下设69个分站，刘凤英任园长，随即展开大范围扶贫助学活动。

2008年汶川大地震期间，“爱心家园”总计为灾区募集近60万元捐款和棉被、衣物等价值5万余元的物资，全部寄往四川灾区。2008年冬天，刘凤英得知一名3岁孩子成为孤儿、收养人家庭又极度贫困后，她把家里的液化气罐、电饭锅等生活用品，全部送到对方家里，自己就用饭店扔掉的盘子和碗吃饭。2009年4月，刘凤英得知吉林市昌邑区两家子乡油坊村小学木窗烂了，孩子三伏天憋在不能开窗的教室里上课。刘凤英实地察看情况后，求助志愿者更换铝合金门窗。志愿者答应帮忙后，她不顾雨后泥泞土地，激动得跪在泥水里给志愿者磕头：“我替83个孩子谢谢你！”在场的湖北明日集团董事长蔡光胜被刘凤英深深感动，他说：“我走遍世界各地，看见过很多为自己给别人磕头的，就从来没见过为别人给别人磕头的。”企业家还承诺每年出资10万元资助爱心站。2010年，吉林发生水灾，刘凤英和志愿者18次下到5个重灾城镇，时常冒雨发放救灾物资到深夜，过度劳累使她再次住进了医院。病床上，她边打针边用电话联系外界，175万元救灾物资全部发到灾民手上。灾后，“爱心家园”和市电视台联合召开助学大会，救助灾区600名因灾致困学生，募集助学款30余万元。2017年，吉林市发生水灾，刘凤英又带着志愿者前往永吉、桦皮厂等受灾地点，送去矿泉水、食物、被褥等各类物资，总价值156万元。

20多年来，救助物资均以实物兑现，由爱心人士直接把救助物品发到贫困户手里，她的做法受到大家的赞赏与好评。“爱心家园”多次被评为最佳组织、省市先进集体，刘凤英荣获“中国好人”“全国道德模范提名奖”“全国最美志愿者”“全国专业贡献奖”“全国百名志愿者之星”“吉林省三八红旗手”“吉林省道德模范”“吉林好人”“全国抗震救灾先进个人”“城市英雄”“江城十大爱心女性”等称号。（市文明办）

于占宝

于占宝，汉族，1975年1月出生，中共党员，吉林工业职业技术学院校企合作部部长。2017年2月6日晚，于占宝两次跳进冰冷刺骨的松花江中，成功救回两名年轻人的性命。当日晚8点40分左右，在江畔散步的于占宝听到有人喊“快下江救人！”他迅速跑到江边，和那人一起冲了过去，手持树枝试图营救。模糊光影下，发现似乎是两个人躺在江中，旁边还有许多碎冰，距离岸边十几米，树枝够不到。江畔多雪，冰与地面相连难以分辨，两个人一下落入水中，水深到腰，手机等物全被泡了。两人返回岸上，于占宝脱掉外衣减轻阻力，再次返身跳入水中，逐渐接近两人。当时感到男孩已经没有意识，处境十分危险，他拽着男孩衣服将其拖到岸边，交给其他参与救援的人，回头发现女孩距离岸边越来越远，随时有被水流冲走的可能，他毅然冒着刺骨冰水再次游过去，接近女孩的时候由于力竭，扶在冰面趴了一下，结果冰面碎了，其手臂和腹部多处擦伤。当架着女孩再次返回岸边的时候，他已经没有力气，被徐庆玉等人拉上岸。事后，于占宝说：“当时水确实很凉，我都冻麻木了。不过我觉得作为一名党员、人民教师，如果眼看着生命在我眼前流逝，这辈子都不会心安。”

于占宝毕业留校工作二十多年，平时就是一个很有正义感、很有责任心的人。事件发生是偶然的，但事情发生后，于占宝的同事、朋友们都说，面对这种突发情况，于占宝置自身安危于不顾救人是必然的，因为在平时他就是一个爱憎分明，有着极强的责任感和正义感的良好品格的共产党员。

于占宝不顾个人安危寒江舍己救人的英雄事迹受到学院师生、家长和社会各界的广泛赞誉，也引起媒体的密切关注，吉林电视台、吉林市电视台，《吉林日报》《江城日报》《江城晚报》《新文化报》，中国吉林网、吉林乌拉圈等都做过专题报道，并在网易、腾讯、搜狐、凤凰网、今日头条、新吉林、点点吉林等媒体广泛传播，引起强烈社会反响。他的先进事迹也受到党和政府高度重视，先后被授予“吉林市见义勇为先进个人”“吉林省道德模范”“吉林好人标兵”“江城好人”“吉林市五一劳动奖章”“吉林省五一劳动奖章”，学院“见义勇为好教师”“师德标兵”等称号，并入选“中国好人榜”。

（市文明办）

吉林省“黄大年式科研团队”

——吉林碳谷碳纤维技术研发创新团队

碳纤维素有“黑色黄金”之称，作为国防军事上的战略物资，它的生产技术一直控制在美、日等发达国家手里，对中国实行技术封锁和产品禁运，严重威胁到国家的战略安全。2006年前后普通进口12KT300级的碳纤维，国内市场售价每吨高达60余万元，还难以买到。为了改变被动局面，2007年1月，吉林化纤集团奇峰公司通过市场调研和专家论证，决定研发国产碳纤维，凭借十几年DMAC湿法两步法腈纶生产的技术经验和公用工程优势，抽调有经验的专家及技术人员与长春工业大学联合组成吉林碳谷碳纤维科技研发创新团队，开展T300级PAN基碳纤维原丝攻关研发，通过70余项的技术改进、设备改造和上百次反复试验，2007年4月，生产出第一批碳纤维原丝，经过碳化后检测，碳纤维平均强度3.11兆帕，离散系数5.1%，碳纤维指标接近日本东丽公司T300水平。

为尽快研发出合格的碳纤维原丝，研发团队翻阅调研大量国内外碳纤维生产的专利、文献、科技资料，公司的总经理、项目负责人张海鸥带领研发人员，高度重视研发和技术创新中每一个环节，常常加班至深夜，几乎没有节假日，他们将所有心血都倾注到碳纤维原丝攻关研发上，付出数倍于常人的时间和精力，只想尽快缩短中国碳纤维与发达国家碳纤维的差距，改变中国碳纤维材料受制于人的被动局面，提升中国在国际碳纤维材料发展中的话语权。2007年10月，在系统总结前期试生产中存在问题的基础上，对聚合、原液、纺丝生产线进行再一次升级改造和工艺优化，解决了聚合物特性粘度不稳定，原液高温老化、气泡多，纺丝纤度高、强度低、毛丝多等一系列技术难题。2008年1月，生产出的100轴共500千克碳纤维原丝经大连兴科碳纤维公司碳化测试，指标超过日本东丽公司T300标准，达到T300J水平，随后进口碳纤维价格下跌40%。

通过一年多攻关研发，研发团队完全掌握了DMAC湿法两步法碳纤维原丝的生产技术和三元水相悬浮聚合法生产PAN基碳纤维原丝聚合物技术，并取得两项国家发明专利。所研发的工艺路线特点是工艺流程短、质量稳定、产量高、属国内首创。

2010年9月，吉林碳谷碳纤维科技研发创新团队自行设计安装的年产5000吨PAN基碳纤维原丝生产线，于2011年9月一次开车成功，碳纤维指标稳定在T400水平。2017年9月，研发团队建成年产1500吨PAN基碳纤维原丝的生产装置，并具有1K、3K、6K、12K碳纤维原丝生产能力，产品质量均超过日本东丽公司T300标准，达到T300J水平，个别产品达到T700水平。截至2017年年末，研发团队又相继开发成功12S、12KK，T700级碳纤维原丝和24K、48K低成本大丝束原丝，提升产品质量且大幅降低生产成本，使原丝产能规模达到1.5万吨/年。

至2018年，研发团队有成员24人。其中，正高级职称2人，副高级职称13人，吉林省首席技师1人，博士生1人，硕士生5人。团队具有较好的人才和年龄结构，并确定主要以研发“低成本、大丝束、高品质、通用化”碳纤维原丝为主要研发方向。吉林碳谷碳纤维科技研发创新团队先后完成年产5000吨聚丙烯腈基碳纤维原丝项目开发及产业化项目、T700级聚丙烯腈基碳纤维原丝生产关键技术研究与开发项目、聚丙烯腈基48K低成本、大丝束碳纤维原丝产业化等省、市研发攻关项目，获吉林省科技进步一等奖1项，中国纺织工业联合会科技进步奖1项，取得国家发明专利5项。

2017年，吉林碳谷碳纤维技术研发团队被评为“吉林市青年科技奖科技创新团队”。2018年，被省委宣传部、省精神文明办、省科技厅、省科协等4部门评为吉林省“黄大年式科研团队”。

（市科协）

2018年吉林省“黄大年式”科研团队——吉林碳谷碳纤维技术研发创新团队

（市科协　供图）

江城十大工匠

李永翔

李永翔，1978年12月17日出生，中国石油吉林石化公司建修公司东部检维修一车间钳工一班班长，负责吉林石化公司炼油厂5套大型生产装置转机维护检修任务。

1998年技校毕业参加工作，他抓住每一次设备检修机会，在实践中钻研各种转机设备工作原理、检修规程，车间的每一处角落都留下他的身影，每一个检修关键部位都有他的足迹。他重视创新，屡破难题，在平凡岗位上取得佳绩。一次，面对动力锅炉4台大型供水泵回装时泵体和电机对不上的问题，李永翔连夜到班组学习室查翻资料、找办法，一本《高等数学》封面上的三角函数解析图给了他启发，他找公式、画草图、算结果，然后又跑回现场，比着电机支脚测尺寸。天亮了，他终于拿出新的施工方案，按照他的办法，4台设备当天顺利回装完成，大家把他的方法叫做“偏角设备函数找正法”。后来，李永翔又相继创造“大型设备多支点抬高平移法”“滑跃式平面锉削法”，形成较为完整、配套的检修法。

他勇于担当，攻克难关，在重点项目上屡立新功。2015年，李永翔接到炼油厂催化裂化装置三机组烟气轮机改造任务。十多年的老设备，能耗高，需要更换新的烟机转子。在回装过程中，烟气轮机找正新转子与旧壳体对不上。李永翔当天晚上没回家，围着设备转了一圈又一圈，想到一个打破常规的办法——反向作业，先固定转子，再找正壳体。他重新计算壳体变形补偿量和膨胀补偿量，连夜找到厂家，测绘制作专用零件。第二天，按照他的方法设备全部安装调试好。后来，这个方法被大家称为“设备转子快速定位法”。

2004年、2005年，李永翔接连夺得吉林石化公司钳工技能竞赛第二名和状元称号，被评为五星级操作员工。2006年，获得第二届“振兴杯”全国青年职业技能竞赛工具钳工工种第12名。2007年，代表公司参加由中国石油集团公司举办的检修钳工技能大赛，获得银牌。2008年，在第四届“振兴杯”全国青年职业技能大赛决赛上，以扎实的理论功底、出色的技术水平和超强的应变能力，与来自全国各地的82名装配钳工高手比拼，取得装配钳工决赛银牌。2011年，被授予“吉林省首席技师”称号。2014年，被评为“吉林省特等劳动模范”。2015年，被评为“全国劳动模范”。2018年，被评为首届“江城十大工匠”。

为提高班组技术水平，李永翔毫不保留地将工作中积累的20余本学习笔记和大量电子版学习资料传授给班组员工，通过开办班组小课堂、现场讲解等方式传授知识和经验。他还经常利用休息时间带领大家讨论、解决检修中遇到的难题，用实际工作中的例子帮助大家进步。在李永翔带领下，班组成员技术水平长足进步，徒弟曹宽在第七届全国石油化工行业职业技能竞赛中夺得冠军，为公司赢得新的荣誉。 （市总工会）

郑秋林

郑秋林，1972年7月26日出生于蛟河市新站镇东靠山村，一个从蛟河大山里走出的农家放牛娃，用21年的刻苦钻研，孜孜以求，不倦探索，成长为企业的焊接专家、工人技师和金牌教练。

1994年，吉化30万吨乙烯工程开始施工，吉林化建公司在蛟河市招收农民工。读1年土建专业的郑秋林被学校安排到公司实习。他参加电焊培训班学习，认真用心，能吃苦又善于动脑筋，初步掌握焊接技术。培训班结束，他被当时化建公司焊工中出类拔萃的刘成友师傅相中，收为徒弟。焊接技术重要的是经验，刘成友毫无保留地把自己多年在各工程中累积起来的经验全都教给郑秋林。在师傅的指导下，他的技术突飞猛进。1996年，郑秋林随师傅被派到吉化30万吨乙烯工程建设工地参加会战，负责乙烯装置外管线预制安装。郑秋林白天蹲在管廊上焊接，晚上别人休息时，他躲在角落里琢磨焊接的方法和经验。乙烯工程结束，郑秋林焊接技术有了飞跃。

1997年，初中文化的郑秋林在每月仅有的90余元工资里省出几十元钱买技术书籍，起早贪黑苦读，将焊工理论熟记于心。凭借娴熟的技艺和理论知识，获吉化集团公司首届焊工岗位明星选拔赛第四名。之后，他被派到高碳醇项目抢建施工中。该项目是吉化重中之重，国内仅此一家，国际上也为数不多，工期只有1年。他谨慎工作，偶尔遇到探伤不合格的焊口，便反复琢磨出现问题的根源，总结经验，焊接速度和质量不断提高，最后他一人完成1300个工艺管线预制安装焊接当量，创下单位月焊接当量最高纪录，探伤一次合格率达98%。

经过大施工锤炼的郑秋林，取得多种材质焊接合格证，两次被化建公司派往国外参加工程建设，先后在新加坡、马来西亚项目施工中大显身手。成功掌握氩弧摇把焊，解决以往焊接中存在的难题。回国后，他投身国内各项工程建设中。在吉化公司炼油厂施工中，在施工环境复杂、管线间距离狭窄等诸多不利条件下，他仔细分析现场情况、管线走向、焊缝位置，制定焊接步骤。一个月完成200余道焊口，探伤合格率达98%。

2000年至2003年，郑秋林两次获得吉化公司岗位明星选拔赛冠军，被破格晋升为工人技师，成为当时吉林化建“农民工技师第一人”。2003年，被授予“吉林市技术能手”称号，被吉林市技术协会聘为高级工人技师。2006年，被提拔为培训中心焊接教练。两年后，被企业破格转为正式员工。2013年，被吉林省总工会派驻新疆参加技术援疆项目，行程1600余千米，途经一市四县进行技术传授和指导，为西部贫困边远地区专业技术注入新活力。2014年，组织“海油杯”焊工大赛集训，团队获全国第二名。20多年中，他为施工一线输送优秀焊接技术工人4000余人，独立完成焊评试件143项，指导完成30个焊接评定项目。作为国家级考评员，组织考试近百场、考试项目近5000项，检查评审各种试件近万件。他曾在6个月时间里，马不停蹄地走进大连、大庆、呼和浩特、成都等多个施工现场提供技术服务。郑秋林为企业焊接技能水平提升作出突出贡献，获得“吉林省五一劳动奖章”“吉林省特等劳动模范”“全国五一劳动奖章”“全国优秀农民工”“全国道德模范提名奖”“全国劳动模范”等多项荣誉，被中油集团公司聘为技能专家。2018年，被评为首届“江城十大工匠”。 （市总工会）

徐龙杰

徐龙杰，1976年8月19日出生于

吉林省蛟河市，东北炼化工程公司焊接工作室主任。1994 年，吉化 30 万吨乙烯开工建设，大批招工，来自蛟河偏远山村 18 岁的徐龙杰以季节性农民工身份，被吉林化建招收为电焊工，他勤学苦练，逐渐从一名电焊学徒工成长为中国石油技能专家、全国劳动模范，享受国务院政府特殊津贴。

刚入厂时，徐龙杰白天练焊接，晚上啃书本。旺季白天干十几个小时，焊花透过面罩把眼睛打疼，晚上学习也不中断，为不影响大家休息，宿舍走廊成了他的“书房”。他先后自学《焊接工艺》《机械制图》等 10 余个门类近百本专业书。为保证长时间端焊枪手不抖，他每天练倒立行走，连做 70 个俯卧撑不换气；为练好“蹲功”，他有空就单腿站立，双腿成 50 度角练习蹲起，坐火车回老家时也坚持蹲几个小时。后来，一个孩子坐在膝头，他也能蹲着纹丝不动。单位仅有一台埋弧自动焊机，需要反复调整七八次才能找正焊接位置，费时费力，很难保证焊接质量。入厂两个月后，他以徒工身份得到师傅和厂长默许后，自己画图成功改进这台设备，实现一次对正，不仅提高工作效率，而且焊接合格率达到 99% 以上。

2004 年，全国工程建设系统组织焊工技术比赛。集团公司举办全国选拔赛，徐龙杰作为吉林化建公司首次派出的选手参加国家级焊工技能竞赛。比赛过程中，很多单位选手每天补助 60 元钱，而他一个月的补助只有 90 元，他只能每天在路边吃砂锅面。他咬紧牙关坚持着，闯过一关又一关。6 周后，80 名选手经过比赛只剩下 6 名。徐龙杰不仅冲进全国决赛代表队，最终还为集团公司在大赛中争得团体第一名，个人单项 1 个第一名，2 个第二名，1 个第三名，成绩震惊单位领导。可大赛后的徐龙杰由于劳累过度加营养不良，患上胸膜炎，在后背肋骨间用大号针管抽出 2000 余毫升胸腔积液。

为接触更多焊接领域和更多不同材质的焊接技术，公司送徐龙杰到西安交大焊接专业进修，成为吉林化建 3000 余农民工中上大学的第一人。读大学使他的焊工操作、焊接电气、焊接结构、技术工艺等知识储备更加充足，他能够很清晰地分析判断质量问题，解决生产技术难题的能力得到更大提升，工艺创新也更得心应手。2005 年，他被破格晋升，成为吉林化建最年轻的高级技师。

徐龙杰被公司不断派往全国各大施工现场，推广新工艺，攻克技术难题。2007 年下半年，大连、惠州、新疆等施工现场难题攻关相继告急，徐龙杰顿感分身乏术。他意识到，只靠一个人的力量无法同时顾及众多施工现场。如果能给每个现场培养出独当一面的技能专家，就不用他一个人四处奔波，解决问题效率也会更高。他的想法与上级公司把个人技能转变为组织技能的想法不谋而合。2008 年 6 月，公司以他名字命名的焊接专家工作室成立，专家团队的力量逐渐显现。截至 2018 年，徐龙杰专家工作室培养出各类新技术骨干 300 余人，专家级骨干 10 人，有 7 人在全国大赛中进入前 15 名；相继解决现场难题和技术创新 60 余项，获 5 项部级技术成果和 1 项国家级工法。他们直接参与的项目建设中，有 5 个项目获国家建设行业最高奖——鲁班奖。2018 年，被评为首届“江城十大工匠”。（市总工会）

毛玉刚

毛玉刚，1971 年 10 月 22 日出生，中共党员，吉林化纤集团有限责任公司奇峰动力分厂汽轮机检修工。1986 年，从吉林化纤技校毕业分到吉林化纤集团公司供汽车间当一名钳工。他虚心向老师傅们学习，在实际工作中掌握锅炉、电站汽轮机维修本领，经过四年实践工作和勤奋学习，于 1992 年考取公司代培的杭州机械局职工大学，带薪学习 3 年，毕业后回到供汽车间做锅炉、电站汽轮机维修钳工，主要负责汽轮机的安装、检修、维护工作。多年工作中，他踏实肯干、勇于创新、无私奉献，在平凡的岗位上闪光成才。

他提出的给水泵由电动机驱动改为由小汽轮机驱动，每年可获得经济效益 104 万元。他打破常规检修思维，首创汽轮机驱动检修方法。2002 年至 2015 年，在生产实践中，他提出的改进措施能够在具体作业优化中起到实质的作用。注重消化吸收先进的技术，也敢于为设备动手术，为它们注入吉林化纤元素。对汽轮机组增容改造多发电创效 400 余万元。汽轮机通流部分的改造，每年创效 600 余万元。锅炉给水泵由电动机驱动改成汽轮机驱动，年可创效千余万元。

工业汽轮机检修作业的特点是以手工作业为主。设备正常检修和抢修都要以最短时间达到最优检修质量。当遇到设备故障时，他连续几天几夜在现场处理，遇到急、难、险、重工作总是冲在前面。在检修 30 兆瓦汽轮发电机组过程中，通过精心计划，优化检修衔接工序，仅用 23 天完成机组的检修工作，比历次大修工作缩短 16 天。为减少网上购电，增加低压蒸汽的用量，提高汽轮机内效率，结合动力分厂原汽轮发电机组发电不能满足公司用电需要，通过改造，三期电动给水泵只有在锅炉启动、停运或汽动给水泵检修时启动，二期给水泵的用电量由原年用电 790.8 万兆瓦降低为 200.1 万兆瓦，创效 220.3 万元，并申报公司创效奖。随着生产工艺装置扩产，原来设计的汽轮机组相关参数已不能满足生产需要。根据汽轮机组的实际结构和参照减温减压装置的蒸汽量，对 9.4 兆瓦汽轮发电机组进行通流部分改造，将经过减温减压装置的蒸汽经过汽轮机做功后送往生产工艺车间，提高其他汽轮发电机组的内效率，减少网上购电量，每年可减少网上购电 507 万兆瓦，创造效益 162.2 万元。

他对待工作精益求精，多次攻克技术难关，为公司汽轮机检修发电作出突出贡献，成为一线职工学习的榜样，在承担三期电站锅炉辅机检修任务中，以突出的工作业绩被集团公司评聘为技术拔尖人才，多次被吉林化纤集团公司评为“吉纤十大红旗员工”“公司十大标兵个人”“优秀共产党员”“先进工作者”。2011年，被评为“吉林市劳动模范”，获“吉林市第八届青年科技奖”。2012年，“II期1#汽轮机组改造”项目被吉林市科学技术学会评为“吉林市讲、比项目一等奖”。2013年，被吉林省总工会评为“经济技术创新技术能手”。2014年10月，被评为“吉林省劳动模范”。2015年9月，被评为“全国劳动模范”。2017年5月，被评为吉林市“化纤行业大工匠”。2018年，被评为首届“江城十大工匠”。（市总工会）

李英凯

李英凯，1975年10月20日出生，1997年8月从长春电力工业技术学校毕业，分配到国电东北电力有限公司吉林热电厂检修部锅炉分场工作。经多年培养成为一名焊接班高压电焊工，后任焊接班技术员。思想进步，工作上进，勇于奉献，2011年12月加入中国共产党。

吉林热电厂于1956年建厂，设备老化。李英凯钻研技术，利用焊接方法带压堵漏在生产中出色完成工作任务，解决生产疑难问题。5年中，高压管路带压堵漏20余次，避免停炉20余次，为厂里挽回经济价值2000余万元。他没有休过工龄假，近五年加班超过200天。吉林热电厂检修任务繁重，锅炉维护换管量大，施工和验收标准高，焊接更是劳动强度大，作业地点复杂恶劣，作业面多为窄小空间，不仅责任大，焊接质量要求也很高，工作场所常伴着火花、弧光和烟尘，李英凯每天都直面工作考验，高质量完成焊接任务。他还先后支援延吉、蛟河、吉林江南、沈阳西热电，厂里化学、电气、热工化学分场困难位置高压焊口焊接，以优质焊接质量树立检修品牌。

2010年5月，他参加由国资委主办北京“嘉克杯”国际焊接技能大赛，获手工钨极氩弧焊项目第五名，国务院国资委授予其“中央企业技术能手”“中央企业青年岗位能手”称号。同年8月，国家电网集团授予其“国电二级奖章”，认定为下一届168人才。同年，吉林省总工会授予其“吉林省经济技术创新标兵”“2010年度电力行业技术能手”称号。2011年9月，入选吉林省首席电焊工技师比赛前十名，被授予“吉林省千名首席技师”称号，被评为吉林省“十百千万人才”。2011年，李英凯在《热电技术》第2期发表《锅炉汽包管座冷焊法探析》论文。2012年，被国家电网集团公司列为“2012年享受政府特殊津贴推荐人选”。2013年2月5日，获得中华人民共和国国务院政府特殊津贴并获颁证书。2010年和2012年被评为“学习型青年岗位能手”。2012年至2013年，获得吉林热电厂技术大比武高压焊工第一名。2013年，获得吉林龙华热电股份有限公司系统首届焊工技能竞赛团体第一名和个人二等奖。2013年，被评为国家电网集团优秀员工，获颁国家电网一级奖章。2014年，吉林热电厂以他名字出资建立焊接劳模工作室和劳模培训基地，在冬训期间举办焊接培训班，由李英凯讲解焊接理论和实际操作，为检修工作培养青年焊接人才。2015年，受聘为国家电网东北电力有限公司首席锅炉技师和吉林热电厂首席锅炉技师。2018年，评为吉林市首届“江城十大工匠”。（市总工会）

邱建良

邱建良，1960年2月14日出生，吉林航空维修有限责任公司航空产品制造厂钳工。多年来一直工作在设备工装制造一线，工作作风严谨、务实，在实践中学习、钻研，钳工技能水平高超，他的金属表面手工雕刻技术在行业内堪称一绝，多次在专业领域比赛中夺得冠军，获得省、市“技术能手”称号，成

为机械加工行业内的技能“领头羊”，他还掌握车、铣、焊等机械加工技能。

飞机修理需要的工装、设备品种多、数量大、精度要求高，是工装制造领域的“瓷器活”。邱建良发挥自己钳工技能专长，潜心钻研业务，攻克多项技术难题，保证飞机工装设备及时交付，圆满完成上级交给的各项任务。在实践中多次对设计资料提出改进建议并被行业系统采纳，在保证功能前提下，降低制造难度，简化制造流程，大幅压缩制造成本和生产周期。某新型号飞机夹具属于修理的重要工装，必须靠钳工手工技术和体力完成，他对图纸和实体反复研究，通过焊接打磨、弯曲、锉配、磨合等一系列精细手工操作，又快又好地完成任务，顺利装机使用，为工厂创造效益200余万元。

邱建良热爱航修事业，对待工作执着严谨，追求完美，他交付的产品质量优良，提检合格率100%。他注重技能传承，先后带徒弟10余人，均成为技术能手。多年中，他完成的工装设备制造任务累计产值达千万元，在工装制造领域实现经济效益和社会效益双丰收，为国家维修能力的提高作出贡献。

在飞机座舱盖成套玻璃整型夹具制造中，他调研大量制造工艺，比较各型飞机夹具的差异后，得出结论，该夹具与以往制造的不同点是种类多，玻璃的特性有着本质差别，属于高空型玻璃，耐高压性能强，因此校型时玻璃的伸缩变化大，给夹具的加工带来更多技术难点与要求，他经过反复周密研究试验，

昼夜奋战，终于在规定时间内完成任务，当年为工厂创造效益500余万元。在JH某型飞机导管扩口机研制加工中，作为公司新型飞机的重要设备之一，导管是飞机各种油路、气路的主要连接部件，在连接过程中，接头孔口不能有一点瑕疵，尤其是JH某型飞机比空海军在服役新机有更高要求。他认真研究导管的各种加工要求和特性，按时完成任务并交付使用，为新型号飞机修理奠定坚实基础。2018年，被评为首届“江城十大工匠”。

（市总工会）

葛 猛

葛猛，1978年6月15日出生，2001年7月吉林工学院电气工程及其自动化专业大学毕业并参加工作，2006年6月加入中国共产党，高级工程师。2001年8月至2013年2月，先后在吉林供电公司试验所任试验员、技术员、班长。2013年3月，任国家电网吉林供电公司变电检修室专责。

参加工作以后，他在专业领域虚心学习、积极实践、大胆创新，成为本行业的技术骨干力量。葛猛在短时间内摸索出符合东北各季节气候特征的电力设备红外检测规律，并与同事在吉林地区率先开展“利用红外技术对电力设备电压致热性缺陷精确检测工作”。2008年北京奥运会前夕，吉林供电公司试验所对吉林地区全部220千伏变电站进行红外普测。其间，发现红外缺陷7处，及时上报有关部门消除缺陷处理，保证奥运期间供电需要。在舒兰一次变电站检测中发现220千伏1号主变一次主B相电流互感器存在过热缺陷，葛猛作出“该缺陷为电压致热性紧急缺陷”的正确判断。事后证明，如果缺陷继续发展，该互感器短期内极有可能烧损甚至爆炸。2008年8月，吉林供电公司下发嘉奖令，对试验所进行通令嘉奖。2009年3月，在吉林省高压电气设备状态检测技术竞赛中，葛猛获个人成绩第一名，并获“高压电气设备状态检测状元”称号。2010年8月，在东北电网四省（区）电气试验工技能竞赛中获“优秀选手”称号。2011年9月，吉林燃料乙醇公司自备电站变电所66千伏接地故障，葛猛带领同事牺牲个人休息时间，缜密分析、准确判断出故障位置，为企业节省检修时间，降低生产风险，确保在国庆节前设备投入运行。葛猛应用红外监测技术，累计发现设备缺陷300余例，为吉林地区电网安全稳定运行作出积极贡献。他拍摄的多幅电力设备红外成像图片被国家电网公司列为典型红外检测案例图片。他参与编写《吉林供电公司电力设备红外检测及诊断》《吉林省电力有限公司带电电力设备红外检测规程》等工具书籍。

在抗震救灾、抗冰抗洪保电等重大任务面前，葛猛都是第一个向组织递交请战书；在赈灾捐款、扶贫济困活动中，积极献爱心。2009年3月，被吉林省电力有限公司授予“先锋形象共产党员”称号。2012年5月，获得“吉林省电力有限公司创先争优优秀共产党员”称号。

多年中，葛猛投身科技研发，成为高压试验领域的行家里手，以平均每年一项科技成果的速度，成为吉林供电公司科技创新“大户”。他参与完成科技成果获得多项奖励，多篇论文在《高电压技术》《电力安全技术》《高压电器》等国家级刊物上发表。葛猛相继被吉林省公司及国家电网公司聘为兼职培训师，所带弟子技术水平有较大提升。其中，5人获得技师资质，2人获得“吉林省公司技术能手”称号，1人被授予“吉林市五一劳动奖章”。2011年，他带领班组首批通过国家电网公司标准化班组认证，被吉林省电力有限公司授予“工人先锋号”和“责任之星”称号。2012年，入选“全国安康杯竞赛优胜班组”。2013年，获“中央企业青年岗位能手”称号。2014年，被国家电网公司评为“特等劳动模范”。2012年1月，吉林供电公司以葛猛名字命名“劳模创新工作室”，组成一支工作经验丰富、创新能力较强的高技能专家团队，成为劳模创新精神传播的“基地”。工作室取得发明专利18项，累计创造经济效益1600余万元。2018年，被评为首届“江城十大工匠”。

（市总工会）

曹 宽

曹宽，1992年11月27日出生，中共党员，吉林石化建修公司东部检维修一车间钳工。2014年，曹宽毕业于辽宁石化职业技术学院。上班的第一天，满眼高耸入云的塔林、轰鸣运行的设备和纵横交错的管网让曹宽感到书本上学到的远远不够。幸运的是，全国劳动模范、中国石油转机技能专家李永翔成为他的师傅。从那天起，哪里有检修哪里就有他的身影，师傅干一步，他学一步。每次师傅传授技艺时，他都用随身携带的小本子详细记录下来。《石油机械》《化工机械安装与修理》《钳工技术大全》《炼化设备检修》《化工密封技术》等专业书籍成为他不离手的宝贝。一年多时间，他积累下3万余字的学习笔记，并在实际工作中成长为技术能手。2015年，在建修公司举办的“离心泵找正擂台赛”活动中，他依靠自己推导出来的离心泵找正公式，以0.01毫米的找正精度获得“离心泵找正擂台赛”单人操作第一名。同年10月，在第七届全国石油与化工行业职业技能竞赛中，经过理论考试、现

场绘图、手工锉配、机泵找正四个项目的激烈争夺，曹宽获个人赛第一名，获得"全国石油和化工行业技术能手"称号。同时，和另外两名队友，共同获得团体赛第一名。

在2015年石化公司"三年一大修"工作中，曹宽每天坚守现场，把学到的技术运用到实际检修中。在对加氢裂化二车间进口新氢压缩机拆解检修时，发现该设备主轴油封处漏油。由于国内没有相关配件生产厂家，若进口要一个月才能到货，将影响装置正常开车运行。曹宽用英译汉词典逐词逐句翻译，寻找解决办法。在师傅指导下他大胆尝试，提出采用毛毡对骨架密封进行高密度填充、对连接原件进行手工加工的方法，经过试运行，成功解决飞轮油封处漏油问题，为生产厂节省高昂的检修费用，保证装置顺利开车。

吉林石化建修公司被誉为"吉化子弟兵"，作为子弟兵的一员，曹宽用行动践行"甘当装置护航者"的责任。在吉林石化公司中部乙烯装置复产检修中，曹宽成功修复丙烯冷媒压缩机组隔板定位键条，确保装置一次开车成功，为公司实现可持续盈利和稳健发展作出突出贡献。2016年，炼油厂国V加氢升级项目中，曹宽发现K8501压缩机组安装基础存在重大缺陷，及时优化调整安装方案，缩短工期。经过38天连续奋战，机组如期交工，一次性开车成功。为国V项目顺利竣工奠定坚实基础，为公司产品质量升级作出贡献。2018年，被评为首届"江城十大工匠"。（市总工会）

宿华龙

宿华龙，1988年5月20日出生，高级技师，吉林江机特种工业有限公司机加分厂五轴加工中心操作工，公司技能带头人。2012年开始，宿华龙一直工作在生产一线，努力钻研数控加工技术。经过多年锤炼，掌握多种型号数控加工中心的操作、工艺设定及程序编制，成为数控加工中心应用方面领军人物。

他所在的一分厂承担着大量军品和民品加工任务，其中沈飞、哈飞、东安机电、光机所部分零件加工任务量大，在质量方面要求更高。为使高端数控机床发挥出最大加工能力，他利用工余时间潜心钻研，对自己负责生产的零件进行编程工艺和加工方法方面技能创新，并获得成功。先后进行编程工艺革新30余项，自制20余种用于复杂零件加工的专用胎具，攻克多项技术难题，完成多个关键、重要零件加工任务，为企业节省80余万元，其中具有代表性的技术革新包括生产波音737系列零件、生产5种沈飞Q400系列零件、生产直15系列零件、生产本体科研零件、总结提炼"轴类零件五轴加工特色操作法"。

宿华龙在生产实践中不断总结加工经验，大胆进行技术创新，积极破解生产难题，攻克生产难关，出色完成各项生产任务，为企业可持续发展作出突出贡献。他多次代表江机公司参加集团公司、省市及国家各类数控技能大赛，屡创佳绩。2014年9月，获得东北工业集团举办的职业技能大赛加工中心操作工赛项第一名；10月，获得中国兵器工业集团第六届职业技能竞赛加工中心操作工第十名，被兵器工业集团公司授予"兵器工业技术能手"称号。2016年7月，获2016中国技能大赛——吉林省职业技能竞赛数控项目比赛加工中心操作工（4轴）赛项职工组第二名。9月，获吉林市技兴江城第一届职业技能大赛数控铣工赛项教工组第三名，被共青团吉林市委授予"吉林市青年岗位能手"称号。10月，获得豫西工业集团第四届职业技能大赛多工序数控机床调整工赛项第一名，被评为"豫西工业技术能手"。11月，获第七届全国数控技能大赛决赛加工中心（5轴）职工组全国第三名，取得吉林省该赛项历史最好成绩，吉林省人力资源和社会保障厅召开高技能人才座谈会奖励其10万元。12月，被吉林江机特种工业有限公司授予其"江机工匠"称号，并受聘为公司技能带头人。

2017年1月，被授予"吉林省技术能手""吉林市特等劳动模范""吉林省五一劳动奖章"称号。8月，在国家级期刊《中国设备工程》公开发表论文《数控加工中心替代手工去毛刺的工具及方法》，9月在国家级期刊《中国新技术新产品》公开发表论文《数控加工中心替代手工去毛刺的工具及方法》。10月，成立"宿华龙首席技师工作室"，获吉林省人力资源和社会保障厅20万元补助资金。11月，他的"轴类零件五轴加工特色操作法"获吉林市职工经济技术创新成果三等奖，被评为2017年度"职工经济技术创新标兵"，获"兵器大工匠提名奖"。12月，取得"一种适用于五轴加工中心的三爪卡盘底座"和"一种适用于数控加工中心的万向百分表杆"两项国家实用新型专利证书。2018年，被评为首届"江城十大工匠"。（市总工会）

由守义

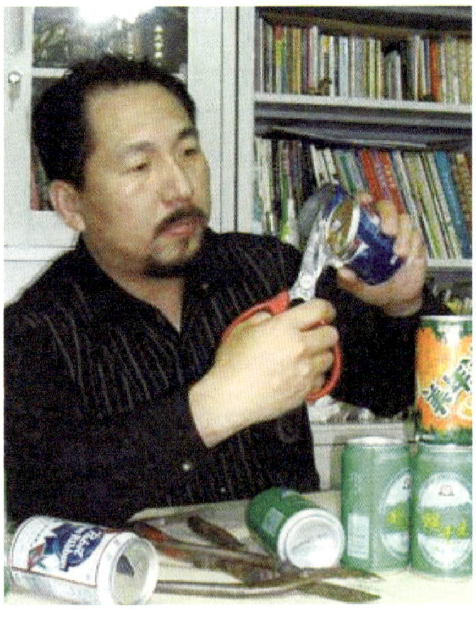

由守义，1962年5月1日出生，吉林市民间艺术家，市政协委员、中国民间文艺家协会会员、省民间文艺家协会副主席、市文联委员、市民间文艺家协会主席、高级工艺美术师、民建吉林市委科教文化委员会主任。

由守义从小对绘画特别感兴趣，常常用树皮、羽毛和硬纸壳等材料制作小工艺品。1987年，开始研究易拉罐表现艺术，相继用4万余个易拉罐创作出千余件作品。2000年5月9日至14日，仅有高中文化程度的下岗工人由守义用易拉罐制作的工艺品在中国美术馆展出并引起轰动。

吉林市政府为鼓励其艺术成就，于2002年初在吉林市博物馆成立“由守义易拉罐艺术馆”。2003年，吉林市首个易拉罐艺术馆开展，展出由守义用废弃的易拉罐精心设计创作出来的艺术作品400余件。作为吉林地方文化特色展览，展品带有强烈的视觉冲击力，几乎每天都吸引着国内外众多艺术爱好者和收藏家参观。其代表作品有《团圆龙》《六鹤迎春》《祥瑞麒麟》《五福贺寿》等。由守义艺术馆成为吉林市博物馆8个基本陈列展览之一。

“由守义易拉罐工艺品展览”正式开展的一周里，参观人数超过1万人次。几十位中外名人、艺术家前往参观。刘焕章等著名雕塑家、画家题字“艺术一绝”“真巧真美”“意料之外”等。展览期间，一位私营企业家出价13万元购买《团圆龙》，被由守义拒绝，他只想将凝聚着他对祖国满腔挚爱的作品放到更有意义的地方陈列。2003年2月16日，中共中央政治局常委李长春参观艺术馆时，对着《向着太阳》作品感慨地说：由守义有着深厚的文化底蕴，从作品中看出，不但有艺术修养，而且还很有政治头脑。2007年，由守义被评定为高级工艺美术师。

2009年3月，艺术作品《龙腾四海》作为国礼，赠送给新加坡总理李显龙。2010年12月，策划组织到台湾举办“吉林市文化艺术展”。2011年4月至12月，策划、设计、建造“吉林市艺术中心”，在实施工程项目中节约经费百万余元，被市政协评为优秀提案和优秀委员。2012年3月，创作的艺术作品《千里马》作为国礼，被朝鲜民主主义人民共和国国宝馆珍藏。同年12月，被吉林市工业设计协会特聘为吉林市工业设计协会副理事长。

二十多年中，由守义艺术馆接待中外参观者数百万人，为全市中小学爱国主义教育提供平台，带动吉林市文化事业与旅游业发展，为打造魅力江城、提高吉林市在国内外的知名度作出贡献。由守义艺术作品及业绩先后被吉林省电视台、北京电视台、湖南卫视、上海卫视、四川卫视、福建东南卫视、阳光卫视、凤凰卫视、中央电视台、《吉林日报》《吉林画报》《北京青年报》《文汇报》《香港大公报》、中央广播电台国际频道等600余家海内外新闻媒体报道。2018年，被评为首届“江城十大工匠”。（总工会）

江城护鸟人任建国

任建国，1959年9月出生，吉林市钢厂下岗职工，吉林市松花江畔长白岛义务护鸟员。从1996年开始就一直坚守在护鸟公益岗位上，以长白岛为家，以野生水鸟为伴，十九年如一日。救助和治疗受伤水鸟2000余只，喂养数万只到长白岛过冬的野鸭。他从自身做起，保护生态环境，促进着吉林市生态环境的改善。

1996年，任建国在向松花江边的游人出租游船时无意中发现有人到岛上抓野鸭子和雏鸭，他就坚持看护江心岛，劝人不要上去影响野鸭子栖息。渐渐地，常在江边溜达的市民都知道有个“护鸟人”。任建国的行为得到很多市民认可，大家捡到受伤的野鸭子或是走散的小雏鸭，都送到任建国手上。为了能更好、更及时地救助水鸟，任建国住进江边一个铁皮小屋，把小屋建成鸟类救助站，使更多鸟类得到有效救助。为了让这些水鸟能够顺利度过缺乏食物的冬季，更好地留在长白岛，任建国每天都将鸟粮装在一艘铁皮船上，划船来到江心的一处浅滩，将其作为投食区撒鸟粮。水鸟一天大约需要鸟粮数百斤，每天喂食的鸟粮不仅有任建国自己出资购买的，也有受他事迹感染的吉林市热心市民、机关单位、爱心企业捐赠的。

作为一名义务护鸟人，他自费制作水鸟知识展板，向市民义务宣传生态知识，成为保护野生动物种群与资源、促进吉林市生态环境发展的一面旗帜。他将多年来收集的护鸟资料按照声像类、照片类、实物类、宣传类进行整理，妥善保存，为吉林市野生鸟类研究留下珍贵资料。任建国说：“我用实践向人们证明，有水鸟鸣叫飞舞的大江才是真正的大江。在人与大自然相互交融的环境里，才有真正的魅力江城，才算得上真正的美好家园。”

任建国用他的坚守换来松花江野生鸟类的不断繁衍壮大，更让全社会为之感动，很多市民加入到保护野鸟的行列之中。有志愿者打电话捐赠新船，宠物医院参与救助，爱心企业每月赞助300元生活费，市民捡到雏鸟都送到长白岛。每年冬季，都有吉林、长春的市民到长白岛，给野鸟送去鸟食。

从1996年到2018年，在任建国和吉林市热心爱鸟护鸟公众的努力下，长白岛由沙丘变成水鸟的栖息地与乐园，长白岛附近江段的野生水鸟从三两只增加到20余种、8000余只，绿头鸭和普通秋沙鸭由候鸟转变为留鸟。每年冬天，野鸭、丹顶鹤、白头鹤、金雕、苍鹭等越冬水禽栖息在松花江畔与雾凇相得益彰，其中还包括中华秋沙鸭、花脸鸭等濒临灭绝的种类，吸引全国各地数以万计的游客和大量域内外摄影爱好者前来观赏和拍摄采风。任建国的护鸟行动为保护野生动物种群与资源、促进生态环境发展起到积极的推动作用。

任建国护鸟故事通过媒体传播得到广泛关注，央视科教频道曾在《人与社会》栏目介绍他的事迹。任建国先后获得“江城护鸟第一人”“吉林市护鸟模范”“感动江城十大人物”“情和谐年度人物”“吉林省首届杰出环保人物”“吉林省生态建设先进个人”“吉林省十大江河卫士”称号，获得“国际爱护动物行动特别奖”。2018年，成为“松花江普法行暨守护白山松水、法律在行动”形象大使。

（市地方志办公室）

附　录

APPENDIX

工 作 报 告

中共吉林市委常务委员会工作报告

——2018 年 12 月 29 日在中共吉林市委十三届五次全会第一次全体会议上的讲话

中共吉林市委书记　王庭凯

这次全会的主要任务是，认真贯彻党的十九大和十九届二中、三中全会精神，落实习近平总书记对东北振兴工作的重要指示，围绕中央经济工作会议和全省经济工作会议部署，总结全年工作，安排 2019 年重点任务，动员全市广大干部群众解放思想、担当作为，奋力开创老工业基地全面振兴、全方位振兴新局面。

现在，我代表市委常委会向全会报告工作。

一、2018 年工作回顾

今年以来，市委常委会坚持以习近平新时代中国特色社会主义思想和党的十九大精神为指引，认真落实中央和省委各项工作部署，坚持稳中求进工作总基调，坚持新发展理念，按照高质量发展要求，统筹推进“五位一体”总体布局，协调推进“四个全面”战略布局，坚定信心、务实重行、攻坚克难，统筹稳增长、促改革、调结构、惠民生、防风险等各项工作，全市经济社会总体保持稳中向好、稳中有进的发展态势。

坚决打好三大攻坚战。面对吉林市融资偿债前所未有的巨大压力，我们对历史问题不回避，勇于面对，综合施策，积极推动吉发集团获得 AAA 信用等级评定，组建并运行市投融资担保公司，积极争取专项债券，在全省率先以融资保函进行融资，并发行了吉林市历史上第一笔境外债。通过不懈努力，在国家金融监管政策趋紧的情况下，2018 年全市没有出现一笔债务逾期违约，守住了不发生系统性区域性金融风险的底线。在推进精准扶贫结对包保机制的基础上，全面推广复制“龙头企业 + 金融 + 贫困村”“富裕村 + 金融 + 贫困村”“公司 + 金融 + 贫困户”等帮扶新模式，开展“规划到村、帮扶到户、责任到人、宣传到心、记录到位”提升活动，全市 109 个省级贫困村产业项目 224 个，完成 42 个贫困村、8594 人脱贫出列的年度目标任务。深入贯彻落实习近平生态文明思想，积极推动中央和省环保督察反馈问题及转办案件整改，研究制定了 45 项常态长效机制，市本级财政追加投入 8.2 亿元，重点解决了松花湖五虎岛违建、拦网养殖、青背违规修建大坝、“九河一湖”黑臭水体、榆树沟社区居民搬迁等一批困扰吉林市多年的“老大难”问题。2018 年以来，全市优良天数达到 305 天，优良天数比例 84%，比 2017 年提高了 18 个百分点。

加快推动产业结构转型升级。坚持积极构建“6411”现代产业体系，强化项目建设对产业转型的支撑作用，全市开工 5000 万元以上项目 338 项，其中亿元以上项目 242 项。化工“补链”、冶金“转型”成效明显，吉化汽油国Ⅵ质量升级、吉神聚醚多元醇等重点化工项目竣工投产，吉林建龙产值比 2017 年增长 28.4%。博大生化新增 25 万吨燃料乙醇产能指标，吉林铁合金、吉林炭素正式签订搬迁协议，碳纤维单线产能全国最大的吉林精功 1 号线 48K 大丝束项目竣工投产，碳纤维研发中心和标准化厂房建设稳步推进，碳纤维产业步入产业化、规模化新阶段。加快推动农业现代化，省级现代农业产业园创建单位达到 6 个，市级以上农业产业化重点龙头企业达到 318 家，农村土地流转率达到 34%。发展壮大现代服务业，重点推进实体商贸业与电子商务有机融合，网络零售交易额比2017年增长45%。全市外贸进出口总额首次突破80亿元，比2017年增长20%。旅游产业向全域、全季、全时转型，全年接待游客人数、旅游收入分别增长19%和25%。北大壶冬奥村等冰雪产业重点项目进展迅速，亚洲首座全天候标准化滑雪专业训练场——北山四季越野滑雪场建成，吉林市获得年度十佳冰雪旅游城市，并与中央电视台、北京冬博会、世界知名展会及知名滑雪度假区开展广泛的宣传交流合作，吉林市冰雪产业发展得到国内外高度关注。研究制定了《关于进一步加强经营性房地产用地储备出让工作的意见（试行）》，对经营性房地产用地实行统一规划、统一征收、统一储备、统一供应，进一步完善了公开、公平、公正的土地供应机制。全市商品房销售面积比2017年增长16%，商品住房去库存周期为10.6个月，比2017年减少2个月。

切实保障和改善民生。全市城镇新增就业7.7万人，农村劳动力转移就业61.7万人。城市、农村低保标准分别提高到每人每月545元和每人每年3804元。全市开工建设城建重点工程45项，年度投资51亿元，改造老旧小区37个，开工棚改项目15个，为8555户保障房家庭发放了租赁补贴。教育现代化加快推进，吉林市互联网学校项目在全国基础教育信息化应用领域走在前列，全市10所中职学校如期搬迁入驻职教园区。稳步推进“健康吉林”建设，在全省卫生健康系统工作目标责任制综合督导中名列前茅。持续开展“六清”农村人居环境整治，美丽乡村建设成效明显。预计2018年吉林市城镇常住居民人均可支配收入28400元，农村常住居民人均可支配收入13750元，分别增长4.5%和5%。优化服务群众和企业的政务环境，在全省率先启动“只跑一次”改革，吉林市投资项目审批制度改革经验在全省推广。

全力做好安全稳定工作。深入推进“安全生产治理年”活动，组织实施煤矿、危化品、交通、消防等十大领域专项整治，全市安全生产事故比2017年下降57.1%。在“事要解决”上下功夫，妥善处置了涉军群体、出租车停运等多起突发性群体访，中央信访联席办交办的75件和省信访联席办交办的394件信访积案全部按期办结。深入开展扫黑除恶专项斗争，打掉涉黑犯罪组织10个、恶势力集团18个、恶势力团伙54个，破获涉黑涉恶刑事案件314起，取得了打击遏制的阶段性成果。持续推进“平安江城”建设，以治安视频监控为主要内容的“雪亮工程”经验在全省推广，刑事警情发生率比2017年下降17.1%，命案发案率比2017年下降25%，创近30年新低。

强化宣传思想文化工作。积极培育和践行社会主义核心价值观，全市建立“新时代文明实践中心”2400余个。全面启动新一轮全国文明城市创建工作，崇德向善的社会风尚更加浓厚。严格落实意识形态工作责任制，研究制定了6个方面的工作制度，切实增强网络宣传、网络管理、舆情监控、应急处置能力，有效维护了意识形态安全。大力发展文化体育事业，市歌舞团创排的大型舞剧《天路》在国家大剧院成功演出，吉剧《黄大年》在央视播出，高质量承办全省第二届少数民族文艺会演，吉林市创建国家公共文化服务体系示范区通过国家验收，成功举办了2018吉林市国际马拉松暨全国马拉松锦标赛，吉林市籍运动员武大靖为国家斩获平昌冬奥会唯一金牌。

扎实推进民主政治建设。支持市人大及其常委会依法履职，支持市政协开展政治协商、民主监督、参政议政。严格落实依法行政，持续推进法治政府建设，深入开展“七五”普法工作。深化与各民主党派、工商联和无党派人士的合作共事，新形势下民族宗教工作得到全面加强，统一战线工作整体水平不断提升。支持工会、共青团、妇联和各人民团体依法独立开展工作，桥梁纽带作用得到进一步发挥。积极推动军民融合发展，国防后备力量不断加强。

全面加强党的建设。坚持以政治建设为统领，牢固树立“四个意识”，坚定“四个自信”，坚决做到“两个维护”，把全面从严治党贯穿到党的建设的各个方面。强化理论武装，组织开展了9次市委理论中心组学习会。深入推进“两学一做”学习教育常态化制度化，高标准抓好“新时代e支部”工作，扎实开展全市解放思想大讨论活动。推进全国城市基层党建示范市建设，扎实开展抓党建促乡村振兴、促脱贫攻坚，举办了第一书记代言产品暨帮扶成果展。持续强化作风建设，扎实开展干部作风大整顿活动，严格对照问题查摆和整改。深入推进国家监察体制改革，完成市、县两级监委组建，开展了市委两轮巡察，坚决整治群众身边的不正之风和腐败问题，查处违反中央八项规定精神和“四风”问题161起，比2017年增长163.9%。全市纪检监察机关立案2138件，比2017年增长32.3%，保持了反腐败高压态势。

以上成绩的取得来之不易，是党中央和省委正确领导的结果，是全市各级党组织和广大干部群众同心协力、拼搏奋进的结果。同时，市委常委会也深刻认识到自身建设中一些工作体会必须一以贯之地坚持：要始终把牢政治方向，站稳政治立场，同以习近平同志为核心的党中央保持高度一致；要始终坚持民主集中制原则，重大问题集体讨论决定、科学民主决策；要始终坚持以人民为中心的发展思想，持续转变作风，集中精力抓落实；要始终坚持树立正确的政绩观、权力观和事业观，勇于攻坚克难，推动全市上下形成干事创业的浓厚氛围；要始终坚持实干兴邦、务实重行、担当作为，不提不切实际的口号和目标，一张蓝图绘到底；要始终严格执行领导干部廉洁从政的各项规定，自觉做清正廉洁的表率；要始终注重团结和谐，充分调动各方面的积极性、主动性、创造性；要始终必须坚持和加强党的全面领导，提升党委把方向、谋大局、定政策、促改革的能力，发挥好领导核心作用。

同时，我们也要看到发展中存在的差距和不足。主要是产业结构性矛盾比较突出，新旧动能转换不快，经济发展的质量还需提升；重商、安商、亲商、扶商的社会氛围不浓，民营企业和小微企业融资难、融资贵的问题仍然普遍存在，营商环境还需进一步优化；形式主义、官僚主义的问题仍然突出，个别党员领导干部不担当、不作为、慢作为、乱作为、假作为，重“痕”不重“绩”、留“迹”不留“心”的现象还一定程度存在。对于这些问题，市委常委会高度重视，将在今后的工作中认真加以解决。

二、2019年经济社会发展重点目标任务

2019年是新中国成立70周年，是全面建成小康社会的关键之年。面对严峻的外部形势和经济下行压力，作为省内第二大城市和中部创新转型核心区的“双核”之一，我们要增强忧患意识，抓住主要矛盾，善于化危为机，变压力为动力，牢牢把握东北老工业基地全面振兴、全方位振兴的重要战略机遇，坚定信心、保持定力，统筹推进稳增长、促改革、调结构、惠民生、防风险、保稳定各项工作。

2019年工作的总体要求是：高举习近平新时代中国特色社会主义思想伟大旗帜，认真贯彻党的十九大，十九届二中、三中全会和中央经济工作会议、全省经济工作会议精神，全面落实习近平总书记对东北振兴工作重要指示精神，统筹推进“五位一体”总体布局，协调推进“四个全面”战略布局，按照全省“三个五”发展战略、中东西“三大板块”建设和“一主六双”产业空间布局，立足吉林市“旅游文化名城、新型产业基地、生态宜居城市”的功能定位，坚持稳中求进工作总基调，坚持新发展理念，坚持推动高质量发展，坚持以供给侧结构性改革为主线，坚持深化市场化改革、扩大高水平开放，稳就业、稳金融、稳外贸、稳外资、稳投资、稳预期，打好三大攻坚战，实施乡村振兴战略，推进改革创新，保障和改善民生，以加强党的建设为统领和保证，解放思想、担当作为，奋力开创老工业基地全面振兴、全方位振兴新局面。

（一）坚持稳中求进，推动经济高质量发展。聚焦高质量发展方向，推动区域协调发展，强化项目支撑，稳定经济运行，培育新产业新动能。

全力保持经济平稳运行。要以稳工业作为稳增长的“压舱石”，准确把握运行趋势，加强调度监测，强化要素保障，主动协调服务。加快实施“5640”企业培育计划，即培育产值100亿级核心企业5家、产值50亿级骨干企业6家、产值10亿级重点企业40家，引领带动全市工业经济加快转型升级。要以吉林市获批建设国家创新型城市为契机，聚焦优势领域，推动校城融合、产城融合，加强重大创新创业基地建设，促进产学研用合作，推动人才、技术、成果等创新资源要素集聚，形成以创新为引领的发展模式。深化吉林市制造业和服务业融合发展试点，聚焦数字吉林建设，加快数字产业化、产业数字化进程，重点推动东杰科技、东电开元、云耕农业等现代服务业企业与制造业、农业协作联动，提高经济运行质量与效率。要毫不动摇地鼓励和支持民营经济发展，适时召开全市民营经济发展大会，研究制定符合吉林市实际、针对性强、可操作的具体政策措施，推动产融合作，积极组建市级中小企业周转基金，在降成本、助融资等方面帮助企业排忧解难。

强化工业项目建设。按照全省启动实施“项目建设年”的统一部署，持续深入开展“三抓”“三早”活动，在2019年“五一”前要全力破解有关工业项目用地的规划、环评、征拆、资金、手续办理等各项难题，全市新开工工业项目占地要达到5平方千米以上，平均投资强度要超过3000元/平方米。充分发挥高新区、经开区、化工园区及县（市）区开发区主战场作用，推动吉化13万吨丙烯腈等总投资超百亿的系列转型升级项目尽快落地，确保吉化公司炼量达到915万吨，推进吉化50万吨航空煤油、甲醇制烯烃、吉林建龙80万吨冷轧钢、瀚禹化工3.6万吨2-萘酚、紫瑞新材料2-乙基蒽醌、瑞吉化工6万吨乙氧基特殊化学品、TBM刀具生产线扩建、16万吨船舶页岩油等一批重点项目建成投产，嘉吉草铵膦、富奥紧固件新工厂、康乃尔医药健康产业园、艾士得3万吨高端汽车涂料、江苏苏科精细化学品、吉林碳谷精功碳纤维拉挤型材、天池钼业2.5万吨钼矿石采选加工、润丰源生物制药、琵河抽水蓄能电站等一批重点项目落地开工。积极推动金珠开发区获批省级经济开发区，提升吉林市化工产业的承载能力。加快吉林市国家通用航空产业综合示范区试点建设，全力推动中新吉林食品区争创国家级农业高新技术产业示范区。

打造世界级冰雪产业。冰雪是吉林市最有基础、最有特色、最有潜力的优势产业。吉林市地处北纬43°，与欧洲的阿尔卑斯山和北美的落基山并称世界三大粉雪基地，无论是海拔高度、山体坡度，还是雪期跨度、冬季温度、积雪深度、风的速度，都非常适宜开展冰雪运动。吉林市拥有全国雪场面积排名前两位的万科松花湖和北大壶滑雪场，以及亚洲首座全天候标准化滑雪专业训练场——北山四季越野滑雪场等完善的冰雪体育、冰雪旅游设施，为吉林市冰雪产业发展奠定了坚实基础。要牢牢把握冰雪产业爆发式增长期和千载难逢的机遇期。按照习近平总书记“三亿人参与冰雪运动”和“吉林要做好雪的文章”的重要指示精神，准确把握我国人均GDP已达到冰雪产业井喷式增长临界点（8000美元）的客观规律，抢抓2022年北京冬奥会千载难逢的历史机遇，并立足于吉林市近两年来冰雪产业领先于全国的快速发展趋势，充分发挥世界级冰雪资源优势，培育世界级冰雪产业，打造世界级冰雪品牌。要持续开展奥运冠军培育计划和“筑梦冰雪，相约冬奥”吉林市中小学生冰雪活动普及工程等特色活动，推动形成全民参与冰雪体育运动的浓厚氛围。冰雪产业链条长、关联度大、带动性强。国家体育总局预计，2020年全国冰雪产业的市场规模将达到6000亿元，到2025年将达到10000亿元。冰雪产业的消费能力强，据测算1元的雪票收入可带动10元的相关消费支出，远远超过其他旅游休闲产业的消费。冰雪产业发展不仅能为吉林市带来大量的旅游人口，强力带动辐射吉林市其他第三产业快速发展，同时还能有效推动赛事表演、培训、运动设施、旅游休闲、文化、装备制造等关联产业发展。我们要做强“冰雪+体育”、做大“冰雪+旅游”、做优“冰雪+装备制造”、做火“冰雪+文化”、做新“冰雪+科技”。要大力弘扬冰雪文化，科学谋划编排极具地域特色的大型冰雪主题驻场演艺，积极推动以江城美丽山水为背景的特色灯光秀，增强游客到吉林市观光和体验的吸引力。要以打造世界一流综合度假区作为冰雪产业迅速崛起的重要支撑。围绕“雾凇之都、滑雪天堂”的旅游发展核心定位，高标准编制冰雪产业发展规划、雪场资源规划、泛北大壶区域冰雪产业发展规划，积极争创国家冰雪产业发展集聚区。做好北大壶AAAAA级景区创建工作，加大战略投资引进力度，积极与国内外知名企业深度对接合作，建设世界一流、亚洲第一的滑雪综合度假区。

加快推动长吉一体化。积极推进两市规划同筹、交通同网、信息同享、市场同体、功能同步、科教同兴、旅游同线、环境同治，加快打造长吉北部现代经济产业带、中部绿色休闲与现代农业产业带、南部生态旅游带。坚持规划先行，抓住吉林市启动新一轮城市总体规划修编和“多规合一”的有利时机，积极协同推进两市制定一体化发展的空间规划。科学规划论证轨道交通线路，加快推进重点交通基础设施项目建设，共同构建两市通用航空、轨道交通、高速公路、一级公路等多元化互联互通的大交通格局。结合产业基础和比较优势，推动两市产业分工协作、错位发展，形成布局合理、互动融合的一体化产业体系。

（二）坚持问题导向，持续打好三大攻坚战。打好三大攻坚战是实现高质量发展必须跨越的重大关口。要打好防范化解重大风险攻坚战。树立防范化解债务风险“一盘棋”思想，科学制定年度融资方案，加快推进国企市场化转型，充分发挥吉发集团在融资偿债中的关键作用。要积极创新融资模式，开辟融资渠道，加强与金融机构的战略合作，为化解金融风险提供有力支持。要通过发行再融资债券，缓解政府债务压力。要严厉打击违法违规金融活动，做好重点领域风险防范和处置，坚决守住不发生系统性区域性金融风险的底线。要打好脱贫攻坚战。2019 年是吉林市落实脱贫攻坚“三年行动”计划的决战期。要坚持以习近平总书记脱贫攻坚重要论述为指引，牢牢把握“六个精准”要求，加大特殊困难群体脱贫攻坚力度，确保实现 21 个省级贫困村退出和 7634 名贫困人口减贫年度目标，完成吉林市脱贫攻坚主体任务。要持续开展“携手扶贫”活动，深入推动“统一战线助力百村振兴行动”和“百企帮百村”脱贫攻坚光彩行动，注重以市场化的机制建立扶贫的常态长效机制。要打好污染防治攻坚战。突出重点领域污染防治，全力打好“蓝天、碧水、青山黑土、环境安全”四大保卫战。严格落实河长制，确保基本消除“九河一湖”黑臭水体。坚持把中央和省环保督察反馈问题整改作为必须完成的政治任务，严格按标准和时限全面完成整改任务，真正做到举一反三，并要避免采用“一刀切”等简单处置措施。

（三）坚持精准发力，实施乡村振兴战略。围绕产业振兴、人才振兴、文化振兴、生态振兴、组织振兴，编制完成《吉林市乡村振兴规划（2018—2022）》。要加快发展县域经济，围绕发展定位、产业优势，形成集聚度高、竞争力强的主导产业，推动县域综合实力在全省争先晋位。要坚持加大投入力度并有效整合，最大限度地发挥涉农资金的综合效益。要加快新型城镇化建设，重点培育冰雪小镇、冰酒小镇、温泉小镇等省级特色小城镇。要加快建设现代农业产业体系、生产体系、经营体系，深化农业供给侧结构性改革，加快培育新型经营主体，促进农村一二三产业深度融合，扩大“吉字号”特色优势农产品市场影响力，争当现代农业建设排头兵。要加快美丽乡村建设，以“七个率先”为引领，持续推进以“六清”为重点的农村人居环境整治，抓好农村厕所改造，建立完善农村垃圾绿色收运体系，建设“四好农村路”，深入推进“大棚房”问题清理整治，打造美丽乡村精品片区，建设各具特色的宜居村庄。

（四）坚持深化改革，激发高质量发展新活力。地方机构改革是深化党和国家机构改革的重要组成部分。省委、省政府已经正式批准《吉林市机构改革方案》，这标志着吉林市机构改革已进入组织实施阶段。按照中央和省委要求，在机构改革中要把坚持和加强党的全面领导贯穿始终。党的全面领导是深化党和国家机构改革的根本保证，完善坚持党的全面领导的制度是深化党和国家机构改革的首要任务。要发挥好党委总揽全局、协调各方的领导核心作用，确保改革有力有序推进。各级党委（党组）要切实负起责任，主要领导同志要牵头挂帅、靠前指挥，研究解决突出问题，协调解决重大事项，督促改革有序推进，及时化解改革中出现的矛盾问题，当好“施工队长”。要坚持“先立后破、不立不破”，按照“先转隶、再三定”的要求，遵循“编随事走、人随编走”的原则，研究制定机构和人员转隶具体办法，有序做好机构和人员转隶工作。要深化开发区体制机制管理改革，以加快发展为根本导向，坚持下放事权、提升效率，做到权责一致。围绕经济管理权限、用人、薪酬、考核等领域，加快向开发区放权以及扩区调区工作，构建适应开发区快速发展的管理体制、运行机制和考评机制。要深入推进“放管服”和“只跑一次”改革，进一步规范政府行为，提高政务服务质量和效率，以一流的行政效能打造一流的营商环境。要深化国有资本经营体制改革，坚持以管资本为主，提高国有资本配置和运营效率。要巩固和完善农村基本经营制度，抓好土地承包经营权确权登记颁证改革、集体产权制度改革、农垦改革等农村综合改革工作。要统筹推进文化、社会、司法、民主等领域各项改革。

（五）坚持以人民为中心，提升人民群众的获得感、幸福感、安全感。以保障和改善民生为出发点和落脚点，坚持尽力而为、量力而行，让人民群众共享改革发展成果。

加强城市建设管理。聚焦完善城市功能、民生改善、生态环境和创建全国文明城市等重点任务，全年计划投资 60 亿元，实施 50 个城建重点项目。其中，重中之重是加快推进西部快速路建设，有效缓解西部城区交通压力；加快秀水街与迎宾大路立交工程建设，畅通西部道路主要交通节点；实施平山街与城市主干道连接线建设，形成北山区域环状路网；打通吉钢大路、西山街、博达路、景山街等 4 条城市断头路，方便群众出行；加快六水厂工程续建，实现年内竣工使用；改造城区供热老旧管网 53 千米，提高居民供热质量；按照“上水平、有特点”的要求，提升珲春中街、吉林大街中段、解放东路等主街路的绿化水平，发挥示范引领作用；在 2019 年年底前实现吉林绕城高速对市民的 7 座以下小客车免费通行，发挥城市快速路功能。要理顺城市管理综合执法体制，全面提升城市管理科学化、精细化水平。加强静态交通设施建设，健全完善停车场功能，优化交通组织，提高利用效率，缓解停车难问题。要推动物业管理融入社区治理体系，实施 12 家国企职工家属区“三供一业”移交，推进 31 个老旧小区宜居改造。明年力争储备入库土地 180 公顷，实现供应经营性房地产项目用地 120 公顷。

加快发展各项社会事业。以办好人民满意教育为目标，坚持深化教育综合体制改革，促进教育高质量均衡发展，提高职业教育现代化水平，提升教育优势和特色。扎实推进“健康吉林”建设，加快完善健康服务体系，提升服务保障能力。要加快完善社会保障体系，加强医疗救助与基本医疗保险、大病保险、慈善救助有效衔接，不断提升多层次社会保障水平。要深入落实就业创业扶持政策，重点解决好高校毕业生、农民工、退役军人等群体就业，城镇登记失业率控制在4.5%以内。

深入推进精神文明建设。发挥“新时代文明实践中心”作用，积极培育和践行社会主义核心价值观。坚持创建为民、创建惠民、创建靠民，持续开展全国文明城市创建。全面实施思想道德建设等“九大工程”，深入开展文明交通等“九大行动”，促进城市公共文明指数和群众满意度“双提升”。提升国家公共文化服务体系示范区建设水平，传承中华优秀传统文化，组织开展“盛世中华·国乐江城”艺术周等庆祝新中国成立70周年系列主题文化活动，筹备举办全市机关运动会，高水平举办第四届吉林市国际马拉松赛，进一步彰显城市独特魅力和风采。

全力维护社会安全稳定。严格落实安全生产责任制，结合机构改革，积极构建“统一领导、权责一致、权威高效”的应急能力体系，推动形成“统一指挥、专常兼备、反应灵敏、上下联动、平战结合”的应急管理体制，不断提高防灾减灾救灾能力。加快推进平安江城建设，大力推广新时代“枫桥经验”，强化社会治安综合治理，持续推进“雪亮工程”和基层综治中心建设，不断提升群众对社会治安的安全感和满意度。持续推进扫黑除恶专项斗争向纵深发展，以更高站位、更大力度、更强措施，依法严惩黑恶势力犯罪，坚决打赢扫黑除恶专项斗争攻坚战。坚持在“事要解决”上下功夫，聚焦重点领域、重点群体、重点案件、重点人员，深入推进信访积案化解攻坚，依法维护正常信访秩序。

严格落实意识形态工作责任制，加强意识形态阵地管理，牢牢掌握意识形态工作领导权。加快传统媒体与新兴媒体融合发展，强化舆情监管，切实维护网上意识形态安全。

全力支持人大及其常委会依法行使立法、监督等职权，支持政协发挥汇聚力量、服务大局等作用。全面推进依法治市，统筹推动科学立法、严格执法、公正司法、全民守法。巩固发展最广泛的爱国统一战线，筑牢中华民族共同体意识，坚持宗教中国化方向。坚持军民融合深度发展，扎实做好双拥工作，确保实现全国双拥模范城“九连冠”的工作目标。充分发挥工会、共青团、妇联等桥梁纽带作用，进一步增强群团组织的政治性、先进性、群众性。

三、坚持全面从严治党，不断提高党的建设质量和水平

实现老工业基地全面振兴、全方位振兴，必须认真贯彻落实新时代党的建设总要求，坚持和加强党的全面领导，坚持党要管党、全面从严治党。

（一）大力加强党的政治思想建设。深入学习习近平新时代中国特色社会主义思想，切实增强“四个意识”，坚定“四个自信”，坚决做到“两个维护”，自觉在思想上政治上行动上同以习近平同志为核心的党中央保持高度一致。要持续推进“两学一做”学习教育常态化制度化，精心组织开展“不忘初心、牢记使命”主题教育，抓好各级理论中心组学习，分类分级搞好教育培训。要加强政治训练、政治历练，教育引导干部在贯彻执行党中央决策部署、应对重大考验和突发事件、完成急难险重任务中，把握政治方向，防范政治风险，提升政治能力。要强化党性锻炼，严格贯彻落实《关于新形势下党内政治生活若干准则》，落实“三会一课”、民主生活会、组织生活会等制度，增强政治自觉、思想自觉和行动自觉。

（二）努力建设忠诚干净担当的高素质干部队伍。坚持新时期好干部标准，注重在实践中发现、培养和选拔干部，从具体事上识别、考核和评价干部，把那些想做事、敢做事、能做事和想创新、敢创新、善创新的人提拔起来、重用起来。要不断优化领导班子和干部队伍知识结构、能力结构、专业结构，增强班子整体功能。认真落实中央《关于进一步激励广大干部新时代新担当新作为的意见》及省委要求，要把敢于担当作为选人用人的重要导向，对不作为慢作为的坚决调整，旗帜鲜明地为敢于担当的干部撑腰鼓劲。要做好优秀年轻干部培养选拔工作，制定年轻干部队伍建设发展规划，分战线、分领域、分行业、分层级做好“选种育苗”工作。要坚持党管人才原则，紧盯新兴产业发展、重大创新项目等方面引进高层次人才、培育本土人才，开展千名专家服务千家企业活动。

（三）扎实推动基层党组织建设。牢固树立大抓基层的鲜明导向，认真贯彻《中国共产党支部工作条例（试行）》，持续抓好“新时代e支部”建设和“五好一满意”党支部创建，扎实推进新时代吉林基层党组织建设质量提升工程。加强乡镇党委书记、第一书记、村党组织书记“三大书记”队伍建设，持续整顿软弱涣散党组织。继续以城市基层党建示范市建设为抓手，提升社区服务效能。深入推进派驻型、区域型和枢纽型党组织建设，不断扩大非公企业和社会组织的“两个覆盖”。强化国有企业党的领导，推进党组织发挥作用组织化、制度化、具体化。组织实施“强责提质创标”行动，发挥机关党建的引领示范作用。

（四）持续强化作风建设。要持之以恒落实中央八项规定精神和省委改进作风的具体要求，深化作风专项整治，紧盯不敬畏、不在乎、喊口号、装样子的问题，坚决破除形式主义、官僚主义，推动党中央重大决策部署和省委工作要求贯彻落实。巩固拓展干部作风大整顿活动和解放思想大讨论活动成果，在完善长效机制、树立正确导向等方面下功夫，进一步把活动成果体现到谋划工作、推动发展、解决矛盾、提升干部的精气神上来。各级领导干部要带头转变作风，身体力行，以上率下，真正做到新气象新担当新作为。要牢固树立群众观念，深入开展扶贫领域、环保领域、涉黑涉恶腐败及“保护伞”问题等专项整治行动，严肃查处群众身边的腐败和作风问题。

（五）深入推进党风廉政建设。要推进纪检监察体制机制创新，始终把纪律和监督挺在前面，不断加强纪律监督、监察监督、派驻监督、巡察监督。深化政治巡察，扎实开展常规巡察，适时开展专项巡察，适当拓展提级巡察和交叉巡察，抓实巡察整改。严格落实“两个责任”，强化日常监督和问责追责。深化运用“四种形态”，抓早抓小、防微杜渐。坚定不移反腐惩恶，有力削减存量、有效遏制增量，一体推进不敢腐、不能腐、不想腐的工作机制，努力营造风清气正的良好政治生态。

同志们，新时代要有新气象，新一年要有新作为。让我们以习近平新时代中国特色社会主义思想为指引，不忘初心、牢记使命，认真贯彻落实中央和省委决策部署要求，解放思想、担当作为，奋力开创老工业基地全面振兴、全方位振兴新局面，以优异成绩迎接中华人民共和国成立70周年！

（市委办公室）

吉林市人民政府工作报告（摘要）

——2019年1月14日在吉林市第十六届人民代表大会第四次会议上的讲话

吉林市人民政府市长　刘　非

一、2018年工作回顾

过去的一年，是吉林市振兴发展中极不平凡的一年。面对错综复杂的严峻形势和艰巨繁重的发展任务，我们坚持以习近平新时代中国特色社会主义思想为指引，按照省委、省政府部署，在市委的领导下，紧紧团结和依靠全市干部群众，坚持稳中求进工作总基调，落实高质量发展要求，经济社会保持平稳健康发展。

——经济增长稳中有进。地区生产总值增速逐步回升，在上半年增速下降1%的基础上，前三季度增长1.2%，全年预计增长2%左右。固定资产投资增速由负转正，全年预计增长4%以上。社会消费品零售总额逐季增长，全年预计增长4.6%。外贸进出口总额首次突破80亿元，增长21%，高于全省13个百分点。

——质量效益稳中向好。一般公共预算收入实现375.5亿元，增长1.8%。地方级财政收入增长4.5%，高于预期1.5个百分点，其中，税收收入增长5.6%，非税收入占地方级收入比重下降0.8个百分点。全市规模工业总产值增长6.9%，增加值预计增长3.8%，其中，百户重点企业产值增长9.1%，实现利润76亿元。单位GDP能耗下降3.5%。

——营商环境大幅提升。率先在全省启动“只跑一次”改革，取消各类证明1000余项。推进“证照分离”改革，企业开办时间压缩至3个工作日以内。全市新登记各类市场主体4.6万户，民营企业户数增长17%，民营经济主营业务收入增长7%。

——人民生活不断改善。城镇新增就业7.7万人。城镇和农村常住居民人均可支配收入预计分别达到28400元和13750元，分别增长4.5%和5%，高于GDP增速。

一年来，主要做了以下工作：

（一）现代产业体系加快构建

冰雪产业快速发展。认真贯彻习近平总书记“冰天雪地也是金山银山”的重要指示精神，立足吉林市冰雪资源优势，抢抓2022北京冬奥机遇，着力推进冰雪产业发展。建立工作推进机制，确定年度十个方面40项重点任务，明确部门责任。高标准编制全市冰雪产业发展规划、雪场资源规划和泛北大壶区域冰雪产业发展规划，通过中央电视台、北京冬博会、欧洲阿尔卑斯山地博览会等平台，广泛宣传吉林市冰雪资源。项目建设取得明显成效，中瑞滑雪小镇项目签订协议，北大壶滑雪度假区新开工重点项目15个，总投资36亿元，增长76%；万科松花湖滑雪度假区新开工项目投资增长85%。亚洲首座全天候标准化越野滑雪训练场——北山四季越野滑雪场建成。推动全民上冰雪，实施“筑梦冰雪相约冬奥”中小学生冰雪运动普及工程，省级冰雪特色校发展到75所，市民及青少年上冰雪分别达到230万人次和20万人次。北华大学成立全国首家冰雪学院。全年接待国外冰雪考察洽谈团组28个，占全市对外交流团组的40%。新雪季以来，全市规模雪场接待滑雪者人次、旅游收入分别增长44%和34%，吉林市冰雪产业对外影响力明显提升，产业发展趋势得到国内外高度认可。新兴产业发展壮大。碳纤维步入产业化、规模化发展新阶段，碳谷原丝项目新增产能8000吨，吉林精功一期2000吨大丝束碳纤维实现量产，碳纤维原丝产能、碳丝单线产能位居全国第一，产业产值增长61.7%。医药健康产业保持较快发展，康乃尔原料药试生产，吉尔吉医药健康产业园等项目全面投产。国家级通航产业综合示范区建设步伐加快，吉航民机维修基地建成，金汇全省直升机应急救援基地运营。工业智能化转型初见成效，金洪汽车数字化车间建成，吉林化纤等5条数字化生产线投入使用，万丰奥威轮毂单元智慧工厂被工信部确定为智能制造新模式应用项目。传统产业转型步伐加快。吉化汽油国Ⅵ质量升级烷基化、吉神聚醚多元醇等化工“补链”项目竣工投产。吉林铁合金、吉林炭素正式签订搬迁协议，吉林建龙80万吨冷轧钢项目主体完工。一汽吉林汽车7个新能源新车型通过工信部生产公告，R9智能网联车实现量产。正大100万吨大米加工及1.2万吨米糠油项目取得积极进展。现代服务业发展势头良好。筑石城市会展中心等一批项目运营，优辆车服等本土互联网服务企业快速成长，国内最大的企业外包服务平台“猪八戒网”落户吉林市。农村电商快速发展，“中国淘宝村”发展到4个，在东北三省占比31%；欧亚商都等商贸企业线上线下销售融合发展。电商网络零售额增长45%以上。科技创新能力增强。产学研用协同创新取得重要进展，中科院苏州医工所吉林市工程技术研究院、吉林大学吉林市研究院挂牌成立，东北电力大学、东杰科技、吉隆科技与邓中翰院士领衔的中星微电子签订战略合作协议。省级以上科技企业孵化器、众创空间达到14个，院士工作站发展到15个。成功获批开展国家创新型城市建设。现代金融支撑有力。银行业金融机构发展到33家，投放信贷资金1000亿元以上。设立4支产业子基金，撬动社会资本35亿元。茜茜家居等10家企业挂牌“吉交所”。人力资源供给不断丰富。深入落实“18条人才新政”，出台集聚人才创新创业实施意见，大学生本地就业率提升到15.2%。顺利通过教育部首批现代学徒试点城市验收，10所中职学校搬迁入驻职教园区，培养技术技能人才8000人。新引进高端领军人才17人、创新团队17个，其中院士7人。

（二）三大攻坚战开局良好

开展防范化解重大风险攻坚战。坚守不发生区域性系统性风险底线，积极推动吉发集团获得AAA信用等级评定，组建并运行市投融资担保公司，发行吉林市历史上第一笔境外债，全市未出现一笔债务逾期违约。新增债券资金36.4亿元，置换存量政府债务20.3亿元。加强网络借贷、地方农合机构等风险点监管，立案查处非法集资案件18起。实施断保人员接续缴费奖补措施，积极争取各类支持资金，保障养老金按时足额发放。**开展精准脱贫攻坚战。**落实“六个精准”要求，开展“携手扶贫”活动和基层基础工作精准化行动，省级贫困村脱贫产业项目实现全覆盖，危房改造、安全饮水和健康扶贫成果显著，42个省级贫困村出列、8594名贫困人口减贫目标如期实现。与白山市扶贫协作取得实效。**开展污染防治攻坚战。**完成中央环保督察反馈问题整改17项，办结督察转办案件1066件，办结“回头看”转办案件428件。完成省生态环保督察反馈问题整改27项，办结转办案件918件。研究制定了45项常态长效机制。特别是在财政压力较大的情况下，市本级财政追加投入8.2亿元，松花湖生态环境治理、榆树沟社区居民搬迁、“九河一湖”黑臭水体整治等一批困扰吉林市多年的“老大难”问题启动整改。统筹抓好大气、水、土壤等污染防治，环境空气质量优良天数达到304天，比2017年增加45天；深入落实河长制，松花江干流水质稳定保持在三类良好以上，成为首批国家水生态文明建设试点城市。

（三）乡村振兴战略大力实施

现代农业发展成效明显。绿色有机水稻种植面积比重提高到37%，实施鑫达农牧科技等重点农业产业化项目14个，省级现代农业产业园发展到6个，市级以上龙头企业增加到318家，“三品一标”农产品达到203个，农产品加工业销售收入增长12%。**美丽乡村建设持续推进。**巩固“六清”成果，启动农村人居环境整治三年行动，9个精品片区、6个省级美丽乡村、52个省级重点村创建完成。在全省首推农村公路路长制，建设和绿美“四好农村路”1358千米。改造农村厕所26050户。明城、岔路河等重点镇污水处理设施竣工运行，农村垃圾收运体系基本实现全覆盖。**富农支持力度不断加大。**培育新型职业农民3138人，培训各类人员10万人次。建成农村半小时就业服务圈1126个，农村劳动力转移就业61.8万人次。高标准承办全省首届农民丰收节。

（四）区域协调发展步伐加快

中心城区功能品质提升。建设重点城建工程45项，完成投资51亿元。西部快速路、白山大桥等项目进展顺利，江城广场周边环境改造等12项工程竣工使用。维修更换集中供热老旧管网84.7千米，小街小巷微循环改造25.7万平方米，人民广场等市民生活休闲场所环境提升，城市整体形象进一步改观。**县域发展各具特色。**磐石市入选全国最具投资潜力百强县并位列全省第一，永吉县被列为全国农村一二三产业融合发展先导区创建单位，舒兰市被命名为中国生态稻米之乡，蛟河市被评为全国中药先进县，桦甸市获评全国首批国民休闲旅游胜地。**新型城镇化建设取得进展。**大荒地稻香温泉小镇入选国家首批典型经验小镇，明城、烟筒山入选全国千强镇，万昌、平安被评为国家农业产业强镇示范镇，庆岭冰酒小镇等13个小镇列入省级特色产业小镇。

（五）重点领域改革深入推进

“只跑一次”改革成效显著。创新投资项目审批管理办法，企业投资核准类项目审批时限从165个工作日压减至40个工作日。启动电子政务外网建设，推动政务云平台数据整合，更多业务实现跨部门联办，不动产登记业务办结时限缩短至5个工作日，二手房交易实现2小时内领证。开展无还本续贷业务，为企业节省过桥资金5000万元。建立了以需求管控和清单管理为核心的证明管控体系。率先在全省开展政务大厅“周六轮休、中午不休”延时服务。“只跑一次”改革得到国务院督察组和省政府肯定。**国资国企改革不断深化。**实施授权经营体制改革，12家市属重点企业超千亿元资产划入吉发集团，国资监管运营体制逐步完善。国有企业42家剥离办社会职能、26户公司制改制、22家“三供一业”资产划转和职能移交任务基本完成。**农业农村改革进展顺利。**完成农村土地承包经营权确权、国有农场土地确权等重点事项。累计发放土地经营权抵押贷款1.7亿元，土地流转面积占承包地面积的34%，农民合作社、家庭农场分别增长40%和89%。供销合作社综合改革试点经验在全省推广。**土地供应机制进一步完善。**对经营性房地产用地实行统一规划、统一征收、统一储备、统一供应，全市商品房销售面积比2017年增长16%，去库存周期比2017年减少2个月。

（六）项目建设和招商引资成效明显

扎实开展“招商季”、项目建设推进月等攻坚活动，充分运用投资项目大数据管理平台，强化领导包保和要素保障服务，全年开工5000万元以上项目338项，其中亿元以上项目242项、竣工投产97项。积极参加第三届全球吉商大会、“央企进吉林”等省级经贸交流活动，务实开展与温州对口合作，充分利用正和岛（北大壶）新年论坛等平台，全市各方面积极开展招商活动，蛟河抽水蓄能电站等84个项目签约，吉林建龙60万吨镀锌管等85个项目开工建设，其中京东智慧物流等44个项目实现当年签约、当年开工。

（七）民生社会事业持续改善

全面完成年初确定的八个方面27件民生实事。城市、农村低保标准分别提高到每人每月545元和每人每年3804元。城市棚户区完成改造4010户，发放住房租赁补贴8555户。560万平方米无籍房办理不动产登记。完成37个老旧小区、1505户农村危房改造任务。新施划一批停车泊位，改扩建停车场53个，静态交通秩序得到有效改善。编制完成新型智慧城市建设总体规划，成为全省首个在公交车上免费提供Wi-Fi服务的城市。全面开展城区小学生课后免费托管服务。基本公共卫生服务项目由12类46项增加到14类55项。大型舞剧《天路》在国家大剧院演出，公共文化服务体系示范区创建通过国家验收。连续3年高水平举办国际马拉松，市城投冰球队参加“丝路杯”VHL超级冰球联赛，城市形象和美誉度大幅提升。民族宗教工作得到加强，圆满承办全省第二届少数民族文艺会演。军民融合不断深入，双拥共建取得新成效。贯彻落实“四个最严”要求，狠抓食品药品安全监管，有效防控非洲猪瘟疫情；强化安全生产责任落实，大力实施十大领域专项治理；推进信访积案化解攻坚和社会治安综合治理，扎实开展扫黑除恶专项斗争，形成打击遏制的良好态势，有力维护了和谐稳定的社会局面。

一年来，全市政府系统认真贯彻全面从严治党部署要求，切实加强党风廉政建设和反腐败工作，深入推进“两学一做”学习教育常态化制度化，扎实开展干部作风大整顿活动，持续加强审计监督，狠抓督查落实，大力促进政府职能转变，政府执行力和公信力不断提升。

各位代表，过去一年，我们砥砺前行，奋发作为，取得了极为不易的发展成果，这是以习近平同志为核心的党中央统揽全局、科学决策的结果，是省委省政府和市委坚强领导、凝心聚力的结果，是各县（市）区、各部门和全市广大干部群众拼搏进取、埋头苦干的结果。在此，我代表市政府，向全市各族人民，向人大代表、政协委员、各民主党派、工商联和社会各界人士，向驻吉解放军指战员、武警官兵和公安干警，向中省直各单位以及所有关心、支持吉林市全面振兴发展的海内外朋友，表示衷心的感谢并致以崇高的敬意！

在总结成绩的同时，我们也清醒看到，推动吉林市全面振兴全方位振兴仍然面临不少问题。经济企稳回升的基础还不牢固，各类风险隐患依然存在；新旧动能转换仍需加快，结构性问题还很突出；民生领域还有不少短板，生态环境治理任务仍然艰巨；营商环境与企业和群众的期望还有一定差距，深化改革任重道远。对于这些问题，我们一定以高度负责的精神，认真加以解决。

二、2019 年工作安排

2019 年是中华人民共和国成立 70 周年，是全面建成小康社会关键之年。按照市委十三届五次全会部署，政府工作的总体要求是：高举习近平新时代中国特色社会主义思想伟大旗帜，认真贯彻党的十九大、十九届二中、三中全会和中央经济工作会议、全省经济工作会议精神，全面落实习近平总书记对东北振兴工作重要指示精神，统筹推进“五位一体”总体布局，协调推进“四个全面”战略布局，按照全省“三个五”发展战略、中东西“三大板块”建设和“一主、六双”产业空间布局，立足吉林市“旅游文化名城、新型产业基地、生态宜居城市”的发展定位，坚持稳中求进工作总基调，坚持新发展理念，坚持推动高质量发展，坚持以供给侧结构性改革为主线，坚持深化市场化改革、扩大高水平开放，稳就业、稳金融、稳外贸、稳外资、稳投资、稳预期，打好三大攻坚战，实施乡村振兴战略，推进改革创新，保障和改善民生，奋力开创老工业基地全面振兴全方位振兴新局面。

具体说，就是明确一个目标、构建两大格局、打好三大攻坚战、推进六城建设。

明确一个目标：

为全面建成小康社会收官打下决定性基础。地区生产总值增长 5%～6%，规模工业增加值增长 4%，社会消费品零售总额增长 6%，一般公共预算收入增长 2% 左右，单位 GDP 能耗下降 2% 以上，城镇和农村常住居民人均可支配收入与经济增长同步。

构建两大格局：

构建产业发展新格局。近年来，按照“旅游文化名城、新型产业基地、生态宜居城市”的发展定位，坚定不移推进“6411”现代产业体系建设，产业发展的格局更加清晰。旅游依托冰雪资源，以冰雪旅游为先导推进冰雪产业发展已成为全市共识。化工在全国布局调整的大形势下，依托现有发展基础，承接南方化工产业转移优势明显，补链升级、集聚发展的空间仍然很大。新材料产业中碳纤维原丝、碳丝产能快速增长，研发能力不断增强，市场应用空间不断拓展。这三个产业需要我们凝神聚力，快速做优做大做强。

构建空间发展新格局。省委省政府作出了构建“一主、六双”产业空间布局的决策部署。我们要主动对接“一主、六双”发展规划，制定吉林市实施方案，特别要认真分析长吉一体化协同发展给吉林市带来的机遇和挑战，尽最大可能享受战略实施的红利，成为带动吉林省发展的双核之一。

打好三大攻坚战：

打好防范化解重大风险攻坚战。积极化解政府债务风险。依法依规盘活财政存量资金，强化政府预算管理，把有限的资金花在刀刃上；规范政府举债行为，拉长置换存量债务期限，新增地方政府债务限额 20 亿元以上。深化国资国企改革，切实发挥国资监管三级架构核心功能，积极推进平台公司市场化转型。建立国有企业负债约束机制，优化企业债务类型和期限结构，降低流动性风险。有效防范金融风险。搭建重大风险监测预警系统，健全地方金融监管体系，一险一策、分级分类处置农合机构、P2P 网络借贷及非法集资等金融风险点，确保不发生系统性区域性金融风险。扎实防控养老保险支付风险。落实振兴东北社会保险惠民援企政策，健全完善参保缴费激励机制，推动基本养老保险参保率达到 90% 以上，最大化争取中央调剂金支持，确保养老金按时足额发放。加大养老保险政策宣传力度，严格执行政策，严厉打击各种骗保行为。

打好精准脱贫攻坚战。全面落实打赢脱贫攻坚战三年行动计划，今年再减少 7639 名贫困人口、实现 21 个省级贫困村退出，基本完成脱贫攻坚主要任务。深化与白山市扶贫协作。实施产业可持续化发展工程，推广“携手扶贫”模式，促进脱贫产业提质增效。实施基础设施达标工程，精准规划、精准投入、严格标准，全面完成基础设施建设工作。实施人居环境整治工程，以 109 个省级贫困村的村庄环境整治为重点，结合农村人居环境整治三年行动，建成一批各具特色的美丽宜居村庄。实施兜底保障工程，加强医疗救助与基本医疗保险、大病保险、低保救助的有效衔接，解决好贫困群体保障问题。实施典型引领工程，坚持扶贫同扶志、扶智相结合，培树一批先进典型，带动更多贫困户自主创业、稳定脱贫。

打好污染防治攻坚战。严格按照整改方案和序时进度要求，高质量完成今年任务，确保所有任务在 2020 年全面完成。对中央环保督察整改剩余的 11 项反馈问题，必保今年完成 5 项；尚未办结的 26 件转办案件和 226 件“回头看”转办案件，必保今年分别办结 14 件和 137 件。对省生态环保督察尚未完成的 18 项反馈问题，必保今年完成 10 项；尚未办结的 61 件转办案件，必保今年办结 41 件。全力推进重点问题整改，抓好松花湖生态环境治理，坚持分类处置，不搞一刀切；抓好榆树沟社区搬迁，让 3382 户居民得到妥善安置；抓好黑臭水体整治，推动嘎牙河、北大沟治理工程年底前竣工，城市建成区基本消除黑臭水体。

推进六城建设：

（一）优化营商环境，着力建设投资兴业之城

全面优化营商环境，是推进高质量发展、应对各种复杂变化的重要基础。要着力改革体制机制，降低市场运行成本，积极构建“亲”“清”新型政商关系，助力民营经济大发展快发展，为各类市场主体创造稳定公平透明、可预期的营商环境。

1. 优化政务环境。组织实施投资项目前期手续和审批服务攻坚大会战，探索推行“标准地＋承诺制”新模式。推进政务信息化建设，全面完善政务服务事项“容缺受理”服务机制，无条件开放政务服务e超市。统筹推进“证照分离”和“多证合一”改革，推进电子营业执照跨区域跨部门跨领域应用，逐步实现“一照走天下”。深入推进开发区改革创新，打造营商环境的“制度高地”。着力引进新企业的同时，注重加强对现有企业的服务。

2. 优化市场环境。实行准入前国民待遇和负面清单制度，大幅降低社会资本市场准入门槛。健全市场综合监管体系，全面建立“双随机、一公开”监管执法体制，实现“阳光监管”。建设信用联合奖惩信息管理系统，设置企业“红名单”，优先向金融机构推介，探索实施失信企业联合惩戒机制。清理政府部门和市属国有企业拖欠民营企业资金，依法依规解决政策承诺不兑现等问题。贯彻全省促进民营经济发展40条意见，研究制定符合吉林市企业需求、可操作、管用的具体措施，培育“四上”企业80家，民营经济主营业务收入增长7%以上。

3. 优化法治环境。加强知识产权保护和运用，围绕工业产品、电子商务等重点领域，开展“护航”“雷霆”等执法维权专项行动。搭建法律服务民营企业平台，组建法律服务团20个，开展“律师走访民营企业”活动和“一对一”法律服务。组织开展“平安企业”“平安园区”创建活动，依法严厉打击侵害企业家合法权益、扰乱企业正常经营秩序的违法犯罪行为，倾力打造东北最安全的投资地区。

4. 优化要素环境。着力破解融资难融资贵问题，整合政府和金融机构资源，搭建产融合作信息服务平台，组织项目发布、银企对接、融资洽谈等活动，信贷投放超千亿元；拓展无还本续贷业务范围，全年无还本续贷额100亿元以上。积极落实国家电价降价政策，帮助50家企业申请列入全省大工业直购电试点范围，全年直购电交易电量力争增长10%。落实减税政策，全年减免企业税负17亿元以上。完善减费措施，坚决取缔无法律法规依据的收费项目，坚决按下限标准收取相关费用，坚决推行建设项目规费征管“一费制”。认真落实国家土地价格政策，对优先发展产业中具备相关条件的项目实行70%价格供地。

5. 优化社会环境。放宽外来人员落户条件，开辟“服务民营企业绿色通道”，实行民营企业法人凭营业执照、企业职工凭劳动合同和职工名册即可落户政策。对到吉林市投资、创业、务工人员及引进人才随迁子女，推行入学、升学、转学“一条龙”服务。全面加强卫生健康系统行风建设，继续扩大跨省异地就医直接结算范围。将符合条件的到吉林市创业、投资人员纳入住房租赁补贴范畴。充分发挥媒体平台舆论宣传主阵地作用，积极弘扬企业家精神，在全社会营造亲商、安商、扶商的浓厚氛围。

（二）加快动能转换，着力建设创新发展之城

坚持新兴产业培育和传统产业转型升级并重，在稳中有进中完成动能转换，把创新作为动能转换的根本驱动力，推进国家创新型城市建设取得实效。

1. 突出发展冰雪产业。抢抓政策机遇，打造全国冰雪产业发展集聚区。完善工作机制，成立市冰雪产业发展办公室。推动投资500亿元的中瑞滑雪小镇开工建设，加快实施投资超百亿元的北大壶冰雪体育旅游产业项目，保障北山四季越野滑雪场常年运营，推动万科松花湖滑雪度假区完善功能，在雪场建设上取得新突破；加大冰雪装备制造企业招商引资力度，在永吉经开区规划建设冰雪装备产业园，在引进索道缆车、造雪机、碳纤维滑雪板等冰雪装备制造企业上取得新突破；加强与冬奥组委、国家体育总局、北京延庆区合作，深入实施冰雪奥运冠军培育计划，加强各类场地服务人员培训，承办有影响的冰雪赛事，在服务北京冬奥上取得新突破。深入推动全民上冰雪，浇筑百块室外公益冰场，举办好第四届全市冬季运动会。推动冰雪运动进校园，在全市范围内推广冰雪运动课程，冰雪运动特色校发展到100所。做好“冰雪+”文章，支持北华大学冰雪学院快速壮大，加强与北京体育大学战略合作，加快智慧冰雪创新中心、冰雪科研基地建设，促进冰雪科技研发与成果转化。加大冰雪宣传营销力度，讲好吉林冰雪故事，筹排大型冰雪主题驻场演出，高标准举办雾凇冰雪节等活动，提升冰雪城市品牌影响力。

2. 着力振兴工业经济。工业是稳增长的压舱石，吉林市工业项目贷款占全市总量的44%、工业项目投资占总量的43.5%、工业品进出口额占总量的95%。面对稳中有变的经济形势，稳就业、稳金融、稳外贸、稳外资、稳投资、稳预期的任务艰巨，必须把振兴工业作为“六稳”的重要抓手。全力稳定工业运行。落实包保帮扶机制，实施“5640”企业培育计划，发挥骨干企业支撑带动作用。分类制定盘活措施，推进20家以上停产、半停产企业恢复生产，形成一批新的增量。加大要素保障、产需衔接等服务力度，主动帮助企业解决发展难题和历史遗留问题。加快工业转型升级。推动化工“补链”，重点支持吉化公司发展壮大，推动吉化公司炼油结构调整转型升级，确保吉化炼量达到910万吨，力争13万吨丙烯腈等项目落地开工，康乃尔甲醇制烯烃等项目投产运营；依托吉化原料优势，引进江苏苏化精细化学品等一批延长产业链项目。积极推动金珠开发区获批省级开发区。推动冶金“转型”，加快吉林建龙焦化改造、吉林炭素搬迁等项目建设，高标准谋划建设北方小五金生产基地。推动汽车“上量”，全力支持一汽吉林汽车混改，推进圆方机械与一汽富奥并购重组，万丰奥威轮毂达产达效，吉汽龙山汽车零部件产业园开工建设，提升汽车及配套产业能级。推动农产品加工“提质”，加速万昌、孤店子绿色生态农业长廊建设，抓好永吉宇丰米业、桦甸金牛牧业等重点企业发展，加快正大百万头生猪屠宰加工等项目建设，农产品加工业销售收入增长10%以上。推动碳纤维产业壮大并释放产能，建成碳纤维研发中心，推进精功二期、碳纤维拉挤板材等重点项目建设，与中车长客、一汽集团等对接合作，拓展产品在轨道交通车厢、新能源车轻量化、冰雪装备等领域的应用。推动航空、医药健康、先进装备制造业快速发展，实施二台子机场改扩建、康乃尔生物医药产业园、飞机零部件及高端防爆器材等项目，着力培育形成新的经济增长点。加快技术改造和科技创新步伐。围绕产业链部署创新链，瞄准生物、新材料等前沿领域，编制产业技术路线图，建设干热岩协同创新应用中心等创新平台。深入推进校城融合，充分借助吉林市高校资源，推动与本地重点产业深度融合。着力提升企业自主创新能力，多渠道增加研发经费投入，实施吉盟2万吨超亮腈纶纤维扩建等技术改造，加快TBM高性能盘形滚刀等产品研发，培育国家高新技术企业20家、“专精特新”企业100家。推动互联网、大数据、人工智能与实体经济深度融合。加快工业数字化改造，推广金洪汽车国家级智能制造试点示范经验，推广吉林建龙冷轧数字化车间等智能制造新模式应用。持续推进国家两化融合管理体系贯

标工作，国家贯标评定企业达到5家。抓好制造业服务化，培育瀚丰电气物联平台、东电开元工业互联网平台等一批示范项目。支持各产业领域开展第三方数据分析挖掘服务、技术外包服务，大力发展动漫设计、IT运维、软件外包等数字产业。

3. 积极发展现代服务业。推动云耕农业、东杰科技等服务业企业与农业、制造业协作联动，加快服务业与一、二产业融合发展。深化全域旅游示范区建设，提升松花湖、雾凇岛等重点景区品牌形象，积极推动以江城美丽山水为背景的特色灯光秀，旅游收入增速保持20%以上。推动欧亚、万达等重点商贸企业提质升级，完善河南街、东市、厦门街等重点商圈服务功能。促进电子商务与快递物流协同发展，推动京东智慧物流园一期、东北亚农产品仓储中心等园区投入运营，网络零售交易额增长30%。

4. 全力推动“双创”升级。用好人才这个第一资源，紧盯高精尖人才和紧缺型人才，实施人才扶持计划，着力引进一批领军人才和复合型研发团队，强化产学研用协同创新的智力支撑。以创新带动创业和就业，加快建设军民融合等六大创新创业基地，发挥创业就业服务云平台功能，开展项目开发、创业指导、跟踪扶持等“一条龙”“一帮一”服务，发放创业担保贷款1.7亿元。弘扬劳模精神和“工匠精神”，举办创新创业大赛，倡导崇尚创新、宽容失败的创新文化，激发全社会创新创业活力。

（三）统筹区域布局，着力建设协调发展之城

坚持点线面结合，既尊重特色，实施错位发展；又注重协同，实施联动发展，形成城乡、区域、县域之间协调发展的合力。

1. 实施乡村振兴战略。坚持质量兴农。落实粮食安全省长责任制，新增绿色有机水稻面积2000公顷，提前一年完成“十三五”高标准农田建设任务。巩固中国粳稻贡米之乡品牌优势，积极推介农产品区域公用品牌。坚持产业强农。推广“公司+基地+合作社+农场+农户”发展模式，建设10个产业基地、5家产业化联合体示范企业。加快设施农业发展，推动棚膜生产由单季向四季转变。加快发展休闲农业，市级以上星级企业发展到120家。坚持基础支农。清理整治“大棚房”问题，坚决遏制农地非农化乱象。实施农田水利设施建设58项，建设和绿美“四好农村路”1500千米，推广应用先进适用技术20项以上。坚持改革助农。启用农村土地确权信息应用平台，实现市县乡三级互联互通。引导各类主体发展适度规模经营，农村土地流转面积保持14万公顷以上。深化农村产权制度、农垦、供销社等方面改革。坚持增收富农。实施能人回乡、工商兴乡、社会助乡“三乡”工程，培育新型职业农民2500人，农村劳动力转移就业55万人次。建设丰满温德河四季生态等一批田园综合体，让更多农民充分参与和受益。

2. 推动长吉一体化协同发展。认真抓好“一主、六双”产业空间布局在吉林市的规划实施，找准定位，明确任务。要加快长吉都市圈建设，开展化工与汽车、碳纤维与轨道客车等产业战略对接，实施二氧化碳基聚醚多元醇、一汽吉林C023等项目，为吉林市化工、碳纤维、旅游等产业拓展市场空间。率先推动交通路网联通，规划建设旅游市域轨道交通，推进国道珲乌公路吉林至饮马河段一级公路等重大项目，提升长吉南线、长吉北线等旅游、运输大通道通行质量，增强连接聚合能力。强化节点支撑，推动永吉与城区同城化发展，抓好桦皮厂、岔路河等长吉重要节点镇建设，实现产业和人口集聚。

3. 促进县域经济发展。推动资源依赖型经济转型。抓好金属矿产等“原字号”产品的精深加工和产业链延伸，积极培育全域旅游、电子商务等新兴产业和现代服务业，努力走出一条资源转化、产业转型、发展方式转变的新路。推动产业园区建设。整合优化布局，培育永吉汽车配套生产、舒兰钼资源开发、磐石新材料、蛟河医药健康、桦甸新能源开发等产业集群，构建优势互补、错位竞争、协同发展的区域经济格局。推动县域晋位升级。促进县域经济总量壮大、后劲增强、综合实力提升，力争各县（市）在国家和省综合实力排名位次前移。

（四）坚持生态优先，着力建设绿色发展之城

绿水青山是吉林市的发展优势。要牢固树立绿水青山就是金山银山的理念，进一步增强绿色发展的自觉性和主动性，不要以牺牲环境为代价的发展，保护好天蓝地绿水清的美丽家园。

1. 巩固提升绿色发展优势。打好蓝天保卫战。深入开展工业污染防治和煤烟型污染防治，基本淘汰县级城市建成区10蒸吨及以下燃煤小锅炉。全面开展秸秆露天禁烧专项行动，抓好秸秆禁烧区、限烧区管控，提高综合利用水平。严格控制煤炭消费总量，开展散煤治理和煤炭减量替代等工作。全年环境空气质量优良天数保持80%以上。打好碧水保卫战。全面落实河长制，开展好河湖“清四乱”专项行动。推进县级以上集中式水源地规范化建设，实施水源地安全保障达标工程。推动蛟河天岗等工业集中区污水处理厂竣工运营，地表水国控断面一至三类水体比例达到83%以上。打好青山、黑土地保卫战。持续开展“绿盾”自然保护区监督检查专项行动，严肃查处保护区内违法违规开发行为。加快农业面源污染治理，保护和利用好黑土地资源。开展重点行业企业用地土壤污染状况调查，严格限制高风险化学品生产使用，严厉打击固体废物环境污染违法犯罪行为。打好环境安全保卫战。修订非煤矿山尾矿库环境应急预案，加强危化品运输管控和应急设施建设，完善松花江吉林市江段22个水污染防控断面应急防控措施。深化生态环境损害赔偿制度改革，落实生态保护红线划定政策，实施山水林田湖生态修复工程，带动生态环境质量整体改善。

2. 大力推动产业绿色发展。加快发展水电、生物质发电、风电等清洁能源，抓好丰满大坝治理、蛟河抽水蓄能电站等项目建设，清洁能源供应量增长4%。支持金隅冀东环保科技等企业创建“绿色工厂”，实施吉林化纤、瀚禹化工等企业绿色制造项目建设。严格执行建筑节能标准和绿色建筑要求，绿色建筑占新建建筑比例提升到40%以上。推进博大生化等企业完成清洁生产技术改造，降低污染物排放强度。建立完善推动落后产能退出工作机制，依法依规淘汰落后产能。

（五）扩大合作交流，着力建设开放发展之城

扩大对外交流合作，引进项目、资金、技术、管理，形成新的经济增长点，是吉林市发展的必然选择。按照全省“项目建设年”部署，把项目建设和招商引资作为振兴发展的关键所在，充分发挥开发区主战场作用，举全市之力，确保新开工工业项目占地5平方千米以上，投资强度达到每平方米3000元。全年开工5000万元以上重点项目330项。其中，亿元以上项目245项，10亿元以上项目40项；“三早”项目190项。

1. 开展全方位对口合作。紧紧把握我省与浙江省对口合作机遇，利用好与温州对口合作机制，推进与温州各县（市）区、

开发区合作，提高两地产业融合发展水平。持续开展“浙商吉林行”等活动，引导温商、浙商资本更多进入吉林市场，促进两地资本流动、资源共享。深入开展吉林优质产品温州系列宣传推介活动，进一步提高在温州、浙江市场的品牌影响力。支持两地开展中高端人才互认共享，为对口合作提供坚实的智力支持。

2. 开展多层次战略合作。主动融入全省“1+N+X”战略合作框架，全面对接京津冀、长江经济带、粤港澳大湾区和东北四省区产业协作需求，务实开展化工、冰雪、新材料、生物制药等专题专项招商活动。加强城市间互动交流，推动与桂林、苏州、厦门等重点旅游城市实现宣传互动、资源共享、游客互换。创新开发区合作发展，开展“飞地经济”试点，与大亚湾等产业相近开发区建立交流合作机制。提升域内企业对外合作水平，推动吉化ABS专用料在更多白色家电企业供应使用，推进小糸车灯与华晨宝马、北京现代实现产品配套。

3. 开展紧密型专业合作。深化与中科院等科研院所合作，支持已落户的院士工作站发挥更大作用，打造苏州医工所吉林市工程技术研究院等科研合作示范典型。促进浙江大学二次技术转移项目落地，深化市中心医院、吉林医药学院与温州医科大学的专业合作，推进市人民医院与北医大三院共建运动医学中心，加快吉林大学吉林市研究院建设，科技成果就地转化20项以上。密切与河北化工、江苏医药、浙江汽车等商企协会对接合作，再建立友好商会5个以上。积极参加科研院所、著名高校、知名商会进吉林等活动，再形成一批重大合作成果。

4. 开展前瞻性共建合作。抢抓国家支持东北振兴机遇，围绕基础设施建设、生态环保、乡村振兴、民生工程等领域，谋划梳理重大项目160项，强化项目包装，加大“上争”力度，争取轨道交通等更多项目纳入国家计划。依托国家创新型城市、国家产融合作试点城市、国家电子商务与物流快递协同发展试点城市等优势，用好用足国家部委政策，积极开展先行先试，最大限度加快振兴发展步伐。

5. 开展开放性国际合作。推动与瑞士巴涅市、法国纪尧姆市等世界冰雪名城建立友好关系，拓宽与俄罗斯伏尔加格勒市、日本松江市等国际友城的合作领域，将与东南亚等重点地区合作引向深入。加快中新吉林食品区发展步伐，深化与泰国正大集团等大企业的合作，打造国家农业高新技术产业示范区，建成东北亚开放合作的重要平台。完善保税物流中心功能，扩区增项，拓展跨境电商业务，打造全省外经贸发展新窗口。依托吉林创新科技城、吉林软件服务外包基地等载体，吸引品牌服务贸易企业集聚发展，积极创建全省服务出口基地。培育吉林炭素超高功率石墨电极等高附加值出口产品，助力开拓俄罗斯等国外市场。

（六）切实保障民生，着力建设共享发展之城

坚持以人民为中心发展思想，尽力而为、量力而行，兜底线、保基本、提品质，不断增强人民群众的获得感、幸福感和安全感。

1. 扎实办好民生实事。今年要办好七个方面30件民生实事。促进社会就业。深入落实国家、省、市各项促进就业政策，城镇新增就业6.8万人，城镇登记失业率控制在4.5%以内。完善社会保障。农村低保标准不低于当年度国家现行扶贫标准，城市低保标准不低于上年度人均可支配收入的20%。对低保家庭中的重病患者、重残人员、老年人、未成年人按平均不低于50%低保标准的比例增发补助金。实施安居工程。坚持实物保障与租赁补贴并举，发放住房租赁补贴8000户。改造城市棚户区556户，解决2142户居民棚改逾期未安置问题。存量无籍房不动产登记任务完成70%以上。改造老旧小区达到50%以上。推进“一城一网”和热源能力提升联网工程建设，改造供热老旧管网53千米。建立物业服务企业信用信息体系，规范物业服务市场，提升物业服务水平。改造农村厕所40720户。发展教育事业。落实学生资助专项资金，不让一名孩子因贫失学。深化大学区管理改革，促进义务教育优质均衡发展。筹建吉林通用航空高等职业技术学院，促进职教园区高效运转，提高现代职业教育发展水平。完善健康服务体系。将城镇居民基本医疗保险困难群众个人缴费纳入财政补助范畴。低保困难家庭患者核磁共振、CT检查费减免70%。免费为1万名贫困人口开展消化道胃癌早期筛查治疗。免费向3万名在校中小学生提供视力筛查服务。持续开展养老院服务质量提升专项行动，医养结合率达到90%以上，二级以上医疗机构开通老年人就医绿色通道。实施“畅通吉林”工程。绕城高速向城市7座及以下小客车免费开放。打通西山街等4条断头路。对19条次干路、150条支路、200条胡同路面进行集中治理，畅通群众出行“最后一千米”。加强静态交通管理，全面开展核心区静态交通治理，启用中心医院周边区域静态交通设施，改造升级28处道路停车场，实施机动车停放网格化管理，有效缓解交通拥堵压力。实施文体惠民工程。推进国家引导城乡居民扩大文化消费试点城市建设，举办庆祝中华人民共和国成立70周年国乐艺术周等系列文化活动，推进非物质文化遗产展示馆建设，传承和弘扬优秀传统文化，丰富城乡文化生活。高水平举办国际冰雪摄影大展、第四届国际马拉松、中芬冬季运动年等赛事活动，进一步提升城市知名度。

2. 提升城市建设管理水平。实施50项城建重点工程，当年完成投资60亿元以上。推进智慧城市建设。统筹实施雪亮工程、智慧化停车和重点区域免费Wi-Fi覆盖等城市信息化建设。启动居民“一卡通”项目，实现社会保障、城市交通等公共服务功能一卡通办。统一整合全市各类政务服务和便民服务热线，构建“12345”一号通便民服务热线平台。推进海绵城市建设。启动实施哈达湾区域22条道路、海绵型公园等海绵城市建设试点。建设功能完善的监测平台，实现海绵城市建设动态情况的数据采集和远程传输。推进文明城市建设。以创建全国文明城市为契机，全面实施“九大工程”，开展“九大行动”，健全公共环境、公共秩序、交通和社区文明行为规范，扎实推进“温暖家庭、幸福和谐社区”建设。集中拆除2600处侵占消防通道等违建设施，治理小区野广告张贴行为，打造吉林一中、毓文中学等35所校园周边环境示范区，建设干净、美丽、安全、有序的文明江城，促进城市公共文明指数和群众满意度“双提升”。

3. 持续巩固社会安全稳定局面。深入落实“四个最严”要求，健全监管体系，切实保障公众饮食用药安全。全面落实全省党政领导干部安全生产责任制实施细则，全面完善安全生产制度机制，全面加强应急救援能力建设，坚决遏制重特大事故发生。进一步做好民族宗教工作。加大“事要解决”力度，妥善处理好群众的合理诉求。深入开展扫黑除恶专项斗争，实现深挖根治的阶段性目标，全面推进平安江城建设。

（市政府办公室）

地方性法规

吉林市地方立法条例

（2018 年 1 月 19 日吉林市第十六届人民代表大会第三次会议审议通过，
2018 年 7 月 27 日吉林省第十三届人民代表大会常务委员会第四次会议批准）

第一章　总　则

第一条　为了规范我市地方立法活动，提高地方立法质量，推进依法治市，根据《中华人民共和国地方各级人民代表大会和地方各级人民政府组织法》《中华人民共和国立法法》和《吉林省地方立法条例》的有关规定，结合本市实际，制定本条例。

第二条　市人民代表大会及其常务委员会制定、修改和废止地方性法规，适用本条例。

第三条　市人民代表大会及其常务委员会根据本市的具体情况和实际需要，在不同宪法、法律、行政法规和省的地方性法规相抵触的前提下，可以对城乡建设与管理、环境保护、历史文化保护等方面的事项制定地方性法规。

本市已经制定的地方性法规，涉及前款规定事项范围以外的，继续有效。

第四条　本市地方性法规可以就下列事项作出规定：

（一）为执行法律、行政法规和省地方性法规的规定，需要根据本市实际作具体规定的事项；

（二）属于本市地方性事务需要制定地方性法规的事项。

除《中华人民共和国立法法》第八条规定的事项外，其他事项，国家和省尚未制定法律、法规的，市人民代表大会及其常务委员会根据本市具体情况和实际需要，可以先制定地方性法规。在国家和省制定的相关法律、法规生效后，地方性法规与国家和省制定的法律、法规相抵触的规定无效，应当及时予以修改或废止。

本市根据本条第一款、第二款制定地方性法规，限于本条例第三条第一款规定的事项。

第五条　制定地方性法规，应当坚持下列原则：

（一）依法的原则。地方立法应当遵循宪法的基本原则和《中华人民共和国立法法》确定的立法原则，依据法定的权限和程序立法，不得与上位法相抵触，维护社会主义法制的统一和尊严；

（二）求实的原则。从本市市情和实际需要出发，与改革和发展的重大决策相结合，急需先立，体现地方特色。法规设定的法律规范应当明确、具体，具有针对性和可执行性。对上位法已经明确规定的内容，一般不作重复性规定；

（三）公正的原则。统筹全局，兼顾各方面利益，科学、公正设定国家机关的权力和责任以及公民、法人和其他组织的权利和义务，防止部门利益倾向；

（四）民主的原则。坚持立法公开，实行地方立法协商民主、专家咨询、地方立法服务基地、地方立法联系点等制度，扩大人民有序参与立法的途径，广泛听取社会各方面意见，保证地方性法规充分体现人民的意志。

第六条　市人民代表大会及其常务委员会应当加强对地方立法的组织协调，发挥在地方立法工作中的主导作用。

第二章　地方立法规划、年度立法计划

第七条　市人民代表大会常务委员会的法制工作机构应当在每届的最后一年编制下一届五年的立法规划草案，经下一届届初的市人民代表大会常务委员会主任会议通过。

立法规划草案应当包括拟开展的立法项目和调研项目。

立法规划应当印发常务委员会会议，并向社会公布。

第八条　地方立法规划在执行过程中，市人民代表大会常务委员会主任会议可以根据工作实际，对立法规划设定的项目作出适当调整。

第九条　市人民代表大会常务委员会主任会议应当在每年的年末提出下一年度的立法计划。年度立法计划的项目，一般应当在本届立法规划的项目当中选择。

第十条　年度立法计划的编制，由常务委员会法制工作机构征求其他专门委员会和市人民政府的意见，通过研究论证，提出计划草案，经市人民代表大会常务委员会主任会议讨论通过后，印发市人民代表大会常务委员会会议。

第十一条　市人民代表大会常务委员会主任会议根据实际情况，可以对年度立法计划作出调整。

第三章　市人民代表大会制定法规程序

第十二条　下列事项，应当由市人民代表大会制定地方性法规：

（一）本市行政区域内特别重大的事项。

（二）规范市人民代表大会职责的事项。

（三）规范市人民代表大会常务委员会议事规则、立法程

序的事项。

（四）其他应当由市人民代表大会规定的事项。

第十三条 市人民代表大会主席团可以向市人民代表大会提出法规案，由市人民代表大会会议审议。

市人民代表大会常务委员会、市人民政府、市人民代表大会各专门委员会，可以向市人民代表大会提出法规案，由主席团决定列入会议议程。

第十四条 十名以上代表联名，可以向市人民代表大会提出法规案，由主席团决定是否列入会议议程，或者先交有关的专门委员会审议，提出是否列入会议议程的意见，再由主席团决定是否列入会议议程。

专门委员会审议的时候，可以邀请提案人列席会议，发表意见。

第十五条 向市人民代表大会提出的法规案，在市人民代表大会闭会期间，可以先向市人民代表大会常务委员会提出，经常务委员会会议依照本条例的有关程序审议后，决定提请市人民代表大会审议，由常务委员会向大会全体会议作说明，或者由提案人向大会全体会议作说明。

市人民代表大会常务委员会依照前款规定审议法规案，应当通过多种形式征求市人大代表的意见，并将有关情况向提案人予以反馈；专门委员会和常务委员会工作机构进行立法调研，可以邀请有关的市人大代表参加。

第十六条 常务委员会决定提请市人民代表大会审议的法规案，应当在会议举行的十五日前将法规草案发给代表。

第十七条 列入市人民代表大会会议议程的法规案，先由有关的专门委员会进行审议。有关的专门委员会应当发挥专业优势予以审查把关，向主席团提出审议意见，并印发会议；由主席团、常务委员会或专门委员会提请的，可以直接提交会议审议。

第十八条 列入市人民代表大会会议议程的法规案，在提交大会审议时，先由提案人向大会全体会议作说明，然后由各代表团进行审议。

各代表团审议法规案时，提案人应当派人到会听取意见，回答询问。

各代表团审议法规案时，有关机关、组织应根据代表团的要求，派人到会介绍情况。

第十九条 列入市人民代表大会会议议程的法规案，由法制委员会根据各代表团和有关的专门委员会的审议意见，进行统一审议，向主席团提出审议结果报告和法规草案修改稿，对重要的不同意见应当在审议结果报告中予以说明，经主席团会议审议通过后，印发会议。

第二十条 列入市人民代表大会会议议程的法规案，必要时，主席团常务主席可以召开各代表团团长会议，就法规案中的重大问题听取各代表团的审议意见，进行讨论，并将讨论的情况和意见向主席团报告。

主席团常务主席也可以就法规案中的重大的专门性的问题，召集代表团推选的有关代表进行讨论，并将讨论的情况和意见向主席团报告。

第二十一条 列入市人民代表大会会议议程的法规案，在审议中有重大问题需要进一步研究的，经主席团提出，由大会全体会议决定，可以授权常务委员会根据代表的意见进一步审议，作出决定，并将决定情况向市人民代表大会下次会议报告；也可以授权常务委员会根据代表的意见进一步审议，提出修改方案，提请市人民代表大会下次会议审议。

第二十二条 列入市人民代表大会会议议程的法规案，在交付表决前，提案人要求撤回的，应当说明理由，经主席团同意，并向大会报告，对该法规案的审议即行终止。

第二十三条 法规草案修改稿经各代表团审议，由法制委员会根据各代表团的审议意见进行修改，提出法规草案表决稿，由主席团提请大会全体会议表决，由全体代表的过半数通过。

第四章　市人民代表大会常务委员会制定法规程序

第二十四条 市人民代表大会常务委员会制定、修改和废止除应当由市人民代表大会制定的地方性法规以外的地方性法规。

在市人民代表大会闭会期间，市人民代表大会常务委员会可以对市人民代表大会制定的地方性法规进行部分补充和修改，但是不得同该法规的基本原则相抵触。

第二十五条 市人民代表大会常务委员会主任会议可以向常务委员会提出法规案，由常务委员会会议审议。

市人民政府、市人民代表大会各专门委员会，可以向常务委员会提出法规案，由主任会议决定列入常务委员会会议议程，或者先交有关的专门委员会审议、提出报告，再决定列入常务委员会会议议程。

主任会议认为法规案有重大问题需要进一步研究的，可以建议提案人修改完善后再向常务委员会提出。

第二十六条 常务委员会组成人员五人以上联名，可以向常务委员会提出法规案，由主任会议决定是否列入常务委员会会议议程，或者先交有关的专门委员会审议、提出是否列入会议议程的意见，再决定是否列入常务委员会会议议程。不列入常务委员会会议议程的，应当向常务委员会会议报告或者向提案人说明。

专门委员会审议的时候，可以邀请提案人列席会议，发表意见。

第二十七条 列入常务委员会会议议程的法规案，除特殊情况外，应当在会议举行的七日前将法规草案发给常务委员会组成人员。

第二十八条 列入常务委员会会议议程的法规案，先由有关的专门委员会进行审议。有关的专门委员会应当发挥专业优势予以审查把关，提出书面审议意见，连同法规草案一并提交常务委员会会议审议。由主任会议或专门委员会提请的，可以直接提交会议审议。

有关的专门委员会审议法规案时，可以邀请其他专门委员会的成员列席会议，发表意见。

第二十九条 列入常务委员会会议审议的法规案，由法制委员会根据常务委员会组成人员、有关的专门委员会的审议意见和各方面提出的意见，进行统一审议，提出审议结果报告和法规草案修改稿。对重要的不同意见应当在审议结果报告中予以说明；对有关的专门委员会的重要审议意见没有采纳的，应当向有关的专门委员会反馈。

法制委员会审议法规案时，可以邀请有关的专门委员会的成员列席会议，发表意见。

第三十条 专门委员会审议法规案时，应当召开全体会议，根据需要，可以要求有关机关、组织派人说明情况。

第三十一条 专门委员会之间对法规草案的重要问题意见不一致时，应当向主任会议报告。

第三十二条 列入常务委员会会议议程的法规案，法制委员会、有关的专门委员会和常务委员会工作机构应当听取市人大代表、常委会立法咨询员、有关专家、利害关系人等各方面的意见。听取意见可以采取座谈会、论证会、听证会等多种形式。法规案有关问题专业性较强，需要进行可行性评价的，应当召开论证会。法规案有关问题存在重大分歧或者涉及利益关系重大调整的，应当召开听证会。

有关的专门委员会应当将法规草案发送有关机关、组织、常委会立法咨询员、专家和部分市人民代表大会代表征求意见，将意见整理汇总后，根据需要印发有关专门委员会和常务委员会会议。

审议前征求意见，由有关的专门委员会负责；审议后征求意见，由法制委员会负责。

第三十三条 列入常务委员会会议议程的法规案，经主任会议决定，应当将法规草案向社会公布，征求意见。向社会公布征求意见的时间一般不少于十五日。各机关、组织和公民提出的意见，由有关的专门委员会整理并提出采纳意见，向常务委员会会议报告。

第三十四条 列入常务委员会会议议程的法规案，一般应当经过两次常务委员会会议审议后再交付表决。调整事项较为单一或者部分修改的法规案，意见比较一致的，可以经过一次常务委员会会议审议即交付表决。意见分歧较大的，也可以经过常务委员会会议三次审议后再交付表决。

第三十五条 常务委员会会议第一次审议法规案，先由全体会议听取提案人的说明，再由分组会议进行审议。

常务委员会会议审议后即交付表决的法规案，法制委员会应当在会议期间作出关于法规草案审议结果的报告，再由分组会议对法规草案修改稿进行审议。

常务委员会会议审议后不交付表决的法规案，先由全体会议听取法制委员会关于法规草案修改情况的汇报，再由分组会议对法规草案修改稿进行审议。

常务委员会审议法规案时，根据需要，主任会议可以决定召开联组会议或者全体会议，对法规草案中的主要问题进行讨论。

第三十六条 常务委员会审议法规案时，应当邀请有关的省人民代表大会代表、市人民代表大会代表列席会议，发表意见。根据需要，也可以邀请受委托的法规案起草人、市人大法制委员会委员、常委会立法咨询员列席会议。

第三十七条 常务委员会分组审议法规案时，提案人应当派人听取意见，回答询问；根据审议小组的要求，有关机关、组织应当派人介绍情况。

第三十八条 列入常务委员会会议审议的法规案，常务委员会工作机构应当收集整理分组审议的意见，并根据需要，印发常务委员会会议。

第三十九条 列入常务委员会会议议程的法规案，在交付表决前，提案人要求撤回的，应当说明理由，经主任会议同意，并向常务委员会报告，对该法规案的审议即行终止。

第四十条 列入常务委员会会议审议的法规案，因各方面对制定该法规的必要性、可行性等重大问题存在较大意见分歧，搁置审议满两年的，或者因暂不付表决，经过两年没有再次列入常务委员会会议议程审议的，由主任会议向常务委员会会议报告，该法规案终止审议。

第四十一条 法规草案修改稿经常务委员会会议审议，由法制委员会根据常务委员会组成人员的审议意见进行修改，提出法规草案表决稿，由主任会议提请常务委员会全体会议表决，由常务委员会全体组成人员过半数通过。

法规草案表决稿交付常务委员会会议表决前，主任会议根据常务委员会会议审议的情况，可以决定将个别意见分歧较大的重要条款提请常务委员会会议单独表决。

单独表决的条款经常务委员会会议表决后，主任会议根据单独表决的情况，可以决定将法规草案表决稿交付表决，也可以决定暂不付表决，交法制委员会和有关的专门委员会进一步审议。

第四十二条 对多部法规中涉及同类事项的个别条款进行修改，一并提出法规案的，经主任会议决定，可以合并表决，也可以分别表决。

第五章 报请省人大常委会审查批准程序

第四十三条 本市人民代表大会常务委员会编制的立法规划、立法计划，在提交主任会议通过前，应当将草案报省人大常委会法制工作机构征求意见。

第四十四条 市人民代表大会及其常务委员会制定的地方性法规，一般至少在提交常务委员会审议通过前三十日，将法规草案修改稿及其合法性说明报送省人大常委会法制工作机构征求意见，并附立法依据对照表等相关资料。

第四十五条 市人民代表大会常务委员会应当根据省人大常委会法制工作机构提出的意见，认真研究修改。

第四十六条 市人民代表大会及其常务委员会表决通过的法规案，由常务委员会一个月内呈报省人民代表大会常务委员会批准。

报请批准的地方性法规，应当提交报请批准的书面报告、地方性法规文本及其合法性说明，并附立法依据对照表等参阅资料。

第四十七条 本市制定的地方性法规须报省人民代表大会常务委员会批准后发布公告予以公布，并应当在市人民代表大会常务委员会公报、《江城日报》及有关的官方网站上刊登。

公布法规的公告应载明法规的制定机关、通过日期和批准机关、批准日期及施行日期。常务委员会公报刊登的法规文本为标准文本。

第四十八条 本市制定的地方性法规应当在公布后的三十日内报省人民代表大会常务委员会，并由省人大常委会报全国人民代表大会常务委员会和国务院备案。

第六章　法规解释和询问

第四十九条　市人民代表大会及其常务委员会制定的地方性法规有以下情况之一时，由市人民代表大会常务委员会解释：

（一）法规的规定需要进一步明确含义的；

（二）法规制定后出现新的情况，需要明确适用法规依据的。

第五十条　市人民政府、市中级人民法院、市人民检察院和市人民代表大会各专门委员会以及各县（市）、区的人民代表大会常务委员会可以向市人民代表大会常务委员会提出对地方性法规解释的要求。

第五十一条　法规解释草案由常务委员会法制工作机构研究拟订，由主任会议决定列入常务委员会会议议程。

第五十二条　法规解释草案经常务委员会会议审议，由法制委员会根据常务委员会组成人员的审议意见进行审议、修改，提出法规解释草案表决稿。

第五十三条　法规解释草案表决稿由常务委员会全体组成人员过半数通过。法规解释报省人民代表大会常务委员会审查批准后，由市人民代表大会常务委员会发布公告予以公布，并在三十日内报省人民代表大会常务委员会，并由省人大常委会报全国人民代表大会常务委员会和国务院备案。

法规解释同法规具有同等效力。

第五十四条　市人民代表大会的法制工作机构可以对地方性法规具体问题的书面询问进行研究，予以答复，并报常务委员会备案。

第七章　其他规定

第五十五条　市人民代表大会有权改变或者撤销它的常务委员会制定的不适当的地方性法规。

第五十六条向市人民代表大会及其常务委员会提出法规案，应当同时提出法规草案文本及其说明，并附立法依据对照表及其他必要的参考资料。

法规草案的说明应当包括制定该法规的必要性、可行性和主要内容。

第五十七条　提请市人民代表大会及其常务委员会制定地方性法规的议案必须签署。市人民代表大会主席团提请的，由主席团授权大会秘书长签署；常务委员会或者常务委员会主任会议提请的，由常务委员会主任签署；市人民政府提请的，由市长签署；市人民代表大会专门委员会提请的，由主任委员签署；市人民代表大会代表联名或常务委员会组成人员联名提请的，由参与联名人共同签署。

第五十八条　向市人民代表大会及其常务委员会提出的法规案，在列入会议议程前，提案人有权撤回。

第五十九条　法规草案实行多元起草的方式，可以由提案人起草，也可以委托相关机关、单位、组织或专家起草。

第六十条　交付市人民代表大会及其常务委员会全体会议表决未获通过的法规案，如果提案人认为必须制定该法规，可以按照本条例规定的程序重新提出，由主席团、主任会议决定是否列入会议议程。其中，市人民代表大会未予通过的法规案，仍需提请市人民代表大会审议决定。

第六十一条　地方立法实行评估机制。对拟列入立法规划、计划的立法项目，在立法必要性、可行性、立法条件等方面存在较大争议的，应当开展立项评估。

拟提请常务委员会会议审议通过的法规案，在法制委员会提出审议结果报告前，常务委员会法制工作机构可以对法规草案中主要制度规范的可行性、法规出台时机、法规实施的社会效果和可能出现的问题等进行评估。评估情况由法制委员会在审议结果报告中予以说明。

对现行有效的地方性法规，有关的专门委员会、常务委员会工作机构可以组织对该地方性法规或者地方性法规中有关规定进行立法后评估。评估情况应当向常务委员会报告。经立法后评估，认为需要修改或者废止法规的，由有提案权的主体提出修改或者废止该法规的议案。

第六十二条　地方性法规实施满两年的，法规实施机关应当将法规实施情况书面报送有关的专门委员会、常务委员会工作机构。

第六十三条　有关的专门委员会、常务委员会工作机构应当根据各自职责范围，组织对地方性法规进行清理。

常务委员会组织开展地方性法规清理的，由常务委员会法制工作机构汇总各方面意见后，提出修改或者废止的清理意见，由常务委员会主任会议研究处理。

国家机关、社会团体、企业事业组织以及公民，可以向常务委员会提出法规清理的建议。

第六十四条　市人民政府可以根据《中华人民共和国立法法》及有关的法律、行政法规和省地方性法规、本市的地方性法规，制定规章。

市政府规章依法报国务院、省人民代表大会常务委员会、省政府、市人民代表大会常务委员会备案。

第六十五条　市人民代表大会及其常务委员会对地方性法规的修改和废止程序，分别适用本条例制定地方性法规的有关规定。

地方性法规部分条文被修改的，必须公布新的法规文本。

第六十六条　地方性法规根据内容需要，可以分编、章、节、条、款、项、目。

编、章、节、条的序号用中文数字依次表述，款不编序号，项的序号用中文数字加括号依次表述，目的序号用阿拉伯数字依次表述。

法规标题的题注应当载明制定机关、通过日期、批准机关、批准日期。

第六十七条　法规应当明确规定施行日期。

第六十八条　立法经费应当根据当年立法计划列入市财政预算，按立法工作需要及时拨付。

第八章　附　则

第六十九条　本条例自公布之日起施行。2001 年 1 月 16 日吉林市第十二届人民代表大会第四次会议通过，2001 年 3 月 30 日吉林省第九届人民代表大会常务委员会第二十三次会议批准的《吉林市人民代表大会及其常务委员会立法条例》同时废止。

（市人大常委会办公室）

吉林市城市房地产开发经营管理条例

（2017 年 11 月 28 日吉林市第十六届人民代表大会常务委员会第九次会议审议通过，
2018 年 7 月 27 日吉林省第十三届人民代表大会常务委员会第四次会议批准）

第一章 总 则

第一条 为了规范房地产开发经营行为，促进房地产业健康发展，根据《中华人民共和国城市房地产管理法》《城市房地产开发经营管理条例》等法律、法规，结合本市实际，制定本条例。

第二条 本市城市规划区内国有土地上从事房地产开发经营及其管理活动，适用本条例。

本条例所称房地产开发经营，是指房地产开发企业在依法取得使用权的国有土地上进行基础设施建设、房屋建设，并转让房地产开发项目或者销售、出租商品房等行为。

第三条 市城乡建设行政主管部门（以下称市开发主管部门）负责本市房地产开发经营活动的监督管理工作，具体工作由市房地产开发管理机构负责。

区城乡建设行政主管部门按照职责分工，负责本辖区房地产开发经营活动的监督管理工作。

发展和改革、国土资源、城乡规划、住房保障和房地产、市政公用、城市管理行政执法、工商、公安等部门按照各自职责，实施对房地产开发经营活动的管理。

第四条 本市根据经济社会发展水平，采取优惠措施扶持发展保障性住房建设，鼓励普通商品房建设，完善住房供应体系，改善居民居住条件。

支持建设经济、适用、节地、节能、环保型住宅和发展成品住宅，推行住宅产业现代化。

第二章 房地产开发企业

第五条 取得企业法人营业执照和房地产开发资质等级证书的企业，方可从事房地产开发经营。

房地产开发企业资质分为一、二、三、四四个等级和暂定资质。房地产开发企业资质实行分级审批制度，具体审批权限及资质证书管理按照国家、省有关规定执行。

第六条 新设立的房地产开发企业应当自领取营业执照之日起 30 日内，持下列文件到市开发主管部门备案：

（一）营业执照复印件；

（二）企业章程；

（三）企业法定代表人的身份证明；

（四）专业技术人员的资格证书和聘用合同。

第七条 房地产开发企业应当按照核定的资质等级承担相应规模的房地产开发项目：

（一）一级资质开发项目规模不受限制；

（二）二级资质开发单个项目或者分期项目每期规模不超过建筑面积 25 万平方米；

（三）三级资质开发单个项目或者分期项目每期规模不超过建筑面积 15 万平方米；

（四）四级资质开发单个项目或者分期项目每期规模不超过建筑面积 10 万平方米；

（五）暂定资质开发单个项目或者分期项目每期规模不得超过资质证书标注规模。

第八条 外地房地产开发企业在本市从事房地产开发经营的，应当到市开发主管部门备案。

第三章 房地产开发建设

第九条 国有建设用地使用权出让或者划拨前，市开发主管部门应当根据信用评价结果对房地产开发企业信用状况等方面提出书面意见。

出让地块允许分期开发建设的，应当在招标、拍卖、挂牌公告中公布，受让人依照《国有土地使用权出让合同》约定的开工、竣工时间完成开发建设。

第十条 房地产开发项目实行资本金制度，项目核准或备案前应当办理项目资本金监管手续，资本金专项用于本房地产开发项目的开发建设。资本金占项目总投资的比例应当符合国家有关规定，符合抵扣条件的，可以按照有关规定予以抵扣。

第十一条 房地产开发项目应当在开工建设前按照国家和省有关规定办理项目核准或备案手续。

第十二条 房地产开发企业申请办理房地产开发项目建设工程施工许可证时，应当提供本项目农民工工资保证金缴存证明；未提供的，市开发主管部门应当通知其按照相关规定办理。

第十三条 房地产开发项目实行项目手册制度。房地产开发项目开工建设前，应当到市开发主管部门领取并填报房地产开发项目手册。项目手册作为开发建设方案执行情况检查、项目资本金管理、商品房交付使用管理、企业资质管理等方面的依据。

房地产开发企业应当将项目建设过程中的主要事项如实记录在项目手册中，并每月报送市开发主管部门备案。

第十四条 房地产开发企业在项目开工前，应当根据土地使用权出让合同和经批准的规划方案，制定开发建设方案，报市开发主管部门备案。分期开发的项目应当报送各期的开发建设方案。调整开发建设方案的，房地产开发企业应当在调整后10日内将调整后的方案报市开发主管部门备案，并对方案调整的原因作出书面说明。

开发建设方案应当载明项目性质、规模、开发期数、开工时间、竣工时间、开发进度安排等，明确应建配套设施的种类、内容、规模、交付使用时间等内容。

房地产开发企业应当按照开发建设方案开发建设。市开发主管部门应当定期对开发建设方案执行情况进行监督检查。

第十五条 房地产开发企业在办理商品房预售许可证前应当按照开发建设方案填写房地产开发项目配套设施建设承诺书，对开发项目配套设施的建设内容、建设期限、产权界定、移交使用等事项作出书面承诺，并自预售当日起在销售现场显著位置张贴公示。

第十六条 市、区人民政府统一领导违法建设查处工作，建立联合执法工作机制，健全案件移送、信息共享、行政问责等制度。

实行违法建设监管责任制。市、区人民政府负有查处违法建设职责的部门和乡（镇）人民政府、街道办事处应当建立日常巡查制度，并做好巡查记录，及时发现、报告和按照职责分工调查处理违法建设行为。

第四章 房地产经营与商品房交付

第十七条 符合有关法律、法规规定转让房地产开发项目的，受让人应当具有相应的房地产开发企业资质，未达到项目资本金解除监管条件的还应当有符合规定的项目资本金。受让人应当重新领取并填报房地产开发项目手册。

第十八条 转让房地产开发项目，转让人和受让人应当自土地使用权变更登记手续办理完毕之日起30日内，持房地产开发项目转让合同到市开发主管部门备案。转让合同应当明确项目转让所涉及的债权债务关系分割与处理等内容。

第十九条 房地产开发企业出租、销售（含预售和现售）商品房等经营行为按照有关法律、法规、规章的规定执行。

本条例所称商品房，是指房地产开发企业取得国有土地使用权后开发建设的面向社会销售或者出租的住宅房屋（含项目配建廉租住房、公共租赁住房）及配套商业用房。

第二十条 商品房交付使用应当具备本条例第二十一条第一款规定的基本条件，并符合商品房买卖合同约定。

第二十一条 商品房交付使用应当符合下列基本条件：

（一）工程竣工验收合格；

（二）消防验收合格；

（三）规划核实合格；

（四）土地验收合格；

（五）供水、排水、供热、供电、电梯验收合格；

（六）燃气工程验收合格（燃气设施配套的区域）；

（七）物业服务用房已落实，已实施前期物业服务；

（八）法律、法规规定的其他条件。

房地产开发企业应当自商品房交付使用之日起15日内，持符合前款规定的证明材料到市开发主管部门办理商品房交付使用备案。

第二十二条 房地产开发企业与买受人签订商品房买卖合同时，应当按照房地产开发项目配套设施建设承诺书对通信、有线电视、宽带、环卫设施、节水设施等生活配套设施建设以及相关设施交付条件、交付时间、逾期交付责任等事项进行约定，并依法承担相应的法律责任。

第二十三条 相关行政管理部门和供水、供电、供热、燃气、排水等公共服务企业应当督促房地产开发企业及时办理验收手续。

房地产开发企业申请商品房项目（含分期开发项目）分项验收的，城乡规划行政管理部门应当自受理之日起7个工作日内完成规划核实；公安消防部门应当自受理之日起10个工作日内完成消防验收；其他相关行政管理部门及公共服务企业，应当自受理之日起5个工作日内完成验收。验收合格的，各相关管理部门和公共服务企业应当向房地产开发企业出具验收合格或者准予投入使用证明；不合格的，应当一次性书面告知需要整改事项。

第二十四条 房地产开发企业应当自工程竣工验收合格之日起2年内，按照有关规定将供水、供热、供电设施整体移交公共服务企业管理。建设二次供水设施的，移交前应当与供水服务企业签订移交协议。

已验收合格的供水、供热、供电设施，相关公共服务企业不得重复验收或者拒绝接收。

第二十五条 房地产开发企业在商品房交付使用时，应当向买受人提供商品房使用说明书和商品房质量保证书。商品房使用说明书和商品房质量保证书示范文本由市开发主管部门制定。

房地产开发企业应当按照商品房质量保证书的约定承担相应的保修责任。买受人无正当理由拒绝接收商品房的，房地产开发企业的保修责任自书面通知交付使用之日起计算。

保修期内，因房地产开发企业对商品房进行维修，致使房屋原使用功能受到影响，给买受人造成损失的，应当依法承担赔偿责任。

第二十六条 房地产开发企业应当自商品房交付使用之日起90日内，依法办理不动产首次登记。

第五章 开发企业信用管理

第二十七条 本市实行房地产开发企业信用评价管理制度。

市开发主管部门应当根据信息采集所形成的综合信用数据，对房地产开发企业综合信用进行评价和动态管理，并将评价结果及时向社会公布。信用评价可委托第三方中介机构实施。

第二十八条 房地产开发企业信用信息应当包括企业客观信用能力、企业经营信用情况和企业诚实履约信用情况等。

房地产开发企业信用信息采取各相关部门和单位提供、房地产开发企业申报、公众投诉等方式征集。市开发主管部门应当对相关信息进行核实并做好记录。

第二十九条 本市建立房地产开发企业信用管理网络平台，相关行政管理部门和单位应当通过信用管理网络平台及时录入日常监管确认的与房地产开发企业信用有关的各类信息。房地产开发企业信用管理网络平台应当与工商行政管理部门信息平台实现信息共享。

第三十条 房地产开发企业应当按照有关要求，及时准确填报企业信用信息资料和统计报表，并对其真实性负责。

第三十一条 市开发主管部门、相关行政管理部门和金融机构应当将严重失信的房地产开发企业纳入重点监管名单，限制其开发新的房地产项目、参与新的土地出让等活动。

第六章 法律责任

第三十二条 房地产开发企业违反本条例规定的，由市开发主管部门或有权部门依据下列规定予以处罚；造成损失的，依法承担赔偿责任；构成犯罪的，依法追究刑事责任：

（一）违反第十条规定，未办理项目资本金监管手续的，责令限期改正，给予警告；逾期不改正的，纳入不良信息记录；

（二）违反第二十一条第一款规定，未达到交付使用基本条件擅自交付商品房的，责令限期改正，给予警告；逾期不改正的，纳入不良信息记录，并按照已交付使用商品房每套处1万元至3万元的罚款；

（三）违反第二十一条第二款规定，未办理商品房交付使用备案的，责令限期改正，给予警告；逾期不改正的，纳入不良信息记录，并处5万元至10万元的罚款。

第三十三条 违反本条例第二十四条规定，房地产开发企业未按时移交配套设施，或者各公共服务企业拒绝接收或重复验收的，由其行业行政主管部门责令限期改正，给予警告；逾期不改正的，处10万元至20万元的罚款。

第三十四条 市开发主管部门以及其他部门工作人员在房地产开发经营管理工作中不履行本条例规定的职责，或者滥用职权、玩忽职守、徇私舞弊的，依法给予处分；构成犯罪的，依法追究刑事责任。

第七章 附 则

第三十五条 县（市）城镇规划区内国有土地上从事房地产开发经营及其管理活动，可参照本条例执行。

第三十六条 项目资本金管理、房地产开发企业信用管理、违法建设查处等具体办法由市人民政府另行制定。

第三十七条 本条例由吉林市人民代表大会常务委员会负责解释。

第三十八条 本条例自2019年1月1日起施行。2000年4月5日施行的《吉林市城市房地产开发经营管理条例》同时废止。

（市人大常委会办公室）

统 计 资 料

2018年吉林市国民经济和社会发展统计公报

2018年，是全面贯彻党的十九大精神的开局之年，全市立足“旅游文化名城、新型产业基地、生态宜居城市”的发展定位，坚持稳中求进工作总基调，全面践行新发展理念，落实高质量发展要求，经济运行稳中有进，质量效益稳步提升，人民生活持续改善。

一、国民经济

经济总量

初步核算，全年地区生产总值[①]比2017年增长2.4%。其中，第一产业增加值增长1.7%；第二产业增加值增长3.9%；第三产业增加值增长1.2%。三次产业结构的比例关系由2017年的6.3 ∶ 37.3 ∶ 56.4调整为6.7 ∶ 34.5 ∶ 58.8。全市人均生产总值达到53452元，按现行汇率折算为7774.3美元。

图1 **2017年和2018年三次产业对比图**

财政收支

2018年，全市一般公共预算收入完成375.5亿元，比2017

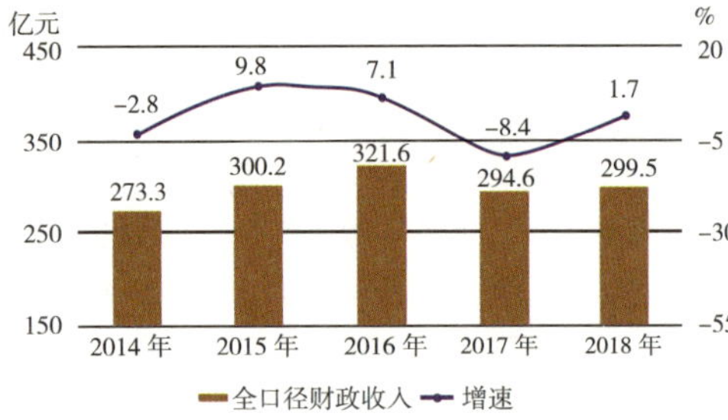

图 2　**2014—2018 年吉林市全口径财政收入及增速**

年增长 1.8%；市本级一般公共预算收入完成 179.3 亿元，比 2017 年增长 1.9%。全市一般预算全口径财政收入完成 299.5 亿元，比 2017 年增长 1.7%；一般公共预算地方级财政收入完成 104.3 亿元，比 2017 年增长 4.5%。一般预算财政支出 412.0 亿元，比 2017 年增长 2.7%。

民营经济

全年全市民营经济实现主营业务收入 5472.9 亿元，比 2017 年增长 6.5%；民营经济增加值占 GDP 比重 47.6%；民营经济从业人员达到 113.4 万人，下降 1.8%。截至 2018 年年末，工商注册登记民营企业户数达 4.8 万户，增长 15.9%；工商注册登记个体工商户 20.5 万户，增长 7.7%。

市场价格

全年居民消费价格总水平上涨 2.4%。其中，医疗保健类价格上涨 8.6%，教育文化和娱乐类价格上涨 6.0%，生活用品及服务类价格上涨 2.0%，食品烟酒类价格上涨 1.5%，居住类价格上涨 1.1%，衣着类价格上涨 0.7%，其他用品和服务类价格上涨 0.6%，交通和通信类价格上涨 0.4%，商品零售价格指数上涨 1.8%。

表一　居民消费价格指数

（以上年价格为 100）

	2018 年	2017 年
居民消费价格总指数	102.4	101.3
服务项目价格指数	103.7	102.4
消费品价格指数	101.6	100.6
食品烟酒	101.5	98.6
衣着	100.7	101.5
居住	101.1	100.2
生活用品及服务	102.0	101.7
交通和通信	100.4	102.0
教育文化和娱乐	106.0	103.2
医疗保健	108.6	108.7
其他用品和服务	100.6	101.3
商品零售价格指数	101.8	101.7

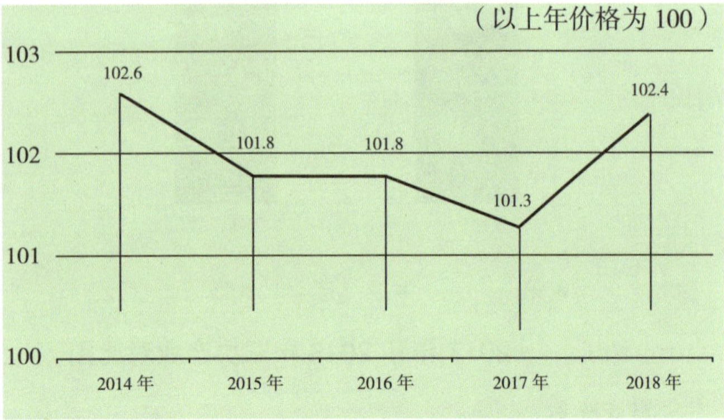

图 3　**2014—2018 年吉林市居民消费价格总指数图**

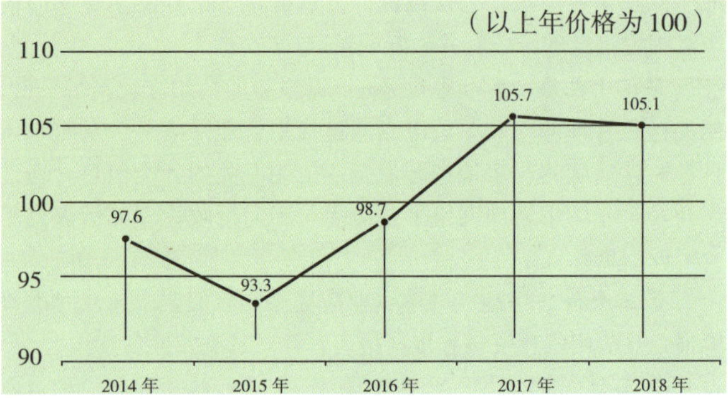

图 4　**2014—2018 年吉林市工业生产者出厂价格总指数**

全年工业生产者出厂价格上涨 5.1%。其中，生产资料出厂价格上涨 7.4%；生活资料出厂价格下降 1.8%。生产资料三大构成中，原料类价格上涨 8.4%；加工类价格上涨 6.6%；采掘类价格上涨 4.5%。

农　业

全年全市粮食总产量比 2017 年下降 15.9%。其中，水稻

表二　吉林市主要工业产品生产量

主要工业产品	单位	2018 年	同比增减(%)
原煤	万吨	18.9	-55.5
发电量	亿千瓦时	125.4	-1.2
原油加工量	万吨	812.3	-9.5
汽油	万吨	167.2	-5.1
柴油	万吨	253.3	-10.0
焦碳	万吨	121.0	1.0
铁矿石原矿量	万吨	84.3	90.1
商品混凝土	万立方米	27.6	-42.2
啤酒	万千升	21.6	-2.4
化学纤维	万吨	36.8	1.7
硫酸（折 100%）	万吨	35.0	1.6
乙烯	万吨	76.7	-10.2
纯苯	万吨	23.6	-11.9
合成氨	万吨	26.6	3.8
ABS 树脂	万吨	55.0	-8.7
合成橡胶	万吨	12.3	-21.7
合成纤维单体	万吨	43.9	3.0
化学药品原药	吨	1577.7	-8.1
中成药	万吨	0.2	-21.2
水泥	万吨	383.3	-18.1
石墨及碳素制品	万吨	9.1	1.9
生铁	万吨	470.7	8.2
粗钢	万吨	510.5	16.8
成品钢材	万吨	568.4	14.8
铁合金	万吨	0.1	-90.0
黄金	千克	2620.0	-41.3
汽车	万辆	4.7	-37.3
变压器	万千伏安	98.9	-8.0
半导体分离器件	亿只	40.4	-8.8
自来水生产量	万立方米	11275.0	-5.7

总产量下降 8.4%；大豆总产量下降 29.4%；玉米总产量下降 17.6%。

全年农林牧渔业总产值可比价增长 1.8%。其中，农业产值增长 4.0%；林业产值下降 12.3%；牧业产值增长 3.0%；渔业产值下降 13.7%；农林牧渔服务业产值增长 2.2%。

全年粮食作物播种面积下降 2.7%。其中，大豆播种面积下降 9.8%；水稻播种面积下降 9.6%；玉米播种面积增长 0.1%。农业机械总动力增长 7.6%。

工　业

全年全市规模以上工业企业增加值比 2017 年可比增长 4.4%。十大行业产值六升四降。其中，石化行业产值增长 4.8%，冶金行业产值增长 29.7%，电子行业产值增长 3.1%，农副食品加工行业产值增长 11.9%，轻纺行业产值增长 12.2%，机械加工与制造行业产值增长 1.7%，医药健康行业产值下降 6.2%，能源行业产值下降 0.2%，汽车及配件制造行业产值下降 15.6%，建材行业产值下降 13.8%。

规模工业主营业务收入增长 6.3%；实现利润总额下降 7.2%。

高新技术产业[②]增加值可比增长 0.9%，增速低于规模以上工业增加值 3.5 个百分点。

30 种重点产品中，铁矿石原矿量、粗钢、成品钢材、生铁、石墨及碳素制品等产品产量增长，原油加工量、原煤、乙烯、铁合金、水泥等产品产量下降。

建筑业

全年全市建筑业增加值比 2017 年下降 3.0%。有资质建筑业企业总产值下降 7.8%。企业房屋建筑施工面积 854.4 万平方米，竣工面积 438.9 万平方米。

固定资产投资

全年全市固定资产投资比 2017 年增长 4.7%。其中，第一产业固定资产投资下降 1.6%，第二产业固定资产投资下降 6.1%，第三产业固定资产投资增长 16.0%。

在 9 个投资方向中，工业投资占主导地位。全市 5000 万元及以上工业投资占全部投资比重为 26.0%，商贸业投资比重为 1.7%，城乡基础设施投资比重为 4.8%，文化、体育投资比重为 0.1%，医疗、卫生投资比重为 2.4%，房地产投资比重为 22.3%，其他投资比重为 11.7%。

国内贸易

全年全市社会消费品零售总额比 2017 年增长 4.2%。分地域看，城镇消费品零售额增长 4.1%，乡村消费品零售额增长 4.5%。分行业看，批发业零售额增长 8.6%，零售业零售额增长 2.9%，住宿业零售额增长 6.1%，餐饮业零售额增长 4.4%。

招商引资

全年全市新签约 3000 万元以上招商引资项目 84 个，新开工 3000 万元以上招商引资项目 85 个。

对外经济贸易

全年全市外贸进出口总额实现 80.0 亿元，比 2017 年增长 21.6%。其中，出口 58.5 亿元，增长 30.8%；进口 21.5 亿元，增长 2.0%。对外承包工程营业额实现 1.9 亿美元，与 2017 年持平。全市有进出口业绩企业达到 198 家，进出口商品达到 761 种，与 98 个国家（地区）有经贸往来。

开发区建设

全年吉林高新技术产业开发区地区生产总值比 2017 年增长 2.1%；规模工业增加值可比下降 0.7%；全口径财政收入 19.4 亿元，下降 11.8%；固定资产投资下降 33.0%；社会消费品零售总额增长 0.5%；招商引资到位资金 62.1 亿元，下降 59.0%；外资到位资金 0.6 亿美元，下降 48.0%。

全年吉林经济技术开发区地区生产总值比 2017 年增长 6.4%；规模工业增加值增长 7.5%；地方级财政收入 3.9 亿元，下降 16.6%；固定资产投资增长 16.4%；社会消费品零售总额增长 5.0%；实际利用外资 0.6 亿美元。

交通运输和邮电

全年全市货物运输量[④] 7934.1 万吨，比 2017 年增长 5.0%；货物周转量 176.3 亿吨千米，增长 3.2%。全年旅客发送量 4858.3 万人次，下降 3.0%；旅客发送周转量 20.5 亿人千米，下降 6.0%。其中，公路 20.4 亿人千米，下降 6.0%；水运 1150.2 万人千米，下降 1.0%。

全市年末民用机动车拥有量达到 76.6 万辆，比 2017 年末增长 2.8%。其中，私人汽车拥有量 52.9 万辆，增长 8.2%；民用轿车拥有量 32.2 万辆，增长 8.4%，其中私人轿车 30.4 万辆，增长 9.0%。

全年全市邮政业务总量 9.4 亿元，增长 13.3%；邮政业务收入 9.5 亿元，增长 10.5%。

旅游业

全年全市接待旅游者达到 5946.0 万人次，比 2017 年增长 17.0%，占全省 26.8%；实现旅游收入 1004.1 亿元，增长 25.3%，占全省 23.8%。吉林市入选 2018 十佳冰雪旅游城市，雾凇冰雪节入选 2017—2018 冰雪季冰雪节事十强，北大壶、万科松花湖入选 2017—2018 冰雪季滑雪旅游区十强。

金融保险业

全年全市金融机构本外币各项存款余额 2696.2 亿元，比年初增加 20.2 亿元。其中，本外币境内存款余额 2693.6 亿元，比年初增加 19.7 亿元；本外币境外存款余额 2.6 亿元，比年初增加 0.5 亿元。年末全市金融机构本外币贷款余额为 2101.4 亿元，比年初减少 87.8 亿元。人民币各项贷款余额为 2099.8 亿元，比年初减少 83.9 亿元。其中，境内贷款余额 2101.4 亿元，境外贷款余额 0.01 亿元。

全市有财、寿险公司 29 家。其中，财产险公司 13 家，寿险公司 16 家。全年保费收入 89.4 亿元。其中，财产险保费收入 22.3 亿元，寿险保费收入 67.1 亿元；财险赔款金额 10.8 亿元，寿险给付及赔款支出金额 32.5 亿元。

二、社会发展

科　技

全年全市共认定技术合同 337 份，技术合同成交总金额 43477.8 万元。省级科技小巨人企业达到 50 户。国家级星创天地 5 户，省级星创天地 1 户。建立 7 个院士工作站，共引进院士 7 人，专家 50 余人。获得省级科技奖励项目 54 项，即：省科学技术奖 49 项（特殊贡献奖 1 项、自然科学奖 5 项、科技进步奖 43 项）和省科技成果转化贡献奖 5 项（单位奖 2 项、个人奖 3 项）。获批国家知识产权优势企业 13 户。

教 育

全市共有独立幼儿园 778 所、幼儿教师 9710 名、在园儿童 78794 名；小学 553 所、小学教师 15330 名、小学生 169977 名；初中 146 所、初中教师 11836 名、初中生 90393 名；普通高中 39 所、高中教师 6543 名、高中生 57102 名；中等职业学校 34 所（含职高、成人中专、中等职业技术学校、进修学校）、职校教师 3374 名、职校生 25741 万名；特教学校 10 所、特教教师 369 名、特教学生 1074 名。

文 化

全市年末共有公共图书馆 10 个，总藏量 369.6 万册（包括数字图书）；博物馆 16 个，全年博物馆参观人数达 163.4 万人次；文化馆 11 个（包括群众艺术馆），艺术表演团体 8 个。广播、电视人口覆盖率分别达到 98.3% 和 96.9%。中、短波转播发射台 2 座，调频、电视转播发射台 6 座。

建成数字博物馆、数字图书馆、数字文化馆、数字美术馆等 10 余个数字资源库。市级公共文化服务机构的数字服务平台容量达 400TB。9 月，吉林市顺利通过创建国家公共文化服务体系示范区验收。

全年开展“三节”系列文化活动、朝鲜族民俗文化节、市（农）民文化节等大型文化活动 10 余项，举办广场文化活动周、广场舞大赛、广场周末休闲舞会等广场文化活动 120 余场，完成松花江文化讲坛等各类公益讲座 150 场、城乡公益电影放映 5272 场、送演出下基层 190 场、公演儿童剧 60 场，丰富了城乡不同群体的精神文化生活。建成农村文化小广场 97 个。

原创吉剧《黄大年》、儿童剧《靰鞡草的故事》2 个项目获国家艺术基金资助；市歌舞团第 21 次参加央视春晚，参加了平昌冬奥会文艺演出；全年市直院团完成商业演出 200 场，公益演出 180 场。中国评剧院、北京京剧院、上海歌剧院等全国知名文艺院团到吉林市演出 200 余场。

举办吉林市首届国际陨石博览会、中国文字博物馆汉字巡展、中华民族节俗文化展等大型展览展示活动。完成吉林文庙、吉林市天主教堂及西团山遗址等 4 处重点文物修缮工作。组织开展吉林文庙祭孔大典、成人礼以及“行走的博物馆——送展览下基层”、白山书院系列讲座、少儿国学讲堂等系列优秀文化传承活动近 20 项 200 余场。

开展打击违法网络视听专项行动和打击治理“黑广播”专项行动，监听监看各类广告 500 余条（次），监听甄别并向市工信部门通报非法电台信息 30 余起，查处违规广告 3 起，协助相关部门查处拆除非法电台 9 个。

全力推动国家文化消费试点城市创建，开展文化产品展销会、非物质文化遗产新春大集以及舞台演出季等活动 20 余项。一力乌拉草制品有限公司、蚁神动漫、松花江大剧院等 7 家文化企业获批省文化产业园区和文化产业示范基地。

卫 生

全年全市社区卫生服务人口覆盖率达到 100%；共有 175.1 万人参加新农合，参合率为 99.2%，年度筹资总额为 12.8 亿元，共有 148.9 万人次受益。

全年全市各级各类医疗卫生机构 3840 所。其中，医院 172 所、疗养院 2 所、卫生院 97 所、门诊部 230 所、急救中心 1 所、采供血机构 2 所、专科疾病防治院（所、站）10 所、妇幼保健机构 11 所、疾病预防控制中心 12 所、卫生监督机构 1 所、医学科学研究机构 2 所、诊所 1314 所、卫生所（医务室）316 所、社区卫生服务中心（站）112 所、村卫生室 1657 所、护理站 27 所、计划生育技术服务机构 10 所。全市卫生技术人员 33108 人，执业医师及执业助理医师 13368 人，注册护士 14950 人，全市编制医疗床位 27784 张。

体 育

全年全市举办各类群众体育赛事活动 122 项次，2017—2018 赛季，吉林市运动员参加国际、国家级冰雪体育赛事 41 项次，获金牌 37 枚，银牌 25 枚，铜牌 42 枚；2018—2019 赛季，吉林市运动员参加国际级、国家级冰雪赛事 17 项次，获金牌 23 枚，银牌 17 枚，铜牌 8 枚。6 月 10 日，吉林市成功举办第三届吉林市国际马拉松暨全国马拉松锦标赛，有 3 万余名运动员参赛；2 月 10 日至 11 日，成功举办首届世界冰上龙舟俱乐部锦标赛，来自国内外 40 支队伍参赛。

圆满完成第 23 届冬奥会、第 18 届省运会参赛任务。年初的韩国平昌第 23 届冬奥会上，吉林市有 4 名运动员参赛。其中，短道速滑运动员武大靖在 500 米比赛中打破该项目世界纪录和奥运会纪录，获 500 米金牌，并与队友配合获男子 5000 米接力银牌，实现了我国在该项目上男子奥运金牌零的突破。武大靖先后夺得世锦赛、世界杯、冬奥会 500 米短道速滑冠军，实现该项目大满贯。第 18 届省运会上，吉林市获得 69 金 76 银 81 铜，金牌、奖牌、团体总分均位列全省第 2 名，并被组委会评为“体育道德风尚奖”，圆满完成参赛任务。

城市建设和市政公用事业

全市有电厂 5 家、供热企业 25 户，城区供热管网 2550.0 千米，在网供热面积 8540.0 万平方米，其中，热电联产集中供热面积 8212.5 万平方米，热电联产供热比例 96.2%；生物质、燃气等其他方式供热面积 60.0 万平方米。

全市有水厂 5 座，DN75 以上管网 876.3 千米，日供水总能力为 50.5 万吨，最高日供水量 42.8 万吨。排水管线总长度 1094.0 千米。其中，污水管线 454.2 千米，雨水管线 626.4 千米，合流管线 13.4 千米，明沟暗渠 26.0 千米。全市建有雨污排水泵站 41 座。其中，雨水泵站 18 座、污水泵站 23 座。

全市安装路灯道路长度 527.5 千米，共有灯杆 2.4 万基，光源 4.3 万盏，城市照明装灯总功率 7490.0 千瓦。现有环卫工人 5940 人，日保洁面积 3556.4 万平方米，清雪面积 3168.0 万平方米。城区现有 1 座生活垃圾焚烧发电厂和 2 座生活垃圾卫生填埋场，日处理能力可达到 2500 吨，2018 年，全市生活垃圾无害化处理率为 94.1%。

全市有公园 12 个，广场 12 座，游园 39 个，小型绿地 110 个、防护绿地 17 个，风景山 16 座，生产绿地 6 个。建成区绿地面积 6301.1 公顷，绿地覆盖面积 7079.6 公顷、绿地率 33.3%，绿化覆盖率37.5%，人均公园绿地面积12.1平方米。

全市有市管市政桥梁81座，总长度27.0千米，面积62.0万平方米。大型桥梁31座（含江城大桥、临江门大桥、吉林大桥、江湾大桥、雾凇大桥、龙潭大桥、清源桥、松江大桥、哈龙桥、秀水桥、金珠大桥等11座跨江桥梁）、中型桥梁38座、小型桥梁12座。

全市有市政道路686条，总长度696.7千米，面积1370.4万平方米。按道路等级分类，城市主干路199.2千米，625.0万平方米；次干路116.7千米，259.3万平方米；支路258.8千米，399.1万平方米；胡同121.9千米，86.9万平方米。按管理层级分类，全市道路分市区两级管理，其中市管道路92条，长286.7千米，面积815.5万平方米，市管道路面积所占比例为59.5%；四个城区、高新区、经开区管辖道路合计长409.9千米，面积554.9万平方米，区管道路面积所占比例为40.5%。

全市燃气气源有天然气和液化石油气两种，共有燃气企业37家。液化石油气总储气能力8170.0立方米，全市天然气管线总长度1142.9千米，居民用户49.2万户，燃气普及率99.2%，天然气年销售总量5.8亿立方米。

三、人民生活

人口与计划生育

年末全市户籍总人口413.5万人。其中，男性人口207.3万人，女性人口206.2万人；城镇人口218.9万人，乡村人口194.6万人。2018年，出生人口2.4万人，死亡人口1.7万人，人口出生率5.9‰，死亡率4.2‰，人口自然增长率1.7‰。符合政策生育率达98.9%，下降0.1个百分点；一胎率达61.8%，下降1.4个百分点。

就 业

全年全市实现城镇新增就业7.7万人，农村劳动力转移就业62.5万人次，城镇登记失业率为3.5%，“零就业”家庭保持动态为零。开展农村劳动力技能培训1.7万人，培训城镇失业人员9134人，新增高技能人才1633人。开展创业培训1万人，发放创业担保贷款2.3亿元，扶持1269名创业者，带动就业6169人。

生活与保障

全年全市城镇常住居民人均可支配收入28538元，增长5.0%；农村常住居民人均可支配收入13895元，增长6.1%。

截至2018年年末，8555户城镇低收入家庭享受到了住房租赁补贴1674.0万元，423户中低收入家庭享受到了公租房实物配租；完成37个小区、542栋住宅楼、274.0万平方米的老旧小区宜居改造。

年末全市城镇基本养老保险覆盖总人数达到75.1万人，比2017年末增加0.9万人，增长1.2%，其中在职参保41.3万人。失业保险参保人数达到30.6万人。

年末全市基本医疗保险参保人数为223.2万人；工伤保险参保人数81.8万人；生育保险参保人数56.0万人。

全年全市社会福利事业持续发展，各类收养性社会福利事业单位85个，城镇社区服务设施723个，全市福利彩票站699个，中福在线销售大厅7个，销售社会福利彩票4.8亿元，接受社会捐赠511.5万元。

截至年底，全市有14.2万人享受最低生活保障。其中，城镇有7.7万人享受最低生活保障，农村有6.5万人享受最低生活保障。最低生活保障资金支出6.8亿元。其中，城镇最低生活保障资金支出4.8亿元，农村最低生活保障资金支出2.0亿元。全市有1.1万余人享受特困人员救助供养。其中，有837人享受城镇特困人员救助供养，有10359人享受到农村特困人员救助供养。特困人员救助供养资金支出7876.0万元。其中，城镇特困人员救助供养资金支出756.0万元，农村特困人员救助供养资金支出7120.0万元。

全年全市共登记管理社会团体600个，民办非企业1304个。

全年全市登记结婚28463对，离婚19941对，救助流浪乞讨人员2520人次。

资源和环境

全年全市大气主要污染物细颗粒物（$PM_{2.5}$）平均浓度为37.0微克/立方米，比2015年59.0微克/立方米下降37.0%；全年优良天数比例达到83.0%。松花江吉林江段各项污染指标均满足《地表水环境质量标准》中Ⅲ类标准，水质状况为良好。

全年全社会综合能源消费量1996.2万吨标准煤，单位GDP能耗降低率为4.5%。其中，规模工业综合能源消费量1330.5万吨标准煤，单位工业增加值能耗降低率为7.1%。全社会用电量153.8亿千瓦时，增长3.9%，其中工业用电量为113.2亿千瓦时，增长3.2%。

说 明：

本公报数据均为年度快报统计数。部分数据因四舍五入的原因，存在分项与合计不等的情况。

①地区生产总值、各产业增加值增长速度按不变价格计算。

②高技术产业包括医药制造业，航空、航天器及设备制造业，电子及通信设备制造业，计算机及办公设备制造业，医疗仪器设备及仪器仪表制造业，信息化学品制造业。

③表中数据口径为规模以上工业企业。

④交通运输客货运量数据中不含铁路。

资料来源：

本公报中财政数据来自市财政局；价格指数、城乡居民收支数据来自国家统计局吉林市调查队；用电量数据来自市电力公司；公路里程、公路运输、水路运输数据来自市交通运输局；货物进出口数据来自市商务局；旅游数据来自市文化和旅游局；金融类数据来自中国人民银行吉林市中心支行；城镇新增就业、登记失业率、社会保障数据来自市人力资源社会保障局；生活救助资金、城乡低保等数据来自市民政局；教育数据来自市教育局；卫生数据来自市卫生和计划生育委员会；科研机构、科研成果、技术合同、专利等数据来自市科技局；艺术表演团体、博物馆、公共图书馆、文化馆、广播电视、报纸、期刊、图书数据来自数据来自文化和旅游局；体育数据来自市体育局；环境监测数据来自市环境保护局；其他数据均来自市统计局。

（吉林市统计局）

2018年吉林省各市（州）经济社会发展主要指标统计表

市(州)	地区生产总值（万元）	第一产业（万元）	第二产业（万元）	第三产业（万元）	人均地区生产总值（元）	地方级财政收入（亿元）	社会消费品零售总额（亿元）	城镇居民人均可支配收入（元）	农村居民人均可支配收入（元）	粮食产量（万吨）
长春市	71757117.00	3019020.00	35116820.00	33621277.00	95663.00	478.01	3003.57	31164	14237	864.66
吉林市	22102386.00	1472037.00	7631617.00	12998732.00	53331.00	104.28	1367.10	28538	13895	390.15
四平市	9443242.00	2045328.00	2633365.00	4764549.00	29556.00	42.82	585.37	26509	13643	685.05
辽源市	6216011.00	360741.00	3025656.00	2829614.00	52861.00	17.84	239.74	26328	13346	147.60
通化市	8293000.00	707423.00	3211993.00	4373584.00	38296.00	55.25	432.42	26886	12430	190.30
白山市	6617099.00	531360.00	2984879.00	3100860.00	55694.00	22.72	294.38	23694	11160	27.17
松原市	13736009.00	1781081.00	3901642.00	8053286.00	49912.00	45.06	714.39	26703	11678	701.76
白城市	6065061.00	1172739.00	1997957.00	2894365.00	31849.00	41.09	330.65	23539	9908	478.85
延边州	7095002.00	517330.00	2031469.00	4546203.00	33883.00	59.35	534.70	26316	11129	147.26

（省方志委）

2018年吉林市组织机构及负责人名录

中国共产党吉林市委员会

书　　记 张焕秋（至2月）　王庭凯（2月任）
副 书 记 唐永军（至5月）　刘　非　沈德生（5月任）
常　　委 张焕秋（至2月）　王庭凯（2月任）
刘　非　唐永军（至5月）　沈德生
田应新（1月任）　徐　莉　李天林
郑文家（3月任）　孙树祯（挂职）　高海珠
陈　胜（挂职，至4月）　郑国学
陈强（至11月）　熊亮华（挂职，4月任）
李富民（6月任）　赵永波（12月任）
秘 书 长 李天林（至5月）
副秘书长 马旭瞳　付彦平

市委办公厅
主　　任 马旭瞳
副 主 任 于跃洋　孙德辉

市委组织部
部　　长 高海珠
副 部 长 关树维　王宗英（兼）　刘德宏

市委非公有制企业和社会组织党工委专职副书记 张守君

市委宣传部
部　　长 陈　强（至12月）
副 部 长 权　红　赵大明　宋文君

市委统战部
部　　长 郑国学
副 部 长 杨文萍

市委政法委
书　　记 徐　莉
副 书 记 于　伟　洪　岩
市政法纪工委书记 苏相侠
市综合治理办公室副主任 许　伟

市委政策研究室（改革办）
主　　任 董国新
副 主 任 徐雪松　刘东华　宋国利

市机构编制委员会办公室

主　　任　郑　平
副 主 任　崔虎城　李春风　王文火

市直属机关工作委员会
书　　记　李天林（至 5 月）
常务副书记　蔡星海
副 书 记　白树光　吴长兴

市委 市政府信访局
局　　长　赵志龙
副 局 长　马新英　徐　杰　张福亮
纪检组长　刘　庆

市委台湾工作办公室
主　　任　王　继
副 主 任　孙延学　赵　冬

市委保密委员会办公室（国家保密局）
主　　任（局长）　刘显哲

市委巡察工作办公室
主　　任　王凤文（11 月任）
副 主 任　沙延慧（9 月任）　李兆成（9 月任）

市委巡察组
组　　长　李世勋（9 月任）　李　滨（9 月任）
副 组 长　邓　阳（9 月任）　刘崇耀（9 月任）
赵海军（11 月任）　刘岚巍（11 月任）

市委老干部局
局　　长　高　兢
副 局 长　韩洪波（至 6 月）

市精神文明建设委员会办公室
主　　任　王　媛

市委机要局（市密码管理局）
局　　长　李建波

市关心下一代工作委员会
主　　任　刘　萍
副 主 任　刘化军　景　光　姜彩霞　富　强

市委党史研究室
副 主 任　杜晓丽

市委党校
校　　长　唐永军（至 5 月）　沈德生（5 月任）
副 校 长　李雪梅　张国兴（至 4 月）　闫绍文　栾　珊
王　宇　李永军
教 育 长　何晓杰

江城日报社
总 编 辑　蓝　兰
副总编辑　孙　拓　王传宝　赵新宇
纪委书记　张松山

市档案局（馆）
局　　长　李国财（至 4 月）
副 局 长　杨壮志　袁明才

吉林市人民代表大会常务委员会

主　　任　李向东
副 主 任　刘吉全　孙宝玉　马　驰　孙维国
秘 书 长　张立辉
副秘书长　范丽雯

办 公 厅
主　　任　季春明
副 主 任　王　宇　卜鸿兴

研究室
主　　任　张　杰

内务司法委员会
主 任 委 员　徐春英
副主任委员　刘建新

财政经济委员会
主 任 委 员　杨增旭
副主任委员　刘墨达

农业与农村委员会
主 任 委 员　沈英华
副主任委员　何　涛

城建环保委员会
主 任 委 员　高树祥
副主任委员　雷　志

民族侨务外事委员会
主 任 委 员　李　强
副主任委员　郝冬梅

人事代表选举委员会
主 任 委 员　单鹏图
副主任委员　李世东

法制委员会
主 任 委 员　焦方伯

教科文卫委员会

主任委员 李　杰
副主任委员 夏　军

信访办公室
主　　任 刘卫东

吉林市人民政府

市　　长 刘　非
副 市 长 沈德生（至4月） 李天林（4月任）
陈　东 陈　胜（至4月）
贾树城（至4月） 盖东平
王雪峰（至4月） 谢　义
熊亮华（挂职，4月任）
刘　红（挂职，11月任） 刘　磊（11月任）
秘 书 长 吕任鹏
副秘书长 孙全仁 毕克千 王小东
杨立民（9月任） 战铁功（9月任）
简俊峰 方培雷（挂职，5月任）

办 公 厅
主　　任 毕克千
副 主 任 王洪福 郝继民 闫瑞东 姜恩奎 桑德鑫
纪检组长 郭东方

市发展和改革委员会
主　　任 李建华
副 主 任 张立春 刘照宇 杨正石 刘　洵
纪检组长 姜　欣

市教育局
局　　长 宋　杰
副 局 长 张枢成 邵　敏 马立昌
纪委书记 刘伟民
市政府教育督导室专职督学 钱大波

市科学技术局
局　　长 王德林
副 局 长 刘　越 国　鹏 宋家升
纪检组长 何　洪

市工业和信息化局
局　　长 仲秋野
副 局 长 李　宏 王永吉 沈　刚 刘　东 田继春
王　旭
纪检组长 吴宪朋

市民族事务委员会（宗教事务局）
主　　任（局长） 李彦明
副 主 任（副局长） 徐永洙 傅申武
纪检组长 王玉成

市公安局
局　　长 贾树城（至11月） 刘　磊（11月任）
副 局 长 褚瑛环 刘陆峰 尚　涛 赵　跃 刘建超
政治部主任 王宝梁
纪检组长 于　文
交管支队支队长 孙洪彬
交管支队政委 周建山

市民政局
局　　长 宋宏宇
副 局 长 闫长江（至9月） 史国栋 马勤海

市司法局
副 局 长 王晓东 沈广友 王喜君（兼） 于培业
王明辉
政治部主任 王喜君
纪检组长 吕树森

市财政局
局　　长 毛　晨
副 局 长 牛丹阳 王新杰 李雨默 张凤斌
纪检组长 孙文平

市人力资源和社会保障局
局　　长 王宗英
副 局 长 陈而新（兼） 王国和 栗卫东 张德林
曲德宏
纪检组长 王　岩

市国土资源局
局　　长 刘立新
副 局 长 李景柱 佟延明 张寿东
苑　艺（挂职，6月任）
纪检组长 赵喜亮

市环境保护局
局　　长 于仲秋
副 局 长 潘　勇 刘跃春 霍介国 刘　立
纪检组长 解立明

市规划局
局　　长 张光宇
副 局 长 杨淳厚 周冠夫 钱少华
纪检组长 邹建国

市城乡建设委员会
主　　任 卢晓峰
副 主 任 高志军 陈绍安 油庆贤 姜洪涛
纪检组长 王　锐

市住房保障和房地产管理局

局　　长　崔振林
副 局 长　尹　辉　沈国庆　徐　岩　王立君
纪检组长　王晶焱

市市政公用局
局　　长　金永善
副 局 长　权明根　何　冶　李海涛

市城市管理行政执法局
局　　长　刘晓利
副 局 长　孙宝国　袁铁军　高洪宇
纪检组长　朱广礼

市交通运输局
局　　长　李洪海
副 局 长　张久龙(兼)　刘宝明　高亚明　苑玉江(至9月)
纪检组长　乔万里

市水利局
局　　长　潘　湛
副 局 长　邓建民　李福志　袁春光
纪检组长　林朝晖

市农业委员会
主　　任　耿云久
副 主 任　闫静波　林海策　朱文彬　杜英志
纪检组长　顾　虹

市商务局
局　　长　李　勇
副 局 长　鞠铁军　高闻序　姚　伟　刘国强
纪检组长　张艳龙

市文化广电新闻出版局
局　　长　闫海春
副 局 长　刘东岐　郭朝政　侯　杏　张文忠
纪检组长　麻利璞

市卫生和计划生育委员会
主　　任　刘奇志
党委副书记　赵晓红
副 主 任　徐　鹤（兼）　方　卿　王晓娟　张立业
纪委书记　邱林华

市审计局
局　　长　姜亚男
副 局 长　赵世海　尹永全
纪检组长　尹绍群
总审计师　孙江旭

市林业局
副 局 长　贾春城　邓　祥（至1月）　刘鹏飞　周绍忠
纪检组长　张　航
市森林防火指挥部副指挥　贾春城

市畜牧业管理局
局　　长　李荫鹏
副 局 长　李树峰　林　伟　董　庆
纪检组长　高冶秋

市政府外事办公室（侨务办公室）
主　　任　吕吉权
副 主 任　胡立业　周天石
纪检组长　何　志

市政府国有资产监督管理委员会
主　　任　王立宽
副 主 任　于若丹　刘长荣　徐瑞玲
纪委书记　王秀军

市工商行政管理局
局　　长　林雨坤
副 局 长　于恩超　康　壮
纪检组长　朱鹏达

市质量技术监督局
局　　长　游占明
副 局 长　高　广（至8月）　陈　琪　胡云杰
纪检组长　辛志远

市体育局
局　　长　王一鸣
副 局 长　孔祥君　才宏文
纪检组长　刘庆东（至12月）

市安全生产监督管理局
局　　长　孙增发
副 局 长　许东光　陈锡红　鞠剑峰
纪检组长　鲁运东（至9月）

市食品药品监督管理局
局　　长　杨伟光
副 局 长　徐　鹤　丁伟卓　吕凤翔（已故）
　　　　　张明君　聂翠霞　张英祥
纪检组长　王庆元

市旅游发展委员会
局　　长　费光宇
副 局 长　王　磊　李智渊　杨立民（至9月）　王明春
纪检组长　孟立儒

市政府法制办公室

主　　任　赵　凯（至1月）
副主任　周　鑫　常　会
纪检组长　林宏野

市粮食局
局　　长　陈　波（至5月）
副局长　王　伟　于晓川

市经济技术合作局
局　　长　杨晶明
副局长　张岿升　田　雪
纪检组长　韩竹林

市人民防空办公室
主　　任　张新宇
副主任　张德利　陈　朴　王　璐　金宝林

市政府金融服务办公室
主　　任　王伟志
副主任　陈昌奉（至9月）
纪检组长　杨俊辉

市物价局
局　　长　李　程
纪检组长　谢忠宝

市政府政务公开办公室（市政务服务网管理办公室）
主　　任　李洪彬（至1月）
副主任　王晓明

市铁路项目建设领导小组办公室
主　　任　关长吉
副主任　关学研
纪检组长　马大为

市强制隔离戒毒所
所　　长　王绍印（至9月）
政　　委　陈天舒
纪委书记　吴国龙
副所长　陈登云　孟晓平　刘栋梁

市市直机关事务管理局（市接待办）
局　　长（主任）　孔云跃
副局长（副主任）　姚　莉
纪检组长　韩　松

市供销合作社
主　　任　魏方臣
监事会主任　金海盛（至4月）
副主任　张存贵
纪检组长　庞枫湘

市老龄工作委员会办公室
副主任　李祖祺

市地方志编纂委员会办公室
主　　任　周胜新（9月任）
副主任　王明辉

市住房公积金管理中心
主　　任　何桂荣
副主任　高鹏飞　胡建华　朱　力　惠祥杰

市地震局
局　　长　鲁　铭
副局长　吕建坤

市广播电视台
台　　长　万春梅
党委书记　刘延平
副台长　张　伟（至6月）　陈乃东

市政府驻北京办事处
主　　任　朱庆禄
副主任　王继研

中国人民政治协商会议吉林市委员会

主　　席　崔振吉（至12月）
副主席　刘长木　张文才　李彦群　孙秀云
孙洪彬　马招利　李敏花
秘书长　陈　雁
副秘书长　关志伟　辛敏健

办公厅
主　　任　王铁峰
副主任　贾方伟　曲洪利

经济科技委员会
主　　任　黄永财

提案和委员联络委员会
主　　任　李桂敏

文教卫体委员会
主　　任　李　伟

人口资源环境委员会
主　　任　王　槐

研究室
主　　任　尚文波

文史和学习委员会
主　　任　张书文

社会法制民族宗教委员会
主　　任　谢兆敏

委员和对外联络委员会
主　　任　王　伟

机关党委
专职副书记　张玉莹

中共吉林市纪律检查委员会 吉林市监察委员会

书　　记　张殿锋（至3月）　郑文家（3月任）
副 书 记　郝连生　付英舰　赵　凯（1月任）
常委秘书长　李　滨
常　　委　刘国瑞（至1月）　刘延波
　　　　　张钰坤（至9月）　胡长山　苏长城
监委代主任　郑文家（4月任）
监委副主任　郝连生　付英舰　赵　凯
监 委 委 员　李　滨　胡长山　苏长城　李　野　贾淑春

办公厅
主　　任　潘　浩（9月任）

组织部
部　　长　贺文双

宣传部
部　　长　霍成斌（9月任）

信息室
主　　任　顾修广（9月任）

案件监督管理室
主　　任　杨大光（9月任）

第二执纪检监察室
主　　任　于天杰（9月任）

第五执纪检监察室
主　　任　徐玉岭（9月任）

第七执纪检监察室
主　　任　王　丹（9月任）

第一审查调查室
主　　任　孙蕴琛（9月任）

第二审查调查室
主　　任　张延明（9月任）

案件审理室
主　　任　盛永军（9月任）

纪检监察干部监督室
主　　任　任常春（9月任）

信息技术保障室
主　　任　周　晖（9月任）

民主党派

中国国民党革命委员会吉林市委员会
主　　委　张文才
副 主 委　范丽雯　邵明宇　王铁红　杜培革　蒋　晖

中国民主同盟吉林市委员会
主　　委　孙秀云
副 主 委　张　旭　曹生现　郭佰亿　马　颂　郭忠玲

中国民主建国会吉林市委员会
主　　委　李敏花
副 主 委　张　志　由守义　李玉国　杜　爽　莫英志

中国民主促进会吉林市委员会
主　　委　王石红
副 主 委　李俊兰　徐　波　梁洪杰　吴伟军
　　　　　刘伟华（11月任）

中国农工民主党吉林市委员会
主　　委　朱世增（至5月）　温春阳（5月任）
副 主 委　温玉琦（至5月）　罗占云（至5月）
　　　　　王德财　冯　星（5月任）　乔　森
　　　　　任小伟（5月任）

九三学社吉林市委员会
主　　委　鲁建春
副 主 委　姚春明　陈建光　刘　越　朱　瑜　董传秀

群众团体

市总工会
主　　席　马　驰
副 主 席　刘立新　赵洪海（至4月）　刘红卫
专职经费审查委员会主任　张海松

中国共产主义青年团吉林市委员会
书　　记　刘永军（12月任）
副 书 记　褚　鹏（至12月）

市妇女联合会
主　　席　刘振华
副 主 席　李秀英　关淑霞

市科学技术协会
主　　席　梁荣罡
副 主 席　张雅杰　商海慧　麻　鹏　李志强

市社会科学界联合会
主　　席　于福绵（至9月）
副 主 席　翟国有（至9月）

市归国华侨联合会
主　　席　朱世增
副 主 席　辛志成

市文学艺术界联合会
党委书记　范雅杰
副 主 席　王慧聪　韩文身（至6月）

市台湾同胞联谊会
副 会 长　李劲松

市残疾人联合会
理 事 长　于　娇
副理事长　李游郎　于　彬
纪检组长　马成文

市工商业联合会
主　　席　李彦群
党组书记　杨文萍（兼）
副 主 席　刘永俊　孙晓野

中国国际贸易促进委员会吉林市委员会
副 会 长　邹铁民

市红十字会
副 会 长　李宗民

市中华职教社
主　　任　李敏花（兼）
副 主 任　龙宝洪

市人民对外友好协会
会　　长　吕吉权
副 会 长　肖立群

法检机关

市中级人民法院
院　　长　姜富权
副 院 长　张云江　冯其胜　孙兴华　吕建萍
　　　　　王　钰（挂职，5月任）
政治部主任　孙丽萍
纪 检 组 长　刘继鹏
审判委员会专职委员　宋为民（至12月）　白　岩
　　　　　田春阳（至12月）
执行局局长　刘海东

市人民检察院
检 察 长　赵彦峰
副检察长　杨　敏　崔伯军　刘守杰　赫　赤
纪检组长　戴良富
政治部主任　张艳杰
反贪局局长　李　野
检察委员会专职委员　齐利民　李晓红
检察专员　魏立国

吉林高新技术产业开发区人民法院
院　　长　王贺亮

吉林高新技术产业开发区人民检察院
检 察 长　朱红月（至12月）

市城西地区人民检察院
检 察 长　刘晓东
副检察长　孙　雨　李　富
政治部主任　李　战

中省直单位

市统计局
局　　长　董慧忠
副 局 长　夏玉环　周喜艳　门　艳　龙　杰

国家税务总局吉林市税务局
局　　长　王仙虎
副 局 长　刘　英　宋宝臣　徐　俭　王贵民　陈有杰
　　　　　李树光　禚永祥　孙明军　陈红纬
纪检组长　何力慧
总经济师　翟国江
总会计师　张成书
稽查局局长　刘玉祥

市气象局
局　　长　施　舍
副 局 长　张文学
纪检组长　张春红

市邮政管理局
局　　长　张久龙
副 局 长　郑　宏

市烟草专卖局（公司）
局　　长（经理） 吴晓旭
副局长（副经理） 周广曦　郭文飞　宋一民
副调研员 庞宪武　施占甫

吉林海关
关　　长 李东春
纪检组长 邢　刚
缉私分局局长 朱晓民
副 关 长 于学章　暴欣易　侯　林
纪检副组长 纪庆一

国家统计局吉林市调查队
队　　长 王生远
副 队 长 张立刚　郑锦峰　滕　刚
纪检组长 孙　伫

社会保险事业管理局
局　　长 陈而新
副 局 长 宋景瑞　李有祥　宋先民　尹文海

中国人民银行吉林市中心支行
行　　长 李彦东
副 行 长 张有良　刘吉亮　宋玉山（8月任）
工会主任 周师田
纪委书记 易　娟

中国银行保险监督管理委员会吉林监管分局
局　　长 袁　琳
副 局 长 尹成广　许艳秋
纪委书记 曹　宏
副调研员 苏英男　姜长宏

吉林松花江三湖国家级自然保护区管理局
局　　长 邓　祥
书　　记 李储山
副 局 长 全明宰　李凤春　于俊杰（至12月）

金融保险单位

中国农业发展银行吉林市分行
行　　长 肖桂德

中国工商银行吉林市分行
行　　长 王井彪

中国农业银行吉林市分行
行　　长 陆俊波

中国银行吉林分行
行　　长 张大群（12月任）

中国建设银行吉林市分行
行　　长 韩　冬

交通银行吉林分行
行　　长 刘　军

吉林银行吉林分行
行　　长 汪大盛（至10月）　武中旭（10月任）

中国邮政储蓄银行吉林市分行
行　　长 刘向阳

中国民生银行吉林分行
行　　长 宋　伟（至7月）

中国人寿吉林市分公司
总经理 董春华（至8月）　张　军（8月任）

中国人民财产保险股份有限公司吉林市分公司
总经理 张　硕（至7月）　毕　胜（8月任）

都邦财产保险股份有限公司
董事长 郑国如

县（市）区·开发区

中共永吉县委
书　　记 尚忠诚
副 书 记 金　华（至12月）　王劲松
永吉县人大常委会
主　　任 邹俊峰
副 主 任 周启海　徐喜峰　金　聪
永吉县人民政府
县　　长 金　华（至11月）　朴贞玉（代，11月任）
副 县 长 董洪印　吴雨静　刘加辉　滕凤臣
吴　疆（至4月）　苑玉建
政协永吉县委员会
主　　席 赵　莉
副 主 席 朱宏志　李村库　齐加力
永吉县纪律检查委员会
书　　记 张志宇

中共舒兰市委
书　　记 李富民（至6月）　李鹏飞（6月任）
副 书 记 李铁锋
舒兰市人大常委会
主　　任 杨文坦
副 主 任 向君志　杨振波　李海瑞　杨淑娟
舒兰市人民政府
市　　长 李鹏飞（至6月）　金　华（代，11月任）
副 市 长 崔彦磊（至9月）　杨凌云　曹洪罡

董　民　明继国　张建成

政协舒兰市委员会

主　　席　张维吉

副 主 席　赵桂兰　陶亚民

舒兰市纪律检查委员会

书　　记　骆旭东

中共磐石市委

书　　记　张静辉

副 书 记　于技群　周锡利

磐石市人大常委会

主　　任　张永福

副 主 任　王俊卓　宋振明　张永禄　韩玉辉

磐石市人民政府

市　　长　于技群

副 市 长　洪管斌　谭洪亮　周　波　曹晶莹

马　俊　丁　勇

政协磐石市委员会

主　　席　袁龙奇

副 主 席　谢金生　廉守臣　张怀荣

磐石市纪律检查委员会

书　　记　崔　湛

中共蛟河市委

书　　记　王荣新

副 书 记　朱永忠　张　彦

蛟河市人大常委会

主　　任　王中宪

副 主 任　田　彦　袁　英　李洪瑞　吴树声

蛟河市人民政府

市　　长　朱永忠

副 市 长　杨喻春　王健鹏　刘喜成（至 9 月）

谢显平　曹海鹏　李玉涛

政协蛟河市委员会

主　　席　李明昌

副 主 席　洪振环　梁用德　王金秀

蛟河市纪律检查委员会

书　　记　修立宇

中共桦甸市委

书　　记　夏茂军

副 书 记　刘慧军　张纯国

桦甸市人大常委会

主　　任　马又生

副 主 任　尹基成　许　煊　张建军　苏　涛

桦甸市人民政府

市　　长　刘慧军

副 市 长　赵争涛　王立忠　丛　刚　张　甡　王　莉

李　操　索朗次仁（挂职，4 月任）

政协桦甸市委员会

主　　席　李世勋（至 9 月）

副 主 席　李祥胜　李亚南　董建华

桦甸市纪律检查委员会

书　　记　刘余刚

中共吉林市船营区委

书　　记　吕庆龙

副 书 记　李显辉　陈本海

吉林市船营区人大常委会

主　　任　李　涛

副 主 任　杨凤华　戴　昕　张国太　于芙楠

吉林市船营区人民政府

区　　长　李显辉

副 区 长　刘建良　王志刚　范利臣　施春敏　段继光

高伍军

政协吉林市船营区委员会

主　　席　赵春桥

副 主 席　刘学君　黄　豫　王颖慧

吉林市船营区纪律检查委员会

书　　记　张钰坤（至 9 月）

中共吉林市昌邑区委

书　　记　安丰广

副 书 记　刘革锋　王庭忠

吉林市昌邑区人大常委会

主　　任　赵　敏

副 主 任　江　泓　李富强　冯春香　赵兴阁

吉林市昌邑区人民政府

区　　长　刘革锋

副 区 长　王识开　刘　靖　谷江龙　张维峰　史良忠

王继鑫

政协吉林市昌邑区委员会

主　　席　钟耀民

副 主 席　王　铭　杜　娟

吉林市昌邑区纪律检查委员会

书　　记　王凤文（至 11 月）

中共吉林市龙潭区委

书　　记　崔志刚

副 书 记　刘子军（至 6 月）　尤忠贵　方培雷（挂职）

吉林市龙潭区人大常委会

主　　任　郑金峰

副 主 任　宋世桥　纪汉君　李嘉臻　柳　雨

吉林市龙潭区人民政府

区　　长　刘子军（至 6 月）

副 区 长　常国伟（至 8 月）　王　威（9 月任）

高　霞　陈海军　邢连政

李　铁（至 9 月）　郭孝文（9 月任）

宋绪秋（9 月任）

政协吉林市龙潭区委员会

主　　席　孙　颖
副 主 席　韩可俭　潘振葆　王少琰
吉林市龙潭区纪律检查委员会
书　　记　胡希刚（至6月）

中共吉林市丰满区委
书　　记　马招利（至6月）　刘子军（6月任）
副 书 记　赵洲洋（1月任）　李树森
吉林市丰满区人大常委会
主　　任　霍继宏
副 主 任　赵继英　胡殿武　崔守芬　刘岩松
吉林市丰满区人民政府
区　　长　赵洲洋
副 区 长　罗　兵　马　颂　孙　哲　黄晓飞　李　冰
政协吉林市丰满区委员会
主　　席　王首元
副 主 席　王丽娜　王晓红　张洪生
吉林市丰满区纪律检查委员会
书　　记　王春野

吉林高新技术产业开发区
主　　任　孙洪彬（至6月）　李富民（6月任）
副 主 任　阚德权（至6月）　卢永哲（至9月）
　　　　　王悦明　张红革

吉林经济技术开发区
主任 党工委书记　胡秉吉
党工委副书记　徐有吉
副 主 任　徐有吉　郭树明（至4月）
　　　　　战铁功（至9月）　冷　伟　刘　波　盛宝宇
纪工委书记　葛春艳

吉林北大壶体育旅游经济开发区
主任 党工委书记　付广祥
副 主 任　牟永鹏　李长亮
纪工委书记　尹新忠

吉林化学工业循环经济示范园区
主任 党工委书记　崔志刚
副 主 任　王　威（至9月）　张　珂
纪工委书记　于　爽

吉林（中国—新加坡）食品区
主任 党工委书记　曲永春
副 主 任　徐　舶　张锡文　巩　政

吉林松花湖风景名胜区
主任 党工委书记　周胜新（至9月）　刘基政（9月任）
副 主 任　李桂梅　闫　铎　吴天富
纪工委书记　董　莹

吉林市汽车工业园区
主任 党工委书记　李洪岩（至9月）
副 主 任　王志力　马　明
纪工委书记　刘学臣

吉林—深圳产业合作示范区办公室
主　　任　张守华（至6月）

中省直重点企业

中国石油天然气股份有限公司吉林石化分公司
党委书记 总经理　孙树祯（10月兼任党委书记）
党委书记 副总经理　邱　克（至10月）
常务副总经理　李　铁（10月任）
副总经理　李殿军　张维波　王　博（4月任）
　　　　　李春青（4月任）
工会主席　王春霞
纪委书记　熊术学
总会计师　王忠民

一汽吉林汽车有限公司
党委书记 总经理　高　岩
党委副书记 纪委书记 工会主席　王云飞
副总经理　刘海军　李自罡

丰满发电厂
厂　　长　韩　臣
党委书记　许　明
副 厂 长　王树新　赵志环　陈本事　裘洪坤（至1月）
纪委书记 工会主席　宋先华
总工程师　工　力

白山发电厂
厂　　长　李铁成
党委书记　高连伟
副 厂 长　刘贵仁　张志江　王玉成
总会计师　毕振海
纪委书记 工会主席　姜　枫
总工程师　张永会

国电东北电力有限公司吉林热电厂
厂　　长　徐有生（至11月）　邹铁军（11月任）
副 厂 长　崔鸿源　陈广志　李国华　王国旭（11月任）
纪委书记 工会主席　王　晶
总会计师　李　旭（1月任）

国网吉林省电力有限公司吉林供电公司
总 经 理　贾宏智
副总经理　于　波　宫志东　张文秀
总会计师　盛智玲

总工程师 刘元琦
纪委书记 工会主席 吴相福(至11月) 李川江(11月任)

中国邮政集团公司吉林市分公司
总 经 理 常雨昌
副总经理 王玉林 孙东明 蔡世君

中国移动通信集团吉林有限公司吉林市分公司
党委书记 总经理 郭长清
副总经理 王德梁(至11月) 王晨奎(11月任)
陈 怿 史长云 李福坤

中国联合网络通信有限公司吉林市分公司
党委书记 总经理 谢颖苇
副总经理 张 超 魏克岩 于 辉 庄新宇
派驻纪检组组长 崔黎明

中国电信集团公司吉林省吉林市电信分公司
党委书记 总经理 金秀丽(至9月) 李 兵(9月任)
副总经理 马广茹 王志国 高 歌 刘 岩

中国铁塔股份有限公司吉林市分公司
总 经 理 陈 刚
副总经理 吴胜东

市属国家出资重点企业

吉林化纤集团有限责任公司
董事长 总经理 宋德武
党委书记 刘宏伟

吉林市水务集团有限公司
董事长 党委书记 翟国冬
总经理 孙大军

吉林市国有资本发展控股集团有限公司
董事长 党委书记 张守华(6月任)
监事会主席 银 燕(6月任)

吉林市铁路投资开发有限公司
董 事 长 曾兆江(至9月)
党委书记 刘基政(至9月)
董事长党委书记 阚德权(9月任)
总 经 理 李洪涛(12月任)

吉林市城市建设控股集团有限公司
董事长 总经理 刘彦光(至8月)
党委书记 银 燕(至8月)
董事长 党委书记 张守华(8月任)
总 经 理 常国伟(8月任)

吉林市国有资本投资运营有限公司
董事长 党委书记 白树新

吉林市吉晟金融投资控股集团有限公司
董事长 总经理 张志华(至12月)

吉林市文化产业投资发展有限公司
董 事 长 李晓耀
党委书记 孙晓光
总 经 理 王大勇(至6月) 张龙山(9月任)

吉林市城市公共交通集团有限公司
董 事 长 陈晓伟

高等院校

北华大学
党委书记 李岩峰
校 长 任玉珊

东北电力大学
党委书记 李国庆
校 长 蔡国伟

吉林化工学院
党委书记 孙爱军
院 长 曲永印

吉林农业科技学院
党委书记 徐大林
院 长 张立峰

吉林医药学院
党委书记 郑永奎(至11月) 张国华(12月任)
院 长 蔡建辉

吉林工业职业技术学院
党委书记 李 才(至12月)
院 长 林琨智(至2月) 张喜春(8月任)

吉林电子信息职业技术学院
党委书记 靳国庆
院 长 陈宝财

吉林铁道职业技术学院
党委书记 王喜库(至8月) 胡越平(10月任)
院 长 曹炳志

(市委组织部及相关单位)

索　引

INDEX

说　明

· 本索引分为文字索引和图表索引两部分。文字索引采取主题分析法，按汉语拼音音序（同音字按声调）顺序排列。
· 标引词后的阿拉伯数字表示内容所在页码（地址项），数字后的拉丁字母 a 、b 、c 分别表示正文中从左至右第一、二、三栏。
· 附见条目的标引词缩后两字格排于相关款目下面。标引词后有多个页码，表示参见内容所在位置。
· 标引词以正文中出现的专业名词、名词词组、地名、机构名、人名为主。

文字索引

C

E

F

G

H

J

K

L

M

N

P

Q

R

S

T

W

X

Y

Z

图表索引